U0137329

本书为国家社科基金2020年度重大项目“吴语语料库建设和吴语比较研究”
（项目号：20&ZD301）阶段性成果

上海文化发展基金会图书出版专项基金资助项目

游汝杰
盛益民
主编

近代稀见吴语文献集成

A Series of Rare Books on Pre-Modern Wu Dialects

第一辑

第二册

上海教育出版社

目录

Contents

松江话练习课本

Leçons ou exercices de langue chinoise

Dialecte de Song-kiang

应儒望（P. Rabouin）著

土山湾孤儿院

上海

1883年

导读

Introduction

游汝杰

Leçons ou exercise de langue Chinois. Dialecte de Song-Kiang〔1883，Zi-ka-wei（徐家汇），A L'orphelinat de TOU-SE-VE（土山湾）〕，版高 24 厘米，共 320 页。上海徐家汇天主教印刷所印刷，土山湾孤儿院出版。此书未署名，或认为作者是澳大利亚旅行家莫理循（George Ernest Morrison），但该书明显为天主教作品，恐非莫理循所作。在上海图书馆徐家汇藏书楼的藏书中，有 1949 年前耶稣会订制的烫金封皮，书脊有"Rabouin，Leçons de langue Chinois，Dialecte de Changhai，Z. K. W."字样，可知该书作者实则为耶稣会传教士应儒望（P. Rabouin）。传教士的汉语方言学著作，以基督教传教士所著为

多，天主教传教士所著较少，究其原因，与两者的传教理念不同有关。基督教认为必须用本地人的语言传教，因此积极用方言翻译《圣经》，并编撰相关的方言学著作。天主教系统的上海话著作有《方言备终录》（1907）、《土话指南》（1908）和蒲君南的三本著作《上海方言课本》（1939）、《上海话语法》（1941）、《法华词典（上海方言）》（1950）等。其中《上海方言课本》（1939）正文前有标音说明。

原书无中文书名，可译为《松江话练习课本》。书前有法文序，提出了编写课本的目的在于帮助耶稣会士学习本地方言，全书先列出语法项目也正是为了学习的便利。全书分为41课，前10课按词的语法类别分，即：1. 代词，2. 实词，3. 量词，4. 数词，5. 比较，6. 程度，7. 连词（A），8. 连词（B），9. 介词，10. 疑问和否定。后31课按话题分，即：11. 人体（A），12. 人体（B），13. 人体（C），14. 五官感觉，15. 房屋，16. 家具用品，17. 床铺卫浴，18. 时间，19. 金钱，20. 量度，21. 家务，22. 衣料服装，23. 裁缝，24. 工匠，25. 泥水匠，26. 剃头，27. 亲属，28. 疾病中医，29. 教堂仪礼，30. 中国食物，31. 厨房器具，32. 中国烧法，33. 西洋烧法，34. 炊事问答，35. 餐厅，36. 农事，37. 乡下劳作，38. 管园地，39. 种菜，40. 画法，41. 画馆问答。正文前有缩略语说明，而无标音说明。每课先列出若干生词，然后是句子，每一个词或每一个句子先出中文，后用罗马字注音，最后为法文译文。用传统的发圈法标入声。入声不分阴阳，也不分 -h、-k 两套，而同时代传教士著作入声多分 -h、-k 两套。用传统的句逗符号。文末有《汉字索引》。

本书所见有些词汇今已不用或罕用，例如“压风琴”（手风琴）、“粜”（卖米）、“籴”（买米）、“官斛”（官府收粮用的量具）、“柴仓”（灶后放置柴火的处所）等。有些方言字久已不用，如“囝”（后改用“囡”）、“蕵”（后改用“酥”）、“掽”（后改用“碰”）等。

在传教士编撰的早期吴语方言学著作里，除了外国地名和人名外，罕见外来词。在本书中可以找到一些音译外来词，例如“乌利伐油”（Huile d'olive，橄榄油）、“磅”（pound）、“加非 / 茄灰”（café，咖啡）、“血告拉”（chocolat，巧克力）、“加理”（kari，咖喱）、“克来沫”（crémes，淇淋 / 忌廉）、“步丁”（pouding，布丁）、“带尔脱”（tartre，蛋挞）、“弥撒”（misè）。这些外来词的词形除“弥撒”外，后来都没有流行开，而“弥撒”由来已久，并非始于此书。其中“加非”《上海话功课》（1850 年）已用。在《宁波方言字语汇解》里也有载录音译的 coffee，写作“嚟啡 kafi”。值得注意的是这三本书中的此词第一个音节声母都是不送气的 k，与早期在广东的传教士对 coffee 的音译“嚟啡 kráfi”相同。今“咖啡”第一个音节的声母是送气的。

本书不仅对于研究 19 世纪后半期的松江话有非常重要的价值，而且对于研究上海话的历史也非常重要。明清时代的上海隶属松江府，府城的方言具有权威性。19 世纪 80 年代的老派上海话和松江话应该还是相当接近的。依据本书的语料，可以归纳 19 世纪后半期的松江话的语音系统和语法系统。本书的罗马字标音系统基本为后出的天主教系统的上海话著作所采用。据本书的罗马注音归纳的语音系统，见钱乃荣《开埠初期的上海话》（上海书店出版社，2015 年）的导言。

本书影印的底本来源于复旦大学图书馆馆藏，承蒙复旦大学图书馆特藏与数字化部张春梅主任提供帮助。徐家汇藏书楼徐锦华主任帮忙核查了该馆藏书，上海财经大学陈修文副教授帮助释读了法文序言，特此致谢。

2020 年 6 月 4 日

LEÇONS

OU

EXERCICES

DE LANGUE CHINOISE

DIALECTE DE SONG-KIANG.

ZI-KA-WEI,

IMPRIMERIE DE LA MISSION CATHOLIQUE,

A L'ORPHELINAT DE TOU-SÈ-VÈ.

1883.

PRÉFACE.

Ces Leçons ou Exercices de langue chinoise vulgaire sont principalement destinés à nos chers frères coadjuteurs, qui n'ayant pas le loisir de se livrer à de longues études du chinois, sont néanmoins obligés par leurs offices de converser avec les gens du pays où ils séjournent. Voilà pourquoi, après les premières leçons destinées à donner une idée générale de la grammaire chinoise, on trouvera dans ce petit recueil différents exercices ou dialogues sur les travaux manuels dont la direction est d'ordinaire confiée à nos frères. Afin d'être plus sûr de la tournure chinoise, j'ai demandé pour ces divers sujets le concours de nos chers frères chinois qui sont au courant des différents offices, et ils m'ont été d'un grand secours, ce dont je les remercie bien sincèrement. Nos frères européens leur en seront également très-reconnaissants, j'en suis sûr.

Quand à la méthode suivie en chaque Leçon, la voici en peu de mots.

Ordinairement en tête de la Leçon se trouvent les expressions principales que l'on retrouvera ensuite dans les phrases, et dont on pourra ainsi mieux comprendre l'usage. Ainsi le plus souvent celui qui retiendra bien la table des expressions pourra de lui-même comprendre la plupart des phrases de la Lecon.

Mais ces expressions une fois indiquées, d'ordinaire on les supposera connues, et en conséquence elles ne seront plus indiquées au tableau des expressions des Leçons suivantes. Ce qui suffit à démontrer la nécessité de commencer par les 1ères Leçons, d'autant plus qu'elles sont plus faciles, composées de phrases plus courtes, et partant mieux adaptées à ceux qui commencent.

On imprimera plus tard une table de tous les caractères chinois par ordre de clefs, avec l'indication des pages où ils se trouvent traduits, et la prononciation (1). Cette table servira surtout à ceux qui ayant une certaine connaissance des caractères chinois, désireraient quand ils les rencontrent en connaître les sens vulgaires. De plus elle servira à corriger les fautes de prononciation qu'on a pas indiquées dans *l'errata*, et à faire connaître certaines variantes des sons.

Bien que tous les tons ou accents chinois soient fort importants pour une exacte prononciation, néammoins la difficulté qu'ont généralement les étrangers pour s'y faire a motivé l'omission des divers tons, excepté du ton bref (*zé-seng*), le plus facile à exprimer et aussi le plus nécessaire dans le langage de Chang-hai. Ce ton est indiqué par un demi-cercle placé à l'angle inférieur et à droite de la lettre : par exemple : 木, *mo*, arbre, bois.

Du reste, quiconque voudra se former à une bonne prononciation, devra surtout s'appliquer à écouter un maître indigène, lui donnant par exemple à lire mot-à-mot, ou phrase par phrase, les divers exercices, et cherchant à reproduire fidèlement les sons que l'oreille entendra. Mais en même temps il faudra prier le maître de corriger et de reprendre impitoyablement son élève, ce qu'on n'obtiendra point du professeur, à moins de se montrer franchement content et heureux d'être repris et corrigé exactement: l'expérience a montré que ce conseil est souverainement important.

L'auteur sera bien recompensé de son travail s'il peut contribuer quelque peu à adoncir à nos chers frères les difficultés et les ennuis qu'on éprouve d'ordinaire à apprendre une langue étrangère, surtout une langue aussi éloignée du génie de nos langues d'Europe; et il espère qu'ils voudront bien, en échange de ce petit service, ne point l'oublier dans leurs prières.

Zi-ka-wei, 30 Octobre, 1883.

(1) Pour la valeur des signes employés dans la figuration des sons chinois, voir *Petite Gramm.* pag. III. et suiv.

ABRÉVIATIONS OU SIGNES.

(a). adjectif.
aff. affaire.
ai. é, è.
ao. son mélangé *d'a* et *d'o*.
aong. son mélangé *d'ang* et *d'ong*.
ch. chose.
eú. se prononce comme dans *fleur*, *eux*.
eu. son labial.
(i-ke), *(i-diao)*, etc. numérales.
H', *T'*, *Ts'*, *K'*, *P'*. consonnes aspirées.
H. initiale. *h* légèrement aspirée.
fig. figuré, au figuré.
litt. littéralement.
mor. moralement.
m. à-m. mot-à-mot.
onom. onomatopée.
ô. *o* sourd.
ong. son plus sourd que dans *long*.
part. particule.
p. ex. par exemple.
pr. au propre, proprement.
(s.) substantif.
(sing.) singulier.
(v.) verbe.

PREMIÈRE LEÇON.

PRONOMS.

我。*Ngou*. Moi.
儂。*Nong*. Toi (vous *sing.*)
伊。是伊。*I, ze-i*. Lui.
其。是其。*Ghi, ze-ghi*. Id.
我呢。是呢。*Ngou-gni, ze-gni*. Nous.
那。是那。*Na, ze-na*. Vous.
伊拉。*I-la*. Eux.
自家。自己。*Ze-ka, ze-ki*. Soi, soi-même.
我自家。*Ngou-ze-ka*. Moi-même.
儂自家。*Nong-ze-ka*. Vous-même.
伊自家。*I-ze-ka*. Lui-même.
我個。*Ngou-ke*. Le mien, mon, notre.
儂個。*Nong-ke*. Ton, votre.
伊個。*I-ke*. Son (de lui).
自家個。*Ze-ka-ke*. Son (de soi).
我呢個。*Ngou-gni-ke*. Le nôtre, notre.
那個。是那個。*Na-ke, ze-na-ke*. Le vôtre, votre.
伊拉個。*I-la-ke*. Le leur, leur.
搭。*Tè*. Avec; et.
否。*Va*. *Part. interrog.*
勿曾。*Vé-zeng*. Pas encore.
第個。*Ti-ke*. Celui-ci, ceci.
箇。箇個。*Kou, kou ke*. Celui-là, cela.
啥。啥個。*Sa? sa-ke?* Aucun. Quoi? Lequel? Comment? Que?
物事。*Mé-ze*. Chose, objet.
末。*Mé*. Accessoire, si.
有。*Yeû*. Avoir.
得。*Te*. Obtenir.
無得。*M-te*. N'avoir pas, il n'y en a pas.
騙。*P'ié*. Tromper.
朋友。*Bang-yeû*. Ami.
先生。*Sié-sang*. Maître (professeur); Monsieur.
咾。*Lao*. Et.
要。*Yao*. Vouloir, falloir; *marq. du futur.*
加。*Ka*. Ajouter.
去。*K'i*. Aller.
來。*Lai*. Venir.
是。*Ze*. Etre.
呢。*Gni*. Ou.
勿。弗。*Vé*. Non, ne pas.
肯。*K'eng*. Vouloir.
呌。*Kiao*. Appeler, mander.

第個物事是我個。*Ti-ke mé-ze ze ngou-ke*. Cette chose (cet objet) est à moi (le mien).

勿是儂個。*Vé ze nong-ke*. Ce n'est pas à toi (le tien, le vôtre *sing.*)

那有啥物事。*Na yeû sa mé-ze?* Quelle chose avez-vous?

無得啥物事。*M-te sa-mé-ze.* (Nous) n'avons rien.

我呢個先生。*Ngou-gni-ke sié-sang.* Notre maître (professeur).

自家個朋友。*Ze-ka-ke bang-yeû.* Son ami.

第個物事是我呢個。箇個物事是是那個。*Ti-ke mé-ze ze ngou-gni-ke, kou-ke mé-ze ze ze-na-ke.* Cet objet-ci est à nous (le nôtre), cet objet-là est à vous (le vôtre).

我自家要去。*Ngou-ze-ka yao-k'i.* J'irai moi-même.

儂勿要來。*Nong vé yao-lai.* Ne ~~venez~~ pas.

儂騙我否。*Nong p'ié ngou-va?* Me trompes-tu? me trompez-vous *(au sing.)?*

我勿騙儂个。*Ngou vé p'ié nong-ke.* Je ne vous (te) trompe pas.

是伊个朋友叫啥。*Ze-i-ke bang-yeû kiao sa?* Comment s'appelle son ami?

儂搭其有啥來去否。*Nong tè ghi yeû sa lai-k'i va?* Quelle relation avez-vous avec lui?

我搭其無啥來去。*Ngou tè ghi m-sa lai-k'i.* Je n'ai avec lui aucun rapport (aucune relation), *m. à-m.* ni aller ni venir, pas d'allée et venue.

勿要去叫伊。*Vé yao k'i kiao i.* N'allez pas l'appeler. —(Je) ne veux pas aller l'appeler.

勿曾去叫其。*Vé zeng k'i kiao ghi.* Je ne suis pas encore allé l'appeler.

我自家个物事。勿是伊拉个。*Ngou-ze-ka-ke mé-ze, vé ze i-la-ke.* Ma chose n'est pas a eux (la leur).

是其要啥否。勿要啥。*Ze-ghi yao sa va? — Vé yao sa.* Que veut-il? — Il ne veut rien.

伊拉要啥物事。*I-la yao sa-mé-ze?* Que veulent-ils?

是那个物事。我勿要。*Ze-na-ke mé-ze, ngou vé yao.* Je ne veux pas de votre chose, de vos choses.

我是我。儂是儂。*Ngou ze ngou, nong ze nong.* Moi c'est moi, vous (toi) c'est vous (toi), c. à d. chacun son affaire.

儂騙來个否。*Nong p'ié-lai-ke va?* L'avez-vous volé (fraudé)?

勿是騙來个。我自家个。*Vé ze p'ié-lai-ke, ngou-ze-ka-ke.* Je ne l'ai pas volé, c'est à moi.

有呢無得。*Yeû gni m-te.* Avez-vous (l'avez-vous) ou non?

我搭、伊是朋友。*Ngou tè i ze bang-yeû.* Nous (moi et lui) sommes amis.

儂要啥物、事。*Nong yao sa-mé-ze?* Que voulez-vous?

我勿、要啥。*Ngou vé yao sa.* Je ne veux rien (lit. aucune chose).

那第个物、事有否。無得。*Na, ti-ke mé-ze yeû va?* — *M-te?* Avez-vous ou non cet objet? — Je ne l'ai pas.

SECONDE LEÇON.

DU SUBSTANTIF.

人。 *Gnen.* Homme.
道理。 *Dao-li.* Doctrine.
聖教。 *Seng-kiao.* La Ste Eglise.
愛情。 *Ai-zing.* Amour, affection.
法子。 *Fa (Fè)-tse.* Moyen.
好處。 *H'ao-ts'u.* Avantage.
人家。 *Gnen-ka.* Famille, homme.
一家人。 *I-ka-gnen.* Une famille.
事體。 *Ze-t'i.* Affaire.
馬。 *Mô.* Cheval.
馬夫。 *Mô-fou.* Palefrenier, cocher.
車。車子。 *Ts'ouo, Ts'ouo-tse.* Brouette, voiture, char.
馬車。 *Mô-ts'ouo.* Voiture (*lit.* à chevaux).
東洋車子。 *Tong-yang ts'ouo-tse.* Voiture japonaise à bras.
苦頭。 *Kou-teû.* Douleur; affliction.
坐。 *Zou.* S'asseoir.
想。 *Siang.* Penser.
用。 *Yong.* Se servir.
轎子。 *Ghiao-tse.* Palanquin, chaise.
轎夫。 *Ghiao-fou.* Porteur de chaise.
車夫。 *Ts'ouo-fou.* Brouettier.
相帮人。 *Siang-paong-gnen.* Domestique.
男相帮。 *Né siang-paong.* id. (homme).
女相帮。 *Gnu-siang-paong.* id (femme).
河。 *Wou.* Canal, rivière.
裡。 *Li.* Dans.
正氣。 *Tseng-k'i.* Droit, juste, vrai.
好。 *H'ao.* Bon.
怺。 *K'ieû.* Mauvais.
苦惱。 *K'ou-nao.* Malheureux, souffrant.
多。 *Tou.* Beaucoup.
少。 *Sao.* Peu.
十分。 *Zé-fen.* Grandement.
得着。 *Te-za.* Obtenir; *verbe auxil.*
騎。 *Ghi.* Monter, aller à cheval.
住。 *Zu.* Demeurer, être solide.
跑馬。 *Bao-mô.* Courir à cheval, courses.
小。 *Siao.* Petit.
垃拉。 *Lé-la.* Ici, dans.
齊。 *Zi.* Tous, absolument.
快。 *K'oa.* Vite.
新。 *Sin.* Nouveau.
一匹。 *I-p'ie.* Un (cheval, etc.).
一件。 *I-ghié.* Une (aff. etc.).

怺人多好人少。 *K'ieû-gnen tou, h'ao-gnen sao.* Les méchants sont nombreux, les bons sont en petit nombre.

箇家人家是苦惱。 *Kou-ka gnen-ka ze k'ou-nao.* Cette famille est pauvre.

聖教道理十,分正氣。 *Seng-kiao dao-li zé-fen tseng-k'i.* La doctrine de l'Eglise est très-vraie (juste, droite).

朋友个愛情。 *Bang-yeû-ke ai-zing.* L'affection des amis.

無得,法,子。 *M-te fa (fè)-tse.* Pas moyen; il n'y a pas moyen.

儂要想法,子。 *Nong yao siang fa-tse.* Il vous faut songer à un moyen.

法,子用得,勿,少。 *Fa-tse yong-te vé sao.* (J'ai) essayé (usé de) pas mal de moyens (beaucoup de moyens).

得,着,一,个新法,子。 *Te-za i-ke sin fa-tse.* (Il) a trouvé un nouveau moyen.

箇件事體有啥好處。 *Kou-ghié ze-t'i yeû sa h'ao-ts'u?* Quel avantage a cette affaire? Cette affaire est inutile (n'a pas d'avantages).

箇匹,馬騎得,住个。 *Kou-p'ie mô ghi-te-zu-ke.* Ce cheval peut être monté (*m. à-m.* sûrement).

馬夫騎馬馬跑得,快。 *Mô-fou ghi mô, mô bao-te-k'oa.* Le palefrenier fait trotter (galoper) son cheval rapidement.

坐馬車去。 *Zou mô-ts'ouo k'i.* Aller en voiture.

坐小車子來。 *Zou siao-ts'ouo-tse lai.* Venir en brouette.

叫車夫來。 *Kiao ts'ouo-fou lai.* Appelez un brouettier.

轎夫拉,拉否。 *Ghiao-fou lé-la va?* Les porteurs de chaise sont-ils là?

勿,曾來歇,。拉來。 *Vé-zeng lai-hié. — La-lai.* Ils ne sont pas encore venus. — Ils viennent.

箇家人家相帮人多。男相帮女相帮齊有拉。 *Kou-ka gnen-ka siang-paong-gnen tou: né siang-paong, gnu siang-paong, zi yeû-la.* Il y a dans cette famille de nombreux domestiques, domestiques hommes, domestiques femmes, tout y est.

伊拉个物,事齊是新个。 *I-la-ke mé-ze zi ze sin-ke.* Leurs objets sont tout (tous) neufs.

馬車來小車去。 *Mô-ts'ouo lai, siao ts'ouo k'i.* Venir en voiture et s'en aller en brouette.

箇个道理想想好處勿,少。 *Kou-ke dao-li siang-siang*

h'ao-ts'u vé sao. (Je) pense que cette doctrine a beaucoup d'avantages.

伊搭、儂齊是一、家人。*I tè nong zi ze i-ka gnen.* Lui et vous êtes tous (deux) de la même famille.

轎子無得、去叫車子。*Ghiao-tse m-te, k'i kiao ts'ouo-tse.* S'il n'y a pas de chaise, faites venir (allez appeler) une brouette.

箇个人苦惱來。*Kou-ke gnen k'ou-nao-lai.* Cet homme est fort misérable.

無啥好處。*M-sa h'ao-ts'u.* Il n'y a pas d'avantage.

用啥法、子。*Yong sa fa-tse?* Quel moyen employer?

無啥法、子用。*M-sa fa-tse yong.* Il n'y a pas de moyen à employer.

想來想去無啥法、子。*Siang-lai siang-k'i, m-sa fa-tse.* J'ai beau y penser et y repenser, il n'y a pas de moyen.

人家齊苦惱。*Gnen-ka zi k'ou-nao.* Toutes les familles sont pauvres.

有多少人。*Yeû tou-sao gnen?* Combien y a-t-il de personnes (d'hommes)?

得、着、啥好處。*Te-za sa h'ao-ts'u.* Quel avantage a-t-il obtenu?

正氣个人我要用愛情來愛伊。*Tseng-k'i-ke gnen, ngou yao yong ai-zing lai ai i.* J'ai de l'affection pour les hommes droits (honnêtes).

TROISIÈME LEÇON.

LES NUMÉRALES.

一、坟房子。*I-da waong-tse.* Un corps de logis.

一、宅、房子。一座（處）房子。*I-za waong-tse. I-zou (ts'u) waong-tse.* Une maison.

一、條路。*I-diao lou.* Un chemin.

一、封信。*I-fong sin.* Une lettre.

一、副祭披。*I-fou tsi-p'i.* Un ornement sacerdotal.

一、件事。*I-ghié ze.* Une affaire.

一、个人。*I-ke gnen.* Un homme.

一、根繩。*I-ken zeng.* Une corde.

一、間房間。*I-kè waong-kè.* Une chambre.

一、口棺材。*I-k'eû koé-zai.* Un cercueil.

一、句說、話。一、聲說、話。*I-kiu se-wo, i-sang se-wo.* Un mot, une parole.

一、管筆。*I-koé pie.* Un pinceau.

一、枝筆。*I-tse pie.* Un pinceau.

一、捆柴。*I-k'oen za.* Un fagot de combustible.

一、顆樹。*I-k'ou zu.* Un arbre.

一、粒、小麥。*I-lie siao-ma.* Un grain de blé.

一、面鏡子。*I-mié kieng-tse.* Un miroir.

一、本書。*I-pen su.* Un livre.

一、匹、馬。*I-p'ie mô.* Un cheval.

一、疋、布。*I-p'ie pou.* Une pièce de toile.

一、把刀。*I-pouo tao.* Un couteau.

一、扇門。*I-sé men.* Une porte.

一、雙鞋子。*I-saong ha-tse.* Une paire de souliers.

一、朵花。*I-tou h'ouo.* Une fleur.

一、堵墻。*I-tou ziang.* Un mur.

一、隻、船。*I-tsa zé.* Un bateau.

一、隻、狗。*I-tsa keù.* Un chien.

一、張葉、子。*I-tsang yé-tse.* Une feuille d'arbre.

一、盞燈。*I-tsè teng.* Une lampe.

一、枝花。*I-tse h'ouo.* Une branche de fleurs.

一、串念珠。*I-t'sé gnè-tsu.* Un chapelet pour réciter des prières.

第種事體。 *Ti-tsong ze-t'i.* Ces sortes d'affaires.

一,座廟。 *I-zou miao.* Une pagode.

一,位先生。 *I-wei sié-sang.* Un maître (professeur).

一,位神父。 *I-wei zen-vou.* Un prêtre (missionnaire).

一,塊洋錢。 *I-k'oei yang-dié.* Une piastre.

一,塊饅頭。 *I-k'oẹi mé-deû.* Un morceau de pain.

一,位先生來快者。 *I-wei sié-sang lai k'oa-tsé.* Un *Sié-sang* va arriver tout-à-l'heure.

第張葉,子小來。 *Ti-tsang yé-tse siao lai.* Cette feuille d'arbre est fort petite.

第朶花大來。 *Ti-tou h'ouo dou-lai.* Cette fleur est fort grande.

第隻,船快來。 *Ti-tsa zé k'oa-lai.* Cette barque vient vite, est fort rapide.

一,塊洋錢齊無得,。 *I-k'oei yang-dié zi m-te.* Je n'ai pas une seule piastre.

一,位神父垃,拉來。 *I-wei zen-vou lé-la lai.* Un père (missionnaire) est sur le point d'arriver.

一,盞燈勿,好。 *I-tsè teng vé-h'ao.* Une lampe est mauvaise.

一,隻,船是新个。 *I-tsa zé ze sin-ke.* Une barque est neuve.

一,聲說,話齊勿,曾話。 *I-sang śe-wo zi vé-zeng wo.* Je n'ai pas dit une seule parole (*lit.* je n'ai pas encore...).

第匹,馬新得,着,。 *Ti-p'ie mô sin te-za.* J'ai acheté (obtenu) ce cheval tout récemment.

第粒,小麥,勿,小。 *Ti-lie siao-ma vé siao.* Ce grain de blé est gros (*lit.* n'est pas petit).

第根繩勿,好。 *Ti-ken zeng vé-h'ao.* Cette corde est mauvaise.

勿,曾用歇,个一,副祭披。 *Vé zeng yong-hié-ke i-fou tsị-p'i.* Un ornement sacerdotal dont on ne s'est pas encore servi.

第枝筆,好否。 *Ti-tse pie h'ao-va?* Ce pinceau est-il bon?

第面鏡子那要用否。 *Ti-mié kieng-tse na yao yong-va?* Voulez-vous vous servir de ce miroir?

一,扶新个房子。 *I-da sin-ke waong-tse.* Un nouveau corps de logis.

一,條馬路大來。 *I-diao mô-lou dou lai.* Une route à chevaux est fort grande.

一,封信是其个。 *I-fong sin ze ghi-ke.* Une lettre est pour lui.

一、捆柴捆來勿、好。*I-k'oen za k'oen-lai vé-h'ao.* Un fagot de combustible est mal lié.

第顆樹大來。*Ti k'ou zu dou lai.* Cet arbre est fort grand.

第疋、布勿、好。*Ti p'ie pou vé-h'ao.* Cette toile ne vaut rien.

第種法、子是騙人个事體。*Ti tsong fa-tse ze p'ié-gnen-ke-ze-t'i.* Un pareil moyen est une duperie.

一、堵墻勿、好者。*I-tou ziang vé h'ao-tsé.* Un mur ne vaut plus rien.

QUATRIÈME LEÇON.

NOMS DE NOMBRE.

一。 *I*. Un.
二。兩。 *Gni*, *leang*. Deux.
三。 *Sè*. Trois.
四。 *Se*. Quatre.
五。 *Ou*. Cinq.
六。 *Lô*. Six.
七。 *Ts'i*. Sept.
八。 *Pè*. Huit.
九。 *Kieû*. Neuf.
十。 *Zé*, *sé*. Dix (1).
十一。 *Zé-i*. Onze.
十二。 *Zé-gni*. Douze.
廿。 *Gnè*. Vingt.
三十。 *Sè-sé*. Trente.
四十。 *Se-sé*. Quarante.
五十。 *N-sé*. Cinquante.
六十。 *Lô-sé*. Soixante.
七十。 *Ts'i-sé*. Soixante-dix.
八十。 *Pè-sé*. Quatre-vingt.
九十。 *Kieû-sé*. Quatre-vingt-dix.
九十一。 *Kieû-zé-i*. Quatre-vingt-onze.
一百。 *I-pa*. 100.
一百零一。 *I-pa-ling-i*. 101.
一百零九。 *I-pa-ling-kieû*. 109.
一百三十。一百三。 *I-pa-sè-sé*, *i-pa-sè*. 130.
一百八。 *I-pa-pè*. 180.
二百。 *Gni-pa*. 200.
一千。 *I-ts'ié*. 1000.
一千零三。 *I-ts'ié ling-sè*. 1003.
一千零十。 *I-ts'ié ling-zé*. 1010.
一千零廿。 *I-ts'ié ling-gnè*. 1020.
一千一百。 *I-ts'ié i-pa*. 1100.
千四。 *Ts'ié-se*. 1400.
一萬。 *I-mè*. 10,000.
一萬零一百。 *I-mè-ling-i-pa*. 10,100.
一萬零零廿。 *I-mè ling-ling-gnè*. 10,020.
一百千。 *I-pa ts'ié*. 100,000.
一兆。 *I-zao*. 1,000,000.
一千兆。 *I-ts'ié-zao*. 1,000,000,000.
一百千萬。 *I-pa-ts'ié-mè*. 1,000,000,000.
三二十。 *Sè-gni-sé*. De 20 à 30.
三四十。 *Sè-se-sé*. De 30 à 40.
三四个。 *Sè-se-ke*. 3 à 4.
三五六个。 *Sè-n-lô-ke*. De 3 à 5 ou à 6.

(1) Suivi d'un autre nombre ou seul, se prononce *Zé*.

頭二百。Deû-gni-pa. Environ 200.

百把。Pa-pouo. Environ 100.

千把。Ts'ié-pouo. 1000 environ.

二三百。Gni sè pa. De 200 à 300.

銀子。Gnen-tse. Taël; argent.

一兩。I leang. Une once.

錢。銅錢。Dié, dong-dié. Sapèques.

里。Li. Stade chinois.

上。Laong. Sur. Dans.

村。Ts'en. Bourg, village.

一萬零二百五十四个人。I-mè-ling-gni-pa-n-zé-se-ke gnen. 10,254 hommes.

一千零零三兩銀子。I-ts'iè ling-ling-sè-leang gnen-tse. 1003 taëls (onces d'argent).

一千二百兩。I-ts'ié gni-pa leang. 1200 taëls.

六塊洋錢。Lô k'oei yang-dié. 6 piastres.

第條河裡有三二十隻船。Ti-diao wou-li yeû sè-gni-sé-tsa zé. Dans ce canal, il y a 20 à 30 barques.

車錢幾化。Ts'ouo dié ki-h'o (fo)? Quel est le prix de la brouette?

頭二百錢。Deû gni-pa dié. Environ 200 sapèques.

百把錢。Pa-pouo dié. Environ 100 sapèques.

村上有幾家人家。有六十家人家。*Ts'en laong yeû ki-ka gnen-ka? — Yeû lô-sé-ka gnen-ka.* Dans le bourg, combien y a-t-il de familles? — Il y a 60 familles.

第匹馬要三十兩銀子拉。*Ti-p'ie mô yao sè-sé-leang gnen-tse-la.* Ce cheval vaut 30 taëls (*lit.* (pour) ce cheval, il faut...).

箇宅房子要千把洋錢。*Kou za waong-tse yao ts'ié-pouo yang-dié.* Cette maison vaut environ 1000 piastres.

第扇門要幾化銅錢。六七百錢。*Ti-sé men yao ki-h'ouo dong-dié? — Lô-ts'i pa dié.* Combien de sapèques coûte cette porte? — De 6 à 7 cents sapèques?

那有得多个捆把柴否。*Na yeû-te tou-ke k'oen-pouo-za va?* Avez-vous des fagots de trop?

五六千是勿肯个，要一萬拉。*Ou-lô ts'ié ze vé k'eng-ke, yao i-mè-la.* Je ne veux pas (le vendre) 5 à 6 mille (sapèques, etc.), j'en veux 10,000.

一兆末幾化。一百萬。*I zao-mé, ki-h'ouo? — I-pa-mè.* Un million, combien (est-ce)? — Cent fois 10,000.

二三十，个人勿，多。*Gni-sè sé-ke gnen vé tou.* Pas plus de 20 à 30 hommes.

三二十，个有得，多否。*Sè gni sé-ke yeú-te tou va?* Y en a-t-il plus de 20 à 30?

十，廿个末，有得，多个。*Sé gnè-ke mé, yeú-te tou-ke* Il y en a plus de 10 à 20.

銅錢銀子是人人要个。*Dong-dié gnen-tse ze gnen-gnen yao-ke.* Tous veulent (aiment) l'argent.

第副祭披要一，百，零九兩銀子拉。*Ti fou tsi-p'i yao i-pa ling-kieû leang gnen-tse-la.* Cet ornement sacerdotal vaut 109 taëls.

箇處房子要一，兆拉。*Kou-ts'u waong-tse yao i-zao-la.* Ces maisons valent un million (de piastres ou de taëls).

三四个齊勿，肯。*Sè se-ke zi vé k'eng.* Trois à quatre, je n'en veux pas.

第朶花六，七，十，个銅錢肯否。勿，肯。一，百，錢末，肯个者。*Ti-tou h'ouo, ló-ts'i-sé-ke dong-dié, k'eng-va? — Vé-k'eng : i-pa dié mé, k'eng-ke tsé.* Cette fleur, voulez-vous (la vendre pour) 60 à 70 sapèques? — Je ne veux pas : pour 100 sapèques, je le veux (bien).

頭二百，銅錢齊勿，肯出，。*Deû gni pa dong-dié zi vé k'eng-ts'é.* Il ne veut absolument pas donner (verser) environ 200 sapèques.

肯出，幾化。百，二三十，个洋錢。*K'eng ts'é ki-h'ouo? — Pa gni-sè-sé-ke yang-dié.* Combien veut-il donner (payer)? — 120 à 130 piastres.

箇七，八，个人，好个少，怺个多。*Kou ts'i pè-ke gnen, h'ao-ke sao, k'ieû-ke tou.* De ces 7 à 8 hommes peu sont bons, la plupart mauvais.

箇个相帮人苦惱咾，多加个四五十，錢拉伊。*Kou-ke siang-paong gnen k'ou-nao lao; tou ka-ke se-n-sé dié la i.* Ce domestique est misérable; ajoutez lui 40 à 50 sapèques.

想是十，幾个法，子一，个勿，好。*Siang ze sé-ki-ke fa-tse, i-ke vé-h'ao.* Ayant pensé à une dizaine de moyens, il n'y en a pas un de bon.

洋錢一，千一，百，廿。*Yang-dié i-ts'ié i-pa gnè.* 1120 piastres.

第塊洋錢𢘆咾、一、千銅錢齊勿、要。*Ti k'oei yang-dié k'ieû lao, i-ts'ié dong-dié zi vé yao.* Cette piastre est mauvaise, je n'en veux point pour 1000 sapèques.

箇管筆、六、十、錢肯个者。*Kou-koé pie, lô-sé dié k'eng-ke tsé.* Ce pinceau (je) veux bien le donner (vendre) pour 60 sapèques.

騙伊一、百、零八、兩銀子。*P'ié i i-pa-ling-pè-leang gnen-tse.* Il l'a fraudé de 108 taëls.

騙我呢千四百、錢。*P'ié ngou-gni ts'ié-se-pa dié.* Il nous a fraudés de 1400 sapèques.

箇雙鞋子一、千銅錢。*Kou saong ha-tse i-ts'ié dong-dié.* Cette paire de souliers (coûte) 1000 sapèques.

儂要幾個相帮人。*Nong yao ki-ke siang-paong-gnen?* Combien voulez-vous de domestiques?

十、一、二個。*Zé-i-gni-ke.* Onze à douze.

六、七、個末、勿、多。*Lô ts'i-ke mé, vé tou.* Six à sept ne seront pas de trop.

八、九個末、有者。*Pè kieû-ke mé, yeû-tsé.* Huit à neuf suffisent.

三四個銅錢個小物、事。*Sè se-ke dong-dié-ke siao mé-ze.* Petit objet de 3 à 4 sapèques.

九十、一、里路。*Kieû-zé-i li lou.* Chemin de 91 *li.*

百、把里路。*Pa-pouo li lou.* Chemin, distance d'environ 100 *li.*

CINQUIÈME LEÇON.

DES COMPARATIFS.

更。更加。又加。*Keng, keng-ka, i-ka.* Davantage.
愈加。又。又來得。*Yu-ka, i, i-lai-te.* Encore plus.
再。*Tsai.* De plus.
越，發。不，止。勿，罷。*Yeu-fè, pé-tse, vé-ba.* Plus.
壒 *Ai.* Dedans.
一，點。*I-tié.* Un peu.
一，眼。*I-ngè.* Un rien.
撥。*Pé.* Donner.
肉，湯。*Gnó-t'aong.* Bouillon de viande.
鹽。*Yé.* Sel.
比。*Pi.* Comparer.
比之。*Pi-tse.* Comparé à...
比得，過。*Pi-te-kou.* Pouvoir être comparé.
正經。*Tseng-kieng.* De règle, nécessaire.
愈加遠者。*Yu-ka yeu-tsé.* Encore plus loin.
一，百，錢不，止拉。*I-pa-dié pé-tse-la.* Il y a plus de 100 sapèques.
辦。*Bè.* Régler, traiter (une aff.).
煩難。*Vè-nè.* Difficile.
作。*Tso.* Faire.
怪。*Koa.* Etrange, sot.
今朝。*Kien-tsao.* Aujourd'hui.
昨日。*Zó-gné.* Hier.
天。天氣。*T'ié, T'ié-k'i.* Le temps, le ciel.
熱。*Gné.* Chaud.
前頭。*Zié-deû.* Avant.
現在。*Yé-zai.* Maintenant.
行爲。*Hang-wei.* Conduite.

越，有越，省。*Yeu yeû yeu sang.* Plus il a, plus il épargne.
越，走越，快。*Yeu tseû yeu k'oa.* Plus il marche, plus il va vite.
越，來得，聰明。*Yeu lai-te tsong-ming.* Encore plus intelligent.
又來作，怪者。*I-lai tso koa-tsé.* 又加作，怪。*I-ka tso-koa.* Agir encore plus sottement.
越，多越，好。*Yeu tou yeu h'ao.* Plus il y en a, mieux cela vaut.
更好。更加好。*Keng h'ao, keng-ka-h'ao.* Meilleur.
好點。*H'ao tié.* Un peu meilleur, un peu mieux.
少許有點好。*Sao-su (hiu) yeû-tié h'ao.* Un tant soit peu mieux (meilleur).

今朝天好一、眼。 *Kien-tsao t'ié h'ao i ngè.* Aujourd'hui le temps est un peu meilleur.

今朝比之昨日、熱、點。 *Kien-tsao pi-tse zô-gné gné tié.* Aujourd'hui il fait plus chaud qu'hier.

比是比得、過個、不、過差一、眼。 *Pi ze pi-te-kou-ke; pé-kou ts'ouo i ngè.* Pour (les) comparer, on peut les comparer; seulement il y a quelque différence.

第間房間比箇間房間大一、點。 *Ti-kè waong-kè pi kou-kè waong-kè dou i-tié.* Cette chambre-ci est un peu plus grande que celle-là.

第件事體更煩難辦。 *Ti-ghié ze-t'i keng vè-nè bè.* Cette aff. est plus difficile à traiter.

儂現在個行爲勿、比前頭者。 *Nong yé-zai-ke hang-wei vé pi zié-deû-tsé.* Votre conduite actuelle n'est plus comme auparavant.

無啥人比得、過。 *M-sa-gnen pi-te-kou.* Personne ne peut (lui) être comparé.

儂今朝好點否。 *Nong kien-tsao h'ao-t'ié-va?* Aujourd'hui allez-vous mieux?

多撥、點銅錢拉伊。 *Tou pé tié dong-dié la i.* Donnez-lui qlq. sapèques de plus.

一、千勿、罷。 *I ts'ié vé ba.* Il y en a plus de mille.

不、止一、人。 *Pé-tse i gnen.* Il n'y pas qu'un homme.

第件事體比伊件事體又加正經。 *Ti-ghié ze-t'i pi i-ghié ze-t'i i-ka tseng-kieng.* Cette affaire est plus nécessaire que l'autre.

肉、湯裡加點鹽拉墻。 *Gnô-t'aong li ka tié yé la-ai.* Mettez un peu de sel dans le bouillon.

SIXIÈME LEÇON.

DES SUPERLATIFS.

十ₒ分。十ₒ二分。*Zé-fen, zé-gni-fen.* Très, fort.

頂。最。蠻。極ₒ。來。至。怪。 *Ting, tsu, mè, ghie, lai, tse, koa.* Grandement (*avant un mot*).

來死。殺ₒ。來無。啥能。透。無招架。了勿ₒ得ₒ。 *Lai-si, sè, lai-m, sa-neng, t'eû, m-tsao-ka, leao-vé-te.* Grandement (*après un mot*).

天主。*T'ié-tsu.* Dieu.

公。*Kong.* Juste, commun.

義。*Gni.* Equitable.

遠。*Yeu.* Loin, long.

深。*Sen.* Profond.

明白ₒ。*Ming-ba.* Clair, connaître, intelligent.

冷淡。*Lang-dè.* Froid, tiède (*mor.*).

學ₒ生子。*Ho-sang-tse.* Elève.

高。*Kao.* Haut.

堂。*Daong.* Eglise, salle d'audience.

兇。*Hiong.* Méchant, sévère.

冷。*Lang.* Froid.

好來死。最好。頂好。*H'ao lai-si, tsu-h'ao, ting h'ao.* Fort bon, très-bon.

怵來無。怵殺ₒ。十ₒ分怵。怵來。*K'ieû lai-m, k'ieû sè, zé-fen k'ieû, k'ieû-lai.* Fort mauvais, très-mauvais.

兇來無招架。*Hiong-lai m-tsao-ka.* Méchant, sévère à l'excès.

蠻快。*Mè k'oa.* Fort prompt.

怪聰明。*Koa tsong-ming.* Grandement intelligent.

冷透。*Lang t'eû.* Il fait grandement froid (*lit.* un froid pénétrant).

熱ₒ得ₒ極ₒ。*Gné te-ghie.* Fort chaud.

天主至公至義。*T'ié-tsu tse kong tse gni.* Dieu est très-juste, très-équitable.

路遠來啥能。*Lou-yeu-lai sa-neng.* Le chemin est fort long; c'est fort loin.

第條河深來交關。*Ti-diao wou sen-lai kiao-koè.* Ce canal est fort profond.

第个先生十,分明白,。*Ti-ke sié-sang zé-fen ming-ba.* Ce maître (professeur) est fort intelligent.

第个教友十,二分冷淡。*Ti-ke kiao-yeû zé-gni-fen lang-dè.* Ces chrétiens (ce chrétien) sont (est) très-tièdes.

第个學,生子聰明來了弗,得,。*Ti-ke ho-sang-tse tsong-ming-lai leao-vé-te.* Cet élève est très-intelligent.

第隻,堂高來野大。*Ti-tsa daong kao-lai ya-da.* Cette église est fort haute.

物,事咾淡末,,頂好再加點鹽。*Mé-ze lao dè mé, ting-h'ao tsai ka-tié yé.* (Cet) aliment est fade, le mieux est d'y mettre un peu de sel.

我搭,是伊好來死个。*Ngou tè ze-i h'ao-lai-si-ke.* Je suis très-bien avec lui.

第个人十,分作,怪,勿,好來往个。*Ti-ke gnen zé-fen tso-koa, vé h'ao lai-wang-ke.* Cet homme est fort étrange, il ne fait pas bon avoir des rapports avec lui.

天熱,殺,者。*T'ié gné sè-tsé.* Le temps est chaud à mourir.

我呢齊是正經人。*Ngou-gni zi ze tseng-kieng gnen.* Nous sommes tous d'honnêtes gens.

我待儂十,分十,二分个要好。*Ngou tai nong zé-fen, zé-gni-fen-ke yao h'ao.* Je vous traite très-bien, parfaitement.

明白,透。*Ming-ba t'eû.* Fort intelligent.

事體大來了勿,得,。*Ze-t'i dou-lai leao-vé-te.* C'est une fort grosse (grande) affaire.

箇个事體無招架。*Kou-ke ze-t'i m-tsao-ka.* Cette affaire est fort grave.

河墸上咾勿,深殺,个。*Wou ai laong lao vé sen sè-ke.* Au bord du canal, (ce) n'est pas très-profond.

勿,好來至極,者。*Vé-h'ao-lai tse-ghie-tsé.* Mauvais à l'extrême.

再好末,無得,。*Tsai h'ao mé, m-te.* Il n'y a pas meilleur.

伊讀,个書比儂又來得,交關。*I dô-ke su pi nong i-lai-te kiao-koè.* Il étudie encore plus admirablement que vous.

最煩難。*Tsu vè-nè.* Fort difficile.

SEPTIÈME LEÇON.

CONJONCTIONS.

咾。 *Lao*. Et, parce que (*après un mot*).

也。而且。 *A, eul-t'sié*. Encore, et.

幷且。 *Ping-t'sié*. id.

倘且。 *Zang-ts'ié*. À plus forte raison, même.

况且。 *Hoang-ts'ié*. Id.

而况乎。 *Eul-hoang-wou*. Id.

但是。獨）是。 *Tè-ze, dô-ze*. Mais, seulement.

勿）但是。勿）獨）是。 *Vé tè-ze, vé-dô-ze*. Non seulement.

故。故此。故所以。 *Kou, kou-tse, kou-sou-i*. En conséquence, à cause de...

蓋。蓋咾。蓋末）。 *Kai, kai-lao, kai (ké)-mé*. Id., c'est pourquoi.

爲。因爲。 *Wei, yen-wei*. A cause de... puisque.

倘。倘使。 *T'aong, t'aong-se*. Si.

倘然。旣然。然。 *T'aong-zé, ki-zé, zé*. Id., puisque.

若）然。若）使。 *Za-zé, za-se*. Id.

若）是。末）。 *Za-ze, mé*. Id.

寔）蓋。什）介。 *Zé-kai, zé-ka*. Ainsi.

寔）蓋能。 *Zé-kai-neng*. Id.

雖然。 *Su-zé*. Quoique.

就是。 *Zieû-ze*. Id., c'est-à-dire, quand même.

或）者。 *Wo-tsé*. Ou bien, Soit que.

一）面。一）面。 *I-mié... i-mié*. D'une part... d'autre part.

弗）是。就是。 *Vé ze... zieû-ze*. Sinon... alors.

弗）然。再弗）然。 *Vé-zé, tsai-vé-zé*. Sinon.

然而。 *Zé-eul*. Or, mais.

特）。特）特）裡。 *De, de-de-li*. Spécialement, exprès.

上頭。 *Zaong-deû*. En haut, haut.

下底。 *Hao-ti*. En bas, bas.

話。 *Wo*. Dire, parler.

老。 *Lao*. Vieux.

動。 *Dong*. Mouvoir, se mouvoir, faire, agir, pouvoir.

做 *Tsou*. Faire; être.

生病。 *Sang-bing*. Etre malade.

尋。 *Zin*. Chercher.

得）着）。 *Te-za*. Obtenir, Trouver, *auxil*.

勿）得）着）。 *Vé-te-za*. Ne pas trouver, obtenir.

勿）着）。 *Vé-za*. Id. (*auxil.*).

生意。 *Sang-i*. Commerce, travail.

梳。 *Se*. Peigner, se peigner.

面。 *Mié*. Visage, figure.

淨。 *Zing*. Laver, se laver.

往來。 *Waong-lai*. Relations.

斷絕）。 *Deu-ziè*. Rompre.

買。 *Ma*. Acheter.

愛慕。 *Ai-mou*. Aimer.

上頭咾下底。*Zaong-deû lao hao-ti.* En haut et en bas; le haut et le bas.

進來咾話。*Tsin-lai lao wo.* Etant entré, il parla, il dit.

老之咾做勿動啥者。*Lao-tse-lao tsou vé dong-sa-tsé.* Etant vieux (parcequ'il est vieux), il ne peut plus rien faire (1).

我走勿動因爲生病咾。*Ngou tseû vé dong, yen-wei sang-bing lao.* Je ne puis marcher, parce que je suis malade.

因爲名聲勿好、所以生意尋勿着。*Yen-wei ming-sang vé h'ao, sou-i sang-i zin-vé-za.* Parce qu'il a mauvaise réputation, il ne peut trouver de commerce (de travail).

頭也勿梳、面也勿淨。*Deû a vé se, mié a vé zing.* Il ne se peigne point la tête, et ne se lave point la figure.

到勿比前頭。*Tao vé pi zié-deû.* Mais ce n'est pas comme auparavant.

也有一種。*A yeû i tsong.* Il y en a encore une sorte, une espèce.

雖然懊悔、到底來弗及。*Su-zé ao-h'oei, tao-ti lai vé-ghié.* Quoiqu'il se repente, c'est trop tard.

倘使朋友好個末、儂可以同伊交情。*T'aong-se bang-yeû h'ao-ke mé, nong k'o-i dong i kiao-zing.* Si un ami est bon, vous pouvez lier amitié avec lui.

因爲天主全善咾、人人應該愛慕伊。*Yen-wei T'ié-tsu zié-zé lao, gnen-gnen yng-kai ai-mou i.* Puisque Dieu est très-bon, tous les hommes doivent l'aimer.

往來弗好末、該當斷絕。*Waong-lai vé-h'ao mé, kai-taong deu-zié.* Mais si les relations sont mauvaises, il faut les rompre.

若然再弗肯。*Za-zé tsai vé k'eng.* S'il ne veut pas encore; s'il refuse encore, de nouveau.

就是做弗來儂也要去。*Zieû-ze tsou vé-lai, nong a yao k'i.* Quoique vous ne (le) sachiez pas faire, il vous faut aller.

箇件事體一面好辦、一面弗好辦。*Kou-ghié ze-t'i i mié h'ao bè, i mié vé h'ao bè.* Cette aff. d'une part est facile à arranger, et d'autre part elle est difficile à arranger.

儂可以買、但是要出銅錢多。*Nong k'o-i ma, tè-ze*

---

(1) 之 marque du participe présent ou passé, ou simplement du passé.

yao ts'é dong-dié tou. Vous pouvez acheter, mais il faudra débourser beaucoup d'argent.

因爲寔, 盖, 儂去末, 者。 *Yn-wei zé-kai, nong k'i-mé-tsé.* Puisqu'il en est ainsi, allez.

一, 千錢弗, 買, 况且二千錢。 *I ts'ié dié vé ma, hoang-ts'ié gni ts'ié dié.* Je ne veux pas l'acheter 1000 sapèques, à plus forte raison 2000.

弗, 是儂去, 就是我去。 *Vé ze nong k'i, zieû-ze ngou k'i.* Si ce n'est pas vous qui (y) allez, alors ce sera moi (moi j'irai).

爲箇件事體我特, 特, 裡來。 *Wei kou-ghié ze-t'i ngou de-de-li lai.* Je suis venu exprès pour cette affaire.

倘使弗, 來末, 我斷絕, 伊。 *T'aong-se vé lai mé, ngou teu-zié i.* S'il ne vient pas, je romps (avec) lui.

旣然無銅錢用, 爲啥也要買物, 事。 *Ki-zé m dong-dié yong, wei-sa a yao ma mé-ze?* Si (puisque) vous n'avez pas d'argent à dépenser, pourquoi vouloir encore acheter des objets.

盖咾難也。 *Kai-lao nè yè.* C'est-pourquoi c'est difficile.

一, 个洋錢尙且弗, 肯, 而况乎兩个。 *I-ke yang-dié zang-ts'ié vé k'eng, eul-hoang-wou leang-ke.* Je ne veux pas même (en donner) une piàstre, à combien plus forte raison deux piastres.

HUITIÈME LEÇON.

CONJONCTIONS (SUITE).

寧。*Gneng*. Plutôt.

嘗怕。只怕。恐怕。*Zaong-p'ouo, tse-p'ouo, k'ong-p'ouo*. Peut-être.

寧可以。弗必。弗如。*Gneng-k'o-i, vé-pi, vé-zu*. Plutôt, plutôt que.

倒。*Tao*. Mais; au contraire.

倒底。*Tao-ti*. Mais.

再者。*Tsai-tsé*. De plus, en outre.

還有。*Wè yeû*. Il y a encore.

還。*Wè*. En outre, aussi.

還是。*Wè-ze*. Ou bien.

究竟。*Kieû-kieng*. Enfin.

乃。乃末。*Nai; nai-mé*. Alors.

也(那)怕。*A (na)-p'ouo*. Quand bien même.

也裡怕。*A-li-p'ouo*. id.

比方。比如。*Pi-faong; pi-zu*. Par ex.; par ex. si.

猶如。*Yeû-zu*. id.

猶之乎。*Yeû-tse-ou*. Comme.

及。*Ghié*. Atteindre, arriver.

妥當 *T'ou-taong*. Sûr; solide.

該當。*Kai-taong*. Il faut; devoir, falloir.

磕頭。*K'é-deû*. Se prosterner en courbant la tête.

光景。*Koang-kieng*. Circonstances.

當中。*Taong-tsong*. Au milieu.

緣故。*Yeu-kou*. Cause.

忘記。*Maong-ki*. Oublier.

曉得。*Hiao-te*. Savoir.

替。*T'i*. À, pour, à la place de...

偶然。*Ngeû-zé*. Par hasard.

飯。*Vè*. Riz cuit (solide).

犯罪。*Vè zu*. Commettre le péché.

良善。*Leang-zé*. Bon.

看起來。*K'eu-k'i-lai*. A considérer, au point de vue de...

長輩。*Tsang-pei*. Supérieurs.

命。*Ming*. Commander.

聽命。*T'ing-ming*. Obéïr.

貨色。*Fou-se*. Marchandises.

便宜。*Bié-gni*. A bon marché, bas (prix).

埋怨。*Ma-yeu*. Réprimander, gourmander.

進學。*Tsin-ho*. Etre reçu bachelier.

文章。*Wen-tsang*. Composition littéraire.

照。*Tsao*. Selon.

理。*Li*. La raison.

孝敬。*Hiao-kieng*. Avoir de la piété filiale.

父母。*Vou-mou*. Les parents (père et mère).

恭敬。*Kong-kieng*. Honorer.

儂偶然來呢、還是特,特,裡來。*Nong ngeû-zé lai-gni, wè-ze de-de-li lai.* Est-ce par hasard que vous êtes venu, ou bien êtes-vous venu exprès.

弗,曉得,伊拉飯用呢弗,曾用。*Vé hiao-te i-la vè yong gni vé-zeng yong.* Je ne sais pas s'ils ont dîné (mangé le riz) ou non.

寗可死勿,要犯罪。*Gneng-k'o si, vé yao vè zu.* Mieux vaut mourir que de commettre le péché.

還有一,句替儂話。*Wè yeû i-kiu t'i nong wo.* J'ai encore un mot à vous dire.

第个人明白,咾、而且良善个。*Ti-ke gnen ming-ba-lao, eul-ts'ié leang-zé-ke.* C'est un homme intelligent, et de plus un brave (homme).

話要做、到弗,做。*Wo yao tsou, tao vé tsou.* Il dit qu'il fera, mais il ne fait pas.

寔,葢能看起來。*Zé-kai-neng k'eu-k'i-lai.* À ce point de vue; en considérant cela...

長輩告我做、葢咾要聽命。*Tsang-pei kao ngou tsou, kai-lao yao t'ing-ming.* Les supérieurs nous commandant de faire (une chose), en conséquence il faut obéir.

勿,獨,是貨色,好、倒底價錢也便宜。*Vé-dô-ze fou-se h'ao, tao-ti ka-dié a bié-gni.* Non seulement les marchandises sont bonnes, mais elles sont à bas prix.

儂要聽命、勿,然末,長輩要埋怨。*Nong yao t'ing-ming; vé-ze-mé, tsang-pei yao ma-yeu.* Il vous faut obéir, sans quoi (sinon) les supérieurs (vous) réprimanderont (gronderont).

箇種事體嘗怕辦來勿,妥當。*Kou tsong ze-t'i, zang-p'ouo bè-lai vé t'ou-taong.* Peut-être cette affaire ne s'arrangera pas sûrement.

恐怕來、恐怕勿,來。*K'ong-p'ouo lai, k'ong-p'ouo vé lai.* Peut-être viendra-t-il, peut-être ne viendra-t-il pas.

做好生意、勿,如做公道个。*Tsou h'ao sang-i, vé-zu tsou kong-dao-ke.* Mieux vaut être juste que de faire un commerce lucratif; *m.-à-m.* Faire un commerce lucratif ne vaut pas être juste.

究竟是伊勿,是人。*Kieû-kieng ze-i vé ze gnen.* Enfin ce n'est pas un homme (c'est une brute)!

也怕(就是)是伊磕,頭咾求我、我也勿,肯。*A-p'ouo (zieû-ze) ze-i k'é-deû lao ghieû ngou, ngou a vé k'eng.* Quand même il me prierait en faisant le *K'é-deû*, alors même je ne voudrais pas.

寔，蓋光景當中乃末，那能。*Zé-kai koang-kieng taong-tsong nai-mé na-neng.* En pareille occurrence (circonstance), alors que faire (comment)?

比方(如)儂要進學，前頭總要做文章。*Pi-faong (zu) nong yao tsin ho, zié-deû tsong yao tsou wen-tsang.* Par ex : si vous voulez arriver au baccalauréat, d'abord il faut absolument faire la composition littéraire élégante.

人人照理要孝敬父母，况且也要恭敬天主。*Gnen-gnen tsao-li yao hiao-kieng vou-mou, hoang-ts'ié a yao kong-kieng T'ié-tsu.* Tout homme selon la raison doit avoir de la piéte filiale pour ses parents : à plus forte raison il doit aussi honorer Dieu.

爲啥緣故今朝勿，來。忘記之咾。*Wei-sa yeu-kou kien-tsao vé lai? — Maong-ki-tse lao.* Pourquoi n'êtes-vous pas venu aujourd'hui? — Parce que j'ai oublié.

弗，獨，是我拉，還有朋友拉哩。*Vé-dô-ze ngou la, wè yeû bang-yeû la-li.* Je ne suis pas seul, il y a encore (mes) amis.

飯用末。*Vè yong mé?* Avez-vous dîné?

喫，個者。*K'ie-ke-tsé.* J'ai dîné (mangé).

箇件事體儂曉得，否。*Kou-ghié ze-t'i nong hiao-te va?* Savez-vous cette affaire (chose)?

我雖然曉得，一，點，倒底弗，十，分明白。*Ngou su-zé hiao-te i-tié, tao-ti vé zé-fen ming-ba.* Quoique j'en sache qlq. chose, je ne sais pas clairement.

貨色，是買來便宜個。*Fou-se ze ma-lai bié-gni-ke.* Les marchandises ont été achetées à bon marché.

第個人看起來到良善個。*Ti-ke gnen k'eu-k'i-lai tao leang-zé-ke.* Cet homme paraît bon (doux).

我因爲愛慕伊咾，所以弗，十，分埋怨。*Ngou yn-wei ai-mou i lao, sou-i vé zé-fen ma-yeu.* Comme je l'aime, en conséquence je ne le réprimande pas fort.

長輩命拉個，所以弗，得，弗，聽命。*Tsang-pei ming-la-ke, sou-i vé-te vé t'ing-ming.* Les supérieurs ont commandé; donc on ne peut pas (il ne convient pas de) ne pas obéir.

也裡怕伊兇末，者，我弗，肯罷個。*A-li-p'ouo i hiong-mé-tsé, ngou vé k'eng ba-ke.* Bien qu'il soit méchant (sévère), je ne veux pas céder.

文章做得好咾故所以進之學者。 *Wen-tsang tsou-te h'ao lao, kou-sou-i tsin-tse-ho-tsé*. Ayant bien fait sa composition, il a été reçu bachelier.

NEUVIÈME LEÇON.

PRÉPOSITIONS.

對。*Tei*. À.
到。*Tao*. Vers, arriver à.
忒。*T'e*. À, pour, avec.
打。*Tang*. De, à partir de, par.
從。*Zong*. De, depuis.
拉。*La*. A.
搭。搭之。*Tè, tè-tse*. Avec.
同。連。連之。*Dong, lié, lié-tse*. id.
朝。望之。*Zao, maong-tse*. Vers.
照。照之。*Tsao, tsao-tse*. Selon.
擔。*Tè*. Avec, prendre.
垃，拉。*Lé-la*. Dans, ici.
替。*T'i*. À, avec, à la place de.
代。代替。*Dai, dai-t'i*. À la place de.
裡向。*Li-hiang*. Dedans.
外頭。*Nga-deû*. Dehors.
以外。另外。除脫。除脫，之。*I-nga, ling-nga, zu-t'é, zu-t'é-tse*. Excepté, outre.
勿，算。*Vé-seu*. Sans compter.
上頭。*Zaong-deû*. En haut.
下底。*Hao-ti*. En bas.
前。前頭。*Zié, zié-deû*. Devant, avant.
後。後頭。*Heû, heû-deû*. Derrière, après.
過去。*Kou-k'i*. Au-delà.

儂對第个人話一，聲。*Nong tei ti-ke gnen wo i sang*. Dites un mot à cet homme.

上海到徐家滙有幾里路。*Zaong-h'ai tao Zi-ka-wei yeû ki li lou*. De Chang-hai à Zi-ka-wei combien y a-t-il de *li*?

大約，有十，二里路。*Da-ya yeû zé-gni li lou*. Il y a environ 12 *li*.

打第搭，走。*Tang ti-tè tseû*. Marchez par ici.

從小到大人人齊有罪。*Zong siao tao dou, gnen-gnen zi yeû-zu*. Tout homme pèche toute sa vie (*lit*. de l'enfance à l'âge adulte).

拿銅錢鈸，拉伊。*Nao dong-dié pé la i*. Donnez-lui des sapèques (de l'argent), payez-le avec des sapèques.

担一，把刀來切，饅頭。*Tè i-pouo tao lai ts'i mé-deû*. Coupez le pain avec un couteau.

4

搭、別、人兩个做生活、。*Tè bié-gnen leang-ke tsou-sang-wé.* Travailler avec un autre.

同朋友走白、相。*Dong bang-yeû tseû-bé-siang.* Se promener avec un ami, des amis.

大人連小囝、大略、一、百、人口。*Dou-gnen lié siao-neu ta-lia i-pa gnen-k'eû.* Les adultes avec les enfants sont (au nombre de) 100 environ, *lit.* de cent bouches.

田地連之房子值、得、一、千洋錢。*Dié-di lié-tse waong-tse, ze-te i-ts'ié yang-dié.* Le terrain avec la maison vaut 1000 piastres.

朝南走。*Zao nè tseû.* Aller, marcher, tourner vers le midi.

望之箇个地方咾走。*Maong-tse kou-ke di-faong lao tseû.* Marchez par ici, de ce côté-ci.

對箇邊走。*Tei kou-pié tseû.* Marchez par là, de ce côté-là.

照聖人个好表樣教友要做。*Tsao seng-gnen-ke h'ao piao-yang, kiao-yeû yao tsou.* Les Chrétiens doivent imiter (suivre) les exemples des saints.

照之儂个意思末、那能要行。*Tsao-tse nong-ke i-se mé, na-neng yao hang?* A votre avis (selon vous), comment faut-il faire?

小囝照大人樣子咾行。*Siao-neu tsao dou-gnen yang-tse lao hang.* Les enfants imitent leurs parents (font comme leurs parents).

先生垃、拉否。垃、拉。*Sié-sang lé-la va? — Lé-la.* Le *Sié-sang* est-il là? — Il est là.

垃、拉此地有啥人。*Lé-la-ts'e-di yeû sa-gnen?* Qui est ici?

替我買點啥。*T'i ngou ma tié sa.* Achetez quelque chose pour moi, à ma place.

儂替我辦箇件事體。*Nong t'i ngou bè kou-ghié ze-t'i.* Traitez, gérez cette affaire pour moi.

是伊弗、肯還帳末、我代替還。*Ze-i vé k'eng wè tsang mé, ngou dai-t'i wè.* S'il ne veut pas payer sa dette, moi je payerai pour lui.

外頭是好个、裡向末、弗、好。*Nga-deû ze h'ao-ke, li-hiang mé vé h'ao.* Au dehors, c'est bien, il est vrai; mais au dedans c'est mauvais, (*se dit au pr. et au figuré*).

除脫、之天主、無啥人能个造萬物、。*Zu-t'é-tse T'ié-tsu, m-sa gnen neng-ke zao vè-wé.* Dieu seul a créé toutes choses (*lit.* excepté Dieu, nul n'a pu créer toutes choses, le monde).

神父以外、別、人弗、能赦罪。*Zen-vou i-nga, bié gnen*

vé neng souo zu. Le prêtre seul peut remettre les péchés (*lit.* excepté le prêtre, nul ne peut etc.).

小工勿〉算、司務有廿个。*Siao-kong vé seu, se-wou yeû gnè-ke.* Sans compter les manœuvres, il y a vingt ouvriers.

前頭到上頭去、後來末〉朝下來。*Zié-deû tao zaong-deû k'i, heû-lai mé zao-hao-lai.* Allez d'abord en haut, puis (ensuite) vous descendrez (en bas).

房子前有街路、房子後末〉有河。*Waong-tse zié yeû ka-lou; waong-tse heû mé, yeû wou.* Devant la maison est la rue; et derrière il y a le canal.

過去之橋、有一〉隻〉堂。*Kou-k'i-tse ghiao, yeû i-tsa dàong.* Après avoir passé (dépassé) le pont, il y a une église.

照之儂个意思末〉、到底那能。*Tsao-tse nong-ke i-se mé, tao-ti na-neng?* À votre avis, selon vous, comment (faire, etc.)?

從上而下。*Zong zang eul ya.* Du haut en bas.

一〉同去做。*I-dong k'i tsou.* Aller faire ensemble.

除脫〉之儂還有啥人否。*Zu-t'é-tse nong, wè yeû sa-gnen va?* Outre vous, qui y a-t-il?

裡向外頭齊好。*Li-hiang nga-deû zi h'ao.* Dedans et dehors, tout est bien.

忒〉啥做來兇者。*T'e-sa tsou-lai hiong-tsé.* Agir trop durement, trop sévèrement.

箇个洋錢是另外个。*Kou-ke yang-dié ze ling-nga-ke.* Cette piastre est de trop.

我搭〉儂比一〉比看。*Ngou tè nong pi-i-pi k'eu.* Je vais avec vous comparer, voir en comparant.

儂弗〉好末〉、我要打个。*Nong vé h'ao mé, ngou yao tang-ke.* Si tu es méchant, je (te) frapperai.

擔一〉面鏡子來替我照照看。*Tè i-mié kieng-tse lai, t'i ngou tsao-tsao-k'eu.* Prenez un miroir et tenez-le devant moi pour que je m'y regarde.

弗〉要對別〉人話。*Vé yao tei bié-gnen wo.* Ne (le) dites à personne, gardez le secret.

我个房子同伊相連拉个。*Ngou-ke waong-tse dong i siang-lié-la-ke.* Ma maison est attenante, fait suite à la sienne (*lit.* est jointe avec la sienne).

打箇搭〉走近點。*Tang kou-tè tseû-kien-tié.* Approchez par ici.

無人代替，所以苦惱。*M-gnen dai-t'i, sou-i k'ou-nao.* Il n'a personne qui l'aide (*lit.* pour lui, à sa place), c'est pourquoi il est malheureux.

看个看前後。*K'eu-ke-k'eu zié h'eû.* Considérer les antécédents et les conséquences (d'une action).

不得過去。*Pé-te kou-k'i.* Cela ne peut pas passer; — On ne peut passer (par ici).

今年難過去。*Kien gné nè kou-k'i.* Il passera difficilement l'année (malade); — cette année sera difficile à passer (sera dure).

從此地過去還有幾化路。*Zong ts'e-di kou-k'i, wè yeû ki-houô lou.* Passé cet endroit, combien y a-t-il encore de *li* (*lit.* de chemin).

儂垃拉啥地方。*Nong lé-la sa-di-faong?* Où êtes-vous, demeurez-vous?

物事買來忒忕。*Mé-ze ma-lai t'e k'ieû.* Vous avez acheté des objets (marchandises, etc.) trop mauvais.

忒啥過分。*T'e-sa kou-ven.* Trop excessif.

朝前走末者。*Zao zié tseû-mé-tsé.* Marchez en avant, devant.

連連不絶。*Lié-lié vé-zié.* Se suivre sans interruption.

拉啥地方來。*La-sa-di-faong lai?* D'où venez-vous?

代筆是啥人。*Dai-pie ze sa-gnen?* Qui est le secrétaire, le scribe.

拿火來照一照末，有走處者。*Nao h'ou lai tsao-i-tsao mé, yeû tseû ts'u tsé.* Prenez une lumière (lanterne) pour éclairer, afin qu'on puisse marcher (*lit.* qu'il y ait lieu de marcher).

照儂看起來那能。*Tsao nong k'eu-k'i-lai na-neng?* Selon vous, qu'en est-il, comment?

連中三元。*Lié tsong sè gneu.* Etre successivement promu le 1er aux trois degrés supérieurs (de Licencié, de Docteur et d'Académicien).

裡向坐。*Li-hiang zou.* (Venez vous) asseoir au dedans; — entrez pour vous asseoir.

一對馬。*I tei mô.* Une couple de chevaux.

弗曾到。*Vé-zeng tao.* Il n'est pas encore arrivé.

從來弗曾見歇。*Zong lai vé zeng kié-hié.* On n'a pas encore vu (cela).

DIXIÈME LEÇON.

PARTICULES INTERROGATIVES ET NEGATIVES.

否。 *Va.* Est-ce? etc.
末゛。 *Mé.* Oui ou non?
弗゛(勿゛)。非。 *Vé, fi.* Non, ne pas.
弗゛是。 *Vé-ze.* Ce n'est pas.
弗゛曾。 *Vé-zeng.* Pas encore.
幾化。幾好。多少。幾个。 *Ki-h'ouo? ki-h'ao? tou-sao? ki-ke?* Combien?
啥。 *Sa.* Qui? quoi?
豈弗゛是。 *K'i-vé-ze?* N'est-ce pas...?
呢。 *Gni.* Ou, ou bien, est-ce?
難道。話得゛。 *Nè-dao? wo-te?* Est-ce que...?
無。沒゛。無沒゛。 *M, mé, m-mé.* Ne, ne pas.
無得゛。無撥゛。 *M-te, m-pé.* N'avoir pas.
莫゛非。有啥。 *Mo-fi? yeû-sa?* N'est-ce pas...? Comment ne...?
惟獨゛。 *Wei-dô.* Seulement.
大概。 *Da-kai.* La plupart; tout le monde.
弗゛獨゛。 *Vé-dô.* Non seulement.
懂。 *Tong.* Comprendre.
耶。 *Ya. Finale admirative.*

儂今朝好拉否。好拉。好點。 *Nong kien-tsao h'ao-la-va? — H'ao-la. — H'ao-tié.* Comment allez-vous aujourd'hui? — Bien. — Mieux, un peu mieux.

有人教儂來否。弗゛曾有歇゛。 *Yeû gnen kiao nong lai va? — Vé zeng yeû-hié.* Quelqu'un vous a-t-il averti de venir? — Pas encore.

是伊去弗゛去。去个。弗゛去。 *Ze-i k'i vé k'i? — K'i-ke. — Vé-k'i.* Y va-t-il oui ou non? — Il (y) va. — Il (n'y) va pas.

中飯用拉末゛。弗゛曾。 *Tsong-vè yong-la-mé? — Vé-zeng.* Avez-vous dîné? — Non (pas encore).

銅錢有末゛。弗゛曾。無得゛。無沒゛。一゛眼無撥゛。 *Dong-dié yeû-mé? — Vé zeng. — M-te, m-mé. — I-ngè m-pé.* Avez-vous des sapèques (vos sapèques)? — Pas encore. — Je n'en ai point. — Je n'en ai point du tout.

幾好人來。幾个人來。 *Ki-h'ao gnen lai? — Ki-ke gnen lai?* Combien de personnes sont venues?

無啥人來。*M-sa-gnen lai.* Personne n'est venu.

幾錢。*Ki-dié?* Combien de sapèques?

第句說話啥人對儂話。*Ti-kiu se-wo sa-gnen tei nong wo.* Qui vous a dit cela (cette parole)?

並勿是。*Bing vé ze.* Ce n'est certainement pas.

並勿是眞个。*Bing vé ze tseng-ke.* Ce n'est certainement pas vrai.

切不可做。*Ts'i pé k'o tsou.* On ne peut nullement faire (cela).

萬萬不能。*Vè-vè pé neng.* Ne pouvoir en aucune façon. Tout à fait impossible.

決勿好辦。*Kieu vé h'ao bè.* C'est certainement difficile à traiter (aff.).

勿必得來。*Vé pi-te lai.* Il n'est pas besoin de venir.

勿必得多。*Vé pi-te tou.* Il n'en faut pas beaucoup.

豈勿是罷勿得个事體耶。*K'i-vé-ze pa-vé-te-ke ze-t'i ya!* N'est-ce pas une affaire indispensable, nécessaire!

難道(話得)我做勿來否。*Nè-dao (wo-te) ngou tsou-vé-lai va?* Est-ce que je ne puis (sais) pas (le) faire?

勿懂呢啥。*Vé tong gni sa?* Comprenez-vous ou non (ou quoi)?

好呢勿好我勿曉得。*H'ao gni vé h'ao ngou vé hiao-te.* Je ne sais (si c'est) bon ou mauvais.

還是當眞呢、還是話白相。*Wè-ze taong-tsen-gni, wè-ze wo bé-siang.* Est-ce sérieusement que vous parlez, ou pour plaisanter?

有啥勿能。*Yeû-sa vé-neng?* Qu'y a-t-il d'impossible? — Pourquoi ne pourrai-je pas?

惟獨儂一干子曉得否。*Wei-dô nong i-keu-tse hiao-te va?* Est-ce que (par hasard) vous seriez seul à (le) savoir?

非獨是我話、大概人齊話。*Fi-dô ze ngou wo, ta-kai gnen zi wo.* Je ne suis pas le seul à le dire : tout le monde le dit.

莫非是儂否。*Mo-fi ze-nong va?* Ne serait-ce pas vous? — Est-ce que ce n'est pas vous?

雖是其苦惱、但是我無啥撥伊。*Su ze-ghi k'ou-nao, tè-ze ngou m-sa pé i.* Quoiqu'il soit pauvre, malheureux, je ne lui ai pas donné.

實蓋能末、豈勿是更加來得好。*Zé-kai-neng mé, k'i-vé-ze keng-ka lai-te h'ao?* De cette façon n'est-ce pas mieux?

教我也沒法。 *Kiao ngou a mé fa.* Selon moi, il n'y a pas moyen.

有啥勿好末，儂儘管打。 *Yeû sa vé h'ao mé, nong tsin-koé tang.* S'il se conduit mal, ayez soin de le frapper.

外行咾做起來勿見得好。 *Nga-hang-lao tsou-k'i-lai, vé kié-te h'ao.* Inexpérimenté, il ne semble pas qu'il doive réussir (à bien faire).

話得話勿得，儘管話勿要怕。 *Wo-te wo vé-te, tsin-koé wo vé-yao p'ouo.* Qu'il convienne ou non de parler, ayez soin de parler sans crainte.

今朝幾个人來做。 三四个人來。 *Kien-tsao ki-ke gnen lai tsou? — Sè se-ke-gnen lai.* Aujourd'hui combien d'hommes viennent travailler? — 3 à 4 hommes.

第枝筆多少銅錢買个。 四五十錢。 *Ti-tsé pie tou-sao dong-dié ma-ke? — Se n-sé dié.* Combien coûte (vaut) ce pinceau? — 40 à 50 sapèques?

惟獨儂一个人。 *Wei-dô nong i-ke-gnen.* Il n'y a que vous seul (*lit.* vous seulement).

難道實蓋就是者。 *Nè-dao zé-kai zieû-ze-tsé.* Est-ce que pareille chose peut passer (être pardonnée, etc.)?

話得來一句無還答。 *Wo-te-lai i kiu m wè-tè.* Je lui ai parlé (de façon qu'il n'a) pas eu un mot à répondre.

莫非伊要來是否。 *Mo-fi i yao lai ze-va?* N'est-il pas vrai qu'il doit venir?

無得末罷者。 *M te mé, pa-tsé.* S'il n'y en a pas, soit! — passe!

難道是伊做拉个呢啥。 勿是伊。 *Nè-dao ze-i tsou-la-ke-gni-sa? — Vé ze i.* N'est-ce pas lui qui a fait cela? — Ce n'est pas lui.

無苦弗來。 *M k'ou vé lai.* Sans peine, on n'obtient rien.

幾好人齊勿會、惟獨是儂末會个。 *Ki-h'ao gnen zi vé wei, wei-dô ze-nong-mé wei-ke.* Bien des gens ne savent pas (faire telle ch.), vous seul le savez.

莫非伊拿个。 *Mo-fi i nao-ke?* Ne serait-ce pas lui qui a pris (volé, etc.)?

伊所做个事體，樣樣無沒好處。 *I sou tsou-ke ze-t'i, yang-yang m-mé h'ao-ts'u.* Toutes les affaires dont il s'occupe, sont sans utilité.

ONZIÈME LEÇON.

LE CORPS HUMAIN. (A).

身。*Sen.* Corps, personne.
身體。*Sen-t'i.* Corps humain.
頭。*Deû.* La tête.
頭髮。。一頭 *Deû-fa (fè). (i-deû).* La chevelure.
面孔。*Mié-k'ong.* Le visage.
天靈蓋。*T'ié-ling-kai.* Le sommet du front.
額角。。*Nga-ko.* Le front.
太陽。*T'a-yang.* Les tempes.
眉毛。*Mei-mao.* Les sourcils.
眼睛。一隻 *Ngai-tsing (i-tsa).* Les yeux; l'œil.
眼白。。*Ngai ba.* Blanc des yeux.
眼核。。一个 *Ngai-wé (i-ke).* Iris.
瞳人。一个 *Tong zen (gnen). (i-ke).* Pupille.
眼皮。*Ngai-bi.* Paupières.
眼睞毛。*Ngai-kié-mao.* Les cils.
耳朶。一隻 *Gni-tou (i-tsa).* Oreille.
鼻頭。一个 *Bié-deû (i-ke).* Nez.
鼻管。*Bié-koé.* Narines.
鼻梁。*Bié leang.* Cloison des narines.
鼻毛。一根 *Bié mao (i-ken).* Poils des narines.
拳骨。。*Ghieu-koé.* Os des pommettes.
嘴唇。一隻 *Tse-zen (i-tsa)* Lèvre.
嘴唇皮。*Tse-zen bi.* Peau des lèvres.
上嘴唇。*Zaong tse-zen.* Lèvre supérieure.
下嘴唇。*Hao tse-zen.* Lèvre inférieure.
嘴。一隻。口。*Tse (i-tsa), k'eû.* La bouche.
下吧。一个 *Hao-bouo (i-ke).* Le menton.
鬚。一嘴 *Soû (i-tse).* La barbe.
鬍子。*Wou-tse.* Barbu.
上嘐。。*Zaong-ho.* Palais de la bouche.
下嘐。。*Hao-ho.* Plancher de la bouche.
舌頭。一个 *Zé-deû (i-ke).* La langue.
牙齒。一个 *Nga-ts'e (i-ke).* Les dents.
門牙。*Men nga.* Dents incisives.
盤牙。*Bé nga.* Dents canines et molaires.
頰腮。兩 *Kiè (hè) sé. (leang).* Montants des mâchoires.
牙床。牙齒床。*Nga-zaong, nga-tse zaong.* Mâchoires.
牙床骨。。一个 *Nga-zaong koé (i-ke).* Os des mâchoires.

上牙床。 *Zaong nga-zaong.* Mâchoire sup[re].

上牙床骨。 *Zaong-nga-zaong-koé.* Os id.

下牙床。 *Hao nga-zaong.* Mâchoire inf[re].

下牙床骨。 *Hao nga-zaong-koé.* Os id.

汗。 *Heu.* Sueur.

塞。 *Se.* Boucher, obstruer.

咬。 *Ngao.* Mordre.

嚼。 *Zia.* Mâcher.

汗毛。一根 *Heu-mao (i-ken).* Poils.

竪。 *Zu.* S'élever, se dresser.

碎。 *Sé.* Briser.

穴。 *Yeu.* Creux; dépression.

拖。 *T'ou.* Tirer.

捉。 *Tso.* Prendre, saisir, ôter.

清爽。 *Ts'ing-saong.* Clair.

睜。 *Tsang.* Ouvrir (les yeux).

閉。 *Pi.* Fermer.

揩。 *K'a.* Essuyer.

謝。 *Zia.* Remercier.

天雖然熱，到底身上汗弗出。 *T'ié su-zé gné, tao-ti sen-laong heu-vé-ts'é.* Quoiqu'il fasse chaud, (je) ne sue pourtant pas.

有點身體熱。 *Yeû tié sen-t'i gné.* Avoir un peu de fièvre.

嚇來汗毛根根竪。 *Ha-lai heu-mao ken-ken zu.* Effrayé (au point que) tous ses poils se dressent.

頭上生點啥呢啥。 *Deû laong sang tié sa gni sa.* Avez-vous quelque plaie à la tête (ou quoi)?

頭髮梳梳通。 *Deû-fè se-se t'ong.* Démêler les cheveux en peignant la tête.

是伊个頭髮勿肯長。 *Ze-i-ke deû-fè vé k'eng zang.* Ses cheveux ne poussent pas (ne veulent pas pousser).

面孔紅來無招架。 *Mié-k'ong hong-lai m-tsao-ka.* Il a le visage très-rouge.

天靈蓋上脫之一塊皮。 *T'ié-ling-kai laong t'é-tse i k'oei bi.* (On lui a) enlevé un morceau de la peau du front.

額角生得高。 *Nga-ko sang-te kao.* Il a le front haut (il est né le front haut).

太陽穴。 *T'ai-yang yeu.* Dépression (creux) des tempes.

太陽經。 *T'ai-yang kieng.* Les nerfs des tempes.

箇个人眉毛重來。 *Kou-ke gnen mei-mao zong-lai.* Cet homme a les sourcils épais.

我个眼睛糊糊塗塗。 *Ngou-ke gnè-tsing wou-wou-dou-dou.* J'ai les yeux troubles.

5

眼睛一，白，一，白，个啥。*Ngè-tsing i-ba-i-ba-ke sa?* Pourquoi faites-vous les gros yeux... montrez-vous le blanc des yeux?

眼睛閉攏來。*Ngè-tsing pi-long-lai.* Fermez les yeux.

眼睛睜睜開。*Ngè-tsing tsang-tsang-k'ai.* Ouvrez les yeux.

眼睛勿，看見。*Ngè-tsing vé-k'eu-kié.* Je n'ai pas vu (*lit.* des yeux).

眼睛只，做勿，見。*Ngè-tsing tsé tsou vé kié.* Feindre de n'avoir pas vu.

眼白，有點痛。*Ngè ba yeû tié t'ong.* Souffrir un peu des yeux (*lit.* du blanc des yeux).

左面个眼核，勿，好過來。*Tsou-mié-ke ngè-wé vé h'ao-kou-lai.* La prunelle gauche va mal (me fait souffrir).

眼睛看勿，出，是，因爲瞎，之瞳人咾。*Ngè-tsing k'eu-vé-ts'é-ze, yn-wei hè-tse tong-gnen-lao.* Il n'y voit pas, parce que sa prunelle est éteinte.

昨夜眼毛齊勿，合。*Zô ya ngè-mao zi vè hé.* La nuit dernière je n'ai pas fermé l'œil (*lit.* les cils ne se sont nullement réunis).

右面一，隻，眼皮跳來，勿，知爲啥緣故。*Yeû mié i-tsa ngè-bi t'iao-lai, vé tse wei-sa-yeu-kou.* La paupière droite palpite, je ne sais pourquoi.

眼睞毛齊脫，者。*Ngè-kié-mao zi t'é-tsé.* Les cils sont tous tombés.

儂眼睛落，脫，者否。*Nong ngè-tsing lo-t'é-tsé va.* Avez-vous la berlue (*lit.* perdu les yeux)?

因爲落，脫，之眼睛咾，用箇種能人也。*Yn-wei lo-t'é-tse ngè-tsing lao, yong kou-tsong-neng gnen yè.* Pour se servir d'un pareil homme, il faut être aveugle.

耳朶裡响來。*Gni-tou-li hiang-lai.* Eprouver un fort bourdonnement d'oreille.

耳朶勿，清爽。*Gni-tou vé ts'ing-saong.* Les oreilles ne sont pas claires (n'entendent pas clairement).

耳朶裡耳末，多來，捉，脫，點。*Gni-tou li gni-mé tou-lai, tsô-t'é tié.* (Mes) oreilles (ont beaucoup) sont remplies de cérumen, ôtez-en qlq. peu.

捉，耳末，。*Tso gni-mé.* Enlevez le cérumen (*se dit aux barbiers*).

高鼻，頭。鼻，梁骨，高來。*Kao bié-deû. — Bié-leang-koé kao-lai.* Nez retroussé (*lit.* haut).

鼻頭爛脫者。*Bié-deû lè-t'é-tsé.* (Son) nez est ulcéré.

塞鼻頭。揩鼻頭。*Se bié-deû. —K'a bié-deû.* Se boucher le nez. — S'essuyer le nez.

鼻毛長之末、剪脫點。*Bié mao tsang-tse mé, tsié-t'é tié.* Si les poils des narines grandissent, coupez-les un peu (aux ciseaux).

兩面个拳骨生來高咾、勿好看。*Leang mié-ke ghieu-koé sang-lai kao-lao, vé h'ao k'eu.* Ayaut les deux pommettes fort saillantes, il n'est pas beau à voir.

上嘴唇有點痛、故咾喫物事勿便當。*Zaong tse-zen yeû tié t'ong, kou-lao k'ie mé-ze vé bié-taong.* Je souffre de la lèvre supérieure, c'est pourquoi il ne m'est pas commode de manger.

嘴唇發之白者。*Tse-zen fa-tse ba-tsé.* (Ses) lèvres ont blanchi.

兩嘴唇紅來、身體熱呢啥。勿也。*Leang-tse-zen hong-lai, sen-t'i-gné gni sa? — Vé-yè.* Vous avez les lèvres rouges, avez-vous la fièvre? — Non.

下嘴唇痛咾勿好過。*Hao tse-zen t'ong-lao vé h'ao-kou.* Je souffre fort de la lèvre inférieure.

一隻嘴兩塊皮話好話怺、齊是伊。*I-tsa tse, leang k'oei bi, wo h'ao wo k'ieû, zi ze i.* C'est lui dont la bouche et les lèvres ont débité toutes ces médisances, (*lit.* Une bouche, 2 lèvres etc.).

一口應受。滿口應承。*I k'eû yng-zeû. — Mé k'eû yng-zeng.* Avoir la bouche pleine de promesses.

尖下吧。*Tsié hao-bouo.* Menton pointu.

白鬚。*Ba sou.* Barbe blanche.

老白鬚。*Lao ba sou.* Barbe blanche d'un vieillard.

長鬚。*Zang sou.* Longue barbe.

三眼鬚。*Sè-ngè-sou.* Les deux moustaches et la mouche.

鬚根。*Sou ken.* Racine de la barbe.

鬚發之白者。*Sou fa-tse-ba-tsé.* La barbe a blanchi.

箇个人、因爲鬍子咾、像西洋人。*Kou-ke-gnen, yn-wei hou-tse-lao, ziang si-yang-gnen.* Cet homme à barbe fournie (barbu) ressemble à un Européen.

上嘐痛。*Zaong-ho t'ong.* Souffrir du palais (de la bouche).

下嘐碎來。*Hao-ho sé-lai.* Avoir des plaies au plancher de la bouche.

長之舌頭、短之嘴、話去末者。*Zang-tse zé-deû, teu-*

tse-tse, wo-k'i-mé-tsé. Il médit sans cesse (*lit.* Langue longue, bouche courte, *c. à. d.* disant le long et le court, il parle sans cesse).

合，嘴合，舌頭一，眼話弗，來。 *Ké tse ké zé-deû i-ngè wo-vé-lai.* Il a la parole embarrassée (*lit.* la bouche et la langue jointes) et ne sait parler.

牙齒痛。 *Nga-ts'e t'ong.* Avoir mal aux dents.

咬牙切，齒。 *Ngao-nga-ts'i-ts'e.* Grincer des dents.

牙齒脫，光之咾嚼，弗，動。 *Nga ts'e t'é koang tse lao, zia vé dong.* Ayant perdu toutes ses dents, (il) ne peut mâcher.

牙齒落，脫，之咾、硬个物，事喫，勿，落，者。 *Nga-ts'e lo-t'é tse lao, ngang-ke mé-ze k'ie-vé-lo-tsé.* Pour avoir perdu ses dents, il ne peut manger des choses dures.

門牙齊落，完者。 *Men-nga zi lo-wé-tsé.* Il a perdu toutes ses dents de devant (incisives).

落，脫，之兩个盤牙。 *Lo-t'é-tse leang-ke bé-nga.* J'ai perdu deux molaires... qlq. molaires.

第个魚頰，顋能大耶。 *Ti-ke n kè-sé neng-dou ya.* Ce poisson a de fortes mâchoires.

牙床骨，裡弗，知啥咾弗，好過。 *Nga-zaong-koé li, vé tse sa-lao, vé-h'ao-kou.* Je ne sais ce qui me fait souffrir dans les os des mâchoires.

牙床裡向有一，眼痛。 *Nga-zaong li-hiang, yeû i-ngè t'ong.* Je souffre un peu des mâchoires.

上牙床骨，搭，之下牙床骨，，齊拉痛、所以嘴也合，勿，攏。*Zaong-gna-zaong-koé, tè-tse hao-gna-zaong-koé, zi la t'ong, sou-i tse a hé-vé-long.* La mâchoire supérieure et l'inférieure sont tout endolories, (en sorte, au point) que je ne puis fermer la bouche.

落，脫，之下吧咾話實，蓋个說，話也。 *Lo-t'é-tse hao-bouo lao, wo zé-kai-ke se-wo yè.* Pour avoir dit de telles paroles, (il mériterait de) perdre le menton (la faculté de parler).

眉來眼去。 *Mei-lai ngè-k'i.* Faire signe des yeux; lancer des œillades.

頭髮，白，來像雪，能。 *Deû-fè ba-lai ziang si neng.* Il a les cheveux blancs comme la neige.

黑，眼烏珠看見之白，銅錢。 *H'e ngè ou tsu k'eu-kié-tse ba-dong-dié.* Il couve l'argent des yeux (*lit.* avec sa prunelle, pupille noire).

乖个人眉毛齊會得,白,話个。*Koa-ke gnen mei-mao zi wei-te ba-wo-ke.* Un homme intelligent sait parler des yeux (avec les sourcils).

頭髮,末,越,老越,白,。*Deû-fè mé yeu lao yeu ba.* La chevelure blanchit avec les années (avec l'âge, la vieillesse).

用心太過个人末,,頭髮,容易白,點。*Yong-sin-t'ai-kou-ke gnen mé, deû-fè yong-i ba tié.* Les gens excessivement appliqués blanchissent plus facilement.

身向裡好否。*Seng-hiang-li h'ao va?* Comment vous portez-vous?

多謝,好拉。*Tou zia, h'ao-la.* Merci, bien (ça va bien).

DOUZIÈME LEÇON.

LE CORPS HUMAIN. (B).

咽喉。喉嚨。 *Yé-heû, heû-long.* La gorge.

頭頸。頸骨,。 *Deû-kieng, kieng-koé.* Le cou.

氣管。 *K'i-koé.* Larynx.

食,管。 *Ze-koé.* Œsophage.

結,喉。 *Kié-heû.* Pomme d'Adam.

肩架。 *Kié-ka.* Epaule.

背膊,。 *Pei-bo.* Bras.

手。 *Seû.* Main.

手心。 *Seû-sin.* Creux de la main.

手掌。 *Seû-tsang.* Paume (de la main).

手背。 *Seû-pei.* Dessus de la main.

指,頭。 *Tsi-deû.* Doigt.

指,甲,。 *Tsi-kè.* Ongle.

胸膛。心口。 *Hiong-daong, sin-k'eû.* Poitrine.

兩隻,孏。 *Leang-tsa na.* Les deux mamelles.

肚皮。 *Dou-bi.* Le ventre.

肚臍。 *Dou-zi.* Nombril.

背脊,骨,。 *Pei-tsi-koé.* Epine dorsale.

肋,膀骨,。 *Le-baong-koé.* Os des côtes.

大腿。大膀。 *Dou-t'ei, dou baong.* Cuisse.

小腿。小膀。 *Siao-t'ei (buong).* Jambe.

膝,饅頭。 *Tsi-mé-deû.* Genou.

脚,。 *Kia.* Pied.

脚,面。脚,背。 *Kia mié (pei).* Cou-de-pied.

脚,指,頭。 *Kia tsi-deû.* Doigt de pied.

脚,指,甲,。脚,爪。 *Kia-tsi-kè, kia-tsao.* Ongles des pieds.

肉,痲。 *Gnô-mô.* Regretter.

䗁。 *Zè.* Rempli.

專門。 *Tsé-men.* S'occuper uniquem^t^.

纏。 *Zé.* Lier avec des bandelettes.

喂。 *Yu.* Nourrir.

瘦。 *Seu.* Eprouver des douleurs rhumatismales.

癰。 *Yong.* Ulcère.

瘡。 *Ts'ang.* Plaie.

小囝。 *Siao-neu.* Enfant.

抱。 *Bao.* Embrasser, porter en ses bras.

築,壩。 *Tsô-pouo.* Obstruer; faire un barrage.

澆。 *Kiao.* Arroser.

脖,。 *Bé.* Tourner (la tête).

扛。 *Kaong.* Porter à deux sur les épaules, bossu.

記。 *Ki.* Se souvenir, coup.

泥。 *Gni.* Terre, boue.

壁。 *Pie.* Cloison.
肉。 *Gnó.* Chair.
脹腫。 *Tsang-tsong.* Enfler.
哩。 *Li.* *Part. finale.*

箇个人專門看咽喉个。 *Kou-ke gnen tsé-men k'eu yé-heú-ke.* Cet homme (ce mèdecin) soigne uniquement les maladies de gorge.

絶別人咽喉。 *Zié bié-gnen yé-heú.* Priver qlq. des moyens d'existence (*lit.* lui couper la gorge).

頭頸脖弗轉。 *Deú-kieng bé vé tsé.* Ne pouvoir tourner la tête (le cou).

頸骨痠來。 *Kieng-koé seu-lai.* Souffrir fort au cou de douleurs rhumatismales.

頸骨上生个瘡拉。 *Kieng-koé laong sang-ke ts'aong la.* Il s'est formé une plaie au cou.

喉嚨痛。 爛喉嚨。 *Hou-long t'ong.* — *Lè hou-long.* Souffrir de la gorge. — Avoir des plaies à la gorge.

爛脫喉嚨花。 *Lè-t'é hou-long-h'ouo.* Avoir une plaie à la luette (*lit.* aux fleurs de la gorge).

氣管裡氣透勿出。 *K'i koé-li k'i t'eú-vé-ts'é.* La respiration (*lit.* du larynx) est difficile (ne sort pas).

食管裡塞住拉咾、物事咽勿落。 *Ze-koé-li se-zu-la lao, mé-ze yé-vé-lo* (1). L'œsophage est obstrué (bouché), (je) ne puis avaler.

天勿怕、地勿怕、只怕喉嚨頭箂壩。 *T'ié vé p'ouo, di vé p'ouo, tsé p'ouo hou-long-deú tsó-pouo.* Il ne craint ni Ciel ni Terre, il craint seulement que l'orifice de la gorge soit obstrué.

女人个結喉來得小。 *Gnu-gnen-ke kié-heú, lai-te-siao.* Les femmes ont la pomme d'Adam petite.

肩架骨痛。 *Kié-ka-koé t'ong.* Souffrir des épaules (*lit.* des os des épaules).

肩架挑勿起。 *Kié-ka t'iao-vé-k'i.* Ne pouvoir pas (n'avoir pas la force de) porter sur ses épaules.

扛肩架。 *Kaong kié-ka.* Bossu des épaules (épaules pareilles à ceux qui portent des fardeaux).

---

(1) *Yé* avaler.

臂膊大來像牛腿。*Pi-bô dou-lai ziang gneû t'ei.* Avoir les bras gros comme la cuisse d'un bœuf.

一隻手泥兩堵壁。*I-tsa-seû gni leang tou pie.* Arranger une affaire entre deux parties (*lit.* réparer en maçonnant les deux cloisons).

手心也是肉，手背也是肉。*Seû sin a ze gnô, seû pei a ze gnô.* Le creux de la main est de la chair, et le dessus de la main est aussi de la chair (*fig.* Les parents doivent aimer tous leurs enfants).

兩隻手做勿動者。*Leang-tsa seû tsou vé-dong-tsé.* Je ne puis plus rien faire (mes deux mains ne peuvent plus remuer).

手背脹腫拉。*Seû pei tsang-tsong-la.* Avoir le dessus de la main enflé.

冷來指頭骨痛。*Lang lai, tsi-deû-koé t'ong.* Il fait très-froid : je souffre des doigts (*lit.* des os des doigts).

指甲長來死，剪脫點。*Tsi-kè zang lai-si, tsié-t'é tié.* Vous avez les ongles bien longs : coupez-les (rognez-les) un peu.

剪指甲。*Tsié tsi-kè.* Couper (avec des ciseaux) les ongles.

十隻指頭有點長短拉。*Zé-tsa tsi-deû yeû tié zang teu la.* Parmi les 10 doigts, il y en a de longs et de courts (*fig.* les affaires diffèrent d'importance).

小囝抱拉胸膛頭。*Siao-neu bao-la hiong-daong-deû.* Prenez l'enfant dans vos bras.

胸膛頭塞住之，勿好過來。*Hiong-daong-deû se-zu-tse, vé h'ao-kou-lai.* Ayant la poitrine embarrassée (obstruée), il souffre beaucoup.

心口頭痛。*Sin-k'eû-deû t'ong.* Souffrir de la poitrine, ou de l'estomac.

因爲喫之冷物事咾，心口裡塞住拉。*Yn-wei k'ie-tse lang mé-ze lao, sin-keû-li se-zu-la.* Pour avoir mangé des aliments froids, l'estomac est obstrué.

娘拉喂孏。*Gnang la yu-na.* La mère allaite (son enfant).

肚皮裡痛。*Dou-bi-li t'ong.* Souffrir du ventre.

肚裡明白。*Dou-li ming-ba.* Il est fort intelligent (*lit.* dans le ventre).

喫來肚臍綫出。*K'ie lai, dou-zi zè-ts'é.* Il a le ventre gonflé (plein) pour avoir beaucoup mangé.

背脊骨裡冷來，像冷水澆个能。*Pei-tsi-koé li lang-lai, ziang lang se kiao-ke neng.* Eprouver dans l'épine dorsale des frissons comme si on l'arrosait avec de l'eau froide.

肋,膀骨,根根動个。*Le-baong-koé ken-ken dong-ke.* Toutes les côtes en remuent (travail à rompre les os).

大腿上生一,个腿癰拉。*Dou-t'ei laong sang i-ke t'ei-yong la.* Avoir un ulcère à la cuisse.

大膀上拉生點啥咾、走勿,動。*Dou-baong laong la-sang-tié-sa lao, tseû vé dong.* Il se forme une plaie à la cuisse, c'est pourquoi je ne puis marcher.

小腿裡好像生點啥个能。*Siao-t'ei li h'ao-ziang sang-tié-sa-ke neng.* Il paraît qu'il se forme quelque plaie à la jambe.

小膀上有點痛咾、走起路來勿,大便。*Siao-baong laong yeû tié t'ong lao, tseû-k'i-lou-lai vé da bié.* Je souffre un peu de la jambe, et (par suite) je ne puis pas commodément marcher.

膝,饅頭上生一,个人頭瘡拉。*Tsi-mé-deû laong sang i-ke gnen-deû ts'aong la.* Il se forme au genou un ulcère gangreneux (dit) *tête d'homme.*

就拉手脚,跟頭。*Zieû la seû kia ken-deû.* C'est là tout près (*lit.* à vos pieds, sous vos mains).

大脚,。*Dou kia.* Grands pieds; femme à grands pieds.

小脚,。*Siao kia.* Petits pieds; femmes à petits pieds.

纏脚,。*Zé kia.* Lier les pieds de bandelettes (comme font les femmes).

脚,面上腫拉。*Kia mié laong tsong-la.* Avoir le dessus du pied enflé.

脚,背上个瘡還勿,曾好哩。*Kia-pei laong-ke ts'aong, wè vé zeng h'ao li.* La plaie du cou-de-pied n'est pas encore guérie.

大脚,指,頭。*Dou kia tsi-deû.* Le gros doigt de pied.

TREIZIÈME LEÇON.

LE CORPS HUMAIN. (C).

皮。皮膚。*Bi, bi-fou.* La peau.
骨'。骨'頭。*Koé, koé-deû.* Os.
肉'。一'塊 *Gnô (i-k'oei).* Chair.
血'。*Hieu.* Sang.
筋。一'條 *Kien (i-diao).* Nerfs.
筋絡'。*Kien-lo.* Les nerfs et les veines.
涎唾。*Zè-t'ou.* Salive.
眼淚。*Ngè-li.* Larmes.
鼻'涕 *Bié-t'i.* Morve.
五臟。*Ou-zaong.* Les 5 viscères.
六'腑。*Lô-fou.* Les 6 viscères ou intestins.
腎。腎經。腰子。一'個 *Zen, zen-kieng, yao-tse (i-ke).* Reins.
內腎。*Nei-zen.* Id. *lit.* intérieurs.
心。一'个 *Sin (i-ke).* Cœur.
肝。一'个 *Keu (i-ke).* Foie.
肺。一'个 *Fi. (i-ke).* Poumon.
肺管。*Fi-koé.* Trachée-artère.
上身(步)。*Zaong-sen (pou).* Le haut du corps.
下身(步)。*Hao-sen (pou).* Le bas du corps; le bas ventre.
心胞絡'。*Sin-pao-lo.* Péricarde.
胃。胃口。*Wei, wei-k'eû.* Estòmac.
脾胃。*Bi-wei.* Rate et estomac.
胆。一'个 *Tè (i-ke).* Fiel.

大腸。*Dou-zang.* Gros intestin.
小腸。*Siao-zang.* Petit intestin.
膀胱。*Baong-koang.* Vessie.
脉'息'。*Ma-sie.* Le pouls.
血'脉'。*Hieu-ma.* Artères.
頭腦子。*Deû-nao-tse.* Cervelle.
耳末'。*Gni-me.* Cérumen.
大解。*Dou-ka.* Anus.
痰。*Tè.* Glaires.
膿。*Nong.* Pus.
破。*P'ou.* Déchirer, briser, blesser.
摓。*Bang.* Heurter, rencontrer.
吹。*Ts'e.* Souffler.
瘦。*Seû.* Maigre, amaigrir.
燥癢。*Sao-yang.* Eprouver des démangeaisons, démanger.
舒暢。*Su-ts'ang.* A l'aise.
賺。*Zè.* Gagner (de l'argent).
豺。*Za.* Loup.
藥'。*Ya.* Médecine.
牽。*K'ié.* Tirer, se contracter; prendre, conduire.
傷科。*Saong k'ou.* Médecin pour les plaies.
白'皮膚。*Ba bi-fou.* Peau blanche.
黑'皮膚。*H'e bi-fou.* Peau noire.

皮骨相連。*Bi koé siang-lié:* La peau et les os sont joints.

細皮白肉。*Si bi ba gnô.* Peau fine et blanche (*lit.* chair blanche).

刮脫皮毛。*Koè-t'é bi mao.* Enlever les poils et la peau en râclant.

滿身流血。*Mé sen lieû hieu.* Avoir tout le corps en sang (*lit.* ruisselant de sang).

血氣旺。*Hieu-k'i yaong.* Sang riche.

血氣虛。*Hieu-k'i hiu.* Sang pauvre; le sang est pauvre.

頭破血流。*Deû-p'ou hieu lieû.* Le sang coule d'une blessure à la tête (*lit.* de la tête blessée).

吐血病。*T'ou hieu bing.* Maladie, infirmité causant des crachements de sang.

痰中帶血。*Tè tsong ta hieu.* Il y a du sang dans ses crachats.

照中國醫書、五臟搭五方相配个、比方肝末屬東、心末屬南、肺末屬西、腎末屬北、脾末屬中、而且搭之五行五味咾四季、也相配个。*Tsao tsong-kô i-su : ou zaong tè ou faong siang-p'ei-ke : pi-faong keu mé zô tong, sin-mé zô né, fi-mé zô si, zen-mé zô po, bi mé zô tsong; eul-ts'ié tè-tse ou yeng ou wei lao se ki, a siang p'ei-ke.* D'après les médecins chinois les 5 viscères correspondent aux 5 sites : le foie est sous l'influence de l'Est, le cœur sous celle du Midi, le poumon sous celle de l'Ouest, les reins sous l'influence du Nord et l'estomac (ou la rate) sous l'influence du centre. En outre ils se rapportent aussi aux cinq éléments (matières premières), aux cinq saveurs et aux quatre saisons.

小腸氣。小腸疝氣。*Siao-zang k'i. — Siao-zang sié-k'i.* Hernie (*lit.* infirmité du petit intestin).

先生把過歇脉否。*Sié-sang pouo-kou-hié ma va?* Le Médecin a t-il tâté le pouls?

把過歇个。*Pouo-kou-hié-ke.* Il l'a tâté.

血脉不調(和)。*Hieu-ma pé diao (wou).* Le pouls n'est pas régulier.

脉息跳來快。*Ma-sie t'iao-lai k'oa.* Le pouls est rapide.

出冷汗者。*Ts'é lang heu-tsé.* Avoir une sueur froide.

筋縮起來。*Kien so-k'i-lai.* Les nerfs se contractent.

好筋骨。*H'ao-kien-koé.* Vigoureux (*lit.* nerfs et os vigoureux).

要儂心肝咾五臟。*Yao nong sin-keu-lao-ou-zaong.* J'en

veux à ta vie (je veux ton cœur, ton foie et tes entrailles).

皮膚燥癢。*Bi-fou sao-yang*. La peau démange.

心肝脾肺腎、一个無人問。心肝脾肺賢、儘管賺銅錢。*Sin keu bi fi zen, i-ke m gnen men : sin keu bi fi yen, tsin koé zè dong-dié*. Un médecin habile (*lit.* qui sait écrire les 4 lettres 心肝脾腎 exactement), personne ne le consulte : un médecin inhabile (c. à. d. qui écrit 賢 pour 腎) a coutume de gagner de l'argent.

山上跌落來跌碎之天靈蓋咾、腦子齊湛之出來个者。*Sè laong ti lo-lai ti-sé-tse t'ié-ling-kai lao, nao-tse zi zè-tse-ts'é-lai-ke-tsé*. Etant tombé sur la montagne, il s'est fracassé le crâne, et la cervelle s'est répandue toute entière (1).

喫之大胆藥者。*K'ie-tse dou-tè-ya-tsé*. Avoir, montrer de l'audace, du courage (*lit.* avoir pris la médecine qui agrandit le fiel).

跌斷之骨頭、要教傷科先生來接个。*Ti deu-tse koé-deû, yao kiao saong-k'ou-sié-sang lai tsi-ke*. Il s'est brisé un os, des os en tombant; il faut appeler le chirurgien pour les remettre (rejoindre).

胃口倒者。*Wei-k'eû tao-tsé*. (Avoir) l'estomac renversé.

胆大个人、走夜路勿怕个。*Tè-dou-ke gnen tseû ya lou vé p'ouo-ke*. Les gens courageux ne craignent pas de marcher la nuit.

胆小咾、嚇勿起个。*Tè-siao lao, ha-vé-k'i-ke*. Timide (à cause de sa timidité, de son peu de fiel), il ne peut supporter la moindre crainte.

喉嚨痛來、湛唾齊吐勿出。*Hou-long t'ong lai, zè-t'ou zi t'ou-vé-ts'é*. Souffrant beaucoup de la gorge, il ne peut plus expectorer (cracher les glaires).

血海裡打勿起个、打之末、要死个。*Hieu-h'ai li, tang vé k'i-ke : tang-tse mé, yao-si-ke*. On ne peut frapper (les gens) à la hanche : si on les frappe, ils en mourront (2).

五臟六腑齊壞之咾、好勿來个者。*Ou-zaong lô-fou zi wa-tse-lao; h'ao-vé-lai-ke-tsé*. Il a tous les viscères gâtés (*lit.* les 5 zaong et les 6 fou); il n'y a plus de remèdes (il ne peut plus guérir).

---

(1) *Zè*, se répandre, couler.

(2) *Hieu h'ai*, mer de sang, réservoir fictif du sang que la médecine chinoise place vis-à-vis des hanches.

胃裡个毛病。*Wei-li-ke mao-bing.* Maladie d'estomac.

脈息好像無得者。*Ma-sie h'ao-ziang m-te-tsé.* Il n'a presque plus de pouls.

冷來筋脈裡拉收攏來。*Lang-lai, kien ma-li, la-seû-long-lai.* De froid les nerfs et les artères se contractent.

一把眼淚、一把鼻涕。*I-pouo ngè-li, i-pouo bié-t'i.* Une larme et une roupie, c. à. d. exprimer son chagrin par ses larmes.

瘦來一把骨頭。*Seû-lai i-pouo koé-deû.* Maigre, n'avoir plus que les os (*lit.* une poignée d'os).

骨瘦如豺(柴)。*Koé-seû zu za.* Id. *lit.* montrant les os comme un loup, (*ou* maigre comme du bois de chauffage).

心裡嚇來跳來。*Sin-li ha-lai t'iao-lai.* Son cœur palpite de frayeur.

儂要我心肝、我要儂五臟。*Nong yao ngou sin keu, ngou yao nong ou zaong,* Vous voulez ma vie (mon cœur, mon foie), je veux la vôtre (vos cinq viscères).

心裡勿知足。*Sin-li vé tse-tsô.* Ne pas savoir contenter ses désirs (n'avoir jamais assez).

嚇偏之心。*Ha p'ié-tse sin.* La peur incline son cœur.

想想心痛。*Siang-siang sin t'ong.* En y pensant j'ai le cœur triste.

皮毛工夫。*Bi-mao kong-fou.* Démonstration purement extérieure.

雖然脈息無得、然而勿見得死。*Su-zé ma-sie m-te, zé-eul vé k'iè-te si.* Quoiqu'il n'ait plus de pouls, il ne paraît pas devoir mourir.

肝經火旺。*Keu-kieng h'ou yaòng.* Avoir une inflammation de foie.

瘡上个爛肉。*T'saong-laong-ke lè gnô.* Chair corrompue d'une plaie.

親肉。*Ts'in gnô.* Les enfants (*lit.* la propre chair).

筋絡裡勿舒暢。*Kien-lo li vé-su-ts'ang.* Eprouver du malaise dans les nerfs et les veines.

痰裡有點見紅。*Tè li yeú tié kié-hong.* Il y a un peu de sang (*lit.* de rouge) dans ses crachats.

爛心、爛肺。*Lè sin, lè fi.* Cœur corrompu, poumons gatés! (*malédiction*).

一塊爛肉。*I k'oei lè gnô.* Un morceau de chair ou de viande

gâtée.

出, 之多化血, 膿。*Ts'é-tse tou-h'ouo hieu-nong.* Il a rendu beaucoup de pus.

膀牽筋。*Baong k'ié kien.* Eprouver au côté des contractions nerveuses.

夾, 忙頭裡膀牽筋。*Kè-maong-deû-li, baong k'ié-kien.* Dans un moment de presse, éprouver au côté des contractions nerveuses, *fig.* être en butte aux importunités.

肝癰。*Keu yong.* Plaie du foie.

肺癰。*Fi yong.* Plaie des poumons.

肝氣痛。*Keu-k'i t'ong.* Souffrir du foie.

因爲吹之風咾, 頭腦子裡痛來。*Yn-wei ts'e-tse fong lao, deû-nao-tse-li t'ong lai.* Souffrir violemment de la tête par suite d'un coup de vent.

儂做啥咾拉眼淚出, 。因爲難過咾。*Nong tsou-sa lao, la-ngè-li-ts'é. — Yn-wei nè-kou lao.* Qu'avez-vous pour pleurer (ainsi)? — Parce que je suis triste.

怺脾氣。*K'ieû bi-k'i.* Mauvais caractère.

好脾氣。*H'ao bi-k'i.* Bon caractère.

箇个人脾氣怺咾, 勿, 好做淘个。*Kou-ke gnen bi-k'i k'ieû lao, vé h'ao tsou-dao-ke.* Cet homme a un vilain caractère, il ne fait pas bon être avec lui (s'associer avec lui).

挑斷脚, 筋。*T'iao-deu kia-kien.* Rompre le tendon d'Achille.

耳朵裡个耳末, 捉, 脫, 點。*Gni-tou li ke gni-me, tso-t'é tié.* Ôtez un peu le cérumen des oreilles (*se dit au perruquier*).

耳末, 塞, 住之咾, 耳朵一, 眼勿, 淸爽。*Gni-me se-zu-tse-lao, gni-tou i-ngè vé-ts'ing-saong.* Ayant les oreilles bouchées, je n'entends pas clairement du tout.

打得, 來皮開肉, 爛。*Tang-te-lai bi-k'ai gnô-lè.* Battu au point d'être couvert de blessures et de meurtrissures.

LEÇON XIV.

LES CINQ SENS.

望。看。*Maong, k'eu.* Regarder, voir.

聽。聞着。*T'ing, ven-za.* Entendre.

喫。*K'ie.* Manger.

話。白話。*Wo, ba-wo.* Parler.

聞着。*Wen (ven)-za.* Sentir (odorat).

摸。*Mo.* Toucher (*V.*).

瞎眼。瞎子。一個 *Hè-ngè (tse). (i-ke).* Aveugle.

啞子。*O-tse.* Muet.

聾聱。*Long-bang.* Sourd.

餓。饑餓。*Ngou, ki-ngou.* Avoir faim.

睏。*K'oen.* Dormir, être-couché.

起來。*K'i-laï.* Se lever.

盪。*Taong.* Mouvement de l'eau.

喜歡。*Hi-h'oé.* Se réjouir.

踼。*T'aong.* S'étendre de tout son long.

素。*Sou.* Simple, ordinaire; maigre (aliments d'abstinence bouddhique).

葷。*Foen.* Gras (Aliment); tout aliment non prohibé en temps d'abstinence.

渴。*K'eu.* Avoir soif.

乾。*Keu.* Id. *pr.* sec.

踱。*Lô.* Se mouvoir, marcher.

瞌銃。*K'é-ts'ong.* Sommeiller.

瓜。一個 *Kouo (i-ke).* Coloquinte, etc.

夜課。*Ya k'ou.* Prière du soir.

彌撒。一臺 *Mi-sè (i-dai).* Messe.

認得。*Gnen-te.* Savoir, connaître.

香臭。*Hiang t'seû.* Odeur, *lit.* bonne et mauvaise odeur.

討。*T'ao.* Demander, réclamer.

袋。一隻 *Dai (i-tsa).* Sac, bourse, poche.

東看看、西看看。*T'ong-keu-k'eu, si k'eu k'eu.* Regarder de côté et d'autre (*lit.* à l'Orient et à l'Occident).

望得着个。*Maong-te-za-ke.* C'est visible, on le voit, on l'aperçoit.

儂喫得落否。*Nong k'ie-te-lo-va?* Avez-vous appétit? — Pouvez-vous manger?

話長話短。*Wo-zang-wo-teu.* Médire du prochain (dire le long et le court).

儂勿要多白話。*Nong vé yao tou ba-wo.* Ne parlez pas trop.

担手來摸、摸、看。 *Tè-seû-lai mo-mo-k'eu.* Tâtonnez (*lit.* tâtez avec les mains).

瞎、子牽瞎、子。 *Hè-tse k'ié hè-tse.* Un aveugle qui en conduit (*lit.* tire) un autre.

啞子咾勿、會話。 *O-tse-lao vé weí wo.* Il est muet, et ne sait parler.

我肚裡餓、燒飯早點末、者。 *Ngou dou-li-ngou, sao vè, tsao-tié-mé-tsé.* Je meurs de faim (j'ai faim), préparez le repas (riz) plus tôt.

饑餓難當。 *Ki-ngou nè-taong.* Souffrir une faim insupportable (difficile à supporter).

我嘴裡渴、(乾)、泡點茶來喫、。 *Ngou tse-li k'eu (keu), p'ao tié zouo lai k'ié.* J'ai soif, faites infuser un peu de thé pour que je boive.

餓末、想喫、飯、渴、末、想喫、茶。 *Ngou-mé, siang k'ie vè; k'eu-mé, siang k'ie zouo.* Celui qui a faim songe à manger (du riz), celui qui a soif songe à boire (du thé).

長身踼脚、。 *Zang-sen t'aong-kia.* S'étendre de tout son long (avec désinvolture, etc.).

睏拉床上。 *K'oen la zaong laong.* Couché sur son lit.

睏睏踈、踈、。 *K'oen-k'oen lô-lô.* Se coucher et se lever sans cesse, souvent (*se dit d'un malade*).

打瞌、睡。 *Tang-k'é-ts'ong.* Sommeiller.

天亮者、踈、起來耶。 *T'ié-leang-tsé, lô-k'i-lai-ya!* Il fait jour, levez-vous donc!

清早起來。 *Ts'ing-tsao k'i-lai.* Se lever de bonne heure, être matinal.

睏(醒)覺、轉來。 *K'oen (sing)-ko-tsé-lai.* Se réveiller.

耳朶裡聞着、。 *Gni-tou-li wen-za.* Entendre de ses oreilles.

耳朶有一、點聾髶。 *Gni-tou yeû i-tié long-bang.* Avoir l'oreille un peu sourde, paresseuse.

啞子喫、苦瓜、叫無話。 *O-tse k'ie k'ou-kouo, kiao m-wo.* Ne pouvoir exprimer sa douleur (*lit.* muet qui mange de la coloquinte sans parler).

有人拉白、話咾、要等一、歇、拉哩。 *Yeû-gnen la ba-wo-lao, yao teng i-hié-la-li.* J'ai à parler à quelqu'un (à un homme), il faut attendre un peu.

鼻頭尖咾，香臭就聞着。*Bié-deû tsié lao, hiang-tseû zieû wen-za.* Il a l'odorat fin, et sent de suite les odeurs.

天晚來野拉者，還踼拉床上做啥。*T'ié è-lai ya-la-tsé, wè t'aong la zaong-laong tsou sa?* Il est fort tard, que faites-vous encore étendu sur votre lit?

口苦舌乾。*K'eû k'ou zé keu.* Avoir la bouche amère et la langue sèche.

病好之點咾，現在踛踛睏睏。*Bing h'ao-tse tié lao, yé-zai lô-lô k'oen-k'oen.* Le malade (la maladie) va mieux, maintenant il se lève et se couche.

念夜課个時候，常常要打瞌𥅽。*Gnè ya k'ou-ke ze-heû, zang-zang yao tang-k'é-ts'ong.* En disant les prières du soir, souvent (ordinairement) on sommeille.

罷工日脚，彌撒勿望。*Bouo-kong gné-kia, Mi-sè vé maong.* (Il) n'entend (voit) pas la Messe les jours d'obligation (*lit.* les jours de repos où les œuvres serviles sont défendues).

望東望西。*Maong tong, maong si.* Regarder de côté et d'autre (*lit.* à l'orient et à l'occident, à gauche et à droite).

望病。*Maong bing.* Visiter un malade (comme ami, etc.)

看聖書。*K'eu sen su.* Lire les saints livres; faire sa lecture spirituelle.

聽說話。*T'ing se-wo.* Etre aux écoutes; écouter secrètement ce qui se dit.

無話得話。*M-wo te-wo.* Parler sans motif.

我要替儂兩个白話兩聲。*Ngou yao t'i nong-leang-ke ba-wo leang sang.* J'ai deux mots à vous dire (*lit.* entre nous deux).

儂新近聞着啥否。*Nong sin-ghien wen-za sa va?* Avez-vous récemment (à présent) appris quelque nouvelle?

勿曾聽得啥。*Vé-zeng t'ing-te sa.* Je n'ai encore rien appris.

路勿認得末，摸去看末者。*Lou vé gnen-te mé, mo-k'i-k'eu-mé-tsé.* Si vous ne connaissez pas le chemin, allez examiner (*lit.* tâtonner).

水盪來盪去。*Se, taong-lai-taong-k'i.* L'eau va et vient.

肚裡餓之咾，樣樣物事齊好喫个者。*Dou-li-ngou-tse-lao, yang-yang mé-ze zi h'ao k'ie-ke-tsé.* Sentant la faim, quand on a faim, tout aliment est bon à manger.

拉船上起來。*La-zé-laong k'i-lai.* Sortez de la barque, venez

7

sur le rivage.

渴來渴極。*K'eu-lai-k'eu-ghie.* Avoir grand soif.

𨂐起𨂐坐、一歇勿停。*Lô-k'i lô-zou, i-hié-vé-ding.* Il ne cesse point de se lever et de s'asseoir.

袋裡摸摸看、有啥去否。*Dai-li mo-mo-k'eu, yeû sa k'i-va.*. Tâtez le sac pour voir ce qu'il y a dedans (*lit.* quelle chose est allée dedans).

餓透之咾、喫勿落者。*Ngou-t'eû-tse-lao, k'ie-vé-lo-tsé.* Epuisé par la faim, il ne peut plus manger.

喫辛喫苦。*K'ie-sin-k'ie-k'ou.* Dévorer des chagrins.

瞎子算命。*Hè-tse seu-ming.* Aveugle qui dit la bonne aventure.

多化人齊垃拉瞌晩。*Tou-h'ouo gnen zi lé-la k'é-ts'ong.* Bon nombre d'hommes sommeillent (sont à sommeiller).

起來末者。*K'i-lai-mé-tsé.* Levez-vous! Réveillez-vous!

我勿起來者、因爲無工夫拉咾。*Ngou vé k'i-lai-tsé, yn-wei m kong-fou-la lao.* Je ne monte pas (sur le rivage), parce que je n'ai pas le temps (*se dit en barque*).

箇个人、衣裳着來看勿得來。*Kou-ke gnen, i-zaong tsa-lai k'eu-vé-te-lai.* Cet homme s'habille (est habillé) fort mal.

我今夜頭、要替伊望夜。*Ngou kin ya-deû, yao t'i-i maong-ya.* Je dois le veiller cette nuit.

船上人對岸上人討冷水喫。*Zé-laong gnen tei ngeu-laong gnen t'ao lang se k'ie.* Gens de barque qui demandent de l'eau froide aux riverains. *Prov.* Demander une chose dont on n'a pas besoin.

因爲瞎眼咾看勿出。*Yn-wei hè-ngè lao, k'eu-vé-tsé.* Etant aveugle, il ne peut voir.

有眼瞎子。*Yeû-ngè hè-tse.* Homme stupide (*lit.* un aveugle qui a des yeux).

啞子个人、必然聾髶。*O-tse-ke-gnen pi-zé laong-bang.* Un muet est certainement sourd (il s'agit d'un muet de naissance).

耳朶聾之咾、聽之常遠、一眼聽勿出。*Gni-tou long-tse lao, t'ing-tse zang-yeu, i-ngè t'ing-vé-ts'é.* Etant (fort) sourd, il à beau écouter longtemps, il n'entend rien.

先生拉聽學生子背書咾、無工夫白話。*Sié-sang la t'ing ho-sang-tse pei su lao, m kong-fou ba-wo.* Le maître d'école étant occupé à faire réciter les leçons de ses élèves, n'a pas le temps de causer.

今朝喫，素。*Kien-tsao k'ie-sou.* Aujourd'hui c'est un jour d'abstinence (boudhique).

明朝末，喫，葷个日，脚，者。*Ming-tsao mé, k'ie-foen-ke gné-kia-tsé.* Demain c'est un jour gras, (un jour où il est permis d'user d'aliments prohibés les jours d'abstinence ecclésiastique, etc.).

𧾷录，來晚之咾、彌撒，齊看勿，着。*Lô-lai è-tse-lao, Mi-sè zi k'eu-vé-za.* S'étant levé trop tard, il n'a point du tout entendu (vu) la Messe.

遠咾望勿，出。*Yeu-lao maong-vé-t'sé.* C'est trop loin pour qu'on puisse l'apercevoir.

聲氣輕來、一，眼聽勿，出。*Sang-k'i k'ieng lai, i-ngè t'ing-vé-t'sé.* Le son est trop faible, vous parlez (lisez) trop bas, on n'entend absolument rien.

餓得，來一，把骨，頭。*Ngou-te-lai i-pouo koé-deû.* La faim l'a réduit a n'être plus qu'une poignée d'os.

儂勿，要瞎，話。*Nong vé-yao hè wo.* Ne parlez pas inconsidérément (*lit.* en aveugle).

聽得，个末，聽之、聽勿，得，个末，勿，要聽。*T'ing-te-ke-mé, t'ing tse; t'ing-vé-te-ke-mé, vé-yao-t'ing.* S'il convient d'entendre, entendez, écoutez; s'il ne convient pas d'entendre, n'entendez (n'écoutez) pas.

勿，大喜歡喫。*Vé da hi-foé k'ie.* Je n'aime pas trop cet aliment (*lit.* à manger).

LEÇON XV.

DES MAISONS OU CONSTRUCTIONS.

房子。屋，一，环 *Waong-tse, ó, ou (i-da)*. Maison.

房閣。一，間 *Waong-kè (i-kè)*. Chambre.

住房。住宅。*Zu-waong, zu-za*. Habitation.

門。一，扇 *Men (i-sé)*. Porte.

脚，門。*Kia-men*. Porte latérale d'une maison, par laquelle on entre d'ordinaire.

墻門。*Ziang-men*. Porte d'un mur d'enceinte.

照墻。一，堵 *Tsao-ziang (i-tou)*. Mur d'honneur en face de la porte d'une maison.

前門。*Zié men*. Porte antérieure d'une maison.

後門。*Heû men*. Porte de derrière d'une maison.

廳。一，隻，*T'ing (i-tsa)*. Salle de réception.

大廳。*Dou t'ing*. Grande salle.

側，廳。*Tse t'ing*. Salle latérale.

西廳。*Si t'ing*. *T'ing* occidental.

東廳。*Tong t'ing*. *T'ing* oriental.

客，會間。*K'a-wei-kè*. Parloir.

廂房。*Siang-waong*. Chambres parallèles sur les côtés d'un *t'ing*.

間壁。*Kè pie*. Chambre voisine, voisin.

瓦房。*Ngao waong*. Maison couverte en tuiles.

墻。*Ziang*. Mur.

窻。*Ts'aong*. Fenêtre, croisée.

門窻。*Men ts'aong*. Portes et fenêtres.

窻口。一，个 *Ts'aong k'eû (i-ke)*. Fenêtre, trou de la fenêtre.

百，葉，窻。*Pa-yé-ts'aong*. Persiennes.

喫，飯間。*K'ie-vè-kè*. Salle à manger.

火食，間。*Hou-ze-kè*. Dépense, office.

燒飯間。*Sao-vè-kè*. Cuisine.

柴間。*Za-kè*. Bûcher.

米間。*Mi kè*. Dépôt de riz.

坐起間。*Zou-k'i-kè*. Salle de réunion (*lit*. où l'on s'assied et se lève).

散心間。*Sè-sin kè*. Salle de récréation.

書房間。*Su-waong-kè*. Bibliothèque.

書間。*Su-kè*. id.

走廊。一，个 (條) *Tseû-laong. (i-ke, i-diao)*. Corridor où l'on peut se promener.

樓閣。*Leû-ko*. Plancher.

樓房。*Leû waong*. Maison à étage.

洋臺。凉臺。*Yang-dai, leang-dai*. Varande.

平房。*Bing waong*. Maison de-

plein pied (sans étage).

頂。一,个 *Ting (i-ke).* Toit, voûte, sommet.

平頂。*Bing-ting.* Plafond.

脊。*Tsi.* Faîte.

地閣,板。*Di-ko-pè.* Plancher du rez-de-chaussée.

樓閣,板。*Leû-ko-pè.* Plancher de l'étage, des étages.

扶梯。一,層 *Wou-t'i (i-zen).* Escalier.

茅坑。一,隻,*Mao-k'ang (i-tsa).* Latrines, fosses d'aisance.

擺設,。*Pa-sé.* Orner, ornements (d'un *t'ing,* etc.).

烟囱。一,个 *Yé-ts'aong (i-ke).* Cheminée.

衰瘏。*Sa-dou.* Las, fatigué.

玻璃。一,塊 *Pou-li (i-k'oei).* Verre.

蓬塵。*Bong-zen.* Poussière.

造。*Zao.* Bâtir, construire, faire.

撐。*Ts'ang.* Etayer.

砌。*Ts'i.* Maçonner, construire.

開店。*K'ai-tié.* Ouvrir boutique.

女眷。*Gnu-k'ieu.* Femme (en général).

貼,。*T'i.* Afficher, coller; joindre.

登。*Teng.* Habiter, demeurer.

偷。*T'eû.* Voler, dérober.

黑,漆,。*H'e ts'ie.* Vernis noir.

收作,。*Seû-tso.* Arranger, mettre en ordre.

鎖。一,具(把) *Sou (i-ghiu, i-pouo).* Serrure.

鎖。*Sou.* Fermer à clef.

着,下底个房間。*Za-hao-ti-ke waong-kè.* Chambres du rez-de-chaussée.

頭一,層樓。*Deû-i-zeng leû* (1). Le premier étage.

新造房子。*Sin zao waong-tse.* Maison neuve, nouvellement bâtie.

新屋,。*Sin ó.* Id.

老屋,。*Lao ó.* Vieille maison, l'ancienne maison (la maison précédente).

新房間。*Sin waong-kè.* Nouvelle chambre; chambre d'un fils marié.

老房間。*Lao waong-kè.* Vieille chambre; ancienne chambre; chambre des parents (en opposition avec la chambre du fils marié).

房屋,一,所。*Waong-ó i-sou.* Une maison, une habitation.

儂幾時到屋,裡去。明朝去。*Nong ki-ze tao ó-li*

---

(1) *Deû-i-zeng-leû* signifie proprement la première rangée de chambres, 第二層。*Di-gni-zeng,* signifie la deuxième rangée ou le 1er étage, et 第三層。*Di-sè-zeng,* est la même chose que *di-gni-zeng-leû,* 2d ét.

k'i? — *Ming-tsao k'i.* Quand allez-vous à la maison (chez vous)? — Demain.

我要登拉屋裡一个主日多。*Ngou yao teng la ô-li i-ke tsu-gné tou.* Je resterai à la maison (chez moi) une semaine et plus.

房間裡窗開个開。*Waong-kè li t'saong k'ai-ke-k'ai.* Ouvrez la fenêtre (les fenêtres) de la chambre.

我个住房搭之伊个住宅一起拉个。*Ngou-ke zu-waong, tè-tse i-ke zu-za i-k'i-la-ke.* Ma maison est jointe a la sienne.

垃拉屋裡齊好拉否。*Lé-la ô-li zi h'ao-la-va?* A la maison (chez vous) tout va-t-il bien?

謝謝。好拉。*Zia-zia, h'ao-la.* Merci, bien, tout va bien.

第座房子、有兩埭。*Ti-zou waong-tse yeû leang da.* Cette maison (habitation) a deux corps de logis.

第座是住宅房子。*Ti-zou ze zu-za waong-tse.* Cette construction, ce bâtiment est une habitation.

第个一座、勿是住房。*Ti-ke-i-zou vé ze zu-waong.* Ce bâtiment, cette construction n'est pas une habitation.

住宅是住宅、開店是開店个、兩起拉个。*Zu-za ze zu-za, k'ai-tié ze k'ai-tié-ke; leang k'i-la-ke.* Mon habitation et ma boutique sont deux maisons (distinctes).

兩扇頭門。雙扇門。*Leang-sé-deû men.* — *Saong sé men.* Une porte à deux battants.

一扇頭門。*I-sé-deû men.* Une porte simple.

闧闋門。*I-die men.* Petite porte a deux battants.

開門。*K'ai men.* Ouvrir la porte.

關門。*Koè men.* Fermer la porte.

脚門裡出入。*Kia-men li ts'é zé.* Sortir et entrer par la porte latérale (ordinaire).

大門裡進去、脚門裡出來。*Dou men li tsin-k'i, kia men li ts'é-lai.* Entrer par la grande porte, et sortir par la porte latérale.

黑漆墻門。*H'e ts'ie ziang-men.* Porte du mur d'enceinte vernissée en noir.

照墻門前。*Tsao-ziang men-zié.* Devant le mur d'honneur bâti en face de la grande porte.

照墻後頭。*Tsao-ziang heû-deû.* Derrière le mur d'honneur.

前門出,進。*Zié men ts'é tsin.* Sortir et entrer par la porte antérieure (de la maison).

後門出,入,。*Heû men ts'é zé.* Sortir et entrer par la porte de derrière.

花廳。*H'ouo t'ing.* *T'ing* orné, à colonnes sculptées, pour recevoir les étrangers.

高廳大屋,。*Kao t'ing dou ô.* *T'ing* élevé et grande maison; grande et belle maison.

廳樓。*T'ing leû.* Etage de *t'ing.*

四面廳。*Se mié t'ing.* Un *t'ing* à 4 portes (aux 4 points cardinaux).

側,廳裏去坐。*Tse t'ing li k'i zouo.* Aller s'asseoir dans le *t'ing* latéral.

第間末,是客,會間。*Ti-kè-mé, ze k'a-wei-kè.* Cette salle est un parloir, un sallon.

學,堂做拉廂房裡。*Ho-daong tsou la siang-waong li.* L'école se fait dans les chambres adjacentes au *t'ing.*

垃,拉間壁,。*Lé-la kè-pie.* Dans, à la chambre voisine.

我同伊貼,間壁,住拉个。*Ngou dong i t'i kè-pie zu-la-ke.* J'habite la chambre voisine de (jointe à) la sienne.

第座瓦房、好像新收作,。*Ti-zou ngao waong h'ao-ziang sin seû-tso.* Cette maison couverte en tuiles est comme neuve (réparée).

泥墻。*Gni ziang.* Mur en terre.

白,墻。*Ba ziang.* Mur blanc.

高墻。*Kao ziang.* Mur élevé.

玻璃窗。*Pou-li ts'aong.* Croisée à carreaux de vitre.

窗口頭。*Ts'aong-k'eû-deû.* Fenêtre.

箇宅,房子、門窗齊勿,全个者。*Kou-za waong-tse, men-ts'aong zi vé-zié-ke-tsé.* Cette maison manque çà-et-là de portes et de fenêtres.

勿,要坐拉窗口頭。*Vé-yao zou-la ts'aong-k'eû-deû.* Ne restez pas assis à la fenêtre.

南窗。*Né ts'aong.* Fenêtre du Midi.

北,窗。*Pô ts'aong.* Fenêtre du Nord.

百,葉,窗、要漆,个一,漆,。*Pa-yé-ts'aong, yao ts'ie-ke-i-ts'ie.* Il faut vernisser les persiennes (*m. à m.* fenêtres à 100 feuilles).

掃之地閣，板後，窗要開之咾橕拉。*Sao-tse di-ko-pè heû, ts'aong yao k'ai-tse-lao ts'ang-la.* Après avoir balayé le plancher, il faut ouvrir les fenêtres et les arrêter (fixer).

窗眼裡睁（看）一睁（看）。*Ts'aong-ngè-li tsang-i-tsang-(k'eu-i-k'eu).* Regarder par la fenêtre.

第搭是喫飯間。*Ti-tè ze k'ie-vè kè.* Ici est le réfectoire, la salle à manger.

百葉窗要關好。*Pa-yé-ts'aong yao koè h'ao.* Il faut bien fermer les persiennes.

箇間末，火食間。*Kou kè mé, h'ou-ze-kè.* Cette chambre (est) la dépense (l'office).

燒飯間裡去望望看，飯拉燒末。*Sao-vè-kè li k'i maong-maong-k'eu, vè la sao-mé.* Allez à la cuisine voir si l'on est à cuire le riz (à préparer le repas).

米間門鎖之，勿要開拉咾，撥別人偷之米去。*Mi kè men sou-tse, vé-yao k'ai-la-lao, pé bié-gnen t'eû-tse mi k'i.* Il faut tenir le dépôt de riz fermé, et ne pas laisser en l'ouvrant les gens voler le riz et l'emporter.

坐起間裡收作來蠻乾凈，塳塵無一眼。*Zou-k'i kè-li seû-tso-lai mè keu-zing, bong-zen m i-ngè.* La salle de réunion est tenue fort proprement, il n'y a pas un grain de poussière.

散心間怪大。*Sè-sin kè koa dou.* La salle de récréation est fort grande.

到書房裡去坐。*Tao su waong-li k'i zou.* Aller s'asseoir dans la bibliothèque, le cabinet de travail, d'étude.

書間裡書倒勿少。*Su-kè-li su tao vé-sao.* Les livres de la bibliothèque sont nombreux.

書房間裡清凈來。*Su-waong-kè li ts'ing-zing-lai.* La bibliothèque est solitaire et propre.

一埭走廊。*I-da tseû-laong.* Un corridor où l'on peut se promener.

拉走廊裡跑來跑去。*La tseû-laong-li pao-lai-pao-k'i.* Se promener dans le corridor.

大走廊。*Dou tseû-laong.* Grand corridor.

小走廊。*Siao tseû-laong.* Petit corridor.

第座平房，高來像樓房能拉。*Di-zou bing waong kao-lai ziang leû waong neng-la.* Cette maison de plein pied est haute comme une maison à étage.

樓房比之平房更加好。*Leû waong pi-tse bing waong keng-ka h‘ao.* Une maison à étage est préférable à une maison de plein pied.

三層頭樓个房子。*Sè-zeng-deû leû-ke wàong-tse.* Maison à 3 étages.

洋臺上去看个看。*Yang-dai laong k‘i k‘eu-ke-k‘eu.* Allez voir sur la varande.

凉臺上去吹吹風凉。*Leang-dai laong k‘i ts‘e-ts‘e fong leang.* Allez respirer l'air frais sur la varande.

我个房間、拉第三層上。*Ngou-ke waong-kè la di-sè-zeng laong.* Ma chambre est au second étage.

箇層樓、造得)高爽。*Kou-zeng leû zao-te kao saong.* Cet étage est bâti haut et sain.

屋)頂。*Ô ting.* Toit de maison.

屋)脊)。*Ô tsie.* Toit de maison, faîte.

平頂上常常拉響、作)怪呢啥。*Bing-ting laong zang-zang la hiang, tso-koa gni-sa?* Quels sont les bruits étranges qu'on entend au-dessus du plafond, du lambris?

體面人家、房子有樓个多。*T‘i-mié gnen-ka waong-tse yeû-leû-ke tou.* Les maisons des gens distingués ont pour la plupart un étage.

一)日)到夜、上樓咾下樓、衰瘏來。*I-gné-tao-ya, zaong-leû lao hao-leû, sa-dou-lai.* Montant à l'étage (les étages) et descendant tout le jour (du matin au soir), (je suis) fort fatigué.

垃)拉地閣)板下頭。*Lé-la di-ko-pè hao-deû.* Sous le plancher du rez-de-chaussée.

因爲樓閣)板勿)平咾、走起來有響聲个。*Yn-wei leû-ko-pè vé bing-lao, tseû-k‘i-lai yeû hiàng-seng-ke.* Le plancher de l'étage n'étant pas d'aplomb, (plan), quand on y marche, il y a du bruit.

廳裡有客)人拉、要替神父白)話。*T‘ing li yeû k‘a-gnen-la, yao t‘i zen-wou ba-wo.* Il y a dans le *t‘ing* (au parloir) un étranger (qui) veut parler au père.

客)會間裡有啥人否。有客)人拉。*K‘a-wei-kè li yeû sa-gnen-va? — Yeû k‘a-gnen la.* Qui (quel homme) est dans le parloir? Il y a un étranger.

再上頭一)層是頂者。*Tsai zaong-deû i-zeng ze ting-tsé.*

8

Un étage au-dessus, c'est le toit.

儂房間个西隔壁、是啥人个房間。*Nong waong-kè-ke si-ka-pie ze sa-gnen-ke waong-kè?* Qui habite la chambre voisine à l'Ouest de votre chambre?

是老先生个房間。*Ze lao Siè-sang-ke waong-ké.* C'est la chambre du vieux *Siė-sang.*

拉茅坑裡。*La mao-k'ang li.* Dans les latrines, aux lieux d'aisances.

第搭、茅坑拉那裡个。*Di-tè mao-k'ang la-a-li-ke?* Ici où sont les lieux d'aisance?

茅坑拉東面、(西面、南面、北面)。*Mao-k'ang la tong-mié; (si-mié; né-mié; pó-mié).* Les latrines sont à l'orient; (à l'occident; au midi; au nord).

茅坑裡个傢生、要浄乾浄。*Mao-k'ang-li-ke ka-sang yao zing-keu-zing.* Il faut tenir propres les ustensiles des latrines.

扶梯上走起去。*Wou-ti laong tseû-k'i-k'i.* Montez par l'escalier.

樓梯上踱上去。*Leû-ti laong ló-zaong-k'i.* Id. de (à) l'étage.

因爲我脚裡無力咾、扶梯上走勿上。*Yn-wei ngou kia li m-li lao, wou-t'i laong tseu-vé-zaong.* Mes jambes (pieds) n'ont pas la force de monter les escaliers.

烟囱通个通。通烟囱。*Yé-ts'ong t'ong-ke-t'ong.—T'ong yé-ts'ong.* Ramoner la cheminée.

烟囱還要砌來高點裡。*Yé-ts'ong wè yao ts'i-lai kao tié-li.* Il faut élever la cheminée un peu plus haut.

起造一座房子。*K'i zao i-zou waong-tse.* Commencer à bâtir une maison.

三開間个房子。*Sè-k'ai kè-ke waong-tse.* Maison dont chaque *da* a trois chambres.

五開間个房子。*N (ou) k'ai kè-ke waong-tse.* Maison dont chaque *da* a 5 chambres.

七開間个房子。*Ts'i-k'ai kè-ke waong-tse.* Maison dont chaque *da* a 7 chambres.

第宅房子、有幾間房間。*Ti-za waong-tse yeu ki-kè waong-kè?* Cette maison a combien de chambres?

樓上、南面有十二間房間。*Leû laong né-mié yeû zé-gni-kè waong-kè.* A l'étage il y a 12 chambres au midi.

東走廊。*Tong tseû-laong.* Corridor de l'orient.

西走廊。*Si tseû-laong.* Corridor de l'occident.

後門勿好出進个，因爲有女眷住拉去个咾。*Heû men vé h'ao ts'é tsin-ke, yn-wei yeû gnu-k'ieu zu-la-k'i-ke lao.* Il ne convient pas (en une maison chinoise) de sortir et d'entrer par la porte de derrière, parce que là se trouve l'habitation des femmes.

房間做拉着，下底末，响聲好點。*Waong-kè tsou la za-hao-ti mé, hiang-seng h'ao-tié.* On entend moins de bruit dans les chambres du rez-de-chaussée.

廳上个擺設，多來。*T'ing-laong-ke pa-sé tou-lai.* Les ornements du *t'ing* sont nombreux.

儂个人勿，上廳堂个。*Nong-ke-gnen vé zaong t'ing-daong-ke.* Vous n'êtes pas un homme honorable (*lit.* digne d'être reçu dans un *t'ing*).

中國，大房子門前，有一，爿照墻。*Tsong-kô dou waong-tse men-zié yeû i-bè tsao-ziang.* Devant les grandes maisons chinoises il y a un mur d'honneur.

LEÇON XVI.

MEUBLES D'UNE CHAMBRE, &c...

臺子。一，隻，*Dai-tse (i-tsa)*. Table.

椅子。一，隻，(把) *Yu-tse (i-tsa, i pouo)*. Fauteuil, chaise.

筆，槓椅。*Pie-kang yu*. Chaise à barreaux (*lit.* à manches de pinceaux).

櫈。一，隻，*Teng (i-tsa)*. Tabouret, banc.

長櫈。*Zang teng*. Banc (pour deux personnes) *lit.* tabouret long.

矮櫈。*A teng*. Banc, tabouret bas.

踏，脚，櫈。*Dai-kia-teng*. Escabeau.

杌，子。一，隻，*Ngé-tse (i-tsa)*. Tabouret.

跪櫈。*Ghiu-teng*. Prie-Dieu, agenouilloir.

坐褥。一，個 *Zou-gnô (i-ke)*. Coussin.

披坐。一，個 *P'i-zou (i-ke)*. Tapis placé sur le dos d'un fauteuil.

抽匵。抽頭。一，个 (隻，) *Ts'eû-t'i, ts'eû-deû (i-ke, i-tsa)*. Tiroir.

廂子。一，隻，*Siang-tse (i-tsa)*. Caisse, malle.

書架。*Su-ka*. Etagère pour les livres.

書厨。一，个 *Su-zu (i-ke)*. Armoire, id.

鑰匙。一，个 *Ya-ze (i-ke)*. Clef.

鎖。*Sou*. Fermer à clef. *Voir pag.* 53.

開。*K'ai*. Ouvrir.

硯子。一，个 *Gné-tse (i-ke)*. Ecritoire chinoise.

硯池。*Gné-ze*. Réservoir de l'eau servant à broyer l'encre sur l'écritoire chinoise.

筆。一，管 (枝) *Pie (i-koé, i-tse)*. Pinceau, tout instrument pour écrire.

筆，頭。*Pie deû*. Pointe de pinceau.

西洋筆。*Si-yang pie*. Plume pour écrire (*lit.* pinceau européen).

墨，匣。一，隻，*Me-hè (i-tsa)*. Encrier contenant de l'encre liquide.

鉛筆。*K'è-pie*. Crayon.

鵝。一，隻，*Ngou (i-tsa)*. Oie.

鵝毛筆。*Ngou-mao pie*. Plume d'oie taillée pour écrire.

小刀。一，把 *Siao-tao (i-pouo)*. Canif (petit couteau).

扇子。一，把 *Sé-tse (i-pouo)*.

Eventail.

雨傘。一頂 *Yu-sè (i-ting).* Parapluie (un).

日照傘。*Gné-tsao-sè.* Parasol.

洋傘。*Yang sè.* Parapluie ou parasol européen.

寫字。*Sia-ze.* Ecrire.

恐防。*K'ong-baong.* Peut-être.

汛。*Sin.* Temps, époque.

歸去。*Kiu-(koei) k'i.* Retourner chez soi.

釘鞋。一雙 *Ting ha (i-saong).* Souliers à clous pour la pluie (une paire).

搧。*Sé.* S'éventer, agiter l'éventail.

扛臺子。*Kaong dai-tse.* Porter (à deux) une table.

拉臺子上。*La dai-tse laong.* Sur la table.

臺子肚裡向有否咾。*Dai-tse dou-li-hiang yeú-va-lao?* Est-ce dans la table (dans le tiroir de la table)?

掇一隻臺子來。*Teu i-tsa dai-tse lai.* Apportez *(à deux mains)* une table.

紅木臺子。*Hong mo dai-tse.* Table en bois rouge (rose).

臺子脚壞脫之咾、要修一修。*Dai-tse kia wa-t'é-tse-lao, yao sieû-i-sieû.* Le pied (les pieds) de la table est brisé (sont usés), il faut le (les) réparer.

碎之一塊臺子面。*Sé-tse i-k'oei dai-tse-mié.* Un dessus de table (mobile) est cassé.

椅子到之啥所去者。勿曉得。*Yu-tse tao-tse sa-sou k'i-tsé? — Vé hiao-te.* Où sont (*lit.* où sont allés) les siéges (fauteuils ou chaises)? — Je ne sais pas, je l'ignore.

掇兩把椅子到客會間裡去。*Teu leang-pouo yu-tse tao k'a-wei-kè li k'i.* Portez deux fauteuils dans le parloir.

椅子無得末、櫈也好个。*Yu-tse m-te mé, teng a h'ao-ke.* S'il n'y a pas de fauteuils, les tabourets (bancs) sont bons.

房間裡个櫈、一隻勿見者、到之啥所去者。*Waong-kè-li-ke teng i-tsa vé kié-tsé, tao-tse sa-sou k'i-tsé?* Il n'y a plus un seul tabouret dans la chambre, que sont-ils devenus?

掇拉外勢修。*Teu la nga-se sieû.* On les a emportés pour les raccommoder.

長櫈末、擺拉蕩做啥、去換椅子來。*Zang-teng mé, pa la-daong tsou sa? k'i wè yu-tse-lai.* A quoi bon avoir disposé là des bancs? Changez-les pour des siéges (fauteuils ou chaises).

一條長櫈、可以坐兩个人。*I-diao zang teng k'o-i zou leang-ke gnen.* Un banc long peut servir pour deux personnes.

小囝教伊坐拉矮櫈上。*Siao-neu kiao i zou la a teng*

laong. Dites à l'enfant (aux enfants) de s'asseoir sur un petit (des petits) tabourets, bancs.

船上小臺子有个否。有个。*Zé laong siao dai-tse yeû-ke-va?—Yeû-ke*. Y a-t-il une petite table sur la barque?—Il y en a (une).

弄一只踏脚櫈來。*Long i-tsa dè-kia-teng lai*. Apportez un escabeau.

椅子上个披坐、齊擺好之。*Yu-tse laong-ke p'i-zou zi pa-h'ao-tse*. On a mis des tapis sur tous les fauteuils.

第隻臺子、踏脚櫈有个否。無得个。*Di-tsa dai-tse, dè-kia-teng yeû-ke-va? — M-te-ke*. Cette table a-t-elle un escabeau? — (Elle) n'en a pas.

大杌子。*Dou ngé-tse*. Grand tabouret.

小杌子。*Siao ngé-tse*. Petit tabouret.

一對杌子、新買拉个。*I-tei ngé-tse sin ma-la-ke*. Une paire de tabourets ont été récemment achetés.

椅子上擺个坐褥。*Yu-tse laong pa-ke zou-gnó*. Mettez un coussin sur le fauteuil, la chaise.

臺子咾椅子、撻塵拍脫點。*Dai-tse lao yu-tse bong-zen pa-t'é tié*. Essuyez un peu la poussière des siéges; époussetez un peu la table et les fauteuils.

跪櫈拿去擺拉天主臺前。*Ghiu-teng nao-k'i pa la T'ié-tsu-dai zié*. Prenez un agenouilloir, un prie-Dieu et placez-le devant l'autel de l'oratoire (de la chambre).

跪拉跪櫈上。*Ghiu la ghiu-teng laong*. S'agenouiller sur un prie-Dieu.

第隻臺子、抽屜好鎖个否。好鎖个。*Di-tsa dai-tse ts'eû-t'i h'ao-sou-ke va?—H'ao sou-ke*. Le tiroir de cette table peut-il fermer à clef? — Il peut fermer à clef.

箇隻臺子有幾隻抽頭、有兩隻。*Kou-tsa dai-tse yeû ki-tsa ts'eû-deû? — Yeû leang-tsa*. Combien cette table a-t-elle de tiroirs? — (Elle) en a deux.

抽開之抽頭咾、拿鑰匙來。*Ts'eû-k'ai-tse ts'eû-deû-lao nao ya-ze lai*. Ouvrez (en tirant) le tiroir pour prendre la clef (les clefs).

箱子開一開。*Siang-tse k'ai-i-k'ai*. Ouvrir une caisse.

衣裳擺拉箱子裡。*I-zaong pa la siang-tse li*. Mettez les vêtements dans la caisse.

廂子裡有啥物事。無得啥。*Siang-tse li yeû sa-mè-ze? — M te sa.* Qu'y a-t-il dans la caisse? — Il n'y a rien.

廂子小咾、安勿落啥幾化。*Siang-tse siao lao, eu vé-lo sa-ki-h'ouo.* La caisse est petite, on n'y peut pas mettre grand'-chose.

書厨裡个書、一起担出來。*Su-zu-li-ke su, i-k'i tè-ts'é-lai.* Enlevez tous les livres de la bibliothèque (de l'armoire à livres).

箇本書、垃拉書厨裡(書架上)。*Kou-pen su lé-la su-zu li (su-ka laong).* Ce livre est dans la bibliothèque (l'étagère, les rayons).

書厨上个鑰匙落脫者。*Su-zu-laong-ké ya-ze, lo-t'é-tsé.* La clef de l'armoire à livres est perdue.

房門還鎖拉哩、我去拿鑰匙來開。*Waong men wè sou-la-li, ngou k'i nao ya-ze lai k'ai.* La porte de la maison est encore fermée, je vais prendre la clef pour l'ouvrir.

門鎖好之。*Men sou h'ao-tse.* Fermez bien la porte.

忙惛之咾、門齊勿鎖。*Maong-h'oen-tse-lao, men zi vé sou.* Distrait, il n'a pas fermé les portes (il n'a fermé aucune porte).

用鑰匙來開鎖。*Yong ya-ze lai k'ai sou.* Ouvrir la serrure avec une clef.

鎖拉裡向。*Sou la-li-hiang.* Sous clef, enfermé à clef (chose ou personne).

一具鎖勿見者。*I-ghiu sou vé-kié-tsé.* Une serrure a disparu.

鎖壞之咾、要修个者。*Sou wa-tse lao, yao sieû-ke-tsé.* La serrure est abîmée, il faut la réparer.

硯子裡安點水去。*Gné-tse li eu tié se k'i.* Mettez un peu d'eau dans l'écritoire.

硯池裡水無一點。*Gné-ze li se m-i-tié.* Il n'y a pas d'eau du tout dans l'écritoire.

硯池裡滴一點水咾研墨。*Gné-ze li tie i-tié se lao, gné me.* Faites dégoutter un peu d'eau dans le creux de l'écritoire, et broyez l'encre.

新筆。*Sin pie.* Pinceau neuf. 舊筆。*Ghieû pie.* Pinceau vieux.

拿筆來寫字。*Nao pie lai sia-ze.* Prenez le pinceau pour écrire (et écrivez).

箇个學生子、新開筆。*Kou-ke ho-sang-tse sin k'ai-pie.*

Cet élève a récemment commencé le *ven-tsang* (la composition élégante).

開筆之三年者。 *K'ai pie tse sè gné-tsé.* Il a commencé le *ven-tsang* il y a 3 ans.

第管筆好用否。 *Di-koé pie h'ao yong-va?* Ce pinceau est-il bon (*lit.* bon pour l'usage)?

筆頭毛咾勿好用。 *Pie-deú mao lao, vé-h'ao-yong.* Le bout du pinceau a des poils (divergents), on ne peut s'en servir.

削鵝毛筆。 *Sia ngou-mao pie.* Tailler un plume d'oie (pour écrire).

西洋筆寫起中國字來、勿好寫个。 *Si-yang pie sia-k'i tsong-kô ze lai, vé h'ao sia-ke.* Les plumes (*lit.* pinceaux d'Europe) ne sont pas bonnes pour écrire les caractères chinois.

鋼鐵筆頭、比鵝毛筆頭更加便當。 *Kaong-t'i pie-deû, pi ngou-mao pie-deû, keng-ka bié-taong.* Les plumes d'acier sont plus commodes que les plumes d'oies.

墨匣裡墨乾脫者。 *Me-hè li me keu-t'é tsé.* L'encre de l'encrier est desséchée.

因爲用中國紙頭咾、西洋墨就化開來。 *Yn-wei yong tsong-kô tse-deú lao, si-yang me zieú h'ouo-k'ai-lai.* Comme c'est du papier chinois, l'encre européenne boit.

墨瓶裡放點墨去。 *Me-bing li faong tié me k'i.* Mettez un peu d'encre dans l'encrier.

一隻墨匣、勿好用者。 *I-tsa me-hè vé-h'ao-yong-tsé.* L'encrier (chinois à encre liquide) ne peut plus servir, c. à d. n'a plus d'encre.

用鉛筆來得便當。 *Yong k'è-pie lai-te bié-taong.* Il est commode de se servir du crayon.

用鉛筆寫个記認上。 *Yong k'è-pie sia-ke ki-gnen laong.* Ecrivez sur (votre) calepin avec le crayon.

儂若使上海去末、替我帶兩管筆歸。 *Nong za-se Zaong-hai k'i-mé, t'i ngou ta leang-koé pie kiu.* Si vous allez à Chang-hai, rapportez-moi deux pinceaux.

西洋字、鵝毛筆也好寫个。 *Si-yang ze ngou-mao pie a h'ao sia-ke.* Les plumes d'oie sont aussi commodes pour écrire les caractères européens.

拿把扇子搧一搧。 *Nao pouo sé-tse sé-i-sé.* Prendre un éventail et s'éventer; s'éventer, éventer avec un éventail.

一ˎ把小刀。*I-pouo siao-tao.* Un canif, un petit couteau.

今朝天怵ˎ雨傘担拉。*Kien-tsao t'ié k'ieû, yu-sè tè-la.* Aujourd'hui le temps est mauvais, prenez un parapluie.

一ˎ頂傘勿ˎ要忘記之。*I-ting sè; vé yao maong-ki-tsé.* N'oubliez pas un parapluie *ou* parasol.

雨落ˎ釘鞋傘ˎ天好酒肉ˎ飯。*Yu-lo ting ha sè; t'ié h'ao tsieû gnó vè.* S'il pleut, (il emprunte vos) souliers à clous et (votre) parapluie; s'il fait beau, (il vient manger de la) viande (et boire) du vin (chez vous); *fig.* un parasite.

熱ˎ天汎出ˎ門ˎ必ˎ須要担一ˎ頂日ˎ照傘。*Gné-t'ié-sin ts'é-men, pi-su-yao té i-ting gné-tsao-sè.* En été, dans les chaleurs, il faut, quand on sort de la maison, prendre un parasol.

第頂洋傘ˎ幾个銅錢買拉个。五百ˎ錢。*Di-ting yang sè ki-ke dong-dié ma-la-ke? — N pa dié.* Combien ce parasol européen a-t-il coûté? — 500 sapèques.

我替儂話雨傘末ˎ總要担拉个ˎ恐防雨落ˎ東西。*Ngou t'i nong wo, yu-sè-mé, tsong yao tè-la-ke, k'ong-baong yu-lo-tong-si.* Il faut absolument (*lit.* je vous dis qu'il faut etc.) apporter un parapluie, de peur de la pluie.

今日ˎ天氣熱ˎ殺ˎˎ出ˎ門要用涼傘。*Kien-gné t'ié-k'i gné sè, ts'é-men yao yong leang-sè.* Aujourd'hui le temps est très-chaud, en sortant il faut se servir du parasol.

洋傘比之中國ˎ傘貴末ˎ貴ˎ到底更加用得ˎ起。*Yang-sè pi-tse tsong-kô sè, kiu-mé kiu; tao-ti keng-ka yong-te-k'i.* Les parasols (parapluies) européens sont, il est vrai, plus chers que les chinois; mais ils durent plus longtemps (ils supportent mieux l'usage).

LEÇON XVII.

LITERIE, BAINS, &c...

床。一，隻，*Zaong (i-tsa)*. Lit.

大床。*Dou zaong*. Grand lit.

榻。*T'è*. Petit lit.

棕榻。*Tsong t'è*. Petit lit à fond tissu avec les fibres du pétiole des feuilles de chamærops.

床舖。*Zaong-p'ou*. Lit et ce qui le couvre.

被頭。一，條 *Bi-deû (i-diao)*. Couverture.

單被。一，條 *Tè-bi (i-diao)*. Draps de lit.

褥子。*Gnô-tse*. Matelas.

床柴。*Zaong-za*. Paillasse.

蚊帳。一，頂 *Men-tsang (i-ting)*. Moustiquaire.

帳子。*Tsang-tse*. id, rideaux de lit.

帳鈎。一，副 *Tsang keû (i-fou)*. Crochets de la moustiquaire (une paire).

帳頂。一，个 *Tsang ting (i-ke)*. Ciel de la moustiquaire.

窗幃。一，个 *Ts'aong lié (i-ke)*. Rideaux de fenêtre.

舖盖。一，个 *P'ou-kai (i-ke)*. Lit (matelas, couverture, et traversin).

棕墊。一，隻，*Tsong dié (i-tsa)*. Fond de lit en feuilles de chamærops.

籐墊。*Deng dié*. Fond de lit tissu en rotin.

床架子。一，副 *Zaong ka-tse (i-fou)*. Les montants du lit.

床橫頭。*Zaong wang-deû*. La tête et les pieds du lit.

床帷。一，个 *Zaong-wei (i-ke.)* Garniture du bas d'un lit.

床脚。*Zaong kia*. Pieds du lit.

脚桶。一，隻，*Kia-dong (i-tsa.)* Baquet; bassin pour se laver les pieds.

面架。一，个 *Mié-ka (i-ke)*. Petit meuble pour supporter la cuvette.

揩面臺。*K'a-mié dai*. Table de toilette.

面盆。一，个 *Mié-ben (i-ke)*. Cuvette.

浴桶。一，隻，*Yô-dong (i-tsa)*. Baignoire.

衣厨。一，个 *I-zu (i-ke)*. Caisse à habits.

衣架。*I-ka*. Portemanteau.

帽架。*Mao-ka*. Id. pour les chapeaux.

燈。一，盞 *Teng (i-tsè)*. Lampe.

馬桶。一，个 *Mô-dong (i-ke)*. Chaise percée.

夜壺。一，个 *Ya-wou. (i-ke)*. Vase de nuit.

水壺。*Se wou.* Pot à eau.

碗砂。*Wé-souo.* Porcelaine.

閒。*Hè.* Vide; loisible.

瓦。一，張 *Ngao (i-tsang).* Terre cuite, tuile.

晒。*Souo.* Exposer au soleil.

提。*Di.* Prendre à la main; aider en interrogeant.

攤。*T'è* Etendre.

爆。*Pao.* Eclater, par ex. un verre qui se brise sous l'action du feu.

老鼠。一，隻，*Lao-su (i-tsa)* Rat.

咬。*Ngao.* Ronger, mordre.

蛀。*Tsu.* Ronger (se dit des vers).

浸。*Tsin.* Tremper dans l'eau, faire tremper.

空牀。*K'ong zaong.* Lit vide.

曳，。*Yé.* Tirer.

墳。*Dié.* Caler, remblayer.

手巾。一，條 *Seû-kien (i-diao).* Essuie-main, serviette de toilette.

尋。*Zin.* Chercher.

戴。*Ta.* Porter (un chapeau etc.).

一，人榻，。*I-gnen t'è.* Lit pour une personne.

同牀睏。*Dong zaong k'oen.* Coucher dans le même lit.

兩人榻，。*Leang gnen t'è.* Lit pour 2 personnes.

分牀睏。*Fen zaong k'oen.* Coucher en des lits séparés.

睏拉兩横頭。*K'oen la leang-wang-deû.* Etre couchés deux dans le même lit, l'un ayant la tête du côte où l'autre a les pieds.

買一，隻，好日，牀。*Ma i-tsa h'ao-gné zaong.* Acheter un lit de noce, un grand lit.

棕榻，凉牀。*Tsong-t'è leang zaong.* Lit à fond de chamærops (*lit.* lit frais).

儂去睏拉大床上。*Nong k'i k'oen la dou zaong laong.* Allez-vous coucher sur le grand lit.

到之大天亮，也踢拉床上。*Tao-tse dou t'ié-leang a t'aong la zaong laong.* Il fait déjà grand jour, et il est encore étendu sur son lit.

第隻，床大咾，三个人好睏个。*Di-tsa zaong dou lao sè-ke gnen h'ao k'oen-ke.* Ce lit est assez grand pour que 3 personnes s'y puissent coucher.

地上打舖末，者。*Di-laong tang p'ou mé-tsé.* Préparez un lit à terre (*c. a d.* une paillasse, une natte, etc.).

床舖收作，好拉末，。*Zaong p'ou seû-tso h'ao-la-mé?* Le lit est-il préparé?

收作，好拉者。*Seû-tso h'ao-la-tsé.* Il est préparé.

大棕榻，。*Dou tsong t'è.* Un petit lit assez grand pour 2 personnes.

棕榻，墊子壞之咾，要重新穿過个者。*Tsong*

t'è dié-tse wa-tse-lao, yao zong-sin ts'é-kou-ke-tsé. Le fond du lit en tissu de chamærops est rompu, il faut le tisser de nouveau.

儂今夜住拉，閒榻還許有拉。 *Nong kien ya zu-la, hè t'è wè-hiu yeû-la.* Restez cette nuit, il y a un lit vide pour vous.

被頭拿去晒个晒。 *Bi-deû nao-k'i souo-ke-souo.* Allez exposer la couverture au soleil.

兩條單被、放拉牀上。 *Leang-diao tè-bi, faong-la zaong laong.* Mettez deux draps sur le lit.

單被盖拉忒冷者。 *Té-bi kai la t'e lang-tsé.* Il fait trop froid (j'ai trop froid) avec un seul drap sur the corps.

單被担去凈一凈。 *Tè-bi té-k'i zing-i-zing.* Prenez les draps de lit pour les laver.

舖褥子拉牀上。 *P'ou gnô-tse la zaong laong.* Etendez le matelas sur le lit.

褥子攤拉末。 *Gnô-tse t'è-la-mé?* Le matelas est-il placé (étendu)?

乃下去(乃朝後)天冷之咾、要用着褥子者。 *Nai-h'ao-k'i (nai-zao-heû) t'ié lang-tse-lao, yao yong-za gnô-tse tsé.* Dorénavant il fait froid, il faut user de matelas.

冬天个時候、要舖床柴。 *Tong-t'ié-ke ze-h'eû, yao p'ou zaong-za.* En hiver il faut user de paillasse (*m-à-m.* étendre une paillasse).

夏天个時候、要攤薦。 *Hao-t'ié-ke ze-h'eû, yao t'è zie.* Pendant l'été il faut étendre la natte.

牀柴還勿曾攤哩。 *Zaong-za wè vê-zeng tè li.* (Il) n'a pas encore mis (étendu) de paillasse.

窮苦人家、蚊帳齊無得个。 *K'iong-k'ou gnen-ka, men-tsang zi m-te-ke.* Les pauvres gens n'ont point de moustiquaires.

冬天个時候用蔴帳、夏天个時候末、用紗帳。 *Tong-t'ié-ke ze-h'eû, yong mô tsang; hao-t'ié-ke ze-h'eû mé, yong souo tsang.* En hiver on se sert de moustiquaires en toile; en été on se sert de moustiquaires en mousseline.

大牀帳子。 *Dou zaong tsang-tse.* Moustiquaire d'un grand lit.

榻帳。 *T'è tsang.* Id. d'un petit lit.

銅帳鈎。 *Dong tsang keû.* Crochets en cuivre d'une moustiquaire.

牛筋帳鈎。 *Gneû kien tsang keû.* Crochets de moustiquaire en nerfs de bœuf.

箇隻牀上、帳鈎齊無得个。 *Kou-tsa zaong laong,*

tsang keû zi m-te-ke. Cette moustiquaire n'a point de crochets.

帳頂襏、老鼠咬碎拉者。*Tsang ting pé lao-su (se) ngao-sé-la-tsé.* Les rats ont rongé le ciel de la moustiquaire.

第頂蚊帳、要換帳頂个者。*Di-ting men-tsang yao wé tsang ting-ke-tsé.* Il faut changer le ciel de cette moustiquaire.

窗幭下拉。*Ts'aong lié h'ao-la.* Déroulez (abaissez, fermez) le rideau de la fenêtre.

窗幭曳、攏來。*Ts'aong lié yé-long-lai.* Fermez (en le tirant) le rideau de la fenêtre.

窗幭曳、開來。*Ts'aong lié yé-k'ai-lai.* Ouvrez (en le tirant) le rideau de la fenêtre.

一、个舊窗幭、無啥用頭者。*I-ke ghieû ts'aong lié m-sa yong-deû-tsé.* Ce vieux rideau de fenêtre ne peut plus servir.

窗簾抽一、抽。*Ts'aong lié ts'eû-i-ts'eû* Ouvrez (tirez) le rideau, les rideaux de la fenêtre.

舖盖打好拉末。*P'ou-kai tang h'ao-la mé?* Le lit est-il roulé (pour le voyage)?

一、副舖盖、捲之咾担來。*I-fou p'ou-kai kieu-tse lao tè-lai.* Roulez le *p'ou-kai* et apportez-le.

第隻、牀、棕墊呢籐墊。籐墊。*Di-tsa zaong, tsong dié gni deng dié?—Deng dié.* Le fond de ce lit est-il en tissu de pétiole de chamærops ou de rotin? — (Il est en) tissu de rotin.

棕墊碎之咾、人勿、好睏者。*Tsong dié sé-tse-lao, gnen vé h'ao k'oen-tsé.* Le fond du lit est rompu, on ne peut s'y coucher.

牀架子拉那裡、去拿來。*Zaong ka-tse la-a-li? K'i nao-lai.* Où sont les montants du lit? Allez les chercher (apportez-les).

一个睏帽、安拉牀横頭。*I-ke k'oen-mao, eu-la zaong wang-deû.* Mettez un bonnet de nuit au chevet du lit.

床上个牀帷、拉那裡。因爲碎之咾、拿去做之抹、布者。*Zaong-laong-ke zaong-wei, la-a-li? — Yn-wei sé-tse lao, nao-k'i tsou-tse mé-pou tsé.* Où est la garniture du (bas du) lit? — Comme elle était déchirée, on l'a enlevée pour en faire des torchons.

牀脚、因爲蛀脫、之咾、要修个者。*Zaong kia yn-wei tsu-t'é-tse-lao, yao sieû-ke-tsé.* Les pieds du lit sont rongés par les vers, il faut les réparer.

牀脚、塡塡平。*Zaong kia dié-dié bing.* Calez d'aplomb les pieds du lit.

熱水倒拉脚桶裡之咾、担來。*Gné se tao la kia dong li tse lao, tè-lai.* Mettez de l'eau chaude dans le baquet pour laver les pieds, et apportez-le.

大脚桶。*Dou kia dong.* Grand baquet pour laver les pieds.

小脚桶。*Siao kia dong.* Petit id.

替我拿隻脚桶來、我要淨脚咾。*T'i-ngou nao tsa kia-dong lai, ngou yao zing kia lao.* Apportez-moi un baquet pour que je me lave les pieds.

浸拉脚桶裡。*Tsin la kia-dong li.* Faire tremper (par ex. du linge) dans un baquet (*lit.* dans un baquet à laver les pieds).

手巾末、拉面架上。*Seú-kien-mé, la mié ka laong.* L'essuie-main (la serviette de toilette) est sur le montant du meuble qui soutient la cuvette.

手巾拿去放拉揩面臺跟頭、省之別人用起來咾尋。*Seú-kien nao-k'i faong la k'a-mié dai ken-deú, sang-tse bié-gnen yong-k'i-lai lao zin.* Mettez l'essuie-main (la serviette) sur la table de toilette, de peur (pour éviter) que quelqu'autre s'en serve et qu'il faille (ensuite) la chercher.

銅面盆。*Dong mié-ben.* Cuvette en cuivre.

木面盆。*Mo mié-ben.* Cuvette en bois.

碗砂面盆。*Wé-souo mié-ben.* Cuvette en porcelaine ou faïence.

面架上有一盆面湯拉。*Mié-ka laong yeú i-ben mié-t'aong la.* Sur le *mié-ka* il y a une cuvette d'eau chaude.

浴桶用來淨浴。*Yó-dong yong-lai zing-yó.* La baignoire sert à laver le corps.

浴桶揩揩乾淨、因爲今夜頭我要拿來淨浴咾。*Yó-dong k'a-k'a keu-zing, yn-wei kien-ya-deú ngou yao nao-lai zing-yó lao.* Essuyez (nettoyez) proprement la baignoire, parce que ce soir (à la nuit tombante) je dois prendre un bain (*lit.* me laver le corps).

衣裳放拉(安拉)衣厨裡之。*I-zaong faong-la (eu-la) i zu li-tse.* Mettez les vêtements dans la caisse à habits.

衣裳担去掛(放)拉衣架上。*I-zaong tè-k'i kouo (faong) la i-ka laong.* Prenez les habits et pendez-les au portemanteau.

帽子咾勿要戴之末、安拉帽架上之。*Mao-tse-lao vé yao-ta-tse-mé, eu-la mao-ka-laong-tse.* Quand on ne porte pas le chapeau, on le met au portemanteau (*lit.* porte chapeau).

聖體燈。*Seng-t'i teng.* Lampe du Saint-Sacrement.

火油燈。*H'ou-yeû teng.* Lampe à pétrole.

大門燈。*Dou men teng.* Lanterne suspendue à la grande porte d'une maison.

壁燈。*Pie teng.* Fanal d'applique.

高燈。*Kao teng.* Deux grandes lanternes à pied disposées devant la porte les jours de fête.

燈臺。*Teng dai.* Support de la veilleuse chinoise.

提燈。*Di teng.* Lampe portative.

行燈。*Hang teng.* Lanterne pour marcher la nuit.

洋燈个玻璃管、爆碎者(碎拉者)。*Yang teng-ke pou-li-koé, pao-sé-tsé (sé-la-tsé).* Le verre de la lampe européenne est cassé (a éclaté).

燈心要剪平。*Teng sin yao tsié bing.* Il faut tailler la mèche de la lampe également.

燈裡要加點油拉去。*Teng li yao ka-tié yeû la-k'i.* Ajoutez un peu d'huile dans la lampe.

脚馬桶預備拉末。*Kia mô dong yu-bei-la mé.* Le baquet pour laver les pieds et le *mô-dong* sont-ils préparés?

預備拉者。*Yu-bei-la-tsé.* Ils sont préparés.

馬桶倒脫之。*Mô-dong tao-t'é-tse.* Videz le *mô-dong.*

碗砂夜壺。*Wé-souo ya-wou.* Vase de nuit en porcelaine.

瓦夜壺。*Ngao ya-wou.* Vase de nuit en terre.

倒夜壺。*Tao ya-wou.* Vider le vase de nuit.

拿一个水壺來。*Nao i-ke se-wou lai.* Apportez un pot d'eau (à l'eau).

LEÇON XVIII.

LE TEMPS.

日。*Gné*. Jour, soleil.
日子。*Gné-tse*. Jour.
日脚。*Gné-kia*. Idem.
明朝。明日。*Ming-tsao, ming-gné*. Demain.
今朝。*Kien-tsao*. Aujourd'hui.
後日。*Heû-gné*. Après-demain.
後天。*Heû-tié*. Idem.
大後日。*Dou-heû-gné*. Deux jours après.
着大後日。*Za-dou-heû-gné*. Dans trois jours.
三日後來。*Sé gné heû-lai*. Après trois jours.
晝。*Tseû*. Midi, jour.
夜。*Ya*. Nuit.
晝夜。*Tseû-ya*. Jour et nuit.
日日。日逐。日多。*Gné-gné, gné-zô, gné-tou*. Tous les jours.
上晝。上半日。*Zaong-tseû, Zaong-pé-gné*. Avant midi.
下晝。下半日。*Hao-tseû, hao-pé-gné*. Après-midi.
中晝。*Tsong-tseû*. A midi.
常常。*Zang-zang*. Toujours, constamment.
後來。*Heû-lai*. Après.
前日。*Zié-gné*. Avant-hier.
年。歲。*Gné, su*. Année.

前年。*Zié gné*. Années antérieures, avant-dernière année.
來年。*Lai gné*. L'année qui vient.
開年。*K'ai gné*. L'année qui ouvre (s'ouvrira) ou prochaine.
如今。現在。*Zu-kien, yé-zai*. Maintenant
起頭。*K'i-deû*. Au commencement.
剛剛。剛纔。恰恰。*Kiang-kiang, (kaong-kaong) kaong-zai, kè-kè*. Tout à l'heure.
每年。*Mei gné*. Chaque année.
一回。一次。*I-wei, i-ts'e*. Une fois.
已經。*I-kieng*. Déjà.
去年。*K'iu gné*. L'année précédente, passée.
舊年。*Ghieû-gné*. L'année dernière.
今年。*Kien-gné*. Cette année.
隔三年。*Ka sè gné*. Après trois ans.
一點鐘。一下鐘。*I-tié tsong, i-hia tsong*. Une heure.
一刻。*I k'e*. Un quart d'heure.
一分。*I fen*. Une minute.
一歇。*I h'ié*. Un moment.
月。一個 *Gneu (i-ke)*. Lune, mois.

正月。 *Tseng-gneu*. La première lune.

蠟月。 *Lè-gneu*. La 12e lune.

个半月。 *Ke-pé gneu*. Un mois et 1/2.

半个月。 *Pé-ke gneu*. Un 1/2 mois, ou 1/2 lune.

一年半。 *I gné pé*. Une année et 1/2.

初一。 *Ts'ou-i*. Le 1er jour de la lune.

初幾。 *Ts'ou ki?* Quel jour de la 1ère décade de la lune?

十幾。 *Zé ki?* Quel jour de la 2de décade?

廿幾。 *Gnè ki?* Quel jour de la 3e décade?

閏。 *Gnen*. (Lune) intercalaire.

稀奇。 *Hi-ghi*. S'étonner, admirer.

燒。 *Za*. S'allumer (incendie).

時候、辰光。 *Ze-h'eû, zen-koang*. Temps, heure.

常時。 *Zang-ze*. Ordinairement, tantôt, parfois.

長遠。 *Zang-yeu*. Longtemps.

暫時。 *Zè-ze*. Peu de temps, temps limité.

忒早。 *T'e tsao*. Trop tôt.

忒晚。 *T'e è*. Trop tard.

立刻。 *Li-k'e*. Aussitôt, en un instant.

天亮。 *T'ié-leang*. Le jour, l'aurore.

黃昏頭。 *Wang-foen-deû*. Le crépuscule du soir.

四季。 *Se ki*. Les 4 saisons.

從前、向來。 *Zong-zié, hiang-lai*. Jusqu'à présent.

近來、新近。 *Ghien-lai, sin-ghien*. Maintenant, naguère, tout récemment.

約。 *Ya*. Fixer.

遇。 *Gnu*. Rencontrer; arriver.

姐。 *Tsia*. Jeune fille, demoiselle.

嫁。 *Ka*. Marier (*act.*).

雞。 *Ki*. Poule.

眠。 *Mié*. Dormir.

好日。 *H'ao-gné*. Mariage; jour heureux, favorable.

一日好一日。 *I-gné h'ao i-gné*. De jour en jour meilleur.

忌日。 *Ghi-gné*. Anniversaire de la mort des parents (ascendants).

勿是今朝來、就是明朝來。 *Vé ze kien-tsao lai, zieû-ze ming-tsao lai*. Si vous ne venez pas aujourd'hui, alors venez demain.

昨日末落雨、今朝天好哩。 *Zó-gné mé, lo-yu; kien-tsao t'ié h'ao-li*. Hier il a plu, aujourd'hui le temps (ciel) est devenu beau.

前兩日落雨。 *Zié-leang gné lo-yu*. Ces jours derniers il a plu.

箇个病人、日子頭近个者。 *Kou-ke bing-gnen gné-tse-deû ghien-ke-tsé*. Le terme des jours (de vie) de ce malade est proche.

看書過日子。 *K'eu-su kou gné-tse*. Passer les jours à lire.

今朝啥日脚。今朝瞻禮四者。 *Kien-tsao sa gné-kia?*

10

— *Kien-tsao tsé-li-se-tsé.* Quel jour est-ce aujourd'hui? — C'est aujourd'hui mercredi.

青天白,日,搶物,事。*Ts'ing-t'ié-ba-gné, ts'iang-mé-ze.* Piller en plein jour, en plein soleil.

約,拉个日,脚,到之咾、儂現在要還我者。*Ya-la-ke gné-kia tao-tse-lao, nong yé-zai yao wè ngou tsé.* Le terme fixé est arrivé, vous devez maintenant me payer (rembourser).

明朝來否。勿,見得,來。*Ming-tsao lai-va?— Vé kié-te lai.* Viendrez-vous demain? — Ce n'est pas probable (il n'est pas probable que je vienne).

明天會罷。*Ming-t'ié wei-ba!* A demain! A revoir demain!

今朝因爲有一,眼小事體、所以無工夫、明日,末,可以个。*Kien-tsao yn-wei yeû i-ngè siao ze-t'i, zou-i m kong-fou; ming-gné-mé k'o-i-ke.* Ayant aujourd'hui une petite affaire je n'ai pas le temps; demain je pourrai.

今朝明朝無工夫拉哩、後日,末,有空者。*Kien-tsao ming-tsao m kong-fou la-li; heû gné mé, yeû k'ong-tsé.* Aujourd'hui et demain je n'ai pas le temps; mais après-demain, je serai libre (j'aurai du loisir).

總勿,要費脫,工夫。*Tsong vé yao fi-t'é kong-fou.* Il faut absolument éviter de perdre le temps.

着,大後日,末,、可以个。*Za-dou-h'eû-gné-mé, k'o-i-ke.* Dans trois jours (cela) se pourra.

箇票銅錢、要大後日,還儂者。*Kou-p'iao dong-dié yao dou-heû-gné wè nong tsé.* Ce billet devra vous être payé dans deux jours.

三日,後來末,、恐怕有空者。*Sè gné heû-lai mé, k'ong-p'ouo yeû-k'ong-tsé.* Après trois jours, peut-être aurai-je le temps.

喫,晝飯動。*K'ie-tseû-vè dong.* A l'heure du dîner (du repas de midi).

夜快。*Ya k'oa.* La nuit approche; à la nuit tombante.

隨夜。*Zu ya.* Id.

上海是鬧熱,个地方、故所以人聲晝夜不絕,。*Zaong-h'ai ze nao-gné-ke di-faong; kou-sou-i gnen seng tseû ya pé zié.* Chang-hai est un endroit bruyant (vivant); c'est pourquoi le bruit des gens ne cesse ni jour ni nuit.

隔,个(緩遲)幾日,我要做。*Ka-ke (wé-ze) ki gné ngou*

yao-tsou. Dans quelques jours je (le) ferai.

隔,(歇,)兩日,成功者。*Ka (hié) leang gné zeng-k'ong-tsé*. Dans quelques jours ce sera fini, terminé, achevé.

日,日,(日,逐,)無啥做。*Gné-gné (gné-zô) m-sa tsou*. Tous les jours n'avoir rien à faire.

日,逐,忙來死。*Gné-zô maong-lai-si*. Etre fort affairé tous les jours.

近來(現在)日,多有生活,、一,日,無得,落,空。*Ghien-lai (yé-zai) gné tou yeû sang-wé : i gné m-te lo k'ong*. Maintenant tous les jours il y a du travail : il n'y a pas un jour de loisir.

上晝做呢下晝做。*Zaong-tseû tsou gni, hao-tseû tsou?* Faites-vous (cela) avant-midi ou après-midi?

上半日,來勿,及,做末,、就下半日,也好个。*Zaong-pé-gné lai-vé-ghié tsou mé, zieû hao-pé-gné a hao-ke*. S'il n'y pas le temps de (le) faire avant-midi, dans l'après-midi ce sera encore bien.

儂現在有啥生活,拉做否、一,點無啥做、常常精空。*Nong yé-zai yeû sa sang-wé la tsou-va? — I-tié m-sa tsou, zang-zang tsing-k'ong*. Maintenant avez-vous du travail? — Je n'en ai point du tout, je suis constamment à rien faire.

要多好工程。*Yao tou-h'ao kong-zeng*. Il faudra beaucoup de temps pour achever le travail.

今朝剛剛無得,拉、後來咾撥,儂末,者。*Kien-tsao kaong-kaong m-te-la, heû-lai-lao pé nong mé-tsé*. Aujourd'hui précisément je n'ai pas (d'argent), je vous (le) donnerai ensuite, plus tard.

前日,我來、掽勿,着,儂。*Zié-gné ngou lai, bang-vé-za nong*. Avant-hier je suis venu et ne vous ai pas rencontré.

我長遠掽勿,着,儂。*Ngou zang-yeu bang-vé-za nong*. Il y a longtemps que je ne vous ai rencontré.

今年儂幾化歲數者。舊年末,三十,五歲、今年三十,六,者。*Kien-gné nong ki-h'ouo su-sou-tsé? — Ghieû-gné mé sè-zé n-su, kien-gné sè-zé lô-tsé*. Cette année quel âge avez-vous (*lit.* quel est votre nombre d'années d'âge? — L'année dernière j'avais 35 ans, cette année j'en ai 36.

箇个新小囝滿歲末,。*Kou-ke sin-siao-neu mé-su-mé?* Cet enfant (ce petit poupon) a-t-il un an accompli?

近來處个舘地齊勿,好、恰,得,前年能个好舘地、生世裡遇勿,着,个者。*Ghien-lâi ts'u-ke koé-di zi vé h'ao : hè-te zié gné neng-ke h'ao koé-di, sang-se li gnu-vé-za-ke-tsé.* L'école que je fais maintenant n'est nullement bonne (lucrative) : une école qui vaille celle des années précédentes, de ma vie je n'en rencontrerai plus.

來年个舘地定當末。勿,曾定當。*Lai-gné-ke koé-di ting-taong mé? — Vé-zeng ting-taong.* Avez-vous une école retenue (fixée) pour l'année prochaine. — Pas encore.

聽見話儂開年要做事體也否。嗳。*T'ing-kié-wo nong k'ai-gné yao tsou ze-t'i a-va? — É.* J'ai appris que vous deviez l'année prochaine conclure une grande affaire (*par ex.* un mariage) ,est-ce vrai? — Oui.

從小無之爺娘咾喫,起个苦、直,喫,到如今。*Zong siao m-tse ya gnang lao, k'ie-k'i-ke k'ou, ze k'ie tao zu-kien.* Orphelin (sans père ni mère) dès l'enfance, j'ai dévoré mille peines jusqu'à ce jour.

病人現在病勢那能。*Bing-gnen yé-zai bing se na-neng?* Comment va maintenant le malade (*lit.* la force de la maladie)?

起頭是無啥那能、現在像殺,重之點者。*K'i-deû-ze m-sa na-neng, yé-zai ziang-sè zong-tse tié-tsé.* D'abord (au commencement) ce n'était rien, maintenant cela paraît s'être aggravé.

剛剛出,去。*Kiang-kiang ts'é-k'i.* Il vient de sortir (tout-à-l'heure).

儂幾時來个。剛剛來。*Nong ki-ze lai-ke? — Kaong-kaong lai.* Quand êtes-vous venu? — J'arrive à l'instant.

幾時到个。剛纔到。*Ki-ze tao-ke? — Kaong-zai tao.* Quand est-il arrivé? — Il est arrivé tout-à-l'heure.

恰恰下船、恐怕還勿,曾動身哩。*Kè-kè hao zé, k'ong-p'ouo wè vé-zeng dong-sen li.* Il vient de descendre en barque, peut-être n'est-il pas encore parti.

一,次勿,罷、兩次勿,休。*I-tse vé ba, leang-tse vé hieû.* Il ne cède jamais, (il dispute toujours).

先生已經先去拉者、神父末,勿,曾動身哩。*Sié-sang i-kieng sié k'i-la-tsé; zen-vou mé, vé-zeng dong-sen li.* Le *sié-sang* est déjà parti, mais le missionnaire ne l'est pas encore.

去年个生意、比之前年好點否。勿,好殺。*K'iu-gné-ke sang-i, pi-tse zié-gné h'ao-tié va? — Vé h'ao sa.* Le commerce va-t-il mieux cette année que l'année dernière? — Pas beaucoup mieux.

今年年世那能、替舊年差不多收成。*Kin-gné gné-se na-neng? — T'i ghieû gné ts'ouo-pé (vé)-tou seû-zeng.* Que vaut la récolte cette année? — A peu près comme l'année dernière.

那个小姐幾時嫁、末拉哩、還要隔、三年。*Na-ke siao-tsia ki-ze ka? — Mi-la-li, wè yao ka sè gné.* Quand mariez-vous votre fille? — Pas encore, j'attendrai (il faut encore attendre) 3 ans.

一、點鐘个時候、儂有空末、來。*I-tié tsong-ke ze-heû, nong yeû k'ong-mé, lai.* A une heure si vous avez le temps, venez.

捉、落、空做末、者。*Tso-lo-k'ong tsou-mé-tsé.* Faites (cela) à temps perdu.

飯喫、過之歇、者、現在一、下鐘將要到者。*Vè k'ie-kou-tse-hié-tsé, yé-zai i-hia tsong tsiang-yao-tao-tsé.* Le dîner est fini, il doit être maintenant près d'une heure.

啥時候拉者。*Sa ze-h'eû la-tsé* Quelle heure est-il?

兩點一、刻。*Leang tié i-k'e.* Deux heures $^1/_4$.

三下二刻、五分。*Sè hia gni-k'e n fen.* 3 heures $^1/_2$ et cinq minutes.

來之一、歇、者。*Lai-tse i-hié-tsé.* Il est venu il y a un moment.

也可以歇、一、歇。*A k'o-i h'ié-i-h'ié.* Il faut attendre un peu.

非但生活、喫、力、而且一、歇、無得、停。*Fi-tè sang-wé k'ie-lie, eul-ts'ié i-hié m-té ding.* Non seulement le travail est pénible, mais encore il est sans interruption.

要出、月、拉。*Yao ts'é gneu la.* Vers la fin de la lune.

今夜頭月、亮、好行船。*Kien ya-deû gneu-leang, h'ao hang zé.* Cette nuit il y a clair de lune, on peut naviguer.

月、月、紅。*Gneu-gneu h'ong.* Roses de tous les mois.

月、季花。*Gneu ki-h'ouo.* Id.

閏月。*Gnen gneu.* Lune intercalaire.

箇本書幾時做起个、舊年正月、裡。*Kou-pen su ki-ze tsou-k'i-ke? — Ghieû gné tseng gneu-li.* Quand avez-vous commencé à écrire (*lit.* faire) ce livre? — L'année dernière à la première lune.

現在臘、月、裡者、挑點臘、水拉。*Yé-zai lè-gneu-li-tsé, tiao tié lè se la.* C'est maintenant la 12° lune, apportez un peu d'eau (*lit.* d'eau de la 12° lune).

个半月、好个末。勿、好个哩。*Ke pé-gneu h'ao-ke-mé? — Vé-h'ao-ke-li.* Un mois $^1/_2$ suffit-il? — Il ne suffit pas.

只，要半个月，末、成功得，來个者。*Tsé yao pé-ke gneu mé, zeng-kong-te-lai-ke-tsé.* On peut achever en 15 jours (*lit.* en une $^1/_2$ lune).

神父到之中國，幾年者。一，年半者。*Zen-vou tao-tse Tsong-kô ki gné tsé? — I gné pé-tsé.* Depuis combien d'années le père est-il arrivé en Chine? — Depuis un an et $^1/_2$.

還要隔，兩年。*Wè yao ka leang gné.* Il faut encore 2 ans.

今朝因爲年初一，咾、人齊白，相个。*Kien-tsao yn-wei gné ts'ou-i lao, gnen zi bé-siang-ke.* Aujourd'hui 1er jour de l'année, tout le monde se repose, s'amuse.

今朝幾時者。初六，。*Kin-tsao ki-ze-tsé? — Ts'ou lô.* Quel jour est-ce aujourd'hui? — Le 6e de la lune.

幾時有、二月，初幾哩、若，使初幾裡再無得，末、十，幾哩一，定有个者。*Ki-ze yeû? — Gni gneu ts'ou-ki-li : za-se ts'ou-ki-li tsai m-te-mé, ze-ki-li i-ding yeû-ke-tsé.* Quand aurez-vous (l'argent)? — Dans la 1ère décade de la 2e lune, si dans la 1ère je n'en ai point encore, certainement j'en aurai dans la 2e décade.

廾幾塊洋錢。*Gnè ki-koei yang-dié.* Vingt et quelques piastres.

啥時候拉者。一，點鐘辰光。*Sa ze-h'eû la-tsé? — I-tié tsong zeng-koang.* Quelle heure est-il? — (Il est) une heure.

常時末，下半日，四點鐘去、常時末，五下鐘、無得，一，定个。*Zang-ze-mé, hao-pé-gné se-tié tsong k'i; zang-ze-mé, n-hia tsong, m-te i-ding-ke.* Tantôt je vais à 4h après-midi, tantôt à 5h après-midi : ce n'est pas déterminé.

等之長遠、仍舊勿，曾拑着。*Teng-tse zang-yeu, zeng-ghieû vé zeng bang-za.* Ayant attendu longtemps, je n'ai pas encore pu (le) rencontrer.

勿，明勿，白，个銅錢、尋拉不，過叫暫時好過。*Vé-ming-vé-ba-ke dong-dié, zin-la, pé-kou kiao zè-ze h'ao-kou.* Chercher un gain injuste, c'est gagner seulement pour un temps.

忒，早拉哩。*T'e tsao-la-li.* C'est trop tôt.

赶早還來得，及，哩。*Keu-tsao wè lai-te-ghié-li.* En se pressant on peut encore arriver.

朗朗能做起來、總到把个。*Laong-laong neng tsou-k'i-lai, tsong tao-pouo-ke.* En faisant modérément, on achève certainement.

今朝來得，忒，晚、明天該當早點。*Kien-tsao lai-te t'e è, ming-t'ié kai-taong tsao tié.* Aujourd'hui vous êtes venu trop tard;

demain il faut venir plus tôt.

早眠晚起身。*Tsao mié, è k'i-sen.* Se coucher (dormir) de bonne heure et se lever tard.

立，刻，就動身。*Li-k'e zieû dong-sen.* Tout-à l'heure (à l'instant) je pars.

登時立，刻，雨大來無招架。*Teng-ze-li-k'e, yu dou-lai m-tsao-ka.* Tout-à-coup la pluie tomba à grands flots.

歸去个把主日。*Kiu-k'i ke-pouo tsu-gné.* Je m'en vais (à la maison) pour une semaine environ.

一，个主日，工夫，要停生活。*I-ke tsu-gné kong-fou yao ding sang-wé.* Il faut suspendre le travail pendant une semaine.

昨，夜啥時候落，个雨，天亮快。*Zó-ya sa ze-h'eû lo-ke yu? — T'ié-leang-k'oa.* La nuit dernière à quelle heure est tombée la pluie? — A l'aurore, vers l'aurore.

雞叫个辰光，貼，正天亮。*Ki-kiao-ke zeng-koang, t'i-tseng t'ié-leang.* Le chant du coq (se fait entendre) juste à l'aurore.

黄昏頭起個火，直，燒，到天亮。*Wang-foen-deû k'i-ke h'ou, ze za tao t'ié-leang.* L'incendie commencé au soir à duré jusqu'au jour.

新近聽見話上海又火燒，也否，上海是只，管拉燒，个，有啥稀奇。*Sin-ghien t'ing-kié wo Zaong-hai i h'ou-za, a va? — Zaong-h'ai ze tsé-koé la-za-ke, yeû-sa hi-ghi?* Je viens d'entendre dire qu'à Chang-hai il y a eu encore un incendie? Est-ce vrai? — A Chang-hai, souvent il y a des incendies, quoi d'étonnant?

四季衣衫。*Se ki i-sè.* Les vêtements des 4 saisons.

四季小齋。*Se ki siao-tsa.* L'abstinence des Quatre-temps.

從前後生个辰光，力，氣也有，做生活，勿，覺，着，啥衰瘏个，現在大兩樣者。*Zong-zié heû sang-ke zeng-koang, lie-k'i a yeû, tsou-sang-wé vé ko-za sa sa-dou-ke; yé-zai dou leang-yang-tsé.* Naguère étant jeune, j'avais encore la force; maintenant c'est tout différent (*lit.* c'est deux).

向來有箇个毛病个。*Hiang-lai yeû kou-ke mao-bing-ke.* Il a toujours eu ce défaut, cette infirmité.

向來實，盖能苦頭，勿，曾喫，過歇。*Hiang-lai zé-kai-neng k'ou-deû, vé-zeng k'ie-kou-hié.* Je n'ai pas encore eu à dévorer de pareils chagrins.

第个人，向來有銅錢个。*Ti-ke gnen hiang-lai yeû-*

dong-dié-ke. Cet homme a toujours (jusqu'à présent) été riche.

從前末、苦惱、近來好之點者。*Zong-zié mé k'ou-nao, ghien-lai h'ao-tse tié-tsé.* Auparavant il est vrai il était pauvre, maintenant il est plus à son aise.

JOURS DE LA SEMAINE.

主日。*Tsu-gné.* Dimanche.
瞻禮二。*Tsé-li-gni.* Lundi.
瞻禮三。*Tsé-li-sè.* Mardi.
瞻禮四。*Tsé-li-se.* Mercredi.
瞻禮五。*Tsé-li-n (ou).* Jeudi.
瞻禮六。*Tsé-li-lô.* Vendredi.
瞻禮七。*Tsé-li-ts'i.* Samedi.

上主日。*Zaong tsu-gné.* Le dimanche précédent *ou* la semaine précédente.

下主日。*Hao tsu-gné.* Le dimanche suivant, la semaine suivante.

頭一个主日。*Deû-i-ke tsu-gné.* Le premier dimanche du mois.

頭一个瞻禮六。*Deû-i-ke tsé-li lô.* Le premier vendredi du mois.

儂要瞻禮六來。*Nong yao tsé-li-lô lai.* Il faut que vous veniez vendredi.

瞻禮六勿來、就是瞻禮七來。*Tsé-li-lô vé lai, zieû-ze tsé-li-ts'i lai.* Si vous ne venez pas vendredi, alors venez samedi.

LEÇON XIX.

DES MONNAIES.

錢。 *Dié.* Sapèque.
錢。 *Zié.* $\frac{1}{10}$ d'once, de taël.
銅錢。一,个 *Dong-dié (i-ke).* Sapèque.
洋錢。一,个 *Yang-dié (i-ke).* Piastre, dollar.
英洋。 *Yng-yang.* Piastre mexicaine.
銀子。 *Gnen-tse.* Argent, monnaie, taël.
一,兩。 *I-leang.* Une once, un taël.
一,分。 *I-fen.* Un 100ᵉ de taël.
毫。 *Hao.* $\frac{1}{10}$ de fen = $\frac{1}{1000}$ de taël.
釐。 *Li.* $\frac{1}{100}$ de fen = $\frac{1}{10000}$ de taël (1).
一,角,。 *I ko.* Un 10ᵉ de piastre.
四開。 *Se k'ai.* Un quart de piastre.
還。 *Wè.* Payer, rendre; offrir tel prix (*acheteur*).
找。 *Tsao.* Payer le reliquat d'une dette.
價錢, *Ka-dié.* Prix.
行情。 *Haong-zing.* Idem.
値,。 *Ze.* Valoir, coûter.
貴。 *Kiu.* Cher (précieux).
強。 *Ghiang.* A bas prix.
便宜。 *Bié-gni.* Idem.
市上。 *Ze laong.* Au marché, du marché.

本錢。 *Pen-dié.* Capital.
利息,。 *Li-sie.* Intérêt, lucre.
賺。 *Zè.* Gagner (de l'argent).
兌。 *Dei.* Changer, échanger.
換。 *Wé.* Changer.
跌,。 *Ti.* Tomber, baisser.
落,。 *Lo.* Id.
挖,補。 *Wa pou.* Piastre défectueuse.
啞板。 *O-pè.* Piastre qui résonne mal.
漲。 *Tsang.* S'élever, croître.
討。 *T'ao.* Réclamer, (une dette); demander tel prix (vendeur).
劃,一,。 *Wa-i.* Prix fixe (unique).
相倣。 *Siang-faong.* A peu près semblable.
嫌。 *Yé.* Haïr, être dégoûté.
爿。 *Bè.* Numérale des boutiques, etc.
鬆。 *Song.* Relâché, se relâcher.
開銷。 *K'ai-siao.* Frais, dépenses.
躉當。 *Ten-taong.* En bloc, ensemble.
陸,續,。 *Lô-zô.* Par portions successives.
白,錢。 *Ba-dié.* Grandes sapèques (*lit.* sans mélange de petites).

---

(2) Ces deux lettres réunies signifient une très-minime quantité, un rien.

11

毛錢。*Mao-dié.* Sapèques mélangées.

換小銅錢。*Wé siao dong-dié.* Changez (ces) petites sapèques (donnez-moi de grandes sapèques).

通足，白，錢。*T'ong-tsô ba dié.* Grandes sapèques au complet (dont chaque centaine est au complet).

九九銅錢。*Kieû-kieû dong-dié.* Sapèques dont la ligature ne contient que $\frac{99}{100}$.

足，銅錢。*Tsô dong-dié.* Sapèques au complet.

銅錢好否、當地可以用。*Dong-dié h'ao va? — Taong-di k'o-i-yong.* Ces sapèques sont-elles bonnes? — Elles ont cours ici.

銅洋錢。*Dong yang-dié.* Piastres de cuivre (fausses).

挖，補洋錢。*Wa-pou yang-dié.* Piastre défectueuse.

淨光洋錢。*Zing-koang yang-dié.* Bonne piastre.

倒頭洋錢。*Tao deû yang-dié* Piastre (mexicaine dont l'aigle a la) tête renversée, (et considérée comme moins bonne par les Chinois).

三星洋錢。*Sè sing yang-dié.* Piastre marquée de trois étoiles.

啞板洋錢。*O-pè yang-dié.* Piastre qui résonne mal.

粗邊洋錢。*Ts'ou pié yang-dié.* Piastre dont les bords sont grossiers.

我要兌一，个洋錢、儂担去看一，看看好用否、洋錢是好用个、不過是啞板咾、價錢裡要走通點个。*Ngou yao dei i-ke yang-dié, nong tè-k'i k'eu-i-k'eu-k'eu h'ao yong-va? — Yang-dié ze h'ao-yong-ke; pé-kou ze o-pè lao, ka-dié-li yao-tseû-t'ong-tié-ke.* Je voudrais changer une piastre, prenez et examinez la : est-elle bonne? — Elle est bonne; seulement (comme) elle résonne mal, elle vaut moins.

現在市上英洋啥價錢、前兩日，末，作，一，千一，百，廿、近來價錢漲之點咾、用一，千一，百，五十。*Yé-zai ze-laong yng-yang sa ka-dié? — Zié-leang gné mé, tso i-ts'ié i-pa gnè; ghien-lai ka-dié tsang-tse tié lao, yong i-ts'ié i-pa n-sé.* Quel est à présent le prix de la piastre sur le marché? — Ces jours derniers (la piastre) était à 1120; maintenant le prix a monté (s'est élevé) un peu, elle vaut 1150.

日，上洋錢大點呢小點、前頭大點、照日，上要看小。*Gné-laong, yang-dié dou tié gni, siao tié? — Zié-deû dou tié, tsao-gné-laong yao-k'eu-siao.* Le prix (taux) de la piastre est-il aujourd'hui (maintenant) haut (grand) ou bas (petit)? — Auparavant il était plus élevé, maintenant il est plus bas.

英洋雖然上海行之長遠、上路仍舊勿、大好用。*Yng-yang su-zé Zaong-h'ai hang tse zang-yeu, zang lou zeng-ghieû vé da h'ao-yong.* Quoique la piastre mexicaine (anglaise) soit depuis longtemps en usage à Chang-hai, à l'intérieur (de l'Empire), elle n'est pas fort en usage.

個疋、洋布啥價錢、照市上行情、三兩二錢銀子。*Kou-p'ie yang-pou sa ka-dié? — Tsao ze-laong haong-zing, sè leang gni zié gnen-tse.* Quel est le prix de cette pièce de toile (de coton) européenne? — Le prix de marché (est de) 3 taëls $\frac{2}{10}$.

銀子个錢串幾好。一、百五十、六、千。*Gnen-tse-ke zié-t'sé ki-h'ouo? — I-pa, n-zé-lò ts'ié.* Quel est le taux du taël? — Cent (taëls valent) 156.000 (sapèques).

英洋作、起銀子來那能作、法、。每元七、錢四分。*Yng-yang tso-k'i gnen-tse lai na-neng tso fa? — Mei gneu ts'i zié se fen.* (Pour) changer des piastres en taëls, que faut-il faire? — Chaque piastre vaut $\frac{7}{10}$, $\frac{4}{100}$ de taël.

一、兩銀子、現在兌得、个幾錢、照市上價錢、一、千五百、廿。*I-leang gnen-tse yé-zai dei-te-ke ki dié? — Tsao ze-laong ka-dié i-ts'ié n-pa gnè.* Le taël à présent se change pour combien de sapèques? — Au prix du marché pour 1520.

一、分洋錢是、不、過值、得、十、一、个半銅錢。*I-fen yang-dié ze, pé-kou ze-te zé-i-ke pé dong-dié.* Un centième de piastre vaut seulement 11 sapèques et $^1/_2$ (*c. à d.* la piastre est à 1150).

一、角、洋錢末、賣个者、再要强末、只、好勿、成功。*I-ko yang-dié-mé, ma-ke-tsé : tsai yao ghiang mé, tsé-h'ao vé zeng-kong.* (Pour) un 10e de piastre vendez (le) : si l'on en offre moins (un moindre prix), mieux vaut ne pas conclure (le marché).

四開洋錢、幾錢一、个、一、百、九十、錢一、个。*Se k'ai yang-dié ki-dié i-ke? — I-pa kieû-zé dié i-ke.* Les quarts de piastre valent combien de sapèques chaque? — 190 sapèques chaque.

儂要兌呢啥咾。*Nong yao dei gni sa-lao?* Voulez-vous changer (échanger) ou non?

我呢个生意、價錢劃、一、个、無啥討價還價个。*Ngou-gni-ke sang-i, ka-dié wa-i-ke : m-sa t'ao ka wè ka-ke.* Notre commerce est à prix fixe : il n'y a pas lieu à marchander (*lit.* à demander plus ni à offrir moins).

前頭借拉个銅錢、乃要還儂者。*Zié-deû tsia-la-ke dong-*

dié, nai yao wè nong-tsé. L'argent que j'ai emprunté naguère, maintenant je vous le rends.

帳上空儂幾錢、八、百、廿、我撥、之一、个洋錢儂咾、多來找還拉我。*Tsang laong k'ong nong ki dié? — Pè pa gnè. — Ngou pé-tse i-ke yang-dié nong lao, tou-lai tsao-wè la-ngou.* D'après vos livres, combien vous dois-je (de sapèques)? — 820. — Je vous donne une piastre, rendez-moi le surplus.

第塊銀子、値、个幾錢、有限个、千一、二百、錢。*Di-k'oei gnen-tse, ze-ke ki dié? — Yeú-yè-ke, ts'ié-i gni-pa dié.* Ce taël vaut combien de sapèques? — De 1100 à 1200 sapèques (*m. à. m.* entre les limites de 1100 et 1200...)

箇樣物、事、日、上强呢貴。替前頭相做。*Kou-yang mé-ze gné-laong ghiang gni kiu? — T'i zié-deú siang-faong.* Cet objet est-il maintenant cher ou non? — A peu près comme auparavant.

討儂便宜个。*T'ao nong bié-gni-ke.* Je vous demande un prix convenable (bas).

便宜末、買、貴末、勿、要買。*Bié-gni mé, ma; kiu mé, vé yao-ma.* Si le prix est bas, achetez; si c'est cher, n'achetez pas.

買來勿、叫得、便宜殺。*Ma-lai vé kiao-te bié-gni sè.* Ce n'a pas été acheté à fort bon marché.

物、事是買來强个、然而我看起來、還嫌忒、怵。*Mé-ze ze ma-lai ghiang-ke; zé-eul ngou k'eu-k'i-lai wè yé-t'e k'ieú.* La chose a été achetée à bon marché; mais il me semble qu'elle ne vaut même pas ce qu'elle a coûté.

箇爿店、本錢勿、小。*Kou-bè tié pen-dié vé-siao.* Cette boutique a un capital considérable (qui n'est pas petit).

米價現在市上漲呢跌。前兩日、末、見鬆點、現在平平而過。*Mi ka yé-zai ze-laong tsang gni ti? — Zié-leang gné-mé, kié song tié; yé-zai bing-bing-eul-kou.* Quel est à présent le prix de marché du riz? — Ces jours derniers il s'était un peu relaché; maintenant il est médiocre.

近來因爲生意好咾、有點利息、个、照之舊年能是賺勿、動銅錢。*Ghien-lai yn-wei sang-i h'ao lao, yeú tié li-sie-ke : tsao-tse ghieú gné neng-ze zè-vé-dong dong-dié.* Maintenant le commerce va bien (allant bien), il y a du gain : (mais) l'an passé, on ne gagnait rien.

金子日、上幾好換數。銀換呢洋換。銀換末、幾化。*Kien-tse gné-laong ki-h'ao wé-sou? — Gnen-wé gni yang-wé? — Gnen wé mé, k'i-h'ouo?* Quel est à présent le prix du change de l'or? — En taëls ou en piastres? — Quel est-il en taëls?

銀换末，十，六，兩銀子兌一，兩。洋换呢。洋换末，要廿四个洋錢兌一，兩拉。*Gnen-wé mé, zé-lô-leang gnen-tse dei i leang. — Yang-wé gni? — Yang-wé mé, yao gnè-se-ke yang-dié dei i-leang-la.* Le prix du change en taëls est d'un taël sur 60. — Et le prix du change en piastres? — Le prix du change en piastres est d'un taël sur 24 piastres.

實，盖能末，，儂看起來那裡一，様便宜點。*Zé-kai-neng mé, nong k'eu-k'i-lai, a-li-i-yang bié-gni tié?* S'il en est ainsi, à votre avis quel est le plus avantageux?

銀换來得，便宜點。*Gnen-wé lai-te bié-gni tié.* Le change en taëls est plus avantageux.

做箇様生意、有點利息，否。利息，是有點个、然而開銷大咾、銅錢也難賺。*Tsou kou-yang sang-i yeû-tié li-sie va? — Li-sie ze yeû tié-ke; zé-eul k'ai siao dou-lao, dong-dié a nè zè.* Cette sorte de commerce est-il un peu lucratif? — Il l'est quelque peu; mais les frais étant considérables, il est difficile de gagner.

價錢勿，論、儂儘管替我强强貴貴買末，者。*Ka-dié vé len, nong tsin-koé t'i ngou ghiang-ghiang kiu-kiu ma-mé-tsé.* N'importe le prix, ayez soin de me l'acheter, cher ou non.

兌一，个洋錢。白，錢呢毛錢。白，錢啥價錢。白，錢末，一，千一，百，廿。毛錢呢。毛錢末，一，千一，百，五十，。*Dei i-ke yang-dié. — Ba-dié gni mao-dié — Ba-dié sa-ka-dié? — Ba-dié mé, i-ts'ié i-pa-gnè. — Mao-dié gni? Mao-dié mé, i ts'ié i-pa n-sé.* Changez-moi une piastre. — En grandes sapèques ou en sapèques mélangées? — Quel taux en grandes sapèques? — En grandes sapèques (c'est) 1120. — Quel taux en sapèques mélangées? — C'est 1150.

銀價漲落，。*Gnen ka tsang lo.* Le prix de l'argent (du taël) monte et descend.

我算起來、箇个行情做勿，到。*Ngou seu-k'i-lai kou-ke haong-zing tsou-vé-tao.* Selon mon calcul (mon appréciation), je ne puis conclure (le marché) à ce prix.

價錢講定一，百，兩。*Ka-dié kaong-ding i-pa leang.* Le prix a été fixé à 100 taëls.

還帳。*Wè tsang.* Payer ses dettes.

還銅錢。 *Wè dong-diè.* Id.; rendre l'argent, rembourser.

現在還勿，起、後來要還淸。 *Yé-zai wè-vé-k'i : heû-lai yao wè t'sing.* En ce moment je ne puis payer, plus tard je payerai totalement.

租米躉當還呢陸，續，還。 *Tsou-mi teng-taong wè gni lô-zô wè?* Payez-vous (livrez-vous) les fermages en bloc ou par portions successives?

我找儂五百，錢。 *Ngou tsao nong n-pa dié.* Je vous paye 500 sapèques (reliquat de la dette).

勿，曾找帳。 *Vé-zeng tsao tsang.* (Il) n'a pas encore payé le reste de la dette.

箇个物，事、市上有否。 *Kou-ke mé-ze ze-laong yeû-va?* Cet objet se vend-il au marché?

市價多少錢。時値，估價、一，百，錢一，斤。 *Ze ka tou-sao dié? — Ze-ze kou-ka i-pa dié i-kien.* Au prix du marché combien de sapèques (vaut cet objet)? — Au prix actuel, 100 sapèques la livre.

儂賺幾錢一，日。百，把錢一，日。 *Nong zè ki dié i-gné? — Pa pouo dié i-gné.* Combien gagnez-vous de sapèq. par jour? — Environ 100 sapèques par jour.

賺錢勿，喫，力。 *Zè-dié vé k'ie-lie.* Gagner sans se fatiguer.

喫，力，勿，賺錢。 *K'ie-lie vé zè-dié.* Se fatiguer sans gagner.

銅錢賺得，多。 *Dong-dié zè-te tou.* Gagner beaucoup de sapèques (d'argent).

LEÇON XX.

DES MESURES.

升。*Seng.* Pinte = $\frac{1}{100}$ de *za.*

斗。*Teû.* Boisseau, 10 pintes = $\frac{1}{10}$ du *za.*

合。*Kè.* $\frac{1}{10}$ de pinte.

抄。*Ts'ao.* $\frac{1}{100}$ de pinte.

斤。*Kien.* Livre.

兩。*Leang.* Once. A Chang-hai l'once = $36^{gr}63$.

石。*Za.* Mesure de 100 litres environ.

担。*Tè.* Poids de 100 livres ou environ.

尺。一根 *Ts'a (i-ken).* Mesure d'un pied (1).

弓。一隻 *Kong (i-tsa).* Mesure de 5 *ts'a* = 1^m 676 (*à Chang-hai*).

步。*Bou.* Un pas = 5 *ts'a* ou le *kong* au carré.

畝。*M.* Arpent = 250 *bou.*

丈。*Zang.* Toise = 10 pieds; arpenter.

寸。*Ts'en.* Pouce = $\frac{1}{10}$ de *ts'a.*

分。*Fen.* Ligne = $\frac{1}{10}$ de pouce.

稱。*Ts'eng.* Peser.

秤。一根 *Ts'eng (i-ken).* Balance romaine.

量。*Leang.* Mesurer.

漕糧。*Zao-leang.* Tribut impérial.

重。*Zong.* Lourd.

輕。*K'ieng.* Léger.

長。*Zang.* Long.

短。*Teu.* Court.

戥子。一管 *Teng-tse (i-koé).* Petite balance pour les monnaies.

天秤。一管 *T'ié-bing (i-koé).* Balance à double bassin.

糶。*T'iao.* Vendre (du riz, des graines).

糴。*Die.* Acheter (du riz, des graines).

戶。*Wou.* Porte; lieu; sorte de marchandise.

斛。斛子。一隻 *Wo, wo-tse (i-tsa.)* Mesure de 5 boisseaux ou $^1/_2$ *za;* d'où *wo*, mesurer.

闊狹。*K'oé-hè.* Large, largeur (*lit.* large et étroit).

格外。*Ke-wai.* En outre.

推板。*T'ei-pè.* Différent; moindre.

缺。*K'ieu.* Manque, manquer.

準。*Tsen.* Ajuster; juste (balance).

算盤。一个 *Seu-bé (i-ke).* Abaque.

---

(1) A *Chang-hai* le pied des tailleurs est de 14 pouces anglais; le pied des charpentiers = 0^m 28, et le pied officiel (官尺 *koé-ts'a*) = 0^m 356.

步弓。一隻, *Bou-kong (i-tsa)*. Mesure (*lit.* arc) d'un *bou*.

米糶幾錢一升。*Mi t'iao ki-dié i-seng?* Combien vaut la pinte de riz?

廿錢一升。*Gnè dié i seng.* Une pinte (vaut) 20 sapèques.

一升有幾好分兩。斤四兩。*I seng yeû ki-h'ao fen-leang?—Kien se leang.* Une pinte pèse combien (d'onces et de 10es d'onces)? — Une livre et 4 onces.

啥價錢一斗。二百。*Sa-ka-dié i teû? — Gni pa.* Combien (de sapèques) le boisseau? — 200 (sapèques).

第戶米、恐怕升合、打起來勿見得好。*Ti-wou mi, k'ong-p'ouo seng-kè-tang-k'i-lai, vé kié-te h'ao.* Peut-être que ce riz n'a pas été mesuré juste (*m-à-m.* ne paraît pas bien).

一斗末、就是十升、一升末、就是十合。*I teû mé, zieû-ze zé seng : i seng mé, zieû-ze zé kè.* Une boisseau contient (c'est) 10 pintes : une pinte contient (égale) 10 *kè*.

泗涇斛子、一斛米有幾斤。*Se-kieng wo-tse, i wo mi yeû ki kien?* Au *wo-tse* de *Se-kieng* un *wo* de riz pèse combien de livres?

中戶貨个米、大約九十斤、好點个末、九十二三斤。*Tsong wou-fou-ke mi, ta-ya kieû-zé kien, h'ao tié-ke mé, kieû-zé-gni-sè kien.* Pour le riz commun, environ 90 livres : pour le riz un peu meilleur, 92 à 93 livres.

一斤末、幾兩耶。天秤稱末、十六兩、會館稱末、十四兩三錢。*I-kien mé, ki leang ya? — T'ié-bing ts'eng mé, zé-lo leang; wei-koé ts'eng mé, zé-se leang sè zié.* Une livre contient combien d'onces? — La livre de la balance à double bassin est de 16 onces; celle de la balance du commerce (des chambres de commerce) est de 14 onces $\frac{3}{10}$.

頂重个稱、一斤有幾兩。廿兩頭稱算最重者、再重末、用勿行个哩。*Ting zong-ke ts'eng, i kien yeû ki leang?—Gnè leang-deû ts'eng seu tsu zong-tsé; tsai zong-mé, yong-vè-h'ang-ke-li.* La livre (*lit.* la balance) la plus pesante est de combien d'onces? — Elle est de 20 onces; il n'y en a pas de plus pesante en usage.

此地米拉糶啥價錢一石。兩个三角洋錢一石。*Ts'e-di mi-la t'iao sa-ka-dié i-za? — Leang-ke sè-ko yang-dié i-za.* Ici combien se vend le riz? — Deux taëls et $\frac{3}{10}$ de piastres le *za.*

啥叫一担。一担末、一百斤者那。*Sa kiao i*

tè? — I tè mé, i-pa kien-tsé-na. Qu'est-ce qu'un *tè?* — Un *tè* (*za*), (c'est) cent livres.

儂一、担物、事、挑得、起否。路近末、勉强挑得、起个、若、使遠路末、勿、成功。*Nong i tè-mé-ze t'iao-te-k'i-va? — Lou ghien mé, mié-kiang t'iao-te-k'i-ke; za-se yeu lou mé, vé zeng-kong.* Pouvez-vous porter un *tè* sur vos épaules? — Si le chemin est court, avec effort je le puis; mais si le chemin est long, il n'y a pas moyen.

那做个布、門面幾好闊、狹。尺、二三寸。*Na tsou-ke pou men-mié ki-h'ao k'oé-hè? — Ts'a gni sè ts'en.* La toile que vous faites a combien de laize? — Un pied 2 à 3 pouces.

長短有幾好。十、九尺。*Zang-teu yeú ki-h'ao? — Zé-kieú ts'a.* Combien (a-t-elle) de long (la pièce)? — 19 *t'sa* (pieds).

現在布價錢賣得、起否。因爲清明時咾、勿、叫得、好。*Yé-zai pou ka-dié ma-te-k'i-va? — Yn-wei ts'ing-ming ze lao, vé kiao-te h'ao.* Maintenant la toile se vend-elle bien? — A cause du *ts'ing-ming* (où les gens de la campagne affluent à la ville), elle ne se vend pas bien (cher).

替我洋貨店裡去、剪个尺、一、二寸花洋布歸。*T'i ngou yang fou tié li k'i, ts'ié-ke ts'a i gni ts'en h'ouo yang-pou kiu.* Allez à la boutique d'objets européens, m'acheter (*lit.* couper) un pied un ou deux pouces de coton à fleurs, et me l'apportez.

一、个洋錢、幾化輕重。七、錢三分。*I ke yang-dié ki-h'ouo k'ieng-zong? — Ts'i zié sè fen.* Combien pèse la piastre? — $\frac{7}{10}$ $\frac{3}{100}$ d'once = $\frac{73}{100}$ d'once.

釐毫無得、差个。*Li-hao m-te ts'ouo-ke.* Il n'y a pas la moindre erreur.

拿稱來稱一稱看、有个幾斤。*Nao-ts'eng lai ts'eng-i-ts'eng k'eu yeú-ke ki kien.* Prenez la balance et voyez en pesant combien il y a de livres.

第管稱稱勿、起个、去換一、管來。*Di-koé ts'eng ts'eng-vé-k'i-ke, k'i wé i-koé lai.* Cette balance n'est pas bonne (juste), allez en chercher une autre (*lit.* la changer etc.)

大稱。*Dou ts'eng.* Grande balance.

小稱。*Siao ts'eng.* Petite balance.

小大稱。*Siao-dou ts'eng.* Balance moyenne.

量來討好點。儂放心末、者、比大概格、外公

12

道。*Leang-lai t'ao h'ao-tié. — Nong faong-sin-mé-tsé, pi da-kai ke-wai kong-dao.* Donnez bonne mesure. — Soyez tranquille, je vous donne meilleure mesure que la plupart.

骨ₒ頭重个點、勿ₒ要輕來死。*Koé-deû zong-ke tié; vé yao k'ieng-lai-si.* Soyez plus grave (en votre conduite); ne soyez pas si léger.

重進輕出ₒ。*Zong tsing k'ieng ts'é.* Acheter pesant et vendre léger (commerce injuste).

嫌長嫌短、只ₒ管勿ₒ稱心。*Yé zang yé teu tsé-koé vé ts'eng sin.* Tantôt mécontent d'une chose (*lit.* du long) tantôt d'une autre, (*lit.* du court), souvent il n'a pas le cœur à l'aise.

第畝田、種啥物ₒ事裡去。無啥種、只ₒ好種點小麥ₒ。*Di m dié, tsong sa mé-ze li-k'i? — M-sa tsong; tsé h'ao tsong tié siao-ma.* Qu'a-t-on semé dans cet arpent de terre? — On n'y a rien semé; mais on peut y semer du froment.

有點長短个、那得ₒ能个一ₒ眼無推扳耶。*Yeû tié zang teu-ke, na-te-neng-ke i-ngè m-tei-pè ya?* Il y en a de longs, il y en a de courts (il y a du bon et du mauvais, etc.), comment n'y aurait-il aucune différence?

箇塊田、有幾畝裡去。七ₒ八ₒ畝拉去。*Kou-k'oei dié yeû ki m li-k'i? — Ts'i pè m la-k'i.* Combien ce champ contient-il d'arpents? — 7 à 8 arpents.

一ₒ个洋錢、担到戥子上去稱稱看。*I-ke yang-dié tè tao teng-tse laong k'i ts'eng-ts'eng-k'eu.* Mettez la piastre sur la balance pour la peser.

天秤上秤起來缺ₒ个。*T'ié-bing laong bing-k'i-lai, k'ieu-ke.* En pesant à la balance à double bassin, il manque quelque chose.

第根天秤準个否。有啥勿ₒ準耶。*Di-keng tié-bing tsen-ke va? — Yeû-sa vé tsen ya?* Cette balance à double bassin est-elle juste? — En quoi (pourquoi) ne serait-elle pas juste?

第个物ₒ事重幾斤。重二斤十ₒ兩。*Di-ke mé-ze zong ki kien? — Zong gni kien zé leang.* Cet objet (cette chose) pèse combien de livres? — Il pèse (elle pèse) deux livres, 10 onces.

儂副担子、幾好輕重。*Nong fou-tè-tse, ki-h'ao k'ieng-zong?* Votre fardeau (double fardeau porté sur l'épaule) pèse combien?

稱得勿ₒ平。*Ts'eng-te vé bing.* — Ce n'est pas pesé juste.

稱上稱人。*Ts'eng laong ts'eng gnen.* Peser quelqu'un avec une

balance.

儂去糶三石五斗米。*Nong k'i die sè za n teû mi.* Allez acheter 3 *za* et 1/2 de riz (*lit.* 3 *za* 5 boisseaux).

白糖啥價錢一斤。*Ba daong, sa-ka-dié i-kien.* Le sucre (sucre blanc), combien la livre?

水菓末論斤頭買个。*Se-kou mé, len kien-deû ma-ke.* Quant aux fruits (*lit.* fruits aquatiques ou à jus), ils se vendent (s'achètent) à la livre.

小麥斛一斛看有幾石。*Siao-ma wo-i-wo k'eu yeû ki za.* Mesurez le froment avec le *wo-tse,* et voyez combien il y a de *za.*

量量看有幾好步數。*Leang-leang k'eu, yeû ki h'ao bou sou.* Arpentez (le terrain), et voyez quel est le nombre de *bou.*

拿步弓來丈丈看有多少畝數。*Nao bou-kong lai zang-zang k'eu yeû tou-sao m-sou.* Prenez un *bou-kong* pour mesurer et voir combien il y a d'arpents.

田步一步。*Dié bou-i-bou.* Arpenter un champ.

裁縫尺比木尺大。*Zai-wong ts'a, pi mo ts'a dou.* Le pied des tailleurs est plus grand (long) que celui des charpentiers.

第宅房子幾好長短咾闊狹。*Di-za waong-tse ki-h'ao zang-teu lao k'oé-hè?* Quelle est la longueur et la largeur de cette maison (européenne).

長末五丈闊末二丈。*Zang mé n zang, k'oé mé gni zang.* Elle a 50 pieds de long et 20 de large.

第塊布幾尺幾寸。*Di-k'oei pou ki ts'a ki t'sen.* Ce morceau de toile a combien de pieds et de pouces?

官斛就是完漕糧用个斛子。*Koé wo, zieû-ze wé zao-leang yong-ke wo-tse.* Le *wo-tse* officiel (du tribunal) est celui qui sert pour payer l'impôt du riz (l'impôt impérial).

行秤行裡用來爲進貨个。*Haong t'seng haong li yong-lai wei tsin fou-ke.* La balance *de magasin* est celle dont les marchands usent (toujours) quand ils achètent (pour leur magasin).

第隻船裝得落一百担担脚。*Di-tsa-zé tsaong-te lao i-pa tè-tè-kia.* Cè bateau peut contenir 100 *tè* (un chargement de 100 *tè*).

種田人糶米總講石數咾斗數。*Tsong-dié-gnen t'iao mi, tsong kaong za-sou lao teû-sou.* Les laboureurs vendent toujours leur riz au *za* et au boisseau.

堂裡每日，要喫，幾斗米。*Daong-li mei gné yao k'ie ki teû mi?* Dans la maison (de la mission), combien mange-t-on de boisseaux de riz chaque jour?

一，畝田，有二百，四十，步。*I m dié yeû gni-pa-se-sé bou.* Un arpent (de terre) contient 240 *bou* (carrés).

LEÇON XXI.

DOMESTIQUES.

相帮人。用人。*Siang-paong gnen, yong-gnen.* Domestiques.

長年。*Zang-gné.* A l'année (domestique).

小工。*Siao-kong.* Journalier, manœuvre.

轎夫。*Ghiao-fou.* Porteur de chaise.

掃地。*Sao-di.* Balayer.

打掃。*Tang-sao.* Id.

掃箒。一把 *Sao-tseû (i-pouo).* Balai.

收作。*Seu-tso.* Mettre en ordre, arranger.

當心。*Taong-sin.* Avoir soin, être attentif.

留心。*Lieû-sin.* Id.

浩燥。*Hao-sao.* Prompt, vif.

快。*K'oa.* Promptement, vite.

慢。*Mè.* Lentement.

省儉。*Sang-kié.* Economie.

看門。*K'eu men.* Garder la porte.

更夫。*Kang-fou.* Veilleur.

癮頭。*Gné-deû.* Habitude de fumer l'opium.

碼頭。一个 *Mó-deû (i-ke).* Bord de la rivière, port.

東家、家主。*Tong-ka, ka-tsu.* Maître de la maison.

忙月。*Maong gneu.* Mois de presse.

添。*T'ié.* Ajouter.

貪圖。*T'é-dou.* Aimer, désirer.

老實。*Lao-zé.* Sincère, simple.

抬轎。*Dai-ghiao.* Porter la chaise.

擡。*Teu.* Porter à 2 mains (*p. ex.* un tabouret).

常庄。*Zang-tsaong.* Constamment.

目今。*Mo-kien.* Maintenant.

認眞。*Gnen-tsen.* Diligent.

花園。一个 *H'ouo-yeu (i-ke).* Jardin à fleurs.

菜園。*T'sai-yeu.* Jardin potager.

芋艿。一个 *Yu-na (i-ke).* Igname, pomme de terre.

剃頭。*T'i deû.* Raser la tête.

醉。*Tsu.* S'enivrer.

潭。*Dé.* Trou (en terre).

潮。*Zao.* Marée, flux.

黃浦灘。*Waong-p'ou t'è.* Chaussée (bord) du Waong-pou.

堂裡現在用得着啥相帮人否。*Daong-li yè-zai yong-te-za sa siang-paong-gnen va?* A la résidence (des missionnaires), maintenant a-t-on besoin de domestiques?

近來堂裡个用人只有多哰用勿着，且到

後來看。*Ghien-lai daong-li-ke yong-gnen tsé yeu tou lao, yong-vé-za, tsia-tao-heû-lai k'eu.* Maintenant à la résidence les domestiques suffisent, on n'en a pas besoin, plus tard on verra.

那个用人是長年呢勿﹅是。勿﹅是長年﹅是忙月﹅。*Na-ke yong-gnen ze zang-gné gni, vé ze? — Vé ze zang-gné, ze maong-gneu.* Vos domestiques sont-ils à l'année ou non? — Ils ne sont pas à l'année, (mais) pour le mois de presse.

今朝要添十﹅二个小工﹅第塊有叫處否。*Kien-tsao yao t'ié zé-gni-ke siao-kong, di k'oei yeû-kao-t'su va?* Aujourd'hui il faudrait 12 journaliers, peut-on les trouver ici?

叫是有叫處个﹅恐怕做起來﹅勿﹅見得﹅得﹅法﹅。*Kao ze yeû kao-ts'u-ke : k'ong-p'ouo tsou-k'i-lai vé-kié-te te-fè.* On peut les trouver, peut-être qu'ils ne savent pas travailler.

儂拉做啥。因爲無生活﹅做咾﹅拉堂裡做做小工。*Nong la tsou sa? — Yn-wei m sang-wé tsou lao, la daong li tsou-tsou siao-kong.* Que faites-vous? — N'ayant pas d'ouvrage, je travaille comme journalier (manœuvre) à la résidence des missionnaires.

堂裡做小工﹅有幾錢一﹅日﹅。一﹅百﹅廿錢。*Daong-li tsou siao-kong yeû ki dié i-gné? — I-pa gnè-dié.* A la résidence, un journalier gagne combien de sapèques? — 120 sapèques.

自喫﹅飯个呢﹅還是喫﹅堂裡飯个。自喫﹅飯个。*Ze k'ie-vè-ke gni, wè-ze k'ie daong li vè-ke? — Ze k'ie-vè-ke.* Se nourrit-il ou est-il nourri? — Il se nourrit.

那住拉个長年﹅生活﹅好否。無啥好因爲用人難咾﹅叫住住末﹅者。*Na zu-la-ke zang-gné, sang-wé h'ao-va? — M-sa h'ao, yn-wei yong-gnen nè lao, kiao zu-zu mé-tsé.* Vos domestiques à l'année travaillent-ils bien? — Non (pas bien du tout), mais comme il est difficile de trouver du monde, je les retiens.

箇个相帮人﹅生活﹅好否。*Kou-ke siang-paong-gnen, sang-wé h'ao va?* Ce domestique travaille-t-il bien?

生活﹅是無啥好﹅不﹅過叫貪圖其老實咾用拉个。*Sang-wé ze m-sa h'ao, pé-kou kiao t'é-dou ghi lao-zé lao yong-la-ke.* Il ne travaille point bien, seulement j'aime sa sincérité (son honnêteté), et pour cela je l'emploie.

去叫兩个轎夫來﹅我要到上海去咾。*K'i kiao leang-ke ghiao-fou lai, ngou yao tao Zaong-h'ai k'i lao.* Allez appeler deux porteurs de chaise pour que j'aille à Chang-hai.

神父、此地專門抬轎个人少个、所以抬起來、坐轎个人、勿大適意个。*Zen-vou, ts'e-di tsé-men dai-ghiao-ke gnen, sao-ke; sou-i dai k'i-lai, zou ghiao-ke gnen, vé da se-i-ke.* Père! ici les gens qui portent (s'occupent à porter) la chaise sont peu nombreux; en conséquence ils portent la chaise (de façon) qu'on n'y est pas fort à l'aise.

揩臺要揩四角、掃地要掃壁角。*K'a dai, yao k'a se ko, sao-di, yao sao pie-ko.* Il faut essuyer proprement les tables et balayer nettement (*m. à-m.* essuyer les 4 angles des tables et balayer à l'angle des murs).

書房裡去打掃打掃乾凈、因爲下半日、有客人來咾。*Su-waong-li k'i-tang-sao-tang-sao keu-zing, yn-wei hao-pé-gné yeû k'a-gnen lai lao.* Allez balayer la bibliothèque proprement, car après midi des étrangers viendront.

一把掃帚、到之啥所去者。*I-pouo sao-tseû tao-tse sa-su k'i-tsé?* Où est la balai?

垃拉客會間裡、儂若使要用末、我去担來。*Lé-la k'a-wei-kè li : nong za-se yao yong mé, ngou k'i tè-lai.* Il est dans le parloir : si vous le voulez, je vais l'apporter (l'aller chercher).

物事周身收作拉末。*Mé-ze tseû-sen seû-tso-la-mé?* Tout est-il mis en ordre, arrangé, préparé?

勿論喫个、着个、用个、齊收作拉者。*Vé-len k'ie-ke, tsa-ke, yong-ke, zi seû-tso-la-tsé.* Les vivres, les vêtements, les ustensiles, tout est prêt, arrangé.

燈一眼勿旺、拈一拈起。*Teng i ngè vé yaong; gné-i-gné k'i.* La lampe n'éclaire pas (luit pas); élevez la mèche (en tournant la vis).

燈忒旺、拈下去點。*Teng t'e yaong, gné hao-k'i tié.* La lampe brille trop, baissez un peu (la mèche).

燈要收作好。*Teng yao seû-tso-h'ao.* Il faut préparer, arranger la lampe.

坐起間裡去打掃打掃、臺子咾櫈擺擺好、收作收作乾凈、有啥蓬塵末、擔脫點。*Zou-k'i-kè-li k'i tang-sao-tang-sao, dai-tse lao teng pa-pa h'ao, seû-tso-seû-tso keu-zing, yeû sa bong-zen mé, teu-t'é tié.* Il faut balayer la salle de réunion, disposer les tables et les bancs avec ordre et propreté, et épousseter s'il est besoin (s'il y a de la poussière).

去叫兩个小工來收作花園。*K'i kiao leang-ke siao-*

kong lai seú-tso h'ouo-yeu. Allez appeler deux journaliers pour arranger le jardin.

菜園裡要種西洋芋艿。*Ts'ai-yeu li yao tsong si-yang yu-na.* Il faut semer des pommes de terre (*m. à-m.* des *yu-na* d'Europe) dans le jardin potager.

爲啥儂常庄勿當心。*Wei-sa nong zang-tsaong vé-taong-sin?* Pourquoi êtes-vous toujours inattentif?

神父、當心是倒當心拉个、因爲生活忙咾、來勿及做。*Zen-vou, taong-sin ze tao taong-sin-la-ke; yn-wei sang-wé maong lao, lai-vé-ghié-tsou.* Père! ce n'est pas que je sois inattentif (*m. à m.* pour être attentif je le suis); mais il y a trop de travail, c'est pourquoi je ne puis aboutir.

後回留心點、勿要再實介能。*Heú-wei lieú-sin tié, vé yao tsai zé-ka-neng.* Dorénavant soyez plus attentif, ne faites plus ainsi.

儂生活能个做得慢呢、勿要浩燥點咾。盖末再快快勿來个者。*Nong sang-wé neng-ke tsou-te mè gni, vé yao hao-sao tié lao? — Ke-mé tsai k'oa-k'oa vé-lai-ke-tsé.* Serez-vous (toujours) lent au travail, et ne pourrez-vous pas être un peu plus prompt? — Mais je ne puis pas faire plus vite.

生活要浩燥點做。*Sang-wé yao hao-sao tié tsou.* Il faut faire l'ouvrage plus vite.

目今尋銅錢煩難、該當要省儉點。*Mo-kien zin dong-dié vè-nè, kai-taong yao sang-kié tié.* Aujourd'hui on gagne peu d'argent, il faut être quelque peu économe.

看門个到之啥所去者、垃拉廳裡收作。*K'eu-men-ke tao-tse sa-su k'i tsé? — Lé-la t'ing li seú-tso.* Où est allé le portier? — Il est à arranger le *t'ing*.

看門个該當常常登拉門上、勿要走開來。*K'eu-men-ke, kai-taong zang-zang teng la men laong, vé yao tseú-k'ai-lai.* Le portier doit toujours être à la porte, il ne doit pas s'éloigner.

看門个、勿要放閒人進來。*K'eu-men-ke, vé yao faong hè gnen tsin-lai.* Le portier ne doit pas permettre aux gens oisifs d'entrer.

夜頭大門要關關好。*Ya-deú dou men yao koè-koè h'ao.* Il faut à l'entrée de la nuit fermer bien la grande porte.

第个更夫、夜裡向看更認眞否。總算好拉。*Di-ke kang-fou ya-li-hiang k'eu-kang gnen-tsen va? — Tsong seu h'ao-la.* Ce veilleur est-il diligent la nuit? — Il paraît vraiment tel.

東家拉否。勿拉，到之佘山去者。*Tong-ka la va? — Vé la, tao-tse Zouo-sè k'i-tsé.* Le maître de la maison est-il là? — Il n'est pas là, il est allé à *Zouo-sè.*

東家教我來个。*Tong-ka kiao ngou lai-ke.* Le maître (mon, notre maître) m'a dit de venir.

那个家主姓啥。姓王。三畫王呢草頭黄。三畫王。*Na-ke ka-tsu sing sa? — Sing Waong. — Sè wa waong gni ts'ao-deû waong? — Sè wa waong.* Comment s'appelle votre maître? — Son nom de famille est *Waong.* — Le *waong* à trois traits (horizontaux) ou le *waong* de (la classifique) *ts'ao?* — C'est le *waong* à trois traits.

DIALOGUE.

相公好拉否。好拉，儂是啥地方。*Siang-kong h'ao la va? — H'ao-la, nong ze sa-di-faong?* Comment se porte le *Siang-kong* (monsieur, le frère)? — Bien! D'où êtes-vous?

噢，我是浦東季神父會口大七，灶，還是從前熊神父手裡領聖水拉个。*O! Ngou ze P'ou-tong Ki zen-vou wei-k'eû Dou-ts'i-tsao; wè-ze zong-zié Yong zen-vou seû-li ling seng-se-la-ke.* Eh! je suis du *Pou-tong*, de *Dou-ts'i-tsao*, chrétienté du père *Ki;* de plus autrefois j'ai reçu le baptême des mains du père *Yong.*

噢，儂姓啥，叫啥名字。*O! Nong sing sa? Kiao sa ming-ze?* Bien! Quel est votre nom de famille et votre nom propre?

我姓趙，叫茂生，本來末，學，過剃頭生意，因爲司務兇咾逃走拉个，雖然學，是二年多，也勿，曾會做幾化，出，來末，登拉屋，裡做做小生意，弄點水菓賣賣，近來歡喜喫，口酒，容易喫，醉，煩難離開老朋友，所以神父恩典，叫我到此地來望望相公，尋个生活，做做。*Ngou sing Zao, kiao Meû-seng, pen-lai mé ho-kou t'i-deû sang-i; yn-wei se-vou hiong lao, dao-tseû-la-ke. Su-zé ho-ze gni gné tou, a vé zeng wei-tsou ki-h'ouo. Ts'é-lai mé, teng-la ô-li tsou-tsou siao sang-i, long tié se-kou ma-ma. Ghien-lai h'oé-hi k'ie k'eû tsieû, yong-i k'ie-tsu, vè-nè li-k'ai lao bang-yeû; sou-i zen-vou en-tié kiao ngou tao ts'e-di lai maong-maong siang-kong, zin-ke sang-wé tsou-tsou.* Je m'appelle *Meû-seng* de la famille *Zao.* D'abord j'ai appris l'état de barbier, mais comme mon

13

maître était dur, je me suis enfui. Quoique j'aie été en apprentissage deux ans et plus, je ne savais pas encore grand'chose. Sorti, je demeurai à la maison, faisant un (tout) petit commerce, vendant des fruits (dans les rues). Maintenant adonné à la boisson, je m'enivre facilement, et il m'est difficile de me séparer de mes vieux amis; c'est pourquoi le père (dans) sa bonté (par bienfait) m'a envoyé ici demander du travail au *Siang-kong*.

介末,神父有啥書信否。*Ka-mé zen-vou yeû sa su-sin va?* Alors le père vous a-t-il remis une lettre (y a-t-il une lettre du père)?

有个、是撥,拉當家神父个、我已經交代拉帳房裡者。*Yeû-ke : ze pé la Taong-ka zen-vou-ke. Ngou i-kieng kao-dai la tsang-waong-li-tsé.* J'en ai (il y en a une) : je l'ai remise (fait remettre) au père Ministre. Je l'ai confiée au (déposée chez le) *sié-sang* qui tient les comptes.

嗅、是者、儂請外面等歇,,等我請命之神父咾、回覆,儂末,者。*O! Ze-tsé! Nong ts'ing nga-mié teng-hié, teng ngou ts'ing ming-tse zen-vou lao wei-fo nong mé-tsé.* Bien! Je vous prie d'attendre quelques instants dehors, pour que j'aille prendre les ordres du père, afin de vous rendre réponse.

嗅、費神相公。*O! Fi-zen siang-kong.* Bien! Je remercie le *Siang-kong* de la peine qu'il se donne.

我看看儂氣色,,面黃體瘦、眼窩落,潭、恐怕勿,是單單喫,口酒、還喫,口大烟是否。*Ngou-k'eu-k'eu nong k'i-se mié waong t'i seû, ngè-k'ou lo-dé, k'ong-p'ouo vé ze tè-tè k'ie-k'eû ts'ieû, wè k'ie-k'eû dou-yé, ze-va?* A voir votre mine, (ce) visage pâle (jaune) et (ce) corps maigre, (ces) yeux enfoncés dans leur orbite, je crains que vous ne soyez pas seulement adonné à la boisson, mais encore à l'opium, n'est-ce pas?

勿,,箇是無得,癮頭个、因爲嘗怕其喫,成功、所以情願到第塊來做生活,,守本分、離開一,淘老朋友。*Vé, kou-ze m-te gné-deû-ke : yn-wei zang-p'ouo ghi k'ie zeng-kong, sou-i zing-gneu tao di-k'oei lai tsou-sang-wé, seû pen-ven, li-k'ai i-dao lao-bang-yeû.* Non, du moins je n'en ai pas l'habitude : de peur de la contracter en fumant, je désire venir travailler ici, faire mon devoir, et quitter tous mes compagnons (vieux amis).

儂走路有脚,爲啥咾抵咾抵、一,側,一,側,,有啥毛病否。*Nong tseû-lou yeû kia wei-sa-lao ti-lao-ti, i-tse i-tse? Yeû sa mao-bing va?* Pourquoi boitez-vous du pied droit en marchant? Avez-vous quelque infirmité?

毛病是無得。今朝浦東擺渡過來，潮落水裡，勿能个頂碼頭，船上跳起來，人末多，黃浦灘上爛來無个，一點勿好跑，兩隻脚汚之落去，拔都拔勿起，𨇤之兩三𨇤咾，跌之一交，別痛是脚，所以走起來，有一點勿大便。
Mao-bing ze m-te. Kin-tsao P'ou-tong pa-dou kou-lai, zao lo-se-li, vé neng-ke ting mô-deû, zé laong t'iao-k'i-lai : gnen mé tou, Waong-p'ou t'è-laong lè-lai-m-ke, i-tié vé h'ao pao; leang-tsa kia wou-tse lo-k'i, bé tou bé-vé-k'i; ts'ong-tse leang sè ts'ong lao, ti-tse-i-kao, bié-tong-ze kia, sou-i tseû-k'i-lai yeû i-tié vé-da-bié. D'infirmité, je n'en ai pas. Aujourd'hui comme je venuis du *P'ou-tong* en bac à la marée descendante, le bac ne pouvait aborder, je sautai du bateau (à terre : comme) il y avait beaucoup de monde et que le bord du *Waong-p'ou* était très-boueux, il ne faisait pas bon du tout marcher; mes deux pieds s'enfonçaient dans la boue, sans que je pusse les retirer; après deux ou trois faux pas, je tombai et me blessai (foulai) le pied, c'est pourquoi en marchant j'y ressens un peu de malaise.

LEÇON XXII.

ETOFFES, HABITS.

棉絮。*Mié-si.* Ouate (de coton).
翻。*Fè.* Bourrer de ouate.
布。一,疋, *Pou (i-p'ie).* Toile (une pièce).
一,疋,布。*I p'ie-pou.* Une pièce de toile.
本地布。*Pen-di pou.* Toile indigène.
大布。*Dou pou.* Toile à grande laize.
小布。*Siao pou.* Toile à petite laize.
短頭布。*Teu-deû pou.* id.
希布。*Hi pou.* Toile peu serrée.
蔴布。*Mô pou.* Toile de chanvre.
洋布。*Yang pou.* Toile de coton d'Europe.
洋標布。*Yang piao pou.* Id. blanchie.
踏,光洋布。*Dè-koang yang pou.* Lustrine de coton d'Europe (*m. à m.* blanchie en la foulant).
斜紋洋布。*Zia-wen yang pou.* Toile de coton croisé d'Europe.
竹,布。*Tsô pou.* Lustrine de coton (europ.).
夏布。*Hao pou.* Toile pour les robes d'été.
銀絲葛。*Gnen-se ke.* Id. blanche (*lit.* à fils d'argent).
綢緞。一,疋, *Zeû-deu (i-p'ie).* Soieries; soie et satin.
野蠶絲。*Ya zé se.* Soie de cocon sauvage.
絲線。*Se sié.* Fil de soie.
綿綢。*Mié-zeû.* Soierie grossière.
繭綢。*Kè-zeû.* Etoffe de soie sauvage.
緞子。*Deu-tse.* Satin.
綾羅綢緞。*Ling lou zeû deu.* Quatre sortes de soieries (1).
絹咾綢。*Kieu lao zeû.* Soierie mince (lustrine de qualité infér.) et soierie commune.
花紗。*H'ouo souo.* Crêpe à fleurs.
生紗。*Sang souo.* Crêpe de soie écrue.
羅。*Lou.* Soierie rayée à fleurs.
西洋紗。*Si-yang souo.* Crêpe européen.
老企呢。*Lao-dou-gni.* Gros

(1) *A savoir;* taffetas lustré ou lustrine (*ling-tse*), gaze, soierie ordinaire et satin.

drap.

哆囉呢。*Tou-lou-gni.* Drap.

小呢。*Siao-gni.* Casimir.

羽毛。*Yu-mao.* Etoffe de poils de chèvre ou de laine, mêlée quelquefois de soie en chaîne; camelot.

羽緞。*Yu-deu.* Lasting.

羽縐。羽紗。*Yu-tseû, yu-souo.* Crêpe.

羽綢。*Yu-zeû.* Bombasin.

拈絲。*Gné se.* Tordre les fils de soie.

絨。*Gnong.* Velours, flanelle.

羊毛。一、根 *Yang-mao (i-ken).* Poils de chèvre.

綿羊毛。*Mié-yang-mao.* Laine.

衣裳。一、件衣服。衣衫。*I-zaong (i-ghié), i-wo, i-sè.* Habits, vêtements.

布衫。短布衫。*Pou sè, teu pou sè.* Chemise, chemise de toile.

長衫。長衣裳。襺。袍子。*Zang sè, zang-i-zaong, mé, bao-tse.* Robe d'homne.

褲子。*K'ou-tse.* Culotte, caleçon.

單衣。*Tè i.* Vêtement simple (non doublé).

夾衣裳。*Kè i-zaong.* Vêtement doublé.

綿衣裳。*Mié i-zaong.* Vêtement ouaté.

綿衣。*Mié i.* Id.

皮衣裳。*Bi-i-zaong.* Fourrure.

綿襖。*Mié ao.* Gilet ouaté.

布襖。*Pou ao.* Gilet de toile double.

夾襺。*Kè mé.* Robe doublée.

皮襺。*Bi mé.* Robe fourrée.

皮襖。*Bi ao.* Gilet id.

夾衫。*Kè sè.* Robe doublée.

馬褂。*Mô-kouo.* Pardessus; surtout.

背心。*Pei-sin.* Gilet sans manche.

套褲。*Tao-k'ou.* Fausses culottes, jambières.

蓑衣。*Souo-i.* Sorte de manteau d'herbes contre la pluie.

領頭。一、个 *Ling-deû (i-ke).* collet.

襪。一、雙 *Mè (i-saong).* Bas (une paire).

夾襪。*Kè-mè.* Id. doublés.

單襪。*Tè mè.* Bas simples.

襪底。*Mè ti.* Semelle des bas.

鞋子。一、雙 *Ha-tse (i-saong).* Souliers (une paire).

皮鞋。*Bi ha.* Id. en peau.

鑲鞋。*Siang ha.* Id. ornés.

靴鞋。*Hiou ha.* Id. à pied de bottes.

靴。*Hiou.* Bottes.

蒲鞋。*Bou ha.* Souliers de paille.

草鞋。*Ts'ao ha.* Id. (simple semelle).

布鞋子。*Pou ha-tse.* Souliers de toile.

帽子。一、个 *Mao-tse (i-ke).* Chapeau, bonnet.

小帽子。*Siao-mao-tse.* Calotte.

帽襻。*Mao p'è.* Bride du chapeau.

暖帽。*Neu mao.* Chapeau d'hiver (*lit.* chaud).

涼帽。*Leang mao.* Chapeau de cérémonie d'été (*lit.* frais).
緯帽。*Wei-mao.* Id. d'hiver.
毡帽。*Tsé mao.* Chapeau de feutre.
睏帽。*K'oen mao.* Bonnet de nuit.
草帽。*Ts'ao mao.* Chapeau de paille.
箬帽。*Gna mao.* Id. contre la pluie et le soleil.
帽摘子。一，个 *Mao-ti-tse (i-ke).* Bouton du bonnet.
帶。一，根 一，條 *Ta (i-ken, i-diao).* Ceinture, cordon.
綎帶。*T'ing-ta.* Ceintures à extrêmités pendantes.
汗巾。*Heu-kieng.* Ceinture d'hiver.
褲子帶。*K'ou-tse ta.* Ceinture (cordon) de la culotte.
鈕子。一，副（粒，）*Gneû-tse (i-fou, i-li).* Boutons (*un assortiment, un*).
鈕襻。*Gneû-p'è.* Boutonnières.
糖。*Daong.* Sucre.
凍。*Tong.* Froid (*s.*).
尊駕。*Tsen-ka.* Vous (*politesse*).
藏。*Zaong.* Renfermer.
藍。*Lè.* Bleu.
批。*P'i.* Estimer; critiquer.
選。*Sié.* Choisir.
時髦。*Ze-mao.* La mode.
顏色，。*Ngè-se.* Couleur.
球。*Ghieû.* Boule; globe; balle; touffe.
臭荳腐。*T'seû deû-wou* Sorte de fromage de *soja*, à forte odeur.
薄，。*Bô.* Léger (vêtement).
風俗，。*Fong-zô.* Coutume.
莊。*Tsaong.* Charger (sur un bateau); contenir.
惹。*Za.* Exciter à...; causer.
插，花。*Ts'é h'ouo.* Appliquer des fleurs, des ornements.
一，副。*I-fou.* Un assortiment de vêtements, etc.
噢。*O!* Bien!
牢。*Lao.* Solide.
覆，。*Fo.* De nouveau; couvrir.
星。*Sing.* Etoile; beaucoup.
粉。*Fen.* Farine; blanc.
烏。*Ou.* Noir.
黨。*Taong.* Société perverse.
旺。*Yaong.* Luire; briller.
辦。*Bè.* Gérer; acheter.
糙。*Tsao.* Riz avec sa pellicule.
諾。*No!* Voici!
號。*Hao.* Nom; numéro.
顧。*Kou.* Regarder, considérer; prendre soin.
原坲，。*Gneu-fé.* Coton jaunâtre d'Europe.
仰攀，軋，實，。*Gnang-p'è, kè-zé.* Au plus bas prix possible.
克，已。*K'e ki.* Se réprimer, se modérer; mortifier ses passions.
則，。*Tse.* Alors.
吩咐。*Fen-fou.* Avertir; donner des avis.
兄。*Hiong.* Frère aîné; ami.
愚。*Gnu.* Ignorant; moi (*politesse*).
折，。*Tsé.* Diminuer; escompter.

衣裳裡翻點棉絮去。*I-zaong-li fè tié mié-si k'i.* Bourrer les vêtements de ouate.

布行情好賣否、價錢現在强之點。*Pou haong-zing h'ao ma va?—Ka-dié yé-zai ghiang-tse tié.* Le prix de la toile est-il favorable pour la vente? — Le prix est maintenant trop bas.

我要到上海銷布去。*Ngou yao tao Zaong-h'ai siao pou k'i.* Je vais à Chang-hai vendre (de) la toile.

一疋布、做一副衫褲有个末。*I-p'ie pou tsou i-fou sè k'ou yeû-ke mé?* Une pièce de toile suffit-elle pour une chemise et un caleçon?.

長頭布末、有个者、若使短頭布末、缺个哩。*Zang deû pou mé, yeû-ke-tsé : za-se teu deû pou mé, k'ieu-ke li.* Si c'est de la toile à grande laize, elle suffit : si c'est de la toile à petite laize, c'est insuffisant.

第疋布、勿像本地布也。是噢。*Di p'ie pou vé ziang pen-di pou yè. — Ze o.* Cette pièce de toile n'a pas l'air de toile indigène? — Si fait, c'en est.

那拉做个大布呢小布。*Na la tsou-ke dou pou gni siao pou.* Faites-vous de la toile à grande laize ou à petite laize?

我呢一向拉做大布、小布長遠勿做者。*Ngou-gni i-hiang la tsou dou pou : siao pou zang-yeu vé tsou-tsé.* Nous faisons depuis longtemps de la toile à grande laize; il y a longtemps que nous ne faisons plus de toile à petite laize.

短頭布賣起來、一歇無人要个、就是要末、價錢要推扳星拉。*Teu-deû pou ma-k'i-lai i-hié m-gnen yao-ke; zieû-ze yao mé, ka-dié yao t'ei- pè-sing-la.* Si l'on vend de la toile à petite laize, maintenant personne n'en veut; ou si l'on en veut, il faut baisser le prix notablement.

那拉做个希布、價錢賣得起否。好拉。*Na la tsou-ke hi pou, ka dié ma-te k'i va? — H'ao-la.* La toile peu serrée que vous faites se vend-elle bon prix? — (Elle se vend) bien.

第戶粗蔴布、做起蔴袋來、到經用个。*Di ou ts'ou mô pou tsou-k'i mô dai lai tao kieng-yong-ke.* Cette sorte de toile grossière de chanvre est bonne et solide pour faire des sacs de toile.

喫得過、臭荳腐、着得過、蔴袋布。*K'ie-te-kou, ts'eû deû-wou; tsa-te-kou, mô dai pou.* Manger du *deû-wou* puant et se vêtir d'étoffe grossière. (*lit.* de toile à faire des sacs), *c. à d.* vivre fort pauvrement.

第疋,花洋布、顏色,勿,大好看。*Di p'ie h'ouo yang-pou ngè-se vé da h'ao-k'eu.* Cette pièce de cotonnade fleurie n'est pas d'une jolie couleur (n'est pas fort belle à voir).

近來洋布是着,得,過者、勿,比從前哩。*Ghien-lai yang pou ze tsa-te-kou-tsé : vé pi zong-zié-li.* Maintenant il est de mode de s'habiller de coton européen : ce n'est pas comme autrefois.

洋標布、日,上用場最大。*Yang piao pou gné-laong yong-zang tsu-dou.* La toile européenne blanchie est fort en usage.

我要買頭二丈踏,光洋布來、做一,件長衫。*Ngou yao ma deú gni zang dè-koang yang pou lai, tsou i-ghié zang-sè.* Je veux acheter environ 20 pieds de toile européenne blanchie en foulant, pour (en) faire une robe.

斜紋洋布、比之別,樣洋布、來得,着,得,起點。*Zia-wen yang pou, pi-tse bié yang yang pou, lai-te tsa-te-k'i tié.* La toile européenne croisée est plus solide (durable) que toute autre toile d'Europe.

竹,布現在頂熱,門。爲啥咾。因爲大槪人學,時髦咾、齊要買來做長衫着,。*Tsó-pou yé-zai ting gné-men.— Wei-sa-lao? — Yn-wei da-kai-gnen ho ze-mao lao, zi yao ma-lai tsou zang-sè tsa.* La lustrine est à présent fort demandée.—Pourquoi?—C'est que la plupart suivant la mode actuelle veulent tous (à l'envi) en acheter pour (s'en faire des) robes.

竹,布衣裳、新个時氣末,好看个、若,使着,舊之、一,眼覆,勿,起个。*Tsó-pou i-zaong, sin-ke ze-k'i mé, h'ao-k'eu-ke : za-se tsa ghieú-tse, i-ngè fo-vé-k'i-ke.* Les habits de lustrine lorsqu'ils sont neufs, sont beaux, il est vrai; mais quand on les a portés longtemps (quelque temps), on ne peut plus les mettre.

夏布出,拉啥地方。*Hao pou ts'é la-sa-di-faong?* D'où provient la toile pour les vêtements d'été?

出,拉廣東咾啥、到底本地崑山路裡、也拉做个。*Ts'é la Koang-tong lao-sa : tao-ti pen-di Koen-sè lou li a la-tsou-ke.* Du *Koang-tong*, etc. Mais on la fabrique aussi en cette province, aux environs (au pays) de *Koen-sè*.

夏布有幾種。多拉、一,言難盡。*Hao pou yeú ki tsong? — Tou-la, i yé nè zin.* Combien y a-t-il de sortes de toiles d'été? — Beaucoup, on ne saurait les énumérer en un mot.

銀絲葛，價錢貴个否。勿强殺个。*Gnen-se-keu ka-dié kiu-ke va? — Vé ghiang sè-ke.* La toile *keu* à fils d'argent (blanche) est-elle chère? — Elle n'est pas à fort bon marché.

我要做一件銀絲葛个長衫來着着。*Ngou yao tsou i-ghié gnen-se keu-ke zang-sè lai tsa-tsa.* Il me faut faire une robe de toile (*keu*) blanche pour que je la porte.

綢緞買起來、上海强呢松江强。松江來得便宜。*Zeû deu ma-k'i lai, Zaong-h'ai ghiang gni Song-kaong ghiang? Song-kaong lai-te bié-gni.* La soie et le satin s'achètent-ils meilleur marché à Chang-hai ou à Song-kiang? — C'est meilleur marché à Song-kiang.

穿綢着緞。*Ts'é zeû, tsa deu.* S'habiller de soie et de satin; *fig.* s'habiller richement.

野蠶絲个綢、做起衣裳來、勿大經着个。*Ya-zé-se-ke zeû tsou-k'i i-zaong vé da kieng-tsa-ke.* La soie sauvage employée pour faire des vêtements n'est pas fort durable.

一根絲線。*I-ken se sié.* Un fil de soie.

替我買一錢紅絲線歸、因爲要插鞋頭花咾。*T'i ngou ma i zié hong se sié kiu, yn-wei yao ts'è ha-deû h'ouo lao.* Achetez-moi $\frac{1}{10}$ d'once de fil de soie rouge, pour appliquer des ornements sur le dessus des souliers (ouvrage des femmes).

綿紬褲子。*Mié-zeû k'ou-tse.* Culotte de soie grossière, ou mêlée de coton.

綿紬布衫。*Mié-zeû pou-sè.* Chemise de soie grossière.

粗綿紬。*Ts'ou mié-zeû.* Soierie très-grossière.

細綿紬。*Si mié-zeû.* Soierie grossière commune.

綿紬做起衣裳來、着得起个。*Mié zeû tsou-k'i i-zaong lai tsa-te-k'i-ke.* La soie grossière fait des vêtements solides (qui durent).

聽得別人話、繭紬用野蠶絲來做个、勿知是實介否。*T'ing-te bié-gnen-wo, kè-zeû yong ya-zé-se lai tsou-ke; vé tse ze zé-ka va?* J'ai entendu dire que la soie dite *kè-zeu* est faite avec des cocons sauvages; je ne sais s'il en est ainsi.

是實介能。*Ze zé-ka-neng.* C'est vrai.

緞子南京頂强。*Deu-tse Né-kieng ting ghiang.* Le satin de *Nan-king* est le moins cher.

爲啥咾、因爲南京是出緞子个地方。*Wei-sa-lao? — Yn-wei Né-kieng ze ts'é deu-tse-ke di-faong.* Pourquoi? — Parce que

14

Nan-king est le lieu d'où il provient (où il se fabrique).

中國風俗、人家小姐出嫁起來、總要做雙大紅緞子鞋子着个。*Tsong-kŏ fong-zŏ gnen-ka siao-tsia ts'é-ka-k'i-lai, tsong yao tsou saong dou-hong deu-tse ha-tse, tsa-ke.* Selon la coutume chinoise, quand une jeune fille se marie, on doit absolument lui faire une paire de souliers en satin rouge cramoisi, pourqu'elle les porte.

綾羅紬緞、齊要紬緞莊上去買个。*Ling, lou, zeû, deu, zi yao zeû-deu tsaong-laong k'i-ma-ke.* Les diverses espèces de soieries s'achètent aux magasins de soie.

一塊絹頭落脫者。*I-k'oei kieu-deû lo-t'é-tsé.* — Un foulard est perdu.

買一尺頂好个花紗。*Ma i-tsa ting-h'ao-ke h'ouo souo.* Acheter un pied de crêpe à fleurs, 1ère qualité.

生紗帳子。*Sang souo tsang-tse.* Moustiquaire de crêpe de soie écrue.

熟羅長衫。*Zŏ-lou zang-sè.* Robe de soie claire.

熟羅套褲。*Zŏ-lou t'ao-k'ou.* Jambières de soie claire.

羅底。*Lou ti.* Tamis de soie; soie pour faire un tamis.

羅底店。*Lou-ti tié.* Fabrique (boutique) de soie à tamis.

西洋紗帳。*Si-yang-souo tsang.* Moustiquaire en mousseline.

着來着去、哆囉呢最着得起。*Tsa-lai-tsa-k'i, tou-lou-gni tsu tsa-te-k'i.* (Entre toutes les étoffes dont) on peut se vêtir, le drap est la plus solide (durable).

我要鑲一件哆囉呢个皮馬褂。*Ngou yao siang i ghié tou-lou-gni-ke bi mŏ-kouo.* Il me faut faire un pardessus (surtout) en drap fourré.

替我做一件羽毛長衫。*T'i ngou tsou i-ghié yu-mao zang-sè.* Faites-moi une robe en *yu-mao* (camelot).

羽毛馬褂。*Yu-mao mŏ-kouo.* *Mŏ-kouo* en *yu-mao* (camelot).

儂件夾�、面子是羽緞个否。*Nong ghié kè mé, mié-tse ze yu-deu-ke-va?* Le dessus de votre robe doublée est-il en *yu-deu?*

勿是羽緞个、是羽綢个。*Vé ze yu-deu-ke, ze yu-tseû-ke.* Ce n'est pas en *yu-deu*, c'est en *yu-tseû*.

羽綢搭之羽緞、那裡一樣着得起。羽緞經着點。*Yu-tseû tè-tse yu-deu, a-li-i-yang tsa-te-k'i? — Yu-deu kieng-tsa tié.* Quel est le plus solide (durable) du *yu-tseú* et du *yu-deu?* — Le *yu-deu* est un peu plus solide.

羽紗箇樣物，事牢个否。勿，牢殺，个。*Yu-souo kou-yang mé-ze, lao-ke va?* — *Vé lao sè-ke.* Ce *yu-souo* (cette étoffe de *yu-souo*) est-il solide? — Pas trop.

羽紬比羽紗、那裡一，樣牢。兩樣相倣。*Yu-zeú pi yu-souo a-li-i-yang lao?* — *Leang-yang siang-faong.* Quel est le plus solide du *yu-zeú* et du *yu-souo?* — C'est à peu près la même chose.

拈絲一，日，拈得，个幾好。斤把。*Gné se i-gné gné-te-ke ki-h'ao?* — *Kien-pouo.* Combien filez-vous (tordez-vous) de soie par jour? — Une livre environ.

羊絨。*Yang gnong.* Velours de laine; flanelle.

絨單。*Gnong-tè.* Tapis de laine.

絨花。*Gnong houo.* Fleurs faites de velours.

絨球。*Gnong ghieú.* Touffe de velours.

羊毛店。*Yang-mao tié.* Boutique de laine.

羊毛筆。*Yang-mao pie.* Pinceau de poil de chèvre.

綿羊毛、收去啥用頭。做氈咾啥。*Mié-yang-mao seú-k'i sa yong-deu?* — *Tsou tsé lao-sa.* A quoi sert de recueillir la laine? — Pour en faire des feutres, etc.

新衣裳。*Sin i-zaong.* Habit, vêtement neuf.

舊衣裳。*Ghieú i-zaong.* Vieil habit.

四季衣衫、樣樣齊有。*Se-ki i-sè, yang-yang zi yeú.* Il a tous les vêtements des quatre saisons.

一，件短布衫、着，之多日，咾、要換下來淨者。*I-ghié teu-pou-sè, tsa-tse ta gné lao, yao wé-hao-lai zing-tsé.* La chemise que je porte depuis bien des jours, il (me) faut la changer pour la (faire) laver.

第件長衫破完拉者、勿，好着，个者。*Di-ghié zang-sè p'ou-wé-la-tsé, vé h'ao tsa-ke-tsé.* Cette robe est toute usée, on ne peut plus la porter.

長衣裳脫，脫，之、眞勿，惹看。*Zang-i-zaong t'eu-t'é-tse, tsen-vé-za-k'eu.* Quand on a quitté sa robe, on n'est pas en tenue (on ne peut se présenter).

禰着，拉嫌忒，熱，者。*Mé tsa-la yé-t'e gné-tsé.* Il fait trop chaud pour porter une robe.

箇件袍子、幾時做拉个。*Kou-ghié bao-tse, ki-ze tsou-*

la-ke? Quand cette robe a-t-elle été faite?

做得、勿、多幾時、着、也箕得、勿、會着、歇、个哩。*Tsou-te vé tou-ki-ze, tsa a seu-te vé-zeng tsa-kié-ke-li.* Elle a été faite il n'y a pas longtemps; portée, elle paraît toute neuve (comme si elle n'avait pas encore été portée).

一條褲子、因爲洋布个咾、着、得、勿、長遠就碎个。*I-diao k'ou-tse, yn-wei yang pou-ke-lao, tsa-te vé-zang-yeu, zieû sé-ke.* Le caleçon (la culotte) étant en toile (coton) d'Europe, s'est déchiré après avoir été porté pendant peu de temps.

天氣熱、者、要用着、單衣裳哩。*T'ié-ki gné-tsé, yao yong-za tè i-zaong li.* Le temps est chaud, il faut prendre les habits simples (non doublés).

夾、衣裳乃下去用勿、着、者、晒个晒咾放拉箱子裡罷。*Kè i-zaong, nai-hao-k'i yong-vé-za-tsé : souo-ke-souo lao faong la siang-tse li ba.* Les habits doublés désormais ne servent plus; exposez-les au soleil et (ensuite) mettez-les dans les caisses.

箇个人冷熱、齊勿、曉得、个者、實蓋能熱、个天氣、還着、綿衣裳拉哩。*Kou-ke gnen lang gné zi vé hiao-te-ke-tsé : zé-kai-neng gné-ke t'ié-k'i, wè tsa mié i-zaong la-li.* Cet homme ne connaît aucunement le froid et le chaud; par un temps aussi chaud il porte encore des vêtements ouatés.

四月、裡个天氣、着、之皮衣裳咾出、去、要撥、別、人笑个。*Se gneu li ke t'ié-k'i tsa-tse bi i-zaong lao t'sé-k'i, yao pé bié-gnen siao-ke.* A la 4e lune (a la température de la 4e lune), sortir vêtu de fourrures, c'est vouloir se rendre ridicule (faire rire les gens, donner à rire aux autres).

爲啥緣故呢、因爲勿、及、時者。*Wei-sa-yeu-kou-gni? — Yn-wei vé ghié-ze-tsé.* Pourquoi? — Parce que ce n'est plus (pas) de saison.

儂衣裳着、來薄、來、裡向綿襖勿、着、否。*Nong i-zaong tsa-lai bô-lai, li-hiang mié ao vé tsa va?* Vos habits de dessus sont bien légers, par dessous ne portez-vous pas un gilet ouaté?

因爲熱、咾綿襖脫、脫、之、換之一、件薄、布襖拉去。*Yn-wei gné lao, mié ao t'eu-t'é-tse, wé-tse i-ghié bô pou-ao la-k'i.* Comme il fait chaud; j'ai quitté le gilet ouaté et l'ai changé pour un léger gilet doublé.

夾、褲嫌忒、冷末、換之綿褲。*Kè mé yé-t'e lang mé,*

wé-tse mié mé. Si une robe doublée est trop froide (n'est pas assez chaude), changez-la pour une robe ouatée.

皮襔着，拉身上重咾勿，用。*Bi mé tsa-la-seng-laong zong lao, vé yong.* Une robe fourrée (de peau) est trop lourde à porter, (je n'en veux) point user.

皮襖要着，否。也勿，要。*Bi ao yao-tsa-va? — A vé yao.* Voulez-vous un gilet fourré? — Je n'en veux point non plus.

冷來死个天咾，夾，衫是用勿，着，拉哩。*Lang-lai-si-ke t'ié lao, kè sè ze yong-vé-za-la-li.* Par un temps si froid (très-froid), une robe doublée n'est plus d'usage.

單馬褂。*Tè mô-kouo. Mô-kouo* simple.

夾，馬褂。*Kè mô-kouo. Mô-kouo* doublé.

綿馬褂。*Mié mô-kouo. Mô-kouo* ouaté.

皮馬褂可以罷得，者，勿，要担哩。*Bi mô-kouo k'o-i ba-te-tsé, vé-yao tè-li.* Vous pouvez laisser le *mô-kouo* en peau, ne l'apportez pas.

背心着，拉馬褂裡向。*Pei-sin tsa la mô-kouo li-hiang.* On porte le *pei-sin* sous le *mô-kouo.*

夏布套褲。*Hao pou t'ao-k'ou.* Jambières en toile d'été.

單套褲。*Tè t'ao-k'ou.* Jambières simples (non doublées).

夾，套褲。*Kè t'ao-k'ou.* Jambières doublées.

綿套褲。*Mié t'ao-k'ou.* Jambières ouatées.

套褲帶散者。*T'ao-k'ou ta sè-tsé.* Les cordons (du bas) des jambières sont déliés.

雨落，裡个蓑衣，着，得，拉。*Yu-lo-li-ke souo-i, tsa-te-la. Litt.* Vous avez (déjà) mis votre manteau de paille ou d'herbes, *fig.* Quoique vous disiez ne pas vouloir, je sais que de fait vous voulez.

領頭要用着，快者。*Ling-deû yao yong-za k'oa-tsé.* Prochainement (bientôt) il faudra mettre le collet.

綿領頭。*Mié ling-deû.* Collet ouaté.

皮領頭。*Bi ling-deû.* Collet en peau.

修襪，。*Sieû mè.* Raccommoder les bas.

襪，套頭。*Mè-t'ao-deû.* Chaussettes.

洋布襪，。*Yang pou mè.* Bas de coton d'Europe.

襪，帶。*Mè-ta.* Jarretières.

跑來鞋頭破咾襪，頭穿。*Pao-lai ha-deû p'ou lao, mè deû ts'é.* Par suite de la marche, le bout des souliers s'use et le bout des bas se troue.

綿襪。 *Mié mè.* Bas ouatés.

換襪底。 *Wé mè ti.* Changer la semelle des bas.

接襪。 *Tsi mè.* Changer le pied des bas.

第雙夾襪嫌忒緊，着大勿落。 *Di saong kè mè yé-t'e kien tsa da vé lo.* Cette paire de bas est trop courte (étroite), je ne puis guère la mettre.

單襪我勿喜歡着个，因爲走起路來，容易有㨗塵咾。 *Tè mè ngou vé hi-foé tsa-ke, yn-wei tseû-k'i-lou-lai, yong-i yeû bong-zen lao.* Je n'aime pas porter des bas simples (non doublés), parce qu'en marchant la poussière (y adhère) facilement (à cause de la sueur).

布鞋子。 *Pou ha-tse.* Souliers de toile.

緞子鞋子。 *Deu-tse ha-tse.* Souliers de satin.

第雙鞋子，鞋面是啥料作个。 *Di saong ha-tse ha-mié ze sa leao-tso-ke?* De quelle matière sont les faces latérales de cette paire de souliers?

羽緞个。 *Yu-deu-ke.* De *yu-deu.*

西洋人，男男女女齊着皮鞋个，中國人末，着皮鞋个少个。 *Si-yang-gnen né-né gnu-gnu, zi tsa bi ha-ke: Tsong-ko-gnen mé, tsa bi ha-ke sao-ke.* Les Européens hommes et femmes, tous portent des souliers de cuir : mais pour ce qui est des Chinois, il y en a peu à porter des souliers de cuir.

儂要買鑲鞋呢靴鞋。隨便末者，鑲鞋也好，靴鞋也好。 *Nong yao ma siang ha gni, hiou ha? — Zu-bié-mé tsé : siang ha a h'ao, hiou ha a h'ao.* Voulez-vous acheter des souliers ornés ou des souliers à pied de bottes? — Comme vous voudrez : les souliers ornés sont bons (bien), et les souliers à pied de bottes sont bons (bien) aussi.

粉底烏靴。 *Fen ti ou hiou.* Bottes noires à semelle blanche.

靴帽。 *Hiou mao.* Bottes et chapeau (de cérémonie); botté, et coiffé du chapeau de cérémonie.

破靴黨。 *Pou hiou taong.* Vauriéns en bottes usées; *fig.* escroc gradué.

一雙靴勿好着个者，只好換糖喫个哩。 *I-saong hiou, vé h'ao tsa-ke-tsé; tsé h'ao wé daong k'ie-ke-li.* La paire de bottes ne peut plus servir; elle n'est plus bonne qu'à échanger pour du sucre à manger (au marchand de sucre de la rue).

第雙蒲鞋對脚否。*Di saong bou-ha tei kia va?* Cette paire de *bou-ha* va-t-elle à (votre) pied?

正好着。*Tseng h'ao tsa.* Elle va parfaitement.

鞋子脚來个呢、草鞋脚來个。*Ha-tse kia lai-ke gni, ts'ao ha kia lai-ke.* Etes-vous venu avec des souliers ordinaires ou avec des souliers de paille.

推一雙蒲鞋。*T'ei i saong bou ha.* Faire (tresser) une paire de *bou-ha.*

住拉个拉做啥。今朝因爲天怾、勿好做啥咾、拉推草鞋。*Zu-la-ke la-tsou sa? — Kin tsao yn-wei t'ié k'ieû, vé h'ao tsou sa lao, la t'ei ts'ao ha.* Que faites-vous là? — Aujourd'hui comme le temps est mauvais, n'ayant rien à faire, je fais des *ts'ao ha.*

布鞋子着着末者、買啥鑲鞋耶。*Pou ha-tse tsa-tsa mé-tsé, ma sa siang ha ya?* Mettez des souliers de toile, à quoi bon acheter des souliers ornés?

帽子勿好戴个者。*Mao-tse vé h'ao ta-ke-tsé.* Le bonnet n'est plus bon à mettre (n'est plus portable).

一隻小帽子、拿去晒一晒。*I-tsa siao-mao-tse nao-k'i souo-i-souo.* Prenez la calotte pour l'exposer au soleil.

儂要長帽襻呢啥。*Nong yao zang mao p'è gni sa?* Est-ce que vous voulez vous pendre avec cette corde (*lit.* avec cette longue bride de chapeau? *Se dit en plaisantant*).

帽襻斷脫者。*Mao p'è deu-t'é-tsé.* La bride du chapeau est rompue.

天熱之咾煖帽用勿着者、要換凉帽戴哩。*T'ié gné-tse-lao, neu mao yong-vé-za-tsé, yao wé leang mao ta-li.* Comme il fait chaud, le bonnet d'hiver n'est plus d'usage, il faut le changer pour le bonnet (chapeau de cérémonie) d'été.

一隻緯帽還好戴个否。*I tsa wei-mao wè h'ao-ta-ke va?* Le *wei-mao* est il encore bon?

還可以戴戴个哩。*Wè k'o-i ta-ta-ke li.* On peut encore le porter.

近來氈帽戴个人少者。*Ghien-lai tsé mao ta-ke gnen sao tsé.* Maintenant peu de gens portent (encore) le chapeau de feutre.

膠州氈帽。*Kiao-tseû tsé mao.* Chapeau de feutre de *Kiao-tseû.*

我个頭凍勿起、所以夜裡戴之腘帽咾腘个。*Ngou ke deû, tong vé k'i; sou-i ya-li ta-tse k'oen mao lao k'oen-ke.* Ma tête ne peut supporter le froid; c'est pourquoi la nuit je dors avec un bonnet de nuit.

一, 隻, 睏帽勿, 看見者, 替我床角, 落, 裡去尋尋看。*I tsa k'oen mao vé k'eu-k'ié tsé : t'i ngou zaong ko-lo li k'i, zin-zin-k'eu.* Le bonnet de nuit ne paraît pas : cherchez-le moi à l'angle du lit.

田裡向去末, 草帽担之。日, 頭勿, 旺殺, 咾, 草帽勿, 去, 担者。*Dié li-hiang k'i mé, ts'ao mao tè-tse.—Gné-deû vé yaong sè lao, ts'ao mao vé k'i-tè-tsé.* Allant aux champs, mettez votre chapeau de paille.—Le soleil ne luit pas fort, je n'ai pas besoin du chapeau de paille.

又勿, 落, 啥雨, 箬, 帽可以罷得, 个。*I vé lo sa yu, gna-mao k'o-i pa-te-ke.* Il ne pleut pas encore, on peut se dispenser du *gna-mao.*

帽摘, 子釘釘好。*Mao ti-tse ting-ting-hao.* Fixez le bouton du bonnet.

束, 腰帶。*So yao-ta.* Mettre (ceindre) une ceinture.

束, 之點綎帶咾做啥。喫, 進學, 酒去。*So-tse tié t'ing-ta lao tsou sa? — K'ie tsin-ho tsieû k'i.* Ayant mis une ceinture à extrêmités pendantes, que (voulez-vous) faire? — Je vais assister à (manger) un repas de promotion au baccalauréat.

箇根汗巾是縐紗个否。是个。*Di-ken heu-kien ze tseû-souo-ke va? — Ze-ke.* Cette ceinture d'hiver est-elle en *tseû-souo* (crêpe chinois)? — Oui.

褲子帶束, 束, 緊。*K'ou-tse ta so-so kien.* Liez (serrez) fortement (votre) ceinture de culotte.

箇件衣裳, 鈕子鈕襻齊要換个者。*Di-ghié i-zaong gneû-tse, gneû-p'è, zi yao wé-ke-tsé.* Il faut changer totalement les boutons et les boutonnières de cet habit.

除脫, 鈕子無得, 銅。*Zu-t'é gneû-tse m-te dong.* A part ses boutons, n'avoir pas de cuivre (*c. à d.* d'argent).

DIALOGUE AVEC UN MARCHAND D'ÉTOFFES.

(Langage des boutiques de Chang-hai).

尊駕進來要辦點啥貨色。*Tsen-ka tsin-lai yao bè tié sa fou-se?* Monsieur entre pour acheter quelle marchandise?

要買兩疋、藏青老企呢、還要四疋、洋藍羽緞、還要糙色、頂好洋標十、疋、每樣各、疋、荳規銀價多少、請開劃、一、不、二、批發、行情。*Yao ma leang p'ie zaong ts'ing lao ki-gni; wè yao se p'ie yang-lè yu-deû; wè yao ts'ao-se ting-h'ao yang-piao, se p'ie : mei yang ko p'ie deû koei gnen-ka tou-sao, ts'ing k'ai wa-i-pé-eul p'i-fa haong-zing.* Je veux (voudrais) acheter deux pièces de gros drap bleu-foncé; en outre je voudrais 4 pièces de *yu-deû* bleu; et je voudrais aussi 10 pièces de très-bon coton blanc couleur de peau de riz (coton européen); pour chaque pièce de chaque espèce au taux des magasins de céréales *(deû)*, je vous prie de me fixer le prix exact de magasin (en gros vendant à un magasin en détail).

是然是然、諾、第種料作、提選頂高、再好末、不、但小號沒、有、就別、處也難買个者。*Ze-zé! Ze-zé! No! di-tsong leao-tso, di-sié ting-kao : tsai h'ao mé, pé tè siao hao mé yeû, zieû bié-ts'u a nè ma-ke-tsé.* C'est juste! c'est juste! Voici! ces étoffes sont (des étoffes) de choix, 1ère qualité : de meilleures, non seulement en mon petit magasin il n'y en a point, mais encore on pourrait difficilement en trouver ailleurs.

這票企呢、批價實、銀、每碼一、兩一、錢六、分。*Tsé-p'iao k'i-gni p'i-ka-zé-gnen, mei mô i leang i-zié-lô fen.* Ce drap, estimé à juste prix, vaut un taël $\frac{16}{100}$ le mètre.

此票羽緞、現在日、市極、漲、閣、下光顧、仍照老行情算、每碼二錢五分。*Ts'e-piao yu-deu, yé-zai gné-ze ghie tsang; ko-ya-koang-kou, zen tsao lao hang-zing seu, mei mô gni zié n fen.* Au prix du marché actuel, ce *yu-deû* a augmenté beaucoup; pour vous (par faveur pour vous), (je vous le donne) comme devant au prix ancien de $\frac{25}{100}$ de taëls le *mô*.

第種頂重市原嘸、每疋、二兩三錢半、格、外仰攀、軋、實。*Di-tsong ting zong ze gneu-fé, mei p'ie gni leang sè zié pé, ke-wai gnang-p'è kè-zé.* Ce *gneu-fé* de 1ère qualité vaut 2 taëls 3 dixièmes et $^1/_2$ la pièce, au plus bas prix (*m. à-m.* au juste prix le plus

15

bas possible).

噢、價碼太大、今朝生意走不攏來。*O! ka-mô t'ai dou, kin-tsao sang-i tseû-pé-long-lai.* Bien! Le prix est trop fort, aujourd'hui nous ne ferons pas de commerce.

不要客氣、價錢是十分老實、克已、一點小交易、請吩咐末者。*Pe-yao k'a-ki : ka-dié ze zé-fen lao-zé k'e-ki, i-tié siao kiao-ye : ts'ing fen-fou-mé-tsé.* Pas de compliments : le prix est très juste, à peine si j'y gagne (*lit.* je me modère et ne fait qu'un petit commerce) : (du reste) je vous prie de dire (vous même le prix que vous voulez donner).

噢、介末、勿要見怪。兄弟愚見、頂多照尊算只好通作七折、否則、費手。*O! ka-mé vé-yao kié-koa : hiong-ti gnu kié, ting tou, tsao tsen seu tse h'ao t'ong-tso ts'i ts'é : feû, tse fei seû.* Bien! Alors ne trouvez pas mauvais (ce que je vous dis) : selon ma petite idée (*m. à-m.* au sentiment de votre ignorant frère cadet), le plus (qu'on puisse donner), c'est de diminuer votre noble estimation des $\frac{3}{10}$ (*c. à-d.* de donner les $\frac{7}{10}$ du prix demandé), sinon vous aurez perdu votre temps, (en étalant vos marchandises.)

LEÇON XXIII.

TAILLEUR.

裁縫。 *Zai-wong.* Tailleur.
裁衣。 *Zai i.* Id; tailler les vêtements.
裁。 *Zai.* Tailler les vêtements.
綷。 *Ling.* Coudre.
杓。 *Tiao.* Raccommoder (des vêtements).
針。一，隻， *Tsen (i-tsa).* Aiguille.
針眼。一，个 *Tsen-ngè (i-ke).* Chas de l'aiguille.
引線。一，隻， *Yn-sié (i-tsa).* Aiguille à coudre.
線縫。一，條 *Sié-wong (i-diao).* Couture.
合，縫。縫。 *Ké-wong, wong.* Id.
一根線。 *I-ken sié.* Une aiguillée, un brin de fil.
一，團線。 *I-deu sié.* Une peloton de fil.
一，絞線。 *I-kao sié.* Un écheveau de fil.
花線。一，根 *H'ouo sié (i-ken).* Fil de couleur pour la broderie.
花絲線。 *H'ouo se sié.* Fil de soie de couleur pour la broderie.
素線。 *Sou sié.* Fil blanc.
棉線。 *Mié sié.* Fil de coton.
衣線。 *I-sié.* Fil à coudre.
蔴絲。 *Mô se.* Fil de chanvre.
蔴線。 *Mô sié.* Id. composé de plusieurs fils simples.
金線。 *Kien sié.* Fil d'or et de soie (de soie entouré d'or).
銀線。 *Gnen sié.* Fil de soie et d'argent (entouré d'argent).
洋線。 *Yang sié.* Fil européen.
針線。 *Tsen sié.* Ouvrage d'aiguille; aiguille et fil.
穿針。 *Ts'é tsen.* Enfiler une aiguille.
針脚。 *Tsen-kia.* Points d'aiguilles.
抵針。一，个 *Ti-tsen (i-ke).* Dé à coudre.
剪刀。一，把 *Tsié-tao (i-pouo).* Ciseaux.
剪刀頭。 *Tsié-tao deû.* Pointe des ciseaux.
剪。 *Tsié.* Couper avec des ciseaux.
別，針。一，隻， *Bié-tsen (i-tsa).* Sorte d'épingle des tailleurs.
綷縫。 *Ling-wong.* Coudre, faire une couture.
成衣。 *Zeng i.* Faire des vêtements.
裙。一，條 *Ghiun (i-diao).* Robe de femme.
袷，裡。 *Ké-li* Doublure (d'un vêtement).
領襟。 *Ling-kien.* Collet.
袖子。 *Zieû-tse.* Manche.

樣子。*Yang-tse.* Modèle; façon.
修補。*Sieû-pou.* Raccommoder, réparer.
裾。一,隻,*Ki (i-tsa).* Pan de robe.
紥。*Tsè.* Plisser.
熨斗。一,个 *Yun-teû (i-ke).* Fer à repasser.
燙。*T'aong.* Repasser avec un fer.

第个裁縫强个,樣樣齊會做个。*Di-ke zai-wong ghia-ke, yang-yang zi wei tsou-ke.* Ce tailleur est habile (adroit), il sait tout faire.

替我裁件短衫。*T'i ngou zai ghié teu-sè.* Faites-moi une chemise.

箇个裁衣司務,本事好否。*Kou-ke zai-i-se-wou pen-ze h'ao-va?* Ce tailleur est-il habile?

平常个,不,過做做布草衣裳末,可以个,若,使叫伊做起綢衣裳來,勉强个。*Bing-zang-ke : pé-kou tsou-tsou pou ts'ao i-zaong mé, k'o-i-ke : za-se kiao i tsou-k'i zeû i-zaong lai, mié-k'iang-ke.* Il est ordinaire (commun) : il peut seulement faire des vêtements grossiers de toile de coton : s'il s'agit de lui donner à faire (de l'appeler pour faire) des vêtements de soie, (il les fera) difficilement.

衣裳裾个線脚,脫,是咾,拉落,開來者,叫裁縫綷个一,綷。*I-zaong ki-ke sié-kia t'é-ze lao, la lo-k'ai-lai-tsé, kiao zai-wong ling-ke-i-ling.* Les points du pan de la robe sont rompus et la doublure va se séparer (s'en aller), appelez le tailleur pour la recoudre.

拉杓衣裳。*La tiao i-zaong.* (Occupé) à raccommoder des vêtements.

馬褂上燒之一,个洞咾,要杓一,杓个者。*Mó-kouo laong sao-tse i-ke dong lao, yao tiao-i-tiao-ke-tsé.* Le feu a fait un trou au *mó-kouo*, il faut le raccommoder (y faire une reprise, etc.)

百,杓个衣裳,着,出,去勿,好看个者。*Pa-tiao-ke i-zaong, tsa ts'é-k'i vé h'ao k'eu-ke-tsé.* On ne peut se montrer avec un habit tout rapiécé (*m. à-m.* sortir avec un habit à 100 pièces, n'est pas beau à voir).

針脚,忒,稀。*Tsen-kia t'e hi.* Les points sont trop lâches (pas assez serrés).

線粗咾,針眼裡穿勿,過。*Sié ts'ou lao, tsen-ngè li tsé-vé-kou.* Le fil est trop gros pour le pouvoir enfiler.

穿引線。*Ts'é yn-sié.* Enfiler une aiguille.

一,隻,引線頭斷之咾,勿,好用者。*I-tsa yn-sié deû, deû-tse lao, vé h'ao yong-tsé.* La pointe de l'aiguille est brisée, (elle) ne peut plus servir.

第條線縫,綷來曲,个。*Di-diao sié-wong ling-lai k'iô-ke.* Cette couture est cousue de travers.

合,縫裡綷來勿,大服,貼,。*Ké-wong-li ling-lai vé da wo-t'i.* La couture n'est pas bien aplanie.

一,條縫綷之點把鐘。*I-diao wong, ling-tse tié-pouo tsong.* Il a fait (cousu) la couture en une heure environ.

拿一,團線來。*Nao i deu sié lai.* Apportez un peloton de fil.

一,絞花線,買之長遠咾蔫脫,者。*I kao h'ouo sié, ma-tse zang-yeu lao, yé-t'é-tsé.* Cet (un) écheveau de fil (de soie) colorié a été acheté il y a longtemps; aussi (par suite) il a perdu sa couleur.

花絲線不,過為插,花咾繡花用个。*H'ouo se sié, pé-kou wei ts'è h'ouo lao, sieû-h'ouo yong-ke.* On ne se sert du fil de soie colorié que pour appliquer des ornements ou pour broder.

啥叫素線。就是白,線者那。*Sa kiao sou-sié?—Zieû-ze ba sié-tsé-na.* Qu'appelle-t-on *sou-sié*? — C'est le fil blanc.

棉線啥用場个。做做布草衣裳咾啥个。*Mié sié sa yong-zang-ke? — Tsou-tsou pou-ts'ao i-zaong lao-sa-ke.* A quoi sert le fil de coton? — Pour faire les vêtements de coton et semblables.

衣線呢。衣線末勿,論啥布衣裳紬衣裳,齊用得,着,个。*I-sié gni?—I-sié mé, vé-len sa pou i-zaong, zeû i-zaong, zi yong-te-za-ke.* Et le fil à coudre (*i-sié*)? — Le fil à coudre sert (en général) pour faire soit les vêtements de toile (coton), soit les vêtements de soie.

蔴絲用完拉者,再買點歸來。還買來做啥,合,點蔴線來紥,鞋底。*Mô-se yong wé-la-tsé, tsai ma tié kiu-lai. — Wè ma-lai tsou sa? — Ké-tié mô sié lai ts'è ha ti.* Le fil de chanvre a été tout employé, allez de nouveau en acheter et revenez. — Pourquoi en acheter encore? — Pour le tordre en fil composé et coudre les semelles des souliers.

小帽子上釘點金線咾,琴來。*Siao-mao-tse laong ting tié kien sié lao, tsu-lai.* Le bouton en fil d'or fixé sur la calotte est d'un bel effet.

金線搭,之銀線是,繡作,裡用得,多。*Kien sié tè-tse*

gnen sié ze, sieû-tso li yong-te tou. On se sert du fil d'or et du fil d'argent surtout pour les ouvrages de broderie.

伊拉个小姐、眞正一、手好針線。*I-la-ke siao-ts'ia tsen-tseng i-seû h'ao-tsen-sié.* Leur fille (demoiselle) travaille admirablement à l'aiguille (aux travaux d'aiguille).

我呢娘兩个、別、樣是一、樣做勿、來啥个、不、過做做針線咾活、命。*Ngou-gni gnang leang-ke bié-yang-ze-i-yang, tsou-vé-lai sa-ke, pé-kou tsou-tsou tsen-sié lao, wé-ming.* Ma mère et moi (à nous deux) nous ne savons rien faire autre chose : seulement nous travaillons à l'aiguille (à la couture) pour vivre.

第件衣裳、針脚、到做來好拉也。*Di-ghié i-zaong, tsen-kia tao tsou-lai h'ao-la-ya.* Cet habit est bien cousu.

銅抵針。*Dong ti-tsen.* Dé à coudre en cuivre.

鐵、抵針。*T'i ti-tsen.* Dé à coudre en fer.

繡花剪刀。*Sieû-h'ouo tsié-tao.* Ciseaux à broder.

大剪刀。*Dou tsié-tao.* Grands ciseaux.

小剪刀。*Siao tsié-tao.* Petits ciseaux.

剪刀銹之咾勿、好用个者、如果要用末、必、須要磨个哩。*Tsié-tao sieû-tse-lao, vé h'ao yong-ke-tsé : zu-kou yao yong mé, pi-su-yao mô-ke-li.* Les ciseaux sont rouillés et ne peuvent servir : (en conséquence) si l'on veut s'en servir, il faut de toute nécessité les repasser.

拿把剪刀來剪个一、剪。*Nao pouo tsié-tao lai tsié-ke-i-tsié.* Prenez une paire de ciseaux pour couper (cela).

剪刀頭斷脫、拉者咾、勿、好剪个者。*Tsié-tao deû deu-t'é-la-tsé lao, vé h'ao tsié-ke-tsé.* La pointe des ciseaux est brisée, on ne peut (s'en servir pour) couper.

担別、針別、住之末、好綷。*Té bié-tsen bié-zu-tse mé, h'ao lin.* Prenez une épingle pour fixer (l'étoffe afin de pouvoir) coudre commodément. — En fixant avec une épingle, on coud bien.

箇件長白、衣做來倒無啥、不、過綷縫裡向有點勿、平塡、(服、貼、)拿熨斗來再燙一、燙看、勿、知燙得、平否。*Kou-ghié zang-ba-i tsou-lai tao-m-sa : pé-kou lin-wong li-hiang yeû-tié vé-bing-dié (wo-t'ié) : nao yun-teû lai tsai t'aong-i-t'aong-k'eu vé tse t'aong-te-bing va?* Cette aube est faite assez bien : seulement les coutures ne sont pas aplanies : prenez un fer pour (les) repasser encore : je ne sais si on pourra les aplanir en repassant.

第塊成衣司務、啥價錢一、工。百、把錢一、工。 *Di-k'oei zeng-i-se-wou sa-ka-dié i kong? — Pa-pouo dié i kong.* Ici, quel est le prix d'une journée de tailleur? — Environ 100 sapèques.

紬袷、裡呢布袷、裡。紬袷、裡。 *Zeû ké-li gni pou ké-li? — Zeû ké-li.* La doublure est-elle (doit-elle être) en soie ou en toile? — La doublure (est) en soie, *ou :* (faites) la doublure en soie.

領襟裡做來勿、大好看。 *Ling-kien li tsou-lai vé da h'ao-k'eu.* Le collet n'est pas fort bien (*m. à-m.* n'est pas fait très-beau).

袖子做幾好大咾幾好長短末、有个者。長短末、頭二尺、大小末四寸頭。 *Zieû-tse tsou ki-h'ao dou lao ki-h'ao zang-teu-mé, yeû-ke tsé? — Zang teu mé, deû gni ts'a; dou-siao mé, se ts'en-deû.* Les manches (doivent être) de quelle largeur et de quelle longeur? — Deux pieds de long et 4 pouces de large.

樣子儂看起來好否。好是好个、但是嫌忒、時髦點。 *Yang-tse nong k'eu-k'i-lai h'ao-va? — H'ao ze h'ao-ke; tè-ze yé-t'e ze-mao tié.* A votre avis, la façon est-elle bien? — Pour être bien, c'est bien; seulement c'est un peu trop à la mode.

第件夾、襔要修補修補个者、勿、修補、勿、好着、个哩。 *Di-ghié kè mé, yao sieû-pou-sieû-pou-ke-tsé : vé sieû-pou, vé h'ao tsa-ke-li.* Cette robe doublée a besoin d'être réparée : à moins d'être raccommodée, on ne peut plus la mettre (porter).

LEÇON XXIV.

OUVRIERS DIVERS.

師父。*Se-wou*. Ouvrier maître.

司務。*Se-wou*. Simple ouvrier, compagnon.

徒弟。*Dou-di*. Apprenti.

木、匠。*Mo-ziang*. Charpentier, menuisier.

鐵、匠。*T'i-ziang*. Ouvrier en fer.

大鑪鐵、匠。*Dou-lou-t'i-ziang*. Taillandier.

小鑪鐵、匠。*Siao-lou-t'i-ziang*. Forgeron, cloutier.

銅匠。*Dong-ziang*. Ouvrier en cuivre.

解匠。*Ka-ziang*. Scieur.

皮匠。*Bi-ziang*. Cordonnier (faisant des souliers de cuir).

漆、匠。*Ts'ie-ziang*. Vernisseur.

鞋子司務。*Ha-tse-se-wou*. Cordonnier (chinois) ordinaire.

帽匠、帽作、司務。*Mao-ziang, mao-tso se-wou*. Chapelier.

雕匠、刻、花司務。*Tiao-ziang, k'e-h'ouo-se-wou*. Sculpteur.

刻、字司務、刻、字先生。*K'e ze se-wou, k'e ze sié-sang* (1). Graveur de caractères.

雕刻、。*Tiao-k'e*. Graver, ciseler.

鋸子。一、把 *Ki(ké)-tse (i-pouo)*. Scie (une).

解鋸。*Ka-ki*. Scie de scieur de long.

斷鋸。*Deu-ki*. Scie commune.

鉋。一、隻、*Bao (i-tsa)*. Rabot (un).

鑿、子。一、隻、(把) *Zo-tse (i-tsa, i-pouo)*. Ciseau (à mortaises); bec-d'âne.

小木、匠。*Siao-mo-ziang*. Menuisier; ébéniste; fabricant de meubles.

斧頭。一、把 *Fou-deû (i-pouo)*. Hache (une).

作、櫈。一、隻、*Tso-teng (i-tsa)*. Etabli (s).

雕刀。一、把 *Tiao-tao (i-pouo)*. Burin; ciseau de graveur (sculpteur).

銼刀。一、把 *Ts'ou-tao (i-pouo)*. Lime (une).

榔頭。一、个 *Laong deû (i-ke)*. Marteau (un).

鉄、鎚。一、个 *T'i-zu (i-ke)*. Masse en fer.

鉄、鉗。一、把 *T'i-ghié (i-pouo.)* Tenailles.

---

(1) On dit *sié-sang*, quand on veut désigner le graveur qui *écrit* les caractères.

鉄,墩。一,个 *T'i-ten* (*i-ke*). Enclume.

鑽。一,把 *Tseu* (*i-pouo*). Foret.

研鑿。*Gné-zo.* Tournevis.

螺螄釘。一,隻,*Lou-se-ting i-tsa.* Vis (une).

螺螄眼。*Lou-se ngè.* Trou de vis.

錐鑽。一,个 *Tse-tseu* (*i-ke*). Alêne (une).

皮鑽。一,个 *Bi-tseu* (*i-ke*). Alêne pour le cuir.

曲,尺。一,根 *K'iô-ts'a* (*i-ken*). Equerre.

釘。一,隻,*Ting* (*i-ts'a*). Clou; cheville.

釘。*Ting.* Clouer, cheviller.

木,屑。*Mo-si.* Sciure de bois.

鞋底。一,隻,*Ha-ti* (*i-tsa*). Semelle de soulier (une).

鞋根。*Ha-ken.* Quartier (partie postérieure) du soulier.

鞋頭。*Ha deû.* Pointe du soulier.

鞋楦頭。*Ha hieu-deû.* Forme de cordonnier (soulier).

磨。*Mô.* Repasser; aiguiser.

解。*Ka.* Scier; défaire, délier; expliquer.

圖書。一,个 *Dou-su* (*i-ke*). Cachet.

傢生。*Ka-sang.* Ustensiles.

銅圈。一,个 *Dong k'ieu* (*i-ke*). Anneau en cuivre.

脚,鑪。一,个 (隻,) *Kia-lou.* (*i-ke, i-tsa*). Chaufferette.

把作。*Pouo-tso.* Contre-maître.

作,場裡个把作,司務管拉个。*Tso-zang-li-ke pouo-tsouo-se-wou koé-la-ke.* Les contre-maitres ont soin du chantier.

領拉个徒弟滿師末,,滿師是滿師者、但是生活,獨,干子出,去、還勿,好喫,飯拉哩。*Ling-la-ke dou-di mé se mé? — Mé se ze mé se-tsé; tè-ze sang-wé dô-keu-tse ts'é-k'i wè vé h'ao k'ie-vè-la-li.* Les apprentis que vous avez reçus ont-ils fini leur apprentissage? — Pour avoir fini leur apprentissage, ils l'ont fini; mais (pour) aller seuls travailler dehors, ils ne pourraient pas aisément gagner leur vie (manger le riz).

現在造屋,个人家多咾、木,匠無叫處。*Yé-zai zao-ó-ke gnen-ka tou-lao, mo-ziang m-kao-ts'u.* Il y a maintenant beaucoup de gens qui (font) bâtir : on ne peut trouver des charpentiers.

啥叫鉄,匠。就是打鉄,器傢生个。*Sa kiao t'i-ziang? — Zieû-ze tang t'i k'i-ka-sang-ke.* Qu'est-ce qu'un taillandier (forgeron)? — C'est un ouvrier qui fait des ustensiles en fer.

銅匠担、此地有得,來个否。啥咾、我要修具鎖咾、配个鑰,匙咾。*Dong-ziang tè, ts'e-di yeû te-lai-ke va? —*

16

Sa-lao? — *Ngou yao sieû ghiu-sou lao, p'ei-ke ya-ze lao.* Le *dong-ziang* voyageur, (*m. à-m.* le bagage, le fardeau du *dong-ziang*) peut-il venir ici? — Pourquoi? — J'ai besoin de (faire) réparer une serrure et de (faire) faire (une nouvelle) clef (pour remplacer la clef perdue, etc...).

銅匠店裡去打个銅箍。 *Dong-ziang tié li k'i tang-ke dong kou.* Allez à la boutique du *dong-ziang* pour faire (faire) un cercle de cuivre.

解匠幾錢一、當。三四錢。 *Ka-ziang ki-dié i taong?* — *Sè se zié* (1). Les scieurs de long gagnent combien de sapèques par jour (à deux)? — De trois à quatre fois 70 sapèques.

釘鞋搭、之皮鞋、齊要皮匠做个、鞋匠做勿、來个。 *Ting ha, tè-tse bi ha, zi yao bi-ziang tsou-ke : ha-ziang tsou vé-lai-ke.* Les souliers à clous et les (autres) souliers de peau doivent tous être faits par le *bi-ziang* : le *ha-ziang* ne sait pas les faire.

替我叫个漆、匠來、我要漆、一、副脚、馬桶咾。 *T'i ngou kao ke ts'ie-ziang lai : ngou yao ts'ie i-fou kia mô-dong lao.* Appelez-moi les vernisseurs : je veux (faire) vernisser un baquet à laver les pieds et un *mô-dong*.

鞋子司務、皮鞋會做个否。做是也會做个、不、過做起來、勿、大內行个。 *Ha-tse-se-wou bi ha wei tsou-ke-va?* — *Tsou ze a wei tsou-ke; pé-kou tsou-k'i-lai vé da nei-hang-ke.* Le cordonnier (ordinaire) sait-il faire des souliers en peau? — Les faire, il sait les faire; seulement il n'en a guère l'habitude (la pratique).

第个囝生來單薄、咾、種田勿、成功个哩、送伊到帽作、裡去學、之帽匠罷。 *Di-ke neu sang-lai tè-bô lao, tsong dié vé zeng-kong-ke-li : song i tao mao tso li k'i, ho-tse mao-ziang ba.* Cet enfant est bien délicat; il ne peut travailler la terre : envo-y ez-le dans un atelier de chapelier pour y apprendre (le métier de) chapelier.

學、會之雕匠末、、尋銅錢容易者。 *Ho-wei-tse tiao-ziang mé, zin dong-dié yong-i-tsé.* Celui qui a appris (sait) le métier de graveur trouve facilement (à gagner) de l'argent.

啥叫雕匠。就是刻、作、者那。 *Sa kiao tiao-ziang?* —

---

(1) *Zié* = 70 sapèques, et *fen* = 7 sapèques. *Cette expression est surtout usitée à la campagne.*

Zieû-ze k'e-tso-tsé na. Qu'est-ce qu'un sculpteur?—C'est celui qui sculpte.

刻, 字司務(先生)、刻, 花會刻, 个否。刻, 花勿, 會刻, 个。*K'e ze se wou (sié-sang); k'e h'ouo wei k'e-ke-va? — K'e h'ouo vé wei k'e-ke.* Le graveur de caractères sait-il sculpter des ornements? — Il ne sait pas sculpter des ornements.

第隻, 廳、花作, 雕刻, 來能細、啥所司務做个。*Di-tsa t'ing, h'ouo tso-tiao k'e-lai neng-si : sa-su se-wou tsou-ke.* Les sculptures (ornements sculptés, ciselés) de ce *t'ing* sont très-fines : d'où est l'ouvrier qui les a faites?

拿把鋸子來。解鋸呢斷鋸。*Nao pouo ki (ké)-tse lai. — Ka-ki gni deu-ki?* Apportez une scie. — Une scie de scieur de long ou une scie commune?

鉋鐵,。*Bao t'i.* Le fer du rabot.

一, 隻, 鉋鈍完者、庶幾乎磨个一, 磨末,、還好鉋拉哩。*I-tsa bao den wé-tsé : su-ki-wou mô-ke-i-mô mé, wè h'ao bao la li.* Le rabot (le fer du rabot) est entièrement obtus, émoussé : il est nécessaire de le repasser pour pouvoir raboter encore (*ou :* mais si on le repasse, on peut encore (s'en servir pour) raboter.

鑿, 子還好用用个否。鑿, 是可以鑿, 鑿, 个哩。*Zo-tse wè h'ao yong-yong-ke-va? — Zo ze k'o-i zo-zo-ke-li.* Le ciseau peut-il encore servir? — On peut encore s'en servir.

樹只, 有硬咾、斧頭斬大勿, 落,。*Zu, tsé yeû ngang lao; fou-deû tsè da-vé-lo.* Le bois est dur; la hache l'entaille difficilement.

去尋一, 隻, 作, 櫈來。*K'i zin i-tsa tso-teng lai.* Allez chercher un établi.

拿雕刀來再雕雕光、勿, 然毛來死咾勿, 好看个。*Nao tiao-tao lai tsai tiao-tiao koang; vé zé, mao lai-si lao, vé-h'ao k,eu-ke.* Prenez un burin et de nouveau ciselez nettement; sinon (le travail sera) grossier et vilain (*lit.* pas beau à voir).

銼刀鈍之咾、勿, 好銼个者。*Ts'ou tao den-tse lao, vé h'ao t'sou-ke-tsé.* La lime est usée, et ne peut plus limer.

鐵榔頭。*T'i laong-deû.* Marteau (*lit.* en fer).

跌, 柴榔頭。*T'i za laong-deû.* Marteau pour piler la paille destinée à divers usages.

第隻, 釘、拿榔頭來敲个一, 敲。*Di-tsa ting nao laong-deû lai, k'ao-ke-i-k'ao.* Enfoncez (frappez sur) le clou avec le marteau.

拿鐵⁾鎚來敲樁。*Nao t'i-zu lai k'ao tsaong.* Enfoncez les pilotis avec une masse en fer.

螺螄釘退勿⁾出⁾末⁾⁾拿研鑿⁾來退出⁾來。*Lou-se-ting t'ei-vé-tsé mé, nao gné-zo lai, t'ei-tsé-lai.* Si la vis ne vient pas (ne peut être retirée), prenez le tournevis pour la retirer.

一⁾隻⁾釘⁾拿鐵⁾鉗來鉗。*I-tsa ting nao t'i-ghié lai ghié.* Arrachez le clou avec les tenailles.

我又勿⁾是鐵⁾墩咾否⁾撥⁾那打白⁾相。*Ngou i vé ze t'i-ten lao va, pé na tang bé-siang?* Est-ce que (par hasard) je suis une enclume, pour que vous frappiez (sur moi) sans raison?

担鑽來鑽个眼上。*Tè tseu lai tseu-ke ngè laong.* Faites un trou avec le foret.

研鑿⁾啥用頭个。研螺螄釘咾啥个。*Gné-zo sa yong-deû-ke? — Gné lou-se-ting lao-sa-ke.* A quoi sert le tournevis? — Il sert à tourner les vis, etc.

螺螄釘研勿⁾進末⁾⁾螺螄眼再鑽个鑽大。*Lou-se-ting gné vé tsin mé, lou-se-ngè tsai tseu-ke-tseu dou.* Si la vis n'entre pas, faites un trou plus grand encore avec le foret.

錐鑽磨磨快⁾盖⁾末⁾鑽起來好鑽者。*Tse-tseu mô-mô k'oa; ke-mé tseu-k'i-lai, h'ao tseu-tsé.* Affilez l'alêne bien aigüe; alors il sera facile de s'en servir pour faire les trous.

一⁾把皮鑽壞脫⁾拉者⁾勿⁾好用个哩。*I-pouo bi-tseu wa-t'é-la-tsé : vé h'ao yong-ke-li.* L'alêne (pour le cuir) s'est épointée : on ne peut plus s'en servir.

曲⁾尺⁾上量起來嫌見厚點拉哩⁾再斬脫⁾个一⁾眼。*K'iô-ts'a laong leang-k'i-lai, yé kié heû tié la-li : tsai tsè-t'é-ke i ngè.* En mesurant avec l'équerre, (le bois) semble un peu trop épais, il faut l'amincir un peu (avec la hache).

香扒釘。*Hiang-pouo ting.* Petit clou.

七⁾扒釘。*Ts'i-pouo ting.* Clou de longeur moyenne.

八⁾扒釘。*Pè-pouo ting.* Clou plus long.

棗核⁾釘。*Tsao wé ting.* Petit clou pointu des 2 bouts (imitant le noyau de jujube).

毛竹⁾釘。*Mao-tsô ting.* Cheville en *mao-tsô* (sorte de bambou) pointue des 2 bouts.

外教人死之⁾棺材盖上總敲一⁾隻⁾子孫釘个。*Nga-kiao-gnen si-tse, koé-zai kai laong tsong k'ao i-tsa tse-sen ting ke.*

Quand un païen meurt, on ne manque jamais de clouer le clou de la *postérité* sur le couvercle du cercueil.

釘一隻釘上。*Ting i-tsa ting laong.* Mettre (clouer) un clou.

掛拉釘上。*Kouo la ting laong.* Suspendre au clou.

脚鑪裡加點炭團(木屑)去、勿然要冷脫者。*Kia-lou li ka tié t'è-deû (mo-si) k'i : vé zé yao lang-t'é tsé.* Ajoutez (mettez) un peu de *charbon de bois en motte* (braise) dans la chaufferette: autrement elle se refroidira.

紮鞋底。*Tsè ha ti.* Faire une semelle de soulier.

上鞋底。*Zaong ha ti.* Joindre le soulier à la semelle, mettre la semelle au soulier.

鞋頭倒勿曾穿哩、鞋根末碎个者。*Ha deû tao vé zeng ts'é-li; ha ken mé, sé-ke-tsé.* Le bout des souliers n'est pas encore percé; mais la partie postérieure (le quartier) est rompue (déchirée).

鞋子緊末、拿鞋楦頭再排一排。*Ha-tse kien mé; nao ha hieu-deû tsai ba-i-ba.* Les souliers sont trop étroits *ou* trop courts; remettez-les sur forme.

帽子担到帽楹頭上去排排挺。*Mao-tse tè tao mao k'oei-deû laong k'i ba-ba ting.* Allez mettre le chapeau (la calotte) sur forme pour le (la) redresser.

磨个一磨。*Mô-ke-i-mô.* Affiler, repasser.

磨得來否。*Mô-te-lai va?* Peut-on (le) repasser?

解開來。*Ka-k'ai-lai.* Scier; ouvrir en sciant.

箇顆木頭解伊開來。*Kou-k'ou mo-deû ka i k'ai-lai.* Sciez ce bois (en deux).

刻圖書。*K'e dou-su.* Graver un cachet.

鐫圖書。*Ts'ié dou-su.* Graver un cachet sur pierre. *Ce graveur sur pierre a le titre de* sié-sang.

打个圖書上。*Tang-ke dou-su laong.* Apposer le cachet.

LEÇON XXV.

MAÇONS, CHARPENTIERS, &...

泥水匠。*Gni-se-ziang.* Maçon.
泥刀。一把 *Gni-tao (i-pouo).* Truelle (*m. à-m.* couteau à mortier).
夾子。一隻 *Kè-tse (i-tsa).* Truelle de plâtrier.
三和土。*Sè-wou-t'ou.* Béton (*m. à-m.* 3 matériaux, savoir : briques et chaux mêlées de terre).
灰沙。*Foei-souo.* Mortier.
石灰。*Za-foei.* Chaux.
粉刷。*Fen-sé.* Enduire et blanchir à la chaux.
沙泥。*Souo-gni.* Sable.
西洋沙泥。*Si-yang souo-gni.* Ciment, *m. à-m.* sable européen.
竪線。一根 *Zu-sié (i-ken).* Fil à plomb.
掛線。*Kouo-sié.* Plomber, se servir du fil à plomb.
作頭。*Tso-deû.* Entrepreneur.
石匠。*Za-ziang.* Tailleur de pierre.
造。*Zao.* Bâtir, construire, faire.
砌。*Ts'i.* Maçonner.
磚頭。一塊 *Tsé-deû (i-k'oei).* Brique.
石頭。一塊 *Za-deû (i-k'oei).* Pierre.
黃道。*Waong-dao.* Petites briques.
黃道磚。*Waong-dao-tsé.* Id.
方磚。*Faong-tsé.* Carreau en terre cuite.
清水磚頭。*Ts'ing-se tsé-deû.* Briques polies.
瓦。一張 *Ngao (i-tsang).* Tuile; poterie.
磚瓦。*Tsé-ngao.* Briques et tuiles.
柱。一根 *Zu (i-ken).* Pilier, colonne.
樁。一個 *Tsaong (i-ke).* Pilotis.
石墩子。一個 *Za ten-tse (i-ke).* Base en pierre d'une colonne.
梁。一根 *Leang (i-ken).* Panne *c. à-d.* pièce de bois qui porte les chevrons.
正梁。*Tseng-leang.* Faîtage de la charpente.
椽子。一根 *Zé-tse (i-ken).* Chevrons.
擱柵。一根 *Ko-sa (i-ken).* Solive.
墻。一堵 *Ziang (i-tou).* Mur.
壁。一堵 *Pie (i-tou).* Cloison.
屋基。一塊 *Ô ki (i-k'oei).* Emplacement, fondements d'une maison.
宅基。一個 *Za-ki (i-ke).* Id. Avec ses appartenances.
平頂。一個 *Bing-ting (i-ke).* Plafond.
水落。一個 *Se-lo (i-ke).* Gout-

tière.

竪貼。 *Zu t'i.* Monter la charpente.

脚手。一個 *Kia-seû (i-ke).* Echafaudage.

鷹架。一個 *Yng-ka (i-ke).* Id.

扶梯。一層 *Wou-t'i (i-zeng).* Echelle; escalier.

木望板。*Mo-ngaong-pè.* Lattes placées.

盖。*Kai.* Couvrir (un toit, etc.).

地落。一個 *Di-lo (i-ke).* Dessous d'un plancher; murs tains.

陰溝。一條 *Yn-keû (i-diao).* Egout, canal, souterrain.

明(亮)溝。*Ming-(leang) keû.* Id. en plein air.

包。*Pao.* Envelopper; prendre (faire) à l'entreprise.

包做。*Pao tsou.* Faire à l'entreprise.

硍。*Teu.* Travail du tailleur de pierre.

一絞圈。*I-kao-k'ieu.* L'ensemble des chambres d'une maison.

庭心。一個 *Ding-sin (i-ke).* Petite cour intérieure d'une maison.

窰。一隻 *Yao (i-tsa).* Four (à chaux, etc.).

磉子。一個 *Saong-tse (i-ke).* Base d'une colonne, d'un pilier.

水橋。一個 *Se-ghiao (i-ke).* Escalier qui descend au canal.

叫泥水匠來打隻灶頭。*Kiao gni-se-ziang lai tang tsa tsao-deû.* Appelez (faites venir) le maçon pour construire (faire) un fourneau.

舊磚頭上个泥、拿泥刀來削脫點。*Ghieû tsé-deû laong-ke gni, nao gni-tao lai, sia-t'é tié.* Prenez la truelle (avec la truelle) nettoyez les vieilles briques (enlevez la terre, le mortier qui est dessus).

担夾子夾夾平。*Tè kè-tse kè-kè bing.* Renduisez également avec la truelle.

若使墻要伊牢末、必須砌个前頭、澆三和土。*Za-se ziang yao i lao mé, pi-su ts'i ke zié-deû, kiao sè-wou-t'ou.* Si l'on veut que les murs soient solides, il faut nécessairement au temps de la construction user de béton (*m. à-m.* arroser de béton).

灰沙淘好末。*Foei-souo dao-h'ao mé?* Le mortier est-il pilé?

借隻船來、去裝沙泥。*Tsia tsa zé lai, k'i tsaong souo-gni.* Empruntez une barque, pour aller (la) charger de sable.

本地沙泥勿要、要西洋沙泥个。*Pen-di souo-gni vé yao; yao si-yang souo-gni ke.* Je ne veux pas du sable indigène; je veux du ciment (*m. à-m.* sable européen).

墻咾壁脚、齊要粉刷。*Ziang lao pie-kia zi yao fen-sé.*

Il faut enduire et blanchir les murs et les cloisons.

粉刷之末，好看者。*Fen sé-tse-mé, h'ao k'eu-tsé.* (Les murs) enduits et blanchis sont beaux à voir, plaisent à la vue.

掛線看起來，帶眼偏拉哩。*Kouo-sié k'eu-k'i-lai, ta ngè p'ié-la-li.* A en juger d'après le fil à plomb, (la maçonnerie) est un peu de travers, oblique, inclinée.

掛線掛來勿準作，所以柱脚有點歪个。*Kouo-sié kouo-lai vé tsen-tso; sou-i zu kia yeû tié foa-ke.* Le fil à plomb n'a pas été bien appliqué; en conséquence les colonnes sont un peu inclinées.

把作拉否。把作垃拉作塲間裡配料。*Pouo-tso la-va? — Pouo-tso lé-la tso-zang-kè li p'ei leao.* Le contre-maître est-il là? — Le contre-maître est dans le chantier, examinant les matériaux et les préparant.

石匠个生活，叫石半工。*Za ziang-ke sang-wé, kiao-za pé kong.* Le travail de tailleur de pierre s'appelle *demi-journée de pierre* (parce que les tailleurs de pierre chôment la moitié du jour).

石作裡有幾好石匠拉去。*Za-tso li yeû ki-h'ao za ziang la-k'i?* Combien y a-t-il de tailleurs de pierre dans l'atelier (des tailleurs de pierre).

石頭叫石匠𥖄一𥖄光。*Za-deû kiao za-ziang teu-i-teu koang.* Dites au tailleur de pierre de tailler les pierres bien polies.

五開間四廂房个一絞圈房子、自備料作，包工包飯、規幾好銀子末，肯造个者。*N k'ai kè se siang waong-ke, i-kao k'ieu waong-tse, ze bei leao-tso, pao kong pao vè, koei ki h'ao gnen-tse mé, k'eng zao-ke tsé?* Pour une maison carrée à 5 *kè* de fond et 4 chambres latérales, si je fournis les matériaux, à l'entreprise (*m. à-m.* travail et nourriture), combien à peu près de taëls voulez-vous de la construction?

造一座坟園屋。*Zao i-zou wen-yeu ô.* Bâtir une maison pour (garder) un cimetière.

幾時起造。*Ki-ze k'i zao?* Quand commence-t-on à bâtir?

新造屋。*Sin zao ô.* Nouvelle maison; maison nouvellement bâtie.

請造屋酒。*Ts'ing zao ô tsieû.* Inviter à dîner à l'occasion d'une maison (nouvellement bâtie).

第堵墻，十个泥水匠砌得好否。砌是砌得好个、要粉刷末，來勿及。*Di-tou ziang, zé-ke gni-se-ziang ts'i-te-h'ao-va? — Ts'i-ze ts'i-te-hao-ke; yao fen-sé mé, lai-vé-ghié.*

Ce mur, 10 maçons suffisent-ils à le construire? — Le construire, ils le peuvent bien; mais pour l'enduire et le blanchir, ils n'en auront pas le temps.

壁脚砌來勿齊。*Pie-kia t'si-lai vé zi.* La cloison n'est pas construite droite.

拿舊磚頭先砌起來，缺末再添新磚頭。*Nao ghieû tsé-deû sié ts'i-k'i-lai : k'ieu mé, tsai t'ié sin tsé-deû.* Commencez en bâtissant par vous servir des vieilles briques; s'il en manque, alors vous en ajouterez de nouvelles.

庭心裡向鋪磚頭呢石頭。我想鋪石頭。*Ding-sin li-hiang, p'ou tsé-deû gni za-deû? — Ngou siang p'ou za-deû.* Faut-il paver le *ding-sin* en briques ou en pierres? — Je pense le (faire) paver en pierre.

黃道幾錢一萬。前頭不過十二三个洋錢，現在非但乎飛漲，而且還缺貨，一時頭上無買處。*Waong-dao ki-dié i-mè? — Zié-deû pé-kou zé-gni sè-ke yang-dié : yé-zai fi-tè-wou fi-tsang, eul-ts'ié wè k'ieu fou, i-ze-deû-laong m ma-ts'u.* Les briques *Waong-dao* (valent) combien les 10,000? — Auparavant (elles valaient) seulement de 12 à 13 piastres : maintenant non seulement le prix a augmenté, mais encore la marchandise manque : on ne peut en trouver de suite.

墻用黃道磚來砌。*Ziang, yong waong-dao-tsé lai ts'i.* Bâtissez le mur en *waong-dao-tsé.*

方磚鋪起來，幾錢一塊。*Faong-tsé, p'ou-k'i-lai ki-dié i-k'oei?* En carrelant, à combien revient chaque carreau?

客堂咾次間，齊要鋪方磚。*K'a-daong lao ts'e-kè, zi yao p'ou faong-tsé.* Il faut carreler le parloir et les chambres adjacentes.

廳裡向个碎方磚，齊要弄脫之咾，叫清水司務再鋪。*T'ing li-hiang-ke sé faong-tsé, zi yao laong-t'é-tse lao, kao ts'ing-se-se-wou tsai p'ou.* Il faut enlever les carreaux brisés du *t'ing*, et faire venir le carreleur pour carreler de nouveau.

壁脚咾墻，齊用清水磚頭砌拉个。*Pie-kia lao ziang, zi yong ts'ing-se-tsé-deû, ts'i-la-ke.* Il faut plaquer les murs et les cloisons en briques polies.

甋瓦。*Dong-ngao.* Tuile longue et concave *ou* convexe.

斜溝瓦。*Zia keû ngao.* Tuiles formant une gouttière ou rigole.

買兩張添瓦。*Ma leang-tsang t'ié ngao.* Acheter quelques

17

tuiles de plus.

屋上瓦碎完之咾、掃起屋來要添瓦个者。 *Ô laong, ngao sé wé-tse lao : sao k'i ô lai, yao t'ié ngao-ke-tsé.* Les tuiles de la maison (du toit) sont toutes brisées : balayez le toit et ajoutez des tuiles.

磚瓦船。 *Tsé ngao zé.* Barque chargée de briques et de tuiles.

那舊年造屋、磚瓦啥所辦个。磚瓦船上裝來个。 *Na, ghieû gné zao ô, tsé ngao sa-su bè-ke? — Tsé ngao zé laong tsaong-lai-ke.* Où avez-vous acheté les briques et les tuiles pour construire la maison, l'année dernière? — Aux barques chargées de briques et de tuiles (*m. à-m.* on les a achetées aux....)

磚瓦船上裝來个便宜呢、還是到窰上去買个便宜。箇是窰裡去買个便宜、我是因爲怕煩雜咾、叫實蓋做頭。 *Tsé ngao zé laong tsaong-lai-ke bié-gni gni, wè-ze tao yao-laong k'i ma-ke bié-gni? — Kou-ze yao li k'i ma-ke bié-gni; ngou-ze yn-wei p'ouo vè-zé lao, kiao zé-kai tsou-deû.* Est-ce meilleur marché d'acheter aux barques, ou d'aller acheter au four à chaux? — C'est sans doute meilleur marché au four à chaux; mais moi craignant l'embarras, j'ai fait ainsi (j'ai acheté aux barques).

柱脚砌好拉者。 *Zu-kia ts'i-h'ao-la-tsé.* La base des colonnes est maçonnée.

幾時立柱。泥水匠話咾磉子石勿曾定咾、再要歇个兩日。 *Ki-ze li zu? — Gni-se-ziang wo-lao, saong-tse za vé-zeng ding lao; tsai yao hié-ke leang gné.* Quand monte-t-on (dresse-t-on) les colonnes? — Le maçon a dit que (au dire du maçon) la base en pierre des colonnes n'étant pas encore posée, il faut encore attendre quelques jours.

立柱个日脚是末拉哩、宅基上樁恰恰拉打哩。 *Li zu-ke gné-kia, ze mi-la-li : za-ki laong tsaong kè-kè la tang-li.* Il faut encore du temps avant de dresser les colonnes : on en est encore à enfoncer (frapper) les pilotis pour les fondations.

打樁。 *Tang tsaong.* Enfoncer le pilotis.

水橋樁。 *Se-ghiao tsaong.* Pilotis de l'escalier qui descend au canal.

墻脚下底打之樁末、墻砌起來勿走。 *Ziang kia hao-ti tang-tse tsaong mé, ziang ts'i-k'i-lai vé tseû.* En bâtissant les murs sur pilotis, (on obtient que) les murs une fois bâtis ne travaillent pas (*lit.* ne marchent pas).

石，墩子碫來忒，毛。*Za ten-tse teu-lai t'e mao.* Les pierres servant de base aux colonnes sont taillées trop grossièrement.

做梁木，忒，細，再粗點个有拉否。*Tsou leang mo, t'e si : tsai ts'ou tié-ke yeû-la va?* (C'est) trop mince pour un faîtage : y en a-t-il de plus épais, de plus gros?

幾時上正梁。作，頭話咾明朝。*Ki-ze zaong tseng leang. — Tso-deû wo lao, ming-tsao.* Quand monte-t-on le faîtage? — L'entrepreneur a dit demain.

方椽子呢圓椽子。*Faong zé-tse gni yeu zé-tse?* (Voulez-vous) des chevrons carrés ou des chevrons arrondis?

做擱，棚，嫌細否。勿，嫌細者、擱，棚，蠻好做。*Tsou ko-sa yé si va? — Vé yé si-tsé; ko-sa mè-h'ao tsou.* Pour faire des solives est-ce trop mince? — Ce n'est pas trop mince; on peut très-bien (en) faire des solives.

墻實，砌呢打空斗。要實，砌个、因爲空斗个墻勿，堅固咾。*Ziang, zé ts'i gni tang k'ong teû? — Yao zé ts'i-ke; yn-wei k'ong-teû-ke ziang, vé kié-kou lao.* (Voulez-vous) des murs pleins ou des murs creux (*m. à-m.* comme un boisseau)? — Il faut bâtir des murs pleins; car les murs creux ne sont pas solides.

壁，脚，要粉个否。要粉一，粉个。*Pie-kia yao fen-ke va? — Yao fen-i-fen-ke.* Faut-il enduire les cloisons? — Il faut les enduire.

墻坍壁，倒。*Ziang t'è pie tao.* Murs et cloisons en ruine.

壁，脚，要刷，白。*Pie-kia yao sé-ba.* Il faut blanchir les cloisons.

屋，基還要塡高點。*Ô ki, wè yao t'ié-kao tié.* Il faut encore un peu exhausser (en terrassant) l'emplacement de la maison.

屋，是倒勿，低、因爲屋，基低之咾形勿，起。*Ô ze tao vé ti; yn-wei ô ki ti-tse lao, yen vé-k'i.* Il ne faut pas bâtir la maison sur un terrain bas; parce qu'une maison bâtie sur un terrain bas ne se voit point.

有幾畝宅，基拉去。周圍六，七，畝。*Yeû ki m za ki la-k'i? — Tseû-wei lô ts'i m.* Combien d'arpents (contient) l'emplacement de la maison (et ses appartenances)? — En tout six ou sept arpents (*lit.* avec les alentours).

上頭裝之平頂末，、蓬塵咾啥落，下來好點。*Zaong-deû tsaong-tse bing-ting mé, bong-zen lao-sa, lo-hao-lai h'ao-*

tié. Si l'on fait un plafond, la poussière et les autres (immondices) ne tombent pas si aisément (*m. à-m.* pour la poussière etc. qui tombent, c'est mieux).

做个水落上，無得水落，落起雨來受累个。*Tsou-ke se-lo laong : m-te se-lo, lo-k'i-yu-lai, zeû lei-ke.* Faites une gouttière sur (le toit) : s'il n'y a pas de gouttière, la pluie en tombant causera des dégâts.

豎貼个日脚定拉末。*Zu t'i-ke gné-kia, ding-la mé.* Le jour où l'on montera la charpente est-il fixé?

上半節墻砌起來、要搭脚手个者。*Zaong-pé-tsi ziang ts'i-k'i-lai, yao tè kia-seû-ke-tsé.* Pour bâtir la partie supérieure du mur, il faut faire un échafaudage.

鷹架勿搭末，那好砌耶。*Yng-ka vé tè mé, na h'ao ts'i ya?* Si l'on ne construit pas un échafaudage, comment bâtir?

扶梯上蹺上去。*Wou-t'i laong lô-zaong k'i.* Monter le long de l'échelle.

扶梯短咾佈勿着。*Wou-t'i teu lao, pou-vé-za.* L'échelle est trop courte pour qu'on puisse atteindre.

盖之木望板末者。*Kai-tse mo-ngaong-pè mé-tsé.* Couvrez (le toit) avec des lattes.

盖草屋，*Kai ts'ao ó.* Couvrir une maison en chaume.

做个地落。*Tsou-ke di-lo.* Faire des murs tains (sous le plancher).

陰溝塞住之咾勿通者。*Yen-keû se-zu-tse lao, vé t'ong tsé.* L'égout (canal souterrain) est obstrué et ne communique plus.

陰溝通一通。*Yen-keû t'ong-i-t'ong.* Débouchez l'égoût.

我替儂包造。*Ngou t'i nong pao zao.* Je ferai (l'ouvrage) pour vous à l'entreprise.

包做末，幾錢、點工末，幾錢。*Pao tsou mé, ki dié? Tié-kong mé, ki dié?* A l'entreprise, quel prix? A la journée, quel prix?

照第个樣子造。*Tsao di-ke yang-tse zao.* Faites selon ce plan (modèle).

打个稿子。*Tang-ke kao-tse.* Faire un plan.

造个幾化間數。*Zao-ke ki-h'ouo kè-sou.* Combien faut-il construire de chambres?

西洋房子造歇否。*Si-yang waong-tse zao-hié va?* Avez-vous déjà bâti des maisons européennes (à l'européenne)?

銀子先付一半，還有一半，造好之咾担。 *Gnen-tse sié fou i-pé; wè yeú i-pé, zao h'ao-tse lao tè.* L'argent vous sera payé pour moitié avant (le travail); et vous recevrez en outre l'autre moitié quand la construction sera achevée.

修理起來，要幾化銀子。 *Sieú-li-k'i-lai, yao ki-h'ouo gnen-tse?* Pour réparer (la maison), combien faut-il de taëls?

開一條陰溝。 *K'ai i-diao yen-keú.* Creuser (ouvrir) un égout; construire un égout.

二丈進深忒淺，再放个半丈。 *Gni zang tsin sen t'e ts'ié, tsai faong-ke pé zang.* Vingt pieds de profondeur ne suffisent pas, ajoutez encore 5 pieds ($^1/_2$ *zang*).

方磚要橫鋪个，勿要直鋪。 *Faong-tsé yao wang p'ou-ke, vé yao ze p'ou.* Il faut disposer les carreaux en diagonale (obliquement) et non parallèlement (au plan des murs).

門埭上鋪一條石路。 *Men-ta laong p'ou i-diao za lou.* Il faut paver un chemin devant la maison.

房子要面南造个。 *Waong-tse yao mié né zao-ke.* Il faut bâtir la maison tournée vers le midi.

一塌括之，一齊包撥儂，幾錢。 *I-t'è-koè-tse i-zi pao pé nong, ki dié?* En bloc, combien vous donnerai-je (pour l'entreprise)?

樣子造來勿對。 *Yang-tse zao-lai vé tei.* La construction n'est pas conforme au modèle (plan).

LEÇON XXVI.

LE PERRUQUIER.

剃頭个。*T'i-deû-ke.* Perruquier, barbier.

剃頭司務。*T'i-deû se-wou.* Id. maître perruquier.

剃頭。*T'i-deû.* Raser la tête.

剃鬚。*T'i-sou.* Id. la barbe.

剃鬍子。*T'i wou-tse.* Id.

剃光。*T'i koang.* Raser net.

順剃。*Zen t'i.* Raser selon le poil.

倒剃。*Tao t'i.* Raser à contre-poil.

逆,剃。*Gne t'i.* Id.

橫剃。*Wang t'i.* Raser en travers.

剃得,輕。*T'i-te k'ieng.* Avoir la main légère en rasant.

剃得,重。*T'i-te zong.* Avoir la main lourde en rasant.

修眉毛。*Sieû mei-mao.* Faire (raser en partie) les sourcils.

修汗毛。*Sieû heu-mao.* Raser les poils follets de la figure.

剃刀。一,把 *T'i-tao (i-pouo).* Rasoir.

木,梳。一,个 *Mo-se (i-ke).* Peigne, peigne en bois.

篦箕。一,隻, *Pié-ki (i-tsa).* Peigne fin (serré) en bambou.

梳藏。一,隻, *Se zaong (i-tsa).* Boîte à peignes (à toilette) des femmes.

梳頭傢生。*Se-deû ka-sang.* Les diverses sortes de peignes.

梳辮子。*Se bié-tse.* Peigner la queue de cheveux.

打辮子。*Tang bié-tse.* Faire la queue.

打辮。*Tang bié.* Id.

辮子。*Bié-tse.* Queue de cheveux *ou* ajoutée aux cheveux.

辮線。*Bié-sié.* Cordonnets de soie de la queue.

拆,辮子。*Ts'a bié-tse.* Défaire la queue.

篦。*Pié.* Peigner avec un peigne fin, décrasser la tête.

篦頭。*Pié-deû.* Id.

挖,耳。一,隻, *Wè-gni (i-tsa).* Cure-oreille.

捎箟,子。一,个 *Siao-sié-tse (i-ke).* Autre sorte de cure-oreille en duvet.

刮,鑷。*Ki gné.* Cure-oreille en forme de pince.

捲刀。一,把 *Kieu-tao (i-pouo).* Sorte de ciseau allongé pour arracher les poils du nez.

敲背。*K'ao pei.* Frapper le dos (*opération des barbiers*).

虱,。一,个 *Sé (i-ke).* Pou.

髮,辮。*Fè bié.* Queue de faux cheveux; perruque.

剃頭个空拉否。空拉末，我要剃个頭。*T'i-deû-ke k'ong-la va? K'ong-la mé, ngou yao t'i-ke deû.* Le barbier a-t-il le temps? S'il a le temps, je veux me faire raser la tête.

店裡向有幾个剃頭司務拉。攏總四个，三个司務咾一，个徒弟。*Tié li-hiang yeû ki-ke t'i-deû-se-wou-la? — Long-tsong se ke : sè-ke se-wou lao, i-ke dou-di.* Dans (votre) atelier, combien y a-t-il d'ouvriers perruquiers? — En tout il y en a quatre : trois ouvriers et un apprenti.

我要剃頭，有工夫否。裡向坐，落，手快者。*Ngou yao t'i-deû, yeû kong-fou-va? — Li hiang zou, lo-seû k'oa-tsé.* Je voudrais me faire raser (la tête), avez-vous le temps? — Entrez vous asseoir, je suis à vous tout à l'heure (je mets la main à l'œuvre).

頭是剃好拉者，拉剃鬚。*Deû ze t'i h'ao-la-tsé, la t'i sou.* La tête est rasée, il se fait raser la barbe.

頭髮，剃光拉者，拉剃鬍子者。*Deû-fa (fè) t'i koang-la-tsé, la t'i wou-tse-tsé.* La tête est rasée nettement : il est à raser la barbe.

留拉个鬚勿，好看咾，替我一，起剃光。*Lieû-la-ke sou vé h'ao k'eu lao, t'i ngou i-k'i t'i koang.* La barbe longue (laissée) n'est pas belle à voir : rasez-la-moi toute entière.

箇个人鬚長咾好看。*Kou-ke gnen sou zang lao, h'ao k'eu.* Cet homme a une belle et longue barbe.

順剃呢倒(逆，)剃。*Zen t'i gni tao (gne) t'i?* (Voulez-vous être) rasé dans le sens du poil ou à contre-poil?

箇个司務剃得，輕咾，一，眼勿，痛个。*Kou-ke se-wou t'i-te k'ieng lao, i-ngè vé t'ong-ke.* Ce barbier a la main légère, il ne fait nullement souffrir.

剃得，重咾，頭皮齊剃穿者。*T'i-te zong lao, deû bi zi t'i-tsé-tsé.* (Il a) la main lourde, (en) rasant (il) déchire la peau de la tête (il fait saigner).

頭剃好拉者，不，過修眉毛還勿，曾修哩。*Deû t'i-h'ao-la-tsé; pé-kou sieû mei-mao wè-vé-zeng sieû-li.* La tête est rasée; seulement on n'a point encore fait les sourcils.

剃刀鈍咾 面孔上修起汗毛來，有點痛个。磨一，磨快咾再剃。*T'i-tao den lao, mié-k'ong-laong sieû-k'i heu-mao lai, yeû tié t'ong-ke : mô-i-mô k'oa lao tsai t'i.* Le rasoir est émoussé, en rasant les poils follets de la figure il fait un peu mal : repassez-le et recommencez à raser.

第把剃刀要削个者、勿削勿好剃个者。*Di-pouo t'i-tao yao sia-ke tsé; vé sia, vé h'ao t'i-ke tsé.* Il faut affiler le rasoir : autrement (*m. à-m.* si on ne l'affile point), il ne rasera pas bien.

大木梳。*Dou mo-se.* Grand peigne.

小木梳。*Siao mo-se.* Petit peigne.

牛筋木梳。*Gneû kieng mo-se.* Peigne en nerfs de bœuf.

黄楊木梳。*Waong-yang mo-se.* Peigne en buis.

頭髮亂咾、担稀木梳來梳。*Deû-fè leu lao; tè hi mo-se lai se.* Les cheveux sont mêlés; prenez le démêloir pour les peigner.

篦箕稀咾、虱勿大篦得出。*Pié-ki hi lao, sé vé da pié-te-ts'é.* Le *pié-ki* n'est pas assez fin (serré), il ne peut pas bien enlever les pous.

女眷出門、一隻梳藏總担拉个。*Gnu-k'ieu t'sé-men, i-tsa se zaong tsong tè-la-ke.* Les femmes, quand elles sortent de la maison, emportent toujours leur boîte à peigne.

梳頭傢生拿拉末、勿要忘記之。*Se-deû-ka-sang nao-la-mé? Vé-yao maong-ki-tse.* Avez-vous pris les peignes? Ne les oubliez pas.

頭末剃好、耳朶末捉好、不過梳頭者。*Deû mé t'i h'ao : gni-tou mé, tso h'ao : pé-kou se deû-tsé.* La tête est rasée et les oreilles nettoyées : seulement il y a à peigner la tête.

面勿要修者、替我梳辮子罷。*Mié vé yao sieû-tsé; t'i ngou se bié-tse ba.* Il ne faut pas me raser le visage; (peignez) faites-moi seulement la queue.

落空否、落空末、替我打个辮子。*Lo-k'ong va? Lo k'ong mé, t'i ngou tang-ke bié-tse.* Avez-vous le temps? Si vous avez le temps, faites-moi la queue.

打辮呢剃頭。頭髮短拉哩咾頭勿要剃、打个辮子末者。*Tang bié gni t'i-deû?—Deû-fè teu-la-li-lao, deû vé yao t'i : tang-ke bié-tse mé-tsé.* Voulez-vous que je vous fasse la queue ou vous rase la tête? — Mes cheveux n'étant pas longs, il n'est pas besoin de les raser : faites-moi la queue.

儂个辮子啥大來。辮子是勿大、因為加之髮辮拉去咾、像殺大之星。*Nong-ke bié-tse sa dou-lai? — Bié-tse ze vé dou; yn-wei ka-tse fè-bié la k'i lao, ziang-sè dou-tse sing.* Pourquoi avez-vous une queue si longue? — Ce n'est pas que ma queue (de cheveux) soit longue; mais comme j'y ai ajouté une perruque, alle paraît longue.

三腳，辮線。*Sè kia bié-sié.* Queue en soie à triple cordonnet.

六，腳，辮線。*Lô kia bié-sié.* Queue en soie à 6 cordonnets.

儂副辮線，杜打絹線个呢啥。*Nong fou bié-sié, dou tang kieu sié-ke gni-sa?* Votre queue est-elle en soie (dite) de la fabrique de *Dou?*

頭皮裡癢咾，替我多篦篦。*Deû bi-li yang lao, t'i ngou tou pié-pié.* La peau de la tête (me démange), décrassez-(la) moi davantage.

多篦个兩篦。*Tou pié-ke leang pié.* Donnez quelques coups de peigne fin de plus (pour décrasser).

頭泥再替我篦脫，點。*Deû gni tsai t'i ngou pié-t'ié tié.* Décrassez-moi la tête encore davantage (un peu).

儂个篦頭篦來勿，落，頭皮个，箇咾泥篦勿，盡个。*Nong-ke pié deû, pié-lai vé lo deû bi-ke; kou-lao gni pié vé zin-ke.* Les dents de votre peigne fin ne touchent pas la peau de la tête (*lit.* en peignant, décrassant avec le peigne fin, vous ne touchez pas la peau de la tête), en conséquence vous ne décrassez pas bien (parfaitement).

一，隻，挖，耳，頭脫，之咾勿，好挖，个者。*I-tsa wè-gni, deû t'é-tse-lao, vé h'ao wè-ke-tsé.* Le cure-oreille s'est épointé et ne peut plus servir.

拿挖，耳來再挖，脫，點。*Nao wè-gni lai tsai wè-t'é tié.* Prenez le cure-oreille pour nettoyer les oreilles un peu davantage.

耳朶裡癢咾，担揹箟，子來再揹个一，揹。*Gni-tou li yang lao, tè siao-sie-tse lai siao-ke-i-siao.* Les oreilles me démangent : prenez le *siao-sie-tse* pour les nettoyer.

挖，耳挖，勿，出，个者，要刮，鑷，來刮，个哩。*Wè-gni wè-vé-ts'é-ke-tsé : yao ki-gné lai ki-ke-li.* Le *wè-gni* ne peut curer l'oreille : prenez les pinces pour enlever le cérumen.

鼻，毛拿捲刀捲一，捲。*Bié mao, nao kieu-tao kieu-i-kieu.* Arrachez en les contournant les poils des narines (*lit.* du nez) avec le *kieu-tao* (sorte de ciseau allongé).

去望一，望伊看，頭剃好末。頭剃好拉者，拉敲背。*K'i maong-i-maong i k'eu, deû t'i h'ao mé? — Deû t'i h'ao-la tsé; la k'ao pei.* Allez voir si on a fini de lui raser la tête (de le raser)? — Il est rasé; on est à lui frapper le dos.

LEÇON XXVII.

PARENTÉ.

親眷。*Ts'in-kieu*. Parents, proches; alliés.

大人。爺娘。*Dou gnen; yagnang*. Parents (père et mère).

父母。*Vou-mou*. Id.

父親。爺。*Vou-ts'in, ya*. Père.

尊大人。令尊。*Tsen dou-gnen, ling-tsen*. Père (*terme de politesse*).

阿媽。娘。母親。*A-ma, gnang, mou-ts'in*. Mère.

令堂。*Ling-daong*. Id. (*terme de polit.*).

小囝。大細。*Siao-neu, dou-si*. Enfants; fils.

兒女、*Eul-gnu*. Fils et filles; enfants.

兒子。*Eul-tse*. Fils.

女囝。*Gnu-neu*. Fille.

小姐。*Siao-tsia*. Demoiselle; (votre) fille.

小姑娘。*Siao-kou-gnang*. Jeune fille.

弟兄。*Di-hiong*. Frère.

阿哥。*A-kou*. Frère aîné.

兄弟。*Hiong-di*. Frère cadet.

弟弟。*Di-di*. Id.

令兄。*Ling hiong*. (Votre) frère aîné.

賢弟。令弟。*Yé-di, ling-di*. (Votre) frère cadet.

家兄。*Ka hiong*. Mon frère aîné.

舍兄。*Sô hiong*. Id.

仁兄。*Zen hiong*. Mon bon frère aîné (mon ami plus âgé que moi).

世兄。*Se-hiong*. Condisciples; confrères; frères de la Cie de Jésus (entre eux).

老兄。*Lao hiong*. Mon vieux frère, *c. à-d.* ami.

姊妹。*Tse-mei, tsi-mei*. Sœur.

阿姊。*A-tsi*. Sœur aînée.

大阿姊。*Dou a-tsi*. Première sœur aînée.

妹妹。*Mei-mei*. Sœur cadette.

小妹妹。*Siao mei-mei*. La plus jeune des sœurs cadettes.

孫子。*Sen-tse*. Petit-fils.

子孫。*Tse sen*. Enfants et petits enfants; descendants.

大大。*Da-da*. Grand-père paternel.

阿奶。*A-na*. Grand' mère maternelle.

外公。*Nga-kong*. Grand-père maternel.

外婆。*Nga-bou*. Grand' mère maternelle.

太太。*T'a-t'a*. Bisaïeul paternel.

阿伯。*A-pa*. Oncle patenel aîné.

伯伯。*Pa-pa*. Id.

阿叔。*A-so*. Oncle paternel cadet.

爺叔。*Ya-so*. Id.

叔，伯。 *So-pa.* Oncles paternels.

叔，伯，弟兄。 *So-pa di-hiong.* Cousins germains (enfants des deux frères).

堂分弟兄。 *Daong-ven di-hiong.* Cousins à degrés égaux portant le même *sing.*

堂弟兄。 *Daong di-hiong.* Id.

堂姊妹。 *Daong tse-mei.* Cousines.

表弟兄。 *Piao di-hiong.* Cousins germains par les mères (ne portant pas le même *sing.*

表姊妹。 *Piao tse-mei.* Cousines id.

娘舅。 *Gnang-ghieû.* Oncle maternel.

姑母。 *Kou-mou.* Tante paternelle.

姑娘。 *Kou-gnang.* Tante paternelle cadette.

娘娘。 *Gnang-gnang.* Id.

姨母。 *I-mou.* Tante maternelle.

大姨。 *Dou-i.* Id. aînée.

娘姨。 *Gnang-i.* Id. cadette.

姨夫。 *I fou.* Beau-frère (mari de la sœur de la femme).

姐夫。 *Tsia fou.* Id. (mari de la sœur aînée).

妹夫。 *Mëi fou.* Beau-frère (mari de la sœur cadette).

阿，舅。 *A-ghieû.* Id. (frère de l'épouse).

嬸嬸。 *Sen-sen.* Tante par alliance (épouse de l'oncle paternel cadet).

姑夫。 *Kou-fou.* Oncle par alliance (mari d'une sœur du père).

舅媽。 *Ghieû-ma.* Tante par alliance (femme de l'oncle maternel).

媽媽。 *Ma-ma.* Id. (femme de l'oncle paternel cadet).

阿，姪。 *A-zé.* Neveu (fils du frère).

姪，女。 *Zé-gnu.* Nièce (fille du frère).

外甥。 *Nga-sang.* Neveu (fils de la sœur).

外甥女。 *Nga-sang-gnu.* Nièce (fille de la sœur).

夫妻。 *Fou-ts'i.* Epoux; conjoints.

丈夫。 *Zang-fou.* Mari.

男人。 *Né-gnen.* Id; homme.

男教友。 *Né-kiao-yeu.* Chrétien.

妻子。 *Ts'i-tse.* Femme mariée.

娘子。 *Gnang-tse.* Id.

女人。 *Gnu-gnen.* Femme.

女眷。 *Gnu-k'ieu.* Id.

女教友。 *Gnu-kiao-yeû.* Chrétienne.

守童貞姑娘。 *Seû-dong-tseng kou-gnang.* Vierge (gardant la virginité).

夫人。 *Fou-jen.* Femme; dame.

奶奶。 *Na-na.* Id.

太太。 *T'a-t'a.* Id.

老太太。老奶奶。 *Lao t'a-t'a, lao na-na.* Id. âgée.

老太婆。 *Lao t'a-bou.* Vieille femme.

公公。 *Kong-kong.* Beau-père (père du mari).

婆婆。 *Bou-bou.* Belle-mère (mère de la femme).

丈人。 *Zang-gnen.* Beau-père (père de la femme).

丈𡠿。*Zang-m.* Belle-mère (mère de la femme).

女壻。*Gnu-su.* Gendre.

媳婦。*Sin-wou.* Bru.

嫂嫂。*Sao-sao.* Belle sœur (femme du frère aîné).

忤逆。*N-gne.* Enfant rebelle.

親眷拉蕩去。*Ts'ing-k'ieu la-daong k'i.* Je vais chez mes proches.

儂搭伊拉啥親眷。*Naong tè i-la sa ts'ing-k'ieu?* Quelle est avec eux votre parenté?

望親眷。*Maong ts'ing-k'ieu.* Visiter ses proches.

大人(爺娘)勿愛大細个無得个。*Dou-gnen (ya-gnang) vé ai dou-si-ke m-te-ke.* Il n'y a pas de parents qui n'aiment leurs enfants.

忤逆大人要還報个。*N-gne, dou-gnen yao wè-pao-ke.* Les parents doivent punir les enfants rebelles.

父母雙全。*Vou mou saong zié.* (Mon) père et (ma) mère sont tous deux (vivants).

父親好拉否。*Vou-ts'in h'ao-la va?* (Votre) père se porte-t-il bien?

無爺囝。*M-ya neu.* Orphelin de père.

無娘囝。*M-gnang neu.* Orphelin de mère.

儂同啥人兩个來个。爺兩个來个。*Nong dong sa-gnen leang-ke lai-ke? — Ya leang-ke lai-ke.* Avec qui êtes-vous venu? — Je suis venu avec mon père.

阿媽啥咾勿來。無工夫咾。*A-ma sa-lao vé lai? — M kong-fou lao.* Pourquoi (votre) mère n'est-elle pas venue? — Elle n'a pas le temps.

母親拉屋裡做啥。織布。*Mou-ts'in la ó li tsou sa? — Tsé pou.* Que fait (votre) mère à la maison? — Elle tisse la toile.

小囝末總要管个、勿管末大起來要勿好个。*Siao-neu mé, tsong yao koé-ke : vé koé mé, dou-k'i-lai, yao vé h'ao-ke.* Il faut absolument avoir soin des enfants : si l'on n'en a pas soin, devenus grands ils seront mauvais.

做大細个、該當孝敬爺娘、做爺娘个、該當愛惜大細。*Tsou-dou-si-ke, kai-taong hiao-kieng ya-gnang : tsou-ya-gnang-ke, kai-taong ai-sie dou-si.* Les enfants doivent honorer leurs parents : les parents doivent chérir leurs enfants.

兒女養之一、大淘。*Eul-gnu yang-tse i-dou-dao.* (Il) a élevé beaucoup d'enfants.

過房兒子。*Kou-waong eul-tse.* Enfant adoptif.

立、嗣兒子。*Li-ze eul-tse.* Id. avec future succession.

晩爺。*Mè-ya.* Beau-père (mari de la mère remariée).

晩娘。*Mè-gnang.* Belle-mère (femme du père remarié).

伊拉正養女囝咾，兒子無得。*I-la tseng yang gnu-neu lao, eul-tse m-te.* Ils ont bien élevé des filles, mais il n'ont pas de fils.

第个小姐，八、字出、拉末、。*Di-ke siao-tsia, pè ze ts'é-la-mé?* Cette demoiselle a-t-elle déjà été fiancée (a-t-on livré les huit lettres qui indiquent l'année, le mois, le jour et l'heure de sa naissance)?

弟兄幾个。*Di-hiong ki-ke.* Combien de frères êtes-vous?

弟兄兩个。*Di-hiong leang-ke.* Nous sommes deux frères.

阿、哥拉讀、書、兄弟末、小拉哩。*A-kou la dǒ su, hiong-di mé siao-la-li.* Mon frère aîné étudie les livres, et mon frère cadet est encore tout jeune.

儂弟兄幾个拉，攏總三个、一、个阿、哥、一、个弟弟。*Nong di-hiong ki-ke-la? — Long-tsong sè-ke : i-ke a-kou, i-ke di-di.* Combien en tout êtes-vous de frères? — En tout nous sommes trois; j'ai un frère aîné et un frère cadet.

令兄做啥个、家(舍)兄是種田个。*Ling hiong tsou sa-ke? — Ka (sǒ) hiong ze tsong-dié-ke.* Que fait votre (noble) frère aîné? — Mon frère aîné est cultivateur.

世兄淘裡好好能，勿、要相打咾做鬧。*Se-hiong dao-li h'ao-h'ao-neng; vé yao siang-tang lao tsou-nao.* Entre condisciples il faut bien (agir); il ne faut pas se battre et se disputer (faire du bruit).

儂姊妹有否。有兩个拉。*Nong tse-mei yeû va? — Yeû leang-ke-la.* Avez-vous des sœurs? — J'en ai deux.

大个妹妹末、出嫁拉者、還有一、个小妹妹末、，聽見話要守貞咾住拉屋、裡个者。*Dou-ke mei-mei mé, ts'é-ka-la-tsé : wè yeû i-ke siao mei-mei mé; t'ing-kié wo yao seû tseng lao, zu-la ǒ li-ke tsé.* La 1ère des cadettes (relativement à moi) est mariée : il y a encore la plus jeune; j'ai entendu dire (on dit) qu'elle veut rester vierge et demeurer à la maison.

阿、姊有幾个拉。也是兩个、大阿、姊末、進堂拉者、小阿、姊末、勿、曾進堂。*A-tsi yeû ki-ke-la? —*

A ze leang-ke. Dou a-tsi mé, tsin daong la-tsé; siao a-tsi mé, vé-zeng tsing daong. Combien de sœurs aînées?—J'en ai aussi deux. La 1ère est entrée au *Kong-sou;* la 2de n'y est pas encore entrée.

儂孫子養之一大淘眞正有福氣。*Nong sen-tse yang-tse i-dou-dao, tsen-tseng yeû fo-k'i.* Ayant élevé tant de petits-enfants, vous êtes vraiment heureux (vous avez vraiment du bonheur).

子孫興旺。*Tse-sen hieng-yaong.* Les petits-enfants prospèrent (sont nombreux).

大大咾阿奶來否。有之點年紀咾來勿動咾勿來。*Da-da lao a-na lai va? — Yeû-tse tié gné-ki lao, lai vé dong lao vé lai.* (Votre) grand-père et (votre) grand'mère viennent-ils?—Ils sont bien âgés, c'est pourquoi ils n'ont pas la force de venir.

外婆拉去。*Nga-bou la k'i.* Je vais chez mon aïeule maternelle.

外公有點勿爽咾教我去照應照應。*Nga-kong yeû tié vé-saong lao, kao ngou k'i tsao-yeng-tsao-yeng.* Mon aïeul maternel étant un peu indisposé, me mande d'aller le soigner.

男太太。*Né-t'a-t'a.* Bisaïeul paternel.

女太太。*Gnu-t'a-t'a.* Bisaïeule paternelle.

阿伯(伯伯)出之門者。*A-pa (pa-pa) ts'é-tse-men-tsé.* (Mon) oncle paternel aîné est sorti (est en voyage, hors de la maison).

阿(爺)叔教我來望望看。*A (ya)-so kiao ngou lai maong-maong-k'eu.* (Mon) oncle paternel cadet me mande d'aller le voir (lui faire visite).

叔伯姊妹淘裡。*So-pa tse-mei dao-li.* Entre cousines germaines.

儂搭伊嫡叔伯弟兄呢還是堂分弟兄。我搭伊是堂弟兄。*Nong tè i tie so-pa di-hiong ni, wè-ze daong-ven di-hiong? — Ngou-tè-i ze daong-di-hiong.* Etes-vous avec lui cousin germain (enfants des 2 frères), ou (seulement) cousin (à égal degré, portant le même *sing*)? — Nous sommes cousins, *(daong-ven).*

姑表弟兄呢姨表弟兄。*Kou-piao di-hiong ni i- piao di-hiong?* Cousins par la tante paternelle, ou par la tante maternelle?

勿是嫡姊妹是堂姊妹。*Vé-ze tie tse-mei, ze daong-tse-mei.* Si ce n'est pas (sa) propre sœur, c'est sa cousine.

嫡表姊妹呢勿是。*Tie piao tse-mei gni vé-ze?* Est-ce sa cousine germaine maternelle ou non?

勿是嫡表姊妹。*Vé-ze tie piao tse-mei.* Ce n'est pas sa

cousine germaine maternelle.

大娘舅。*Dou gnang-ghieú.* L'oncle maternel aîné.

小娘舅。*Siao gnang-ghieú.* L'oncle maternel cadet.

娘舅家。*Gnang-ghieú ka.* La famille de l'oncle maternel.

儂有幾个姑母(娘)拉。三个拉、兩个媽媽咾一,个娘娘。*Nong yeú ki-ke kou mou (gnang)-la? — Sè-ke-la : leang-ke mo-mo lao, i-ke gnang-gnang.* Combien avez-vous de tantes paternelles? — J'en ai trois : deux tantes aînées (femmes d'oncle paternel aîné), et une tante cadette (femme de l'oncle paternel cadet).

叫伊大姨呢娘姨。*Kiao i dou-i gni gnang-i?* Est-ce (*m. à-m.* l'appelez-vous) votre tante maternelle aînée ou cadette?

姨夫那蕩來歇,个否。*I fou na-daong lai-hié-ke va?* Le mari de votre tante maternelle est-il venu?

阿,姨勿,上姊夫門。*A-i vé zaong tsia fou men.* La belle-sœur (sœur cadette de la femme) ne va pas chez son beau-frère.

第个是我个妹夫。*Di-ke ze ngou-ke mei fou.* C'est le mari de ma sœur cadette.

做新阿,舅。*Tsou sin a-ghieú.* Aller voir la 1ère fois (après leur mariage) sa sœur et son beau-frère (qui vous donne le titre de *a-ghieú*).

大阿,舅。*Dou a-ghieú.* Oncle maternel aîné.

小阿,舅。*Siao a-ghieú.* Oncle maternel cadet.

嬸嬸拉燒飯。*Sen-sen la sao vè.* La tante par alliance est à cuire le riz.

姑夫一,向出,門拉个咾、勿,大來个。*Kou fou i-hiang ts'é-men-la-ke lao, vé da lai-ke.* Le mari de la tante paternelle est toujours (jusqu'à présent) hors de la maison : il ne vient guère.

大舅媽。*Dou ghieú ma.* La femme du 2d oncle maternel.

小舅媽。*Siao ghieú ma.* La femme de l'oncle maternel cadet.

大媽媽。*Dou ma-ma.* La femme du 1er oncle maternel cadet.

小媽媽。*Siao ma-ma.* La femme du 2d id.

儂幾个阿,姪,咾姪,女拉。*Nong ki-ke a-zé lao zé-gnu la?* Combien avez-vous de neveux et de nièces (enfants du frère)?

我末,三个阿,姪,咾兩个姪,女。*Ngou mé, sè-ke a-zé lao, leang-ke zé-gnu.* J'ai trois neveux et deux nièces.

外甥有幾个　外甥無得,个、外甥女末,四个拉。*Nga-sang yeú ki-ke? — Nga-sang m-te-ke; gna-sang-gnu mé, se-ke-la.* Combien avez-vous de neveux (fils de la sœur)? — Je n'ai pas de neveux *(nga sang)*, mais j'ai 4 nièces (filles de ma sœur).

夫妻淘裡要和和睦睦。*Fou-ts'i dao-li, yao wou-wou-mo-mo.* Il faut qu'entre époux règne la concorde.

我因爲性子怵咾，足慣同丈夫（男人）兩个做鬧。*Ngou yen-wei sing-tse k'ieû lao, tsó-koè dong zang-fou (né-gnen) leang-ke tsou-nao.* J'ai mauvais caractère, et par suite souvent je me querelle avec mon mari.

第塊个男教友，熱心个一个無得个。*Di-k'oei-ke né-kiao-yeû, gné-sin-ke, i-ke m-te-ke.* (Parmi) les chrétiens de cette localité, il n'y en a pas un de fervent.

我个妻子（女人）（娘子）勿好咾，撥我足慣拉罵个。*Ngou-ke ts'i-tse (gnu-gnen, gnang-tse) vé-h'ao lao, pé ngou tsó-koè la-mó-ke.* Ma femme étant mauvaise, me porte souvent à (la) mandire.

女眷拉出門，眞勿便當。*Gnu-k'ieu la-ts'é-men, tsen vé bié-taong.* Il n'est vraiment pas commode (facile, convenable) aux femmes de sortir de la maison.

大概女教友，比男教友總來得熱心。*Da-kai gnu kiao-yeû pi né-kiao-yeû tsong lai-te gné-sin.* La plupart des femmes chrétiennes généralement sont plus ferventes (dévotes) que les hommes (chrétiens).

第塊會口大咾，守童貞姑娘倒勿少。*Di-k'oei wei-k'eû dou lao, seû dong-tseng-kou-gnang tao vé sao.* Comme cette chrétienté est grande, les vierges n'y sont pas peu nombreuses.

尊夫人。*Tsen fou-zen.* Votre femme *(terme de politesse)*.

姑奶奶。*Kou-na-na. Nom que donnent les domestiques à la sœur de leur maître, quand elle est mariée.*

姑太太。*Kou-t'a-t'a. Nom que donnent les domestiques, après son mariage, à la tante paternelle de leur maître.*

老太太，我屋裡苦惱咾，要儂蕩求點哀矜。*Lao t'a-t'a, ngou ó-li k'ou nao-lao, yao nong daong ghieû tié ai-kien.* Madame, je suis à la maison fort misérable, je viens à vous (chez vous) demander quelque aumône.

婆婆生病拉咾，公公去請郎中去者。*Bou-bou sang-bing-la lao, kong-kong k'i ts'ing laong-tsong k'i-tsé.* Ma bellemère étant malade, mon beau-père est allé inviter le médecin.

丈人家。*Zang-gnen ka.* La famille du beau-père (père de la femme).

丈𡢾拉蕩去。*Za-m la-daong k'i.* Aller chez la belle-mère (mère de la femme).

丈人丈𡢾無大細咾，入舍進去个。*Zang-gnen za-m m dou-si lao, gné-sô tsin-k'i-ke.* Le beau-père et la belle-mère n'ayant pas d'enfants, il y a un gendre adopté pour fils (*ou* fils adopté pour gendre).

入舍女壻。*Gné-sô-gnu-si (su).* Fils adopté pour gendre.

新女壻。*Sin-gnu-si (su).* Nouveau gendre.

媳婦勿會做人咾，十家隣舍，九家開个。*Sin-wou vé wei tsou-gnen lao, zé ka lin-sô, kieû ka k'ai-ke.* Comme la bru est une mégère (n'est pas une femme), sur dix familles voisines, neuf ont rompu (avec elle).

大媳婦。*Dou sin-wou.* Bru aînée (femme du frère aîné).

小媳婦。*Siao sin-wou.* Bru cadette (femme du frère cadet).

阿哥待我是好个，不過嫂嫂末，無啥好。*A-kou tai ngou ze h'ao-ke, pé-kou sao-sao mé, m-sa h'ao,* Mon frère aîné me traite bien, seulement ma belle-sœur (sa femme) n'est point bonne du tout.

LEÇON XXVIII.

MALADIES. MÉDECINE CHINOISE.

病。*Bing*. Maladie.

病症。*Bing-tseng*. Id.

毛病。*Mao-bing*. Id.; indisposition, défaut (*ph. mor.*).

生病人。*Sang-bing-gnen*. Malade.

病人。*Bing-gnen*. Id..

生病。受病。得病。*Sang-bing, zeû-bing, te bing*. Etre, tomber malade.

有病。*Yeû-bing*. Etre malade.

發病。*Fa-bing*. Tomber malade.

病痛。*Bing t'ong*. Souffrir d'un maladie.

病苦。*Bing k'ou*. Douleurs de la maladie.

勿爽快。*Vé saong-k'oa*. Pas bien portant.

勿適意。*Vé se-i*. Id.; pas à l'aise.

看病。*K'eu bing*. Voir, soigner un malade.

顧病。*Kou bing*. Id.

望病。*Maong bing*. Visiter un malade.

瘟病。*Wen bing*. Maladie epidémique, peste.

老病。*Lao bing*. Maladie chronique, maladie de vieillesse.

長(久)病。*Zang (kieû) bing*. Maladie chronique.

癆病。*Lao bing*. Maladie de consomption; phtisie.

時氣症。*Ze-k'i tseng*. Maladie de la saison.

時症。*Ze tseng*. Id.

時氣。*Ze k'i*. Maladie de la saison; *proprement*, miasmes qui la causent.

急病。*Kié bing*. Maladie subite et grave.

暴病。*Pao bing*. Maladie qui commence.

重病。大病。*Zong bing, dou bing*. Maladie grave.

病輕。*Bing k'ieng*. La maladie n'est pas grave, *m. à-m.* est légère.

小病。*Siao bing*. Petite maladie, indisposition.

病根。*Bieng ken*. La racine de la maladie (du mal.)

病勢。*Bing se*. La force de la maladie.

病緣。*Bing yeu*. La cause de la maladie.

病容。*Bing yong*. Les symptômes de la maladie.

內症。*Nei tseng*. Maladie interne.

外症。*Nga tseng*. Maladie externe.

火症。*H'ou tseng*. Maladie inflammatoire; fièvre.

雜，症。*Zé tseng*. Maladie compliquée.

死症。*Si tseng*. Maladie mortelle.

癲狂症。*Tié-goang tseng*. Maladie qui cause le délire.

膈，症。*Ka-tseng*. Gastrite *m. à m.* maladie qui *obstrue* le tube digestif.

寒熱。*H'eu-gné*. Fièvre (*m. à m.* froid et chaud).

熱，病。*Gné-bing*. Id.

發，寒熱。*Fa h'eu-gné*. Avoir la fièvre.

發，熱。*Fa gné*. Id.

瘧，疰。*Ngo-tse*. Fièvre intermittente; fièvre tierce.

瘧，疾。*Gna-zie*. Id.

間日，頭瘧，疰。*Kè-gné-deû ngo-tse*. Fièvre tierce.

三瘧。*Sè ngo*. Fièvre quarte.

日，多發，寒熱。*Gné-tou fa h'eu-gné*. Avoir une fièvre quotidienne.

往來寒熱。*Waong-lai h'eu-gné*. Id. *ou* à des époques indéterminées.

走頭傷寒。*Tseû-deû saong-h'eu*. Fièvre cérébrale.

傷寒症。*Saong-h'eu-tseng*. Fièvre typhoïde.

傷寒。*Saong-h'eu*. Id.

傷風。*Saong-fong*. Rhume.

風火症。*Fong-h'ou-tseng*. Sorte de fièvre typhoïde.

發，瘢。*Fa-pè*. Eruption du typhus.

痘子(症)。*Deû-tse* (*tseng*). Variole.

水痘。*Se deû*. Pustules pleines d'humeur de la variole.

疹子。*Tseng-tse*. Pustule; éruption.

種痘子。*Tsong deû-tse*. Inoculer la variole.

出，痘子。*Ts'é deû-tse*. Les boutons de la variole sortent.

種牛痘。*Tsong-yneû-deû*. Vacciner.

牛痘。*Gneû-deû*. Vaccin.

肚裡痛。*Dou-li-t'ong*. Avoir la colique.

斷腸痧、絞腸痧、冷痲痧、霍，亂吐瀉、痧脹、烏痧脹、乾霍，亂。*Deu-zang-souo, kao-zang-souo, lang-mô-souo, o-leu-t'ou-sia, souo-tsang, ou-souo-tsang, keu-o-leu*. Diverses sortes de spasmes, *ou* coliques violentes, donnant naissance à des maladies graves; sorte de choléra.

相思子、紅靈丹。*Siang-se-tse, hong-ling-tè*. Remèdes contre le choléra.

痔瘡。*Ze-ts'aong*. Hémorroïdes.

痔漏。*Ze leû*. Flux des hémorroïdes.

內痔。*Nei ze*. Hémorroïdes intérieures.

外痔。*Nga ze*. Hémorroïdes extérieures.

肚裡瀉。*Dou-li za*. Diarrhée.

瀉積。*Za-tsie*. Dyssenterie.

刮，腸刮，肚。*Koè-zang-koè-*

dou. Colique de dyssenterie.

烟痛。*Yé leú*. Dyssenterie causée par l'usage de l'opium (à fumer).

勿,消化。*Vé-siao-h'ouo*. Indigestion.

頭暈。*Deû-yun*. Vertige.

頭瘋。*Deû-fong*. Avoir mal à la tête.

發,惛、惛迷。*Fa-h'oen, h'oen-mi*. Etre en délire.

蠱脹病。*Kou-tsang-bing*. Hydropisie.

生蠱症。*Sang kou-tseng*. Etre hydropique.

病費。*Bing fei*. Frais de maladie.

癰疽。*Yong-tsu*. Ulcère.

羊癇瘋。*Yang-kè-fong*. Sorte de tournis (épilepsie).

黃疸病。*Waong-tè-bing*. La jaunisse.

瘡。*Ts'aong*. Plaie (grande).

癤。*Tsi*. Plaie (petite).

癬。*Sié*. Dartre.

爛肉,瘡。*Lè-gnô tsaong*. Ulcère purulent; plaie purulente.

牙關緊閉。*Nga koè-kien-pi*. Avoir les dents fortement serrées (*p. ex.* en un spasme).

瘻。*Leú*. Bosse; goître.

火癉。*H'ou-tè*. Lèpre: éléphantiasis.

癱病。*T'è-bing*. Paralysie.

癱子。*T'è-tse* Paralytique.

瘋子。*Fong-tse*. Id.

脚,瘋。*Kia fong*. La goutte.

脚,腫。軟脚。*Kia tsong, gneu kia*. Enflure des pieds (qui souvent dégénère en hydropisie).

出,痧子。*Ts'é souo-tse*. Avoir une éruption.

藥,料。*Ya-leao*. Matière médicale.

醫法、醫道。*I fa, i dao*. L'art de la médecine.

醫書。*I su*. Livres de médecine.

行醫。*Hang i*. Exercer la médecine.

藥。*Ya*. Médecine, remède.

一,服,藥。*I-fou ya*. Une médecine à prendre en une fois.

一,味藥。*I-wei ya*. Une sorte de médecine.

一,料藥。*I-leao ya*. Un régime à suivre.

妙藥。*Miao ya*. Médecine excellente, admirable, efficace.

好藥。*H'ao ya*. Bonne médecine.

良藥。*Leang ya*. Id.

官料藥。*Koé leao-ya*. Médecine orthodoxe.

白,藥。*Ba-ya*. Quinine (remède blanc).

膏滋藥。*Kao-tse ya*. Remède fortifiant.

補藥。*Pou ya*. Id.

補養。*Pou-yang*. Suivre un régime fortifiant.

調養。*Diao-yang*. Id.

痧藥。*Souo ya*. Remède contre le *souo*.

紫金錠。*Tse-kien-ding*. Id. &.

發,散藥。*Fa-sè ya*. Remède pour dissoudre la cause du mal.

出,(發,)汗藥。*Ts'é (fa)-heu-*

ya. Sudorifique.

藥˒名。*Ya ming*. Nom d'une médecine.

藥˒本。*Ya pen*. Prix qu'à coûté un remède au revendeur.

膏藥。*Kao-ya*. Emplâtre.

藥˒帖˒頭。*Ya t'i-deû*. Médecine à prendre par portions.

喫˒藥。*K'ie ya*. Prendre une médecine.

煎藥。*Tsié ya*. Cuire une médecine.

上藥。*Zaong ya*. Appliquer un remède sur....

施藥。*Se ya*. Distribuer (donner) gratis des remèdes.

毒˒藥。*Dô-ya*. Poison.

郎中。*Laong-tsong*. Médecin.

醫家。*I-ka*. Id.

大方。*Da(dou)-faong*. Médecin universel (excepté pour les plaies).

女科。*Gnu k'ou*. Médecin des femmes.

內科。*Nei k'ou*. Médecin des maladies internes.

幼科。*Yeû k'ou*. Médecin des enfants.

外科。*Nga k'ou*. Médecin des maladies du dehors (des plaies, etc).

官醫。*Koé i*. Médecin patenté.

庸醫。*Yong i*. Médecin non patenté.

時醫。*Ze i*. Médecin qui a de la vogue.

名醫。*Ming i*. Médecin renommé.

封筒。*Fong-dong*. Honoraires de médecin enveloppés de papier rouge.

方子。一˒个 *Faong-tse (i-ke)*. Ordonnance de médecin.

寫方子。*Śia faong-tse*. Ecrire une ordonnance.

幾時得˒个病。*Ki-ze te-ke bing?* Quand (êtes-vous) tombé malade?

病症倒勿˒輕。*Bing-tseng tao vé k'ieng*. Mais la maladie est sérieuse (*m. à-m.* n'est pas légère).

病重拉˒要去請神父來終傅拉。*Bing zong-la : yao k'i ts'ing zen-vou lai tsong-fou-la*. La maladie est grave : il faut aller chercher le prêtre pour donner l'Extrême-Onction.

生啥毛病。*Sang sa mao-bing*. Quelle maladie (indisposition) avez-vous?

生病人好點否。好點拉者。*Sang-bing gnen h'ao tié va? — H'ao-tié-la-tsé*. Le malade est-il mieux? — Il est mieux, il est un peu mieux.

病人那能。原不˒過實˒介。*Bing-gnen na-neng? Gneu pé-kou zé-ka*. Comment va le malade? — Comme auparavant.

箇个人多日，勿見者、勿要生病拉。 *Kou-ke gnen tou-gné vé kié-tsé : vé yao sang-bing-la?* Cet homme, je ne l'ai pas vu depuis longtemps : ne serait-il pas malade?

喫生冷物事，最容易受（得）病。 *K'ie sang lang mé-ze, tsu yong-i zeû (te) bing.* Quand on mange des aliments crus et froids, on se rend facilement malade.

有病个人、喫勿得冷个物事。 *Yeû-bing-ke-gnen, k'ie-vé-te lang-ke mé-ze.* Un malade ne doit pas manger des aliments froids.

箇樣物事發病个、勿要喫。 *Kou-yang mé-ze fa-bing-ke, vé yao k'ie.* Cet aliment rend malade; n'en mangez pas.

歲數大之咾、病痛格外多。 *Su-sou dou-tse lao, bing-t'ong ke-wai tou.* Comme (il est) âgé, les infirmités sont plus nombreuses.

話勿完个多化病苦。 *Wo-vé-wé-ke, tou-h'ouo bing-k'ou.* Souffrances indicibles de la maladie.

意裡勿爽快。 *I li vé saong-k'oa.* A l'intérieur je ne suis pas bien.

勿適意之長遠者。 *Vé-se-i-tse, zang-yeu-tsé.* Depuis longtemps je ne suis pas bien.

去看病去。 *K'i k'eu bing k'i.* Aller voir (soigner) un malade.

到親眷拉蕩去望病。 *Tao ts'in-kieu la-daong k'i maong bing.* Aller chez ses proches visiter un malade.

今年瘟病怪多。 *Kien gné wen bing koa tou.* Les maladies épidémiques sont cette année fort nombreuses.

瘟病要過人个。 *Wen bing yao kou gnen-ke.* Les maladies épidémiques se communiquent aux gens.

老病咾勿會好个者。 *Lao bing lao; vé wei h'ao-ke-tsé.* C'est une maladie chronique (*ou* de vieillesse); on ne peut la guérir.

生之二三年个長（久）病咾，一歇勿上力个。 *Sang-tse gni sè gné-ke zang (kieû) bing lao, i-h'ié vé zaong-li-ke.* Ayant eu une maladie chronique depuis deux ou trois ans, je n'ai plus du tout de forces.

因爲是癆病咾、好勿來个者。 *Yn-wei ze lao-bing lao, h'ao-vé-lai-ke-tsé.* Comme c'est une maladie de consomption, il n'y a plus de remède.

時氣症末，死也快咾、好也快。 *Ze k'i tseng mé si a*

k'oa lao, h'ao a k'oa. (Pour) les maladies de saison on en meurt vite, on en guérit vite.

生時症最來得，怕相。 *Sang ze tseng tsu-lai-te p'ouo-siang.* Les maladies de saison sont fort dangereuses (*m. à-m.* à craindre).

第个病，看起來像時氣症。 *Di-ke bing k'eu-k'i-lai, ziang ze-k'i tseng.* Cette maladie a tout l'air d'une maladie de saison.

急，病咾看齊來勿，及，个。 *Kié bing lao, k'eu zi lai-vé-ghié-ke.* (C'était) une maladie subite (foudroyante), on n'a point eu le temps de la soigner.

暴病咾難醫治个。 *Pao bing lao, nè i-ze-ke.* Une maladie qui commence est difficile à soigner.

舊年生之一，場重病到乃，常庄無力，个者。 *Ghieú gné sang-tse i-zang zong bing tao nai, zaong-tsaong m-li-ke-tsé.* Toujours malade de la même maladie grave depuis l'an passé jusqu'à présent, je n'ai plus de forces.

淋之冷雨咾，生之一，場大病。 *Lin-tse lang yu lao, sang-tse i-zang dou bing.* Trempé par une pluie froide, il a été atteint d'une maladie grave.

病輕之點者。 *Bing k'ieng-tse tié-tsé.* La maladie est devenue moins grave.

生之个把主日，小病。 *Sang-tse-ke pouo tsu-gné siao bing.* (J'ai) eu une indisposition d'une semaine environ.

病根勿，會斷个者。 *Bing ken vé wei deu-ke-tsé.* Ne pas savoir (pouvoir) arracher (enlever) la racine du mal (de la maladie).

病勢那能　好像好之點。 *Bing se na-neng? — H'ao-ziang h'ao-tse tié.* Où en est la maladie, *m. à-m.* quelle est l'intensité de la maladie? — C'est un peu mieux, il paraît y avoir du mieux.

話點病緣拉先生聽聽，蓋，末，先生好開方子。 *Wo tié bing yeu la sié-sang t'ing-t'ing; ké-mé sié-sang h'ao k'ai faong-tse.* Si l'on indique quelque peu au médecin les causes de la maladie; alors il pourra écrire (*lit.* ouvrir) l'ordonnance.

病容無啥好。 *Bing yong m-sa h'ao.* Les symptômes de la maladie ne sont pas bons du tout.

像內症呢外症。照我看起來是內症，勿，是外症。 *Ziang nei tseng gni nga tseng? — Tsao ngou k'eu-k'i-lai ze nei tseng, vé-ze nga-tseng.* Est-ce (est-ce comme) une maladie interne ou externe? — Selon moi, c'est une maladie interne, non externe.

火症咾要喫涼藥个。*H'ou tseng lao, yao k'ie leang ya ke.* Comme c'est une maladie inflammatoire (*lit.* de feu), il faut prendre des potions rafraîchissantes.

疑難雜症。*Gni-nè-zé tseng.* Maladie difficile et compliquée.

第个病是死症、無藥醫个。*Di-ke bing, ze si tseng; m-ya i-ke.* C'est une maladie mortelle; il n'y a pas de remède (*lit.* pour la guérir).

有點半痴勿癲、蓋咾像癲狂症。*Yeû tié pé-ts'e-vé-tié : ké-lao ziang tié-goang tseng.* (Le malade) est à demi stupide, de sorte que selon (toute) apparence c'est une maladie causant le délire.

一喫物事就要吐、蓋咾像膈症。*I k'ie mé-ze, zieû yao t'ou, ké-lao ziang ka-tseng.* A peine a-t-il mangé qu'il sent de suite le besoin de vomir; en conséquence, cela ressemble à une gastrite.

寒熱有否。起頭末有點寒熱个、現在也勿覺着啥。*H'eu-gné yeû-va? — K'i-deû mé, yeû tié h'eu-gné-ke; yé-zai a vé-ko-za sa.* Avez-vous la fièvre? — Au commencement il y avait un peu de fièvre; maintenant je ne sens plus rien.

熱病咾喫勿得熱藥个。*Gnè bing lao, k'ie-vé-te gné ya ke.* Pour une maladie inflammatoire (*lit.* chaude) il ne faut pas user de remèdes chauds.

常庄發寒熱。*Zang-tsong fa h'eu-gné.* Il a toujours la fièvre.

意裡覺着發熱來死咾,常庄想喫茶。*I li ko-za fa-gné lai-si lao, zaong-tsaong siang k'ie zouo.* Je sens la fièvre au dedans très-forte, par suite je pense toujours à boire du thé.

儂个面孔啥咾看勿得來死、拉瘧疾咾。*Nong-ke mié-k'ong sa-lao k'eu-vé-te lai-si? — La ngo-tse lao.* Pourquoi avez-vous si mauvaise mine? — J'ai la fièvre intermittente.

間日頭瘧疾呢勿是。勿是、是三瘧。*Kè-gné-deû ngo-tse gni vé ze? — Vé-ze : ze sè ngo.* Est-ce la fièvre tierce ou non? — Ce n'est pas (la fièvre tierce), mais la fièvre quarte.

日多發寒熱咾嘴裡苦來、物事喫下去、一眼無滋味。*Gné-tou fa h'eu-gné lao, tse-li k'ou-lai. Mé-ze k'ie-hao-k'i, i-ngè-m tse-mi.* Ayant la fièvre quotidienne, j'ai la bouche fort amère. Quand je mange (j'avale) quelque chose, je ne sens aucun goût.

因爲是走頭傷寒咾、要跑个。*Yn-wei ze-tseû-deû saong-h'eu lao; yao pao-ke.* Il a une fièvre cérébrale (le typhus); c'est pourquoi il veut marcher.

傷寒症總要過之七日，後來末，可以話得定死咾勿死者。*Saong-h'eu-tseng tsong yao kou-tse ts'i gné heû-lai mé, k'o-i wo-te ding si lao vé-si-tsé.* Pour la fièvre typhoïde, il faut attendre le 7e jour, et alors (*m. à-m.* après) on peut dire avec assurance si (le malade) mourra ou non.

勿是發點啥，像傷寒。*Vé ze fa-tié-sa, ziang saong-h'eu.* Si ce n'est pas une fièvre éruptive, cela ressemble à la fièvre typhoïde.

重傷風。*Zong saong-fong.* Gros rhume.

風火症咾有點兇險个。*Fong-h'ou-tseng lao, yeû tié hiong-hié-ke.* C'est une fièvre typhoïde, il y a du danger.

第个症一定是發瘄，要當心點个。*Di-ke tseng i-ding ze fa-pè, yao taong-sin tié-ke.* Cette maladie est la fièvre typhoïde avec éruption, il faut faire attention (*lit.* plus d'attention).

痘子出過拉末。*Deû-tse ts'é-kou-la-mé?* Les boutons de la variole sont-ils sortis?

箇个囝拉出水痘。*Kou-ke neu la ts'é se deû.* Les boutons purulents de la variole de cet enfant sortent.

勿是瘄，是疹子。*Vé-ze pè, ze tsen-tse.* Si ce n'est pas une éruption grave (*pè*), c'est une éruption légère (*tsen-tse*).

一个囝今年替伊種痘子，好否。*I-ke neu, kien gné t'i i tsong deû-tse, h'ao-va?* L'enfant auquel on a cette année inoculé la variole, va-t-il bien?

拉出痘子咾，勿要抱到風頭裡去。*La ts'é deû-tse lao, vé yao bao tao fong-deû-li k'i.* Au moment ou sortent les boutons de la variole (inoculée), il ne faut pas porter l'enfant à l'air.

聽見話種牛痘，比之種痘子來得穩當。*Ting-kié wo tsong gneû-deû pi-tse tsong deû-tse lai-te wen-taong.* J'ai entendu dire que la vaccine était plus sûre que l'inoculation de la variole.

夜裡着之冷咾肚裡痛。*Ya li za-tse lang lao, dou-li-t'ong.* Ayant eu la nuit un refroidissement, j'ai la colique.

勿要是斷腸痧咾，肚裡實蓋痛法。*Vé yao-ze deu-zang-souo lao, dou-li zé-kai t'ong fè?* Si ce n'est pas le *deu-zang-souo* comment souffrirais-je de pareilles coliques?

絞腸痧末，肚裡絞起絞坐个痛个。*Kao-zang-souo mé, dou-li kao-k'i-kao-zou-ke t'ong-ke.* Quand on a le *kao-zang-souo*, on éprouve des coliques dans tout le ventre (*lit.* en haut et en bas du ventre).

20

手脚冷完个咾恐怕是冷痲痧。 *Seú kia lang wé-ke lao, k'ong-pouo ze lang-mo-souo.* Il a les mains et les pieds tout froids, peut-être c'est le choléra.

霍亂吐瀉个病、一好就好咾、一死就死个。 *O-leu-t'ou-sia-ke-bing, i h'ao, zieû h'ao lao, i si, zieû si-ke.* (Pour le) choléra (?), si l'on en guérit, on guérit de suite; et si l'on en doit mourir, il fait mourir de suite.

只怕是痧脹、替伊放放痧看。 *Tsé-p'ouo ze souo tsang : t'i i faong-faong souo k'eu.* C'est peut-être l'enflure du *souo* : il faut acuponcturer (le malade) pour favoriser l'éruption.

牙關咬緊之、像烏痧脹也。 *Nga koè-ngao-kien-tse, ziang ou souo-tsang yé.* Il a les dents fortement serrées, comme dans une attaque de *souo* noir (*c. à-d.* où le visage noircit).

吐勿出个咾、只怕是乾霍亂。 *T'ou vé ts'é-ke lao; tsé-p'ouo ze keu-o-leu.* Il ne vomit pas; peut-être est-ce le *keu-o-leu* (*souo* sec).

撥點紅靈丹伊喫。 *Pé tié hong-ling-tè i k'ie.* Donnez-lui un peu de *hong-ling-tè* à prendre.

痔瘡生个人多。 *Ze-ts'aong sang-ke gnen tou.* Beaucoup de gens ont les hémorroïdes.

痔漏个毛病、看好伊煩難个。 *Ze-leû-ke mao-bing, k'eu-h'ao i vé-nè-ke.* Les hémorroïdes sont difficiles à guérir.

儂生拉个內痔呢外痔。 *Nong sang-la-ke nei ze gni nga ze?* Avez-vous les hémorroïdes internes ou externes?

肚裡瀉、瀉之兩日者。 *Dou-li-za, za-tse leang gné-tsé.* (Il a) la diarrhée depuis deux jours.

儂瀉積、瀉个白積呢紅積。 *Nong za-tsie, za-ke ba tsie gni, hong tsie.* Avez-vous la dyssenterie blanche ou la dyssenterie rouge (flux de sang).

肚裡刮腸刮肚个痛。 *Dou li koè-zang-koè-dou-ke t'ong.* Avoir une colique aigüe de dyssenterie.

喫烟个人、烟漏起來、死多活少个。 *K'ie-yé-ke-gnen, yé-leû-k'i-lai, si tou wé sao-ke.* Quand les fumeurs d'opium ont la dyssenterie causée par l'opium, beaucoup en meurent, peu en échappent (vivent).

喫拉个物事勿消化。 *K'ie-la-ke mé-ze, vé siao-h'ouo.* Ne (plus) rien digérer.

頭暈暈呌。*Deû yun-yun-kiao.* Eprouver des vertiges.

頭瘋痛。*Deû fong-t'ong.* Avoir mal à la tête.

心裡發,惛个能。*Sin-li fa-h'oen-ke-neng.* Il a perdu connaissance; il est comme en délire.

惛迷不,省。*H'oen-mi pé sing.* Il est en délire, sans connaissance.

凡於生蠱脹病,肚皮總大个。*Vè-yu sang-kou-tsang-bing, dou-bi tsong-dou-ke.* Tous les hydropiques ont le ventre enflé.

生蠱症个人,死多活,少。*Sang-kou-tseng-ke-gnen, si tou wé sao.* (Parmi) les hydropiques, beaucoup meurent, peu survivent.

用脫,之多化病費拉。*Yang-t'é-tse tou-h'ouo bing fei la.* Avoir fait de grandes dépenses pour maladie.

癰疽發,背。*Yong-tsu fa-pei.* Ulcères ordinaires et ulcères du-dos.

做死做殺,,只,當得,羊癇瘋。*Tsou-si-tsou-sè, tsé taong-te yang-kè-fong.* Il a beau travailler de toutes manières, il ne gagne rien (il est pareil à un épileptique qui se remue inutilement).

羊癇瘋發,起來,撥,草來伊喫,之,就省个。*Yang-kè-fong fa-k'i-lai, pé ts'ao la i k'ie tse, zieû sing-ke.* Ceux qui tombent du haut-mal s'éveillent, dès que dans leur accès on leur donne à manger de l'herbe.

生黃疸病个人,皮膚黃來像金子色,能个。*Sang waong-tè-bing-ke gnen, bi-fou waong-lai ziang kien-tse-sé neng-ke.* La peau de ceux qui ont la jaunisse jaunit, et prend quelque chose de la couleur de l'or.

因爲熱,體咾,常庄拉生瘡生癤,个。*Yn-wei gné t'i lao, zang-tsaong la sang ts'aong sang tsi-ke.* Ayant le tempérament échauffé, il a souvent (toujours) des plaies.

牛皮癬。*Gneû bi sié.* Dartre semblable à la peau d'un bœuf.

喉癬。*Heû sié.* Dartre à la gorge.

一,塊癬癢來。*I-k'oei sié yang lai.* La dartre démange fort.

血,瘻。*Hieu leû.* Tumeur purulente.

荳粞瘻。*Deû si leû.* Tumeur dont la couleur imite le déchet d'huile de soja.

火癉脚,。*H'ou-tè kia.* Pieds (jambes) d'un malade atteint d'éléphantiasis.

人軟來,像殺,生之癱病个能。*Gnen gneu lai: ziang-sè sang-tse t'è-bing-ke neng.* Cet homme est fort faible : il ressemble à un paralytique.

跑得，來癱子能。*Pao-te-lai t'è-tse neng.* Il marche comme un paralytique.

箇个人是瘋子咾，勿，好做啥者。*Kou-ke gnen ze fong-tse lao, vé h'ao tsou sa tsé.* Cet un paralytique, il ne peut commodément rien faire.

儂隻，脚，腫來，勿，要是大脚，瘋。*Nong tsa-kia tsong-lai, vé yao-ze dou kia fong?* Vous avez le pied bien enflé, ne serait-ce pas l'enflure (l'hydropisie) des pieds?

今年人家个小囝，出，痧子个怪多。*Kien gné gnen-ka-ke siao-neu, ts'é souo-tse-ke koa-tou.* Cette année, beaucoup d'enfants ont des éruptions.

來配點藥，料。*Lai p'ei tié ya-leao.* (Je) viens acheter des matières médicales.

看來那能醫法。*K'eu-lai na-neng i-fa?* Selon vous quel remède?

醫道忙來那能。*I-dao maong-lai na-neng?* Votre clientèle (*en s'adressant à un médecin*) est-elle nombreuse?

醫書讀，之那裡幾部。*I su dô-tse a-li-ki bou?* Quels livres de médecine avez-vous lus?

買兩部醫書來看看。*Ma leang bou i su lai k'eu-k'eu.* Achetez deux ouvrages de médecine pour les lire.

正教書無出，產，故所以看看醫書咾想行醫。*Tseng kao su m ts'é ts'è : kou-sou-i k'eu-k'eu i su lao siang hang-i.* Enseigner seulement les livres n'enrichit pas, c'est pourquoi je lis des livres de médecine, pensant exercer cet art.

圓藥。一，粒，丸藥。*Yeu ya (i-lie), wé ya.* Médecine en pilules.

末，藥。*Mé-ya.* Médecine en poudre.

一，服，藥，喫，之好个末。*I-fou ya, k'ie-tse-h'ao-ke-mé?* Avez-vous pris une potion?

第帖，藥，裡向，有一，味藥，勿，識。*Di-t'i-ya li-hiang, yeû i-wei ya vé se.* Dans cette potion il y a une médecine (que) je ne connais pas.

替我配一，料藥。*T'i ngou p'ei i leao ya.* Achetez-moi (pour moi) un assortiment dc matières médicales (propres à confectionnr un remède).

眞正是妙藥，*Tsen-tseng ze miao ya.* C'est certainement une

excellente médecine.

藥醫勿是病，是病無藥醫。*Ya i, vé ze bing : ze bing, m ya i.* Ce que la médecine guérit, ce ne sont pas des maladies (véritables) : quand ce sont des maladies (véritables, *c. à d.* mortelles), il n'y a pas de remède.

第戶藥是頂好个好藥。*Di-wou ya ze ting h'ao-ke h'ao ya.* Cette médecine est souverainement bonne entre toutes.

我撥儂个是艮藥，儂勿要認之毒藥咾勿喫。*Ngou pé nong-ke ze leang ya ; nong vé yao gnen-tse dô-ya lao, vé k'ie.* La médecine que je vous donne est une bonne médecine; n'allez pas croire que c'est du poison et ne pas la prendre.

第个病，正喫官料藥，喫勿好个者。*Di-ke bing, tseng k'ie koé-leao-ya, k'ie vé h'ao-ke-tsé.* Pour cette maladie, si (le malade) prend seulement la potion de l'ordonnance, il ne guérira point.

白藥喫啥毛病个。喫寒熱个。*Ba-ya k'ie sa mao-bing-ke? — K'ie h'eu-gné-ke.* La quinine guérit quelle maladie? — Elle guérit (*lit.* elle mange) la fièvre.

今年打算贖一料膏滋藥喫者。*Kien gné tang-seu zô i liao kao-tse-ya k'ie-tsé.* Cette année je pense acheter la matière médicale pour faire un *kao-tse-ya* (remède fortifiant), et le prendre.

儂拉喫補藥呢調理藥。*Nong la k'ie pou ya gni, diao-li-ya?* Prenez-vous des potions fortifiantes, ou suivez-vous un régime?

第个病，全靠補養。*Di-ke bing, zié k'ao pou-yang.* Cette maladie exige absolument un régime fortifiant.

調養起來，還可以復原个哩。*Diao-yang-k'i-lai, wè k'o-i wo-gneu-ke-li.* En suivant un régime, vous pourrez recouvrer vos forces d'autrefois.

替儂討兩粒痧藥，因爲肚裡難過咾。*T'i nong t'ao leang-lie souo-ya, yn-wei dou-li nè-kou lao.* Je vous demande deux petites pilules de *souo-ya*, parce que je souffre du ventre.

儂紫金錠有拉身邊否，若使有拉末，撥一根拉伊。*Nong tse-kien-ding yeû la sen-pié va? Za-se yeû la mé, pé i ken la i.* Avez-vous du *tse-kien-ding* sur vous? Si vous en avez, donnez-lui-en un bâtonnet.

喫兩帖發散藥末，好者。*K'ie leang t'i fa-sè-ya mé, h'ao tsé.* Ayant deux potions de *fa-sè-ya*, (il) se trouve bien.

弄點發汗藥來喫喫看。*Long tié fa-heu-ya lai k'ie-*

k'ie-k'eu. Prenez un sudorifique pour voir (si la sueur sortira).

第味藥名叫啥。*Di-wei ya ming-kiao sa?* Comment s'appelle cette médecine?

送箇兩个銅錢拉我，叫我藥本齊出，產勿出。*Song kou leang-ke dong-dié la ngou, kiao ngou ya-pen zi-ts'é-ts'è-vé-ts'é.* Pour ces quelques sapèques que vous me donnez, me demander (un remède), c'est tout-à-fait (demander) que j'y perde.

討兩个膏藥。*T'ao leang-ke kao-ya.* Demander deux emplâtres.

藥氣來勿好喫个。*Ya k'i-lai vé-h'ao k'ie-ke.* L'odeur nauséabonde de ce remède (le rend) difficile à prendre.

藥帖頭倒長个。*Ya t'i-deû tao zang-ke.* Il faudra prendre la médecine par portions pendant longtemps.

我心上想喫藥，替我去請一个郎中。*Ngou sin-laong-siang k'ie-ya, t'i ngou k'i ts'ing i-ke laong-tsong.* Je sens le besoin de me médicamenter, allez inviter pour moi un médecin.

儂要喫煎藥呢丸藥。煎藥煩雜咾，喫點丸藥末者。*Nong yao k'ie tsié ya gni, wé ya? — Tsié ya vè-zé lao, k'ie tié wé-ya mé-tsé.* Voulez-vous prendre une potion (de médecine cuite), ou des pilules? — C'est difficile de cuire une médecine (de prendre une potion), soit pour les pilules (*m. à-m.* je prendrai des pilules).

先上藥拉瘡眼裡之，然後末貼膏藥。*Sié zaong ya la ts'aong ngè-li tse, zé-heû mé t'i kao-ya.* (Le médecin) met d'abord un remède à l'orifice de la plaie, ensuite il applique une emplâtre.

箇家人家拉施藥。*Kou-ka gnen-ka la-se-ya.* Cette famille distribue des remèdes gratuits.

郎中來否。來是來个，因爲忙咾要晚點拉哩。*Laong-tsong lai va? — Lai-ze lai-ke, yn-wei maong lao, yao è-tié-la-li.* Le médecin vient-il? — Pour venir il viendra, mais étant fort occupé il viendra un peu plus tard.

大方郎中。大方。*Da-faong laong-tsong; da faong.* Médecin universel.

第个郎中專門女科个咾，男人勿看个。*Di-ke laong-tsong tsé-men gnu-k'ou-ke lao, né-gnen vé k'eu-ke.* Ce médecin s'occupe uniquement du traitement des femmes, il ne soigne pas les hommes.

儂位先生內科呢外科。我單會看幼科个，內科咾外科，齊勿看个。*Nong-wei sié-sang nei k'ou gni nga k'ou? — Ngou tè wei k'eu yeû-k'ou-ke : nei k'ou lao nga k'ou, zi vé k'eu-ke.* Etes-vous (*m. à-m.* le docteur est-il) médecin des maladies internes ou des maladies externes? — Je ne sais que traiter les enfants : je ne soigne ni les maladies internes ni les maladies externes (des adultes).

官醫郎中。 *Koé-i laong-tsong.* Médecin officiel, patenté (qui a été approuvé par l'Empereur, après avoir subi une examen).

第个因爲時醫郎中咾、看病个人、長庄塞、足、拉个。 *Di-ke yn-wei zé-i laong-tsong lao, k'eu bing-ke-gnen zang-tsong sé-tsô-la-ke.* Comme ce médecin a de la vogue, les malades à soigner ne cessent d'affluer (*lit.* obstruent sa demeure).

名醫先生末、一、看之病、就斷得、出、死活、个。 *Ming i sié-sang mé, i k'eu-tse bing, zieû teu-te-ts'é si wé-ke.* Un médecin renommé (habile), ayant vu un malade, juge de suite s'il mourra ou non.

拿之封筒咾去看病。 *Nao-tse fong-dong lao, k'i k'eu bing.* Prendre de l'argent enveloppé de papier rouge (prix de la consultation), et allez voir le médecin (faire voir sa maladie).

舊方子担拉否。 *Ghieû faong-tse tè-la va?* Avez-vous apporté la première (précédente) ordonnance?

先生末、把(診)脉、學、生子末、寫方子。 *Sié-sang mé, pouo (tsen) ma; ho-sang-tse mé, sia faong-tse.* Le médecin tâte le pouls; son élève écrit l'ordonnance.

LEÇON XXIX.

EGLISE. CULTE.

堂。一,隻,(座) *Daong (i-tsa, i-zou).* Eglise; grande salle.

聖堂。*Seng-daong.* Eglise.

聖殿。*Seng-dié.* Id.

天主堂。*Tié-tsu-daong.* Id.; maison où habite un missionnaire, etc.

祭臺。一,隻,聖臺。*Tsi-dai (i-tsa), seng-dai.* Autel.

臺右。*Dai yeû.* Droite de l'autel (côté de l'Evangile).

臺左。*Dai tsou.* Gauche de l'autel (côté de l'Epître).

盖臺布。一,塊 *Kai dai pou (i-k'oei).* Couverture d'autel.

遮臺布。*Tsouo dai pou.* Id.

經頁,子。一,副 *Kieng-yé-tse (i-fou).* Canons d'autel (*les trois*).

蠟,橋。一,層 *Lè-ghiao (i-zeng).* Gradins d'autel.

聖石,。一,塊 *Seng za (i-k'oei).* Pierre sacrée (de l'autel).

包聖石,布。*Pao seng za pou.* Linge qui enveloppe la pierre sacrée.

盖聖石,布。*Kai seng za pou.* Nappe d'autel recouvrant la pierre sacrée.

蠟,臺。一,對(隻,) *Lè dai (i-tei, i-tsa).* Chandelier (un..., une paire).

蠟,燭,。一,根(對) *Lè-tsô (i-ken, i-tei).* Cierge, chandelle (un..., une paire).

三叉燭,。*Sè-ts'ouo tsô.* Le cierge triangulaire du Samedi-Saint.

五傷燭,。*N saong tsô.* Le cierge pascal (*m. à-m.* des cinq plaies).

五傷蠟,臺。*N saong lè-dai.* Chandelier du cierge pascal.

三叉蠟,臺。*Sè-ts'ouo lè-dai.* Chandelier du cierge triangulaire.

花瓶。一,个 *H'ouo bing (i-ke).* Pot, vase de fleurs *ou* à fleurs.

鋪祭臺。*P'ou tsi-dai.* Couvrir l'autel (avec les nappes d'autel).

大祭臺。*Dou tsi-dai.* Grand autel.

正祭臺。*Tseng tsi-dai.* Id. (*m. à-m.* autel du milieu).

小祭臺。*Siao tsi-dai* Petit autel.

邊祭臺。*Pié tsi-dai.* Id. (autel latéral).

臺帷。一,个 *Dai wei (i-ke).* Devant-d'autel.

祭臺臺布。*Tsi-dai dai-pou.*

Nappe d'autel.

臺布。一塊 *Dai pou* (*i-k'oei*). Id.

花臺布。*H'ouo dai pou.* Id. brodée ou à fleurs.

彌撒經。一本 *Mi-sè kieng* (*i-pen*). Missel.

經架子。一個 *Kieng ka-tse* (*i-ke*). Pupitre du missel.

拜單。一個 *P'a-tè* (*i-ke*). Paillasson.

坐褥。一個 *Zou-gnô* (*i-ke*). Coussin.

絨單。一條 *Gnong-tè* (*i-diao*). Tapis.

領聖體欄杆。*Ling-seng-t'i lè-keu.* Table de communion.

領聖體布。*Ling-seng-t'i pou.* Nappe de communion.

彌撒間。一間 *Mi-sè kè* (*i-kè*). Sanctuaire.

龕子。一个 *K'é-tse* (*i-ke*). Tabernacle; reliquaire.

聖體龕子。*Seng-t'i-k'é-tse.* Tabernacle.

聖骨龕子。*Seng-koé-k'é-tse.* Reliquaire.

聖體龕子袱。一个 *Seng-t'i-k'é-tse wo.* (*i-ke*). Voile du tabernacle.

聖體降福寶座。*Seng-t'i-kiang-fo pao-zou.* Reposoir pour le S. Sacrement.

聖體降福座子。*Seng-t'i-kiang-fo zou-tse.* Exposition pour le S. Sacrement.

聖體燈。一盞(隻) *Seng-t'i teng* (*i-tsè, i-tsa*). Lampe du S. Sacrement.

天神臺。*T'ié-zen dai.* Crédences (*lit.* tables des anges).

聖像。一尊 *Seng ziang* (*i-tsen*). Sainte image.

渾身像。*Wen-sen-ziang.* Statue.

苦像。一个 *K'ou-ziang* (*i-ke*). Crucifix.

十字。一个 *Zé-ze* (*i-ke*). Croix.

十字架。一个 *Zé-ze-ka* (*i-ke*). Id.

大十字。*Dou zé-ze.* Grande croix.

大苦像。*Dou k'ou-ziang.* Grand crucifix.

苦路。*K'ou lou.* Chemin de la croix.

苦路像。*K'ou-lou ziang.* Tableaux (images) du chemin de la croix.

拜苦路。*P'a k'ou-lou.* Faire le chemin de la croix.

祭披。一副 *Tsi-p'i* (*i-fou*). Ornement sacerdotal.

白祭披。*Ba tsi-p'i.* Id. blanc.

黑祭披。*H'e tsi-p'i.* Id. noir.

紫祭披。*Tse tsi-p'i.* Id. violet.

紅祭披。*Hong tsi-p'i.* Id. rouge.

綠祭披。*Lô tsi-p'i.* Id. vert.

領帶。一根 *Ling-ta* (*i-ken*). Etole.

聖索。一根 *Seng so* (*i-ken*). Le (saint) cordon du prêtre, etc.

手帶。一个 *Seû ta* (*i-ke*). Manipule.

21

長白,衣。一,件 *Zang-ba-i* (*i-ghié*). Aube.

短白,衣。*Teu-ba-i*. Surplis; rochet.

方領。一,个 *Faong-ling* (*i-ke*). Amict.

披肩。一,个 *P'i-kié* (*i-ke*). Voile huméral.

袈襬。一,件 *Ka-pa* (*i-ghié*). Chape.

五品祭衣(披)。*N p'in tsi-i* (*p'i*). Tunique.

六,品祭衣(披)。*Lô p'in tsi i* (*p'i*). Dalmatique.

祭巾。一,隻, *Tsi-kien* (*i-tsa*). Bonnet du sacrifice, *c. à-d.* du prêtre et des clercs.

聖爵。一,隻, *Seng-tsia* (*i-tsa*). Calice.

聖體發,光。*Seng-t'i-fa-koang*. Ostensoir.

供聖體聖爵。*Kong seng-t'i seng-tsia*. Ciboire (pour conserver le S. Sacrement, etc.).

發,光聖爵。*Fa-koang seng-tsia*. Lunule de l'ostensoir.

送聖體匣,子。*Song seng-t'i hè-tse*. Bourse pour porter le S. Sac. aux malades.

供聖體聖爵,衣。*Kong seng-t'i seng-tsia i*. Voile du ciboire.

大凉傘。*Dou leang-sè*. Dais pour le S. Sacrement.

聖囊。一,個 *Seng-nong* (*i-ke*). Bourse (du calice).

聖盖。一,個 *Seng-kai* (*i-ke*). Pale.

聖袱。一,塊 *Seng-wo* (*i-k'oei*). Voile (du calice).

九折,布。一,塊 *Kieû tsé pou* (*i-k'oei*). Corporal (*m. à-m.* linge aux neuf plis).

揩聖爵,布。一,塊 *K'a-seng-tsia-pou* (*i-koei*). Purificatoire.

祭餅。*Tsi-ping*. Hosties.

祭品。*Tsi p'in*. Matière du sacrifice.

麵餅。*Mié-ping*. Hosties.

阿斯弟亞。一,個 *O-se-ti-ya* (*i-ke*). Id.

彌撒,酒。*Mi-sè tsieû*. Vin de messe.

葡萄酒。*P'ou* (*p'e*)-*dao tsieû*. Id; vin de raisin.

酒水壺。一,副 (個) *Tsieû-se-wou* (*i-ke, i-fou*). Burette (une, une paire).

酒水壺盤。一,個 *Tsieû-se-wou bé* (*i-ke*). Plateau des burettes.

洗手布。一,塊 *Si-seû-pou* (*i-k'oei*) Lavabo.

鈴一,個 *Ling* (*i-ke*). Sonnette, clochette.

木,鈴。*Mo-ling*. Crécelle.

鐘。一,隻, *Tsong* (*i-tsa*). Cloche.

搖鈴。*Yao ling*. Agiter la clochette.

打鐘。*Tang tsong*. Sonner la cloche.

講道臺。一,隻, *Kaong-dao-dai* (*i-tsa*). Chaire.

道理。*Dao-li*. Sermon; instruction; doctrine.

聽神工架子。一、個 *T'ing-zeng-kong-ka-tse* (*i-ke*). Confessionnal.

風琴。一、隻、*Fong-ghien.* (*i-tsa*). Orgue; harmonium.

打(壓)風琴。*Tang* (*k'è*) *fong-ghien.* Toucher l'orgue, etc.

唱經。*Ts'aong kieng.* Chanter les prières (motets, etc.).

念經。*Gnè kieng.* Réciter les prières à haute voix.

瞻禮經。*Tsé-li kieng.* Prières des dimanches et fêtes.

念瞻禮。*Gnè tsé-li.* Réciter les prières du *tsé-li.*

吊鑪。一、個 *Tiao-lou* (*i-ke*). Encensoir.

香。*Hiang.* Encens.

拿吊鑪个。*Nao-tiao-lou-ke.* Thuriféraire.

香船。一、隻、*Hiang-zé* (*i-tsa*). Navette pour l'encens.

香抄。一、隻、*Hiang ts'ao* (*i-tsa*). Cuiller pour l'encens.

聖水。*Seng-se.* Eau bénite.

聖油聖水。*Seng-yeû seng-se.* Id. consacrée avec les S[tes] huiles.

五傷聖水。*N saong seng-se.* Id. *m. à-m.* des Cinq Plaies.

五傷球。*N saong ghieû.* Les cinq grains d'encens (*m. à-m.* des 5 Plaies) du cierge pascal.

聖水壺。一、個 *Seng-se-wou.* (*i-ke*) Bénitier.

追思臺。*Tsu-se-dai.* Catafalque.

抱蠟。*Pao-lè.* Torches.

抱蠟、架子。*Pao-lè ka-tse.* Meuble où l'on place les torches.

玻璃罩。*Pou-li-tsao.* Abat-jour.

馬槽。*Mô-zao.* Crèche.

馬槽像。*Mô-zao ziang.* Id. *pr.* image de la crèche.

聖骨。*Seng-koé.* Reliques; saintes reliques.

主教寶座。*Tsu-kiao pao-zou.* Trône de l'Evêque.

彌撒。一臺 *Mi-sè* (*i-dai*). Messe.

做彌撒。*Tsou mi-sè.* Dire, célébrer la messe.

輔彌撒。*Wou mi-sè.* Servir la messe.

輔彌撒个。*Wou mi-sè-ke.* Servant de messe.

送聖體。*Song seng-t'i.* Donner la Sainte communion.

領聖體。*Ling seng-t'i.* Communier, recevoir la S[te] communion.

降福。*Kiang-fo.* Bénir; bénédiction.

聖體降福个經。*Seng-t'i kiang-fo-ke kieng.* Livre des oraisons pour les Saluts du S. Sacrement.

行聖事个經。*H'ang-seng-ze-ke-kieng.* Rituel.

請神父到堂裡去降福。*Ts'ing zen-vou tao daong li k'i kiang-fo.* (Je) prie le père d'aller à l'église donner la bénédiction (*p. ex.* en arrivant en une chrétienté).

聖堂裡掃掃乾凈。*Seng-daong li sao-sao keu-zing.* Balayer l'église proprement.

此地天主堂有勿,有。有个。*Ts'e-di T'ié-tsu-daong yeû-vé-yeû? — Yeû-ke.* Y a-t-il ici un *T'ié-tsu-daong?* — Il y en a (un).

西洋祭臺。*Si-yang tsi-dai.* Autel fabriqué en Europe.

鑿,花祭臺。*Zo-h'ouo tsi-dai.* Autel sculpté.

祭臺上供聖體拉。*Tsi-dai laong kong seng-t'i la.* Le S. Sacrement est exposé (*ou* conservé) sur (à) l'autel.

神父拉臺左念經。*Zen-vou la dai tsou gnè kieng.* Le prêtre en est à réciter les prières du côté de l'Épître (du côté gauche de l'autel).

恰恰轉經到臺右。*Kè-kè tsé kieng tao dai yeû.* Tout-à-l'heure on a transporté le missel du côté droit de l'autel (du côté de l'Evangile).

今朝因爲瞻禮日,子咾,臺布要換一,塊花个。*Kien-tsao yn-wei tsé-li gné-tse lao, dai pou yao wé i-k'oei h'ouo-ke.* Aujourd'hui c'est jour de fête, il faut changer la nappe d'autel et en mettre une brodée (fleurie).

經頁,子勿,要擺差。*Kieng-yé-tse vé yao pa ts'ouo.* Ne vous trompez par en disposant les canons d'autel (mettez-les à leur vraie place).

祭臺臺布換下來,担去淨一,淨。*Tsi-dai dai-pou, wé-hao-lai, tè-k'i zing-i-zing.* Changez les nappes d'autel, et emportez-les pour les laver (*ou* faire laver).

祭臺臺布上累之蠟,燭,油者,拿去燙脫,之。*Tsi-dai dai-pou laong lei-tse lè-tsó-yeû tsé, nao-k'i t'aong-t'é tse.* Enlevez avec un fer chaud les taches de cire de la nappe d'autel.

蠟,橋塡一,塡平。*Lè-ghiao dié-i-dié bing.* Calez d'aplomb les gradins de l'autel.

聖石,擺拉末。擺拉者。*Seng za pa-la mé? — Pa-la-tsé.* Avez-vous placé la pierre sacrée? — Elle est placée.

盖聖石,布攤好之。*Kai seng za pou t'è-h'ao tse.* Etendez la nappe qui (doit) recouvrir la pierre sacrée.

銅蠟,臺。*Dong lè-dai.* Chandeliers en cuivre.

錫,蠟,臺。*Sie lè-dai.* Chandeliers en étain.

木,蠟,臺。*Mo lè-dai.* Chandeliers en bois.

西洋蠟,臺。*Si-yang lè-dai.* Chandeliers fabriqués en Europe.

白,蠟,燭,。*Ba lè-tsó.* Cire blanche.

魚油蠟,燭,。*N-yeû lè-tsó.* Bougie stéarine.

祭彌撒，別，樣蠟，燭，勿，能个用个，總要用蜜，蠟，燭，个。*Tsi mi-sè bié-yang lè-tsô vé neng-ke yong-ke : tsong yao yong mi lè-tsô-ke.* Pour célébrer la Ste messe, on ne peut user d'autres cierges : il faut absolument employer des cierges de cire d'abeille.

做煉獄，彌撒，，祭臺上个花缾咾啥，要拾，脫，个。*Tsou lié-gnô mi-sè, tsi-dai laong-ke h'ouo bing lao-sa, yao gné (ngé)-t'é-ke.* Quand on dit une messe pour les morts (*de requiem*), il faut ôter les vases de fleurs, etc. de l'autel.

先生拉鋪祭臺。*Sié-sang la p'ou tsi-dai.* Le *sié-sang* est à préparer (*m. à-m.* couvrir) l'autel.

大(正)祭臺上，撻塵擱擱乾净。*Dou (tseng) tsi-dai laong, bong-zen teu-teu keu-zing.* Epoussetez proprement le grand autel.

拉小(邊)祭臺上做彌撒，个箇位神父，倒勿，認得，。*La siao (pié) tsi-daï laong tsou mi-sè-ke kou-wei zen-vou, tao vé•gnen-te.* Ce père qui dit (a dit) la messe à l'autel latéral (au petit autel), je ne le connais pas.

繡花臺帷。*Sieû-h'ouo dai wei.* Devant-d'autel brodé *ou* à fleurs.

臺布去攤之。*Dai pou k'i t'è tse.* Allez étendre (disposer) les nappes d'autel.

花臺布，今日，無啥瞻禮咾勿，要用。*H'ouo dè pou, kien gné m-sa tsé-li lao, vé yao yong.* Aujourd'hui ce n'est pas fête, il ne faut pas user de nappe à fleurs.

今日，是主日，，彌撒，經慢咾放拉經架子上，因爲彌撒，前聖聖水起來，要用着，个裡咾。*Kien-gné ze tsu-gné, mi-sè kieng mè lao faong la kieng-ka-tse laong; yn-wei mi-sè zié, seng seng-se k'i-lai, yao yong-za-ke-li lao.* Aujourd'hui dimanche, il faut tarder à mettre le missel sur le pupître; parce que, avant la messe, devant faire la bénédiction de l'eau (bénite), (le prêtre) en aura besoin.

經架子，拿去擺拉祭臺上之。*Kieng-ka-tse, nao-k'i pa la tsi-dai laong tse.* Prenez le pupître et mettez-le sur l'autel.

紮，兩个拜單。*Tsè leang-ke p'a-tè.* Faire deux paillassons.

放个坐褥，拉踏，步上。*Faong-ke zou-gnô la dè-bou laong.* Mettez un coussin sur le (1er) degré de l'autel.

明朝是大瞻禮，絨單攤好之。*Ming-tsao ze dou tsé-li : gnong-tè t'è h'ao tse.* Demain, c'est grande fête, étendez le tapis.

領聖體布、拿去繫拉領聖體欄杆上之。*Ling seng-t'i pou, nao-k'i i la ling-seng-t'i lè-keu laong tse.* Prenez la nappe de communion et attachez-la à la table de communion.

第隻、堂个彌撒、間倒勿、小。*Di-tsa daong-ke mi-sè-kè tao vé-siao.* Le sanctuaire de cette église est grand.

龕子裡向、聖布擺拉末。勿、曾。*K'é-tse li-hiang, seng-pou pa-la-mé? — Vé zeng.* Avez-vous mis un corporal dans le tabernacle? — Pas encore.

聖體龕子个鑰匙、拿之出、去。*Seng-t'i-k'é-tse-ke ya-ze, nao tse ts'é-k'i.* Emportez la clef du tabernacle.

聖體龕子袱、用白、个呢紫个。白、个。*Seng-t'i-k'é-tse wo, yong ba-ke gni tse-ke? — Ba-ke.* Emploie-t-on le voile blanc ou le voile violet du tabernacle? — (C'est) le blanc.

聖體燈勿、要隱、因爲供聖體拉咾。*Seng-t'i teng, vé yao yen; yn-wei kong Seng-t'i la lao.* N'éteignez pas la lampe du S. Sacrement, parce que le S. Sacrement est conservé (dans le tabernacle).

聖體燈無得、末、天神臺上點隻、火拉。*Seng-t'i teng, m-te mé, tié-zen-dai laong, tié tsa h'ou la.* S'il n'y a pas de lampe (suspendue) du S. Sacrement, allumez un flambeau (*ou* une lampe) sur la crédence.

聖像掛好之。*Seng ziang kouo h'ao tse.* Suspendez (cette) sainte image.

彌撒、後、聖體龕子上个苦像拿脫、之、因爲要聖體降福、咾。*Mi-sè heû, seng-t'i-k'é-tse laong-ke k'ou-ziang, nao-t'é tse; yn-wei yao Seng-t'i kiang-fo lao.* Après la messe, ôtez le crucifix placé sur le tabernacle, à cause de la bénédiction (exposition) du S. Sacrement.

堂頂上个鐵、十、字、啥所打拉个、樣子倒勿、怵。西洋打拉个。*Daong ting laong-ke t'i zé-ze, sa-su tang-la-ke? Yang-tse tao vé k'ieû. — Si-yang tang-la-ke.* Où a été fabriquée la croix de fer qui surmonte l'église? Elle fait assez bon effet. — Elle a été fabriquée en Europe.

各、人該當背自家个十、字架。*Ko-gnen kai-taong pei ze-ka-ke zé-ze-ka.* Tout homme doit porter sa croix.

大十、字啥人拿。*Dou zé-ze sa-gnen nao.* Qui doit porter la grande croix (*p. ex.* pour une procession)?

大苦像勿要、換个小苦像。*Dou k'ou-ziang vè yao, wé-ke siao k'ou-ziang.* Il ne faut pas de grand crucifix, changez-le pour un petit crucifix.

主日上、教友拉要拜苦路。*Tsu-gné-laong, kiao-yeû-la yao p'a k'ou-lou.* Le dimanche les chrétiens doivent faire le Chemin de la croix.

去請神父來聖苦路。*K'i ts'ing zen-vou lai seng k'ou-lou.* Allez inviter le missionnaire à bénir le Chemin de croix.

苦路像聖拉末。聖拉者。*K'ou-lou ziang seng-la mé? — Seng-la-tsé.* Les tableaux du Chemin de la croix sont-ils bénis? — Ils sont bénis.

今朝是苦難瞻禮、所以神父要領之咾拜苦路。*Kien-tsao ze K'ou-nè-tsé-li, sou-i zen-vou yao ling-tse lao p'a-k'ou-lou.* Aujourd'hui, c'est le Vendredi-Saint; c'est pourquoi le père présidera le Chemin de la croix.

花祭披。*H'ouo tsi-p'i.* Ornement sacerdotal brodé *ou* à fleurs.

金祭披。*Kien tsi-p'i.* Ornement en drap d'or.

今日用白祭披呢紅祭披。照之今朝个瞻禮、應該用白祭披、乃末要做煉獄彌撒咾、用黑祭披。*Kien-gné, yong ba tsi-p'i gni hong tsi-p'i? — Tsao-tse kien-tsao-ke tsé-li, yeng-kai yong ba tsi-p'i; nai-mé yao tsou lié-gnô mi-sè lao, yong h'e tsi-p'i.* Aujourd'hui use-t-on d'un ornement blanc ou d'un ornement rouge? — Selon le rit de la fête d'aujourd'hui, il faudrait user d'un ornement blanc, mais comme je dois dire une messe de morts, j'userai d'un ornement noir.

第副紫祭披、有點碎拉者、勿好用者。*Di-fou tse tsi-p'i, yeû tié sé-la-tsé; vé h'ao yong-tsé.* Cet ornement violet est un peu déchiré, il ne peut plus convenablement servir.

綠祭披、用个日腳少。*Lô tsi-p'i, yong-ke gné-kia sao.* Il y a peu de jours où l'on se serve d'ornements verts.

領帶拿去放拉聽神工架子上。*Ling-ta nao-k'i, faong la t'ing-zen-kong-ka-tse laong.* Mettez une étole sur le confessionnal.

花聖索。*H'ouo seng-so.* Cordon de diverses couleurs (*lit.* à fleurs).

主教做起彌撒來、手帶念之籲告吾主咾套上个。*Tsu-kiao tsou k'i mi-sè lai, seû-ta gnè-tse Yu-kao-ngou-Tsu lao t'ao-zaong-ke.* Quand l'Evêque dit la messe, on lui met le manipule après le *Confiteor*.

長白,衣淨一,淨。*Zang-ba-i zing-i-zing.* Lavez l'aube.

短白,衣,拉終傅籃裡。*Teu-ba-i, la tsong-fou lai li.* Le surplis est dans le panier pour l'Extrême-Onction.

方領上个帶脫,者,拿去綍一,綍。*Faong-ling laong-ke ta t'é-tsé; nao-k'i lin-i-lin.* Les cordons de l'amict sont cassés, faites-les recoudre.

彌撒,後要聖體降福,,披肩放拉天神臺上。*Mi-sè h'eû yao Seng-t'i kiang-fo : p'i-kié faong la t'ié-zen-dai laong.* Après la messe, il y a bénédiction du S. Sacrement : mettez le voile huméral sur la crédence.

五品祭衣(披)搭,之六,品祭衣(披),要做起大彌撒,來咾用着,拉。*N-p'in-tsi-i (p'i), tè-tse lô-p'in-tsi-i (p'i), yao tsou-k'i dou mi-sè lai lao yong-za-la.* On se sert des tuniques et des dalmatiques à la grand'messe.

祭巾摺,好之。*Tsi-kien tsé h'ao tse.* Pliez bien le *tsi-kien*.

送聖體聖爵,。*Song seng-t'i seng-tsia.* Ciboire (*m. à-m.* vase sacré pour donner la communion).

做彌撒,聖爵,。*Tsou mi-sè seng-tsia.* Calice (*m. à-m.* vase sacré pour dire la messe).

聖囊裡九摺,布有拉去否。有拉去者。*Seng nong li kieû-tsé-pou yeû-la-k'i-va? — Yeû-la-k'i-tsé.* Y a-t-il un corporal dans la bourse? — Il y en a (un).

開聖爵,前頭,神父拿聖袱,捊下來之,先生就接,來摺,摺,好咾擺拉臺左。*K'ai seng-tsia zié-deû, zen-vou nao seng-wo, hiao-hao-lai-tse, sié-sang zieû tsi-lai tsé-tsé h'ao lao, pa la dai tsou.* Avant de découvrir le (d'ôter la palle qui couvre le) calice, le prêtre ôte le voile (que) le *sié-sang* reçoit et place, après l'avoir plié convenablement, sur l'autel à gauche (du côté de l'Epître).

揩聖爵,布用之个把主日,者,要換一,塊者。*K'a-seng-tsia pou, yong-tse ke-pouo tsu-gné tsé, yao wé i-k'oei tsé.* Quand un purificatoire a servi environ une semaine, il faut le changer pour un autre.

祭(麪)餅還有幾个。*Tsi (mié) ping wè yeû ki-ke?* Combien y a-t-il encore de grandes hosties?

阿斯弟亞勿,够个者,要做點拉裡。*O-se-ti-ya vé keû-ke-tsé, yao tsou tié la-li.* Les hosties (grandes ou petites) ne suffisent pas, il faut en faire.

彌撒(葡萄)酒、船上還有幾瓶。還有三瓶。*Mi-sè (p'ou-dao) tsieû, zé laong wè yeû ki bing? — Wè yeû sè bing.* Combien reste-t-il encore de bouteilles de vin de messe? — Il en reste encore trois bouteilles.

酒水壺倒乾净之。*Tsieû-se-wou, tao keu-zing tse.* Videz les burettes proprement.

酒水壺盤揩揩乾。*Tsieû-se-wou bé k'a-k'a-keu.* Essuyez nettement le plateau des burettes.

洗手布要兩塊拉、一塊放拉更衣所裡、一塊放拉天神臺上。*Si-seû-pou, yao leang k'oei la, i-k'oei faong la kang-i-sou li, i-k'oei faong la t'ié-zen-dai laong.* Il faut deux lavabos, l'un placé à la sacristie (quand il n'y a pas de fontaine et d'essuie-main), l'autre sur la crédence (*ou* sur les burettes).

講道臺高咾、神父登拉上講起道理來、聲氣怪清爽。*Kaong-dao-dai kao lao, zen-vou teng-la-laong kaong-k'i-dao-li-lai, sang-k'i koa ts'ing-saong.* La chaire est haute : (si) le missionnaire y monte pour prêcher, (sa) voix résonne fort clairement.

今朝講啥个道理。*Kien-tsao kaong sa-ke dao-li?* Aujourd'hui, quel a été le sujet du sermon?

聖體道理。*Seng-t'i dao-li.* Sermon du St Sacrement.

聽神工架子擺拉那裡一面。擺拉女教友一面。*T'ing-zen-kong-ka-tse, pa la a-li i-mié? — Pa la gnu-kiao-yeû i-mié.* De quel côté est placé le confessionnal? — Du côté des femmes.

第隻堂裡風琴有否。有是有拉、壞之咾勿好用者。*Di-tsa daong li fong-ghien yeû va? — Yeû ze, yeû la, wa-tse lao vé h'ao yong-tsé.* Y a-t-il un harmonium en cette église? — Il y en a (un), mais il est abîmé et ne peut plus servir.

儂壓風琴會壓否。有點會壓个。*Nong k'è fong-ghien wei k'è va? — Yeû tié wei k'è-ke.* Savez-vous toucher l'harmonium? — Je sais un peu.

第个神父做起唱經彌撒來、聲氣怪響。*Di-ke zen-vou tsou-k'i ts'aong-kieng mi-sè lai, sang-k'i koa hiang.* Ce père en chantant la messe a une voix très-forte (sonore).

彌撒前、教友拉要念經。*Mi-sè zié, kiao-yeû-la yao gnè kieng.* Avant la messe, les chrétiens doivent réciter les prières.

瞻禮經、會念否。會个。*Tsé-li kieng, wei gnè va? —*

22

Wei-ke. Savez-vous les prières du *tsé-li?* — Je les sais.

念之早課末,, 念瞻禮。*Gné tse tsao k'ou mé, gnè t'sé-li.* Après la récitation de la prière du matin, on récite le *tsé-li.*

吊鑪揩揩亮。*Tiao-lou k'a-ka leang.* Fourbissez bien l'encensoir.

彌撒,裡香用否。用个。*Mi-sè li hiang yong va?—Yong-ke.* Se servira-t-on de l'encens à la messe? — Oui.

拿吊鑪个啥人。辦事人。*Nao tiao-lou-ke sa-gnen? — Bè-ze-gnen.* Qui fait thuriféraire? — L'administrateur (*ou* l'un des administrateurs).

香船裡香有拉去否、無沒,末,加點去。*Hiang-zé li hiang yeû la-k'i va? M-mé mé, ka tié k'i.* Y a-t-il de l'encens dans la navette? S'il n'y en a pas, mettez-en.

香抄安拉香船裡之。*Hiang ts'ao eu la hiang-zé li tse.* Mettez dans la navette la petite cuiller à encens.

聖聖水。*Seng seng se.* Faire la bénédiction de l'eau (bénite).

聖水壺、船上拿起來拉末,。*Sen-se-wou, zé laong nao-k'i-lai-la mé?* Avez-vous mis le bénitier sur la barque?

賞賜个幾臺彌撒,。可以做兩臺。*Saong-se-ke ki-dai mi-sè? — K'o-i tsou leang-dai.* Combien de messe nous accordera le père? — Je puis en dire deux.

神父、明朝幾點鐘做彌撒,。大天亮後來就做。*Zen-vou ming-tsao ki-tié tsong tsou mi-sè? — Dou-t'ié leang heû-lai zieû tsou.* A quel heure demain le père dira-t-il la messe? — Dès qu'il fera grand jour.

輔彌撒,个、要幾个。單單兩个。*Wou mi-sè-ke, yao ki-ke. — Tè-tè leang-ke.* Combien faut-il de ministres pour la messe? — Deux seulement.

我不,過會輔輔彌撒,。別,樣做勿,來个。*Ngou pé-kou wei wou-wou mi-sè; bié-yang tsou vé-lai-ke.* Je sais seulement servir la messe; je ne sais rien faire autre chose.

神父拉送聖體者。*Zen-vou la song sen-t'i tsé.* Le prêtre en est à donner la communion.

領聖體个人多否。勿,多殺,, 不,過十,廿个。*Ling-seng-t'i-ke-gnen tou va? — Vé-tou sè, pé-kou-zé gné-ke.* Y a-t-il beaucoup de communiants?—Il n'y en a pas beaucoup, seulement 10 à 20.

LEÇON XXX.

中國食物

TSONG-KÔ ZE-WÉ.

PROVISIONS DE BOUCHE CHINOISES.

醬。*Tsiang.* Assaisonnement fait de farine, de fèves et de sel.

醬油。*Tsiang yeú.* Tsiang à l'huile.

盐。*Yé.* Sel.

𪉥。*Yé.* Saler; *par extension* confire.

白、糖。*Ba daong.* Sucre blanc.

糖菓。*Daong-kou.* Confitures.

切、麪。*Ts'i-mié.* Vermicelle.

海菜。*H'ai ts'ai.* Aliments (herbes) de mer (venant de la mer).

海味。*H'ai wei.* Id.

海蜇。*H'ai-zé.* Méduse.

海参。*H'ai sen.* Bèche de mer.

陳海蜇。*Zen h'ai-zé.* Méduse vieille.

新海蜇。*Sin h'ai-zé.* Méduse fraîche.

海蜇、皮。*H'ai-zé bi.* Peau de méduse.

火腿。*H'ou-t'ei.* Jambon.

雞蛋。*Ki-dè.* Œuf de poule, œufs.

雞蛋糕。*Ki-dè kao.* Gâteau de savoie.

鹹雞蛋。*Hè ki-dè.* Œufs salés.

皮蛋。*Bi-dè.* Œufs fermentés.

橄欖。*Ké-lè.* Canarium (olive de Chine).

鹹橄欖。*Hè ké-lè.* Id. salé.

藥、橄欖。*Ya ké-lè.* Id. confit dans le sucre.

青鮮橄欖。*Ts'ing-sié ké-lè.* Id. frais.

西瓜。*Si-kouo.* Melon d'eau.

瓜。*Kouo.* Concombre; citrouille; cornichon.

南瓜。*Né kouo.* Citrouille.

冬瓜。*Tong kouo.* Autre citrouille.

王瓜。*Waong kouo.* Concombre.

杏仁。*Hang gnen.* Amande d'abricot; amande.

甜杏仁。*Dié hang-gnen* Id. douce.

苦杏仁。*K'ou hang-gnen.* Id. amère.

柿子。*Ze-tse.* Diospiros-kaki.

蘋菓。*Bin-kou.* Pommes.

藕。*Ngeú.* Racine de nélombo.

人参。*Gnen-sen.* Panax-quintefeuille.

葡萄。*P'ou (p'é)-dao.* Raisin.

桃子。*Dao-tse.* Pêche.

桔餅。*Kié-ping.* Oranges aplaties et confites; *par extension,* zeste de citron.

花紅。*H'ouo-h'ong.* Petite pomme rouge; pomme d'api.

木耳。*Mo-eul.* Champignon.

枇杷。*P'i-bouo.* Nêfle du Japon.

桂圓。*Koei-yeu.* Nephelium.

龍眼。*Long-ngè.* Id.

荔枝。麻荔枝。*Li-tse, mô-li-tse.* Autre nephelium.

蓮子。*Lié tse.* Graines de nélombo.

酒。*Tsieû.* Vin de riz; vin.

陳酒。*Zen tsieû.* Sorte de vin de riz.

紹興酒。*Zao-hieng tsieû.* Vin de riz de *Zao-hieng-fou.*

燒酒。*Sao-tsieû.* Alcool chinois.

荳。*Deû.* Soja, haricots, etc.

黃荳。*Waong-deû.* Soja *hispida* dont on fait le *deû-wou.*

大荳。*Dou-deû.* Id.

毛荳。*Mao-deû.* Id. velus.

黑荳。*H'e deû.* Soja noir.

大黑荳。*Dou h'e deû.* Id. gros.

荳腐荳。*Deû-wou deû.* Soja servant à faire le *deû-wou.*

荳腐。*Deû-wou.* Sorte de fromage de soja.

荳腐店。*Deû-wou tié.* Boutique de *deû-wou.*

乳腐。*Zu-wou.* *Deû-wou* fermenté et salé.

臭荳腐。*Ts'eû deû-wou.* *Deû-wou* à forte odeur.

荳腐乾。*Deû-wou keu.* *Deû-wou* sec.

小炒荳腐。*Siao-tsao deû-wou.* Tranches de *deû-wou* frites.

臭乳腐。*Ts'eû zu-wou.* *Zu-wou* à forte odeur.

醬乳腐。*Tsiang zu-wou.* *Zu-wou* au *tsiang.*

糟乳腐。*Tsao zu-wou.* *Zu-wou* confit dans le marc de vin.

臭荳腐乾。*Ts'eû-deû-wou-keu.* *Ts'eû deû-wou* sec.

五香荳腐乾。*N hiang deû-wou keu.* *Deû-wou* sec assaisonné de cinq condiments.

荳油。*Deû yeû.* Huile de soja.

寒荳。*H'eu-deû.* Fèves.

硬寒荳。*Ngang h'eu-deû.* Fèves frites sèches.

炒寒荳。*Ts'ao h'eu-deû.* Ragoût de fèves.

回芽寒荳。*Wei-nga h'eu deû.* Pousses de fèves.

新寒荳。*Sin h'eu deû.* Fèves fraîches.

寒荳粉。*H'eu-deû fen.* Farine de fèves.

芝蔴。*Tse-mô.* Sésame.

蔴油。*Mô yeû.* Huile de sésame.

菜油。*Ts'ai yeû.* Huile de colza.

落花生。*Lo-h'ouo-sang.* Arachide *hypogæa.*

長生菓。*Zang seng kou.* Id. (*m. à-m.* fruit à longue vie).

栗子。*Li-tse.* Châtaigne.

黑棗。*H'e tsao.* Jujube noire.

紅棗。*Hong tsao.* Jujube rouge.

蜜，棗。*Mi tsao.* Jujube au miel ou au sucre.
蒜頭。*Seu deû.* Tête d'ail.
大蒜頭。*Dou seu-deû.* Id.
大蒜。*Dou seu.* Ail.
夏蒜。*Hao seu.* Ail d'Eté.
韮菜。*Kieû-ts'ai.* Sorte d'ail.
韮菜芽。*Kieû-ts'ai nga.* Pousse de *kieû-ts'ai.*
白，菜。*Ba-ts'ai.* Choux.
小白，菜。*Siao ba-ts'ai.* Petit chou.
青菜。*Ts'ing ts'ai.* Choux verts.
鹹菜。*Hè ts'ai.* Légumes, aliments salés.
芥菜。*Ka-ts'ai.* Moutarde.
芥末，。*Ka mé.* Moutarde en poudre.
葱。*Ts'ong.* Oignons.
葱頭。*Ts'ong-deû.* Id.
葱白，頭。*Ts'ong-ba-deû.* Id.
蘿蔔。*Lo-bo.* Navets; toute sorte de rave.
葫(黄)蘿蔔。*Wou (waong)-lo-bo.* Carotte.
白，(水)蘿蔔。*Ba (se)-lo-bo.* Navets.
蘿蔔乾。*Lo-bo keu.* Navets secs.
香蘿蔔乾。*Hiang lo-bo keu.* Navets secs de bon goût.
蘿蔔和肉，。*Lo-bo wou gnó.* Cochon aux navets.
生鹹菜。*Sang hè ts'ai.* Légumes crus salés.
茭白，。*Kao-ba.* Pousses de roseau.
竹，笋。*Tsó sen.* Pousses de bambou.
竹笋片。*Tsó-sen p'ié.* Tranches, morceaux de *tsó-sen.*
芝蔴糕。*Tse-mó kao.* Gâteaux au sésame.
芝蔴糖。*Tse-mó daong.* Id.
薑。*Kiang.* Gingembre.
老薑。*Lao kiang.* Id. vieux.
新薑。*Sin kiang.* Id. frais.
薑末，。*Kiang mé.* Menus morceaux de gingembre.
片頭薑。*P'ié deû kiang.* Morceaux (tranches) de gingembre.
凉薑。*Leang kiang.* Gingembre doux.
青魚。*Ts'ing-n.* Poisson cyprinoïde.
鰣魚。*Ze-n.* Alose.
鮮魚。*Sié n.* Poisson frais.
鯽，魚。*Tsi-n.* Perche.
大鯽，魚。*Dou tsi-n.* Id. grosse.
鰉魚。*Waong-n.* Esturgeon (?).
鯿魚。*Pié-n.* Brême.
比目，魚。*Pi-mo-n.* Sole.
麪條魚。*Mié-diao-n.* Salanx.
鯊魚。*Souo-n.* Requin.
魚翅。*N tse.* Ailerons de requin.
鯉魚。*Li-n.* Carpe.
鮎魚。*Gneng-n.* Sorte de petits poissons.
鹹魚。*Hè n.* Poissons salés.
鮝魚。*Siang-n.* Sorte de harengs ou poissons salés.
帶魚。*Ta n.* Poisson ceinture.
脚，魚。*Kia n.* Tortue à carapace molle.
烏龜。*Ou kiu.* Tortue à carapace dure.

蜆子。*Hié-tse*. Corbicule.

蜆子肉。*Hié-tse gnŏ*. La chair de corbicule.

黃鱔。*Waong-zé*. Anguille de rizière.

鰻鱺。*Mé-li*. Anguille de rivière.

蝦。*H'eu*. Crevettes.

蟹。*H'a*. Crabes, cancres.

燕窩。*Yé wou*. Nids d'hirondelle.

鴿蛋。*Ké dè*. Œufs de pigeon.

肉。*Gnŏ*. Viande; lard (viande de cochon).

猪肉。*Tse gnŏ*. Lard (viande de cochon).

猪油。*Tse yeû*. Graisse de cochon; saindoux.

甜麪醬。*Dié mié tsiàng*. *Tsiang* doux à la farine.

醋。*Ts'ou*. Vinaigre.

盛。*Zeng*. Plein, abondant; remplir (*p. ex.* un vase).

城。*Zeng*. Murailles de ville; ville.

醬油拿啥料作做个。拿黃荳來做个。*Tsiang-yeû nao sa leao-tso tsou-ke? — Nao waong-deû lai tsou-ke*. Avec quoi fait-on le *tsiang-yeû*? — On le fait avec des sojas (*waong-deû*).

醬油有啥好怺个否。有个、好个末、百外錢一斤、怺个末、三四十錢一斤。*Tsiang-yeû yeû sa h'ao k'ieû-ke-va? — Yeû-ke. H'ao-ke mé, pa nga dié i kien; k'ieû-ke mé, sè-se-sé dié i kien*. Y a-t-il *tsiang-yeû* bon et du mauvais. — Oui. Le bon (vaut) plus de 100 sapèques la livre; le mauvais, 30 à 40 sapèques la livre.

頂好个白糖、顏色像雪能个、叫潔白糖。*Ting h'ao-ke ba daong, ngè-se ziang si neng-ke, kiao ki-ba daong*. Le sucre blanc de 1ère qualité, (qui) a la blancheur de la neige, s'appelle *ki-ba-daong* (sucre pur et blanc *ou* parfaitement blanc).

勿論啥菓子、用糖來醃拉个、叫糖菓。*Vé-len sa kou-tse, yong daong lai yé-la-ke, kiao daong-kou*. N'importe quels fruits confits (*m. à-m.* salés), tous s'appellent confitures (compote, etc.).

切麪幾錢一斤。廿幾錢一斤。*Ts'i mié ki dié i-kien? — Gnè ki dié i-kien*. Le vermicelle (se vend) combien de sapèques la livre? — Vingt et quelques sapèques la livre.

酒水裡向用个海味、啥个店裡去買个。南貨店裡。*T'sieû-se li-hiang yong-ke h'ai wei, sa-ke tié li k'i-ma-ke? — Né fou tié li*. Les aliments de mer en usage dans les repas (*m. à-m.* vin-eau), s'achètent en quelle boutique? — Dans les boutiques de marchandises du midi.

海蜇、搭之海蜇皮、齊要鹹貨莊上去買个、別樣店家無得買个。*H'ai-zé tè-tse h'ai-zé bi, zi yao hè fou tsaong laong k'i-ma-ke : bié-yang tié-ka m-te ma-ke.* Les méduses et la peau de méduse, tout (cela) s'achète dans les boutiques d'aliments salés : on ne peut l'acheter dans les autres boutiques.

火腿店。*H'ou-t'ei tié.* Boutique de jambons.

火腿片。*H'ou-t'ei p'ié.* Tranche de jambon.

火腿那能鹽法、則、个。火腿末、拿猪腿來大伏、裡鹽个。*H'ou-t'ei na-neng yé fa-tse-ke? — H'ou-t'ei mé, nao-tse t'ei lai da-wo-li yé-ke.* Comment s'y prend-on (quel est le moyen) pour saler le jambon? — Pour le jambon, on prend une cuisse de cochon, et on la sale au moment de la Canicule.

雞蛋拿鹽來鹽之末、叫鹹雞蛋。*Ki-dè nao yé lai yé-tse mé, kiao hè ki-dè.* Les œufs (de poule) salés s'appèlent *hè-ki-dè.*

木、耳末、也是和頭裡向个物、事、勿、好當啥正場用个。*Mo-eul mé, a ze wou-deû li-hiang-ke mé-ze : vé h'ao taong sa tseng-zang-yong-ke.* Les champignons font aussi partie des assaisonnements, mais on ne peut avec eux seuls faire un assaisonnement.

桂圓末、出、拉興化个頂好、所以價錢也頂貴。若、使出、拉福、建路裡哰啥个、就怵者、價錢也强得、多拉。*Koei-yeu mé, tsé la Hieng-houo-ke ting h'ao : sou-i ka-dié a ting kiu. Za-se ts'é-la Fo-kié lou li lao sa-ke, zieû k'ieû-tsé, ka-dié a gh'iang-te tou-la.* Le *koei-yeu (nephelium)* qui vient (est produit au territoire) de *Hieng-h'ouo* est de 1ère qualité; c'est pourquoi le prix en est très-élevé. Quant à celui qui vient au territoire du *Fou-kien* et (lieux) semblables, il est de mauvaise qualité et le prix en est très-bas.

荔、枝幾好銅錢一、斤。百、幾十、錢一、斤、買得、動者。*Li-tse, ki-h'ao dong-dié i kien? — Pa ki sé dié i kien, ma-te dong-tsé.* Le nephelium *li-tse (li-tche)*, combien (vaut-il) de sapèques la livre? — A cent et quelques dizaines de sapèques la livre, on peut en acheter.

蓮子个名頭多拉、紅个叫湘蓮、白、个叫白、蓮、還有一、樣叫石、蓮、就是燉勿、熝个。*Lié tse-ke ming-deû tou-la. Hong-ke, kiao siang-lié; ba-ke, kiao ba-lié; wè yeu i yang kiao za-lié, zieû-ze t'en vé sou-ke.* Les graines de nélombo ont plusieurs noms (beaucoup de noms). Les rouges s'appellent *siang-lié,* les blanches *pa-lié;* il y en a encore une sorte qu'on appelle *za-lié,* c. à d. qu'on ne peut cuire parfaitement (*m. à-m. lié* dur comme *pierre*).

酒豕糊塗。*Tsieû-se wou-dou.* Il est à moitié ivre (*m. à-m.* de vin).

我愛喫˳燒酒个˴陳酒勿˳喜歡喫˳个˴因爲助濕˳咾。*Ngou ai k'ie sao tsieû ke : zen tsieû, vé hi-hoé k'ie-ke; yn-wei zou sè lao.* J'aime boire du *sao-tsieû* (alcool chinois); je n'aime pas boire du vin (ordinaire), parce qu'il augmente les humeurs (*m. à-m.* aide l'humidité *du tempéramment*).

紹興酒雖然比陳酒好˴到底也助濕˳个。*Zao-hieng tsieû, su-zé pi zen-tsieû h'ao, tao-ti a zou sè-ke.* Le vin de riz (dit) de *Zao-hieng*, quoique meilleur que le *zen-tsieû*, augmente aussi les humeurs.

蔴油箇樣物˳事算好東西拉个˴因爲勿˳論啥小菜上攙之蔴油末˳˳蝕(蒼)蠅就勿˳跦个者。*Mô yeû, kou-yang mé-ze, seu h'ao tong-si la-ke; yn-wei vé len sa siao ts'ai laong, teu-tse mô-yeû mé, ts'aong-yng zieû vé dou-ke-tsé.* L'huile de sésame est chose estimée, (*m. à-m.* cette chose est un objet estimé); parce qu'en en mettant dans quelque aliment que ce soit, les mouches ne s'y reposent point.

菜油末˳勿˳但正是燒小菜裡用拉˴就是夜裡上火咾女眷拉抹˳頭˴齊用得˳着˳个。*Ts'ai yeû mé, vé tè tseng-ze sao siao-ts'ai li yong-la; zieû-ze ya li zaong-h'ou lao, gnu-k'ieu la mé deû, zi yong-te-za-ke.* L'huile de colza n'est pas seulement en usage pour cuire les légumes (aliments), mais aussi la nuit pour éclairer; ou pour oindre la tête des femmes : pour tout cela elle est en usage.

啥叫落˳花生。就是開起花來˴花落˳拉泥裡之咾生拉个菓子˴所以叫落˳花生。*Sa kiao lo-h'ouo-sang? —Zieû-ze k'ai-k'i h'ouo lai, h'ouo lo la gni li tse lao, sang-la-ke kou-tse : sou-i kiao lo-h'ouo-sang.* Qu'appelle-t-on *lo-h'ouo-sang*? — C'est un fruit (*c. à. d.* d'arachide, la pistache de terre), qui se forme en terre après la chute des fleurs : c'est pourquoi on l'appelle *lo-h'ouo-sang* (produit de la chute des fleurs).

長生菓是啥物˳事。長生菓末˳˳就是落˳花生。*Zang-seng-kou ze sa mé-ze? — Zang-seng-kou mé, zieû-ze lo-h'ouo-sang.* Qu'est-ce que le *zang-seng-kou?* — Le *zang-seng-kou*, c'est (le même que) le *lo-h'ouo-sang.*

栗˳子炒雞。*Li-tse ts'ao ki.* Cuire un poulet aux châtaignes.

栗˳子啥時候末˳有得˳賣者。寒天汛。*Li-tse sa ze-h'eû mé, yeû-te ma-tsé? — H'eu-t'ié sin.* Quand y a-t-il des châtaignes à vendre? — En hiver.

糖炒栗子。*Daong ts'ao li-tse.* Châtaignes cuites dans le sucre.

黑棗子末，補个，人家做來脫之力，咾啥末，買來燉來喫个。*H'e tsao-tse mé, pou-ke : gnen-ka tsou-lai t'é-tse-li lao-sa mé, ma-lai t'en-lai k'ie-ke.* La jujube noire est fortifiante : les gens fatigués du travail, etc. l'achètent et la font bouillir pour la manger.

紅棗子呢。紅棗子補是也有點補个，到底勿及黑棗子，而且性格又來得清凉。*Hong tsao-tse gni? — Hong tsao-tse pou, ze a yeú tié pou-ke; tao-ti vé ghié h'e tsao-tse, eul-ts'ié sing-ka i-lai-te ts'ing-leang.* Et la jujube rouge? — La jujube rouge pour être fortifiante est aussi un peu fortifiante; mais elle n'égale pas la jujube noire, de plus elle est d'une nature plus rafraîchissante.

蜜棗貴个否。蜜棗比之黑棗咾紅棗，價錢要大兩倍拉。*Mi tsao kiu-ke va? — Mi-tsao pi-tse h'e tsao lao hong tsao, ka-dié yao dou leang p'ei-la.* La jujube confite dans le miel (ou le sucre) est-elle chère? — Le prix de la jujube confite est le double de la jujube noire ou rouge (non confite).

生大蒜頭。*Sang dou-seu-deú.* Ail cru (non salé).

鹽拉个大蒜頭，好喫个末。可以喫喫个者。*Yé-la-ke dou-seu deú, h'ao-k'ie-ke mé? — K'o-i k'ie-k'ie-ke-tsé.* L'ail salé est-il bon à manger? — Il peut se manger.

喫之大蒜頭，嘴裡向有一路臭氣个，別人聞着之，要搖頭个。*K'ie-tse dou-seu-deú, tse-li-hiang yeú i-lou ts'eú-k'i ke; bié-gnen wen-za tse, yao yao deú-ke.* Quand on a mangé de l'ail, la bouche a constamment mauvaise haleine : ceux qui en respirent (l'odeur), sont portés à détourner la tête.

夏天汎種拉个大蒜，叫夏蒜。*Hao-t'ié-sin tsong-la-ke dou seu, kiao hao seu.* L'ail qui se sème en été s'appelle ail d'été.

荳腐皮裡，和點韮菜去。*Deú-wou-bi-li, wou tié kieû-ts'ai k'i.* Assaisonnez le *deu-wou-bi* avec un peu de *kieû ts'ai.*

蔴油拌青菜，各自人所愛。*Mó yeú bé ts'ing ts'ai, ko ze gnen sou ai.* Des choux verts cuits à l'huile de sésame, c'est un mets que chacun aime.

無啥喫，咾鹹菜飯。*M sa k'ie lao, hè ts'ai vè.* Je vous donne un bien mauvais dîner (*m. à-m.* il n'y a rien à manger que des légumes salés et du riz).

摘兩根葱來，切个切，咾做香頭。*Tie leang ken*

ts'ong lai, ts'i-ke-ts'i lao, tsou hiang-deú. Cueillez deux (quelques) feuilles d'oignon, hachez-les pour faire un assaisonnement.

葱氣之个咾、安拉小菜裡之、有个人勿要喫个。*Ts'ong k'i-tse-ke lao, eu-la siao-ts'ai li tse, yeú-ke gnen vé yao k'ie-ke.* L'odeur de l'oignon qu'on a mis dans les aliments (fait que) certaines personnes n'en veulent pas manger.

竹笋炒蛋。*Tsó-sen ts'ao-dè.* Œufs frits avec des *tsó-sen.*

竹笋炒肉絲。*Tsó-sen ts'ao gnó-se.* Filets de lard frits avec des *tsó-sen.*

竹笋和肉。*Tsó-sen wou gnó.* Viande accommodée avec des *tsó-sen.*

竹笋湯。*Tsó-sen t'aong.* Bouillon de *tsó-sen.*

毛竹笋。*Mao-tsó sen. Tsó-sen* du *mao-tsó* (bambou velu).

肉裡向、切點竹笋片拉去。*Gnó li-hiang, ts'i tié tsó-sen p'ié la-k'i.* Hachez quelques *tsó-sen* dans (le ragoût de) lard (viande de cochon).

青魚日上多否。勿多殺。*Ts'ing-n gné-laong tou va? — Vé tou-sa.* Y a-t-il maintenant beaucoup de *tsing-n* (*m. à-m.* poissons bleus)? — (Il n'y en a) pas beaucoup.

鰣魚現在有末。有快者。*Ze-n yé-zai yeú mé? — Yeú k'oa-tsé.* Y a-t-il maintenant des aloses? — Il y en aura prochainement.

青魚裡、放點薑末去。*Ts'ing-n li, faong tié kiang mé k'i.* Mettez quelques petits morceaux de gingembre dans le ragoût de *tsing-n.*

鰣魚燒起來、切兩塊片頭薑去。*Ze-n sao-k'i-lai, ts'i leang-k'oei p'ié deú kiang k'i.* En cuisant l'alose, hachez deux (quelques) tranches de gingembre dans (le ragoût).

安點老薑去、殺脫點腥氣。*Eu tié lao kiang k'i, sè t'é tié sing-k'i.* En mettant quelque peu de vieux gingembre, (on) détruit un peu la mauvaise odeur du poisson.

燒新鮮魚、薑罷勿來个、總要放點去个。*Sao sin-sié n, kiang ba-vé-lai-ke, tsong yao faong tié k'i-ke.* Quand on cuit du poisson frais, le gingembre est indispensable, il faut absolument en mettre.

LEÇON XXXI.

廚房器具

ZU-WAONG K'I-GHIU.

CUISINE. BATTERIE DE CUISINE.

廚房。一，間 *Zu-waong (i-kè)*. Cuisine (une).

廚房間。*Zu-waong-kè*. Id.

燒飯間。*Sao-vè-kè*. Id.

灶頭間。*Tsao-deu-kè*. Id.

管廚房。*Koé-zu-waong*. Cuisinier, chef.

廚司。*Zu-se*. Id.

廚司工。*Zu-se-kong*. Id.

飯頭。*Vè-deû*. Cuisinier (*proprement* pour le riz).

燒飯个。*Sao-vè-ke*. Id.

上灶个。*Zaong-tsao-ke*. Cuisinier.

灶頭。一，隻，*Tsao-deû (i-tsa)*. Fourneau.

灶前。*Tsao zié*. Foyer; devant le fourneau.

灶面。*Tsao mié*. Le dessus du fourneau.

灶邊頭。*Tsao pié-deu*. Côté, à côté du fourneau.

火爐。一，个 *H'ou-lou (i-ke)*. Petit fourneau en cuivre, etc. portatif.

爐灶。一，隻，*Lou-tsao (i-tsa)*. Petit fourneau en brique adhérent au grand fourneau.

鑊子。一，隻，*Wo-tse (i-tsa)*. Marmite évasée.

尺，八，鑊，子。*Ts'a pé wo-tse*. Id. d'un pied 8 pouces d'ouverture.

大鑊，子。*Dou wo-tse*. Grande marmite.

小鑊，子。*Siao wo-tse*. Petite marmite.

銅鑊，子。*Dong wo-tse*. Marmite de cuivre.

無邊鑊，子。*M pié wo-tse*. Marmite sans rebords.

筷。一，雙一，把 *K'oai*. Bâtonnets. (*i-saong*, une paire), (*i-pouo*, un paquet).

蒸籠。一，隻，*Tseng-long (i-tsa)*. Dessus d'une marmite chinoise fait de bambou pour cuire à la vapeur.

碗。一，隻，一，同 *Wé (i-tsa, i-dong)*. Tasse.

茶碗。*Zouo-wé*. Tasse à thé.

宮碗。*Kong-wé*. Bol ordinaire.

大碗。*Dou wé*. Grande tasse, grand bol.

盆子。一，隻，*Ben-tse (i-tsa)*. Plat; assiette.

提桶。一，隻，*Di-dong (i-tsa)*. Seau qu'on porte seul ou d'une main.

擔桶。一，對 *Tè dong* Seau pour porter l'eau (*i-toei* une paire).

吊桶、一，隻，*Tiao dong (i-tsa)*. Seau pour puiser de l'eau.

剷刀。一，把 *Ts'è-tao (i-pouo)*. Grand couteau pour remuer les viandes.

銅剷刀。*Dong ts'è-tao*. Id. en cuivre,

鉄，剷刀。*T'i ts'è-tao*. Id. en fer.

脚，鑪。一，个 *Kia lou (i-ke)*. Chaufferette pour les pieds.

煎。*Tsié*. Frire dans la graisse ou l'huile.

熯。*H'eu*. Frire avec peu de graisse et longtemps.

煸。*Pié*. Frire en tournant et rapidement.

焙。*Bei*. Remuer le feu; sécher au feu.

油煎。*Yeû tsié*. Frire à l'huile ou à la graisse.

燭。*Tseû*. Frire dans beaucoup de graisse et rapidement.

炒。*Ts'ao*. Remuer les aliments sur le feu pour faire une fricassée, etc.

炙)。*Tse*. Griller.

火炙)。*H'ou-tse*. Id.

燻。*Hiun*. Id.

燻炙)。*Hiun-tse*. Id.

煠)。*Zè*. Cuire dans l'eau bouillante (*p. ex*. des œufs à la coque).

烘。*H'ong*. Rôtir, cuire au four.

燒。*Sao*. Cuire.

火燒。*H'ou-sao*. Id.

燒火。*Sao h'ou*. Allumer le feu.

生火。*Sang h'ou*. Id.

柴。一，梱 *Za (i-k'oen)*. Combustible (un fagot).

樹柴。*Zu-za*. Bois de chauffage.

木，柴。*Mo-za*. Id.

炭。一，塊 *T'è (i-k'oei)*. Charbon de bois.

煤。*Mei*. Charbon fossile; houille.

煤炭。*Mei-t'è*. Charbon (en général).

濃。*Gnong*. Epais; fort (*se dit du thé, etc.*)

淡。*Dè*. Faible (*thé, vin, etc.*)

熟)。*Zǒ*. Cuit; mûr.

生。*Sang*. Cru; vert.

爊。*Sou*. Bien cuit.

硬。*Ngang*. Dur.

乾。*Keu*. Sec.

濕)。*Sé*. Humide.

焦。*Tsiao*. Brûlé.

焯)。*Ts'a*. Laver dans l'eau fraîche la viande déja bouillie.

膩膧。*Gni-t'ong*. Gras (sali par la graisse).

搓。*Ts'ou*. Faire des boulettes avec ses mains.

撩。*Leao*. Tirer (quelque ch.) de l'eau.

瀝)。*Li*. Egoutter.

劈)。*P'ie*. Enlever; ôter.

�。*O*. Prendre un vase par son anse supérieure.

剻鱗。*Ze-lin*. Ecailler (un poisson).

拮。Kié. Saisir avec les bâtonnets.

攢。Tsè. Saucer la viande, etc. (tremper dans la sauce).

拌。Bé. Remuer les aliments en les accommodant.

籮。Lou. Panier à laver le riz.

篾。Mié. Bambou qu'on fend en minces baguettes, et dont on mange aussi les pousses.

漬。Tsie. Taches d'eau.

告訴。告。Kao-sou, kao. Avertir; mander, appeler.

不妨。Pé faong. Il n'importe, il n'y a pas d'obstacle.

餘。Yu. De reste.

耗。H'ao. Rance.

序。Zu. Ordre, en ordre.

砰。Bang. Son (onomat.).

艙。Ts'aong. Mouche.

叮囑。Ting-tsó. Avertir, donner des avis.

齷,齪。O-ts'o. Sale.

冰。Ping. Glace.

香菌。一,隻,Hiang-zin. Champignon.

煎魚。Tsié n. Frire du poisson à l'huile (deû-yeû).

煎肉。Tsié gnó. Id. de la viande.

煎蛋。Tsié dè. Id. des œufs.

炒蛋。Ts'ao dè. Faire une omelette.

油裡煼一,煼。Yeû li tseû-i-tseû. Frire dans beaucoup de graisse ou d'huile.

油裡煎一,煎。Yeû-li tsié-i-tsié. Frire dans l'huile.

油炒。Yeû ts'ao. Id. en remuant.

生菜拌一,拌。Sang ts'ai bé-i-bé. Faire la salade.

炙,肉。Tse gnó. Griller de la viande.

火上炙,一,炙。H'ou laong tse-i-tse. Id.

燻肉。Hiun gnó. Id.

牛肉,絲。Gneû gnó se. Petites tranches (filets) de bœuf.

炒肉,絲。Ts'ao gnó se. Cuire en (les) remuant de menues tranches (des filets) de viande.

燉肉,圓。T'en gnó yeu. Cuire des boulettes de viande.

下湯肉,圓。Hao t'aong gnó yeu. Boulettes cuites à l'eau.

白,魚。一,个 Ba n (i-ke). Poisson blanc, c. à. d. couteau.

黑,魚。H'e n. Poisson noir, ophicéphale.

鮈鱸魚。Kiu-lou n. Bar.

本江鱸魚。Pen kaong lou n. Bar du kiang.

塘鯉魚。Daong li n. Anguille de marais.

鮰魚。Wei-n. Poisson du genre saumon (?).

鰉花魚。Waong h'ouo n. Poisson de mer.

釵片魚。Ts'ouo p'ié n. Sorte de poisson de mer.

竹,葉,魚。Tsó yé n. Poisson imitant une feuille de bambou.

田雞。一,隻,Dié-ki (i-tsa). Grenouille.

野雞。一,隻,Ya-ki. Faisan.

野鴨。Ya è. Canard sauvage.

火腿塊。*H'ou-t'ei k'oei.* Tranche, morceau de jambon.

火腿片。*H'ou-t'ei p'ié.* Id. mince.

全火腿。*Zié h'ou-t'ei.* Jambon entier.

廚房裡人有拉否。有拉，啥咾。*Zu-waong li gnen yeû-la-va? — Yeû-la, sa-lao?* Y a-t-il quelqu'un à la cuisine? — Oui, pourquoi?

我要替管廚房个討點路菜咾。*Ngou yao t'i koé-zu-waong-ke t'ao tié lou ts'ai lao.* Je veux demander au cuisinier des provisions pour le voyage (*m. à-m.* parce que je veux etc.).

灶頭間裡挑點水去。*Tsao-deû-kè li t'iao tié se k'i.* Portez (sur vos épaules avec un bâton) de l'eau dans la cuisine.

洋灶上幾个廚司拉燒。三兩个。*Yang tsao laong ki-ke zu-se la sao. — Sè leang-ke.* Combien y a-t-il de cuisiniers à la cuisine européenne (*lit.* à cuire au fourneau européen)? — Deux ou trois.

灶頭間裡，啥人拉當灶頭。*Tsao-deû-kè li, sa-gnen la taong tsao-deû?* Qui est le chef de cuisine?

浦東人。*P'ou-tong gnen.* C'est un homme du *P'ou-tong.*

上灶个，到之啥所去。*Zaong-tsao-ke, tao-tse sa-su k'i?* Où est allé le cuisinier?

飯頭出，去買小菜去者。*Vè-deû ts'é-k'i ma siao-ts'ai k'i-tsé.* Le cuisinier est sorti pour aller acheter des légumes (des provisions).

灶前頭柴弄乾凈點，恐防失，火東西。*Tsao-zié-deû, za long keu-zin tié, k'ong-baong sé-h'ou-tong-si.* Ranger le combustible du foyer de peur d'incendie (*m. à-m.* que *quelque objet* ne cause un incendie).

灶頭上廚司工忙來野拉。*Tsao-deû-laong zu-se-kong maong-lai ya-la.* Le cuisinier (*lit.* à son fourneau) est fort occupé (pressé).

上灶个人少咾來勿，及。*Zaong-tsao-ke gnen sao lao, lai-vé-ghié.* Les gens de cuisine sont trop peu nombreux, et n'ont pas le temps suffisant (pour achever la besogne).

樹柴咾木，柴，生火勿，大好生个。*Zu-za-lao-mo-za, sang h'ou vé da h'ao sang-ke.* Les divers bois de chauffage ne sont pas fort commodes (*m. à-m.* bons) pour allumer le feu.

稻柴末，生火容易點。*Dao za mé sang h'ou yong-i tié.* Quant à la paille de riz, il est plus facile (avec elle) d'allumer le feu.

燒樹柴呢稻柴。燒稻柴。*Sao zu-za gni dao za? — Sao dao za.* (Faut-il) brûler du bois ou de la paille de riz? — (Il faut) brûler de la paille de riz.

炭團煨拉末。煨拉者。*T'è-deû wei-la mé? — Wei-la-tsé.* Les mottes de charbon de bois sont-elles allumées? — Elles sont allumées.

加點炭去。*Ka tié t'è k'i.* Ajoutez du charbon de bois.

炭無得、拉者、要去買个者。*T'è m-te la-tsé, yao k'i ma-ke-tsé.* Il n'y a plus de charbon de bois : il faut aller en acheter.

煤炭店。*Mei-t'è tié.* Boutique de charbon (*m. à-m.* fossile et de bois).

茶泡來淡點末、者、勿、要濃來死。*Zouo p'ao-lai dè tié mé-tsé : vé yao gnong lai-si.* Infusez le thé un peu plus faible : il ne faut pas (le faire) trop fort (*m. à-m.* fort à l'excès).

肉、燒來硬咾喫、勿、落。*Gnô sao-lai ngang lao, k'ie-vé-lo.* La viande est cuite dure, on ne peut la manger.

雞燒殰拉者。*Ki sao sou-la-tsé.* La poule est bien cuite.

湯燒乾脫、者。*T'aong sao keu-t'é-tsé.* Le bouillon en cuisant s'est desséché.

燒火个拉那裡。來裡。*Sao h'ou-ke la-a-li? — Lai-li.* Où est le chauffeur? — Il vient.

燒來旺點。*Sao-lai yaong tié.* Chauffez plus fort, faites le feu plus ardent.

燒來蠻旺拉。蓋末那能燒之常遠者。*Sao-lai mè yaong-la. — Ké-mé, na-neng sao-tse zang-yeu-tsé?* Le feu est très-ardent. — S'il en est ainsi, comment est-ce si longtemps à cuire?

噯、勿、曾燒滾。*É! vé-zeng sao-koen.* Eh! (cela) ne boût pas encore.

要燒者。*Yao sao-tsé.* Il faut cuire, chauffer pour cuire.

要起油鑊、者。*Yao k'i yeû wo tsé.* Il faut d'abord faire chauffer du saindoux ou de l'huile (de soja) dans la marmite (de peur que les aliments n'y adhèrent).

要燒菜者。*Yao sao ts'ai tsé.* Il faut cuire les légumes.

菜鑊裡勿、要燒者。*Ts'ai wo li, vé yao sao-tsé.* Il ne faut pas cuire (cela) dans la marmite à cuire les légumes.

飯鑊裡燒起來。*Vè wo li, sao-k'i-lai.* Faites cuire dans la marmite à riz.

飯鑊裡燒來旺點。*Vè wo li, sao-lai yuong tié.* Chauffez plus fort la marmite à riz.

灶肚裡停之末，好者。*Tsao dou-li ding tse mé, h'ao-tsé.* Cessez de chauffer l'intérieur du fourneau.

飯末，勿，要燒來半生拉熟。*Vè mé, vé yao sao-lai pé sang la zô.* Il ne faut pas cuire le riz à demi (*m. à-m.* demi-cru demi-cuit).

要熬猪油者。*Yao ngao tse yeú tsé.* Il faut fondre la graisse de cochon.

生油炒菜勿，好喫。*Sang yeú ts'ao ts'ai, vé h'ao k'ie.* Les légumes cuits à la graisse non fondue (ne sont) pas bons à manger.

青菜，黄葉，多去脫，點。*Ts'ing ts'ai, waong yé tou k'i-t'é tié.* Il faut enlever (détacher) plus de feuilles jaunes des choux verts (pour les faire cuire).

菜燒來太黄。*Ts'ai sao-lai t'ai waong.* Les légumes sont cuits trop roux.

鹹淡末，要加來正好。*Hè-dè mé, yao ka-lai tseng-h'ao.* Il faut saler convenablement.

勿，要太淡，勿，要太鹹。*Vé yao t'ai dè, vé yao t'ai hè.* Il ne faut pas (que les mets) soient trop fades, il ne faut pas (non plus) qu'ils soient trop salés.

勿，要太生。*Vé yao t'ai sang.* Il ne faut pas (que ce soit) mal cuit (*lit.* trop cru).

勿，要太熟。*Vé yao t'ai zô.* Il ne faut pas (que ce soit) trop cuit.

肉，燒來勿，要太穌，也勿，要太硬。*Gnô sao lai vé yao t'ai sou, a vé yao t'ai ngang.* Il ne faut pas que la viande (soit) trop cuite, et aussi il ne faut pas (qu'elle soit) trop dure.

盛菜還可以晚一，眼。*Zeng ts'ai wè k'o-i ẹ i ngè.* Il faut encore attendre un peu pour servir (mettre dans les tasses, etc.) les aliments.

老早盛拉冷完。*Lao-tsao zeng la, lang wé.* (Les mets) ayant été servis (*m. à-m.* mis dans les plats) trop tôt sont tout froids.

飯慢慢叫盛起來。*Wè mè-mè-kiao zeng-k'i-lai.* Attendez un peu avant de servir le riz.

啥个多化等勿，得。因爲無得，工夫咾。*Sa-kè tou-h'ouo teng ve té? — Yen-wei m-te kong-fou lao.* Pourquoi ne pas attendre? — Parce qu'il n'y a pas le temps.

飯燒來太爛。*Vè sao-lai t'ai lè.* Le riz est cuit avec trop d'eau (pas assez dur).

常時太硬、一ₒ眼無寸當。*Zang ze t'ai ngang, i-ngè-m ts'en-taong.* Il est quelque fois trop dur : ce n'est point régulier.

還要燒來軟熟ₒ點。*Wè yao sao-lai gneu-zô tié.* Il faut encore cuire (le riz) plus tendre.

柴濕ₒ咾燒勿ₒ着ₒ。*Za sé lao, sao-vé-za.* La paille (le bois) est humide et ne brûle pas *ou* : en conséquence elle (il) ne brûle pas.

第个油啥个耗氣來咾。恐怕油脚ₒ者咾。*Di-ke yeû, sa-ke h'ao k'i lai lao?—K'ong-p'ouo yeû kia-tsé lao.* Quelle odeur rance a cette huile? — C'est que peut-être c'est un résidu d'huile.

第个油膩膧膧勿ₒ好喫ₒ个者。只ₒ好點火个者。*Di-ke yeû gni-tong-tong, vé h'ao k'ie-ke-tsé. Tsé h'ao tié-h'ou-ke-tsé.* Cette huile est rance et n'est plus bonne à manger (à accommoder les aliments). Mieux vaut la brûler (*m. à-m.* en allumer *les lampes*).

那能飯燒來烟焦火氣、燒飯拉當心啥个。*Na-neng vè sao-lai yé-tsiao-h'ou-k'i? Sao vè la taong-sin sa-ke?* Pourquoi le riz est-il brûlé et sent-il la fumée? Quel soin mettez-vous (donc) à cuire?

撥ₒ伊多燒之一ₒ灶咾。*Pé i tou sao tse i tsao lao.* C'est lui (le chauffeur) qui a mis un fagot de trop dans le fourneau, *m. à-m.* par lui le *fourneau* a été chauffé un *coup* de trop.

灶肚裡焙焙空。*Tsao-dou-li bei-bei-k'ong.* Donnez de l'air au fourneau (*m. à-m.* remuez pour etc.).

灰末ₒ出ₒ脫ₒ點。*H'oei mé, ts'é-t'é tié.* Enlevez un peu les cendres.

叮囑ₒ之多回者、常莊一ₒ樣个。*Ting-tsô-tse ta wei-tsé, zang-tsaong i-yang-ke.* On vous a averti bien des fois, (vous êtes) toujours le même, *ou :* c'est toujours la même chose.

耳朶像聾髲。*Gni-tou ziang long-bang.* On dirait que vous êtes sourd, *m. à-m.* oreilles comme un sourd.

灶間裡樣樣物ₒ事、擺來有次有序。*Tsao-kè li, yang-yang-mé-ze, pa-lai yeû-t'se-yeû-zu.* Mettez tout en bon ordre dans la cuisine.

淘米淘來清點。*Dao mi dao-lai ts'ing tié.* Lavez le riz plus proprement.

淘籮角ₒ裡个米、拍ₒ來乾淨點。*Dao lou ko li-ke mi, pa-lai keu-zing tié.* Secouez plus nettement le riz aux angles du panier à laver le riz.

24

净菜净來乾净點。*Zing ts'ai zing-lai keu-zing tié.* Lavez les légumes plus proprement.

若，使净來勿，乾净、喫，起來屑，殺，屑，殺，个。*Za-se zing-lai vé keu-zing, k'ie-k'i-lai si-sè-si-sè-ke.* Si on ne (les) lave pas nettement, on trouve en les mangeant quantité de scories.

水缸裡礬少擺點。*Se-kaong li vè sao pa tié.* Mettez un peu moins d'alun dans le *se-kaong* (grand vase à eau).

勿，多殺，啥。*Vé tou-sè-sa.* Il n'y en a pas beaucoup.

勿，多末，，水已經像之墨，能者。*Vé tou mé, se i-kieng ziang-tse me neng-tsé?* S'il n'y en pas beaucoup, (d'où vient que) l'eau est déjà noire comme de l'encre?

打水打來清點。*Tang se tang-lai ts'ing tié.* Purifiez l'eau (avec l'alun) plus proprement (*lit.* clairement).

魚那能燒來鯹氣來死。*N na-neng sao-lai sing-k'i lè-si?* Comment le poisson cuit a-t-il une si mauvaise odeur?

砰頭酒、啥咾勿，多擺點。恐怕多擺之勿，好喫，。*Bang-deû-tsieû, sa-lao vé tou pa tié?* — *K'ong-p'ouo tou pa tse, vé h'ao k'ie.* Pourquoi n'avoir pas mis un peu plus de *Bang-deû-tsieû* (sorte de vin de riz, dans le ragoût)? — De peur qu'en en mettant trop, (ce ne fut) pas bon à manger.

泡个茶末，，那能茶葉，氽起拉个。*P'ao-ke zouo-mé, na-neng zouo yé t'en-ki-la-ke?* En cette infusion de thé, comment (se fait-il que) les feuilles de thé surnagent?

水勿，滾个咾。*Se vé koen-ke lao?* N'est-ce pas parce que l'eau n'était pas bouillante?

滾拉个。*Koen-la-ke.* Elle était bouillante.

滾个咾、實，介能茶葉，完全氽起拉上頭个。*Koen-ke-lao, zé-ka-neng zouo yé wé-zié t'en-k'i-la zaong-deû-ke!* Elle était bouillante, et les feuilles de thé surnagent toutes ainsi à la surface!

水要燉得，滾。*Se yao t'en-te-koen.* Faites bouillir l'eau.

净个碗末，，油脂合，膿。*Zing-ke wé mé, yeû-tse-ké-nong.* Les tasses (après avoir été) lavées, sont (encore) toutes grasses.

第个人燒小菜外行、燒來一，眼勿，好喫，个。*Di-ke gnen sao siao-ts'ai nga-hang : sao-lai i-ngè vé h'ao k'ie-ke.* Cet homme n'a pas l'habitude de cuire les aliments : ce qu'il cuit n'est point bon à manger du tout.

叫伊燒得，來啥。*Kiao i sao té-lai sa?* Que sait-il cuire? *c. à. d.*

il ne sait rien cuire, *m. à-m.* quelle chose peut-on dire qu'il sait cuire?

柴倉裡收作，收作，乾净。*Za ts'aong li seû-tso-seû-tso keu-zing.* Nettoyez proprement le foyer du fourneau chinois.

灶前頭汚癬來，脚，也擺勿，落，个者。*Tsao zié-deû ou-sou lai; kia a pa-vé-lo-ke-tsé.* Devant le fourneau c'est très-sale, on ne trouve pas même ou poser le pied.

灶面上要告泥水匠修一，修。*Tsao mié laong, yao kao gni-se-ziang, sieû-i-sieû.* Il faut appeler le maçon pour réparer le dessus du fourneau.

火爐裡，加點炭去。*H'ou-lou li, ka tié t'è k'i.* Mettez un peu de charbon de bois dans le petit fourneau.

拿到爐灶上去燉一，燉。*Nao tao lou-tsao laong k'i t'en-i-t'en.* Mettez (cela) sur le fourneau pour le faire bouillir.

脚，爐冷脫，者，添點火灰去。*Kia-lou lang-t'é-tsé, t'ié tié h'ou-h'oei k'i.* La chaufferette est refroidie, ajoutez-y un peu de braise.

煠，兩个雞蛋。*Zè leang-ke ki-dè.* Faites cuire 2 (quelques) œufs à la coque.

肉，勿，癬末，，再煠，个一，把。*Gnô vé sou mé, tsai zè-ke i pouo.* Si la viande n'est pas bien cuite, faites-la bouillir (encore) une fois.

煠，來透點。*Zè-lai t'eû-tié.* Faites cuire davantage.

烘拉脚，爐上。*H'ong la kia-lou laong.* Chauffer, faire sécher sur la chaufferette.

烘烘乾。*H'ong-h'ong keu.* Faire chauffer au feu, devant le feu.

燒火个儘管燒火，上灶个儘管上灶。*Sao-h'ou-ke tsin-koé sao h'ou, zaong-tsao-ke tsin-koé zaong-tsao.* Le chauffeur s'occupe de faire le feu, le cuisinier de cuire.

劗刀柄脫，者，裝一，裝好。*Tsè tao ping t'é-tse : tsaong-i-tsaong h'ao.* Le manche du couteau à remuer les viandes est cassé, réparez-le bien.

LEÇON XXXII.

中國燒法

TSONG-KŎ SAO-FA.

CUISINE CHINOISE.

燒魚法。*Sao n fa.*

海鰣魚連鱗放拉碗裡、用猪油、葱、酒、竹、笋片、安拉籠夾、裡蒸熟、

H'ai-ze-n lié lin faong la wé-li : yong tse-yeû ts'ong, tsieû, tsŏ-sen p'ié, eû la long kè li tseng-zŏ.

燒青魚倘使白、煠、切、小塊頭、先用鹽醃一、歇、後來就放拉鑊子裡、加點酒、葱、薑、水要大一、點、再加鹽咾醬油、然後鑊、蓋蓋好之燒一、滾、要燒得、透。

Sao ts'ing-n, t'aong-se ba zè, ts'i siao k'oei-deû. Sié yong yé yé i hié, heû-lai zieû faong la wo-tse li. Ka tié tsieû, ts'ong, kiang. Se yao dou i tié, tsai ka yé lao tsiang-yeû, zé-heû wo kai-hai h'ao-tse sao i koen : yao sao-te t'eû.

燒青魚片、先用醬油、酒、浸一、浸、然後鑊子

Sao ts'ing-n p'ié, sié yong tsiang-yeû, tsieû, tsin-i-tsin. Zé-heû wo-

MANIÈRE DE CUIRE LES POISSONS.

Alose. On met l'alose avec ses écailles dans une tasse. On emploie du saindoux, des oignons, du vin, des morceaux de *tsŏ-sen*, et l'on fait cuire (le tout) à la vapeur dans le compartiment supérieur de la marmite chinoise.

Ts'ing-n. Pour le *ts'ing-n*, si on veut le faire bouillir dans l'eau, on le coupe en petites tranches (morceaux). Après l'avoir d'abord salé (laissé s'imprégner de sel) quelque temps, ensuite on le met dans la marmite. On met du vin, des oignons, du gingembre. Il faut (employer) une bonne quantité d'eau, puis on ajoute du sel et du *tsiang-yeû*, après quoi on couvre la marmite pour (la) faire bouillir. Il faut cuire parfaitement.

Pour cuire de petites tranches de *ts'ing-n*, on emploie du *tsiang-yeû*, du vin, et on y laisse tremper (le poisson). Ensuite on fait bouillir l'huile

裡熬熟，起油來、拿魚安
tse li ngao-zŏ-k'i yeû lai, nao n eu-
拉鑊，裡、用剷刀就抄、
la wo li. Yong ts'è-tao zieû ts'ao,
炒个時候、加點酒、葱、
ts'ao-ke ze-h'eû, ka tié tsieû,
薑、後來鑊，子邊頭、再
ts'ong, kiang. Heû-lai wo-tse pié-
澆一，點水、拿鑊，蓋蓋
deû, tsai kiao i tié se. Nao wo-kai
之咾、再燒个刻，把工
kai-tse lao, tsai sao-ke k'e pouo
夫。
kong-fou.

(*deû-yeû*, avec de l'eau) dans la marmite, et on y met les tranches de poisson. On remue avec le couteau de cuisine, et pendant que l'on fait cuire (en remuant), on met du vin, des oignons, du gingembre. Ensuite on arrose avec un peu d'eau vers les bords de la marmite. On couvre la marmite avec son couvercle, et l'on laisse encore cuire pendant environ un quart d'heure.

做青魚圓、魚个皮咾
Tsou ts'in-n yeu, n-ke bi lao koé-
骨，頭、齊要去脫，之咾斬
deû, zi yao k'i-t'é tse lao tsè sé.
碎、斬來屑，碎之、搓之魚
Tsè-lai si-sé-tse, ts'ou-tse n yeu.
圓、放拉鑊，子裡、用冷水
Faong-la wo-tse li, yong lang se
燒起來、再放點塊頭薑、
sao-k'i-lai. Tsai faong tié k'oei-deû
要燒得，快、上灶司務、
kiang. Yao sao-te k'oa. Zaong-tsao-
湯要提得，潔，淨、燒來
se-ou, t'aong yao di-tè ki-zing. Sao-
滾透者、告訴燒火个勿，
lai koen-t'eû-tsé, kao-sou sao-h'ou-
要燒者、後來再加點醬
ke, vé yao sao-tsé. Heû-lai tsai ka
油、抄拉碗裡、可以喫，
tié tsiang-yeû, ts'ao la wé li, k'o-i
个者。
k'ie-ke-tsé.

Pour faire des boulettes de *ts'ing-n*, il faut enlever entièrement la peau et les arêtes du poisson, et le hacher menu. L'ayant haché bien menu, on arrondit avec les mains les boulettes de poisson. Les mettant dans la marmite, on prend de l'eau fraîche pour les faire cuire. On met en outre quelques morceaux de gingembre. Il faut cuire rapidement. Le cuisinier doit ôter l'écume (écumer) proprement. Quand la cuisson est achevée, il (le cuisinier) avertit le chauffeur de ne plus chauffer. Ensuite il met du *tsiang-yeû*. (Puis) on remplit les tasses pour servir (*lit.* manger).

做油𤏪青魚片法。剮
Tsou yeû-ts'eû tsing-n pié-fa. Ze-
脫之鱗、凈乾凈之、切
t'é-tse lin, zing keu-zing tse, ts'i-
之片頭。用醬油、酒、鹽、
tse p'ié-deû. Yong tsiang-yeû, tsieû,
葱、薑末、一淘拌和之、
yé, ts'ong, kiang mé, i-dao bé-wou
歇三刻工夫、拿起來
tse. Hié sè-k'e kong fou, nao-k'i-
攤開拉風頭裡吹乾之、
lai, t'è-k'ai la fong-deû li ts'e keu-
後來鑊子裡放之油、
tse. Heû-lai wo-tse li faong tse yeû,
告訴燒火个燒起來、油
kao-sou sao-h'ou-ke sao-k'i-lai.
咾燒來滾者、拿魚下鑊。
Yeû lao sao-lai koen-tsé, nao n hao
魚拉油裡煎來汆起來
wo. N la yeû li tsié-lai t'en-k'i-
者、再拿劗刀逐片逐
lai-tsé, tsai nao ts'è-tao zô-p'ié zô-
片翻个一翻、就好撩起
p'ié fè-ke-i-fè, zieû h'ao leao-k'i-
來喫个者。
lai k'ie-ke-tsé.

Manière de faire (au deû-yeû) des tranches de ts'ing-n.

Ayant écaillé le poisson, on le lave proprement, et on le coupe en tranches. On prend du *tsiang-yeû*, du vin, du sel, des oignons, du gingembre en petits morceaux, et on mélange le tout ensemble (on y fait mariner le poisson). Après 3/4 d'heure, on prend (les tranches de poisson) et on les étend à l'air pour les faire sécher. On met l'huile dans la marmite et on commande au chauffeur de chauffer. Quand l'huile boût, on prend le poisson (que) l'on met dans la marmite. Quand le poisson frit dans l'huile surnage, on prend de nouveau le couteau de cuisine et on retourne chaque tranche une à une. Après quoi on peut retirer (le poisson) pour le manger (le servir).

還有一樣、燒河裡个
Wè yeû i yang : sao wou li-ke sié
鮮魚、或者青魚塊、或
n, wo-tsé ts'in-n k'oei, wo-tsé tsi-
者鯽魚、齊是一樣燒
n, zi ze i yang sao fè : wo-tsé wou
法。或者和鹹菜、或者
hè ts'ai, wo-tsé wou sin-sié ba-
和新鮮白菜。
ts'ai.

Il y a encore une autre manière : (pour) cuire les poissons frais d'eau douce (des canaux ou rivières), ou bien les tranches de *ts'ing-n*, ou bien la perche, c'est une même manière pour tous : (*c. à. d.*) en les cuisant avec des herbes salées ou avec des choux frais.

燒鰻鱺、先拿油熬熟、

Anguilles. Pour cuire des anguil-

Sao mé-li, sié nao yeú, ngao-zó
之、然後鰻鱺下鑊、用
tse. Zé-heû mé-li hao wo. Yong
甜麪醬煸起來、加料
dié-mié-tsiang pié-k'i-lai. Ka leao-
酒、片頭薑、多點不妨、
tsieú, p'ié-deû kiang : tou tié pé
後來加之水咾蓋鑊蓋、
faong. Heû-lai ka-tse se lao, kai
燒來滾透是、再等刻
wo kai. Sao-lai koen t'eú ze (tse),
把工夫、可以就盛拉碗
tsai teng k'e pouo kong-fou, k'o-i
裡喫、个者。
zieû zeng la wé li k'ie-ke-tsé.

les, on prend d'abord de l'huile (*deû-yeû*) qu'on fait bouillir. Ensuite on met l'anguille dans la marmite. On prend du *tsiang* doux, et on fait frire en tournant rapidement. On ajoute du vin (*zen-tsieû*), des morceaux de gingembre : un peu plus ne fait pas mal. Ensuite on ajoute de l'eau et l'on couvre la marmite de son couvercle. Quand l'ébullition a commencé, on attend un quart d'heure environ, puis on peut remplir les tasses pour le repas.

燒鰉魚法子、鰉魚頭
Sao waong-n fè-tse. Waong-n deû
拿稻柴來紮之、用老
nao dao za lai tsè tse. Yong lao-
酒糟搭、个二三刻工夫
tsieû tsao tè-ke gni sè k'e kong-fou
後來、就放拉鑊裡、用
h'eû-lai, zieû faong la wo li. Yong
油來熯、熯黃之皮、加
yeû lai heu. Heu waong-tse bi, ka
料酒、老薑、大蒜頭、然
leao-tsieû, lao-kiang, dou-seu-deû;
後再安甜醬、安之甜
zé-heû tsai eu dié tsiang. Eu-tse
醬後來、拿水鑊子邊
dié tsiang heû-lai, nao se, wo-tse
頭澆下去、就蓋鑊蓋、
pié-deû kiao-hao-k'i, zieû kai wo
燒滾後等个刻把工夫、
kai. Sao koen heû, teng-ke k'e pouo
就好起鑊个者。
kong-fou, zieû h'ao k'i wo-ke-tsé.

Waong-n. Manière de cuire le waong-n.

On lie la tête du *waong-n* avec de la paille de riz. Ayant laissé (le poisson mariner) dans le marc de vin pendant $^1/_2$ heure à $^3/_4$ d'heure, on le met ensuite dans la marmite. On le fait frire avec de l'huile (*deû-yeû*). Quand il est frit de façon que la peau soit rousse, on ajoute du vin, du gingembre, de l'ail; ensuite on met du *tsiang* doux. Après avoir mis le *tsiang* doux, on verse de l'eau autour des parois intérieurs de la marmite, ensuite on couvre la marmite avec son couvercle. Après que l'ébullition a commencé, on attend environ $^1/_4$ d'heure, après quoi on peut retirer le poisson de la marmite.

燒鮭片魚、頭勿要紮、燒法、同鰉魚一式。
Sao ts'ouo-p'ié-n, deû vé yao tsè, sao fè dong waong-n i-se.

Ts'ouo-p'ié-n. Pour cuire le *ts'ouo-p'ié-n*, on ne lie pas la tête, (du reste) la manière de cuire est la même que pour le *waong-n*.

鯿魚燉法、鯿魚裝拉碗裡之、加點酒、醬油、葱、薑、熟、猪油、放拉蒸籠裡、要燉得、滾透。
Pié-n t'en fa. Pié-n tsaong la wé li tse, ka tié tsieû, tsiang-yeû, ts'ong, kiang, zô-tse-yeû, faong la tseng-long li, yao t'en-te koen-t'eû.

Brême. Manière de cuire la brême à la vapeur.

On met la brême dans une tasse. On emploie (*m. à-m.* on ajoute) du vin, de l'huile, de l'oignon, du gingembre, du saindoux, et l'on met le tout dans le compartiment supérieur de la chaudière. Il faut faire bouillir parfaitement.

鯿魚燒法、用油熯黃之皮、加料酒、鹽、葱、薑、另外再加笋片、木、耳、也可以个、蓋是鑊、子咾燒來滾透之、加點醬油、就停火、切、不、可多燒。
Pié-n sao fè. Yong yeû heu waong-tse bi, ka leao-tsieû, yé, ts'ong, kiang. Ling-nga tsai ka sen p'ié; mo-eul, a k'o-i-ke. Kai-ze (tse) wo-tse lao, sao-lai koen-t'eû tse, ka tié tsiang-yeû, zieû dìng h'ou, ts'i-pé-k'o tou sao.

Manière de cuire la brême bouillie.

Ayant fait frire dans l'huile (*deû-yeû*), de manière à roussir la peau, on ajoute du vin, du sel, des oignons, du gingembre. De plus on met des morceaux de *tsô-sen;* on peut aussi mettre des champignons. Après avoir couvert la marmite, on la fait bouillir parfaitement et alors on met du *tsiang-yeû*, et on cesse de chauffer, évitant absolument de trop cuire.

燒麪條魚法、魚淨之後來、用篾、絲傢生攤薄、之、放拉風頭裡吹乾之水漬、然後下鑊、用一、眼油、拿魚攤薄、拉鑊、子裡熯黃之、再加竹、笋
Sao mié-diao-n fa. N zing tse heû-lai, yong mié-se ka-sang, t'è bô tse, faong la fong-deû li ts'e keu-tse se ts'ic, zé-heû hao wo. Yong i gnè yeû nao n t'è bô la wo-tse li heu

Salanx. Manière de cuire les salanx.

On lave les poissons proprement, on les étend en couche légère dans un panier de bambou (*mié*), et on les expose à l'air pour les faire égoutter et sécher, ensuite on les met dans la chaudière. Mettant un peu d'huile, on étend en couche légère les poissons dans la marmite pour les faire jusqu'à ce qu'ils soient rout. (Alors)

waong tse. Tsai ka tsŏ-sen se ts'ao-
絲炒和、用料酒、鹽、葱、
wou. Yong leao-tsieû, yé, ts'ong,
薑、醬油後、再放點水
kiang tsiang-yeû heû, tsai faong
去、燒來滾透之就是
tiések'i, sao-lai koen-t'eû-tse, zieû
者。
ze-tsé.

on met en outre des fils (morceaux minces) de *tsŏ-sen*, et on remue pour faire le mélange. Après avoir mis du vin, du sel, de l'oignon, du gingembre, du *tsiang-yeû*, on ajoute encore un peu d'eau, et quand l'ébullition est complète, c'est bien (cuit).

還有一法、叫麪條魚
Wè yeû i fa : kiao mié-diao-n ts'ao-
炒蛋、拿蛋打碎之、放魚
dè. Nao dè tang-sé-tse, faong n la
拉蛋裡調和之咾安拉
dè li diao-wou tse lao, eu la wo li
鑊裡熿黃、要所加个搖
heu waong. Sou yao ka-ke o-leao
料末、一樣个。
mé, i-yang-ke.

Il y a encore une autre manière (qu'on) appelle omelette aux salanx. On casse les œufs, on (y) mélange les salanx, et on met le tout dans la marmite, pour fricasser roux. Les assaisonnements sont les mêmes (que dans la manière précédente).

燒龜肉、搭之脚魚、
Sao kiu-gnŏ tè-tse kia-n, sié yao
先要洗乾凈之、然後下
si keu-zing tse, zé-heû hao wo.
鑊、用冷水燒滾、就撩
Yong lang se sao koen; zieû leao-
起來放拉冷水裡之、再
k'i-lai, faong la lang se li tse, tsai
洗一洗乾凈咾瀝、乾之
si-i-si keu-zing lao, li-keu-tse se,
水安拉鑊裡、用一眼
eu la wo li. Yong i ngè yeû pié-k'i-
油煸起來、再加甜麪醬、
lai; tsai ka dié mié tsiang, tsieû,
酒、老薑、一同炒个幾
lao-kiang, i-dong ts'ao-ke ki ts'ao.
炒、蓋好是鑊蓋、燒來
Kai h'ao ze (tse) wo-kai, sao-lai

Tortues. Pour cuire les tortues *ou-kiu* et *kia-n* (*c. à-d.* à carapace dure et à carapace molle), d'abord il faut les laver proprement, ensuite on les met dans la marmite. On les fait bouillir dans l'eau; puis on les retire pour les mettre dans l'eau froide, et les ayant lavées de nouveau proprement, on fait égoutter l'eau, et (ensuite) on met (les tortues) dans la marmite. On les fait frire (en les tournant rapidement) dans un peu d'huile; On met encore du *tsiang* à la farine doux, du vin, du gingembre, et on fait bouillir le tout plusieurs fois en remuant. Ayant couvert la marmite, quand (elle) a bouilli parfaitement, alors on peut juger que

25

滚透之末、就算好者。
koen t'eû-tse mé, zieû seu h'ao-tsé.

燒蜆肉法。*Sao hié-gnô fa.*

燒蜆子肉法、下鑊
Sao hié-tse-gnô fè, hao wo-ke ze-
个時候、油要熱、蜆肉
h'eû, yeû yao gné. Hié gnô t'è bô
攤薄拉鑊裡、熯乾之
la wo li, heu keu tse lao, pao
咾爆黃者、然後加料酒、
waong-tsé, zé-heû ka leao-tsieû,
鹽、醬油、老薑末、要多
yé, tsiang-yeû, lao-kiang mé, yao
用一點蒜末可以去
tou yong i tié, ké-mé k'o-i k'i-t'é
脫寒氣。加水不宜多、
h'eu k'i. Ka se pé gni tou. Sao-lai
燒來滚透之後、起鑊前
koen t'eû-tse heû, k'i wo zié sa n
三五分時候、加韮菜來
fen ze-h'eû, ka kieû-ts'ai lai k'i
去抄和之、就好盛拉碗
ts'ao-wou-tse, zieû h'ao zeng la wé
裡喫个者。
li k'ie-ke-tsé.

c'est bien (on peut servir).

Manière de cuire les corbicules (*m. à-m.* la chair de corbicule).

(Pour) la manière de cuire les corbicules, (il faut) quand on les met dans la marmite, que l'huile soit déjà bouillante (*lit.* chaude). On étend une couche légère de corbicules dans la marmite. Quand elles sont frites sèches, (*c. à. d.* quand l'huile est évaporée), et (qu'elles) commencent à être rousses, alors (*m. à-m.* après) on met du vin, du sel, du *tsiang-yeû*, et du gingembre en menus morceaux, il faut en mettre un peu plus pour faire disparaître (enlever) la propriété malsaine de froid (de cet aliment). On ajoute un peu d'eau, (mais) il n'en faut pas beaucoup. Quand la marmite boût parfaitement, trois à quatre minutes avant de retirer (les corbicules) de la marmite, on ajoute des *kieû-ts'ai*, et on mélange en remuant, puis on peut remplir les tasses pour le repas.

燒肉法。*Sao gnô fè.*

MANIÈRES DE CUIRE LA VIANDE.

燒塊頭肉法、拿肉
Sao k'oei-deû gnô fè. Nao gnô ts'i
切之小方塊頭、先用
tse siao faong-k'oei-deû, sié yong
水焯一焯白、燒滚後
se ts'a-i-ts'a ba. Sao-koen heû, li
瀝乾之清水、下鑊煸
keu-tse ts'ing-se, hao wo pié-t'eû.
透、用麪醬、料酒、葱、薑、
Yong mié-tsiang, leao-tsieû, ts'ong,

Manière de cuire des tranches (cubes) de lard.

Prenant du lard on le coupe en petites tranches cubiques ou rectangulaires (qu'on) fait d'abord bouillir dans l'eau pure (*lit.* bouillir blanc). Quand (l'eau) a bouilli, on la fait égoutter, et on met les tranches de lard dans la marmite, en les tournant rapidement. On met du *tsiang*

再加氷糖一、些、取其
kiang. Tsai ka ping daong i sié.
肉、皮明亮好看、滋味
Ts'u ghi gnô bi ming-leang h'ao
也來得鮮、寔、盖燒法、
k'eu, tse-mi a lai-te sié. Zé-kai sao
其名叫紅燒肉。
fè, ghi-ming-kiao hong-sao-gnô.

白、燒肉、法、拿肉、切、
Ba sao gnô fa. Nao gnô ts'i tse
之小方塊、用鹽一、澀、
siao faong-k'oei, yong yé i yé.
倘使天熱、个時候、拿
T'aong-se t'ié gné-ke ze-h'eû, nao
肉、裝拉甏裡、用泥封
gnô tsaong la bang li, yong gni
好、到明朝、要燒者、開
fong h'ao. Tao ming-tsao, yao sao-
之甏、拿出、肉、來、清水
tsé, k'ai-tse bang, nao-ts'é gnô lai,
裡一、淨、然後下鑊子
ts'ing se li i-zing, zé-heû hao wo-
燒、全用水、加料酒、老
tse sao. Zié yong se. Ka leao-tsieû,
薑、葱、肉、裡要和荳腐
lao-kiang, ts'ong. Gnô li yao wou
皮結子、肉、湯个油面、
deû-wou-bi kié-tse. Gnô-t'aong-ke
要劈、脫、燒之一、大滾
yeû-mié, yao p'ie-t'é. Sao-tse i-dou
有餘、肉、咾蘇者、就好
koen yeû-yu, gnô lao sou-tsé, zieû
盛拉碗裡、另外要用
h'ao zeng la wé li. Ling-nga yao
打爛拉个大蒜頭、同
yong tang-lè-la-ke da-seu-deû,
醋拌和之、裝拉一、隻、

à la farine, du vin, de l'oignon, du gingembre. On ajoute un peu de sucre candi. Quand la peau de la viande est lucide et d'un bel aspect, le goût aussi est fort délicat. Cette façon de cuire se nomme *cuire du lard rouge* (roux).

Manière de cuire du lard à l'eau ou blanc (de couleur blanche).

Prenant du lard, on le coupe en petites tranches cubiques ou rectangulaires que l'on sale. Si c'est en été, on les met ensuite dans un pot dont on bouche hermétiquement l'orifice avec de l'argile. Le lendemain, au moment de cuire, on débouche le pot, on prend la viande, et on la lave dans l'eau propre, après (quoi) on la met dans la marmite pour la faire cuire. On emploie beaucoup d'eau. On ajoute du vin, du gingembre et des oignons. On mélange avec la viande des morceaux (*lit.* des boutons) de *deû-wou-bi*. Il faut écumer le bouillon. Quand (la marmite) a bouilli assez longtemps (au moins $^1/_2$ heure) la viande est cuite parfaitement, et on peut remplir les tasses. — En outre il faut employer de l'ail pilé mélangé avec du vinaigre, que l'on met dans une petite tasse ou une petite assiette (de sorte que) chacun en mangeant, prenant la viande avec les bâtonnets, la trempe dans la tasse d'ail et de vinaigre pour la manger. En été, cette façon de cuire est fréquente.

dong ts ou bé-wou tse, tsaong la i-
小碗裡、或者小盆子、
tsa siao-wé li, wo-tsé siao ben-tse,
各人喫起來、拿篇桔
ko-gnen k'ie-k'i-lai, nao k'oai kié-
之肉、放拉大蒜醋碗
tse gnô, faong la da-seu ts'ou wé
裡攢之咾喫个、夏天
li, tsè tse lao k'ie-ke. Hao-t'ié-ke
个時候、寔蓋燒法个多。
zè-h'eû, zé-kai sao fa-ke tou.

還有一樣鹹菜乾和
Wè yeû i yang, hè ts'ai keu wou
肉、只用料酒咾加點
gnô. Tsé yong leao-tsieû lao ka tié
冰糖去、燒箇樣肉、夏
ping daong k'i. Sao kou yang gnô,
天日子、放个六七日、
hao-t'ié-gné-tse, faong-ke lô ts'i
勿壞个、爲病人極
gné vé wa-ke. Wei bing-gnen ghie
好。
h'ao.

Il y a encore une manière (*c'est-à-dire*) les légumes salés secs (qu'on a fait sécher avant de les saler) mélangés avec le lard. On (y) met seulement du vin et on ajoute un peu de sucre candi. Le lard cuit de la sorte, en été peut se garder (*m. à-m.* ne se gâte point) 6 à 7 jours. Pour les malades, c'est excellent.

韭菜燒肉絲法則、拿
Kieû-ts'ai ts'ao gnô se fa-tse. Nao
肉切之肉絲、放拉鑊
gnô t'si-tse gnô se, faong la wo li
裡煸之、加料酒、醬油、
pié tse, ka leao-tsieû, tsiang-yeû,
香菌、木耳、再燒个十
hiang-zin, mo-eul. Tsai sao zé
許分夫工、燒好快个三
hiu-fen kong-fou. Sao h'ao k'oa-
二分前頭、拿韭菜芽下
ke sè-gni fen zié-deû, nao kieû-
鑊、和拉肉絲裡用劃
ts'ai nga hao wo. Wou la gnô se li,

Manière de faire un ragoût de filets de lard aux Kieû-ts'ai.

Prenant du lard, on le coupe en filets, et on les fait frire rapidement dans la chaudière. On met du vin, du *tsiang-yeû*, des champignons (*hiang-zin* et *mo-eul*). On laisse cuire encore pendant environ dix minutes. Deux ou trois minutes avant la cuisson complète (*m. à-m.* quand la cuisson est sur le point de s'achever), on met des pousses de *kieû-ts'ai* dans la chaudière. On les mélange une dizaine de fois avec les filets en remuant

刀炒个十，許炒，就好
yong tsè tao ts'ao-ke zé hiu ts'ao
盛起來喫，个者。
zieû h'ao zeng-k'i-lai k'ie-ke-tsé.

avec le couteau de cuisine, et ensuite on peut remplir les tasses pour le repas.

小炒肉，片和頭看時
Siao ts'ao gnô p'ié, wou-deû k'eu
候起，有竹，笋个時候，
ze-heû k'i. Yeû tsô-sen-ke ze-h'eû,
和笋，有茭白，个時候，
wou sen. Yeû kao-ba ke ze-h'eû,
和茭白，有蘿蔔，个時
wou kao-ba. Yeû lo-bo-ke ze-h'eû,
候，和蘿蔔，或，者金針
wou lo-bo. Wo-tsé kien-tsen yun-
雲耳，齊可以和拉去
eul : zi k'o-i wou la k'i-ke, sao fa
个，燒法，末，全是一，樣
个。
mé, zié ze i-yang-ke.

Le ragoût de tranches de lard (diffère) d'assaisonnement suivant les saisons. Au temps des *tsô-sen*, on met des *tsô-sen*. Au temps des *kao-ba*, on met des *kao-ba*. A l'époque des navets, on met des navets, de l'hémérocalle *graminea*, (et) des champignons : tout (cela) peur servir d'assaisonnement, et la manière de cuire est la même.

油燗蹄，先拿蹄子燒
Yeû tseû di. Sié nao di-tse sao sou
燒之，然後開油鍋，燗
tse. Zé-heû k'ai yeû kou. Ts'eû-
个時候，鑊，子要盖，勿，
ke ze h'eû, wo-tse yao kai; vé kai
盖末，油要爆開來，後
mé, yeû yao pao-k'ai-lai. Heû-lai
來再放拉原湯裡燒个
tsai faong la gneu t'ang li sao-ke
一，歇。
i-hié.

Jambon frit dans beaucoup de graisse ou d'huile.

D'abord on fait cuire parfaitement le jambon, ensuite on le fait frire dans la marmite. Pendant qu'on fait frire, il faut couvrir la marmite; (car) si on ne la couvrait pas, l'huile jaillirait çà et là. Ensuite on remet le jambon dans (sa) sauce première pour l'y faire recuire quelque peu.

LEÇON XXXIII.

西洋燒法

SI-YANG SAO FA (FÈ).

CUISINE EUROPÉENNE.

饅頭。一个 *Mé-deû (i-ke)*. Pain.

西洋饅頭。*Si yang mé-deû*. Pain européen.

紅酒。一瓶 *Hong tsieû (i bing)*. Vin rouge (une bouteille).

西洋酒。*Si-yang tsieû*. Vin européen.

西洋燒酒。*Si-yang sao-tsieû*. Eau-de-vie; alcool européen; cognac.

白葡萄酒。*Ba po'u-dao-tsieû*. Vin blanc (*lit.* de raisin).

大麥水。*Da-ma-se*. Bière (*m. à-m.* eau d'orge).

荷蘭水。*Wou-lai-se*. Eau de Seltz ou de soude; limonade.

茄灰。*Ka-foei (fei)*. Café.

茄灰末。*Ka-foei mé*. Café en poudre.

茄灰茶。*Ka-foei zouo*. Infusion de café.

西洋竹笋。*Si-yang tsô-sen*. Asperge (*m. à-m. tsô-sen* d'Europe.

龍鬚菜。*Long-su-ts'ai*. Id. (*m. à-m.* barbe de dragon).

生菜。*Sang-ts'ai*. Salade; laitue.

菠菜。*Pou-ts'ai*. Epinards.

芹(香)菜。*Kien (hiang)-ts'ai*. Persil.

獨活菜。*Dô-wé-ts'ai*. Céleri.

豌荳。*Wé-deû*. Pois.

豇荳。一根 *Kaong-deû*. Haricots (*i-ken*, un pied).

黄荳。一粒 *Waong-deû (i-li)*. Soja; pois chiche.

丁香。*Ting-hiang*. Clou de girofle.

茴香。*Wei-hiang*. Anis.

紅蘿蔔。一个 *Hong-lo-bo*. Carotte.

開花菜。*K'ai-h'ouo-ts'ai*. Choux-fleurs.

西洋刺菜。*Si-yang ts'e-ts'ai*. Artichaux.

火雞。*H'ou-ki*. Dindon.

無花菓一隻 *Wou-h'ouo-kou (i-tsa.)* Figue.

牛孏。*Gneû-na*. Lait de vache *ou* de bufflone.

孏酪。*Na-lo*. Lait.

嬭油。*Na-yeú*. Beurre.

嬭餅。一、塊 *Na-ping* (*i-k'oei*). Fromage.

大葷。*Dou-foen* (*hoen*). Viande.

牛肉。*Gneû gnô*. Bœuf (*m.à-m.* viande de bœuf).

羊肉。*Yang gnô*. Mouton (*m. à-m.* viande de mouton).

骨肉。*Koé gnô*. Viande avec les os.

紮肉。*Tsè gnô*. Viande désossée et liée pour la cuire.

玉果。*Gnô-kou*. Muscade.

桂皮。*Koei-bi*. Cannelle.

辣椒。*Lè-tsiao*. Piment. D'où l'on dérive *lè* moutarde.

胡椒。*Wou-tsiao*. Poivre.

香菜油。*Hiang-ts'ai yeû*. Huile de sésame.

鴨。一、隻、*È* (*i-tsa*). Canard.

葷油。*Foen-yeû*. Graisse fondue.

生菜油。*Sang-ts'ai yeû*. Huile pour la salade.

烏利伐油。*Ou-li-wè yeû*. Huile d'olive.

牛油。*Gneû yeû*. Graisse de bœuf.

羊油。*Yang yeû*. Graisse de mouton.

批刀。一、把 *P'i-tao* (*i-pouo*). Hachoir servant surtout pour le jambon.

鑾刀。*Mè-tao*. Couteau pour trancher la viande.

肉斧。*Gnô-fou*. Couperet.

尖刀。*Tsié tao*. Couteau aigu.

洋刀。*Yang tao*. Couteau européen.

鐵杓。一、个 *T'i zô* (*i-ke*). Grande cuiller en fer.

銅杓。*Dong zô*. Id. en cuivre.

廣杓。*Koang zô*. Cuiller pour servir le potage.

銅鈔。一、隻、*Dong ts'ao* (*i-tsa*). Cuiller en cuivre de grandeur ordinaire.

鐵鈔。*T'i ts'ao*. Id. en fer.

木鈔。*Mo ts'ao*. Id. en bois.

鐵釵。*T'i ts'ouo*. Fourchette en fer.

銅釵。*Dong ts'ouo*. Id. en cuivre.

木釵。*Mo ts'ouo*. Id. en bois.

銅笊籬。一、个 *Dong tsa-li* (*i-ke*). Ecumoire en cuivre.

鐵笊籬。*T'i tsa-li*. Id. en fer.

鐵鈎子。一、隻、*T'i keû-tse* (*i-tsa*). Croc à 2 dents pour tirer la viande.

打蛋箒。一、把 *Tang dè tseû* (*i-pouo*). Instrument (*m. à-m.* balai) pour battre les œufs.

大籃。一、隻、*Dou lè* (*i-tsa*). Grand panier.

小籃。*Siao lè*. Petit panier.

提籃。*Di lè*. Panier (à provisions) qu'on porte à la main.

麪筋籃。*Mié kien lè*. Panier solide.

篩籃。*Se lè*. Panier léger.

銅鉋。一、隻、*Dong bao* (*i-tsa*). Grattoir.

酒鍾 (盃) 一、隻、*Tsieû tsong* (*pei*) (*i-tsa*). Verre à vin.

饅頭湯鍋子。一、隻、*Mé-*

deû-t'aong-kou-tse (i-tsa). Soupière.

湯鍋。*T'aong-kou.* Id.

湯斗。*T'aong-teû.* Id.

漏斗。*Leu-teû.* Couloire.

生菜盆。一，隻，*Sang-ts'ai ben (i-tsa).* Saladier.

長盆子。*Zang ben-tse.* Plat long.

腰子式，盆子。*Yao-tse-se ben-tse.* Plat long et étroit.

圓盆子。*Yeu ben-tse.* Plat rond.

深盆子。*Sen ben-tse.* Plat creux.

淺盆子。*Ts'ié ben-tse.* Plat plat.

大鉢，頭。一，个 *Dou pé-deû.* (*i-ke*). Grande terrine.

中鉢，頭。*Tsong pé-deû.* Terrine moyenne.

小鉢，頭。*Siao pé-deû.* Petite terrine.

淨碗桶。一，隻，*Zing wé dong* (*i-tsa*). Baquet pour laver la vaisselle.

面桶。*Mié-dong.* Cuvette.

綳篩。一，隻，*Bang-se (i-tsa).* Tamis.

洋灶。*Yang tsao.* Fourneau européen.

鐵，灶。*T'i tsao.* Fourneau en fonte (*m. à-m.* en fer).

鐵，圈。一，個 *T'i k'ieu (i-ke).* Ronds du fourneau.

鐵，蓋。一，個 *T'i kai (i-ke).* Couvercles du fourneau.

鐵，板。一，塊 *T'i-pè (i-k'oei).* Etagère du four *ou* de l'étuve.

火門。*H'ou men.* Porte du fourneau.

水鍋。一，隻，*Se kou (i-tsa).* Marmite pour chauffer l'eau.

鐵，炕。一，個 *T'i-k'ang (i-ke).* Four, étuve.

鐵，炕邊頭。*T'i-k'ang pié-deû.* Bords du four.

鐵，輪。一，個 *T'i-leng (i-ke).* Gril.

炙，床。一，個 *Tse-zaong (i-ke).* Id.

鐵，炕當中。*T'i-k'ang taong-tsong.* Au milieu du four, dans le four.

鐵，灶裡面。*T'i-tsao li-mié.* Dans le fourneau en fonte.

隔，板。一，塊 *Ké-pè (i-k'oei).* Séparation, cloison du foyer.

鐵，炕門。一，扇 *T'i-k'ang men (i-sé).* Porte du four.

灶底下。*Tsao ti-hao.* Le bas, en bas du fourneau.

烟囪。一，個 *Yé-ts'ong (i-ke).* Cheminée.

烟囪洞。一，個 *Yé-ts'ong dong (i-ke).* Trou de la cheminée.

鐵，梗。一，個 *T'i kang (i-ke).* Fourgon en fer.

火鉗。一，把 *H'ou-ghié (i-pouo).* Pinces pour le foyer.

煤鈔。一，把 *Mei ts'ao (i-pouo).* Pelle à charbon.

鐵，盤。一，個 *T'i-bé (i-ke).* Rôtissoire.

大鐵，盤。*Dou t'i-bé.* Id. grande.

中鐵，盤。*Tsong t'i-bé.* Id. moyenne.

小鐵盤。Siao t'i-bé. Id. petite.

鐵鍋子。一隻，T'i kou-tse (i-tsa). Marmite droite (non évasée) en fer.

銅鍋子。Dong kou-tse. Id. en cuivre.

扁鍋子。Pié-kou-tse. Casserolle.

揠罐。一个 O-koé (i-ke). Id. petite.

攤口鍋子。T'è-k'eû-kou-tse. Poêle (à frire, etc.).

廣鍋。Koang kou. Petite marmite (chinoise) à anses.

有眼鑊子。Yeu-ngè-wo-tse. Passoire.

菜刀。一把 Ts'ai-tao (i-pouo). Hachoir pour les légumes.

銅扦針。一隻，Dong ts'ié-tsen (i-tsa). Lardoir en cuivre.

鐵扦針。T'i ts'ié-tsen. Id. en fer.

磅。Paong. Livre anglaise (pound).

櫥。Zu. Armoire; coffre.

熡。Dô. Bouillir, bouillant.

揀。Kè. Choisir.

拷。K'ao. Frapper, battre.

汁。Tsé. Sauce, suc.

嫩。Nen. Tendre, récent, frais.

讓。Gnang. Céder.

坍挔。T'ai-ts'ong. Perdre la face, subir un affront.

什。Zé. Ce, cet.

捻。Gnè. Prendre avec la main.

炒茄灰傢生。一個 T'sao ka-fei ka-sang (i-ke). Rôtissoire pour le café.

茄灰磨子。一層 Ka-fei mô-tse (i-zeng). Moulin à café.

牛肉湯。*Gneû-gnô-t'aong.*

擔牛肉，擺拉鍋子裡，*Té gneû-gnô pa la kou-tse li.* 要舀一小提桶冷水拉去，擺拉灶面上，燒滾个前頭，頂要緊劈脫血沫，勿寔盖，牛肉湯勿清个，并且也勿鮮者。*Yao yao i siao di-dong lang se la-k'i, pa la tsao mié laong. Sao koen-ke zié-deû, ting yao-kien p'i-t'é hieu-mo; vé-zé-kai, gneû-gnô t'aong vé ts'ing-ke, ping-ts'ié a vé sié-tsé.*

Le potage (Bouillon de bœuf) (1).

On prend du bœuf et on le met dans la marmite. Il faut puiser un petit seau d'eau froide et la verser dans la marmite, que l'on met sur le fourneau. Avant qu'elle ne bouille, il faut absolument écumer; sinon le bouillon de bœuf n'est pas clair, et n'a pas bon goût.

---

(1) On n'a point ici et dans les articles suivants la prétention de donner d'excellentes leçons de cuisine; mais on se propose principalement d'indiquer les locutions qui peuvent servir à s'entendre avec un cuisinier chinois faisant plus ou moins artistement la cuisine européenne ou *mixte*.

滾之末、要放一、把葱
Koen-tse mé, yao faong i pouo ts'ong
咾香菜、三四个水蘿蔔、
lao hiang-ts'ai, sa se-ke se-lo-bo,
五六、根胡蘿蔔、五六、隻、
n lô ken wou-lo-bo, n lô-tsa ting-
丁香、玉果末、少擺點、
hiang; gnô-kou mé, sao pa tié. Vé-
勿、論那能个香料、勿、可
len na-neng-ke hiang-leao, vé k'o-
以多擺、多之末、倒要氣
i tou pa. Tou-tse mé, tao yao k'i-
之者、再放个兩三張菜
tse-tsé. Tsai faong-sè-tsang ts'ai yé,
葉、乃末、等伊慢慢裡
nai-mé teng i mè-mè-li dô-mé-tsé.
熩、末、者。

素饅頭湯。*Sou mé-deû-t'aong.*

要用水蘿蔔、胡蘿蔔、
Yao yong se-lo-bo, wou-lo-bo, ts'ing
青菜、包心菜、黃芽菜、
ts'ai, pao-sin ts'ai, waong-nga-
西洋豇荳、西洋芋艿、小
ts'ai, si-yang kaong-deû, si-yang-
寒肉、竹、笋、照各、人个
yu-na, siao h'eu-gnô, tsô-sen, tsao
喜歡、齊可以放拉湯裡、
ko-gnen-ke hi hoé, zi k'o-i faong la
先末、拿菜咾啥切、之骰
t'aong li. Sié mé, nao ts'ai lao-sa
子塊、勿、要多、不、過少
ts'i-tse deû-tse-k'oei; vé yao tou, pé-
須放點加點滋味、然後
kou sao-su faong tié, ka-tié tse-mi,
放拉鍋子裡、加幾廣杓、
zé-h'eû faong la kou-tse li. Ka ki
水、看人个多少、燒好之

Quand l'eau boût, mettez une poignée d'oignons et de persil, 3 à 4 navets, 5 à 6 carottes, 5 à 6 clous de girofle, et de la muscade en moindre quantité. De quelques épices que ce soit, il n'en faut pas mettre beaucoup. Si l'on en met trop, (le goût) s'en fait (trop) sentir. De plus mettez quelques feuilles de légumes (choux), et attendez que le tout entre en ébullition.

Potage aux légumes.

On peut employer des navets, des carottes, des choux verts, des choux pommés, des choux du Chan-tong, des haricots européens, des pommes de terre, des petits pois, des *tsô-sen*, suivant le goût de chacun, tout cela peut être mis dans le potage.

D'abord on prend les légumes *ts'ai* etc. et on les hache en petits morceaux (*m. à-m.* cubes ou dés); il n'en faut pas beaucoup, mais seulement assez pour donner du goût, et ensuite on les met dans la marmite. On ajoute quelques cuillerées à pot d'eau selon le nombre des personnes. Quand les légumes sont cuits, on prend une casserolle où l'on met du saindoux et de la farine que

koang tso se, k'eu gnen-ke tou-sao.
末，再拿一，隻，鑊，子，放
Sao h'ao-tse mé, tsai nao i-tsa wo-
點猪油咾乾麪，一，淘炒，
tse, faong tié tse-yeû lao keu mié,
炒來黃之末，加一，眼眼
i-dao ts'ao. Ts'ao-lai waong-tsemé,
葱，小心勿，要炒焦，後來
ka i ngè-ngè ts'ong, siao-sin vé yao
末，倒拉湯裡，加鹽，胡
ts'ao-tsiao. Heû-lai mé tao la daong-
椒，小米子，或，者扎，麪，
li, ka yé, wou-tsiao, siao-mi-tse,
再燒个一，刻，多點工夫，
wo-tsé tsè-mié. Tsai sao-ke i-k'e tou
倘使用饅頭末，臨時喫，
tié kong-fou. T'aong-se yong mé-
快咾擺，有時候也可以
deû mé, lin-ze k'ie k'oa lao pa. Yeû
加點番柿，要出，客，點
ze-h'eû a k'o-i ka tié fè-ze. Yao ts'é-
末，加幾个蛋殼。
k'a tié mé, ka ki-ke dè-faong.

l'on fait frire dans la graisse. Quand elle est rousse, on met un peu d'oignon, et on veille à ce qu'elle ne brûle pas. Ensuite on la verse dans le bouillon, (et) on ajoute du sel, du poivre, du millet ou du vermicelle. On laisse cuire encore l'espace d'un peu plus d'un quart d'heure. Si l'on use de pain, peu avant le repas, on le prépare. En certains temps on peut ajouter des tomates. Si l'on veut faire de l'extraordinaire, on met quelques jaunes d'œufs.

燒爛饅頭湯。
Sao lè-mè-deû-t'aong.

拿饅頭切，之塊頭，放
Nao mé-deû, ts'i-tse k'oei-deû,
拉水裡燒，燒來如同薄，
faong la se li sao. Sao-lai zu-dong
粥，个能，大約，要燒三
bó tso-ke neng. Da-ya yao sao sè
刻，多工夫，燒个時候，
k'e tou kong-fou. Sao-ke ze-h'eû,
要極其當心，只，管要
yao ghie ghi taong-sin, tsé-koé yao
掏掏，因爲饅頭容易搭，
dao-dao; yn-wei mé-deû yong-i tè-

Panade.

Prenez du pain, hachez le en morceaux, et faites le mijoter dans l'eau. Il faut cuire de manière à réduire en bouillie (comme du *tsó* épais). Il faut laisser cuire l'espace de trois quarts d'heure. Ayez grand soin en cuisant de remuer souvent, parce que le pain gratine facilement, et pour peu qu'il soit un peu brûlé, toute la panade a mauvais goût et n'est pas bonne à manger. Il faut mettre du beurre ou du saindoux. On peut aussi ajouter

底、只、要有一、眼焦之
ti : tsé yao yeû i ngè tsiao-tse mé,
末、、一、鍋子个湯齊氣
i kou-tse-ke t'aong, zi k'i-tse lao vé
之咾勿、好喫、者、要加
h'ao k'ie-tsé. Yao ka na-yeû, wo-
嬭油、或、者猪油、也可
tsé tse-yeû. A k'o-i ka na-lo lao
以加嬭酪、咾蛋黃、要
dè-faong, yao ka yé, wou-tsiao, vé
加鹽、胡椒、勿、要加糖。
yao ka daong.

du lait et des jaunes d'œufs, et il faut mettre du sel, (et) du poivre, mais pas de sucre.

嬭酪、饅頭湯。
Na-lo mé-deû-t'aong.

Potage au lait.

用七、分嬭、三分水、
Yong ts'i fen na, sè fen se, yao
要隔、水燉、加三分鹽、
ka-se t'en, ka sè fen yé, ts'i fen
七、分糖、臨時喫、快末、、
daong, lin-ze k'ie k'oa mé, ka ki-
加幾个蛋黃、先拿饅頭
ke dè-faong. Sié nao mé-deû faong
放拉湯鍋子裡、後來拿
la t'aong kou-tse li, heû-lai nao
嬭酪、倒下去、或、者用
na-lo tao-hao-k'i; wo-tsé yong
油煎饅頭。
yeû tsié mé-deû.

Mettez les $\frac{7}{10}$ de lait et les $\frac{3}{10}$ d'eau, faites cuire au bain-marie. Assaisonnez de 3 parties de sel sur 7 de sucre. Peu avant de servir, ajoutez quelques jaunes d'œufs. Mettant d'abord le pain dans une casserole, on verse ensuite le lait dessus; on peut aussi user de pain frit dans la graisse.

加非嬭酪、湯。
Ka-fei-na-lo t'aong.

Potage au café.

用八、分嬭、二分加非、
Yong pè fen na, gni fen ka-fei, yao
要完全用糖、不、好用鹽。
wé-zié yong daong, pé h'ao yong yé.

Prenez 8 parties de lait sur deux de café, (et assaisonnez) seulement au sucre et non au sel.

若、使用血、告拉、一、半
Za-se yong hieu-kao-la, i-pé na-lo,
嬭酪、、一、半血、告拉、對

Si (au lieu de café) on employe le chocolat, on met moitié lait moitié chocolat, et on mélange. Il faut (en-

i-pé hieu-kao-la, t'ei tsong, ba-
冲、白、糖要少加點。因
daong yao sao ka tié; yn-wei hieu-
爲血、告拉、已經有點
甜个者。
kao-la, i-kieng yeû tié dié-ke-tsé.

ce cas) mettre un peu moins de sucre, parce que le chocolat est déjà un peu sucré.

嬭酪、粥。Na-lo tsó.

Potage au riz et au lait.

先拿米燒之厚粥、乃
Sié nao mi sao tse heû tsó, nai-mé
末、加嬭酪下去、勿、要
ka na-lo hao-k'i, vé yao t'ai heû,
太厚、勿、要太薄、大約、
vé yao t'ai bó. Da-ya tsai sao i-
再燒一、點鐘工夫、也
tié tsong kong-fou. A yong-i tè-ti:
容易搭、底、常常要掏掏、
zang-zang yao dao-dao. Yao yong
要用七、分糖、三分鹽、
ts'i-fen daong, sè-fen yé, wo-tsé
或、者完全用糖。
wé-zié yong daong.

Prenez d'abord du riz et faites le cuire comme du *tsó* épais, puis mettez le lait dedans. Il ne faut cuire ni trop épais, ni trop clair. On doit laisser cuire encore environ une heure. (Ce potage) aussi gratine facilement: il faut remuer sans cesse. On assaisonne avec 7 parties de sucre sur 3 de sel, ou seulement avec du sucre. Si (pourtant) on met des légumes *ts'ai*, etc. il faut absolument mettre du sel

倘使要加菜咾啥、必、
T'aong-se yao ka ts'ai lao-sa, pi-
須要用鹽。
su yao yong yé.

紅燒肉、雞等。
Hong sao gnó ki teng.

Viande bouillie rousse (1).

要揀好个肉、切、好
Yao kè h'ao-ke gnó, ts'i hao tse
之大塊頭、就拿刀背
dou k'oei-deû, zieû nao tao pei
拷拷鬆、要出、客、點咾
k'ao-k'ao song. Yao ts'é-k'a tié lao,
好喫、點末、扦點表粉

Il faut choisir de bonne viande, la couper proprement en grosses tranches, (que) l'on assouplit en les battant avec le dos d'un couteau.

Si l'on veut sortir un peu de l'ordinaire et (préparer un mets) un peu plus délicat, on larde le dedans des

(1) Ce procédé n'aura pas sans doute l'approbation des gastronomes, mais il est fort employé par nos cuisiniers chinois.

h'ao k'ie tié mé, ts'ié-tié piao-fen 拉當中、後來末、或者 *la tsaong-tong, heû-lai mé, wo-tsé* 油煎、或者末、烘一歇。 *yeû tsié, wo-tsé mé, h'ong i hié.*	tranches avec du lard, après quoi on les frit dans la graisse ou on les fait cuire dans le four un moment (peu de temps).
擺拉中號頭挜鑵裡、 *Pa la tsong hao-deû o-koé li, yao* 舀一廣杓水拉去。 *i koang zó se la-k'i.*	(Ensuite) on les met dansla casserolle n° 1, et on verse dessus une grande cuillerée (de cuiller à pot) d'eau.
頂好末、用老汁湯 *Ting h'ao mé, yong lao tsé t'aong* 來燒。 *lai sao.*	Le mieux est de les faire cuire avec du jus de viande cuite précédemment.
滾起來末、拿把銅笊 *Koen-k'i-lai mé, nao pouo dong* 籬劈脫點血沫。 *ts'a-li p'i-t'é tié hieu-mo.*	Quand la sauce boût (commence à bouillir), on prend l'écumoire en cuivre pour écumer un peu.
燒滾之末、擺點鹽、胡 *Sao koen tse mé, pa tié yé, wou-* 椒、香料咾啥。 *tsiao, hiang-leao lao-sa,*	Quand l'ébullition est achevée (complète), on met un peu de sel, de poivre, (d'autres) épices, etc.
大約、牛肉、燒个三四 *Da-ya gneû-gnó sao-ke sa se-hia* 下鐘、猪肉、末、兩三點 *tsong, tse-gnó mé, leang sè-tié* 鐘好者。 *tsong h'ao-tsé.*	Pour le bœuf, il faut 3 à 4 heures, pour le cochon, deux ou trois heures, pour cuire parfaitement.
總而言之、燒肉、末、 *Tsong-eul-yé-tse, sao gnó mé, yao* 要看老咾嫩。 *k'eu lao lao nen.*	En un mot, il faut examiner si la viande est dure (*m. à-m.* vieille) ou tendre.
小炒肉、雞等。 *Siao-ts'ao gnó, ki, teng*	*Fricassée de viande, de poule, etc.*
拿肉、切之小塊頭、 *Nao gnó ts'i tse siao k'oei-deû, zó* 逐一塊拷拷鬆。 *i-k'oei k'ao-k'ao song.*	On coupe la viande en menues tranches, qu'on assouplit une à une en frappant dessus.

鑊子裡放个一鐵杓猪油、先燒起來。
Wo-tse li fang-ke i t'i zô tse-yeû, sié sao-k'i-lai.

On met dans la marmite une cuillerée (*lit.* de cuiller à pot en fer) de saindoux, et on le fait fondre tout d'abord.

燒熱之末、放一小鈔乾麪。
Sao-zô tse mé, fang i siao ts'ao keu-mié.

Quand (la graisse) est fondue, on met une petite cuillerée (de cuiller à bouche) de farine (*m. à-m.* sèche).

乾麪炒黄之末、擔肉倒拉鑊子裡炒。
Keu-mié ts'ao waong-tse mé, tè gnô tao la wo-tse li ts'ao.

Après que la farine est devenue rousse par la cuisson, on met la viande dans la marmite pour la fricasser.

炒之一歇、倒點酒、舀點湯、再放點香料咾啥、慢慢之讓伊熝末者。
Ts'ao tse i hié, tao tié tsieû, yao tié t'aong, tsai faong tié hiang-leao lao-sa. Mè-mè-tse gnang i dô-mé-tsé.

Ayant remué un peu sur le feu, on verse du vin, on arrose d'un peu de bouillon, on ajoute encore un peu d'épices, etc. (Puis) on laisse à la fricassée le temps de bouillir.

時候个多少、只要肉熟之末、好者。
Ze-h'eû-ke tou-sao, tsé yao gnô sou-tse mé, h'ao-tsé.

La durée doit être telle que la vinade soit cuite parfaitement, alors c'est bien.

加料烘肺里。
Ka-leao h'ong fi li.

Filet de bœuf mariné rôti.

要揀嫩肺里、拿个筋攀一起批乾净、兩面要扦表粉條。
Yao kè nen fi-li. Nao-ke kien-p'è, i-k'i p'i keu-zing. Leang mié yao ts'ié piao-fen-diao.

Il faut choisir un filet tendre, et en enlever totalement les nerfs. Il faut larder des deux côtés.

扦好之末、擺拉一个頭號鉢頭裡。
Ts'ié h'ao tsè mé, pa la i-ke deû-hao pé-deû-li.

Après avoir lardé (le filet), on (le) met dans une terrine n° 1.

要用香料、香菜、葱咾生菜油、一淘拌拌和、
Yao yong hiang-leao, hiang-ts'ai, ts'ong lao sang-ts'ai-yeû, i-dao bè-bè-wou,

Il faut prendre des épices, du persil, des oignons et de l'huile d'olive (*m. à-m.* huile de salade), mêler

ts'ong lao sang-ts'ai yeû, i-dao bé-
什,介能搭,个一,夜天。
bé-wou, zé-ka-neng tè-ke i ya-t'ié.

le tout, et y laisser mariner (le filet) pendant une nuit.

燒个時候、鐵,炕要燒
Sao-ke ze-h'eû, t'i-k'ang yao sao-
得,熱。
te gné.

Quand le temps de cuire est venu, il faut chauffer le four parfaitement.

倘使咾箇隻,鐵,炕勿,
T'aong-se-lao kou-tsa t'i-k'ang vé
熱,,燒起來就勿,得,法,者。
gné, sao-k'i-lai zieû vé te-fa-tsé.

Si le four n'est pas bien chaud, (le filet) ne cuit pas bien (ne réussit pas).

炕熱,之末,,擔肺里擺
K'ang gné-tse mé, tè fi-li pa la t'i-
拉鐵,盤裡之,放下去烘。
bé li tse, faong hao-k'i h'ong.

Le four une fois chaud, prenant le filet, on le met dans la rôtissoire (que l'on) introduit dans le four pour faire rôtir.

再放一,眼酒、只,管要
Tsai faong i gnè tsieû, tsé-koé yao
澆澆湯、大約,兩三刻,
kiao-kiao t'aong. Da ya leang sè
工夫、多烘之倒要發,
ke kong fou; tou h'ong tse, tao yao
硬个。
fa-ngang-ke.

On ajoute encore un peu de vin, et il faut arroser souvent avec du bouillon. Environ $^{1}/_{2}$ h. ou $^{3}/_{4}$ d'h. (suffisent pour cuire le filet); si on le laisse rôtir davantage, il sera dur.

烘雞鴨,野雞等。
H'ong ki è ya-ki teng.

Poules, canards, faisans, etc. rôtis.

殺,好之雞、要推脫,毛、
Sè h'ao-tse ki, yao t'ei-t'é mao, wo-
或,者用滾水來泡、或,
tsé yong koen-se lai p'ao, wo-tsé
者乾推、乾推末,頂好。
keu t'ei : keu t'ei mé, ting h'ao.

Après avoir tué (*p. ex* :) la poule, il faut la plumer, ou bien en la faisant infuser dans l'eau bouillante, ou bien en la plumant à sec. Plumer à sec est le mieux.

要拿雞頭雞脚,一,起
Yao nao ki deû, ki kia, i-k'i tsè-
斬脫,之、用細繩紥,起
t'é tse, yong si-zeng tsè-k'i-lai,
來、放拉鐵,盤裡、一,隻,
faong la t'i-bé li, i-tsa i-tsa ba

Il faut couper la tête et les pattes des poules, (puis) on lit (le corps) avec une ficelle et on les range bien une à une dans la rôtissoire. On met un peu d'oignon, de cannelle, de muscade, etc. Pardessus on met un

一,隻,排好之、擺點葱、
h'ao tse, pa tié ts'ong, koei-bi,
桂皮、玉,果咾啥、上頭
gnô-kou lao-sa. Zaong-deû kiao
澆點猪油、或,者孏油、
tié tse-yeû, wo-tsé na-yeû. Yang
羊油末,勿,要擺、氣之
yeû mé, vé yao pa : k'i-tse-ke, da-
个、大概勿,大裡喜歡。
kai vé-da-li hi-hoé.

peu (*litt.* on arrose d'un peu) de saindoux ou de beurre. Il ne faut pas employer de graisse de mouton : (elle donne) mauvais goût, en général on ne l'aime guère.

烘起來要極,其留心、
H'ong-k'i-lai, yao ghie ghi lieû-sin
勿,要焦、只,管要揭,開
vé yao tsiao. Tsé-koé yao hié-k'ai-
來看看、還要只,管澆
lai k'eu-k'eu : wè yao tsé-koé kiao-
澆湯、兩面黃之末,要放
kiao t'aong. Leang mié waong-tse
點酒、鹽、咾啥、後來陸,
mé, yao faong tié tsieû, yé lao-sa.
續,放點牛肉,湯澆澆。
Heû-lai lô-zô faong tié gneû-gnô
t'aong kiao-kiao.

En rôtissant mettez toute votre (*m. à-m.* très-grande) attention à ne pas brûler (la viande). Il faut de temps en temps enlever le couvercle pour voir : il faut aussi de temps à autre arroser de bouillon. Dès que les deux côtés (de la poule) sont roux, on met un peu de vin, de sel, etc. Ensuite on arrose à diverses reprises avec un peu de bouillon de bœuf.

老婆雞末,,烘个三點
Lao-bou-ki mé, h'ong-ke sè-tié
鐘多點。
tsong tou tié.

S'il s'agit d'une vieille poule, il faut la laisser cuire 3 heures et plus.

嫩雞末,,烘个頭兩點
Nen ki mé, h'ong-ke deû leang-tié
鐘。
tsong.

Pour cuire un poulet (une poule tendre), il suffit de deux heures.

要體面點末,,脝膊
Yao t'i-mié tié mé, ten-bou-gnô-
肉,上、腿上、扦點表粉、
laong, t'ei-laong, ts'ié tié piao-
或,者肚裡塞,點斬碎个
fen, wo-tsé dou-li se tié tsè-sé-ke

Si l'on veut cuire (la poule) d'une façon plus distinguée, on larde quelque peu les blancs et les cuisses, ou bien on remplit le ventre d'un peu de hachis de viande de porc.

27

猪肉。。
tse-gnô.

出、骨、雞。 Ts'é-koé ki.

拿雞个背脊、骨、頭上先破開來、小心勿、要割、碎皮、雞骨、頭拿脫、之末、、擺斬碎个肉、拉當中、用一、塊布來紮、好之、放拉鍋子裡燒、雞頭雞脚、一、起擺拉去燒、燒𤋲之末、、拿出、來壓、个一、夜天、明朝切、之片頭、裝好之盆子拿出、去。

Nao ki-ke pei-tsi-koé-deû-laong, sié p'ou-k'ai-lai. Siao-sin vé yao k'e-sé bi. Ki koé-deû nao-t'é-tse mé, pa tsè-sé-ke gnô la taong-tsong, yong i-k'oei pou lai tsè h'ao-tse, faong la kou-tse li sao. Ki deû, ki kia i-k'i pa-la k'i-sao. Sao sou-tse mé, nao-ts'é-lai kè-ke i ya-t'ié. Ming-tsao ts'i tse p'ié-deû, tsaong h'ao tse ben-tse nao-ts'é-k'i.

Poule désossée
(Galantine de volaille).

Prenant une poule, on lui ouvre d'abord le dos, faisant attention à ne pas rompre la peau. Après avoir enlevé les os, on remplit le dedans de farce de viande de porc. On la lie avec une bande de toile, on la met dans la marmite pour la faire cuire, et l'on fait cuire ensemble la tête et les pattes. Quand (le tout) est cuit à point, on le met sous presse durant une nuit. Le lendemain on coupe en tranches et l'on sert dans un plat.

肋、膀骨。。 Le-baong-koé.

排骨、先一、根一、根斬好之、逐、一、根骨、頭上个肉、、一、起括、乾凈、還要一、根一、根拍、拍、鬆、用鹽、胡椒、葱、搭、个一、歇、、

Ba koé sié i-ken i-ken tsè h'ao-tse, zŏ i-ken koé-deû-laong-ke gnô, i-k'i koè keu-zing, wè yao i-ken i-ken pa-pa song. Yong yé, wou-tsiao, ts'ong, tè-ke i-hié.

Côtelettes.

Ayant d'abord bien coupé les côtelettes une à une en forme de tranches, on râcle proprement la chair de chaque côtelette, et de plus on doit les battre une à une pour les assouplir. On emploie (met) du sel du poivre, qu'on laisse s'imbiber quelque temps.

臨時喫、快咾煎、兩面

Quand l'heure du repas est pro-

Lin-ze k'ie k'oa lao tsié, leang mié
黃是末，好者、少須放
waong-ze (tse) mé h'ao-tsé, sao-
一，滴，滴，醋。
hiu faong i-ti-ti ts'ou.

che, on faire frire (les côtelettes), et quand les deux côtés (dessus et dessous) sont roux, on (y) fait dégoutter quelque peu de vinaigre.

烘搭，饅頭粉肋，膀、搭，
Hong tè-mé-deû-fen le-baong. Tè-
个時候、要加一，眼生菜
ke ze-h'eû, yao ka i ngè sang-ts'ai
油、逐，根要放生雞蛋、
yeû, zô ken yao faong sang ki-dè,
還有饅頭粉、只，要烘
wè yeû mé-deû fen : tsé yao h'ong
二刻，工夫。
gni-k'e kong-fou.

Côtelettées panées rôties. — En les assaisonnant, il faut ajouter un peu d'huile d'olive. On étend sur chaque côtelette un œuf cru et de la mie de pain, (puis) il faut seulement faire rôtir durant une $^1/_2$ heure.

乾�肋，膀、如同烘一，
Keu tseû le-baong. Zu-dong h'ong
樣、勿，用生菜油、臨時
i yang. Vé yong sang-ts'ai-yeû.
喫，快開油鍋、煎好之
Lin-ze k'ie k'oa, k'ai yeû kou. Tsié
末，擺拉熱，炕裡烘个
h'ao-tse mé, pa la gné k'ang li
五六，分工夫、嘗怕勿，
h'ong-ke n lô fen kong fou, zang-
熟，咾。
p'ouo vé zô lao.

Côtelettes frites dans beaucoup de graisse. — La manière est la même que (la précédente). On n'emploie pas d'huile. Quand l'heure du repas approche, on découvre la marmite (pour les frire). Quand elles sont frites, on les met cuire dans le four ardent pendant 5 à 6 minutes, de peur qu'elles ne soient pas assez cuites.

燻肋，膀肉，等。
Hiun le-baong gnô teng.

Côtelettes et autres viandes grillées.

要用炭火、先拿鐵，
Yao yong t'è-h'ou. Sié nao t'i-len
輪燒熱，之、要揩得，乾
sao-gné tse. Yao k'a-te keu-zing,
净、乃末，擺上燻、燻來
nai-mé pa zaong hiun. Hiun-lai
兩面黃之末，就是好。
leang mié waong-tse mé, zieû ze

On doit employer des charbons ardents (de charbon de bois). D'abord on met le gril dessus pour le chauffer. Il faut essuyer (le gril) proprement, puis on met (la viande) dessus pour la griller. Quand les deux côtés (*m. à-m.* faces) sont roux alors c'est bien.

h'ao.	
牛肉,排。*Gneû-gnô ba.*	*Bœuf frit.*
揀好个牛肉,,出,脫,之筋攀,拍,拍,鬆,做一,塊一,塊,如同塌,餅能,像肋,膀一,樣煎法,,也要放一,些些醋,再加一,眼眼醋,喫,起來發,嫩者。 *Kè h'ao-ke gneû-gnô, ts'é-t'é tse kien p'è, pa-pa song. Tsou i-k'oei-i-k'oei, zu-dong t'è-ping neng, ziang le-baong i-yang tsié fè. A yao faong i sié-sié ts'ou. Tsai ka i ngè-ngè ts'ou, k'ie-k'i-lai fa-nen-tsé.*	Choisissant de bon bœuf, on enlève les nerfs, (les tours et les peaux) et on bat (la viande) pour l'assouplir. On en fait des (on la coupe par) tranches pareilles à de petites galettes, et on fait frire comme pour les côtelettes. Il faut aussi mettre un tant soit peu de vinaigre. Si l'on met tant soit peu de vinaigre, (le bœuf) est plus tendre à manger.
燒肋,排咾啥,總勿,要燒來太熟,,也勿,要太生,總要有點血,印印,喫,起來也勿,硬,也勿,朋者。 *Sao le-ba lao-sa, tsong vé yao sao-lai t'ai zô, a vé yao t'ai sang. Tsong yao yeû tié hieu-yn-yn, k'ie-k'i-lai a-vé ngang, a-vé gnen-tsé.*	En cuisant des tranches de bœuf, etc. il faut absolument éviter de trop cuire, et aussi de ne pas cuire suffisamment. Il est indispensable que la viande (cuite) soit quelque peu saignante, n'étant ni dure, ni coriace.
腦子。*Nao-tsé.*	*Cervelle.*
先要拿腦子上个筋攀,剝,乾淨,用葱,酒,白,燒好之後來,或,者澆湯,或,麪熇,隨便喫,客,。 *Sié yao nao nao-tse-laong-ke kien-p'è, pô keu-zing. Yong ts'ong, tsieû, pa-sao h'ao tse heû-lai, wo-tsé kiao t'aong, wo-tsé mié tseû, zu-bié k'ie-ka.*	D'abord il faut enlever les nerfs (la peau) de la cervelle, les arrachant proprement. Après avoir fait bouillir (la cervelle) dans l'eau avec de l'oignon et du vin, ou bien on l'arrose de bouillon, ou bien on la frit avec de la farine, au gré des convives.

雞排。Ki ba.

一隻雞好做四塊。拿兩隻腿，兩塊脝膞，切來如同肋膀个能，燒起來也如同肋膀一樣。

I-tsa ki h'ao tsou se k'oei. Nao leang-tsa t'ei, leang-k'oei ten-bou, ts'i-lai zu-dong le-baong-ke neng, sao-k'i-lai a zu-dong le-baong i-yang.

Tranches de poule.

On peut d'une poule faire quatre quartiers. On prend les deux cuisses et les blancs, on les coupe comme des côtelettes, et on les fait cuire aussi de la même façon que les côtelettes.

烘羊腿。H'ong yang t'ei.

一隻全羊腿，頭上要切得圓咾有樣式。烘起來末，鐵炕要燒得熱，只要烘个一點鐘，再多末一下二刻。什蓋能也勿生，也勿熟，切出來有點血印印。西洋法子筭頂得法，本地人勿大裡喜歡喫个。箇樣肉只好難板喫喫，大概喫得勿多。

I-tsa zié yang t'ei, deû-laong yao ts'i-te yeu lao yeû yang-se. H'ong-k'i-lai mé, t'i-k'ang yao sao-te gné, tsé yao h'ong-ke i-tié tsong, tsai-tou mé, i hia gni-k'e. Zé-kai-neng a vé sang, a vé zô : ts'i-ts'é-lai yeû tié hieu-yn-yn : si-yang fè-tse, seu ting te-fè, pen-di-gnen vé da-li hi-hoé k'ie-ke : kou-yang gnô tsé-h'ao nè-pè k'ie-k'ie, da-kai k'ie-te vé-tou.

Gigot de mouton rôti.

Il faut prendre un gigot de mouton tout entier, et l'arrondir proprement par le haut (le gros bout). Pour le rôtir, il faut chauffer le four bien ardent, et l'y rôtir une heure seulement, ou au plus une heure et demi. De la sorte, il ne sera ni pas (assez) cuit, ni (trop) cuit; en le coupant, il sera un peu saignant : à la facon européenne, cela passe pour être parfaitement réussi. Les indigènes ne s'en soucient pas beaucoup : le mieux pour eux est d'en manger le plus rarement possible, (et) la plupart en mangent peu.

烘小牛肉，小猪肉。

H'ong siao-gneû-gnô, siao-tse gnô.

Veau rôti; cochon de lait rôti.

烘第个兩樣肉，要烘得熟，勿然別人喫之

H'ong di-ke leang-yang gnô, yao

Pour ces deux sortes de viandes rôties (*m. à-m.* (pour) rôtir ces deux sortes de viande), il faut rôtir

h'ong-te zô. Vé zé, bié-gnen k'ie tse
勿，消化，猪肉，要揀腈
vé siao-h'ouo. Tse-gnô yao kè tsing
點个，肥肉，末，人勿，大
tié-ke : bi-gnô mé, gnen vé da-li
裡要喫，烘个前頭，少
yao k'ie. H'ong-ke zié-deû, sao-su
須瀘个一，歇，歇。
yé-ke i-hié-hié.

parfaitement, sinon ceux qui les mangent ne les digèrent pas. (Pour) le cochon, il faut choisir les parties un peu maigres : on aime pas beaucoup manger le gras. Avant de rôtir, on sale quelque peu et on laisse mariner quelque temps.

家野兎子。Ka ya t'ou-tse.

Lapin domestique. Lièvre, lapin sauvage.

殺，兎子末，勿，要緊用
Sè t'ou-tse mé, vé yao-kien yong
刀，只，要腦後拷一，記，
tao; tsé yao nao-heû k'ao i ki, zieû
就死者，兩樣兎子，齊
si-tsé. Leang yang t'ou-tse, zi yao
要剝，皮个，小炒兎子，
pô-bi-ke. Siao ts'ao t'ou-tse, yao
要加點猪肉，一，淘燒，
ka tié tse-gnô i-dao sao; yen-wei
因爲兎子無油水，勿，攏
t'ou-tse m yeû-se, vé pa tse-gnô,
猪肉，勿，好喫，酒末，要
ve h'ao k'ie. Tsieû mé yao yong
用紅酒，好看點用白，
hong tsieû, h'ao-k'eu-tié yong ba
葡萄酒，箇樣物，事腥
p'ou-dao-tsieû. Kou-yang mé-ze,
氣重殺，个，要多放點
sing-k'i zong-sè-ke, yao tou faong
酒去，烘末，一，隻，兎，子
tié tsieû k'i. H'ong mé, i-tsa t'ou-
斬四塊，逐，一，塊要扦
tse tsè se k'oei, zô i-k'oei yao ts'ié
表粉條，烘起來酒也
piao-fen-diao, h'ong-k'i-lai tsieû
要多放點，凡於燒野

(Pour) tuer les lapins, il n'est pas besoin d'user de couteau; il faut seulement asséner un coup sur la nuque, et (l'animal) meurt de suite. Les lapins des deux sortes doivent être dépouillés. (Pour) un ragoût de lapin, il faut mettre un peu de lard et (le) cuire ensemble; parce que le lapin n'ayant pas de graisse, si l'on ne met pas de lard, (la viande) ne sera pas bonne à manger. Quant au vin, il faut employer du vin rouge ou mieux encore du vin blanc. Cette viande a une odeur très-forte, (c'est pourquoi) il faut ajouter un peu de vin dans (le ragoût). Si l'on rôtit, on coupe le lapin en 4 quartiers, on larde chaque quartier, et on met un peu plus de vin en rôtissant. Toute venaison doit (se cuire) ainsi.

a yao tou faong tié. Vè-yu sao
貨末、齊要什、蓋能樣
ya-fou mé, zi yao zé-kai-neng
式。
yang-se.

魚。*N.*

剮魚末、鱗要括、得、乾
Ze n mé, lin yao koé-te keú-zing.
凈、破肚小心、勿、要割、碎
P'ou dou siao-sin vé yao keu-sé
膽、魚膽碎之末、苦來死
tè : n tè sé-tse mé, k'ou lai-si m
無喫、頭、凈起來要凈來
k'ie-deú. Zing-k'i-lai yao zing-lai
乾凈點、凈好之、拿鹽、
keu-zing tié. Zing h'ao-tse, nao
酒、葱、䭃个一、歇、或、者
yé, tsieú, ts'ong, ts'iang-ke i hié.
烘、或、者燒、或、者澆湯、
Wo-tsé h'ong, wo-tsé sao, wo-tsé
大約、如同肉、差勿、多
kiao t'aong, da-ya zu-dong gnô
樣式。
ts'ouo-vé-tou yang-se.

Poissons.

En écaillant le poisson, il faut enlever les écailles proprement. En ouvrant le ventre, faites attention à ne pas crever le fiel : le fiel de poisson (une fois) répandu (rend le poisson) très-amer et immangeable. Quant à laver le poisson, il faut le laver proprement (*m. à-m.* plus proprement). Après l'avoir lavé, mettez du sel, du vin, de l'oignon, et mélangez un peu pour y faire mariner (le poisson). On bien faites rôtir, on bien faites cuire dans l'eau, ou en arrosant de bouillon, à peu près comme la viande.

燉魚或白燒魚。
T'en n, wo ba sao n.

一、條魚刮、脫、之魚鱗、
I-diao n, koè-t'é tse n-lin, wè dou-
挖、肚腸末、要從(打)頭
zang mé, yao zong (tang) deú-bè-
爿下底挖、勿、要破(剖)
hao-ti wè, vé yao p'ou (p'eú) dou:
肚、要極、其留心、勿、要
yao ghie ghi lieú sin, vé yao wè
挖、碎膽、剮好之魚、或、者
sé tè. Ze h'ao-tse n, wo-tsé ts'i
切、大塊頭、或者囫、圇个、

Poisson cuit à la vapeur ou à l'eau (court-bouillon).

Prenant un poisson, on l'écaille, et on le vide par les ouïes, sans ouvrir le ventre. Il faut surtout bien prendre garde de crever le fiel. Après avoir préparé le poisson, on le coupe en grosses tranches ou bien (on le laisse) entier, et on le met dans un vase, où l'on verse un peu de vin, avec de l'oignon, du sel, du poivre, des carottes ou des navets, du persil, etc., et on y laisse le poisson mariner

dou k'oei-deû, wo-tsé wé-len-ke,
擺拉家生裡，倒一眼酒，
pa la ka-sang li, tao i ngè tsieû,
放點葱、鹽、胡椒、葫蘿
faong tiè ts'ong, yé, wou-tsiao, wou-
蔔，或者水蘿蔔，芹菜
lo-bo, wo-tsé se-lo-bo, kien-ts'ai
咾啥，搭个下鐘把工
lao-sa, tè-ke hia tsong pouo kong-
夫，後來或者擺拉白布
fou. Heû-lai wo-tsé pa la ba pou
上，放拉籠格裡燉，或
laong, faong la long-ka-li t'en,
者白燒，用那裡一樣
wo-tsé ba sao. Yong a-li-i-yang
湯末，隨便喫个人，或
t'aong mé, zu-bié k'ie-ke gnen, wo-
者用黃湯，或者用辣
tsé yong waong t'aong, wo-tsé yong
湯咾啥。
lè-t'aong lao-sa.

une heure environ. Ensuite, ou bien on met le poisson sur un linge blanc et on le fait cuire à la vapeur, ou bien on le fait cuire à l'eau. Pour la sauce, on la fait suivant les goûts des gens (convives), ou bien une sauce blanche, ou bien une mayonnaise, etc.

肉圓。*Gnô yeu.*

Boulettes de viande (de hachis).

拿肉斬細之，少須放
Nao gnô tsè si-tse, sao-su faong-
个一眼饅頭肉，用鹽、
ke i ngè mé-deû gnô. Yong yé,
胡椒、酒、葱、醬油，一淘
wou-tsiao, tsieû, ts'ong, tsiang-
拌和，做一个一个圓
yeû, i-dao bé-wou, tsou i-ke i-ke
子能，或燒，或烘，或煎，
yeu-tse-neng. wo sao, wo h'ong,
隨便喫客揀中。
wo tsié, zu-bié k'ie-k'a kè-tsong.

Ayant haché la viande bien menue, ajoutez-y un peu mie de pain. Mettez du sel, du poivre, du vin, des oignons, du *tsiang-yeû*, mélangez le tout, et faites-en des boulettes. (Ensuite) vous les faites ou cuire, ou rôtir, ou frire, selon le choix des convives.

爛腸。*Lè-zang.*

Saucisses.

拿猪腸裡向个油筋，
Nao tse zang li-hiang-ke yeû kien,

On enlève les nerfs et la panne de l'intérieur des boyaux de cochon, en

一、起括、乾淨、用斬碎个
i-k'i koè keu-zing. Yong tsè-sé-ke
肉、如同肉、圓个肉、一、
gnô, zu-dong gnô-yeu-ke gnô i-
樣、慢慢能塞、進去、一、
yang, mè-mè-neng se-tsin-k'i. I-
段一、段結、好之、掛拉烟
deu i-deu kié-h'ao tse, kouo la yé-
囱邊頭、隨便幾時要
ts'ong p'ié-deû. Zu-bié ki-ze yao
喫、末、燒一、段。
k'ie mé, sao i deu.

râclant proprement (nettement). Prenant (ensuite) du hachis de viande, pareil à celui des boulettes, on remplit peu à peu (les boyaux). On les lie un à un (avec une ficelle), et on les suspend aux parois de la cheminée. Au temps où l'on voudra en manger, on en fera cuire une.

熱、炒。*Gné-ts'ao.*

凡於熱、炒、鑊、子要燒
Vè-yu gné-ts'ao, wo-tse yao sao-
得、熱、有點青烟起、乃
te gné. Yeû tié ts'ing yé k'i, nai-
末、拿肉、片、或、肉、絲、魚
mé nao gnô p'ié, wo gnô se, n
片、腰子咾啥、倒下去、要
p'ié, yao-tse lao-sa, tao-hao-k'i.
炒得、快、七、八、分工夫
Yao ts'ao-te k'oa : ts'i pè fen kong-
末、好者、放个一、眼醋、
fou mé, h'ao-tsé. Faong-ke i ngè
或、者酒。
ts'ou, wo-tsé tsieû.

Friture.

Pour toute friture, il faut chauffer la marmite à point. Quand la fumée s'élève un peu noire, alors prenez les tranches de viande, ou les filets (morceaux effilés) de viande, ou les tranches de poisson, ou les rognons, etc. et mettez dans la marmite. Il faut frire rapidement : 7 à 8 minutes suffisent. On met un filet de vinaigre ou du vin.

拜對。*Pa-tei.*

就是用乾麪做一、个
Zieû-ze yong keu-mié tsou i-ke
殼、子、當中擺碎肉、上
k'o-tse. Taong-tsong pa sé gnô,
面放一、隻、出、骨、鷄、或、
zaong-mié faong i-tsa ts'é-koé ki,
者鴿、子咾啥、再上頭
wo-tsé ké-tse lao-sa. Tsai zaong-
做一、个麪蓋頭、麪蓋

deû tsou i-ke mié kai-deû. Mié-kai
上要做點花葉，子咾
laong, yao tsou tié h'ouo yé-tse lao-
啥。烘个前頭、要刷，點
sa. H'ong-ke zié-deû, yao sé tié
雞蛋殼拉蓋上、烘起
ki-dè foang la kai laong, h'ong-
來有之神氣者。
k'i-lai yeû-tse zen k'i-tsé.

pâté) avec du jaune d'œuf (afin de lui donner) en le cuisant une odeur (un goût) agréable.

烘猪脚。H'ong tse kia.

猪脚，上个毛末，要鉗
Tsé kia laong-ke mao mé, yao ghié-
得乾淨、先白，燒好之、
te keu-zing. Sié ba-sao hao-tse,
拿出，來擺點饅頭粉、
nao-ts'é-lai pa tié mé-deû fen,
放拉鐵，盤裡烘个一，歇。。
faong la t'i-bé li h'ong-ke i hié.
勿，要多烘、多烘之末。。
Vé yao tou h'ong; tou h'ong-tse
皮要硬个。
mé, bi yao ngang-ke.

Pieds de cochon rôtis.

Il faut épiler proprement (nettement) les pieds de cochon. Les ayant d'abord échaudés comme il faut, on y met de la mie de pain, et on les fait cuire quelque temps dans la rôtissoire. Il ne faut pas les laisser cuire longtemps ; (car) s'ils sont trop cuits, la peau se durcit.

紅湯。H'ong t'aong.

用嬭油、或，猪油、搭，
Yong na-yeû, wo tse-yeû, tè keu-
乾麪一，淘炒黃之、然
mié i-dao ts'ao waongt se. Zé-heû
後末，放葱下去炒、炒
mé, faong ts'ong hao-k'i ts'ao. Ts'ao-
熟，之末。。加肉，湯下去、
zô-tse mé, ka gnô t'aong hao-k'i,
一，頭加、一，頭抄、勿，要
i-deû ka, i-deû ts'ao, vé yao gnang
讓伊成塊、好之末，加一，
i zeng-k'oei. H'ao-tse mé, ka i tié
點醋、鹽，胡椒、勿。。要太
ts'ou, yé, wou-tsiao, vé yao t'ai

Sauce blonde (m. à-m. *rouge*).

On emploie du beurre ou de la graisse (du saindoux), qu'on fricasse avec de la farine (de façon à obtenir) une couleur rousse (*m. à-m.* jaune). Ensuite on met des oignons et on cuit en remuant. Quand (la sauce) est cuite à point, ajoutez du bouillon de viande et remuez en le mettant, de peur que (la sauce) ne s'agglutine (*m. à-m.* il ne faut pas (la) laisser s'agglutiner). Quand c'est bien (lié), ajoutez un filet de vinaigre, du sel, du poivre, et prenez garde que la sauce ne soit ou trop

厚、勿，要太薄。
heú, vé yao t'ai bŏ.

épaisse ou trop claire.

黃湯。*Waong t'aong.*

Sauce blanche (m. à-m. jaune).

拿乾麪用原湯調好之薄，漿、放點鹽、胡椒、醋、或，者勿，用醋、用酸瓜斬細之搯拉去、末，脚，末，擔鷄蛋黃慢慢裡調下去，厚薄，末，要正好。
Nao keu-miè yong gneu-t'aong diao h'ao-tse bŏ tsiang, faong tiè yè, wou-tsiao, ts'ou, wo-tsé vé yong ts'ou, yong seu-kouo tsè si-tse dao la-k'i. Mé-kia-mé, tè ki-dè foang mé-mé-li diao-hao-k'i. Heu bŏ mé, yao tseng h'ao.

Prenez de la farine et l'ayant délayée clair dans du bouillon, mettez du sel, du poivre, du vinaigre, ou en place de vinaigre, employez des cornichons hachés menu, et mélangés (avec la sauce). Enfin prenez des jaunes d'œuf que vous mélangez peu-à-peu. Il faut que la sauce ne soit ni trop épaisse ni trop claire.

番柿湯。*Fè-ze taong.*

Sauce tomate.

如同紅湯一，樣个、但不，過加番柿漿、勿，要放醋、因爲番柿有點酸个。
Zu-dong hong t'aong i-yang-ke; tè-pé-kou ka fè-ze tsiang. Vé yao faong ts'ou, yen-wei fè-ze yeú tié seu-ke.

(Procédez) comme pour la sauce blonde; seulement ajoutez du jus de tomate. Il ne faut pas mettre de vinaigre, parce que les tomates sont un peu acides.

加理湯。*Ka-li t'aong.*

Sauce au Kari.

要拿隨便啥个肉，切，之骰子塊、先燒好之、後來末，用乾麪、猪油、炒好之湯、擔加理粉咾肉，加下去、淘飯喫，頂好。
Yao nao zu-bié sa-ke gnŏ, ts'i-tse deú-tse-k'oei, sié sao h'ao-tse, heú-lai-mé yong keu-mié, tse-yeú, ts'ao h'ao-tse t'aong. Tè ka-li fen lao gnŏ ka-hao-k'i. Dao vè k'ie ting h'ao.

Prenez n'importe quelle viande, coupez-la en petits cubes *(m. a-m.* dés), cuisez d'abord à l'eau, (puis) prenez de la farine, du saindoux et faites cuire en remuant. Prenez (ensuite) du kari en poudre et la viande, et mélangez (le tout). Cette sauce est excellente avec le riz.

辣,湯、*Lè t'aong.*
比如拿三四个鷄蛋 *Pi-zu nao sa se-ke ki-dè foang,* 黃,放一,眼鹽、要調个刻, *faong i ngè yé, yao diao-ke k'e* 把工夫、一,頭搗、一,頭加 *pouo kong-fou, i-deû dao, i-deû ka* 生菜油、或,蔴油、什,蓋 *sang-ts'ai yeû, wo mô yeû. Zé-kai-* 能越,搗越,厚、看起來 *neng yeu dao yeu heû. K'eu-k'i-lai* 什,蓋模樣者、加芥辣, *zé-kai-mo-yang-tsé, ka ka-lè fen* 粉咾醋、能彀做一,宮 *lao ts'ou. Neng-keû tsou i kong* 碗湯、熱,天慣常用第 *wé t'aong. Gné-t'ié koè-zang yong* 隻,湯。 *di-tsa t'aong.*

Sauce à la moutarde (Mayonnaise).

Par ex : prenez 3 ou 4 jaunes d'œuf, mettez-y un peu de sel et mélangez pendant à peu près un quart d'heure, d'un côté battant les œufs, de l'autre mettant de l'huile d'olive ou de sésame. De cette manière plus on bat les œufs plus ils s'épaississent. Les voyant ainsi (épaissis comme du sirop), on met de la moutarde en poudre et du vinaigre. On en peut faire ainsi une grande tasse (ou bol). En été souvent on emploie cette sauce.

第个五樣湯、肉,、魚、 *Di-ke n yang t'aong, gnô, n, dè,* 蛋、菜、齊好用个。 *ts'ai, zi h'ao yong-ke.*

Ces cinq sortes de sauces peuvent toutes servir pour la viande, le poisson (et) les œufs.

燒肉,魚蛋名頭。*Sao gnô n dè ming-deû.* CATALOGUE DES (DIFFÉRENTS) PLATS DE VIANDE, DE POISSON ET D'ŒUFS.

白,燒牛肉,。*Ba-sao gneû-gnô.* Bœuf bouilli.

紅燒塊頭牛肉,。*Hong sao k'oei-deû gneû-gnô.* Tranches de bœuf bouillies roux.

小炒牛肉,。*Siao-ts'ao gneû-gnô.* Ragoût de bœuf.

烘牛肉,。*H'ong gneû-gnô.* Bœuf rôti au four.

澆湯牛肉,。*Kiao-t'aong gneû-gnô.* Bœuf avec une sauce.

牛肉,捲。*Gneû-gnô kieu.* Bœuf en roulade.

牛肉,圓。*Gneû-gnô yeu.* Boulettes de bœuf.

牛肉,排。*Gneû-gnô ba.* Bifteck.

烘肺里。*H'ong fi-li.* Filet (de bœuf) rôti au four.

牛舌,頭。*Gneû zé-deû.* Langue de bœuf.

燻牛膀。*Hiun gneû baong.* Côtelettes de bœuf grillées.

烘小牛肉。*H'ong siao-gneû-gnô*. Veau rôti.

肋膀骨。一根 *Le-baong-koé (i-ken)*. Côtelettes.

小牛肋膀。*Siao-gneû le-baong*. Côtelettes de veau.

猪肋膀。*Tse le-baong*. Côtelettes de cochon.

羊肋膀。*Yang le-baong*. Côtelettes de mouton.

雞排。*Ki ba*. Tranches de poulet.

煎肋膀。*Tsié le-baong*. Côtelettes frites avec peu de graisse.

油㸆肋膀。*Yeû-tseû le-baong*. Côtelettes frites.

烘肋膀。*Hong le-baong*. Côtelettes rôties.

燻肋膀。*Hiun le-baong*. Côtelettes grillées.

紅燒羊肉。*Hong sao yang-gnô*. Mouton bouilli brun.

小炒羊肉。*Siao-ts'ao yang-gnô*. Mouton en ragoût.

烘羊腿。*Hong yang-t'ei*. Gigot rôti.

白燒羊肉。*Ba-sao yang-gnô*. Mouton bouilli.

猪肝。*Tse keu*. Foie de cochon.

炒猪肝。*Ts'ao tse keu*. Ragoût de foie de cochon.

烘猪肝。肝有糯性硬性、要買糯性个。*H'ong tse keu. — Keu yeû nou-sing gnang-sing : yao ma nou-sing-ke*. Foie de cochon rôti. — Le foie est (tantôt) tendre, (tantôt) dur : il faut en acheter de tendre.

紅燒塊頭猪肉。*H'ong-sao k'oei-deû tse-gnô*. Tranches de cochon bouillies roux.

白燒猪肉。*Ba-sao tse-gnô*. Cochon bouilli.

澆黃湯肉。*Kiao waong-t'aong gnô*. Viande à la sauce blanche.

燒肉圓。*Sao gnô yeu*. Boulettes de viande; cuire des boulettes de viande.

油煎肉圓。*Yeû-tsié gnô-yeu*. Boulettes frites.

烘肉圓。*Hong gnô-yeu*. Boulettes rôties (cuites au four).

網油包肉圓。*Maong-yeû pao gnô-yeu*. Boulettes enveloppées de panne.

饅頭夾肉。*Mé-deû kè-gnô*. Pain farci de viande.

小炒猪肉。*Siao-ts'ao tse-gnô*. Ragoût de cochon.

炒肉片。*Ts'ao gnô pié*. Ragoût de petites tranches de viande.

紅燒蹄子。*H'ong sao di-tse*. Jambon bouilli roux.

白燒蹄子。*Ba-sao di-tse*. Jambon bouilli.

油㸆蹄子。*Yeû-tseû di-tse*. Jambon frit.

紅燒猪脚。*H'ong sao tse-kia*. Pieds de cochon bouillis roux.

白燒猪脚。*Ba sao tse-kia*. Pieds de cochon bouillis.

烘猪脚。*H'ong tse-kia*. Pieds de cochon rôtis au four.

烘猪腿。*H'ong tse-t'ei*. Jambon

rôti.

雞鴨,鵝。Ki-è-ngou. Volaille (m. à-m. poule, canard, oie).

烘鷄。H'ong ki. Poule rôtie.

紅燒雞。Hong sao ki. Poule bouillie roux.

白,燒雞。Ba-sao ki. Poule bouillie.

小炒塊頭雞。Siao ts'ao k'oei-deù ki. Ragoût de tranches de poule.

白,燒塊頭鷄。Ba-sao k'oei-deû-ki. Tranches de poule bouillies.

黄湯鷄。Waong t'aong ki. Poule à la sauce blanche.

加理鷄。就是小炒鷄裡加加理粉。Ka-li ki. — Zieû-ze siao-ts'ao ki li ka ka-li fen.

Poulet au kari. — C'est un poulet (ou une poule) en ragoût assaisonné de kari.

出,骨,頭雞。Ts'é koé-deû ki. Poule désossée.

飯婆鷄。就是白,燒雞,擺拉飯上。飯末,要用鷄湯來燒爛飯。再用鷄蛋黄拌拉飯裡。鷄放拉上面。Vè bou ki. — Zieû-ze ba sao ki, pa la vè laong : vè mé, yao yong ki taong lai sao lai vè, tsai yong ki-dè foang bè la vè li, ki faong la zaong-mié.

Poule au riz. — C'est une poule cuite à l'eau qu'on place sur le riz (vè). Pour le riz, ou le fait cuire parfaitement (presque en marmelade) dans le bouillon de poule. On ajoute au riz des jaunes d'œufs qu'on y mélange, et on met la poule dessus.

鴿,子。一隻,Ké-tse (i-tsa.) Pigeon, colombe.

烘鴿,子。H'ong ké-tse. Pigeon rôti au four.

紅燒囫,圇鴿,子。H'ong sao wé-len ké-tse. Pigeon entier bouilli roux.

白,燒鴿,子。Ba sao ké-tse. Pigeon bouilli.

小炒鴿,子。Siao-ts'ao ké-tse. Ragoût, fricassée de pigeon.

鵓,鴣。小鳥一,樣个。Bé-kou, siao gnao, i-yang-ke. (Pour) les tourterelles (et autres) petits oiseaux, (on les fait cuire) de même.

炒大鰕。Ts'ao dou h'eu. Grandes crevettes frites en remuant.

炒鰕仁。Ts'ao h'eu gnen. Crevettes écaillées frites en remuant.

麪熓鰕。Mié tseû h'eu. Crevettes cuites avec de la farine.

蜊。Li. Huitres.

鷄蛋。一,个 Ki-dè (i-ke). Œufs.

炒蛋。Ts'ao-dè. Omelettes.

炒爛蛋。Ts'ao-lè-dè. Omelette peu cuite.

炒蛋餃。Ts'ao-dè-kiao. Petite omelette.

炒蛋捲。Ts'ao dè-kieu. Omelettes minces roulées (façon tant soit peu chinoise).

油滚蛋。*Yeû-koen dè.* OEufs frits.

油煎蛋。*Yeû tsié dè.* OEufs pochés.

荷包蛋。*Wou-pao dè.* Id.

烘蛋。*H'ong dè.* OEufs sur le plat, œufs au miroir.

燉蛋。*T'en dè.* OEufs cuits au bain-marie.

蛋皮。*Dè bi.* Omelette chinoise.

泡鷄蛋。*P'ao ki-dè.* OEufs à la coque.

搪戱蛋。*Daong-faong dè.* Id. demi-durs.

制熟蛋。*Tse-zó dè.* OEufs durs.

乾炒熟蛋。*Keu ts'ao zó dè.* OEufs durs en friture.

水鋪蛋。*Se-p'ou dè.* OEufs cuits dans l'eau après avoir été débarrassés de leur coque.

炒蛋絲。*Ts'ao dè se.* Filets d'œufs durs en fricassée (avec une sauce).

糖燒蛋。澆西洋燒酒。*Daong sao dè. — Kiao si-yang sao-tsieû.* Omelette au sucre. — On l'arrose d'eau-de-vie (ou de rhum).

魚咾蛋要喫得新鮮。*Yu lao dè yao k'ie-te sin-sié.* 宿之末，就勿好喫者。*Só-tse mé, zieû vé h'ao k'ie-tsé.* 肉末宿，勿碍个。*Gnó mé, só tié vé ngai-ke.* 冷天前幾日買，熱天當日買。*Lang t'ié zié ki gné ma, gné t'ié taong-gné ma.*

Le poisson et les œufs demandent à être mangés frais. S'ils sont vieux, ils ne sont plus bons à manger. Pour la viande, qu'elle ne soit pas si fraîche, cela ne fait rien. En hiver, on peut l'acheter quelques jours à l'avance; (mais) en été, il faut l'acheter le jour même.

菜。*Ts'ai.* LÉGUMES; PLATS DE LÉGUMES.

素菜。*Sou-ts'ai.* Légumes.

西洋芋艿。*Si-yang yu-na.* Pommes de terre (*m. a-m. yu-na* d'Europe).

生炒芋艿。*Sang ts'ao yu-na.* Ragoût de pommes de terre.

孄酪炒芋艿。*Na-lo ts'ao yu-na.* Pommes de terre au lait.

黄湯芋艿。*Waong t'aong yu-na.* Pommes de terre à la sauce blanche.

烘芋艿。*H'ong yu-na.* Pommes de terre cuites au four.

蒸芋艿。*Tseng yu-na.* Pommes de terre cuites à la vapeur.

油煎芋艿。*Yeû-tsié yu-na.* Pommes de terre frites.

乾炒芋艿。*Keu ts'ao yu-na.* Id. dans peu de graisse.

踏碎芋艿。*Dè-sé yu-na.* Pommes de terre en fécule.

芋艿圓。*Yu-na yeu.* Boulettes de pommes de terre.

烘碎芋艿。*H'ong sé yu-na.*

Fécule de pomme de terre cuite au four.

油煎芋艿圓。*Yeû-tsié yu-na yeu.* Boulettes de pommes de terre frites.

囫,圇芋艿。*Wé-len yu-na.* Pommes de terre en chemise. (*m. à m.* entières).

炒青菜。*Ts'ao ts'ing ts'ai.* Choux verts cuits; cuire (fricasser) des choux verts.

炒塔,顆菜。*Ts'ao t'è-k'ou-ts'ai.* Cuire (fricasser) des choux d'hiver; choux d'hiver cuits.

炒油菜。*Ts'ao yeû ts'ai.* Cuire du colza; colza cuit.

炒藏菜。*Ts'ao zaong-ts'ai.* Cuire des *zaong-ts'ai* (autres choux).

炒菜劍。*Ts'ao ts'ai kié.* Cuire des pousses de colza.

炒小白,菜。*Ts'ao siao ba ts'ai.* Cuire des petits choux.

炒莧菜。*Ts'ao hié-ts'ai.* Cuire de l'amarante.

炒菠菜。菠菜也可以出,白,,斬碎之咾炒。*Ts'ao pou-ts'ai. — Pou-ts'ai a k'o-i ts'é ba, ts'è-sé-tse lao ts'ao.* Cuire (fricasser) des épinards. — On peut aussi cuire les épinards à l'eau, et ensuite les hacher pour les fricasser.

炒黃芽菜。*Ts'ao waong-nga-ts'ai.* Cuire des choux du *Chan-tong.*

炒包心菜。*Ts'ao pao-sin ts'ai.* Cuire des choux pommés.

炒菜花菜。第个幾樣,也可以燒紅湯,或黃湯。*Ts'ao ts'ai-h'ouo-ts'ai. — Di-ke ki-yang, a k'o-i sao hong t'aong, wo waong t'aong.* Cuire des choux-fleurs. — Ces diverses sortes de choux peuvent aussi être cuits (preparés) à la sauce blonde ou à la sauce blanche.

菜蘂頭。*Ts'ai-gnu-deû.* Choux de Bruxelles.

水蘿蔔,。*Se lo-bo.* Grosses raves; navets.

炒蘿蔔,塊。*Ts'ao lo-bo k'oei.* Cuire (fricasser) des morceaux de navets.

炒蘿蔔,片。*Ts'ao lo-bo p'ié.* Fricasser des tranches de navets.

炒蘿蔔,絲。*Ts'ao lo-bo se.* Id. des filets de navets.

炒葫蘿蔔,。*Ts'ao wou-lo-bo.* Cuire (fricasser) des carottes.

油㷅葫蘿蔔,。*Yeû-tseû wou-lo-bo.* Friture de carottes; faire une etc.

麪㷅葫蘿蔔,。*Mié tseû wou-lo-bo.* Id. avec de la farine.

小紅蘿蔔,。*Siao-hong-lo-bo.* Radis.

西洋豇荳。一,根 *Si-yang kaong-deû.* (*i-ken*) Haricots verts européens.

中國,豇荳。*Tsong-kô kaong-deû.* Id. chinois.

炒豇荳。*Ts'ao kaong-deû.* Fricasser des haricots verts.

油㷅豇荳。*Yeû-tseû kaong-*

deú. Frire des haricots verts.

麪熇豇荳。*Mié tseû kaong-deú*. Id. avec de la farine.

黄湯豇荳。*Waong t'aong kaong-deú*. Haricots verts à la sauce blanche.

拌豇荳。*Bé kaong-deú*. Haricots cuits en salade.

炒白,藊荳。*Ts'ao ba-pié-deú*. Fricasser des haricots *ba-pié-deú*.

早籜笋。*Tsao yé-sen*. Pousses de bambou précoces.

萵苣笋。第个兩樣笋,鮮咾好喫,个。*Wou-kiu-sen*. — *Di-ke leang-yang sen, sié lao h'ao k'ie-ke*. Laitue chinoise. — Ces deux (légumes) sont bons à manger, quand ils sont frais (tendres).

篾,竹,笋。*Mié-tsó sen*. Pousses du *mié-tsó*.

黄篁籛。箇个兩種笋末,,苦來𣍐喫,頭个。*Waong-kien-kè*. — *Kou-ke leang tsong sen mé, k'ou lai-m k'ie-deú-ke*. (Pousses de) *waong-kien-kè*. — Ces deux sortes de *tsó-sen* sont des mets fort amers.

炒竹,笋塊。*Ts'ao tsó-sen k'oei*. Fricasser des morceaux de *tsó-sen*.

炒竹,笋片。*Ts'ao tsó-sen p'ié*. Fricasser des tranches de *tsó-sen*.

炒竹,笋絲。*Ts'ao tsó-sen se*. Fricasser des filets de *tsó-sen*.

黄湯竹,笋。*Waong t'aong tsó-sen*. *Tsó-sen* à la sauce blanche.

炒冬瓜。*Ts'ao tong-kouo*. Fricasser des citrouilles.

炒南瓜。*Ts'ao né-houo*. Fricasser des *né-kouo*.

炒番瓜。*Ts'ao fè-kouo*. Fricasser des *fè-kouo*.

麪炒番瓜。*Mié ts'ao fè-kouo*. *Fè-kouo* fricassés avec de la farine.

黄瓜。一,條 *Waong-kouo(i-diao.)* Concombres.

萵笋。一,隻 *Wou-sen. (i-tsa)*. Laitue chinoise.

落,蘇。一,隻, *Lo-sou (i-tsa)*. Aubergine.

茄子。*Ka-tse*. Id.

炒黄瓜。*Ts'ao waong-kouo*. Fricasser des concombres.

拌黄瓜。*Bé waong-kouo*. Accommoder des concombres.

炒萵笋。*Ts'ao wou-sen*. Fricasser de la laitue chinoise.

拌萵笋。*Bé wou-sen*. Accommoder la laitue chinose.

炒落蘇。*Ts'ao lo-sou*. Fricasser des aubergines.

炒落,蘇絲。*Ts'ao lo-sou se*. Id. coupées en filets.

麪熇落,蘇。*Mié tseû lo-sou*. Frire des aubergines avec la farine; friture id.

毛荳莢,。一,莢, *Mao-deú kié (i-kié)*. *Mao-deú* en cosse.

毛荳子。一,粒, *Moa-deú-tse (i-lie)*. *Mao-deú* en grain.

毛荳肉,。*Mao-deú gnó*. Chair

29

de *mao-deû.*

寒荳莢。 *H'eu-deû kié.* Fèves en cosse.

寒荳肉。 *H'eu-deû gnó.* Chair de fèves.

寒荳瓣。 *H'eu-deû bè.* Fèves sans peau.

小寒莢。 *Siao-h'eu kié.* Petits pois en cosse.

小寒肉。 *Siao-h'eu gnó.* Petits pois (*m. à-m.* chair de...)

西洋白豇荳子。 *Si-yang ba kong-deû-tse.* Haricots blancs d'Europe.

紅豇荳子。第个荳煩 *Hong kong-deû-tse. — Di-ke deû* 難蘇。要燒來常遠點。 *vè-nè sou. Yao sao lai zang-yeu* 西洋白,藊荳子末,容易 *tié. Si yang ba pié- deû-tse mé,* 蘇。勿要緊多燒。 *yong-i sou : vé yao- kien tou sao.*

Haricots rouges (id). — Ces (derniers) haricots cuisent difficilement. Il faut les laisser cuire plus longtemps. Quant aux haricots blancs D'Europe, ils cuisent facilement : il n'est pas besoin de les (laisser) longtemps.

中國赤荳。 *Tsong-kó ts'a-deû.* Lentilles de Chine.

荼荳。不論啥荳末,慣常炒个多。 *Lô-deû. — Pé len sa deû mé, koè-zang t'sao-ke tou.* Pois. — N'importe quels *deû* (haricots ou sojas, ou pois), sont d'ordinaire fricassés.

生菜。一顆 *Sang-ts'ai (i-kou).* Salade; laitue.

大葉頭生菜。 *Dou yé-deû sang-ts'ai.* Laitue à grandes feuilles; chicon.

細葉頭生菜。 *Si yé-deû sang-ts'ai.* Chicorée (*m. à-m.* salade à petites feuilles).

包心生菜。 *Pao-sin sang-ts'ai.* Laitue pommée.

紮白个生菜。 *Tsè ba-ke sang-ts'ai.* Chicorée que l'on a fait blanchir en la liant.

小生菜。 *Siào-sang-ts'ai.* Boursettes.

水生菜。 *Se-sang-ts'ai.* Cresson.

酸菜。 *Seu-ts'ai.* Oseille.

酸菜,燒爛之末,拿 *Seu-ts'ai.—Sao-lè-tse mé, nao tsa* 隻有眼銅鑊子捻出 *yeû-ngè-dong-wo-tse gnè-ts'é-lai.* 來,加點嬭酪,炒炒熱, *Ka tié na-lo, ts'ao-ts'ao gné. N,* 魚、肉、蛋裡,齊可以用个。 *gnó, dè li, zi k'o-i yong-ke.*

Oseille. Après l'avoir cuite à l'eau, on la met dans une passoire pour la faire égoutter, (puis) on y met du lait et on la fricasse à feu ardent. On peut l'employer pour (assaisonner) le poisson, la viande, les œufs.

番柿。破開兩瓣。挖脫之裡向个子。用饅頭肉。火腿屑。零碎肉。葱。一淘拌和。放拉番柿當中。排拉鐵盤裡烘个頭二刻工夫。可以擺拉肉邊頭用。
Fè-ze. — P'ou-k'ai leang-bé, wa-t'é-tse li-hiang-ke tse. Yong mé-deû gnó, h'ou-t'ei si, ling-ségnó, ts'ong, i-dao bé-wou, faong la fè-ze taong-tsong, pa la t'i-bé li h'ong-ke deû gni k'e kong-fou. K'o-i pa la gnó pié-deû yong.

Tomates. Ayant coupé (chaque) tomate en deux, on enlève les graines qui sont dedans. Prenant de la mie de pain, du hachis de jambon et (d'autre) viande, des oignons, on mélange le tout, (et) on le met dans l'intérieur des tomates que l'on dispose dans la rôtissoire pour les faire cuire l'espace d'une $^1/_2$ heure. On peut les disposer à côté de la viande en la servant.

克來沫。*Ke-lai-mo.* ENTREMETS; CRÈMES.

燉蛋克來沫。*T'en dè ke-lai-mo.*

比如用八个鷄蛋。要拿脫六个蛋白。擺二兩白糖。一淘打和。要打得透。蓋末。喫起來細膩个。再搶半斤嬭酪。也可以加一眼眼加灰。一起掏和之。放拉深盆子裡隔水烘。
Pi-zu yong pè-ke ki-dè, yao nao-t'é lô-ke dè-ba, pa gni leang ba-daong i-dao tang-wou. Yao tang-te t'eû, kai-mé k'ie-k'i-lai si-gni-ke. Tsai ts'iang pé-kien na-lo, a k'o-i ka i ngè-ngè ka-fei, i-k'i dao-wou tse, faong la sen ben-tse li ka-se h'ong.

Crème au bain-marie. Par ex : on prend 8 œufs, on sépare le blanc de 6 (de ces œufs), on met (dans les jaunes) deux onces de sucre blanc, et on mélange (le tout). Il faut battre parfaitement, alors la crème est délicate. On y mélange une demi-livre de lait, on peut aussi y ajouter un peu de café, et mêler le tout, (qu'on) met dans un plat creux pour cuire au *bain-marie.*

蛋沫克來沫。*Dè-mo ke-lai-mo.*

Œufs à la neige.

用六个鷄蛋。蛋殼蛋

Prenant 6 œufs, ayant séparé les

Yong lô-ke ki-dè, dè-foang dè-ba
白，分開之，拿蛋白，打成
fen-k'ai tse, nao dè-ba tang zeng-
功之蛋沫。就放拉牛
kong tse dè-mo, zieû faong la
嬭裡燒熟，伊、一、塊一、塊
gneû-na li sao-zô i, i-k'oei i-k'oei
擺拉去。燒熟，之一，面、反
pa la-k'i. Sao-zô tse i-mié, fè-
轉來再燒一，面。拿笊籬
tsé-lai tsai sao i-mié. Nao tsa-li
抄拉盆子裡。再拿蛋斅
ts'ao la ben-tse li. Tsai nao dè-
打細。加頭二兩白，糖，
foang tang si: ka deû gni leang ba-
燒成功厚湯。澆拉蛋
daong, sao zeng-kong heû t'aong,
沫，上頭。能彀為兩桌，
kiao la dè-mo zaong-deû: neng-keû
用。
wei leang tso yong.

blancs des jaunes, on bat les blancs en neige (*m. à-m.* en écume), et alors on les fait cuire dans le lait (bouillant, c. à-d. après qu'il a bouilli), en mettant dedans les œufs en neige cuillerée par cuillerée (*m. à-m.* morceau par morceau). Quand ils sont cuits d'un côté, on les retourne pour les faire cuire de l'autre côté. On retire (ensuite) les œufs avec une écumoire et on les met dans un plat. Prenant en outre les jaunes, on les bat avec soin (*m. à-m.* finement) : on y met environ 2 onces de sucre, et on les cuit (de façon) à obtenir une sauce épaisse dont on arrose les œufs en neige : il y en a pour 2 tables.

麪漿克，來沫。*Mié-tsiang-ke-lai-mo.*

Bouillie.

拿乾麪用水調好之，
Nao keu-mié, yong se diao h'ao
後來末，放牛嬭，一，頭
tse, heû-lai mé, faong gneû-na, i-
燒，一，頭要搗，搗个時
deû sao, i-deû yao dao. Dao-ke ze-
候要小心，因為有之糖
h'eû, yao siao-sin, yn-wei yeû-tse
容易焦。熟，之末，放蛋
daong, yong-i tsiao. Zô-tse mé,
斅，要慢慢能冲下去，
faong dè foang; yao mè-mè-neng
勿，什，蓋要木，樨花起。
ts'ong-hao-k'i, vé-zé-kai, yao mo-

On délaye de la farine dans l'eau, après quoi ayant mis du lait, d'une part on fait cuire, de l'autre on bat pour mélanger. En battant, il faut faire attention, parce que (comme) il y a du sucre, (la bouillie) peut facilement brûler. Quand elle est cuite, on y met des jaunes d'œufs, (mais) peu-à-peu, autrement la bouillie devient granuleuse (*m. à-m.* il se forme des fleurs d'osmanthus).

个。
si h'ouo k'i-ke.

血ₒ告拉克ₒ來沫ₒ。*Hieu-kao-la ke-lai-mo.* — *Crème au chocolat.*

一ₒ包血ₒ告拉、用滾水浸軟之、先要研細、後來末ₒ，拿一ₒ斤牛嬭冲和拉去、少須放一ₒ眼糖、燒滾之末ₒ，拿蛋㲉慢慢能冲下去、可以爲兩桌ₒ用。
I pao hieu-kao-la, yong koen se tsin gneu tse. Sié yao gné si, heû-lai mé, nao i kien gneû-na ts'ong-wou la-k'i. Sao-su faong i ngè daong. Sao-koen-tse mé, nao dè foang mè-mè-neng ts'ong-hao-k'i. K'o-i wei leang tso yong.

Prenant une tablette de chocolat, faites-la tremper dans l'eau bouillante pour l'amollir. Il faut d'abord broyer (le chocolat) finement, et mélanger avec une livre de lait. On met un peu de sucre. Quand (le chocolat) boût, on y mêle peu-à-peu des jaunes d'œufs. Il y en a pour 2 tables.

薄ₒ湯克ₒ來沫ₒ。
Bó-t'aong ke-lai-mo. — *Crème liquide.*

就是用牛嬭蛋㲉、燒薄ₒ漿个能、燒个時候、極ₒ其當心、箇樣物ₒ事、容易焦、容易成滾、能㲉放香水、也可以放西洋燒酒。
Zieû-ze yong gneû-na dè foang, sao bó tsiang-ke neng. Sao-ke ze-h'eû, ghie ghi taong-sin; kou yang mé-ze, yong-i tsiao, yong-i zeng-k'oeï. Neng-keû faong hiang-se, a k'o-i faong si-yang-sao-tsieû.

On prend du lait et des jaunes d'œufs, (que) l'on fait cuire (de façon que le mélange reste) liquide, *m. à-m.* ressemble a du *tsiang* clair. En cuisant, faites la plus grande attention; (car) ce mets brûle (ou) se gratine facilement. On peut y mettre de la vanille, on peut aussi y mettre du cognac.

步丁。*Bou-ting.* POUDING.

乾步丁。*Keu bou-ting.* — *Pouding sec.*

如同雞蛋糕能樣式ₒ，
Zu-dong ki-dè-kao-neng yang-se.

La manière de le faire ressemble à celle du gâteau de Savoie. On bat

蛋穀蛋白，兩起打，要
Dè foang dè ba leang k'i tang. Yao
加桃乾，胡桃，肉，嬭油，
ka dao keu, pou-dao gnô, na-yeû,
西洋燒酒，桔，餅，乾麪，
si-yang-sao-tsieû, kié-ping, keu-
糖咾啥，一，起掏和，擺
mié, daong lao-sa, i-k'i dao-wou,
拉匣，子裡烘。
pa la hè-tse li h'ong.

à part les blancs et les jaunes d'œufs. On ajoute des raisins secs, des noix, du beurre, du cognac, du zeste de citron, de la farine, du sucre, etc., on mélange en battant le tout ensemble, et on fait cuit dans une boîte.

饅頭步丁。*Mé-deû bou-ting.*
拿饅頭先水裡浸軟，
Nao mé-deû sié se li tsin gneu.
要瀝，脫，之水，加牛嬭，
Yao li-t'é tse se. Ka gneû-na, fè-
番桃乾，西洋燒酒，桔，
dao keu, si-yang-sao-tsieû, kié-
餅，鷄蛋，香水，一，起掏
ping, ki-dè, hiang-se, i-k'i dao-
和，調來如同厚漿个能，
wou, diao-lai zu-dong heû tsiang-
或，者烘，或，者蒸，也可
ke neng. Wo-tsé h'ong, wo-tsé
以澆糖漿，或，薄，湯克，
tseng, a k'o-i kiao daong-tsiang,
來沫，。
wo bô-t'aong ke-lai-mo.

Pouding de (mie de) pain. On fait tremper le pain dans l'eau pour l'amollir. Il faut (ensuite) le faire égoutter. On met du lait, des raisins secs, du cognac, du zeste de citron (haché), des œufs (battus), de la vanille, (et) on mélange le tout, (de façon à obtenir) comme une sauce épaisse. On fait ensuite cuire au four ou à la vapeur. On peut aussi arroser d'eau sucrée (de sirop) ou de crème liquide.

飯步丁。*Vè bou-ting.*
如同饅頭步丁一，樣
Zu-dong mé-deû bou-ting i-yang
樣式，，但不，過用厚粥，，
yang-se; tè-pé-kou yong heû tsó,
不，用饅頭。
pé yong mé-deû.

Pouding au riz.
La façon est la même que pour le pouding au pain. Seulement on se sert de *tsó* épais, et non de pain.

帶爾脫，*Ta-eul-t'eu.* TARTRE.

西名帶爾脫，，即，風涼 | Ce qu'en France (*lit.* en Europe)

Si ming ta-eul-t'eu, tsi fong-leang-
塌餅、又叫花籃糖、用
t'è-ping, i kiao h'ouo-lè-daong.
乾麪做殼子、放拉圓
Yong keu-mié tsou k'o-tse. Faong
盆子、或圓洋鐵盤裡、
la yeu ben-tse, wo yeu yang t'i-bé
當中擺生梨糖咾啥、
li. Taong-tsong pa sang-li-daong
上面拿乾麪切之條
lao-sa. Zaong-mié nao keu-mié ts'i-
頭、排梭子眼、後來條
tse diao-deû, ba sou-tse-ngè. Heû-
頭上刷兩鋪蛋轂、放
lai diao-deû laong sé leang p'ou dè
拉炕裡烘、麪熟之末、
foang, faong la k'ang li h'ong. Mié
好者。
zô-tse mé, h'ao-tsé.

on appelle tartre, c'est le *fong-leang-t'è-ping*, dit aussi *h'ouo-lè-daong*. On emploie de la farine (de la pâte) pour faire la croûte. On la met dans un plat rond ou dans une rôtissoire européenne. Dans l'intérieur, on remplit avec de la compote de poire, etc. Sur le dessus on trace de petites lignes en pâte de façon à imiter des hachures. On frotte ensuite les hachures de quelques couches de jaunes d'œufs, et on met au four. Quand la pâte est cuite, c'est bien (c'est fait).

小饅頭。*Siao mé-deû.* PETITS PAINS.

買二斤乾麪、用滾水
Ma-gni kien keu-mié. Yong koen se
調和、大約放十个雞
diao-wou, da-ya faong zé-ke ki-
蛋、慢慢能絞和、勿要
dè, mè-mè-neng kao-wou. Vé yao
太厚、勿要太薄、如同
t'ai heû, vé yao t'ai bô, zu-dong
厚漿能、要絞得透、蓋
heû tsiang neng. Yao kao-te t'eû,
末起發、一抄一个、排
ké-mé k'i-fa. I ts'ao i-ke, ba la
拉鐵盤裡、上面搨點蛋
t'i-bé li. Zaong-mié tè tié dè foang,

Achetez 2 livres de farine. Délayez avec de l'eau bouillante, mettez environ 10 œufs et pétrissez lentement. Il ne faut pas que la pâte soit trop épaisse, il ne faut pas (non plus) qu'elle soit trop claire, (mais bien) comme du *tsiang* épais. Il faut pétrir parfaitement, alors (la pâte) lève. Prenant une cuillerée de pâte pour un pain, disposez dans la rôtissoire. Graissez le dessus de la pâte avec des jaunes d'œufs, et mettez (la rôtissoire) dans le four pour cuire (les pains). Faites attention à éviter de (les) brû-

轂放拉鐵炕裡烘、小
faong la t'i-k'ang li h'ong. Siao-
心勿要烘焦、好之末、
sin vé yao h'ong-tsiao. H'ao-tse mé,
邊頭破開一條、擺薄
pié-deû p'ou-k'ai i diao, pa bô-
湯克來沫拉當中。
t'aong ke-lai-mo la taong-tsong.

ler. Quand ils sont bien cuits, fendez-les en côté pour y mettre de la crème liquide.

LEÇON XXXIV.

DIALOGUES ENTRE LE FRÈRE CHARGÉ DE LA CUISINE ET LE CUISINIER (Zi-ka-wei).

PREMIER DIALOGUE.

SUR LES DIVERSES OCCUPATIONS DE LA JOURNÉE.

廚子司務、儂叫啥名字、我叫若,望、若,望、明朝要早點𨑨起來、噢、明朝燒啥多化物,事、儂到之灶間裡、先要鐵,灶裡引(生)火、生好之火、放水去燒、一,頭燒、一,頭牽加厌、加厌當朝牽末,頂好、早牽之末,,香味少者、若,使人多、早晨頭牽末,來勿,及,、蓋,末,要隔,夜牽好拉、但不,過要蓋好、勿,要放伊出,氣、等

Zu-tse-se-wou, nong kiao sa ming-ze?—Ngou kiao Za-waong.—Za-waong, ming-tsao yao tsao tié lô-k'i-lai.—O, ming-tsao sao sa tou-h'ouo mé-ze?—Nong tao-tse tsao-kè li, sié yao t'i-tsao-li yen (sang) h'ou. Sang-h'ao-tse h'ou, faong se k'i sao. I deû sao, i deû k'ié ka-fei. Ka-fei taong tsao k'ié mé, ting h'ao. Tsao k'ié-tse mé, hiang-mi sao-tsé. Za-se gnen tou, tsao-zeng-deû k'ié mé, lai-vé-ghié, ké-mé yao ka-ya k'ié h'ao-la. Tè-pé-kou yao kai h'ao, vé yao faong i ts'é-k'i.

Cuisinier, quel est votre nom? — Je m'appelle Jean. — Jean, demain il faut vous lever de bonne heure.— Bien, demain que faut-il cuire? — Arrivé à la cuisine, il faut d'abord allumer le feu du fourneau. Le feu étant allumé, il faut chauffer de l'eau. Pendant que l'eau chauffe, il faut broyer le café. Le café broyé le jour même est le meilleur. Si on le broye d'avance, le parfum diminue. S'il y a beaucoup de monde et si l'on a pas le temps de le broyer le matin, il faut le broyer la veille au soir. Seulement il faut bien le couvrir, pour empêcher qu'il ne s'évapore. Quand l'eau boût, il est temps de faire infuser le café. D'abord il faut prendre le café en poudre et le mettre dans la cafetière, puis on verse l'eau bouillante dessus pour le faire infuser, et on le laisse (infuser) une demi-heure. Il faut le passer avec un tamis en laine, après (quoi) on le verse dans la cafetière ordinaire.

水滚之末，好泡加灰
Teng se koen-tse mé, h'ao p'ao ka-
者。先要拿加灰末，放
fei tsé. Sié yao nao ka-fei mé,
拉壶裡，乃末，舀滚水
faong la wou li, nai-mé yao koen
來泡，泡好之末，等二
se lai p'ao. P'ao-h'ao-tse mé, teng
刻，工夫，要用絨袋瀝，
gni-k'e kong-fou. Yao yong gnong
清之，後來轉拉慣常
dai li-ts'ing tse, heû-lai tsé la koè-
用个壺裡。
zang-yong-ke wou li.

今朝个牛嬭，擔來拉
Kien-tsao-ke gneû-na, tè-lai-la-mé?
末，拿來拉者。拿看嬭
— Nao-lai-la-tsé. — Nao k'eu-na-
个家生來試試看，眞呢
ke, ka-sang lai, se-se-k'eu tsen gni
勿眞。是眞个。儂擔嬭
vé-tsen.—Ze tsen-ke.—Nong tè na
壺淨淨乾淨。淨好拉
wou zing-zing keu-zing. — Zing-
者。瀝，嬭布有否。瀝，
h'ao-la-tsé.—Li-na-pou yeû-va?—
過歇，拉者。箇把壺擔
Li-kou-hié-la-tsé.—Kou-pouo wou
來讓我看，淨來勿，乾
tè-lai, gnang ngou k'eu. Zing-lai vé
淨，儂看嬭壺嘴裡齊
keu-zing. Nong k'eu na wou tse li,
是齷，齪，幷且醜來死。
zi ze o-ts'o, ping-ts'ié ts'eû lai-si.
若，望，第个嬭壺，儂頂
Za-waong, di-ke na wou, nong ting
要緊留心，倘使嬭壺

Avez-vous apporté le lait d'aujourd'hui? — Je l'ai apporté. — Voyez avec le pèse-lait s'il est pur ou non. — Il est pur. — Lavez proprement le pot au lait. — Il est lavé. — Avez-vous la couloire? — Je l'ai déjà passé. — Faites-moi voir ce pot au lait. Il n'est pas lavé proprement. Voyez que le bec est tout sale, et fort vilain (à voir). Jean, ce pot au lait, il vous faut en avoir grand soin. Si le pot au lait n'est pas propre, le lait en cuisant au bain-marie se gâte. Prenez de l'eau bouillante et lavez-le de nouveau. Maintenant versez le lait dans le pot. Prenant une rôtissoire de grandeur moyenne, vous la mettez sur le feu pour chauffer (le lait) au bain-marie. Il faut le bien faire chauffer, sans quoi on n'aime pas à le manger. Il faut de plus réserver un peu de lait froid, de façon à pouvoir en donner à ceux qui désirent prendre

yaọ-kien lieû sin. T'aong-se na 勿、乾净、燉起嬭來就 wou vé keu-zing, t'en-k'i na lai, zieû 要壞脫、个、要擔點熱、yao wa-t'é-ke. Yao tè tié gné-koen 滾水再净净乾净、現 se, tsai zing-zing keu-zing. Yé-zai 在儂擔嬭倒拉壺裡、拿 nong tè na tao la wou li. Nao i- 一、个中鐵、盤、擺拉火門 ke tsong t'i-bé, pa la h'ou men long 上隔、水炖、要炖得、熱、勿、ka-se t'en. Yao t'en te gné, vé-zé- 什、介別、人勿、喜歡喫、再 ka, bié-gnen vé hi-hoé k'ie. Tsai 留點冷嬭拉、倘使有 lieû tié lang na la; t'aong-se yeû- 个人要喫、冷嬭、就可 ke gnen yao k'ie lang na, zieû k'o- 以撥拉伊、加灰牛嬭炖 i pé la i. Ka-fei gneû-na t'en-gné 熱、之、扯拉邊頭。 tsé, ts'a la-pié-deû.

le lait froid. Quand le café et le lait sont bien chauds, on les met de côté.

要拿一、隻、扁鍋子來、Yao nao i-tsa pié-kou-tse lai, faong 放點猪油、煎牛肉、排、tié tse-yeû, tsié gneû gnô ba, wei 爲出、門个當早飯菜、ts'é-men-ke taong tsao-vè-ts'ai. 等伊拉喫、好之早飯、就 Teng i-la k'ie h'ao-tsé tsao-vè, zieû 端正燒牛肉、湯。teu-tseng sao gneû-gnô-t'aong.

On prend (ensuite) une casserolle, où l'on met un peu de saindoux pour frire des côtelettes de bœuf, pour le déjeûner de ceux qui doivent faire un voyage. On attend qu'ils aient déjeûné, et de suite après on peut convenablement cuire le potage.

今朝人多、拿一、隻、大 Kien-tsao gnen tou, nao i-tsa dou 鍋子燒、擔牛肉、擺拉 kou-tse sao. Tè gneû-gnô pa la

Aujourd'hui il y a beaucoup de monde, prenez la grande marmite pour faire (cuire) le potage. Mettez le bœuf dans la marmite sans le cou-

鍋子裡，勿要切，碎，中
kou-tse li, vé yao ts'i-sé : tsong-
飯要用个。
vè yao yong-ke.

相公，今朝喫，幾樣
Siang-kong, kien-tsao k'ie ki yang
小菜。儂要預備三樣
siao-ts'ai? — Nong yao yu-bei sè-
小菜，一，樣末，湯牛肉，
yang siao-ts'ai. I-yang mé, t'aong-
有拉者，要末，澆點番
gneû-gnô yeû-la-tsé : yao mé, kiao
柿湯上，勿，末，也無啥，
tié fè-ze t'aong laong ; vé-mé, a m
第二樣，乾炒芋艿，第
sa. Di gni-yang, keu-ts'ao yu-na.
三樣，烘猪肋，膀，饅頭
Di sè-yang, h'ong tse le-baong. Mé-
湯用粢，麪，生菜末，用
deû-t'aong, yong tsè-mié; sang-ts'ai
包心生菜，點心用
mé, yong pao-sin sang-ts'ai.—Tié-
啥，今朝平常日，脚，
sin yong sa?—Kien-tsao bing-zang
勿，用个，夜飯要預備
gné-kia, vé yong-ke. Ya-vè yao yu-
兩樣，一，樣烘猪腿，一，
pei leang-yang. I-yang, h'ong tse-
樣炒黃芽菜，饅頭湯
t'ei, i-yang, ts'ao waong-nga-ts'ai.
末，用粥。
Mé-deû-t'aong mé, yong tsô.

三刻到，快者，小菜齊
Sè k'e tao-k'oa-tsé, siao-ts'ai zi-
好拉末，好快者。
h'ao-la-mé. — H'ao k'oa-tsé.

今日，个牛肉，老來死，

per en tranches menues : il servira pour le dîner.

Frère, aujourd'hui combien faut-il de plats (mets)? — Vous devez préparer trois plats. L'un, le bœuf (bouilli) que vous avez déjà : si l'on veut, on peut l'arroser d'une sauce tomate; sinon, peu importe. Le second, des pommes de terre frites. Le troisième, des côtelettes de cochon rôties. Pour le potage (*lit.* bouillon au pain) employez du vermicelle; (et) pour la salade des laitues pommées.— Pour *tié-sin* (goûter, etc.), que faut-il? — Aujourd'hui, jour ordinaire, il n'y en a pas. Pour le souper, il faut préparer deux plats. Un, de jambon rôti, et l'autre, un ragoût de choux du Chang-tong; (avec) un potage de *tsô* (*hi-vè*).

Les $^3/_4$ ($11^h\ ^3/_4$) approchent, les mets sont-ils tous prêts? — Ils sont prêts tout à l'heure.

Le bœuf aujourd'hui était fort

Kien-gné ke gneû-gnô lao lai-si
燒勿,䅳 早晨燒到乃,
sao vé sou. Tsao-zen sao tao nai,
原是硬來死,要叮嘱,
gneu-ze ngang lai-si : yao ting-
擔牛肉,个人,拿好點
tsô tè gneû-gnô-ke gnen, nao h'ao-
嫩點个牛肉。
tié, nen tié-ke gneû-gnô.

快點坐齊拉者,要出,
K'oa-tié zou zi la-tsé, yao t'sé siao-
小菜者,擔出,去,小心
ts'ai tsé. Tè-ts'é-k'i, siao-sin t'aong
湯勿,要打翻之,出,齊
vé yao tang-fè tse. Ts'é zi tse siao-
之小菜末,鍋子鐵盤咾
ts'ai mé, kou-tse t'i-bé lao-sa, i-
啥,一,起要净,得乾净,
k'i yao zing-te keu-zing.

臺子上小菜盆子擺
Dai-tse laong siao-ts'ai-ben-tse pa-
勿,落,者,餘剩下來个
vé-lo-tsé : yu-zeng-hao-lai-ke-mé-
物,事拿去供之咾放好
ze, nao-k'i kong tse lao faong-h'ao-
拉,骨,頭咾啥拿脫,點,盆
la. Koé-deú lao-sa, nao-t'é-tié.
子拿去净净乾净,净盆
Ben-tse nao-k'i zing-zing keu-zing.
子那能净法,拉个,油
Zing ben-tse, na-neng zing fè-la-ke?
膩多來要死,净碗末,水
Yeû-gni tou-lai-yao-si. Zing wé mé,
要熱,什,介能个冷水
se yao gné, zé-ka-neng-ke lang se
末,那能净得,乾净,快
mé, na-neng zing-te keu-zing. K'oa

vieux (dur), et n'a pas cuit à point. Bien qu'il ait bouilli depuis la matinée jusqu'à maintenant, il est encore extrêmement dur. Il faut avertir celui qui apporte la viande de prendre du bœuf meilleur et plus tendre.

Tout à l'heure tous vont se mettre à table, il faut servir les plats. En les portant, ayez soin de ne pas renverser le bouillon (ou la sauce). Après avoir servi tous les mets, il faut laver proprement les marmites, les rôtissoires, etc.

Les plats ne peuvent tenir sur la table (à desservir) : mettez les restes à part. Quant aux os, etc, jetezles. Lavez les assiettes et les plats proprement. Comment lavez-vous la vaisselle? C'est plein de graisse. Pour laver les tasses (la vaisselle), il faut que l'eau soit chaude, (avec) cette eau froide, comment pourrait-on laver proprement? Vite ajoutez de l'eau bouillante dans le baquet à laver les tasses (la vaisselle). (Puis) quand vous aurez le temps, il faudra nettoyer partout proprement. Sur le fourneau, sur le pavé (à terre), il faudra tout ranger parfaitement, mettre les ustensiles en bel ordre, et alors (ensuite) vous irez dîner. Dans l'a-

點加點滾水拉淨碗桶 *tié ka tié koen se la zing wé dong* 裡。舒隨之末，各，處揩 *li. Su-zu-tse mé, ko-ts'u k'a-k'a* 揩乾淨，灶頭上，地上， *keu-zing. Tsao-deû laong, di laong,* 攏總收作，收作，好，家 *long-tsong seû-tso-seû-tso h'ao, ka* 生擺擺齊整，乃末，儂 *sang pa-pa zi-tseng, nai-mé nong* 去喫，飯，下晝點末，一， *k'i k'ie-vè. Hao-tseû tié mé, i-* 總个鍋子，齊要擦，擦， *tsong-ke kou-tse, zi yao ts'è-ts'è* 亮，鐵，灶上也要揩脫， *leang. T'i-tsao laong a yao k'a-t'é* 點油膩，擦，擦，亮， *tié yeû-gni, ts'è-ts'è leang.*	près-dîner, il faudra frotter et éclaircir toutes les marmites. Il faut aussi essuyer la graisse sur le fourneau, et l'éclaircir en frottant.
今夜小齋夜飯，素小 *Kien-ya siao-tsa-ya-vè, sou-siao-* 菜勿，要个，單單炒蛋 *ts'ai vé yao-ke, tè-tè ts'ao-dè lao* 咾素白，湯好者， *sou ba-t'aong h'ao-tsé.*	Ce soir, il y a abstinence, il ne faut pas de légumes, l'omelette seulement et la soupe aux légumes (etc.) suffisent.
儂要日，逐，什，蓋做法， *Nong yao gné-zô zé-kai tsou fè.*	Chaque jour il vous faudra faire de même (comme ci-dessus).

DEUXIÈME DIALOGUE. JOURS DE FÊTE.

若，望，下主日，瞻禮 *Za-waong, hao-tsu-gné, tsé-li-sè,* 三，是本堂瞻禮，院長 *ze pen-daong tsé-li. Yeu-tsang* 神父請多化客，人來喫， *zen-vou ts'ing tou-h'ouo k'a-gnen* 中飯，儂要預備來出， *lai k'ie tsong-vè. Nong yao yu-bei-*	Jean, mardi prochain, c'est la fête patronale. Le P. Recteur a invité beaucoup d'étrangers à dîner. Il vous faut préparer un extra. Choisissez des mets plus délicats et plus propres, et évitez de servir (rien de) malpropre. Il y a encore 5 à 6 jours; considérez combien il faudra de plats.

客，黙、揀幾様精緻點
lai ts'é-k'a tié, kè ki-yang tsing-tse
咾清爽點个小菜、勿，
tié lao ts'ing-saong tié-ke siao-ts'ai,
要弄來齷，裡齷，齪、還
vé yao long-lai o-li-o-ts'o, Wè yeû n
有五六，日，工夫、想想
lò gnê kong-fou, siang-siang-k'eu,
看、用啥幾様小菜、
yong sa-ki-yang siao-ts'ai.

盖，末，照頭等様式，呢
Ké-mé, tsao deû-teng yang-se gni,
超等様式。頭等末，幾
ts'ao-teng yang-se. Deû-teng mé,
様、頭等末，四様肉，
ki yang? — Deû-teng mé, se-yang
一，様素小菜、超等末，
gnò, i-yang sou-siao-ts'ai. Ts'ao-
隨便幾様、要預備兩
teng mé, zu-bié ki-yang : yao yu-
等様式、神父咾客，人、
bei leang-teng yang-se. Zen-vou lao
四桌，超等、一，總相公
k'a-gnen, se tso ts'ao-teng; i-tsong
末、六，桌，頭等、我想
siang-kong mé, lò tso deû-teng.
要用第一，様大英火
Ngou siang yao yong di-i-yang da-
腿批片頭、客，人蕩末，
yeng h'ou-t'ei p'i p'ié-deû: k'a-gnen
囫，圇火腿、第二様末，
daong mé, wé-len h'ou-t'ei; di-gni-
燻羊肋，膀、第三様小
yang mé, hiun yang le-baong; di-sè-
炒鴿，子、第四様油爛
yang, siao-ts'ao ké-tse; di-se-yang,
芋艿圓、第五様烘野

Est-ce (simplement) 1ère classe (*m. à-m.* selon la 1ère classe), ou au-dessus (extraordinaire)? Pour la 1ère classe, combien de mets? — Pour la 1ère classe, il faut 4 plats de viande, et un de légumes. Pour l'extraordinaire, le nombre est à volonté : il faut en préparer des deux sortes. Pour les PP. et les étrangers, 4 tables à l'extraordinaire; pour les FF., 6 tables 1ère classe. Je pense qu'il faut d'abord servir comme 1er plat (entrée), un jambon anglais coupé en tranches, et un jambon entier à la table (*lit.* à l'endroit) des étrangers; 2nt. des côtelettes de mouton grillées; 3nt. un ragoût de pigeons; 4nt. des boulettes de pommes de terre frites; 5nt. des faisans lardés rôtis : tous ces mets peuvent être aussi servis aux étrangers; (mais pour) ceux-ci, il faut ajouter cinq choses : (à savoir) 3 sortes de viandes et deux sortes de légumes : (*c. à-d.*) un pâté, un ragoût de lièvre, du jambon grillé, des choux pommés à la sauce blanche, un ragoût

yeû-tseû yu-na yeu; di-n-yang,
雞扞表粉、第个幾樣
h'ong ya-ki ts'ié-piao-fen: di ke ki-
末、客人拉也好用个、
yang mé, k'a-gnen-la a h'ao yong-
客、人拉再加五樣、三
ke. K'a-gnen-la tsai ka n yang: sè
樣肉、兩樣素小菜、
yang gnô, leang yang sou-siao-ts'ai:
拜對、小炒兎子、烘羊
p'a-tei, siao-ts'ao t'ou-tse, h'ong
腿、黃湯包心菜、炒
yang t'ei, waong t'aong pao-sin
葫蘿蔔、生菜末、要
ts'ai, ts'ao wou-lo-bo, sang-ts'ai mé;
用包心生菜、克來
yao yong pao-sin sang-ts'ai. Ke-
沫、呢、用蛋沫、克、來
lai-mo gni, yong dè-mo ke-lai-mo.
沫、客、人蕩還要加兩
K'a-gnen-daong wè yao ka leang
樣點心、一、樣澆花雞
yang tié-sin: i-yang, kiao-h'ouo ki-
蛋糕、還有一、樣花籃
dè-kao, wè yeû i-yang, h'ouo-lè-
糖、阿呀、什、介能幾樣
daong.—O-yo! zé-ka-neng ki-yang
小菜、兩家頭那裡來
siao-ts'ai, leang-ka-deû a-li lai-te-
得、及、要叫三四个得、
ghié, yao kiao sa se-ke te-te-fè-fè-
得、法、法、个人來相帮
ke gnen lai siang-paong-siang-
相帮拉裡、儂放心末、者
paong la-li. — Nong faong-sin mé-
自然添兩个人來相帮
tsé, ze-zé t'ié leang-ke gnen lai siang

de carottes, et de la salade pommée. Pour crême, il faut servir des œufs à la neige. De plus pour les étrangers, il faudra ajouter deux sortes de pâtisserie : l'une, un gâteau de Savoie à fleurs de sucre; l'autre, une tartre. — Oh! tant de plats comment à deux pouvoir en venir à bout? Il faut faire venir 3 ou 4 hommes entendus pour (nous) aider. — Soyez tranquille, de fait (naturellement) on ajoutera deux (quelques) hommes pour vous aider, je vais en avertir le P. Ministre. Donc toutes ces provisions, il faut les acheter de bonne heure. — Il y a encore là 4 assiettes, pourquoi faire? — C'est juste, je n'y pensais pas : (c'est qu'il faut) songer aux radis, aux cornichons, au beurre, aux huîtres. En ce moment, peut-être il n'y a pas d'huîtres à vendre : à mon avis, il faut servir de grandes crevettes. Il faut encore un poisson : les convives (invités) ne sauraient aussi nullement s'en passer. S'il est facile, achetez une belle perche et faites-la rôtir; ou bien (servez) du saumon à la sauce blanche, ce qui est aussi (un mets) exquis.

儂、我去替當家神父
pong nong, ng u k'i t'i Taong-ka
話、盖、末、第多化物、事
zen-wou wo. Ké-mé di tou-h'ouo
要早點買來个、還有
mé-ze, yao tsao-tié ma-lai-ke. —
四隻、小盆子、用啥物、
Vè yeû se-tsa siao-ben-tse : yong sa-
事、勿、差、我倒想勿、着、、
mé-ze?—Vé-ts'ouo, ngou tao siang-
用小紅蘿蔔、、酸黃瓜、
vé-za : yong siao-hong-lo-bo, seu-
嬭油、蜊、第歇、時候、只、
waong-kouo, na-yeû, li. Di-hié ze-
怕蜊買勿、着、、我看起
h'eû, tsé-p'ouo li ma vé za : ngou
來、用之大鰕末、者、還
k'eu-k'i-lai, yong-tse dou h'eu mé-
有一、樣魚、請客、人也
tsé. Vè yeû i-yang n : ts'ing-k'a-
罷勿、得、要用个、箇是
gnen a ba-vé-te yao yong-ke. Kou-
便當个、買之一、个大
ze bié-taong-ke, ma-tse i-ke dou
鮈鱸魚、烘烘末、好者、
kiu-lou-n, h'ong-h'ong mé, h'ao-
或、者鮰魚澆黃湯、也
tsé; wo-tsé wei-n kiao waong-t'oang,
出、客、个。
a t'sé-k'a-ke.

明朝用个多化物、事、
Ming-tsao yong-ke tou-h'ouo mé-
細細能看个看、還缺、
ze, si-si-neng k'eu-ke-k'eu, wè
少啥否、勿、要到之明
k'ieu-sao sa va, vé yao tao-tse ming-
朝咾、缺、啥缺、啥、大概

De tout ce qu'on aura besoin demain, voyez avec soin s'il ne manque pas encore quelque chose. Il ne faut pas attendre à demain (pour voir) s'il manque ceci ou cela. Tout le monde étant fort pressé, il ne sera pas facile d'acheter. De plus il y

tsao lao, k'ieu sa k'ieu sa. Da-kai
忙來死、勿，便當買个、
maong lai-si, vé bié-taong ma-ke.
幷且有幾樣、鄉下地
Ping-ts'ié yeû ki yang, hiang-hao-
方、還無買處、必，定要
di-faong, wè m ma ts'u, pi-ding
城裡去買个、勿，缺，啥
yao zeng li k'i ma-ke. — Vé k'ieu
者、要末，再買幾張網
sa-tsé. — Yao mé, tsai ma ki tsang
落，油、包拉野鴨，上之
maong-lo-yeû, pao la ya è laong
烘一，烘末，好喫，點、還
tse, h'ong-i-h'ong mé, h'ao k'ie
有香料也買點、𡨴，盖
tié. Wè yeû hiang-leao, a ma tié: zé-
能末，齊有拉者、出，起
kai-neng mé, zi yeû-la-tsé. T'sé k'i
小菜來末，要留心、盆
siao-ts'ai lai mé, yao lieû-sin, ben-
子上揩得，乾淨、還要
tse laong k'a-te keu-zing, wè-yao
小菜上、要擺點花、樣
siao-ts'ai laong, yao pa tié h'ouo,
樣物，事總要擺來齊
yang-yang mé-ze tsong yao pa-lai
齊整整、乾乾淨淨、滋
zi-zi-tseng-tseng, keu-keu-zing-
味好勿，好、勿，去管、好
zing, tse-mi h'ao vé-h'ao, vé k'i-
看頂要緊、還有小菜
koé, h'ao k'eu ting-yao-kien. Wè-
拿出，去、要隻，隻，熱，个、
yeû siao-ts'ai nao-ts'é-k'i, yao tsa-
盆子末，烘烘熱，冷小
tsa gné-ke, ben-tse mé, h'ong-h'ong-

a des choses qu'on ne trouve point à acheter à la campagne (au village), il faut nécessairement aller les acheter en ville. — Il ne manque rien. — Si l'on en veut, il faut acheter aussi quelques feuilles d'épiploon de cochon dont on enveloppe le canard sauvage en le rôtissant, pour le rendre meilleur au goût. Il faut aussi acheter quelques épices, ainsi on aura tout (ce qu'il faut).

En servant les mets, il faut avoir soin d'essuyer les plats proprement, mettre aussi des fleurs sur les mets, et disposer tout en fort bel ordre, et très-proprement, sans vous occuper de savoir si la saveur est bonne ou non, le point essentiel c'est que ce soit beau à l'œil. De plus il faut servir chaque aliment chaud, et chauffer aussi les plats : des aliments froids sont indigestes (*m. à-m.* les gens qui en mangent, ne les digèrent pas).

菜末,, 別, 人喫, 之勿, 消
gné : lang siao-ts'ai mé, bié-gnen-
化个。
k'ie- tse, vé siao-h'ouo-ke.

若, 望, 今朝倒勿, 曾
Za-waong, kien-tsao tao vé-zeng
坍揔, 神父客, 人齊巒
t'è-tsong : zen-vou, k'a-gnen, zi mè
喜歡, 話咾今朝个中
hi-h'oé, wo lao kien-tsao-ke tsong-
飯, 常遠勿, 曾有寔, 盖
vè, zang-yeu vé zeng yeû zé-kai-
能个出, 客, 者, 幷且燒
neng-ke ts'é-k'a-tsé. Ping-ts'ié sao-
得, 得, 法,, 滋味也好, 不,
te te-fè, tse-mi a h'ao. Pé-kou
過一, 隻, 羊腿烘來勿,
i-tsa yang t'ei h'ong-lai vé te-fè,
得, 法,, 硬來死, 勿, 好喫,
ngang lai-si, vé h'ao k'ie.

Jean, aujourd'hui vous n'avez pas perdu la face : PP. et étrangers sont tous fort satisfaitis, et disent qu'on avait point de longtemps en un dîner si exquis. De plus les mets étaient bien préparés, et le goût aussi était bon. Seulement le gigot de mouton n'était pas bien rôti : il était fort dur, et pas bon à manger.

剩下來个物, 事, 勿,
Zeng-hao-lai-ke-mé-ze, vé yao long-
要弄了, 留拉明朝後
leao. Lieû la ming-tsao, heû-gné
日, 喫,, 餘下來个, 擔到
k'ie. Yu-hao-lai-ke, tè tao tsong-
中國, 灶間裡去用脫, 伊,
kô tsao-kè li k'i yong-t'é i.

Il faut pas gaspiller les restes. Gardez-les pour les servir demain et après-demain. Le surplus, portez-le à la cuisine chinoise pour y être employé.

乃下去天氣熱, 者, 灶
Nè-hao-k'i t'ié-k'i gné-tsé, tsao-
間裡要極, 其當心, 勿,
kè li yao ghie ghi taong-sin; vé-
然要壞脫, 物, 事, 冷天, 末,
zé, yao wa-t'é mé-ze. Lang-t'ié mé,
五六, 日, 勿, 碍啥, 熱, 天
n lô gné vé ngai sa; gné-t'ié-ze,
是一, 日, 也勿, 成功, 儂總

Désormais le temps est chaud, il faut veiller avec soin à la cuisine; autrement les provisions se gâteront. En hiver, 5 ou 6 jours ne font rien; en été, ne fût-ce qu'un jour, il n'y a plus moyen. Il faut absolument que vous regardiez souvent dans le garde-manger; (afin de) ne pas laisser se gâter les provisions dont on n'a

i gné a vé zeng-kong. Nong tsong	pas besoin.
要櫥裡只，管去看看，	
yao zu li tsé-koé k'i k'eu-k'eu :	
用勿，着，个末，擔脫，之，	
yong vé-za-ke mé, tè-t'é tse, vé	
勿，要放伊壞脫。	
yao faong i wa-t'é.	

LEÇON XXXV.

RÉFECTOIRE (Zi-ka-wei).

AVIS DU F. RÉFECTORIER AUX DOMESTIQUES.

檯。*Dai*. Table.
檯子。一、隻、*Dai-tse*. (*i-tsa*). Id.
温暾。*Wen-t'en*. Tiède.
掙。*Tseng*. Pressurer (un linge).
撿。*K'ien*. Aplanir (*pr*. avec la main).
盃子。一、隻、*Pei-tse* (*i-tsa*). Verre, tasse, coupe.
拏。*Nao*. Prendre.
傍。*Baong*. Côté.
頓。*Ten*. Disposer; *numérale* des repas.
搬。*Pé*. Transporter.
畢。*Pi*. Finir; fini, achevé.
割、裂。*Keu-li*. Nettement.
類。*Lei*. Sorte, espèce.

早晨頭啥人勿、喫、肉、个末、要搬、伊加灰咾嬭酪。喫、肉、个末、但不、過加灰、早晨頭一、進喫、飯間末、就要擦、刀叉咾鈔、還要帶篩加灰、還要當心喫、飯鉠、啥飯菜、茶末、就要泡好、若、使飯冷者、就要去換熱、个、飯盃裡个粥、要看有拉否、若、使勿、多、要添點去、神父們喫、罷之早飯末、灶間裡向个碗盞等類、要去揩端整、收拾、完全是末、自家去喫、早飯、喫、罷之末、要就來、來之末、先要掃喫、飯間、掃个前頭、要預備濕、个木、屑、撒拉地上、檯底下、椅子底下、要掃得、乾淨、掃好之末、先開窗、後來揩得、要乾淨、喫、飯檯子、要用熱、水來揩、勿、要用温暾水、揩檯布要掙(絞)來乾點、若、使濕、之末、檯子揩勿、乾个、揩好之末、一、總个鹽、胡椒盃、看看看、齊裝平拉否、若、使勿、平末、要擔隻、小鈔來撿撿平、醋油架子、也要看一、看滿拉否、如果勿、滿、也要加滿、架子上末、有啥墶塵否、也要揩潔、淨。*Tsao-zeng-deû sa-gnen vé k'ie gnô-ke mé, yao pé i ka-fei lao na-lo. K'ie gnô-ke mé, tè-pé-kou ka-fei. Tsao-zeng-deû, i tsin k'ie-vè-kè mé, zieû yao ts'è tao ts'ouo lao ts'ao. Wè yao ta-sai ka-fei. Wè yao taong-sin k'ie vè k'ieu sa vè ts'ai. Zouo mé, zieû yao p'ao-h'ao. Za-se vè lang-tsé, zieû yao k'i wé gné-ke. Vè yu li-ke tsô, yao k'eu yeû-la va. Za-se vé tou, yao t'ié tié k'i. Zen-vou-men k'ie-ba-tse-tsao-vè mé, tsao-ke li-hiang-ke wé-tsè teng-lai, yao k'i k'a teu-tseng. Seû-zé wé-zié-ze (tse) mé, ze-ka k'i k'ie-tsao-vè. K'ie-ba-tse mé, yao zieû lai. Lai-tse mé, sié yao sao k'ie-vè-kè. Sao-ke zié-deû, yao yu-bei sé-ke mo-si, sè la di laong. Dai ti-hao; yu-tse ti-hao, yao sao-te keu-zing. Sao h'ao-tse mé, sié k'ai ts'aong, heû-lai k'a-te yao keu-zing. K'ie-vè-dai-tse, yao yong gné se lai k'a, vé yao yong wen-t'en se. K'a-dai-pou yao tseng (kao)-lai keu tié; za-se sé-tse mé, dai-tse k'a vé keu-ke. K'a h'ao-tse mé, i-tsong-ke yé, wou-tsiao-pei, k'eu-k'eu-k'eu, zi tsaong bing-la va. Za-se vé bing mé, yao tè tsa siao-ts'ao lai k'ien-k'ien-bing. Ts'ou-yeû-ka-tse, a yao keu-i-keu mé-la va : zu-kou vé mé, a yao ka-mé, ka-tse laong mé, yeû sa bong-zeng va, a yao k'a ki-zing.* Le matin, pour ceux qui ne mangent pas de viande, il faut donner le café et le lait. Pour ceux qui prennent de la viande (au déjeûner), (on sert) seulement le café. Le matin, sitôt entrés au réfectoire, il faut frotter et essuyer les couteaux, les fourchettes et les cuillers. Il faut aussi tamiser le café. Il faut encore voir si les légumes pour manger avec le riz ne manquent pas (*c. à-d.* pour ceux qui déjeûnent à la chinoise). Il faut de suite faire infuser le thé. Si le riz est froid, il faut vite le changer pour du riz chaud. Il faut voir s'il y a du *tsô* dans les vases à riz. S'il n'y en a pas beaucoup, il faut en ajouter un peu. Après le déjeûner des PP., il faut aller à la cuisine laver et essuyer proprement les tasses etc. qui y sont. Après avoir tout rangé, vous-mêmes irez déjûner. Après déjeûner, il faut venir de suite. Etant venus, d'abord il faudra balayer le réfectoire. Avant de balayer, il faut préparer de la sciure humide et la répandre sur le plancher (*lit.* à terre). Sous les tables, sous les chaises, il faut balayer net. Aprés avoir balayé, on ouvre d'abord les fénêtres, et ensuite il faut essuyer proprement. Pour essuyer les tables, on emploie (un linge moite) d'eau chaude, et non d'eau tiède. Il faut pressurer le torchon de façon qu'il soit simplement moite; car s'il est (trop) mouillé, il n'essuye pas nettement les tables. Après avoir essuyé, examinez toutes les salières-poivrières, pour voir si (le sel ou le poivre) est bien aplani. S'ils ne l'est pas, il faut l'aplanir avec une petite cuiller. Quant aux huiliers, il faut aussi voir s'ils sont pleins : s'ils ne le sont pas, il faut les remplir; et s'il y a de la poussière sur les montants, il faut les essuyer proprement.

擺喫，中飯盆子个前頭、先要拏盆子來揩乾

淨之咾擺、各,隻,盆子个傍邊、要照次序擺刀义咾鈔、酒盃要擺拉喫,飯盆子个面前、酒缾放拉酒盃个邊頭、喫,飯檯子上、每兩个人、合,用饅頭盆子一,隻、冷水瓶一,个、鹽胡椒盃一,副、齊要放拉饅頭盆子一,起、醋油架子、每隻,檯子兩副、饅頭每隻,盆子要擺一,个、每一,隻,檯橫頭、平常日,子、中飯要擺四隻,鈔、喫,肉,个日,子、還要擺一副,大刀义、每頓要擺一,隻,大湯杓、搬出,去个桌子末、要擺拉橫頭鈔个邊頭、聽得,敲之十,一,點三刻,末、就要泡茶、還要到灶間裡去搬饅頭湯鍋子出,來、擺拉大湯杓,傍邊、神父拉喫,飯个時候末,是那都要到灶間裡去掯刀义咾喫,飯盆子、神父拉喫,罷之飯末、齊要到喫,飯間裡去收作,一,總家伙、淨酒盃要用熱,水、一,切,收作,舒徐、然後可以喫,飯去、飯後三點鐘進來、各,个酒缾要添滿、水缾裡水加滿之、然後預備夜飯刀义家生、如同中飯一,樣、但不,過橫頭鈔只,銷三隻、大湯杓一,隻、小齋日,子、夜飯襯盆勿,要擺、喫,夜飯在七,下一,刻、前頭先要發,好茶。 *Pa k'ie tsong-vè ben-tse-ke zié-deû, sié yao nao ben-tse lai k'a keu-zing-tse lao pa. Ko-tsa ben-tse-ke baong-pié, yao tsao ts'e-zu pa tao ts'ouo lao ts'ao. Tsieû-pei yao pa la k'ie-vè-ben-tse-ke mié-zié : tsieû-bing faong la tsieû-pei-ke pié-deû. K'ie-vè-dai-tse laong, mei-leang-ke gnen, hé-yong mé-deû ben-tse i-tsa, lang se bing i-ke, yé-wou-tsiao-pei i-fou : zi yao faong la mé-deû ben-tse i-k'i. Ts'ou-yeû-ka-tse, mei-tsa dai-tse leang-fou; mé-deû mei-tsa ben-tse yao pa i-ke, Mei-i-tsa dai wang-deû, bing-zang gné-tse, tsong-vè yao pa se-tsa ts'ao. k'ie-gnô-ke gné-tse, wè yao pa i-fou dou tao ts'ouo. Mei ten yao pa i-tsa dou-t'aong-zo. Pé-ts'é-k'i-ke kou-tse mé, yao pa la wang-deû ts'ao-ke pié-deû. T'ing-te k'ao-tse zé-i tié sè k'e mé, zieû yao p'ao zouo, wè yao tao tsao-kè li k'i pé mé-deû-t'aong-kou-tse ts'é-lai, pa la dou-t'aong-zo baong-pié. Zen-vou la k'ie-vè-ke ze-h'eû mé, ze-na tou yao tao tsao-kè li k'i k'a tao-ts'ouo lao k'ie-vè-ben-tse. Zen-vou-la k'ie ba-tse vè mé, zi yao tao k'ie vè-kè li k'i seû-tso i-tsong ka-h'ou. Zing tsieû-pei, yao yong gné se. I-ts'i seû-tso su-zu, zé-heû k'o-i k'ie-vè k'i. Vè heû, sè-tié tsong tsin-lai, ko-ke tsieû bing yao t'ié-mé, se bing li se ka mé tse; zé-heû yu-bei ya-vè tao-ts'ouo-ka-sang, zu-dong tsong-vè i-yang : tè-pé-kou wang-deû ts'ao tsé siao sè-tsa; dou-t'aong zo, i-tsa. Siao-tsa gné-tse, ya-vè tsen ben vé yao pa, k'ie ya-vè zai ts'i hia i k'e; zié-deû sié yao fè-h'ao zouo.* Avant de mettre le couvert (les assiettes) pour le dîner, il faut d'abord essuyer les assiettes proprement et ensuite les placer. A côté de chaque assiette, il faut disposer en bon ordre les couteaux, les fourchettes et les cuillers. Les verres (à vin) doivent être mis devant les assiettes : les bouteilles sont placées à côté des verres. Sur les tables, pour deux personnes on met un assiette à pain, une bouteille d'eau fraîche, et une paire de salière-poivrière : le tout doit être disposé avec l'assiette à pain. Il faut deux huiliers par table; (et) on met un pain sur chaque assiette à pain. A chaque tête de table, les jours ordinaires, au dîner on place 4 cuillers, et les jours gras, ou ajoute un assortiment de grand conteau et de grande fourchette (à découper). Pour chaque repas (dîner ou souper), on met une grande cuiller à soupe. Pour servir le dessert, on le place à la tête des tables à côté des cuillers à servir. Sitôt que vous entendrez sonner 11 ¹ ³/₄, il faut de suite faire infuser le thé, et aller à la cuisine pour y prendre les soupières et les porter (au réfectoire), les disposant à côté de la grande cuiller à soupe. Pendant que les PP. prennent leur repas, vous autres vous devez rester à la cuisine, pour nettoyer (laver et essuyer) les couverts et la vaisselle. Après le dîner des PP., vous devez tous aller au réfectoire, pour ramasser tous les ustensiles, et les mettre en ordre. Pour laver les verres, il faut user d'eau chaude. Quand tout sera bien rangé, vous pourrez alors aller dîner. A 3^h de l'après-dîner, il faut rentrer pour remplir chacune des bouteilles de vin, et emplir les bouteilles d'eau; après quoi vous mettrez le couvert pour le souper, comme pour le dîner : mais en tête des tables, on emploie seulement 3 cuillers (à servir) avec une grande cuiller à soupe. Les jours d'abstinence on ne met pas d'assiette sous (l'assiette à soupe) : on soupe (ces jours-là) à 7h. $^1/_4$, et il faut servir le thé d'avance.

凡於二等日，子、要用二等酒盃、凡於頭等瞻禮、散心閒裡、要擺茄灰碗咾小酒盃、散心畢，後、就要去收拾，割，裂。 *Vè-yu gni teng gné-tse, yao yong gni teng tsieû-pei. Vè-yu deû teng tsé-li, sé-sin kè li, yao pa ka-fei wé lao siao tsieû-pei. Sè-sin pi heû, zieû yao k'i seû-zé keu-li.* Tous les jours de 2de classe, on se sert de petits verres (*m. à-m.* verres de 2de classe). Tous les jours de 1ère classe, il faut disposer en la salle de récréation les tasses à café et les petits verres (à liqueur). Après la récréation, il faut de suite aller ramasser le tout proprement.

LEÇON XXXVI.

LABOURAGE.

田。一，塊 *Dié (i-k'oei).* Champ (*pr.* à riz); champs, terres basses.

種田。*Tsong-dié.* Cultiver la terre.

種田个。*Tsong-dié-ke.* Cultivateur, laboureur.

地。一，塊 *Di (i-k'oei).* Champ (*pr.* sec); terre haute; terre.

春熟。*Ts'en zô.* Récolte de printemps.

小熟。*Siao zô.* Id. (petite récolte).

大熟。*Dou zô.* Grande récolte (du riz etc).

小麥。*Siao-ma.* Froment.

大麥。*Dou-ma.* Orge.

圓麥。*Yeu ma.* Sorte de blé (seigle?) à grains ronds.

菜子。*Ts'ai-tse.* Graine de colza.

浸稻種。*Tsin dao tsong.* Faire tremper le riz de semence.

秧。*Yang.* Plant de riz; plant.

稻。*Dao.* Riz en herbe.

棉花。*Mié-h'ouo.* Coton.

斮麥。*Tso ma.* Couper moissonner le blé.

斮稻。*Tso dao.* Id. le riz.

挖花。*T'eu (t'é) h'ouo.* Sarcler le coton.

挖荳。*T'eu (t'é) deû.* Sarcler les sojas, etc.

耘稻。*Yun dao.* Sarcler le riz à la main.

搨稻。*T'aong dao.* Sarcler le riz au sarcloir.

酵頭。*Kao-deû.* Fumier, engrais.

收麥。*Seû ma.* Récolter le blé.

收稻。*Seû dao.* Récolter le riz.

拔荳。*Bé deû.* Arracher les sojas, etc.

酵躋。*Kao zia.* Fumier de cochon mêlé de cendre.

澆糞。*Kiao fen.* Arroser de fumier liquide.

糞搪灰。*Fen daong h'oei.* Poudrette mêlée de cendre.

糞桶。*Fen dong.* Seau à vidanges.

糞料。一，个 *Fen-leao (i-ke).* Sorte de godet à vidanges.

栲栳。一，隻 *Ké-lao (i-tsa).* Panier (grand) sans anses.

鋤頭。一，把 *Ze-deû (i-pouo).* Houe.

鐵鎝。一，把 *T'i-tè (i-pouo).* Hoyau à 4 dents.

鐋。一，隻 *T'aong (i-tsa).* Râteau.

犂。一，隻 *Li (i-tsa).* Charrue.

耙。一，乘 *Pouo (i-zeng).* Herse.

水車。一，部 *Se-ts'ouo (i-bou).* Chapelet; noria.

旱車。一，部 *Heu ts'ouo (i-bou).* La partie sup[re] du chapelet.

鐄。一，把 *Waong (i-pouo).* Faucille.

更舍。一，个 *Kang souo (i-ke).* Cabane des veilleurs de nuit.

蓑衣。一，件 *Souo-i (i-ghié).* Manteau d'herbes pour la pluie.

箬，帽。一，个 *Gnè-mao (i-ke).* Chapeau pour la pluie *ou* le soleil.

陰帽。一，个 *Yen-mao (i-ke).* Chapeau de paille de blé contre le soleil.

草鞋。一，雙 *Ts'ao ha (i-saong).* Souliers en paille.

糞箕。一，隻 *Fen ghi (i-tsa).* Panier pour enlever les ordures.

種小菜。*Tsong siao-ts'ai.* Semer des légumes.

種瓜。*Tsong kouo.* Semer des melons ou concombres.

種蘿蔔，。*Tsong lo-bo.* Semer des navets.

打車。*Tang ts'ouo.* Mouvoir le chapelet.

蹈，車。*Dè ts'ouo.* Fouler le chapelet.

望車。*Maong ts'ouo.* Surveiller le chapelet.

長工。*Zang kong.* Ouvrier à l'année.

忙月，。*Maong gneu.* Mois de presse.

散工。*Sè-kong.* Journalier.

種个幾好田地。人手少咾，種得，勿，多幾畝田。*Tsong-ke ki-h'ao dié-di? — Gnen-seû sao-lao, tsong te vé tou-ki m dié.* Combien cultivez-vous d'arpents? — Ayant peu de bras, je ne puis en cultiver que peu d'arpents.

租田呢自家田。自家田。*Tsou dié gni ze-ka dié? — Ze-ka dié.* Est-ce à ferme ou (en cultivant) vos propres champs? — Ce sont mes propres champs.

今朝水田裡做呢旱地上做。旱地上去做。*Kin-tsao se dié li tsou gni heu di laong tsou? — Heu di-laong k'i tsou.* Aujourd'hui travaillez-vous dans les rizières ou dans les champs secs? — Je vais travailler dans les champs secs.

今年春熟，好否。現眼看起來好拉，勿，知收成起來那能末，嚌。*Kin gné ts'en zô h'ao va? — Yé-ngè k'eu-k'i-lai h'ao-la. Vé tse seû-zeng-k'i-lai, na-neng mé tsi.* Cette année la récolte de printemps est-elle bonne? — A présent elle paraît bonne. Je ne sais ce qu'il en sera au moment de la moisson.

小熟，收起之末，，就要種大熟，下去。*Siao zô seû-k'i-tse mé, zieû yao tsong dou zô hao-k'i.* Quand la petite récolte est faite, il faut de suite semer la grande récolte.

那幾个人拉斮小麥。*Na ki-ke-gnen la tso siao-ma.* Combien êtes-vous à moissonner le froment?

大麥齊收好末。*Da-ma zi seû hao mé?* L'orge est-elle toute récoltée?

圓麥今年收得出否。勿叫收得出。*Yeu ma kin gné seû-te-ts'é va? — Vé kiao seû-te-ts'é.* Avez-vous cette année récolté du *yeu-ma?* — La récolte ne compte pas (a été mauvaise).

採寒荳。*Ts'ai h'eu-deû.* Cueillir des fèves.

人家齊拉種春熟者。*Gnen-ka zi la tsong ts'en zô tsé.* Les gens sont à ensemencer la récolte de printemps.

叫(告)兩个人來拔菜子。*Kiao (Kao) leang-ke gnen lai bé ts'ai-tse.* Appelez qlq. hommes pour arracher le colza.

大概人齊拉落秧者、我稻種還勿曾浸裡。*Da-kai gnen zi la lo yang-tsé, ngou dao tsong wè vé-zeng tsin li.* La plupart des gens sont tous a semer le riz (plant de riz), (et) moi je n'ai pas encore fait tremper la semence de riz.

拔秧。*Bé yang.* Arracher le plant de riz (pour le transplanter).

種秧。*Tsong yang.* Transplanter le plant de riz.

那花多呢稻多。兩樣差勿多。*Na h'ouo tou gni dao tou? — Leang yang ts'ouo-vé-tou.* Avez-vous plus de coton ou plus de riz (en herbe)? — A peu près également des deux.

今年雨水多咾、草沒花人家勿少。*Kin gné yu-se tou lao, ts'ao mé h'ouo gnen-ka vé-sao.* Cette année a été fort pluvieuse : pour beaucoup de gens (familles) l'herbe a étouffé le coton.

打潭花比之散撮花、挖起來好挖點。*Tang dé h'ouo pi-tse sè-tseu h'ouo, t'eu (t'é)-k'i-lai h'ao t'eu (t'é) tié.* Planter le coton dans des trous pratiqués (à l'avance), comparé à le semer (en répandant la semence), (le rend) plus facile à sarcler.

花田溝裡、種點大荳拉去。*H'ouo dié keû li, tsong tié dou-deû la-k'i.* Semez qlq. sojas dans le champ de coton.

那蕩隻角裡、因爲是旱地咾、考究種棉花咾搭之黃荳个是否。曖、不過棉花咾黃荳末多點、倒底稻也有人家種个。*Na daong tsa-ko li, yn-wei ze heu di lao, k'ao-kieû tsong mié-h'ouo lao tè-tse waong-deû-ke ze va? — É, pé-kou mié-h'ouo lao waong-deû mé, tou tié; tao-ti dao a yeû gnen-ka tsong-ke.* Dans ce coin (de terre), comme le terrain est sec, examinez si l'on n'y doit pas semer du coton et des *sojas*. — De fait, (il faut) seulement (ensemencer) davantage en coton et en *waong-deû*, mais il y a des gens qui y plantent aussi du riz.

人忙來無呌(告)處、因爲齊拉斮麥咾。 *Gnen maong lai m-kiao (kao)-ts'u, yn-wei zi la tso ma lao.* Les gens (cultivateurs) sont tellement pressés qu'on ne peut en trouver, parce que tout le monde moissonne le blé.

幾時收斮稻。 *Ki-ze seû-tso dao?* Quand se fait la récolte de riz?

捝花好捝否。田裡末正好捝、地上末、厭硬點。 *T'eu k'ouo hao t'eu va? — Dié li mé tseng h'ao t'eu, di laong mé, yé ngang tié.* Le coton est-il facile à sarcler? — Dans les terres basses, il est facile à sarcler, mais dans les terres hautes (sèches), (le sol) est un peu trop dur.

呌(告)幾个人拉捝荳。無啥幾个。 *Kiao (kao) ki-ke gnen la t'eu deû? — M sa ki-ke.* Combien avez-vous appelé de gens pour sarcler les sojas? — Quelques-uns, pas beaucoup.

想呌兩个耘稻个、無呌處。 *Siang kiao leang ke yun dao-ke, m kiao ts'u.* Pensant appeler qlq. hommes pour sarcler le riz (à la main), je n'ai trouvé (personne).

儂明朝担隻鍚拉、恐怕捝完之花、還要搗稻裡。 *Nong ming-tsao tè tsa t'aong la, k'ong-p'ouo t'eu wé-tse h'ouo, wè yao taong dao li.* Demain apportez un râteau; peut-être après avoir sarclé complètement le coton, il faudra encore (aussi) sarcler le riz (avec le râteau).

第塊田裡酵點啥酵頭去。酵勿起啥咾、只好酵點糞搪灰。 *Di-k'oei dié li kao tié sa kao-deû k'i. — Kao vé-k'i sa lao, tsé h'ao kao tié fen daong h'oei.* Quel engrais doit-on mettre dans ce champ (de riz)? — Pas d'(autre) engrais que de la cendre de paille de riz mêlée d'engrais humain.

大概齊拉收麥者。 *Da-kai zi la seû ma-tsé.* Le plupart sont tout occupés a récolter le blé.

明朝天儂看起來收麥好收否。勿見得好收、因爲天黑勿過咾。 *Ming-tsao t'ié, nong k'eu-k'i-lai, seû dao h'ao seû va? — Vé kié-te h'ao seû, yn-wei t'ié h'e-vé-kou lao.* Demain le temps selon vous sera-t-il bon pour recueillir le riz ou non? — Il ne paraît pas que (le temps doive être) favorable pour serrer (le riz), car le ciel est très-noir.

拔荳好拔个末。可以拔个者。*Bé deû h'ao bé ke mé? — K'o-i bé-ke-tsé.* Peut-on arracher les sojas? — On peut les arracher.

酵蹜呢餅。餅買勿起咾，只好酵點蹜。*Kao-zia gni ping? — Ping ma-vé-k'i lao, tsé h'ao kao tié zia.* (Est-ce) du fumier de cochon ou des pains de marc d'huile? — Je n'ai pas d'argent pour acheter des pains de marc d'huile : il (me) suffit d'un peu de fumier de cochon.

小菜地上替我去澆澆糞。*Siao-ts'ai di laong t'i ngou k'i kiao-kiao fen.* Arrosez-moi le champ de légumes avec des vidanges.

糞桶咾糞料拉那裡。拉柴間裡。*Fen dong lao fen-leao la-à-li? — La zà kè li.* Les seaux à vidange et les godets, où sont-ils? — Dans le bûchet.

去拿兩隻栲栳來挑。*K'i nao leang-tsa k'é-lao lai t'iao.* Prenez deux corbeilles pour porter (ces objets) avec un bâton sur l'épaule.

鋤頭鈍完之咾，要磨个者。*Ze-deû den wè tse lao, yao mô-ke-tsé.* La houe est toute émoussée, il faut la repasser (l'aiguiser).

鋤頭要鋼个者，勿鋼勿好用个者。*Ze-deû yao kaong-ke-tsé. Vé kaong, vé h'ao yong-ke-tsé.* La houe doit être trempée (d'acier), si elle n'est pas d'acier, on ne peut s'en servir.

去打一把新鐵鎝。*K'i tang i pouo sin t'i-tè.* Faites faire un hoyau neuf en fer à 4 dents.

鐵鎝齒斷之咾，勿好坌者。*Ti-tè ts'e deu-tse lao, vé h'ao pen-tsé.* Le hoyau à 4 dents est cassé, on ne peut plus (s'en servir pour) travailler la terre.

借隻犁拉我。*Tsia tsa li la ngou.* Empruntez (pour) moi une charrue.

一隻犁還好駛个否。好駛个裡。*I-tsa li wè h'ao se-ke va. — H'ao se ke-li.* La charrue peut-elle encore (servir à labourer? — Elle est encore bonne pour labourer.

駛田。*Se dié.* Labourer un champ.

耙田。*Pouo dié.* Herser un champ.

田駛好之末，拿乘耙去就耙之。*Dié se h'ao-tse mé, nao zeng pouo k'i zieû pouo-tse.* Après avoir labouré le champ, prenez la herse pour herser.

水車咾旱車，齊要抹一抹油。*Se ts'ouo lao heu*

ts'ouo, zi yao mé-i-mé yeû. Il faut mettre de l'huile à la partie inférieure et à la partie supérieure du chapelet.

一,部水車,撥拉賊,偷之去者。*I bou se ts'ouo, pé-la ze t'eû tse k'i-tsé.* Les voleurs ont pris un chapelet (la partie inférieure du chapelet).

旱車偷去否。旱車倒勿,曾偷去。*Heu ts'ouo t'eu k'i va? — Heu ts'ouo tao vé-zeng t'eû-k'i.* Le partie sup^re^ du chapelet a-t-elle été volée? — La partie sup^re^ du chap. n'a pas encore été volée.

鐄磨快之咾,去斮,稻去。*Waong mô k'oa-tse lao, k'i tso dao k'i.* Après avoir repassé la faucille, allez couper le riz.

車棚頭排之更舍末,,夜裡向膽大點。*Ts'ouo bang deû ba-tse kang souo mé, ya-li-hiang tè-dou tié.* En mettant près de l'abri du chapelet une cabane de veilleur, la nuit on est plus tranquille (*pr.* plus hardi).

天怺咾蓑衣箬,帽,齊要担拉个。*T'ié k'ieû lao souo-i gna-mao zi yao tè-la-ke.* Le temps est mauvais, il faut prendre le manteau et le chapeau pour la pluie.

日,頭勿,旺殺,咾,陰帽勿,要担者。*Gné-deû vé yaong-sè lao, yen mao vé yao tè-tsé.* Le soleil n'est pas très-chaud, n'apportez pas le *yen-mao.*

草鞋脚,。*Ts'ao ha kia.* Chaussé avec des sandales de paille.

推草鞋。*T'ei ts'ao ha.* Faire des sandales de paille.

場上个亂柴,拿糞箕來畚脫,之。*Zaong laong-ke leu za, nao fen ghi lai pen-t'é-tse.* Prenez un panier à ordures et ramassez le combustible (paille ou bois) qui traîne sur la cour.

我田勿,種个,種小菜賣个,*Ngou dié vé tsong ke, tsong siao-ts'ai ma-ke.* Je ne cultive pas les champs, je cultive seulement des légumes (pour) les vendre.

種瓜好起來,比之種花咾稻來得,好。*Tsong kouo h'ao-k'i-lai, pi-tse tsong h'ouo lao dao lai-te h'ao.* Quand la culture de concombres (ou de melons) réussit, elle est plus avantageuse que celle de coton et de riz.

種蘿蔔,好起來是,眞發,財。*Tsong lo bo h'ao-k'i-lai ze, tsen fa-zai.* Quand la culture de navets réussit, on s'enrichit véritablement.

牛打車呢脚,踏,車。牛買勿,起咾脚,踏,車。*Gneû tang ts'ouo gni, kia dè ts'ouo? — Gneû ma vé-k'i lao, kia dè ts'ouo*. Est-ce un chapelet mu par les bœufs, ou un chapelet foulé? — Je n'ai pas le moyen d'acheter un bœuf, c'est pourquoi (je me sers d'un) chapelet foulé.

一、隻、牛正停咾、要一、个人去望車去拉裡。 *I-tsa gneû tseng ding lao, yao i-ke gnen k'i maong ts'ouo k'i-la-li.* Le bœuf s'arrête, il faut que quelqu'un aille le surveiller.

望車叫(告)小囝去之末、儂可以田裡去做者。 *Maong ts'ouo kiao (kao) siao-neu k'i-tse mé, nong k'o-i dié li k'i tsou-tsé.* Appelez un enfant pour surveiller le chapelet, et vous pourrez aller aux champs travailler.

那住幾个長年拉。兩个。 *Na zu ki-ke zang gné-la? — Leang-ke.* Combien avez-vous de domestiques (d'ouvriers à l'année)? — Deux.

忙月、發、幾个。三四个。 *Maong gneu fa ki-ke? — Sa se-ke.* Au mois des grands travaux (de presse), combien (en avez-vous)? — 3 à 4.

住之兩个長年咾、三四个忙月、尙且忙起來、還要叫(告)人个裡。 *Zu-tse leang-ke zang gné lao, sa se-ke maong gneu; zaong-ts'ié maong-k'i-lai wè yao kao gnen-ke-li.* Outre les deux domestiques (ouvriers à l'année), et les 3 ou 4 du mois de presse; s'il y a (encore) presse davantage, il faut en outre appeler quelqu'un.

儂長年住拉否。住勿、起咾勿、住、不、過正眞忙起來末、叫(告)兩工散工。 *Nong zang gné zu-la va? — Zu vé-k'i lao, vé zu : pé-kou tseng-tsen maong-k'i-lai me kiao (dao) leang-kong sè-kong.* Avez-vous (gardez-vous) des ouvriers (domestiques) à l'année? — Je n'ai pas le moyen d'en avoir (garder), seulement quand le travail presse, j'appelle qlq. journaliers.

LEÇON XXXVII.

TRAVAUX DE LA CAMPAGNE.

臼。一，隻，*Ghieû (i-tsa)*. Mortier pour piler le riz.

臼齒。一，個 *Ghieû ts'e (i-ke)*. Pilon du mortier.

打(舂)臼。*Tang (ts'eng) ghieû*. Piler le riz pour achever de le décortiquer.

牽礱。*K'ié long*. Décortiquer le riz (enlever sa balle extérieure) avec un *long-tse*.

礱子。一，部 *Long-tse (i-bou)*. Meule en bois pour décortiquer le riz.

風車。*Fong-ts'ouo*. Tarare.

篩子。一，隻，*Sai-tse (i-tsa)*. Crible.

颺麪，。*Yang ma*. Nettoyer le blé au vent; vanner.

颺穀，。*Yang k'o*. Nettoyer le riz au vent; vanner.

簸。*Pou*. Vanner.

匾。一，隻，*Pié (i-tsa)*. Van.

簸匾。*Pou-pié*. Id.

粳米。*Kang-mi*. Riz qu'on mange d'ordinaire.

糯米。*Nou mi*. Riz glutineux dont on fait l'arack.

礱糠。*Long kang*. Balle extérieure séparée du riz (combustible).

牖，穀，。*Pi k'o*. Mauvais grain de riz.

米糠。*Mi kang*. Balle (peau) intérieure séparée du grain de riz (et qu'on donne à manger aux cochons).

絞索，。*Kiao so*. Faire (tordre) des cordes.

紡紗。*Faong souo*. Filer.

織，布。*Tse pou*. Tisser la toile.

蠶。*Zé*. Ver à soie.

蠶寶寶。*Zé-pao-pao*. Id.

殭蠶。*Kiang zé*. Id. assoupi après avoir filé la soie.

蠶繭。*Zé kié (kè)*. Cocon du ver à soie.

蠶繭窩。*Zé-kié-kou*. Id.

繭子。*Kié-tse*. Id.

蠶子。*Zé tse*. Œufs du ver à soie.

養蠶。*Yang zé*. Nourrir, élever des vers à soie.

喂蠶。*Yu zé*. Id.

採桑葉，。*Ts'ai saong yé*. Id. *pr.* cueillir des feuilles de mûrier.

種桑喂(養)蠶。*Tsong saong yu (yang) zé*. Cultiver le mûrier et élever des vers à soie.

桑蠶之地。*Saong zé tse di*. Lieu, pays où l'on cultive le mûrier et élève des vers à soie.

家蠶。*Ka zé*. Ver à soie domestique.

野蠶。*Ya zé*. Ver à soie sauvage.

𧿳絲。*Bè se.* Filer sa soie (se dit du ver à soie qui rampe en filant sa soie).

吐(抽)絲。*T'ou (ts'eû) se.* Id. *m. à-m.* vomir, tirer la soie.

剝繭子。*Pô kié-tse.* Dépouiller les cocons de leur enveloppe.

繅絲。*Tiao se.* Dévider la soie.

拈絲。*Gné se.* Tordre (filer) la soie.

辮絲。*Pié se.* Tresser la soie.

絲線。*Se-sié.* Fil de soie.

織綢緞。*Tse zeû-deu.* Tisser la soie.

經紗。*K'ieng souo.* Fils de la chaîne (du tisserand).

緯紗。*Wei souo.* Fil de la trame.

手車。*Seû ts'ouo.* Rouet à la main.

脚車。*Kia ts'ouo.* Rouet mu par les pieds.

鐵錠子。*T'i ding-tse.* Quenouille en fer.

緯子。*Wei-tse.* Trame.

筒管。*Dong-koé.* Bobine.

經布。*Kieng-pou.* La chaîne.

刷布。*Sé pou.* Brosser la chaîne.

扛箒。*K'aong tseû.* Id. à deux.

刷布麪。*Sé pou-mié.* Brosser la chaîne.

漿紗。*Tsiang souo.* Chaîne enfarinée.

搖紗。*Yao souo.* Embobiner le fil pour la chaîne.

捋綜線。*Leu tsong sié.* Enduire de farine le fil double.

糶春熟。*T'iao ts'en zô.* Vendre la récolte de printemps.

糶米。*T'iao mi.* Vendre le riz.

糴糠。*Die kang.* Acheter du riz non décortiqué.

買柴糴米。*Ma za die mi.* Acheter du combustible et du riz (ne pas être cultivateur).

儂打(舂)臼、一日，打(舂)得个幾臼。*Nong tang (ts'eng) ghieû, i gné tang (ts'eng)-te-ke ki ghieû.* En pilant le riz pour le décortiquer parfaitement, par jour vous pilez combien de mortiers?

後日天好末，替我牽礱。*Heû-gné t'ié h'ao mé, t'i ngou k'ié long.* Après-demain si le temps est beau, décortiquez pour moi le riz avec la meule de bois (*long-tse*).

借部風車拉我用一用。*Tsia bou fong-ts'ouo la ngou yong-i-yong.* Prêtez-moi un tarare pour que je m'en serve.

拿篩子篩一篩。*Nao sai-tse sai-i-sai.* Prenez un crible et passez (le grain) au crible.

風大咾颺麥，怪好颺。*Fong dou lao yang ma koa-h'ao yang.* Le vent est fort, il fait très-bon nettoyer (le grain) au vent (vanner).

儂去颺穀，場地我來掃末，者。*Nong k'i yang kô,*

zang-di ngou lai sao-mé-tsé. Allez nettoyer le riz au vent, je vais balayer l'aire.

簸一簸。*Pou-i-pou.* Vanner.

簸脫黙糠。*Pou-t'é tié-kang.* Vanner le riz non décortiqué.

糠裡个粞、簸之出來。*Kang li-ke si, pou-tse-ts'é-lai.* Séparer de la balle ext^re (en vannant) les petits grains de riz restés après la décortication.

麥拿去簸簸乾凈。*Ma nao-k'i pou pou keu-zing.* Vannez le blé proprement.

粳米呢糯米。*Kang mi gni nou-mi.* Est-ce du riz dont on fait le *vè,* ou du riz dont on fait le vin.

礱糠船。*Long-kang zé.* Barque chargée de balle extérieure de riz.

礱糠糶拉漕坊裡之呢、油車裡之。*Long kang t'iao la tsao fang li tse gni, yeû ts'ouo-li tse?* Vendez-vous la balle de riz à la fabrique de vin ou à la fabrique d'huile, (*c. à-d.* pour servir de combustible)?

今年个稻、脯穀怪多。*Kin gné ke dao, pi kô koa tou.* Cette année il y a beaucoup de mauvais grain dans les champs de riz.

米糠拿出來糶个少咾、價錢大之點者。*Mi-kang nao-ts'é-lai t'iao-ke sao lao, ka-dié dou-tse tié tsé.* Comme il y a peu de vendeurs de *mi-kang* (balle intérieure du riz), le prix a augmenté.

暇來無啥做咾拉絞索。*Hè-lai m-sa tsou lao la kiao so.* Ayant du temps libre et n'ayant rien à faire, je fais (tord) des cordes.

學紡紗。*Ho fang-souo.* Apprendre à filer.

織布會織拉末。*Tse pou wei tse-la mé.* Savez-vous tisser?

那拉紡个經紗呢緯紗。*Na la faong-ke, kieng souo gni wei souo?* Ce que vous filez, est-ce du fil pour la chaîne ou pour la trame?

單會紡手車、脚車還勿曾會裡。*Tè wei fang seû ts'ouo, kia ts'ouo wè vé zeng wei-li.* Je ne sais (user) que du rouet à la main, je ne sais pas encore (mouvoir) le rouet (avec les) pieds.

那蕩紡鐵筳子呢木筳子个。我呢蕩齊紡鐵筳子个、木筳子無人家紡个。*Na-daong faong t'i ding-tse gni mo ding-tse-ke. — Ngou-gni-taong zi faong t'i ding-tse-ke, mo ding-tse m gnen-ka faong-ke.* Filez-vous ici avec une quenouille de fer, ou avec une quenouille de bois? — Ici nous filos avec des quenouilles de fer, personne ne file avec une quenouille de bois.

紡幾化緯子拉者。*Faong ki-h'ouo wei-tse la-tsé?* Combien avez-vous filé de trames?

搖筒管。 *Yao dong-koé.* Mouvoir la bobine, le fuseau.

那是紡紗快咾、只怕又要經布者。紡得勿多幾隻筒管拉裡咾、勿好經拉裡。 *Na ze faong souo k'oa lao, tsé-p'ouo i yao kieng-pou tsé. — Faong-te vé tou ki-tsa dong-koé la-li-lao, vé h'ao kieng la-li.* Vous filez vite, peut-être avez-vous déjà filé une chaîne? — J'ai filé seulement qlq. fusées (bobines), il n'y a pas encore de quoi faire une chaîne.

明朝刷布去、扛篙个人、叫(告)好拉末。 *Ming-tsao sé pou k'i, kaong tseû-ke gnen, kiao (kao) h'ao-la mé?* Demain il faut brosser la chaîne, peut-on trouver des hommes pour traîner à deux la brosse.

刷布刷得勿好咾、做起布來、紗正斷个。 *Sé pou sé-te vé h'ao lao, tsou-k'i-pou-lai, souo tseng deu-ke.* Quand la chaîne n'a pas été bien brossée, en tissant, le fil se casse.

要个幾斤刷布麪。 *Yao-ke ki kien sé pou mié.* Combien faut-il de livres de farine pour brosser (enduire) la chaîne.

刷布麪無得末、就担之點小麥來末者。 *Sé pou mié m-te mé, zieû tè-tse tié siao-ma lai mé-tsé.* Si vous n'avez pas de farine pour la chaîne, donnez-moi du blé (*s. entendu*, je vous fournirai de la farine en échange). *Expression des brosseurs de chaîne parlant aux gens qui les emploient.*

細來像漿紗絲能咾勿牢个。 *Si lai ziang tsiang souo-se neng lao, vé lao-ke.* Ce fil mince comme un fil de la chaîne enfariné, n'est pas solide.

搖紗賣。 *Yao-souo ma.* Vendre ce qu'on a filé.

錠子放滿之末、搖紗啥咾勿搖。 *Ding-tse faong mé tse mé, yao souo sa-lao vé yao.* Puisque votre quenouillée est prête, pourquoi ne filez-vous pas (ne tournez-vous pas le fuseau).

LEÇON XXXVIII.

管園地。*Koé-yeu-di.* JARDINAGE.

園地。*Yeu-di.* Jardin.
遊。*Yeû.* Se promener.
鏟。一把 *Ts'è* (*i-pouo*). Bêche.
挪。*No.* Ôter, enlever.
簾子。一頂 *Lié-tse* (*i-ting*). Treillis en bambou.
截。*Zi.* Scier.
剖。*P'eú.* Ouvrir avec un instrument tranchant.
涂。*Dou.* Boucher; obstruer.
墾潭。*K'en dé.* Creuser un trou en terre.
揦耙。一把（個）*La-pouo* (*i-pouo, i-ke*). Râteau.

花名。*H'ouo ming.* NOMS DE FLEURS (*ou* D'ARBRES A FLEURS).

Azalée. 鵑花。*Kieu-h'ouo.*
Id. d'Europe. 洋鵑。*Yang kieu.*
Azérolier. 山楂。*Sè-zouo.*
Balsamine *impatiens.* 鳳仙花。*Wong-sié-h'ouo.*
Balsamine à tête de grue. 鶴頂鳳仙。*Ngo ting wong-sié.*
Begonia. 春海棠。*Ts'en-h'ai-daong.* 鐵梗海棠。*T'i-kang h'ai-daong.*
Begonia discolor. 海棠花。*H'ai-daong-h'ouo.*
Belles-de-jour. 潮來花。*Tsao-lai-h'ouo.* 半日蓮。*Pé-gné-lié.*
Bengale sanguin. 硃砂花。*Tsu-souo-h'ouo.*
Boule de neige. 繡毬花。*Sieú-ghieû-h'ouo.* 斗毬。*Teú-ghieû.*
Camélia. 山茶。*Sè-zouo.*
Cerisier (fleurs de). 麥李花。*Mé-li-h'ouo.*
Chimonanthus fragrans. 臘梅花。*Lè-mei-h'ouo.*
Crête-de-coq. 雞冠花。*Ki-koé-h'ouo.*
Chrysanthème. 菊花。*Ghiô-h'ouo.*
Id. de la 5e lune. 五月菊。*N gneu ghiô.*
Dalia. 大麗藥。*Da-li-ya.*
Daphné (fleur du). 山礬花。*Sè-wè-h'ouo.*
Funkia. 白蕚。*Ba-ngo.*
Gaînier. 紫荊花。*Tse-kien-h'ouo.*
Gardenia. 梔子花。*Tse-tse-h'ouo.*
Id. florida. 荷包梔子花。*Wou-pao tse-tse-h'ouo.*
Id. *radicans.* 丁香梔子花。*Ting-hiang tse-tse-h'ouo.*
Géranium. 十美人。*Zé-mei-gnen.*
Giroflées. 西洋香洛陽花。

Si-yang hiang lo-yang-h'ouo.

Glaïeul. 致命花。*Tse-ming-h'ouo.*

Glycine (fleur de) 紫藤花. *Tse-deng-h'ouo.*

Grenadier (fleur de). 石,榴花。*Za-lieû-h'ouo.*

Gueule de lion. 獅子花。*Se-tse-h'ouo.*

Hémérocalle *graminea.* 金針花。*Kien-tsen-h'ouo.*

Hibiscus *mutabilis.* 芙蓉花。*Wou-yong-h'ouo.*

Hortensia. 洋繡毬。*Yang-sieû-ghieû.*

Houx (fleur de). 金雀,花。*Kien-tsia-h'ouo.*

Houx (*m. à-m.* sur lequel les oiseaux ne se reposent point). 鳥不,宿,。*Gniao pé so.*

Iris. 紫蝴蝶,花。*Tse-wou-dié-h'ouo.*

Jasmin. 茉,莉。*Mé-li.*

Id. *nudiflorum.* 瑞香花。*Zu-hiang h'ouo.* 迎春花。*Gneng-ts'en h'ouo.*

Immortelle (sorte d'). 千年紅。*Ts'ié-gné-hong.*

Lagœstrœmia indica. 銀薇花。*Gnen-wei-h'ouo.* 紫薇花。*Tse-wei-h'ouo.* 百日,紅。*Pa-gné-hong.* 搔癢花。*Tsao-yang-h'ouo.* 搔癢樹。*Tsao-yang-zu.*

Laurier rose. 夾,竹,桃。*Kè-tsô-dao.*

Lis du japon. 白,花百,合,。*Ba-h'ouo pa-hé.*

Lis d'Europe. 西洋百,合,花。*Si-yang pa-hé-h'ouo.*

Magnolia. 玉,蘭花。*Gnô-lè-h'ouo.*

Id. rouge. 紅玉,蘭。*Hong gnô-lai.*

Millepertuis. 金絲桃。*Kien-se-dao.*

Nandina domestica. 天竺,枝。*T'ié-tsô-tse.*

Narcisse. 水仙花。*Se-sié-h'ouo.*

Nélombo. 蓮花。*Liè-h'ouo.* 荷花。*Wou-h'ouo.*

OEillets. 洛陽花。*Lo-yang-h'ouo.*

OEillets d'Inde. 萬壽菊。*Vè-zeû-ghiô.*

Orchidées. 珠蘭花。*Tsu-lè-h'ouo.*

Osmanthus (fleur d'). 桂花。*Koei-h'ouo.* 木,樨花。*Mo-si-h'ouo.*

Pâquerettes. 小白,花。*Siao-ba-h'ouo.*

Passerose. 淑,季花。*Zo-ki-h'ouo.*

Pêcher (fleur de). 桃花。*Dao h'ouo.*

Id. (double). 鴛鴦桃花。*Yeu-yang dao h'ouo.*

Pied-d'alouette. 翠蘭花。*Ts'u-lè-h'ouo.*

Pivoine. 牡丹。*Mo-tè.*

Prunier (fleur de) 梅花。*Mei-h'ouo.*

Prunier en pot. 梅椿。*Mei-tsaong.*

Reine-marguerite. 藍菊,。*Lè-ghiô.*

Id. précoce. 早藍菊,。*Tsao lè-ghiô.*

Rose. 玫瑰花。*Mei-k'oei-h'ouo.*

Id. de tous les mois. 薔薇花。*Ziang-wei (mi)-h'ouo.* 月,

季花。*Gneu-ki-h'ouo.*

Rose *banksiana.* 木香花。*Mo-hiang-h'ouo.*

Rose grimpante de tous les mois. 十姊妹。*Zé-tse-mei.*

Spirée à feuilles de corcorus. 地藏花。*Di-zaong-h'ouo.*

Soucis. 長春菊。*Zang-ts'en-ghiô.*

Tournesol. 秋葵花。*Ts'ieû-koei-h'ouo.*

Tùbéreuse (sorte de). 番香芋。*Fè-hiang-yu.*

Zinnia. 淨藥花。*Zing-ya-h'ouo.*

樹名。*Zu ming.* NOMS D'ARBRES (DE BOSQUETS).

Acacia. 檂樹。*Gnong-zu.*

Ailanthus *glandunosa.* 臭椿。*Ts'eû-ts'eng.*

Arbre à papier. 榖樹。*Kô-zu.*

Bananier. 芭蕉樹。*Pouo-tsiao-zu.*

Bélis de Chine. 杉木。*Sè-mo.*

Buis. 黃楊樹。*Waong-yang-zu.* 花邊黃楊樹。*H'ouo-pié waong-yang-zu.*

Cedrela. 椿樹。*Ts'eng-zu.* 香椿樹。*Hiang-ts'eng-zu.*

Croton *sebiferum.* 烏桕樹。*Ou-ghieû-zu.*

Daphné. 山礬樹。*Sè-wé-zu.*

Diospiros-kaki (petit) dont les noyaux servent à faire de l'huile. 油柿樹。*Yeû ze-zu.*

Frêne de l'insecte à cire. 栢蠟樹。*Pa-lè-zu.*

Fusain. 香花樹。*Hiang-h'ouo-zu.* 白茶樹。*Ba-zouo-zu.*

Génèvrier. 柏樹。*Pa-zu.*

Ginkobiloba. 橉眼樹。*Lin-ngè-zu.* 橉杏樹。*Yen-h'ang-zu.* 白眼樹。*Ba-ngè-zu.*

Gledistchia. 皂莢樹。*Zao-kié-zu.*

Liquidambar. 楓楊樹。*Fong-yang-zu.*

Lilas blanc. 飛來鳳。*Fei-lè-wong.* — violet 丁香。*Ting hiang.*

Magnolia *yu-lan.* 玉蘭樹。*Gnô-lè-zu.*

Melia azederac (lilas des Indes). 楝樹。*Lié-zu.*

Mûrier. 桑樹。*Saong-zu.*

Ormeau. 榆樹。*Yu-zu.* 柜榆樹。*K'iu-yu-zu.*

Osmanthus. 桂花樹。*Koei-h'ouo zu.*

Palmier (*chamærops excelsa*). 椶櫚樹。*Tsong-lu (lié)-zu.*

Peuplier. 楊樹。*Yang-zu.*

Photinia. 鐵柃樹。*T'i-ling-zu.*

Sapin. 松樹。*Song-zu.*

Saule. 楊柳樹。*Yang-lieû-zu.*

Sophora *japonica.* 槐樹。*Wa-zu.*

Sterculie à feuilles de platane. 梧桐樹。*Ngou-dong-zu.*

Troëne (*ligustrum semper virens*). 冬青樹。*Tong-ts'ing-zu.*

Troëne à petites feuilles. 細葉冬青。*Si yé tong-ts'ing.*

Thuya. 扁栢。*Pié-pa.* 子孫栢。*Tse-sen-pa.* 羅漢松。*Lou-heu-song.*

菓樹名。*Kou zu ming.* NOMS D'ARBRES FRUITIERS.

Abricotier. 杏子樹。*H'ang-tse-zu.* 梅子樹。*Mei-tse-zu.*
Cerisier. 櫻珠樹。*Ang-tsu-zu.*
Châtaignier. 栗子樹。*Li-tse-zu.*
Citronnier (autrement appelé main de Boudha). 佛手。*Wé-seû.* 香櫞樹。*Hiang-yeu-zu.*
Cognassier du Japon. 海棠。*H'ai-daong.*
Diospiros-kaki. 柿子樹。*Ze-tse-zu.*
Figuier. 無花菓樹。*Ou-h'ouo-k'ou-zu.*
Grenadier. 石榴樹。*Za-lieû-zu.*
Oranger. 金柑棗。*Kien-ké-zu.*
Jujubier. 棗樹。*Tsao-zu.*
Néflier du Japon. 枇杷樹。*P'i-bouo-zu.*
Noyer. 胡桃樹。*Pou-dao-zu.*
Pêcher. 桃子樹。*Dao-tse-zu.*
Pêcher à pêches plates. 蟠桃樹。*Bé-dao-zu.*
Poirier. 生梨樹。*Sang-li-zu.*
Pommier. 蘋菓樹。*Bing-k'ou-zu.*
Prunier. 李子樹。*Li-tse-zu.*

管花園个人垃拉否。*Koé-h'ouo-yeu-ke gnen lé-la va?* Le jardinier est-il là?

勿垃拉。*Vé lé-la.* Il n'est pas là.

啥地方去者。*Sa-di-faong k'i-tsé?* Où est-il allé?

垃拉花園南面。*Lé-la h'ouo-yeu né-mié.* Au midi du jardin.

叫伊來。*Kiao i lai.* Appelez-le (faites-le venir).

噢、來者。*O. Lai-té.* Oui. Il vient.

保祿、那能花園裡草、寔蓋能典法、倘使有人來游花園末、勿好看、明朝叫幾个小工來挩脫點草。*Pao-lô, na-neng h'ouo-yeu li ts'ao, zé-kai-neng hieng fè. T'aong-se yeû gnen lai yeû-h'ouo-yeu mé, vé h'ao k'eu. Ming-tsao kiao ki-ke siao-kong lai t'eu-t'é tié ts'ao.* Paul, comment (se fait-il que) l'herbe pousse ainsi dans le jardin? Si quelqu'un vient à s'y promener, ce n'est pas beau à voir. Demain appelez quelques journaliers pour sarcler un peu.

現在春三二月、貼正是種花个時候、要端正種花、空地有否。*Yé-zai ts'en sè gni gneu, t'i-tseng ze tsong-h'ouo-ke ze-h'eû, yao teu-tseng tsong h'ouo. K'ong di yeû va?* Maintenant, 2de ou 3e lune, c'est précisément le moment de semer les fleurs. Il faut les semer en bel ordre. Y a-t-il du terrain vide.

北面有一塊空地拉。*Pô-mié yeû i k'oei k'ong di-la.* Au nord (du jardin) il y a un carré vide.

花子有否。*H'ouo tse yeû va?* Avez-vous des graines de fleurs?

勿，多者，有是有點拉，只，怕勿，敠是。*Vé-tou-tsé; yeû-ze yeû tié la, tsé-p'ouo vé keû-ze.* Pas beaucoup; pour en avoir, j'en ai un peu, peut-être pas assez.

盖末，到隔，壁，人家去討點花種，倘使花子無得，花秧也好个。*Kai-mé, tao ka-pie-gnen-ka k'i t'ao tié h'ouo tsong. T'aong-se h'ouo-tse m-te, h'ouo-yang a h'ao-ke.* Alors allez chez les voisins demander quelques graines de fleurs. S'il n'y a pas de graines, le plant est bon aussi.

要討那裡幾樣花。*Yao t'ao a-li-ki yang h'ouo.* Quelles sortes de fleurs faut-il demander?

各，色，各，樣齊要點，討之來末，就，要種个。*Ko-se-ko-yang, zi.yao tié : t'ao-tse lai mé, zieû yao tsong-ke.* Il en faut un peu de toutes sortes : après les avoir demandées et obtenues, il faudra les semer ou planter de suite.

傢生也無得，那能種呢。*Ka-sang a m-te : na-neng tsong gni?* (Mais) il n'y a pas non plus d'outils, comment faire pour cultiver?

前頭多化傢生，那裡去者。*Zié-deû tou-h'ouo ka-sang, a-li k'i-tsé?* Les outils nombreux d'autrefois, que sont-ils devenus?

長遠勿，買者，盖，咾前頭个傢生，攏總齊勿，好用者。*Zang-yeu vé ma-tsé, ké-lao zié-deû-ke ka-sang, long-tsong zi vé h'ao yong-tsé.* Dès longtemps on n'en a pas acheté, ainsi les outils d'autrefois sont tous hors d'usage.

盖末，儂到法，華去買个兩把鐵，搭，三把鋤頭，五六，把小插，刀，三四把大鐵，鏟，斜鑿，咾鋸子末，有拉，勿，要買，擸鈀有末，也買兩把，要揀鋼口好點个，買好之末，早點轉來。*Kai-mé nong tao* Fa-h'ouo *k'i ma-ke leang-pouo t'i-tè, sè-pouo ze-deû, n lô-pouo siao-ts'è-tao, sè se-pouo dou-t'i-ts'è. Sié-zo lao ké (ki)-tse mé, yeû-la, vé yao ma. La-pouo yeû mé, a ma leang-pouo. Yao kè kaong-k'eû-h'ao-tié-ke. Ma h'ao-tse mé, tsao-tié tsé-lai.* Alors allez à *Fa-h'ouo* acheter deux hoyaux à 4 dents, 3 houes, 5 à 6 plantoirs, 3 à 4 bêches. Il y a un ciseau et une scie, n'en achetez pas. Quoiqu'il y ait des râteaux, il faut encore en acheter deux. Il faut que les outils soient trempés (aient le tranchant en acier). Après les avoir achetés, revenez de bonne heure.

34

乃末，傢生有拉者、朝後去花園裡要只，管收作，收作。。 *Nai-mé ka-sang yeû-la-tsé; zao-heû k'i h'ouo-yeu li, yao tsé-koé seû-tso-seû-tso.* Maintenant vous avez des outils; désormais allant au jardin, ayez soin de le mettre en ordre de temps en temps.

挩，下來个草挪脫，之。 *T'eu-hao-lai-ke ts'ao, no-t'é-tse.* Enlevez les ratissures.

各，處路上末，，總要淸淸脫，脫，。 *Ko-ts'u lou laong mé, tsong yao ts'ing-ts'ing-t'eu-t'eu.* Il faut que le long des allées, tout soit bien net (propre).

四時八，節，个花末，齊要種點、寔，蓋能末，，別，人喜歡到花園裡來跑跑者。 *Se ze pè tsi-ke h'ouo mé, zi yao tsong tié: zé-kai-neng mé, bié-gnen hi-h'oé tao h'ouo-yeu li lai pao-pao-tsé.* Il faut semer quelques fleurs des 4 saisons et des 8 demi-saisons : de la sorte on aimera à se promener au jardin.

我種起花來、勿，大裡得，法，个。 *Ngou tsong-k'i h'ouo lai, vé da-li te-fè-ke.* Je ne suis pas fort habile à cultiver les fleurs.

勿，碍个、我來教儂末，者。 *Vé ngai-ke. Ngou lai kiao nong mé-tsé.* Peu importe. Je suis là pour vous apprendre.

空地上先要澆糞、歇，之幾日，末，要拉拉平、削，削，細、乃末，下種子、再歇，之幾日，，拔，脫，點草、花秧哰有之二三寸長末，，可以分開來種、先預備好之圓圈、四週圍種好之麥，門冬、當中个泥、拿个拉笣削，削，細、然後末，挖，个潭、潭末，勿，要挖，來忒，深、也勿，要忒，淺、要正好、一，顆一，顆排好之哰種、種好之末，，就要澆水。 *K'ong di laong sié yao kiao fen. Hié-tse ki gné mé, yao la-la bing, sia-sia si, nai-mé hao-tsong-tse. Tsai hié-tse ki gné, bè-t'é tié ts'ao. H'ouo yang lao yeû-tse gni sè ts'en zang mé, k'o-i fen-k'ai-lai tsong. Sié yu-bei h'ao tse-yeu-k'ieu, se-tseû-wei tsong h'ao-tse ma-men-tong. Taong-tsong-ke gni, nao-ke la-pouo sia-sia si. Zé-heû mé, wè-ke dé. Dé mé, vé yao wè-lai t'e sen, a vé yaa t'e ts'ié : yao tseng h'ao. I-k'ou i-k'ou ba h'ao tse lao tsong. Tsong h'ao-tse mé, zieû yao kiao-se.* Répandez des vidanges sur le terrain vide. Après quelques jours, vous nivellerez et briserez les mottes bien fin, puis vous semerez les graines. Après quelques jours encore, arrachez l'herbe. Quant le plant des fleurs aura deux ou trois pouces de haut, il faudra les séparer ou les transplanter. Auparavant il faudra préparer des ronds autour desquels on plantera du gazon. On émotte fin avec le râteau la terre environnée (de gazon). Ensuite on fait les trous. Il ne faut pas que (ces) trous soient trop profonds, ni pas assez profonds, mais (d'une profondeur) juste. On plante les fleurs pied à pied, et après les avoir plantées, il faut de suite les arroser.

幾時有日,頭,要擔簾子來遮拉上頭,倘使天氣乾燥,日,頭咾旺,蓋末,日,逐,要澆兩回水,陰凉點末,,夜快澆一,回有者。*Ki-ze yeû gné-deù, yao tè lié-tse lai tsouo la-zaong-deù. T'aong-se t'ié-k'i keu-sao, gné-deù lao yaong, kai-mé gné zô yao kiao leang wei se. Yen-leang'tié mé, ya k'oa kiao i wei yeû-tsé.* Quand il y a du soleil, il faut les couvrir en mettant un treillis par-dessus. Que si le temps est sec et le soleil ardent, alors il faut chaque jour arroser deux fois. Quand le temps est couvert, il suffit d'arroser une fois *(c. a-d.)* vers le soir.

花秧活,之末,,要澆點清水糞,後來末,只,管要拔,拔,草。*H'ouo yang wé-tse mé, yao kiao tié ts'ing se fen; heû-lai mé, tsé-koé bè-bè ts'ao.* Lorsque le plant est pris (pousse), il faut arroser avec du fumier mêlé d'eau, et ensuite arrachez l'herbe de temps en temps.

花咾長者要摘,脫,點正頭,花頭咾勿,多,正頭也可以勿,要去摘,脫,伊。*H'ouo lao zang-tsé, yao tie-t'é tié tseng deû. H'ouo-deû lao vé tou, tseng deû a k'o-i vé yao k'i tie-t'é i.* Quand la tige de la fleur est haute, il faut étêter un peu la tige principale. Si les tiges ne sont pas trop nombreuses, il n'est pas nécessaire d'étêter la tige principale.

頂(正)頭摘,脫,之末,,讓伊攤(竄)開來。*Ting (tseng) deû tie-t'é tse mé, gnang i t'è (ts'eu)-k'ai-lai.* Après avoir étêté la tige principale, on la laisse s'étendre (s'élargir).

大約,種花个法,子末,,是寔,介能。*Da-ya tsong h'ouo-ke fè-tse, ze zé-ka-neng.* Telle est en abrégé la manière de cultiver les fleurs.

還有啥時候種啥花,也要曉得,个。*Wè-yeû sa ze-h'eû tsong sa h'ouo, a yao hiao-te-ke.* Il faut savoir aussi en quel temps il faut semer (etc.) telle ou telle fleur.

正月,裡,天氣冷,勿,能殼種啥。*Tseng gneu li, t'ié-k'i lang, vé neng-keû tsong sa.* A la 1ère lune, le temps est froid, on ne peut rien semer.

二月頭上、開山楂花、水仙花、紫荆花、瑞香花、白玉蘭花、金雀花。*Gni gneu deû laong, k'ai sè-zouo-h'ouo, se-sié-h'ouo, tse-kieng-h'ouo, zu-hiang-h'ouo, ba gnô-lè h'ouo, kien-ts'ia-h'ouo.* Au commencement de la deuxième lune, fleurissent l'azérolier, le narcisse, le gaînier (arbre de Judée), le jasmin *nudiflorum* (*c. à-d.* fleurissant avant la pousse des feuilles), le magnolia blanc, (et) le houx (fleur de l'oiseau doré).

二月底、清明前後、要種荷花、又叫蓮花、有紅白黃个顏色。*Gni gneu ti, ts'ing-ming zié-heû, yao tsong wou-h'ouo, i kiao lié-h'ouo : yeû hong, ba, waong-ke ngè-se.* A la fin de la deuxième lune, vers l'époque du *ts'ing-ming*, il faut semer les nélombos (*wou-h'ouo*) appelés aussi *lié-h'ouo :* il y en a de rouges, de blancs (et) de jaunes.

荷花那能種法。*Wou-h'ouo na-neng tsong fè?* Comment cultive-t-on le nélombo?

要買兩隻荷花缸、用甏頭泥、河泥、還有猪毛、或者頭髮、大約三四斤、草頭三四斤、要一起搯和拉泥裡、拿藕放拉泥當中、弄好之末、放拉日頭裡晒个三五日、等到有之拆縫末、放水下去、要用河水、勿要放井水、勿論啥个花、總要澆河水、勿好澆井水、因爲井水太陰、花容易死、後來只管要澆水、勿要放伊乾脫、看見有服虫末、要捉脫、點、六月裡開花、荷葉也可以當藥引。*Yao ma leang-tsa wou-h'ouo kaong. Yong bang-deû gni, wou-gni, wè yeû tse mao, wo-tsé deû-fè, da-ya sa se kien, ts'ao-deû sa se kien, yao i-k'i dao-wou la gni li. Nao ngeû faong la gni taong-tsong. Long h'ao-tse mé, faong la gné-deû li souo-ke sa n gné. Teng-tao yeû-tse ts'a wong mé, faong se hao-k'i. Yao yong wou se, vé yao faong tsing se : vé len sa-ke h'ouo, tsong yao kiao wou se, ve h'ao kiao tsing se, yn-wei tsing se t'ai yen, h'ouo yong-i si. Heû-lai tsé-koé yao kiao-se, vé yao faong i keu-t'é. K'eu-kié yeû wo-zong mé, yao tso-t'é-tié. Lô gneu li k'ai h'ouo : wou yé a k'o-i taong ya-yen.* On achète deux vases en terre (terrines) à nélombo. On y met pour terre du limon du canal, du poil de cochon ou des cheveux (du poids) d'environ 3 à 4 livres, et 3 à 4 livres de luzerne, que l'on mélange avec le limon. On prend une racine de nélombo que l'on met dans le limon. Cela fait, on expose les vases au soleil durant 3 à 5 jours. Quand les fentes apparaissent (la terre est fendillée), on verse de l'eau. Il faut employer de l'eau du canal et non pas de l'eau de puits. Quelque fleur que ce soit, il faut toujours user de l'eau du canal et non de l'eau de puits, parce que l'eau de puits est trop fraîche et facilement fait périr les fleurs. Ensuite il faut souvent arroser, sans laisser les vases se dessécher. Quand les vers s'y mettent, il faut les prendre. Le nélombo fleurit à la 6e lune. Ses feuilles peuvent aussi servir pour la médecine.

菊,花、也拉第歇,時候分種。*Ghiô-h'ouo, a la di-hié ze-heú fen-tsong.* On transplante aussi les chrysanthèmes à la même époque.

拿菊,花个根分開來、排好之咾種活,之末,,澆點糞。*Nao ghiô-h'ouo-ke ken, fen-k'ai-lai, ba-h'ao-tse lao tsong wé tse mé, kiao tié fen.* Prenant des racines de chrysanthèmes, on les sépare pour les planter avec ordre, et quand elles ont pris, on met un peu de fumier.

菊,花葉,子上、小心勿,要累泥漿。菊,花葉,上有之泥漿末,,葉,子就要焦脫,个。落,脫,之葉,子末,,一,顆花就無樣式,者。*Ghiô h'ouo yé-tse laong, siao-sin vé yao lei gni-tsiang. Ghiô-h'ouo yé laong yeú-tse gni-tsiang mé, yé-tse zieû yao tsiao-t'é-ke, lo-t'é-tse yé-tse mé, i-h'ou h'ouo, zieû m yang-se-tsé.* Il faut éviter avec soin de répandre du limon sur les feuilles des chrysanthèmes. Si l'on y répand du limon, les feuilles se dessèchent (sont brûlées), et les feuilles une fois tombées, tout le pied de fleur perd sa beauté (n'a plus de forme).

菊,花末,五顏六,色,有論百,樣拉、樣樣要種點、大熱,天氣、只,要澆點水、切,不,可澆糞。*Ghiô-h'ouo mé, n-ngè-lô-se yeú len-pa yang la : yang-yang yao tsong tié. Dou gné t'ié-k'i, tsé yao kiao tié se, ts'i-pé-k'o kiao fen.* Il y a bien des sortes de chrysanthèmes de diverses couleurs. Il faut en cultiver un peu de toute espèce. Quand la chaleur est grande, il faut seulement les arroser avec de l'eau, jamais avec des vidanges.

八,月,底、九月,頭上末,開花、開花个前頭、要澆糞。*Pè gneu ti, kieû gneu deû laong mé, k'ai h'ouo. K'ai h'ouo-ke zié-deû, yao kiao fen.* A la fin de la 8e lune et au commencement de la 9e, les chrysanthèmes fleurissent. Avant la floraison, il faut les arroser avec des vidanges.

蕊頭多末,要摘,脫,點、剩个五六,个正頭末,有者、寔，介能末，開起花來、大咾翠者。*Gnu-deú tou mé, yao tie-t'é tié; zeng-ke n ló-ke tseng-deú mé, yeú-tsé. Zé-ka-neng mé, k'ai-k'i h'ouo lai, dou lao ts'u-tsé.* Si les boutons sont nombreux, on en élague quelques-uns; il suffit d'en laisser 5 à 6. De la sorte les fleurs s'épanouissent grandes et belles.

頂好末，到之黃梅裡、摘，菊，花頭來扦。*Ting h'ao mé, tao-tse waong-mei li, tie ghiô-h'ouo deû lai ts'ié.* Le mieux est d'élaguer les boutures de chrysanthèmes au moment du *waong-mei* pour les planter.

三月，半時候、要落，多化花秧如同淨藥，花、中國西洋萬壽菊、鳳仙花、千年紅、大麗藥、雞冠花、翠藍、淑季花、藍菊。*Sè gneu pé ze-h'eû, yao lo tou-h'ouo h'ouo yang : zu-dong zing-ya-h'ouo, Tsong-kô Si-yang vè-zeû ghiô, wong-sié-h'ouo, ts'ié-gné-hong, da-li-ya, ki-koé-h'ouo-ts'u, lai, zo-ki-h'ouo, lè-ghiô.* Au milieu de la 3e lune, il faut semer le plant de beaucoup de fleurs, comme de zinnia, d'œillets de Chine et d'Europe, de balsamines, d'immortelles, de dalias, de crêtes-de-cop, de pieds-d'alouette, de passeroses (et) de reines-marguerites.

三月，裡開个花末、就是梅花、桃花、麥，李花、紅玉，蘭、鐵，梗海棠。*Sè gneu li k'ai-ke h'ouo mé, zieû-ze mei h'ouo, dao h'ouo, më-ki-h'ouo, hong gnô-lai, t'i kang h'ai-daong.* Les fleurs qui s'ouvrent à la 3e lune sont : les fleurs de prunier ou d'abricotier, les fleurs de pêcher, les fleurs de cerisier, les magnolias roses, la *begonia* à tige de fer.

四月，裡所開个花頂多、并且多化樹、也要報青者。*Se gneu li sou k'ai-ke h'ouo ting tou, ping-ts'ié tou-h'ouo zu a yao pao-ts'ing-tsé.* La 4e lune est celle où s'ouvrent le plus grand nombre de fleurs, et où beaucoup d'arbres bourgeonnent.

如同薔薇花、月，季花、地藏花、月，季花末，要直，開到九月，裡末，勿，開者。*Zu-dong ziang-mi (wei)-h'ouo, gneu-ki h'ouo, di-zaong-h'ouo.* Par ex : les roses de tous les mois (appelées soit) *ziang-mi h'ouo,* (soit) *gneu-ki h'ouo,* les spirées à fleurs de corcorus. Quant aux *gneu-ki h'ouo* elles fleurissent jusqu'à la 9e lune et pas au-delà.

還有紅白，玫瑰花、玫瑰花頂香、并且香來文淨、也可以放拉茶葉，裡、還可以做玫瑰糖。*Wè yeû hong ba mei-koei-h'ouo. Mei-koei-k'ouo ting hiang, ping-ts'ié hiang-lai wen-zing, a k'o-i faong la zouo-yé li, wè k'o-i tsou mei-koei daong.* Il y a aussi les roses *(mei-koei)* rouges (roses) et blanches. (Ces) roses sont très-odorantes et d'un parfum exquis. On peut soit les mettre dans le thé, soit en faire des confitures.

西洋玫瑰花、搭之薔薇花、比之中國个好看、樣子也多、開出花來也大、單單黃㖸藍个顏色、極其少。*Si-yang mei-koei-h'ouo, tè-tse ziang-mi-h'ouo, pi-tse Tsong-kô-ke h'ao-k'eu. Yang-tse a tou, k'ai-t'sé h'ouo lai a dou. Tè-tè waong lao lè-ke ngè-se ghie ghi sao.* Les *mei-koei-h'ouo* et les *ziang-mi-h'ouo* d'Europe sont plus belles que celles de Chine. Il y en a aussi plus d'espèces, et elles ont plus de fleurs. Seulement les jaunes et les bleues sont rares.

落陽花有好多个樣子、中國落陽、西洋香落陽、第个花要隔年種个、香落陽末三月底開花、竹節落陽、獅子落陽、也有雙台單台。*Lo-yang h'ouo yeû h'ao-tou-ke yang-tse : tsong-kô lo-yang; si-yang-hiang-lo-yang. Di-ke h'ouo yao ka-gné tsong-ke. Hiang-lo-yang mé, sè gneu ti k'ai-h'ouo. Tsô tsi lo-yang, se-tse lo-yang, a yeû saong-dai tè-dai.* Il y a beaucop d' espèces d'œillets (de Chine) : les œillets de Chine chinois (proprement dits), et les giroflées. Cet diverses fleurs se sèment tous les ans. La giroflée fleurit à la fin de la 3e Lune. Il y a l'œillet aux nœuds de bambou, l'œillet (à crinière) de lion, l'œillet double et l'œillet simple.

還有硃砂花、紫蝴蝶花、繡毬花有大繡毬、小繡毬、大个又叫斗毬、小个末又叫毛毬。*Wè yeû tsu-souo-h'ouo, tse-wou-dié-h'ouo; sieû-ghieû h'ouo, yeû dou sieû-ghieû, siao sieû-ghieû : dou-ke i kiao teû-ghieû, siao ke mé, i kiao mao ghieû.* Il y a en outre le Bengale-sanguin (rose d'Inde), l'iris; la boule de neige grande et petite : la grande s'appelle aussi *teû-ghieû*; la petite s'appelle encore boule de neige (aux feuilles) velues.

牡丹花、五顏六色、有幾十樣拉、有草本、木本、還有荷包牡丹、西洋獅子花、鵑花、有紅㖸白个顏色、有洋鵑、大鵑、第个花、切不可澆糞。*Mo-tè-h'ouo, n-ngè-lô-se, yeû ki-zé yang la : yeû ts'ao-pen, mo-pen, we yeû wou-pao mo-tè. Si-yang se-tse-h'ouo, kieu-h'ouo, yeû hong lao ba-ke ngè-se, yeû yang kieu, dou kieu. Di-ke h'ouo, ts'i-pé-k'o kiao-fen.* Il y a des pivoines de diverses couleurs et quelques dizaines d'espèces. Il y en a d'herbacées et de ligneuses; il y aussi des pivoines imitant le nélombo. (On voit encore en cette lune) la gueule de lion d'Europe, (et) les azalées soit rouges soit blanches, l'azalée d'Europe. Cette fleur (l'azalée) ne peut nullement être arrosée avec des vidanges.

論到木,香花、有大木,香、小木,香、黃木,香。*Len-tao mo-hiang-h'ouo, yeû dou mo-hiang, siao mo-hiang, waong mo-hiang.* Les roses *mo-hiang* sont : les grandes roses (blanches), les petites roses (blanches), et les roses jaunes.

還有西湖海棠花、芍,藥,花、紫藤花、山矾花、至於多化西洋花个名頭、呌伊勿,出,。*Wé yeû si-wou h'ai-daong-h'ouo, za-ya-h'ouo, tse-deng-h'ouo, sè-wè-h'ouo, tse-yu tou-h'ouo si-yang-h'ouo-ke ming-deû, kiao i vé ts'é.* Il y a aussi la begonia dite du *Si-wou*, la pivoine non greffée, la glycine, le daphné, et encore un grand nombre de fleurs européennes dont j'ignore les noms (on ne peut dire les noms).

五月,裡黃梅天氣、好扦花咾樹、因爲天氣熱,、扦點晗容易活,。如同扦菊,花、薔薇花、木,香花、黃楊樹、無花菓樹、一,總个楊樹、還有別,樣多化个樹咾花、第个月,裡開个花、比之上个月,裡少點。*N gneu li, waong-mei t'ié-k'i, h'ao ts'ié h'ouo lao zu : yn-wei t'ié-k'i gné, ts'ié tié-sa yong-i wé : zu-dong ts'ié ghiô-h'ouo, ziang-mi-h'ouo, mo-hiang-h'ouo, waong-yang-zu, ou-h'ouo-k'ou-zu, i-tsong-ke yang-zu, wè yeû bié-yang tou-h'ouo zu lao h'ouo. Di-ke gneu li k'ai-ke h'ouo, pi-tse zaong-ke gneu li sao tié.* A la 5e lune, au moment du *waong-mei*, il fait bon planter les boutures de fleurs et d'arbres, parce que les boutures au temps chaud poussent (prennent) aisément : par ex : (on peut) planter des boutures de chrysanthèmes, de *ziang-mi-h'ouo*, de *mo-hiang-h'ouo*, de buis, de figuier, de toutes sortes de peupliers, et encore d'autres espèces d'arbres et de fleurs. Les fleurs qui s'épanouissent en cette lune, sont moins nombreuses que celles de la lune précédente.

如同石,榴花、金絲桃、鳳仙花、鶴,頂鳳仙,凈藥,花、十,美人、第樣花能殼一,年到頭單單五月,裡頂興、幷且頂怕冷、也有五月,菊,、早藍菊,、早大麗藥,、翠藍花、梔子花、荷包梔子、丁香梔子、金錢花、童貞花、菖蘭花、夾,竹,桃、也能殼到九月,。十,姊妹、淑,季花、洋繡毬、金針花、白,花百,合,、珠蘭花、茉,莉花。*Zu-dong za-lieû-h'ouo, kien-se-*

dao, wong-sié-h'ouo, ngo ting wong-sié, zing-ya h'ouo, zé-mei-gnen, di-yang y'ouo neng-keû i gné tao deû; tè-tè n gneu li ting hieng, ping-ts'ié ting p'ouo lang. A yeû n gneu ghiô, tsao lè-ghiô, tsao da-li-ya, ts'u-lai h'ouo, tse-tse-h'ouo, wou-pao tse-tse, ting-hiang tse-tse, kien-zié-h'ouo, dong-tseng-h'ouo, ts'aong-lè-h'ouo, kè-tso-dao, a neng-keû tao kieû gneu, zé tse-mei, zo-ki-h'ouo, yang-sieû-ghieû, kien-tsen-h'ouo, ba h'ouo ba-hé, tsu-lè-h'ouo, mé-li-h'ouo. (Il y a) par ex: les fleurs de grenadier, le millepertuis, les balsamines, les balsamines à tête de grue, les zinnias, (et) le géranium qu'on peut avoir toute l'année; mais qui prospère à la 5ᵉ lune, et craint le froid. Il y a aussi les chrysanthèmes de la 5ᵉ lune, les reines-marguerites et les dalias précoces, les pieds-d'alouette, les *gardenia*, soit florida, soit *radicans*, les soucis, le lis européen, le glaïeul, le laurier-rose qui fleurit aussi jusqu'à la 9ᵉ lune, les *zé-tse-mei*, les passeroses, les hortensias, l'hémerocalle jaune, le lis bulbifère, les orchidées (et) le jasmin.

六月裡末、天氣熱、花末少、只有勿多幾樣花。*Lô gneu li mé, t'ié-k'i gné, h'ouo mé sao, tsé yeû vé-tou-ki-yang h'ouo.* A la 6ᵉ lune, tenps des chaleurs, les fleurs sont rares, il n'y en a que quelques-unes.

如同荷花、荷花結个子、叫蓮心、好喫个、番香芋、又叫夜來香、千年紅、潮來花、又叫半日蓮、六月底要落來年開花个花秧、如同洛陽花、長春菊、小白花咾啥。*Zu-dong wou-h'ouo. Wou-h'ouo kié-ke tse, kiao lié-sin, h'ao k'ie-ke. Fè-hiang-yu, i kiao ya lai hiang, ts'ié-gné-hong, zao-lai-h'ouo, i kiao pé gné lié. Lô gneu ti, yao lo lai gné k'ai-ke h'ouo yang, zu dong lo-yang-h'ouo, zang-ts'en-ghiô, siao-ba-h'ouo lao-sa.* Ainsi les nélombos. Le fruit du nélombo s'appelle *lié-sin*, et est bon à manger. (Il y a) les tubéreuses appelées aussi *ya-lai-hiang* (exhalant leur parfum la nuit), une sorte d'immortelle, des belles-de-jour, qu'on appelle aussi *pé-gné-lié* (nélombos d'une $^1/_2$ journée). A la fin de la 6ᵉ lune, il faut semer le plant des fleurs qui doivent s'ouvrir l'année suivante, comme les œillets, les soucis, les pâquerettes, etc.

七月半頭、秋葵花、白萼花、芙蓉花、紫薇花、又叫百日紅、搔癢花、雞冠花、海棠花、齊要開者。*Ts'i gneu pé-deû, tsieû-koei-h'ouo, ba-ngo-h'ouo, wou-yong-h'ouo, tse-wei-h'ouo, gnen-wei h'ouo, i kiao pa-gné-hong, tsao-yang-h'ouo, ki-koé-h'ouo, hai-daong-h'ouo, zi yao k'ai-tsé.* Au mileu

35

de la 7e lune, les tournesols, les funkias, la mauve (*hibiscus mutabilis*), la *lagœstrœmia indica* à fleurs violettes et à fleurs blanches, qu'on appelle aussi *pa-gné-hong* et *sao-yang-h'ouo*, la crête-de coq (*celosia cristata*), (et) la *begonia discolor*, toutes (ces fleurs) s'ouvrent.

八,月,裡末,木,樨花,藍菊,花,八,月,底裡末,分種落,陽花,開大麗蘂,花,搭,之中國,西洋萬壽菊,。 *Pè gneu li mé, mo-si-h'ouo, lè-ghiô-h'ouo. Pè gneu ti li mé, fen-tsong lo-yang h'ouo; k'ai da-li-ya-h'ouo, tè-tse Tsong-ko Si-yang vè-zeú-ghiô.* A la 8e lune (ce sont) : les osmanthus, les reines-marguerites. Vers la fin de la 8e lune, on transplante les œillets de Chine; les dalias fleurissent ainsi que les œillets d'Inde de Chine et d'Europe.

桃樹,也拉箇時候接,个。 *Dao-zu, a la kou ze-h'eû tsi-ke.* A cette même époque (à la 8e lune), on greffe aussi le pêcher.

桃樹末,那能接,法,。 *Dao-zu mé, na-neng tsi fè?* De quelle manière greffe-t-on le pêcher?

桃樹有之五六,尺,長光景,要去討水蜜,桃个頭,擠个頭插,拉生梨當中,或,是落,蘇當中,生梨末,頂好,插,个二三日,,拿个桃樹个頭截,脫,之,乃末,拿來接,。 *Dao-zu yeú-tse n lô ts'a zang koang-kieng, yao k'i t'ao se-mi-dao-ke deû. Tè-ke deû, ts'è la sang-li taong-tsong, wo-ze lo-sou taong-tsong : sang-li mé, ting h ao. Ts'è-ke leang sè gné, nao-ke dao-zu-ke deû, zi-t'é tse, nai-mé nao lai tsi.* Quand le pêcher (sauvageon) a 5 on 6 pieds de haut, on se procure une tige (greffe) du pêcher à pêches mielleuses, (et) on fiche cette greffe dans une poire on une aubergine : la poire est ce qu'il y a de mieux. Après l'avoir laissée (ainsi) fichée (durant) deux à trois jours, on coupe la tête du pêcher (sauvageon) pour l'enter.

接,桃樹末,,先剖開之本身,拿插,拉生梨裡个頭,擺拉當中,用蔴線紮,住之,再用泥四週圍涂沒,之,隨便伊末,者,來年咾若,使報青末,活,拉者,歇,个二三年,可以喫,桃子者。 *Tsi dao-zu mé, sié p'eú-k'ai-tse pen-sen, nao ts'è la sang-li li-ke deû, pa la taong-tsong, yong mô sié tsè-zu tse. Tsai yong gni se-tseú-wei dou-mé tse, zu-bié i mé-tsé. Lai gné lao, za-se pao ts'ing mé, wé-la-tsé. Hié-ke gni sè gné, k'o-i k'ie dao-tse tsé.* Pour greffer le pêcher, on entaille auparavant le tronc, et prenant la greffe qu'on avait fichée dans une poire, on la pose dans l'entaille et on la lie avec du fil de chanvre. On peut ensuite, si l'on veut, l'enduire tout autour avec de la terre glaise. L'année suivante, si la greffe pousse des rejetons, c'est qu'elle a pris (elle est vivante). Après deux on trois ans d'attente, on pourra manger les pêches.

蟠桃也差勿、多一、樣接、法。*Bé dao a ts'ouo-vé-tou i-yang tsi fé.* Le pêcher à pêches plates se greffe aussi à peu près de la même manière.

鴛鴦桃花也寔、介能、但不、過開雙台桃花咾、勿、結、桃子。*Yeu-yang dao h'ouo, a zé-ka-neng : tè-pé-kou k'ai saong-dai dao-h'ouo lao, vé kié dao-tse.* Il en est aussi de même du pêcher à fleurs doubles : mais il produit seulement des fleurs doubles et point de fruits.

接、牡丹花、也拉八、月、裡、要拿芍、藥、个根剖開之、擔牡丹頭約、寸半把長、插、拉當中、用細蔴線紮、住之、排拉缸裡、約、四十、五日、出、之芽末、拿出、去種、勿、出、芽末、勿、活、个者。*Tsi mo-tè-h'ouo, a la pè gneu li. Yao nao za-ya-ke ken p'eû-k'ai tse. Tè mo-tè deû ya ts'en pé pouo zang, ts'è la taong-tsong. Yong si mô sié tsè-zu tse, ba la kaong li, ya se-zé-n gné. Ts'é tse nga mé, nao-ts'é-k'i tsong, vé ts'é nga mé, vé wé-ke-tsé.* On greffe aussi les pivoines à la 8e lune. On entaille la racine de la pivoine sauvage, et on y insère une bouture de pivoine déjà greffée, d'un pouce et $^1/_2$ environ de long. On lie avec du fil de chanvre, et on met (la racine) dans un *kaong,* pour environ 45 jours. Quand elle bourgeonne, on la prend et on la plante. Si elle ne pousse pas de bourgeons (aprés ce laps de temps), c'est qu'elle est morte.

九月、裡末、開菊、花、大約、要開一、个月、光景、第个時候、也可以種各、樣个樹。*Kieû gneu li mé, k'ai ghiô-h'ouo, ta-ya yao k'ai i-ke gneu koang-kieng. Di-ke ze-h'eû, a k'o-i tsong ko-yang-ke zu.* Dans la 9e lune, les chrysanthèmes fleurissent durant environ un mois. A cette époque, on peut aussi planter toutes sortes d'arbres.

樹末、那能種法。要看第顆樹个大小、照之大小咾墾潭、先要放河泥、後來末、擔樹放拉當中、小心勿、要歪、然後四面放泥、拿根木、頭敲敲結、實、種好之末、就澆水、修樹末、也拉第歇、時候。*Zu-mé, na-neng tsong-fè? — Yao k'eu di-k'ou zu-ke dou-siao, tsao-tse dou-siao lao k'en dé. Sié yao faong wou gni, heû-*

lai mé tè zu faong la taong-tsong : siao-sin vé yao foa. Zé-heû se-mié faong gni, nao ken mo-deû k'ao-k'ao kié-zé. Tsong h'ao-tse mé, zieû kiao-se, sieû zu mé, a la di-hié ze-h'eû. Comment faut-il planter les arbres? — On considère la grandeur de l'arbre et l'on creuse en terre un trou proportionné à la grandeur (de l'arbre). On n'y met d'abord du limon du canal, et ensuite on plante l'arbre au milieu : il faut avoir soin de le planter droit. Ensuite on met de la terre tout autour, et on la bat avec un bâton pour l'affermir. Après avoir planté (l'abre), on l'arrose, et alors aussi on le taille.

十、月、裡末、引小春、多化樹齊要發、一、發、。*Zé gneu li mé, yen-siao-ts'en, tou-h'ouo zu zi yao fè-i-fè.* A la 10e lune, à l'époque *yen-siao-ts'en* (du petit printemps), beaucoup d'arbres ont une seconde pousse.

十、一、月、、天冷、無啥花。*Zé-i gneu, t'ié lang, m-sa h'ouo.* A la 11e lune, il fait froid, il n'y a pas de fleurs.

十、二月、裡有臘、梅花、第樣花也香來文凈个、所以大檕齊喜歡个。*Zé-gni gneu li yeû lè-mei-h'ouo. Di-yang h'ouo a hiang-lai-wen zing-ke, sou-i da-kai zi hi-hoé ke.* A la 12e lune, on a le *chimonanthus fragrans.* Cette fleur a une odeur très-forte et fort agréable, aussi la plupart l'aiment (la recherchent).

還有天竺、枝咾梅椿、第个幾樣物、事、到之新年裡、人家大檕辦點、放拉客、堂裡當擺設。*Wè yeû t'ié-tsô-tse lao mei-tsaong. Di-ke ki-yang mé-ze, tao-tse sin gné li, gnen-ka da-kai bè tié, faong la k'a-daong li taong pa-sé.* Il y a aussi la *nandina domestica* et le petit prunier (en pot). Ces divers objets (ces fleurs) s'achètent d'ordinaire jusqu'à la 1ère lune pour servir d'ornement dans le salon de réception.

LEÇON XXXIX.

種菜 *TSONG-TS'AI.* CULTURE DES LÉGUMES.

菜名 *Ts'ai ming.* NOMS DE LÉGUMES, &.

Ail (sorte d'), 韭菜。 *Kieû-ts'ai.* 白頭韭菜。 *Ba-deû kieû-ts'ai.*

Ail d'été. 夏大蒜。 *Hao da-seu.*

Ail (pousse d'). 蒜苗。 *Seu miao.*

Amarante. 莧菜。 *Hié-ts'ai (hè-ts'ai).*

Armoise. 蓬蒿菜。 *Bong-hao-ts'ai.*

Artichaux. 西洋百,合。 *Si-yang ba-hé.* cf. Lec. XXIII.

Bambou (pousses de) précoces. 早鞭笋。 *Tsaò yé sen.*

Bambous (pousses d'autres). 篾竹,笋。 *Mié tsó-sen.* 護居笋。 *Wou-ki-sen.*

Barbon sucré. 蘆粟。 *Lou-só.*

Carotte d'Europe. 西洋胡蘿蔔。 *Si-yang wou lo-bo.*

Choux (diverses sortes de). 小藏菜。 *Siao-zaong-ts'ai.* 塔,棵菜。 *Tè-k'ou-ts'ai.*

Choux pommés. 包心菜。 *Pao-sin ts'ai.*

Choux de Bruxelles. 菜蒀頭。 *Ts'ai-gnu-deu.*

Choux-fleurs. 菜花菜。 *Ts'ai-h'ouo-ts'ai.*

Colza. 油菜。 *Yeû-ts'ai.*

Colza (pousses de). 菜劍。 *Ts'ai kié.*

Citrouille. 番瓜。 *Fè-kouo.*

Concombre. 生瓜。 *Sang-kouo.*

Id. très-allongé. 絲瓜。 *Se-kouo.*

Epinards. 菠菜。 *Pou-ts'ai.*

Haricots précoces. 早毛荳。 *Tsao mao-deu.*

Lablad chinois. 中國,藊荳。 *Tsong-kô pié-deu.*

Lablad d'Europe. 西洋藊荳。 *Si-yang pié-deu.*

Lentilles. 赤荳。 *Ts'a-deu.*

Laitue chinoise. 萵苣筍。 *Wou-ghiu-sen.*

Luzerne (minette). 草頭。 *Ts'ao-deû.*

Maïs. 芋麥。 *Yu-ma,* 八,穄米。 *pè-tsi-mi.*

Melon d'eau (sorte de). 香瓜。 *Hiang-kouo.*

Moutarde (sorte de). 雪,裡蕻。 *Si-li-fong.*

Pomme de terre. 番芋。 *Fè-yu.* 西洋芋艻。 *Si-yang-yu-na.*

Salsifis. 西洋山藥。 *Si-yang-sè-ya.*

Tournesol (graines du). 葵花子。 *Koei-h'ouo tse.*

Voir pag. 170-173.

正月，裡末，喫，塌，棵菜，油菜，包心菜。*Tseng gneu li mé, k'ie tè-k'ou-ts'ai, yeú-ts'ai, pao-sin ts'ai.* A la nouvelle lune, on mange les *tè-k'ou*, le colza, les choux pommés.

月，底要落，菠菜，爲喫，爲留種。*Gneu ti yao lo pou-ts'ai, wei k'ie, wei lieû tsong.* A la fin de (cette) lune, on sème les épinards, (soit) pour servir d'aliment, (soit) pour garder à graine.

落，包心菜秧，蓬蒿菜，黄瓜秧，西洋豇荳。*Lo pao-sin-ts'ai yang, bong-ao-ts'ai, waong-kouo yang, si-yang kaong-deû.* On sème le plant de chou à pomme, d'armoise, de *waong-kouo* et de haricots européens (*c. à-d.* de haricots proprement dits).

第樣豇荳，直，到七，八，月，裡，隨時好種。*Di yang kaong-deû, ze tao ts'i pè gneu li, zu ze h'ao tsong.* Ces sortes de haricots peuvent se semer en temps opportun jusqu'à la 7e et la 8e lune.

正月，底又種西洋芋艿。*Tseng gneu ti, i tsong si-yang-yu-na.* A la fin de la 1 lune, on plante aussi les pommes de terre.

二月，裡末，喫，油菜劍，小藏菜，韭芽，白，頭韭菜，包心菜，菜薹頭。*Gni gneu li mé, k'ie yeû-ts'ai kié, siao-zaong-ts'ai, kieû nga, ba-deû kieû ts'ai, pao-sin-ts'ai, ts'ai-gnu-deû.* A la 2de lune, on mange la pousse principale du colza, les petits choux *zaong-ts'ai*, les pousses de *kieû-ts'ai*, les choux pommés blancs, les choux de Bruxelles (*m. à-m.* boutons de choux).

月，半頭要落，豇荳秧，落，蘇秧，種西洋胡蘿蔔，夏大蒜，中國，芳芋。*Gneu pé deû, yao lo kaong-deû yang, lo-sou yang, tsong si-yang wou-lo-bo, hao da-seu, tsong-kô yu-na.* Vers le milieu de la lune, il faut semer le plant de haricots (et) d'aubergines, et semer les carottes d'Europe, l'ail d'Eté, et les *yu-na* de Chine.

月，底要落，生瓜秧，冬瓜秧，中國，西洋藊荳秧，番瓜，絲瓜秧。*Gneu-ti yao lo sang-kouo yang, tong-kouo yang, Tsong-kô Si-yang pié-deû yang, fè-kouo, se-kouo yang.* Vers la fin de la lune, on doit semer le plant de *sang-kouo*, de *tong-kouo*, de lablad de Chine et d'Europe, de *fè-kouo* et de *se-kouo*.

三月，裡喫，菠菜，韭菜，芥菜，草頭，雪，裡蕻，萵苣筍，菜蕊頭。*Sè gneu li, k'ie pou-ts'ai, kieû-ts'ai, ka-ts'ai, ts'ao-deû, si-li-fong, wou-ghiu-sen, ts'ai-gnu-deû.* A la 3e lune, on mange les épinards, les *kieû-ts'ai*, la moutarde, la luzerne, le *si-li-fong*, la laitue chinoise (et) les choux de Bruxelles.

第个時候，要灩菜劔，芥菜，雪，裡蕻，草頭。

Di-ke ze-h'eû, yao yé ts'ai kié, ka-ts'ai, si-li-fong, ts'ao-deû. A cette époque, il faut saler les pousses de colza, la moutarde, le *si-li-fong* et la luzerne.

舊年滷拉个藏菜、要晒菜乾。 *Ghieû gné yé-la-ke zaong-ts'ai, yao souo ts'ai keu.* Les choux qu'on a salés l'année précédente, il faut (alors) les faire sécher au soleil.

月，頭上要落，小白，菜、早毛荳、小白，菜可以落，到七，八，月，，莧菜、芋麥，，蘆粟，，葵花子、分種包心菜秧、箇个時候也種茭白、月，半頭分種王瓜秧。 *Gneu-deû laong yao lo siao-ba-ts'ai, tsao mao-deû. Siao ba-ts'ai, k'o-i lo tao ts'i pè gneu. Hié-ts'ai, yu-ma, lou-sô, koei-h'ouo-tse. Fen-tsong pao-sin-ts'ai yang. Kou-ke ze-h'eû a tsong kao-ba. Gneu pé-deû, fen-tsong waong-kouo yang.* Au commencement de (cette) lune, il faut semer les petits choux, (et) les sojas précoces. Les petits choux peuvent se semer jusqu'à la 7ᵉ ou 8ᵉ lune. (Il faut aussi semer) les amarantes, le maïs, le barbon sucré, les tournesols. On transplante les choux à pomme. On plante aussi alors les *kao-ba*. Vers le milieu de la lune on transplante les *waong-kouo*.

四月，裡喫，新寒荳、草頭、蒜苗、竹，笋、起頭末，早燕筍、當中段裡末，護居笋、篾，竹，筍、末，脚，末，黃籚籤、萵苣筍、西洋竹，筍、菜花菜、菜蕊頭。 *Se gneu li k'ie sin h'eu-deû, ts'ao-deû, seu miao, tsô-sen : k'i-deû mé, tsao yé-sen; taong-tsong-deu-li mé, wou-ki-sen, mié-tsô sen; mé-kia mé, waong-kien-kè, wou-ghiu-sen, si yang tsô-sen, ts'ai-h'ouo-ts'ai, ts'ai-gnu-deû.* A la 4ᵉ lune, on mange les fèves fraîches, la luzerne, les pousses d'ail, les pousses de bambou : au commencement, les *yé-sen* précoces; au milieu, les *wou-ki-sen* et les *mié-tsô-sen*; à la fin, les pousses de *waong-kien-kè*, la laitue chinoise, les asperges, les choux-fleurs (et) les choux de Bruxelles.

月，頭上分種豇荳秧、落，蘇秧、藊荳秧、還有多化瓜秧、搭，王瓜棚、月，底搭，豇荳、藊荳、絲瓜棚、種慢豇荳、毛荳、赤荳。 *Gneu-deû laong, fen-tsong kaong-deû yang, lo-sou yang, pié-deû yang; wè yeû tou-h'ouo kouo yang; tè waong-kouo bang. Gneu ti, tè kaong-deû, pié-deû, se-kouo bang; tsong mè kaong-deû, mao-deû, ts'a-deû.* Au commencement de la lune, on transplante les *kaong-deû*, on sème le plant d'aubergine de lablad, également le plant de beaucoup de *kouo;* (et) l'on construit les tonnelles pour les *waong-kouo*. A la fin de la lune, on construit les tonnelles des *kaong-deû*, des *pié-deû* et des *se-kouo*. On plante les *kaong-deû* tardifs, les *mao-deû*, (et) les *ts'a-deû*.

五月裡喫王瓜、莧菜、西洋芋艿、夏蒜、大蒜頭也可以鹽、西洋百合、包心菜。*N gneu li, k'ie waong-kouo, hié ts'ai, si-yang yu-na, hao seu, da-seu-deû, a k'o-i yé; si yang pa-hé, pao-sin ts'ai*. A la 5ᵉ lune, on mange le *waong-kouo*, les amarantes, les pommes de terre, l'ail d'été, le *da-seu-deû*, qu'on peut aussi saler, les artichaux (et) les choux pommés.

第个月裡、天氣熱、無啥種。*Di-ke gneu li, t'ié-k'i gné, m-sa tsong*. En cette lune, il fait trop chaud pour semer quoique ce soit.

六月裡喫豇荳、落蘇、生瓜、冬瓜、香瓜、西瓜、絲瓜、番瓜、八穄米、韭菜。*Lô gneu li, k'ie kaong-deû, lo-sou, sang-kouo, tong-kouo, hiang-kouo, si-kouo, se-kouo, fè-kouo, pè-tsi-mi, kieû-ts'ai*. A la 6ᵉ lune, on mange les *kaong-deû*, l'aubergine, les *sang-kouo*, les *tong-kouo*, les *hiang-kouo*, les *si-kouo*, les *se-kouo*, les *fè-kouo*, le maïs, et les *kieû-ts'ai*.

月底種西洋芋艿、蓬蒿菜、茭白、西洋山藥、早水蘿蔔。*Gneu ti, tsong si-yang yu-na, bang-ao-ts'ai, kao-ba, si-yang sè-ya, tsao se-lo-bo*. Vers la fin de la lune, on plante les pommes de terre, on sème l'armoise, on plante les *kao-ba*, les salsifis (et) les navets précoces.

七月裡喫落蘇、豇荳、韭菜、韭芽、西瓜、月半頭落白菜秧、包心菜秧、菜蔬頭咾菜花菜秧、種菠菜、草頭、胡蘿蔔、早水蘿蔔、排大蒜。*Ts'i gneu li, k'ie lo-sou, kaong-deû, kieû-ts'ai, kieû nga, si-kouo. Gneu pé-deû, lo ba-ts'ai yang, pao-sin-ts'ai yang, ts'ai-gnu-deû lao ts'ai-h'ouo-ts'ai yang; tsong pou-ts'ai, ts'ao-deu, wou-lo-bo, tsao se-lo-bo, ba da-seu*. A la 7ᵉ lune, on mange les aubergines, les *kaong-deû*, les *kieû-ts'ai*, les *si-kouo*. Vers le milieu de la lune, on sème le plant du chou *ba-ts'ai*, des choux à pomme, des choux de Bruxelles et des choux-fleurs. On sème les épinards, la luzerne, les carottes, (d'autres) navets précoces, et l'on plante l'ail en ligne.

八月裡喫中國芋艿、水蘿蔔、大白菜、毛荳、蓬蒿菜、韮菜、韮芽、茭白、早菠菜。*Pè gneu li, k'ie Tsong-kô yu-na, se lo-bo, dou ba-ts'ai, mao-deû, bong-ao-ts'ai kieû-ts'ai, kieû nga, kao-ba, ts'ao pou-ts'ai.* A la 8e lune, on mange les *yu-na*, les navets, les grands choux *ba-ts'ai*, les *mao-deû*, l'armoise, les *kieû-ts'ai*, les pousses de *kieû-ts'ai*, et les épinards précoces.

月頭上分種前月落拉个菜秧、落藏菜秧、蒿笋塔菜秧、種水蘿蔔。 *Gneu-deû laong, fen-tsong zié gneu lo-la-ke ts'ai-yang; lo zaong-ts'ai yang, wou-sen t'è-ts'ai yang; tsong se-lo-bo.* Au commencement de la lune, on transplante les plants de la lune précédente; on sème le plant des *zaong-ts'ai*, de laitue chinoise, (et) du colza. On sème les navets.

月底落油菜咾雪裡蕻秧、菠菜。 *Gneu ti, lo yeû-ts'ai lao si-li-fong yang, pou-ts'ai.* A la fin de la lune, on sème le plant de colza et de *si-li-fong*, et les épinards.

九月裡喫藏菜、菠菜、毛荳、草頭、水蘿蔔。 *Kieû gneu li, k'ie zaong-ts'ai, pou-ts'ai, mao-deû, ts'ao-deû, se-lo-bo.* A la 9e lune, on mange les *zaong-ts'ai*, les épinards, les *mao-deû*, la luzerne (et) les navets.

月頭上分種藏菜秧、塔菜秧、蒿笋秧、種寒荳。 *Gneu-deû laong, fen-tsong zaong-ts'ai yang, t'è-ts'ai yang, wou-sen yang; tsong h'eu-deû.* Au commencement de la lune, on transplante les *zaong-ts'ai*, les *t'è-ts'ai*, les laitues chinoises, (et) on plante les fèves.

月底裡分種油菜、雪裡蕻秧。 *Gneu ti li, fen-tsong yeû-ts'ai, si-li-fong-yang.* A la fin de la lune, on transplante le colza et le *si-li-fong*

十月裡喫个藏菜、菠菜、草頭、水蘿蔔、胡蘿蔔、包心菜。 *Zé gneu li, k'ie-ke zaong-ts'ai, pou-ts'ai, ts'ao-deû, se-lo-bo, wou-lo-bo, pao-sin-ts'ai.* A la 10e lune, on mange les *zaong-ts'ai*, les épinards, la luzerne, les navets, les carottes (et) les choux pommés.

月頭上、該當鹽藏菜。 *Gneu-deû-laong, kai-taong yé zaong-ts'ai.* Au commencement de la lune, il faut saler les *zaong-ts'ai*.

十一月裡喫菜、同上月一樣。 *Zé-i gneu li, k'ie ts'ai, dong zaong gneu i-yang.* A la 11e lune, on mange les mêmes légumes que la lune précédente.

十二月裡、也如同前月、不過又多一樣油菜喫。 *Zé-gni gneu li, a zu-dong zié-gneu; pé kou i tou i-yang, yeû-ts'ai k'ie.* A la 12e lune, c'est également comme à la 10e lune (*lit.* deux mois avant), seulement on mange une légume de plus, le colza.

36

種生菜 *Tsong sang-ts'ai.* CULTURE DE LA SALADE.

二月,底裡落,包心生菜,大葉,頭生菜,細葉,生菜秧。*Gni gneu ti li, lo pao-sin sang-ts'ai, dou yé-deû sang-ts'ai, si yé sang-ts'ai yang.* A la 2de lune, on sème le plant des laitues pommées, du chicon (*m. à-m.* laitue à grandes feuilles), et de la chicorée (*m. à-m.* salade à petites feuilles).

三月,底分種,後來末,陸續,好種,不,過大伏,裡煩難成功。*Sè gneu ti, fen-tsong, h'eû-lai mé lo-zô h'ao tsong, pé-kou dou wo li vé-nè zeng-kong.* A la 3e lune, on commence à transplanter, et ensuite on plante successivement (à divers intervalles). Seulement à la canicule, (la salade) ne réussit pas.

七,月,裡要種寒裡咾春上吃,个生菜,到之冷天,可以扎,白,生菜,大約,扎,个兩个主日,,日,脚,多之末,,裡向要爛者。*Ts'i gneu li yao tsong h'eu li lao ts'en laong k'ie-ke sang-ts'ai. Tao-tse lang t'ié, k'o-i tsè ba sang-ts'ai : da-ya tsè-ke leang-ke tsu-gné, gné-kia tou-tse mé, li-hiang yao lè-tsé.* A la 7e lune il faut semer le plant des salades d'hiver et de printemps (*m. à-m.* que l'ou mange en hiver et au printemps). Au temps froid, on peut lier pour les faire blanchir les chicorées : on les laisse liées l'espace de 2 semaines, car si on les laisse plus longtemps, elles pourrissent en dedans.

八,月,裡落,馬蘭頭生菜,第樣生菜,不,過垃,拉寒裡喫,个。*Pè gneu li lo mô-lè-deû sang-ts'ai : di-yang sang-ts'ai, pé-kou lé-la h'eu li k'ie-ke.* A la 8e lune, on sème le plant de boursette. Cette salade ne se mange qu'en hiver.

LEÇON XL.

畫法 *WO FÈ*. PEINTURE.

畫舘。*Wo koé*. Atelier de peinture.
畫畫閤。*Wo-wo kè*. Id. (*m. à-m.* appartement pour la peinture).
畫譜。*Wo pou*. Cours de dessin (sorte de manuel).
畫畫。*Wo-wo*. Peindre; dessiner.
畫家。*Wo-ka*. Peintre.
畫手。*Wo-seû*. Id.
畫畫先生。*Wo-wo sié-sang*. Maître peintre.
畫師。*Wo se*. Id.
畫桌)。*Wo tso*. Table pour peindre.
畫盆。*Wo ben*. Godet.
畫筆)。*Wo pie*. Pinceau.
畫稿。*Wo kao*. Faire un croquis.
畫圖。*Wo dou*. Tracer une carte géographique.
畫像。*Wo ziang*. Peindre, dessiner des images.
畫聖像。*Wo seng ziang*. Id. saintes.
畫聖容。*Wo seng yong*. Peindre une sainte Face.
畫小照。*Wo siao-tsao*. Peindre, faire un portrait.
畫神形。*Wo zen-yeng*. Id. après la mort.
畫人物)。*Wo gnen-wé*. Peindre un personnage.
渾身像。*Wen-sen-ziang*. Portrait en pied.
全身像。*Zié-sen-ziang*. Id.
半身像。*Pé-sen-ziang*. Buste.
畫山水。*Wo sè-se*. Peindre un paysage (*m. à-m.* des montagnes et des eaux).
畫花。*Wo h'ouo*. Peindre des fleurs.
畫花卉。*Wo h'ouo-hoei*. Peindre des fleurs et des plantes.
畫花鳥。*Wo h'ouo tiao*. Peindre des fleurs et des oiseaux.
畫草虫。*Wo ts'ao zong*. Peindre des plantes et des insectes.
畫走獸。*Wo tseû-seû*. Peindre des quadrupèdes.
畫翎毛。*Wo ling-mao*. Peindre des oiseaux (*m. à-m.* des plumes).
畫梅蘭竹)菊)。*Wo mei lè tsô kiô*. Peindre une spécialité de paysage (*m. à-m.* des pruniers, des orchidées, des bambous et des chrysantèmes).
畫樓臺殿閣)。*Wo leû-dai dié-ko*. Peindre des édifices.
畫油像。*Wo yeû ziang*. Peindre des images à l'huile.
畫油畫。*Wo yeû-wo*. Peindre

à l'huile.

畵水畵。*Wo se-wo*. Peindre à l'eau (aquarelle).

名家。*Ming-kia (ka)*. Peintre (*lit.* homme) célèbre, habile.

名手。*Ming-seú*. Id.

大名家。*Dou ming-ka*. Artiste fort célèbre.

名人之筆。*Ming-gnen-tse pie*. Pinceau célèbre.

有名氣。*Yeû ming-k'i*. Avoir du renom.

老手。*Lao-seú*. (Peintre) expérimenté.

淸秀。*Ts'ing-sieû*. Beau.

秀氣。*Sieû-k'i*. Elégamment (peint).

作家。*Tso-ka*. Peintre vulgaire.

作氣。*Tso-k'i*. Manière de peindre vulgaire, commune.

火氣。*H'ou k'i*. Peint avec des couleurs trop voyantes.

俗氣。*Zŏ k'i*. Facon vulgaire.

筆路。*Pie lou*. Trait du pinceau (*au pr. et au fig.*).

筆仗。*Pie zang*. Vigoureux pinceau.

筆頭。*Pie deû*. Bout du pinceau, pinceau.

筆力。*Pie lie*. Force du pinceau (*fig.*).

筆性。*Pie sing*. Id.

筆法。*Pie fè*. Manière de peindre; pinceau (*fig.*).

筆意。*Pie i*. L'idée du peintre.

寫意。*Sia-i*. (Peinture) à grands traits.

動筆。*Dong pie*. Mettre la main au pinceau.

下筆。*Hao pie*. Id.

落筆。*Lo pie*. Id.

一手好畵。*I-seû h'ao wo*. Tout-à-fait bien peint.

名畵。*Ming wo*. Peinture célèbre.

古人之筆。*Kou-zen-tse pie*. Pinceau (peinture) d'un ancien (peintre).

亡人之筆。*Waong-zen-tse pie*. Portrait d'un homme défunt.

名家氣派。*Ming-ka k'i-p'a*. Manière de peindre distinguée.

工細。*Kong si*. Le travail est soigné.

工緻。*Kong tse*. Le travail est beau.

鈎染。*Keû gné*. Faire l'esquisse et peindre.

鈎勒。*Keû le*. Id. soigneusement.

雙鈎。*Saong keû*. Double trait parallèle.

布置。*Pou-tse*. Bien disposer, placer.

布景。*Pou kieng*. Disposer le paysage.

用色。*Yong se*. Mettre la couleur.

着色。*Tsa se*. Id.

染。*Gné*. Laver la peinture.

襯。*Ts'en*. Faire le fond.

印。*Yen*. Calquer avec un transparent.

印稿子。*Yen kao-tse*. Calquer un croquis.

臨。*Lin*. Copier (un croquis).

臨稿子。*Lin kao-tse*. Copier un croquis.

鈎。*Keû*. Esquisser.

鈎稿子。*Keû kao-tse*. Id.

描金。*Miao kien*. Dorer en traits.

描花。*Miao h'ouo*. Décalquer sur le taffetas pour broder (travail des femmes).

照樣子。*Tsao yang-tse*. Selon le modèle.

得，勢。*Te-se*. (Traits) vigoureux.

得，神。*Te-zen*. (Peinture) vivante.

有勢。*Yeû se*. (Cette peinture) est vigoureuse.

活，相。*Wé siang*. Peinture vivante.

有神氣。*Yeû zen-k'i*. (Cette peinture) est vivante.

得，其真。*Te ghi tsen*. Il a attrapé juste (la ressemblance, etc.).

勿，死板。*Vé si pè*. Ce n'est pas une planche morte, (c'est une peinture vivante).

有景緻。*Yeû kieng-tse*. C'est beau, apréable à voir, joli.

白，描。*Ba miao*. Laver de blanc.

筆，頭淸。*Pie-deû ts'ing*. C'est peint finement.

筆，路活，潑，。*Pie lou wé-p'é*. Le trait est vif.

淺深得，宜。*Ts'ié-sen te-gni*. Les teintes foncées et légères sont bien.

勿，可拘執，。*Vé k'o kiu-tsé*. Il ne faut pas peindre maigrement.

刻，板子。*K'e pè-tse*. Graver une image sur bois.

印板像。*Yen-pè ziang*. Gravure (image gravée).

石，板像。*Za-pè ziang*. Image lithographiée.

墨，水像。*Me-se ziang*. Image à l'encre.

上膠水。*Zaong-kao-se*. Coller (le papier).

飛金。*Fi kien*. Dorer en appliquant.

鈎金。*Keû kien*. Border d'or.

收稿子。*Seû kao-tse*. Réduire le dessin.

收小。*Seû-siao*. Id.

放稿子。*Faong kao-tse*. Agrandir le dessin.

放大。*Faong-dou*. Id.

染深淺。*Gné sen-ts'ié*. 分濃淡。*Fen gnong-dè*. Mettre les teintes.

別，遠近。*Pie yeu-ghien*. Observer la perspective.

學，畫畫。*Ho wo-wo*. Apprendre la peinture.

學，鉛筆，。*Ho k'è-pie*. Apprendre le dessin (*lit*. le crayon).

學，油畫，。*Ho yeu-wo*. Apprendre la peinture à l'huile.

學，水畫。*Ho se-wo*. Apprendre l'aquarelle.

學，打稿子。*Ho tang kao-tse*. Apprendre à faire un croquis.

學，鈎稿子。*Ho keû-kao-tse*. Apprendre l'esquisse.

過稿子。*Kou kao-tse*. Décalquer une esquisse.

鉛紙頭。*K'è tse-deû*. Papier

enduit de mine de plomb pour décalquer.

方, 格眼。*Faong ka ngè*. Carrés de lignes.

放幾倍。*Faong ki bei*. Agrandir (multiplier) plusieurs fois le modèle.

上亮油。*Zaong leang-yeû*. Mettre du vernis.

上魚膏。*Zaong n-kao*. Mettre de la gélatine.

布架子。*Pou ka-tse*. Toile tendue pour peindre.

釘架子。*Ting ka-tse*. Clouer, tendre une toile (pour peindre).

講工數。*Kaong kong sou*. Régler le prix du travail.

講日,工。*Kaong gné-kong*. Régler le prix de la journée.

講月,頭。*Kong gneu-deû*. Régler le salaire du mois.

點件頭。*Tié ghié-deû*. Régler le prix de chaque objet (travail).

包生活,。*Pao sang-wé*. Régler le travail à l'entreprise, à la tâche.

除飯錢。*Zu vè-dié*. Id. en retranchant la nourriture.

阿。*A*. *Particule*.

伶巧。*Ling-k'iao*. Habile, adroit.

七,搨,八,搨,。*Ts'i-t'è-pè-t'è*. Barbouiller du papier au pinceau.

礙。*Ngai*. Obstacle; faire obstacle.

呵。*O*. *Particule*.

簿子。*Bou-tse*. Cahier, registre.

揞筆,。*Bi pie*. Appliquer le pinceau.

開相。*K'ai siang*. Commencer à peindre (dessiner) une tête.

衣摺,。*I tsé*. Plis des vêtements; traits servant à draper.

軟串。*Gneu-ts'é*. (Traits) doucement fondus ensemble.

鬆鬆能。*Song-song-neng*. Doucement (avoir la main légère).

勻淨。*Yun-zing*. (Traits) bien unis.

揑,。*Gnè*. Manier avec les doigts.

梭子塊。*Sou-tse k'oei*. Carrés des hachures, hachures (*m.à-m*. imitant le jeu de la navette).

譬方。*P'i-faong*. *Par ex :* comparaison.

影子。*Yeng-tse*. Apparence, figure.

揩脫,。*K'a-t'é*. Essuyer.

饅頭粉。*Mé-deû fen*. Mie de pain.

操練。*Tsao-lié*. S'exercer.

工課單。*Kong-k'ou tè*. Tableau, liste des notes (des élèves).

獎票。*Tsiang-p'iao*. Bons points d'élèves.

淸高。*Ts'ing-kao*. Elevé (*mor.*).

禮貌。*Li-mao*. Convenances, politesse; savoir-vivre.

傲氣。*Ngao-k'i*. Orgueil.

揣摩。*Ts'ai-mô*. Réflèchir, ruminer.

叮囑,。*Ting-tsô*. Avertir, exhorter.

强頭倔,腦。*Ghiang deû ghieu nao*. Entêté; tête dure cervelle revêche.

百,依百,順。*Pa-i-pa-zen*. Obéissant; fort docile.

斯文。*Se-wen (ven).* Poli; bien élevé.

呆橙橙。*Ngai-teng-teng.* Stupide comme une bûche; bûche *(fig.)*.

白相打滾。*Ba-kiao-tang-koen.* Se colleter.

偕都。*Ka-tou.* Ensemble.

抛球。*P'ao ghieû.* Lancer le ballon avec la main; jouer au ballon.

踢毽子。*T'ie ki-tse.* Jouer au (lancer le volant) avec le pied.

着棋。*Tsa ghi.* Jouer aux échecs.

血脉。*Hieu-ma.* Artères, sang.

捉草小囝。*Tso ts'ao siao-neu.* Petit rustre (*m. à-m.* qui ramasse de l'herbe.

仔細。*Tse-si.* Fin; finement, soigneusement.

一蹌。*I-ts'iang.* En ce moment.

嘰哩呱囉。*Ki-li-kou-lou.* Murmurer par derrière.

吱了。*Tse-leao.* Se disputer; avoir des prises de bec.

東喈西喈。*Tong-tsa-si-tsa.* Agacer (les autres).

罰補贖。*Vè pou-zô.* Donner une punition; châtier.

𠺝。*No!* Bien! bien *(adv.)*.

忒板。*T'e pè.* Trop mort *(se dit d'un dessin, d'une peinture)*, *m. à-m.* planche, croûte.

五色顔料 *Ou-se ngè-leao.* LES CINQ COULEURS; MATIÈRE DES DIVERSES COULEURS.

大青。*Dou-ts'ing.* Gambier; bleu minéral d'Europe.

洋青。*Yang ts'ing.* Bleu d'Europe.

洋靛。*Yang dié.* Bleu de Prusse; indigo.

青緑。*Ts'ing-lô.* Couleur de paysage.

青蓮。*Ts'ing-lié.* Violet pâle.

天青。*T'ié-ts'ing.* Bleu de Prusse foncé.

花青。*H'ouo-ts'ing.* Bleu de Prusse.

石青。*Za ts'ing.* Bleu de pierre.

頭青。*Deú ts'ing.* Id. nº 1.

二青。*Gni ts'ing.* Id. nº 2.

三青。*Sè ts'ing* Id. nº 3. *Voir les dialogues.*

雲青。*Yun ts'ing.* Bleu d'outremer.

青金。*Ts'ing kien.* Or verdâtre.

粉紅。*Fen-hong.* Rose.

大紅。*Dou-hong.* Rouge cramoisi.

殷紅。*Yen-hong.* Id.

銀紅。*Gnen-hong.* Vermillon.

洋紅。*Yang-hong.* Carmin.

桃紅。*Dao hong.* Rose (rouge de fleur de pêcher).

臙脂。*Yé-tse.* Lac carminé.

銀硃。*Gnen-tsu.* Vermillon.

血標。*Hieu piao.* Id. 1ère qualité.

硃砂。*Tsu-souo.* Cinabre.

硃標。*Tsu-piao.* Id. un peu plus

pâle que le *tsu-souo*.

廣丹。*Koang-tè*. Rouge de Saturne.

西紅。*Si-hong*. Garance.

火黃。*H'ou waong*. Jaune de feu (orange).

鵝黃。*Ngou waong*. Jaune de bec d'oie.

月黃。*Gneu waong*. Jaune de lune.

金黃。*Kien waong*. Jaune d'or.

石黃。*Za waong*. Jaune de pierre.

雄黃。*Yong-waong*. Orpiment.

藤黃。*Deng waong*. Sorte de couleur jaune (*lit*. couleur de rotin).

洋黃。*Yang waong*. Jaune de chrome.

淡綠。*Dè lŏ*. Vert clair.

蒼綠。*Ts'aong lŏ*. Vert foncé.

濃綠。*Gnong lŏ*. Id.

草綠。*Ts'ao lŏ*. Vert de plantes; vert végétal.

油綠。*Yeu lŏ*. Vert mêlé de jaune (*m. à-m.* huilé).

石綠。*Za lŏ*. Vert de pierre.

二綠。*Gni lŏ*. Id. nº 2.

三綠。*Sè lŏ*. Id. nº 3. *Voir les dialogues*.

洋綠。*Yang lŏ*. Vert véronèse.

深藍。*Sen lè*. Bleu foncé.

淡藍。*Dè lè*. Bleu clair.

洋藍。*Yang lè*. Bleu d'outremer.

灰藍。*H'oei lè*. Bleu cendré.

水墨。*Se-me*. Encre délayée.

醬色。*Tsiang se*. Couleur jaune (*m. à-m.* de *tsiang*).

鐵色。*T'i se*. Couleur de fer.

灰色。*H'oei se*. Couleur cendrée.

檀香色。*Dè-hiang se*. Couleur de bois de sandale.

重色。*Zong se*. Couleur chargée.

淡色。*Dè se*. Couleur claire, légère.

白墡。*Ba zé*. Blanc de céruse.

赭石。*Tse-za*. Pierre de Sienne.

赭石膏。*Tse-za kao*. Pain de pierre de Sienne.

花青膏。*H'ouo-ts'ing kao*. Pain de bleu de Prusse.

忒濃。*T'e gnong*. Trop épais.

忒淡。*T'e dè*. Trop clair.

廣膠。*Koang-kao*. Colle pure.

黃明膠。*Waong-ming kao*. Id.

泥金。*Gni kien*. Or en godet.

泥銀。*Gni gnen*. Argent en godet.

赤金。*Ts'a kien*. Or commun.

黃金色。*Waong kien se*. Id.

銅金。*Dong-kien*. Poudre de cuivre pour cuivrer.

金末。*Kien mé*. Poudre d'or.

連史金。*Lié-se kien*. Feuilles d'or.

顏色勿勻。*Ngè-se vé yun*. Les couleurs ne sont pas fondues.

顏色勿和。*Ngè-se vé wou*. Les couleurs ne s'accordent pas.

顏色勿細。*Ngè-se vé si*. Les couleurs ne sont pas broyées finement.

顏色勿顯。*Ngè-se vé hié*. Les couleurs ne brillent (ressortent) pas.

顏色勿準。*Ngè se vé tsen*.

La couleur ne ressemble pas au modèle.

顏色、勿、退。*Ngè-se vé t'ei.* La couleur reste (ne se détériore pas).

顏色、勿、翠。*Ngè-se vé ts'u.* La couleur n'est pas belle.

配顏色。*P'ei ngè-se.* Marier les couleurs.

合、顏色。*Ké ngè-se.* Id. *m. à-m.* unir...

研顏色。*Gné ngè-se.* Broyer les couleurs.

漂顏色。*P'iao ngè-se.* Laver (délayer et purifier) les couleurs.

油顏色。*Yeû ngè-se.* Couleur à l'huile.

水顏色。*Se-ngè-se.* Aquarelle.

塊頭顏色。*K'oei-deû ngè-se.* Un pain de couleur.

嬌艷。*Kiao-yè.* Brillant (couleur, etc.).

文雅。*Wen-ya.* Elégant (couleur, etc.).

畫傢伙 *Wo kia-h'ou.* USTENSILES DU PEINTRE.

方着。*Faong tsa.* Gros pinceau pour l'aquarelle.

大着。*Dou tsa.* Id.

中着。*Tsong tsa.* Id. moyen.

小着。*Siao tsa.* Id. petit.

狼毫。*Laong hao.* Pinceau en poils de belette.

四狼毫。*Se laong hao.* Id. aux $\frac{4}{10}$.

三狼毫。*Sè laong hao.* Id. aux $\frac{3}{10}$.

雙狼毫。*Saong laong hao.* Id. aux $\frac{2}{10}$.

羊毫筆。*Yang hao pie.* Pinceau de poils de chèvre.

排筆。*Ba pie.* Assemblage de pinceaux.

油畫筆。*Yeû-wo pie.* Pinceau à l'huile.

攎筆。*Teu pie.* Etendre la couleur.

鉛筆。*K'è-pie.* Crayon, mine de plomb.

西洋炭條。*Si-yang t'è-diao.* Fusain européen.

柳炭條。*Lieû t'è-diao.* Fusain chinois (*lit.* de vergettes de saule).

休炭。*Hieû t'è.* Id.

學、稿子鉛筆。*Ho kao-tse k'è-pie.* Crayon pour apprendre le dessin.

頭號。*Deû hao.* Id. n° 1.

二號。*Gni hao.* Id. n° 2.

木、頭鉛筆。*Mo-deû k'è-pie.* Crayon enfermé dans un tube de bois.

鈎稿子鉛筆。*Keû kao-tse k'è-pie.* Crayon pour l'esquisse.

頭號。*Deû hao.* Id. n° 1.

二號。*Gni hao.* Id. n° 2.

白、鉛筆。*Ba k'è-pie.* Crayon blanc (sans couleur).

五色、鉛筆。*N-se k'è-pie.* Crayon de couleur.

油鉛筆。*Yeû k'è-pie.* Crayon

37

lithographique.

軟筆頭。 *Gneu pie-deû.* Pinceau mou.

硬筆頭。 *Ngang pie-deû.* Pinceau dur.

削筆刀。 *Sia pie tao.* Couteau pour tailler les crayons.

柳條。 *Lieû diao.* Vergettes de saule.

糊帚。 *Wou-tseû.* Pinceau de la ville de *Wou-tseû* fait avec les fibres du pétiole des feuilles de chamærops.

棕帚。 *Tsong tseû.* Id.

矩叉。 *Kiu-ts'ouo.* Compas.

矩叉匣子。 *Kiu-ts'ouo hè-tse.* Boîte de compas.

矩叉傢生。 *Kiu-ts'ouo ka-sang.* Instruments d'une boîte de compas.

皮卷。 *Bi-kieu.* Estompe.

銅筆梗。 *Dong pie kang.* Porte-crayon.

印色。 *Yen se.* Vermillon pour les cachets.

硃砂印色。 *Tsu-souo yen-se.* Id.

印色缸。 *Yen-se kaong.* Boîte qui contient le *yen-se.*

圖書。 *Dou-su.* Cachet, seau.

圖章。 *Dou-tsang.* Id.

打圖書。 *Tang dou-su.* Apposer un cachet.

起首圖書。 *K'i-seû dou-su.* Cachet apposé au haut d'un tableau.

閒圖書。 *Hè dou-su.* Cachet sans nom propre.

題頭。 *Di-deû.* Titre, légende d'un tableau.

落欵。 *Lo-k'oé.* Signer un tableau.

畫盆。 *Wo ben.* Godet.

畫碟。 *Wo dié.* Id.

七盆。 *Ts'i ben.* Assemblage (réunion) de 7 godets en un plateau.

畫缸。 *Wo kaong.* Plat à couleurs.

沙盆。 *Souo ben.* Mortier à couleurs.

盂鉢。 *Yu-pé.* Id.

乳鉢。 *Zu-pé.* Id.

筆洗。 *Pie si.* Vase (verre, etc.) pour laver les pinceaux.

水盂。水杯。 *Se yu; se pei.* Id.

水盂抄。 *Se yu ts'ao.* Cuiller du *se-yu.*

硯臺。 *Gné dai.* Ecritoire (mortier) pour broyer l'encre.

研杵。 *Gné tsu.* Pilon (pour broyer les couleurs).

石臺。 *Za dai.* Pierre sur laquelle on broye les couleurs.

研顏色石頭。 *Gné ngè-se za-deû.* Pierre en marbre pour broyer les couleurs.

肥皂。 *Bi-zao.* Savon (pour laver les pinceaux).

畫油。 *Wo yeû.* Huile pour la couleur.

香水。 *Hiang-se.* Essence de térébenthine.

亮油。 *Leang-yeû.* Vernis (*m. a-m.* huile luisante).

魚膏。 *N kao.* Gélatine (colle de poisson).

油瓶。 *Yeû bing.* Bouteille d'huile.

油壺。*Yeû wou*. Pot d'huile.

油畫架子。*Yeû-wo-ka-tse*. Chevalet.

閣，筆，棒。*Ko pie baong*. Bâton pour appuyer le poignet en peignant.

筆，筩。*Pie dong*. Tube renfermant plusieurs pinceaux.

顏色，板。*Ngè-se-pè*. Palette.

聖像反面上猪血。*Seng ziang fè-mié zaong tse hieu*. Il faut mettre une couche de sang de cochon à l'envers de la sainte image.

顏色，瓶。*Ngè-se bing*. Bouteille de couleur.

透光窗。*T'eû koang ts'aong*. Transparent.

上白，墡。*Zaong ba-zé*. Mettre une couche de blanc de céruse.

蔴布。*Mô pou*. Toile de chanvre.

蔴布要闊，門面。*Mô pou yao k'oé men-mié*. Il faut de la toile de chanvre à grande laize.

小釘。*Siao ting*. Petit clou.

掛屏。*Kouo-bing*. Cadre d'une peinture.

洋眼。*Yang-ngè*. Piton.

曲，尺，釘。*K'iô-ts'a ting*. Clou en équerre.

黏滯。*Gné-ze*. Adhérer, s'agglutiner.

畫紙。*Wo tse*. PAPIER POUR LA PEINTURE.

紙頭。*Tse-deû*. Papier.

毛泰。*Mao-t'a*. Papier ordinaire (à écrire).

川連。*Tsé lié*. Autre papier commun (papier du *Se-tchoan*).

連史。*Lié-se*. Papier commun un peu jaune.

扇料。*Sé leao*. Id. servant à couvrir les éventails.

料半。*Leao-pé*. Papier blanc de bonne qualité.

礬料半。*Wè leao-pé*. Id. aluné.

礬連史。*Wè lié-se*. *Lié-se* aluné.

科舉。*K'ou-kiu*. Papier de 1ère qualité.

六，尺，疋。*Lô ts'a p'ie*. Papier de 6 pieds la feuille.

八，尺，疋。*Pè ts'a p'ie*. Papier de 8 pieds la feuille.

油紙。*Yeû tse*. Papier huilé, pour calquer.

臘，箋紙。*Lè-tsié tse*. Papier glacé.

生紙頭。*Sang tse-deû*. Papier non aluné.

西洋紙。*Si-yang tse*. Papier européen.

皮紙。*Bi tse*. Papier fort (*m.à-m.* de peau).

膠礬太輕。*Kao-wè t'ai k'ieng*. C'est aluné trop faiblement.

漏礬。*Leû wè*. Alun qui coule (se détériore).

要再上膠礬。*Yao tsai zaong kao-wè*. Il faut passer de nouveau à l'alun.

花離斑藍。*H'ouô li pè-lè.* (L'alun en se détériorant) fait des taches.

裱法。*Piao fè.* ART DU COLLEUR.

裱像。*Piao ziang.* Monter, coller des images.

裱畫。*Piao wo.* Monter, coller des peintures.

裱四紙四綾。*Piao se tse, se ling.* Monter sur 4 bandes de papier et sur 4 bandes de lustrine solide.

四紙兩綾。*Se tse leang ling.* Monter sur 4 bandes de papier et sur 2 de *ling-tse.*

裱四紙四絹。*Piao se tse, se kieu.* Monter sur 4 bandes de papier, et sur 4 de lustrine mince.

四紙兩絹。*Se tse leang kieu.* Id. sur 4 bandes de papier et sur 2 de *kieu.*

綾裱。*Ling piao.* Monter sur lustrine solide.

絹裱。*Kieu piao.* Monter sur lustrine mince.

小托。*Siao t'o.* Premier cartonnage.

大托。*Dou t'o.* Second cartonnage.

紙背。*Tse-pei.* Carton; dos en carton d'une peinture.

布背。*Pou pei.* Dos en toile (d'une peinture).

全綾裱。*Zié ling piao.* Monter totalement sur *ling-tse.*

詩堂。*Se-daong.* Le haut d'un tableau où l'on écrit des vers, la légende, etc.

書堂。*Su-daong.* Id.

詩斗。*Se-teù.* Id.

挖嵌。*Wè k'è.* Encadrer une peinture en entaillant le milieu d'une feuille de papier.

四紙挖嵌。*Se tse wè k'è.* Id.

還原。*Wè gneu.* Conserver la toile qui a servi d'abord à monter le tableau, quand on le remonte.

裱舊。*Piao ghieû.* Refaire un cartonnage usé.

天地頭。*T'ié di deû.* Le haut et le bas d'un tableau (au-dessus et au-dessous de l'image).

裱臺。*Piao dai.* Table pour coller les images.

襯紙要白。*Ts'en tse yao ba.* Il faut que le papier qui sert à doubler le tableau soit blanc.

勿要破碎。*Vé yao p'ou-sé.* Il ne faut pas déchirer (le papier).

綾子要重實。*Ling-tse yao zong-zé.* Il faut que le *ling-tse* soit solide.

第種絹太輕。*Di-tsong kieu t'ai k'ieng.* Cette lustrine (*kieu*) est trop mince (légère).

白綾。*Ba ling. Ling-tse* blanche.

綠綾。*Lô ling. Ling-tse* verte.

湖綠綾。*Wou lô ling.* Id.

畫絹。*Wo kieu.* Lustrine mince pour la peinture.

黃綾子。*Waong ling-tse. Ling-tse* jaune.

藍綾。*Lè ling. Ling-tse* bleue.

桃紅。*Dao hong. (Ling-tse)* rose.

秋香色。*Ts'ieû hiangse. (Ling-tse)* jaune-chlore (*m. à-m.* couleur d'automne).

磁青。*Ze ts'ing. Ling-tse* bleu de Prusse.

裱堂軸。*Piao daong ghiô.* Monter sur rouleaux pour un *t'ing.*

掛屏。*Kouo bing.* Cadre, etc. d'un tableau.

屏條。*Bing-diao.* Cadre allongé.

單條。*Tè-diao.* Id.

琴條。*Ghien-diao.* Id. plus petit *m. à-m.* en forme de guitare.

八尺堂畫。*Pè ts'a daong wo.* Peinture sur rouleaux, de 8 pieds de long, (pour un *t'ing*).

四尺立軸。*Se ts'a li ghiô.* Peinture sur rouleaux, de 4 pieds, (pour *k'a-daong* ou *su-waong*).

中堂軸。*Tsong daong ghiô.* Tableau de moyenne grandeur entre les deux précédents.

小立軸。*Siao li ghiô.* Petit tableau monté sur rouleaux.

軸頭。*Ghiô deû.* Le bout du rouleau.

軸梗。*Ghiô-kang.* Le rouleau.

軸杆。*Ghiô-keu.* Id.

坭軸杆。*Gni ghiô-keu.* Rouleau en terre.

裝紅木軸頭。*Tsaong hong mo ghiô-deû.* Monter sur rouleaux de bois rose.

一頂軸子。*I-ting ghiô-tse.* Une peinture montée sur rouleaux.

一部尺頁。*I-bou ts'a yé.* Un album de peintures cartonnées sur feuilles pliées en deux.

前後空頁。*Zié heû k'ong yé.* Feuilles blanches de l'album disposées avant et après les peintures.

板面。*Pè mié.* Le couvercle en planchettes de l'album.

綿面。*Mié mié.* Couvercle en soie grossière de l'album.

橫浜。*Wang ping.* Cadre allongé placé horizontalement dans le sens de sa longueur.

一幅橫披。*I-ho wang p'i.* Un cadre id.

一卷手卷。*I-kieu seû-kieu.* Un tableau roulé.

輓軸。*Wè ghiô.* Eloge d'un mort écrit sur un tableau monté sur rouleaux.

輓對。*Wè tei.* Id. double (parallèle).

字對。*Ze tei.* Inscriptions parallèles, antithèses.

花對。*H'ouo tei.* Dessins fleuris parallèles.

五色錦。*N se kien.* Soie (*kien*) coloriée.

五色六角錦。*N se lô ko kien.* Id. à fleurs exagones.

卍字錦。*Mè ze kien.* Id. imitant la lettre *wè* (*mè*).

藍白。 *Lè-ba*. (*Mè-ze-kien*) à fond bleuâtre.

黑白。 *H'e-ba*. Id. à fond noirâtre.

秋香。 *Ts'ieû hiang*. Id. à fond jaune-chlore.

桂花錦。 *Koei-h'ouo kien*. *Kien* à fleurs d'osmanthus.

寸球錦。 *Ts'en ghieû kien*. Autre *kien* fleuri.

椒地錦。 *Tsiao di kien*. *Kien* à fond couleur de poivre.

省逕。 *Sang-kieng*. Economiser; économiquement.

潮濕。 *Zao-sé*. Humide (air).

燥天。 *Sao t'ié*. Air sec.

碰。 *Bang*. Heurter.

石蛋。 *Za-dai*. Pierre ovale servant à aplanir les peintures montées.

LEÇON XLI.

畫館問答 *WO-KOÉ MEN-TÉ.*

DIALOGUE DE L'ATELIER DE PEINTURE.

有一,个學,生子、要來學,畫畫、收否。*Yeû i-ke ho-sang-tse, yao lai ho wo-wo; seû va?* Il y a un écolier qui veut venir apprendre la peinture, (peut-on le) recevoir?

收是收个、請問個个學,生子、有幾歲者。*Seû ze seû-ke : ts'ing men kou-ke ho-sang-tse, yeû ki-su-tsé.* Pour le recevoir, on le peut : veuillez (me) dire quel âge a cet écolier.

今年十,歲。*Kien gné zé su.* Cette année, il a 10 ans.

箇是年紀忒,小、總要十,一,二歲之末,、學,起來容易點。*Kou ze gné-ki t'e siao. Tsong yao zé-i gni su-tse mé, ho-k'i-lai yong-i tié.* C'est vraiment bien (trop) jeune. Il faut avoir 11 à 12 ans pour commencer à apprendre plus facilement.

神父阿、箇个學,生子、小末,小、一,雙手倒伶巧个、到之學,堂裡、讀,書末,勿,用心、拿着,之筆,、七,搨,八,搨,、房子者、火輪船者、搨,來有點因頭个。*Zen-vou-a, kou-ke ho-sang-tse, siao mé siao, i-saong seû tao ling-k'iao-ke. Tao-tse ho-daong li, dô su mé, vé-yong-sin, nao-za-tse pie, ts'i-t'é-pè-t'è, waong-tse-tsé, h'ou-len-zé-tsé, t'è-lai yeû tié yn-deû-ke.* Père! cet écolier est jeune, il est vrai, mais il est fort adroit de ses mains. A l'école, inappliqué à la lecture des livres, il prend (prenant) son pinceau, il reproduit comme en se jouant (en barbouillant), tantôt une maison, tantôt un bateau à vapeau, et le dessin a de l'idée.

讀,書讀,過歇,幾年。*Dô su, dô kou-hié ki gné?* Combien d'années a-t-il étudié les livres?

六,歲讀,起、連今年讀,之五个年頭。*Lô su dô k'i, lié kien gné dô-tse n-ke gné-deû.* Il a commencé à étudier à 6 ans, en comptant cette année-ci, il a étudié 5 ans (commencés).

寫字寫得,好否。*Sia-ze sia-te h'ao va?* Ecrit-il bien?

讀,書末,勿,認眞、寫个字倒蠻好、先生話啥筆,性好个。*Dô su mé vé gnen-tsen; sia-ke ze tao mè h'ao. Sié-*

sang wo lao, pie-sing h'ao-ke. Peu diligent pour l'étude des livres, pour l'écriture des caractères, il réussit à merveille. Le maître d'école assure qu'il a une belle main (des dispositions pour bien manier le pinceau).

既然有心要學，畫，蓋，末，試个一，個月，月，看，再行定當，成功咾勿，成功是就看得，出，。*Ki-zé yeû-sin-yao ho wo, ké-mé se-ke i-ke gneu-gneu k'eu, tsai h'ang-ding-taong; zen-kong lao vé-zen-kong ze zieû k'eu-te-ts'é.* Puisqu'il désire apprendre la peinture, alors on va le prendre à l'essai pour un mois, après (quoi) on décidera : s'il peut réussir ou non, alors on le verra.

學，畫要學，幾年。*Ho wo yao ho ki gné?* Combien d'années dure l'appentissage de peinture?

第搭，畫畫間裡，有兩樣學，法，，一，樣末，學，着，顏色，，無啥難事，年紀大點，一，頭二年，就會畫者。*Di-tè wo-wo kè li, yeû leang yang ho-fè. I yang mé, ho-tsa ngè-se, m-sa nè ze. Nié-ki-dou tié, i-deû gni gné, zieû wei wo-tsé.* Ici, à l'atelier de peinture, il y a deux classes.(deux manières). L'une consiste à apprendre à colorier, chose peu difficile. Si l'élève est âgé, il peut apprendre à peindre ainsi en un an ou deux.

照箇个學，生子能，因為伊年紀小咾，總要學，三年工夫拉，然而不，過拉印板稿子上會得，着，着，顏色，，若，使要打打稿子換換花頭，就勿，成功者。*Tsao kou-ke ho-sang-tse neng, yn-wei i gné-ki siao lao, tsong yao ho sè gné kong-fou la. Zé-eul pé-kou la yen-pè kao-tse laong wei-te tsa-tsa ngè-se. Za-se yao tang-tang-kao-tse, wé-wé h'ouo-deû, zieû vé zeng-kong-tsé.* Quant à cet élève, comme il est jeune, il faudra qu'il apprenne durant trois ans, et (encore) il saura seulement colorier les gravures sur bois. Que s'il veut dessiner ou ajouter au dessin, il n'y réussira point encore.

還有一，樣學，打稿子，箇呀非五六，年勿，成功，不，過學，之稿子末，，好學，油畫。*Wè yeû i-yang, ho tang-kao-tse; ke-a, fi n lô gné, vé zeng-kong. Pé-kou ho-tse kao-tse mé, h'ao ho yeû wo.* Il y a une autre manière (qui consiste à) dessiner; à moins de 5 à 6 ans, (on n'y) réussit pas. Ce n'est qu'après avoir appris l'esquisse, qu'on peut apprendre la peinture à l'huile.

本來，畫畫一，道，是學，勿，盡期个，只，要學，个人自家要，多留點心，就多曉得，點。*Pen-lai wo-wo i-dao, ze ho vé zin-ghi-ke. Tsé yao ho-ke gnen ze-ka yao tou lieû tié sin, zieû tou hiao-te tié.* De fait, pour l'art complet de la peinture, l'étude (l'apprentissage) est sans limites. Seulement, si cet élève veut (apprendre), plus il s'appliquera, et plus il apprendra.

種種費神父相公个心、第个小囝、準於學、稿子、年數長遠點勿、礙、但望伊學、得、精明末、是者。*Tsong-tsong fi zen-vou siang-kong-ke sin! Di-ke siao-neu, tsen yu ho kao-tse; gné sou zang-yeu tié vé ngai, tè maong i ho-te tsing-ming mé, ze-tsé.* Mille remercîments au père et au *siang-kong!* Je consens à ce que cet enfant apprenne l'esquisse; peu importe qu'il faille un plus grand nombre d'années, je désire seulement qu'il apprenne bien, cela suffit.

勿、要客、氣、儘管放心、不、過第搭、戶蕩苦腦點。*Vé yao k'a-k'i, zing-koé faong-sin. Pé-kou di-tè wou-daong k'ou-nao tié.* Pas de compliments, soyez tranquille. Seulement ici (c'est) une maison (un lieu) pauvre.

呵、第搭、再好無得、、靈魂好、肉、身也好、樣樣好。*O! di-tè tsai-hao m-te : ling-wen h'ao, gnó-sen a h'ao, yang-yang h'ao.* Bah! Ici c'est mieux que nulle part (c'est au mieux) : pour l'âme c'est bien, pour le corps aussi c'est bien, tout est bien.

承尊駕話得、好。*Zen tsen-kia wo-te-h'ao.*—(Le *siang-kong* ou frère) : merci de vos compliments.

LEÇON DE DESSIN ET DE PEINTURE.

開首、先學、鈎稿子、鈎拉一、本簿子上、筆、要當得、直、、簿子要擺得、正、看好之裡向个格、、小小心心鈎、勿、要出、格、、鈎來一、樣粗細。*K'ai-seû, sié ho keû kao-tse. Keû la i pen bou-tse laong. Pie yao taong-te ze, bou-tse yao pa-te tseng. K'eu h'ao tse li-hiang-ke ka, siao-siao-sin-sin keû, vé yao ts'é ka, keû-lai i-yang ts'ou-si.* Tout d'abord il faut apprendre à calquer l'esquisse au pinceau. On calque sur un cahier. Il faut tenir le pinceau droit (vertical), et le cahier droit (sans inclination à droite ni à gauche). Regardant les traits du modèle, il faut calquer avec attention, sans sortir des lignes, et faire les traits de la même grosseur (que le modèle).

硯臺上墨、勿、要忒、濃、濃之搨、勿、開、也勿、要忒、淡、淡之要化。*Gné-dai laong me, vé yao t'e gnong; gnong-tse t'è vé k'ai. A vé yao t'e dè; dè-tse yao h'ouo.* Il ne faut pas

38

que l'encre de l'écritoire soit (broyée) trop épaisse; car alors on ne pourrait plus l'enlever. Il ne faut pas non plus qu'elle soit trop claire, pour qu'elle ne s'étende (boive) pas.

起頭學、鈎、筆、筆、要照稿子、勿、好像心適、意、隨便自家瞎、劃、、鈎起來心要擺拉上、勿、然總鈎勿、好。*K'i-deû ho keû, pie-pie yao tsao kao-tse, vé h'ao ziang-sin-se-i, zu-bié ze-ka hè wa. Keû-k'i-lai, sin yao pa la laong : vé-zé, tsong keû vé h'ao.* En commençant à esquisser, il faut que le pinceau reproduise le modèle, il ne faut pas à son gré tracer à l'aventure. En calquant, il faut s'appliquer : autrement on calquera fort mal.

先生、我要一、枝鈎稿子筆、、還要幾張紙來釘簿子、還要一、个硯台、一、塊墨、一、隻、水盂、水盂抄、有否。*Sié-sang, ngou yao i-tse keû kao-tse pie; wè yao ki tsang tse lai ting bou-tse, wè yao i-ke yné-dai, i k'oei me, i-tsa se yu, se-yu ts'ao, yeû va?* Maître, j'ai besoin d'un pinceau à esquisser, en outre de quelques feuilles de papier pour faire un cahier, et aussi d'une écritoire (pour broyer l'encre), d'un bâton d'encre, d'un vase (verre, etc.) pour l'eau avec sa cuiller : y en a-t-il?

揞筆、要輕輕之揞、勿、要像用啥掃帚能。筆、容易壞。簿子上勿、要累墨、。*Bi pie yao k'ieng-k'ieng-tse bi, vé yao ziang yong sa sao-tseû neng, pie yong-i wa. Bou-tse laong vé yao lei me.* En appliquant le pinceau, il faut l'appliquer légèrement, non pas comme qui manierait un balai, (autrement) le pinceau s'use facilement. Il ne faut pas faire des taches d'encre sur le cahier.

臺上要齊齊整整、樣樣物、事、要乾乾淨淨、自家坐个戶蕩、越、清水越、好。*Dai laong yao zi-zi tseng-tseng; yang-yang mé-ze, yao keu-keu-zing-zing. Ze-ka zoû-ke wou-daong, yeu ts'ing-se yeu h'ao.* Sur la table (tout) doit être rangé avec ordre; il faut que tout soit net et propre. Plus l'endroit où vous êtes assis est propre, mieux cela vaut.

鈎起花來、筆、裡要分出、陰陽面、陰面鈎得、粗、陽面要鈎得、細。*Keû-k'i h'ouo lai, pie li yao fen-ts'é yen yang mié. Yen mié keû-te ts'ou, yang mié yao keû-te si.* En esquissant des fleurs (un dessin), il faut que le pinceau distingue les parties ombrées des autres. Les parties ombrées doivent être esquissées plus grossièrement, les autres plus finement.

鈎起人物、來、開相最要小心、要鈎得、活、相、故末, 鈎出, 來有神氣。*Keû-k'i gnen-wé lai, k'ai-siang tsu-yao siao-sin, yao keú-te wé-siang. Kou-mé, keû-ts'é-lai yeû zen-k'i.* En esquissant un personnage, il faut surtout s'appliquer à la tête (au visage), et faire l'esquisse vivante. De la sorte l'esquisse sera vigoureuse.

總要筆, 裡分出, 輕重來, 深淺得, 宜, 自然好看个, *Tsong yao pie li fen-ts'é k'ieng-zong lai, sen-ts'ié te-gni : ze-zé h'ao keu-ke.* Il faut absolument ménager avec discernement les nuances plus ou moins foncées, et bien observer la perspective: alors c'est vraiment beau.

衣摺, 要鈎得, 軟串, 筆, 力, 要硬氣。畫起來勿, 要拘執, 盖, 末, 畫拉个像, 自然勿, 死板者。*I-tsé yao keû-te gneu-ts'é, pie-lie yao ngang-k'i : wo-k'i-lai vé yao kiu-tsé; ké-mé wo-la-ke ziang, ze-zé vé si pè tsé.* Il faut draper en fondant bien les traits, il faut que le pinceau ait de la vigueur : il ne faut pas peindre maigrement; de la sorte l'image naturellement ne sera point une planche morte.

學, 打稿子, 開首先要學, 用鉛筆, 劃, 橫線咾竪線, 橫線要劃, 得, 平, 竪線要劃, 得, 直, 手裡要鬆鬆能, 盖, 末, 鉛筆, 劃, 出, 來勻淨者。*Ho tang-kao-tse, k'ai-seû sié yao ho yong k'è-pie, wa wang sie lao zu sié. Wang sié yao wa-te bing, zu sié yao wa-te ze. Seû li yao song-song-neng, ké-mé k'ai-pie wa-ts'é-lai yun-zing-tsé.* Quand on apprend l'esquisse (au crayon), tout d'abord il faut apprendre à employer le crayon pour tracer des lignes horizontales et verticales. Il faut que les lignes horizontales soient tracées planes, et les verticales droites. Il faut avoir la main légère, ainsi le crayon forme des traits bien égaux (uniformes).

學, 稿子个時候, 各, 人要用心, 手裡揑, 之鉛筆, 身體要坐得, 正, 紙頭勿, 要擺歪, 看好之樣子, 一, 門心思做。*Ho kao-tse-ke ze-h'eû, ko-gnen yao yong-sin. Seû li gnè-tse k'è-pie, sen-t'i yao zou-te tseng, tse-deû vé yao pa foa, k'eu-h'ao-tse yang-tse, i-men sin-se tsou.* En apprenant l'esquisse, chacun doit être attentif. Tenant le crayon à la main, il faut se tenir assis le corps bien droit, sans incliner le papier, (et) regardant le modèle, s'appliquer de tout cœur à son travail.

稿子臨好之, 請先生來看, 勿, 照樣式, 請先生改。*Kao-tse lin h'ao-tse, ts'ing sié-sang lai k'eu. Vé tsao yang-se, ts'ing sié-sang kai.* Ayant copié l'esquisse, (il faut) prier le maître de venir voir. Si ce n'est pas conforme au modèle, (il faut) prier le maître de corriger.

稿子臨來實，蓋模樣者，乃末，好劃，進法，做出，輕重出，來。*Kao-tse lin-lai zé-kai mo-yang-tsé, nai-mé h'ao wa tsin-fè tsou-ts'é kieng-zong ts'é-lai.* Sur le point d'achever l'esquisse, il convient de faire les hachures et de varier les teintes.

進法，要進得，勻淨。*Tsin-fè yao tsin-te yun-zing.* Pour les hachures, il faut que les traits soient bien unis (uniformes).

做進法，个前頭，要用第一，號頂重个鉛條，泥拉紙頭上，乃末，拿皮卷來細細能泥，要泥出，輕重來，泥來眞正要和，如同用之水筆，來染个能，一，和細絲。*Tsou tsin-fè-ke zié-deû, yao yong di-i hao ting zong-ke k'è-diao, gni la tse-deû laong. Nai-mé nao bi-kieu lai si-si-neng gni. Yao gni ts'é k'ieng-zong lai, gni-lai tsen-tseng yao wou, zu-dong yong-tse sè pie lai gné-ke neng, i-wou si-se.* Avant de les faire, on prend le crayon n° 1 à teinte très-foncée, pour en couvrir le papier. Alors prenant l'estompe, on étend le crayon avec soin. Suivant qu'on veut obtenir des teintes légères ou foncées, il faut étendre le crayon en nuançant bien (ces) teintes, comme lorsqu'on emploie le pinceau à l'eau pour dégrader, de facon à bien nuancer les teintes.

泥好之，望上去已經蠻像者，再用兩號鉛筆，做進法，就是要劃，梭子塊，再分一，分輕重，畫拉个物，事，就神氣足，者。*Gni h'ao-tse, maong-zaong-k'i i-kieng mè ziang-tsé. Tsai yong leang hao kè-pie, tsou tsin-fè, zieû-ze yao wa sou-tse k'oei. Tsai fen-i-fen k'ieng-zong, wo-la-ke mé-ze, zieû zen-k'i tsô-tsé.* Ayant étendu le crayon, en regardant, on voit que c'est déjà fort bien. Alors on prend le crayon n° 2 pour faire les hachures, c. à. d. tracer des lignes qui imitent le jeu de la navette du tisserand. De nouveau on distingue les teints légères et foncées, et alors ce qu'on a dessiné (le dessin) a de la vie.

譬方劃，稿子起來，或，者劃，差，或，是先生改筆，稿子上有點鉛筆，影子，要揩脫，容易殺，只，要拿點饅頭粉，輕輕之一，揩，就揩得，脫，若，然揩來忒，重，揩傷之紙頭，用鉛筆，劃，起來，就勿，好劃，者。*P'i-faong wa kao-tse k'i-lai, wo-tsé wa ts'ouo, wo-ze sié-sang kai pie, kao-tse laong yeû tié k'è-pie yeng-tse, yao k'a-t'é, yong-i sè. Tsé yao nao tié mé-deû fen, k'ieng-k'ieng-tse i k'a, zieû k'a-te-t'é. Za-zé k'a-lai t'e zong, k'a-saong-tse tse-deû, yong k'è-pie wa-k'i-lai, zieû vé h'ao wa-tsé.* Si, par exemple, en faisant le croquis, on a dessiné de travers (mal), ou si le maître a corrigé (de sorte qu'il y) ait quelques traits de crayon à effacer, rien de plus aisé. Il suffit de prendre de la mie de pain et de frotter légèrement une fois, c'est de suite effacé. Si l'on frotte trop fort (lourdement), on gâte le papier, et le crayon ne peut plus marquer.

學，稿子勿，許拿尺，來量、量之學，勿，會个、勿，量末，操練得，好眼睛光。*Ho kao-tse, vé hiu nao ts'a lai leang. Leang-tse, ho-vé-wei-ke. Vé leang mé, tsao-lié-te-h'ao ngè-tsing-koang.* Il n'est pas permis à celui qui apprend le dessin de se servir de la règle. Si l'on mesure (à la règle), on n'apprend pas. Si on ne mesure pas (à la règle), l'œil s'exerce très-bien (on acquiert du coup d'œil).

學，畫畫用心末，、瞻禮七，上、寫起工課單來、好寫上上咾上中、主日，上有獎票。*Ho wo-wo, yong-sin mé, tsé-li-ts'i laong, sia-k'i kong-k'ou tè lai, h'ao sia zang-zang lao zaong-tsong. Tsu-gné laong yeû tsiang-p'iao.* Les élèves de peinture qui s'appliquent avec soin, sont tous les samedis inscrits au tableau des notes (d'honneur) avec (la mention) très-bien (ou) bien. Le dimanche ils recoivent des bons points.

獎票銅錢、勿，要瞎，用脫，、銅錢放拉身邊、隨手要用脫，之个、勿，如存拉帳上罷、要緊用末，來拿。*Tsiang-p'iao dong-dié, vé yao hè yong-t'é; dong-dié faong la sen pié, zu-seû yao yong-t'è-tse-ke. Vé-zu zen la tsang laong ba; yao-kien yong mé, lai nao.* (Cet) argent des bons points, il ne faut pas l'employer inutilement, le portant sur soi pour le dépenser à l'occasion (à son gré). Mieux vaut le laisser entre les mains du procureur, pour en user au besoin.

先生、今朝某某要開手學，着，顏色，、撥，三十，隻，畫碟拉伊、還要一，隻，七，盆、兩隻，水杯、一，个筆，筩。*Sié-sang, kien-tsao meû-meû yao k'ai-seû ho tsa-ngè-se. Pé sè-sé-tsa wo-dié la i, wè yao i-tsa ts'i-ben, leang-tsa se-pei, i-ke pie dong. Sié-sang,* aujourd'hui un tel commence à apprendre à colorier. Donnez-lui 30 godets. Il lui faut aussi un plateau à 7 godets, deux vases à eau, un tube à pinceaux.

筆，末，撥，大着，色，、中着，色，、小着，色，、每樣兩枝、四狠毫也是兩枝、各，樣顏色，、齊撥，點拉伊。

Pie mé, pé dou-tsa-se, tsong-tsa-se, siao-tsa-se, mei yang leang-tse, se-laong hao a ze leang-tse. Ko yang ngè-se, zi pé tié la i. Pour les pinceaux, (il faut lui) donner les gros, les moyens et les petits pinceaux (pour l'aquarelle), deux de chaque espèce, également deux pinceaux à $\frac{4}{10}$ de poil de belette. Il faut lui donner un peu des couleurs de chaque espèce.

開手拿雲青咾洋綠、教伊放拉盂鉢裡、研細起來、研得越細越好、還要教伊學漂顏色。*K'ai-seû nao yun-ts'ing lao yang-lô, kiao i faong la yu-pé li, gné si k'i-lai. Gné-te yeu si yeu h'ao; wè yao kiao i ho p'iao ngè-se.* Quand il commencera à colorier, (peindre) avec du vert (véronèse) et du bleu d'outremer, dites-lui de les mettre dans le mortier en porcelaine, (pour les) broyer fin. Plus elles sont broyées fin, mieux cela vaut; il faut aussi lui apprendre à laver les couleurs.

譬方要漂石青石綠、先要拿石青敲碎之、乃末安拉盂鉢裡、放一眼水、細細能研、研細之末、用清水來漂成功三號。*P'i faong yao p'iao za ts'ing za lô, sié yao nao za ts'ing, k'ao-sé tse, nai-mé eu-la yu-pé li, faong i ngè se, si-si-neng gné. Gné si tse mé, yong ts'ing se lai p'iao zeng-kong sè hao.* Par exemple, si on veut laver le bleu de pierre (ou) le vert de pierre, on prend d'abord (par ex :) le bleu de pierre pour le broyer en le mettant dans le mortier avec un peu d'eau et broyant fin (avec soin). Après avoir broyé fin, on prend de l'eau pure (propre), pour obtenir en lavant trois qualités (de couleur).

浮面一號最輕、就叫頭青、當中一號叫二青、底上一號叫三青、眞正底裡粗來死个、砂子咾脚、是無用个。*Weû-mié i-hao tsu k'ieng, zieû kiao deû ts'ing : taong-tsong i-hao kiao gni ts'ing : ti-laong i-hao kiao sè ts'ing. Tsen-tseng ti li ts'ou-lai-si-ke, souo-tse lao kia, ze m yong-ke.* La couleur qui vient à la surface est la plus légère, on l'appèlle *bleu n° 1.* La couleur du milieu s'appelle *bleu n° 2.* La couleur inférieure s'appelle *bleu n° 3.* Tout-à fait au fond, la couleur est très-épaisse, c'est un résidu inutile.

三个號頭分之出來、放拉日頭裡晒乾、要用末、用眼膠水來研和之、就好用者。*Sè ke hao-deû fen-tse-ts'é-lai, faong la gné-deû li souo-keu. Yao yong mé, yong ngè kao-se lai gné wou tse, zieû h'ao yong-tsé.* Ayant divisé les 3 numéros, on les fait sécher au soleil. (Quand) on veut se servir (de la couleur), on prend un peu de colle pour la broyer et l'unir, et alors on peut l'employer.

膠水勿要忒多，多則顏色要黏滯拉筆上，就要掃勿開，而且染起輕重來，也勿好染。*Kao-se vé yao t'e tou: tou-tse, ngè-se yao gné-ze la pie laong, zieû yao t'è vé k'ai, eul-ts'ié gné-k'i-k'ieng-zong-lai, a vé h'ao gné.* Il ne faut pas mettre trop de colle : si l'on en met trop, la couleur adhère (s'agglutine) au pinceau, et alors on ne peut l'étendre, puis en donnant les teintes, on ne peut colorier convenablement.

膠水忒少之末，顏色稀淡咾容易脫。*Kao-se t'e sao tse mé, ngè-se hi-dè lao yong-i t'é.* S'il y a trop peu de colle, la (couche de) couleur est trop mince et s'enlève facilement.

要勿多勿少，習慣之末，自然有數者。*Yao vé-tou-vé-sao, zi-koé-tse mé, ze-zé yeû-sou-tsé.* Si l'on veut (obtenir) le juste milieu (ni trop ni trop peu), l'expérience en donnera naturellement la mesure.

顏色用好之，剩下來个，要拿滾水來漂出膠水，第二日再要用，再加新鮮膠水，顏色蓋末鮮明者，畫起花卉來，顏色嬌艷者。*Ngè-se-yong-h'ao-tse, zeng-hao-lai-ke, yao nao koen se lai p'iao-ts'é kao-se. Di-gni gné, tsai yao yong, tsai ka sin-sié kao-se, ngè-se ké-mé sié-ming-tsé. Wo-k'i h'ouo hoei lai, ngè-se kiao-yè-tsé.* Aprés avoir colorié, on prend de l'eau bouillante pour purifier ce qui reste de couleur. Le second jour où l'on veut de nouveau s'en servir, on ajoute de de la colle fraîche, et la couleur est (redevient) toute fraîche. Pour peindre des fleurs et des plantes, (cette) couleur est fort brillante.

顏色研得粗，着起衣摺來，顏色勿會勻，就是染好之，顏色也勿顯，隨便那能，看上去總勿趣。*Ngè-se gné-te ts'ou, tsa-k'i i-tsé lai, ngè-se vé wei yun; zieû-ze gné-h'ao-tse, ngè-se a vé hié; zu-bié na-neng, k'eu-zaong-k'i tsong vé ts'u.* (Si) la couleur est broyée grossièrement, on ne peut draper d'une facon uniforme (bien égale). Après même qu'on a colorié, la couleur ne ressort (brille) point; de toute facon, ce n'est point beau à voir.

就是合顏色，也要合得準，配顏料，要配得文雅。*Zieû-ze hé ngè-se, a yao hé-te tsen; p'ei ngè-leao, yao p'ei-te wen-ya.* Quant à unir les couleurs, il faut les unir exactement; en mariant les couleurs, il faut les marier élégamment.

畫油像，要用油顏色，畫拉布上。*Wo yeû ziang,*

yao yong yeû ngè-se, wo la pou laong. Pour peindre des images à l'huile, il faut employer des couleurs à l'huile, (et) peindre sur toile.

布末、擺拉架子上、布上先要上白、墡、布末、或、是用斜紋布、或、是用西洋蔴布、門面來得、闊。 *Pou mé, pa la ka-tse laong. Pou laong sié yao zaong ba-zé. Pou mé, wo-ze yong zia-wen pou, wo-ze yong si-yang mô pou, men-mié lai-te-k'oé.* La toile est placée (tendue) sur un cadre. Il faut d'abord enduire la toile de blanc de céruse. Pour toile on emploie le coton rayé (croisé) d'Europe, ou bien la toile de chanvre européenne à grande laize.

渾身像上着、油顏色、、油顏色、裡要搶香水、容易乾咾勿、起亮。 *Wen-sen ziang laong, tsa yeû-ngè-se, yeû ngé-se li yao t'siang hiang-se, yong-i keu lao, vé k'i leang.* Pour peindre à l'huile un personnage en pied, il faut mettre dans la couleur à l'huile de l'essence de térébenthine, (afin que la couleur) sèche facilement et n'ait pas (trop) de coloris (éclat).

水顏色、像上、要上亮油末、、先要上兩三鋪魚膠。 *Se-ngè-se-ziang, yao zaong leang-yeû mé, sié yao zaong leang sè p'ou n-kao.* Pour l'aquarelle, si l'on veut mettre du vernis, d'abord il faut mettre deux ou trois couches de gélatine.

有一、尊小像、要放大、那能放法、。 *Yeû i-tsen siao-ziang, yao faong-dou, na-neng faong fè?* Il y a une vignette (petite image), qu'on veut agrandir, quel moyen y a-t-il de l'agrandir?

有一、个便當法、子、要用西洋油紙、印拉小像上、拿鉛筆、細細能鉤出、一、个稿子、然後拿墨、筆、來鉤清爽之、就拉油紙上、用鉛筆、劃、个方格、眼、大小隨意、方格、要準。 *Yeû i-ke bié-taong fè-tse: yao yong si-yang yeû tse, yen la siao-ziaug laong. Nao k'è-pie si-si-neng keû-ts'é i-ke kao-tse; zé-heû nao me pie lai keû ts'ing-saong tse. Zieû la yeû tse laong, yong k'è-pie wa-ke faong-ka-ngè, dou-siao zu-i : faong-ka yao tsen.* Il y a un moyen facile : il faut prendre du papier européen huilé, et le placer sur la petite image. Prenant le crayon, on calque avec soin l'esquisse; ensuite on l'achève au pinceau. Alors sur le papier huilé, on trace des carrés au crayon de la grandeur que l'on veut : il faut tracer les carrés exactement (régulièrement).

照之小様、隨意要放幾倍、齊可以个。 *Tsao-tse siao yang, zu-i yao faong ki bei, zi k'o-i-ke.* Suivant le petit modèle, il est facile de multiplier à son gré la grandeur.

譬如要放十、倍个、十、个小方格、、併成功一、个大方格、。*P'i-zu yao faong zé-bei-ke, zé-ke siao faong-ka, ping zeng-kong i-ke dou faong-ka.* Par ex : si l'on veut agrandir dix fois plus, dix petits carrés feront un grand carré, (*c. à-d.* un des carrés de la copie agrandie).

譬如小像上、一、个面容有三个半小方格、、大方格、當中、面容也有三个半、照樣放下去、包得、定勿、差者。*P'i-zu siao ziang laong, i-ke mié-yong yeû sè-ke pé siao faong-ka, dou faong-ka taong-tsong, mié-yong sa yeû sè-ke pé. Tsao yang faong-hia-lai, pao-te-ding pé ts'ouo-tsé.* Soit par ex : une petite image dont la figure contient 3 carrés et $^1/_2$, dans la copie à grands carrés, la figure contiendra aussi 3 carrés et $^1/_2$. En agrandissant suivant le modèle, on ne se trompera sûrement point.

放稿子、慣常用西洋炭條。*Faong kao-tse, koè-zaog yong si-yang t'è-diao.* Pour agrandir le dessin, d'ordinaire on se sert du fusain européen.

中國、畫家、起稿子用柳條炭、名頭叫休炭。*Tsong-kô wo-kia, k'i kao-tse, yong lieû-diao t'è, ming-deû kiao hieû-t'è.* Les peintres chinois, pour faire l'esquisse, emploient le fusain de vergettes de saule appelé *hieû-diao.*

第个柳條、拉清明節、前幾日、、去彎楊柳細條枝、拿下來、去脫、之皮、風乾拉。*Di-ke lieû-diao, la ts'ing-ming tsi zié ki gné, k'i wè yang-lieû si-diao-tse. Nao-hao-lai, k'i-t'é-tse bi, fong keu-la.* Pour ce fusain, quelques jours avant le *ts'ing-ming,* on va cueillir (détacher) les vergettes de saule. Les prenant, on enlève la peau, et on les fait sécher à l'air.

用起來个辰光、拉火上一、燒、抹、拉煤筒竹、管裡、就成功柳條炭、省逕得、極、。*Yong-k'i-lai-ke zen-koang, la h'ou-laong i-sao, mé la mei dong-tso-koé li, zieû zeng-kong lieû-diao-t'è, sang-kieng te-ghie.* Quand on veut s'en servir, après les avoir fait brûler au-dessus d'une lampe on d'un flambeau, on met (le charbon) dans un tube de bambou (*m. à-m.* dans le tube à charbon), et ainsi on fait du fusain à très-bon marché.

DU PAPIER À DESSIN ET DES TOILES À PEINTURE.

畫寫意花卉、畫拉生紙上好、畫好之、眞正有玉、氣个、顏色、末、看上去非凡。*Wo sia-i h'ouo*

39

hoei, wo la sang tse laong h'ao. Wo h'ao tse, tsen-tseng yeû-gnô-k'i-ke, ngè-se mé, k'eu-zaong-k'i fi-vè. Pour peindre à grands traits des fleurs et des plantes, le mieux est de les peindre sur du papier non aluné. La peinture une fois achevée est vraiment élégante, et les couleurs paraissent superbes.

畫小照、有个畫拉礬紙上、也有畫拉生紙上、要畫一、个慣、一、个勿、得、法、顏色就要化開來。 *Wo siao-tsao, yeû-ke wo la wè tse laong, a yeû wo la sang tse laong. Yao wo i-ke-koè, i-ke vé té-fè, ngè-se zieû yao h'ouo-k'ai-lai.* Pour les portraits, il en est qui les font sur papier aluné, d'autres qui les font sur papier non aluné. (En ce dernier cas), il faut de l'expérience : si l'on manque en quelque chose, la couleur s'étend (le papier boit).

名家咾老手个畫、總畫拉生紙上、因爲裱起來裱得、起、而且物、事來得、悠久。 *Ming-kia lao lao-seû-ke wo, tsong wo la sang tse laong, yen-wei piao-k'i-lai piao-te-k'i, eul-ts'ié mé-ze lai-te yeû-kieû.* Les peintures des peintres célèbres et expérimentés, sont toutes faites sur papier non aluné, parce que ce papier peut être cartonné, et que la chose est plus durable.

礬紙末、有一、樣勿、取、長遠之點、顏色、要反黃、而且容易碎、所以礬紙上少有名人之筆。 *Wè tse mé, yeû i-yang vé-ts'u. Zang-yeu-tse-tié, ngè-se yao fè-waong, eul-ts'ié yong-i sé; sou-i wè tse laong sao yeû ming gnen tse pie.* Le papier aluné a un inconvénient. A la longue, la couleur jaunit, et (le papier) se déchire facilement; c'est pourquoi il y a peu d'œuvres (de pinceaux) d'hommes célèbres sur papier aluné.

而且有礬紙、還有一、樣毛病、拉天氣潮濕、个時候、礬拉个紙、容易有漏礬、紙頭漏礬之末、着、上去顏色、要花離斑藍者、因爲漏礬个戶蕩、顏色、喫、之進去者、勿、漏礬个戶蕩、勿、喫、進去、譬方畫人面孔、畫拉礬紙上、一、點一、點、像殺、蔴子能、極、其難看。 *Eul-ts'ié yeû wè tse, wè yeû i-yang mao-bing : la t'ié-k'i zao-sé-ke ze-h'eû, wè-la-ke tse, yong-i yeû leû wè. Tse-deû leû wè-tse mé, tsa-zaong-k'i ngè-se, yao h'ouo-li pè-lè-tsé, yn-wei leû wè-ke wou-daong, ngè-se k'ie-tse tsing-k'i-tsé, vé leû wè-ke wou-daong vé k'ie-tsin-k'i. P'i-faong wo gnen mié-k'ong, wo la wè tse laong, i-tié i-tié, ziang-sè mô-tse neng, ghie ghi nè-k'eu.* En outre le papier aluné a un autre défaut : en temps humide l'alun du papier aluné se dissout (coule) facilement. L'alun étant dissous, si l'on met de la couleur, le papier boit et se tache, parce que les endroits qui ne sont plus alunés boivent la couleur qui entre dans le papier, (et) les endroits où l'alun ne s'est pas dissout ne boivent pas. Par ex : si l'on peint la figure d'un personnage sur du papier aluné, il y aura çà et là des taches, comme si le visage était grêlé (marqué de variole), ce sera fort vilain.

紙店裡、礬好拉个料半咾連史、勿多殺个、礬好拉个科舉、也勿多个、六尺、疋、咾八尺、疋、無沒、礬端正拉个。*Tse tié li, wè-h'ao-la-ke leao-pé lao lié-se, vé tou-sè-ke. Wè-h'ao-la-ke k'ou-kiu, a vé tou-ke; lò ts'a p'ie lao pè ts'a p'ie m-mé wè teu-tseng-la-ke.* Dans les boutiques de papier, le papier aluné *leao-pé* et *lié-se* n'est pas en grande quantité. Le *k'ou-kiu* n'est pas non plus en grande quantité. Les feuilles de 6 pieds (de long) et de 8 pieds ne sont point (sans commande) préparées à l'avance.

若、要多買兩刀、總要定礬。*Za yao tou ma leang tao, tsong yao ding wè.* Si l'on veut acheter quelques *tao* de plus (que ce qui est aluné), il faut faire la commande de le passer à l'alun (1)

礬作、裡礬紙頭、快來死个、天氣燥个時候、一頭兩日、就礬好者。*Wè tso li wè tse-deû, k'oa lai-si-ke. T'ié-k'i sao-ke ze-h'eû, i deû leang gné, zieû wè-h'ao-tsé.* Dans les boutiques où l'on alune (le papier), on l'alune très-vite. En temps sec, en un ou deux jours (le papier) est aluné.

天色、越燥越好、燥天礬拉个紙、乾得醒、所以勿會得漏礬。*T'ié-se yeu sao yeu h'ao. Sao t'ié wè-la-ke tse, keu-te sing, sou-i vé wei-te leû wè.* Plus l'air est sec, mieux cela vaut. Le papier aluné par un temps sec, (se conserve) bien sec, et l'alun en conséquence ne se détériore pas.

礬工强殺个。大約、頭二錢銀子一刀、歸二百、多銅錢。*Wè-kong ghiang sè-ke : da-ya deû gni zié gnen-tse i tao, koei gni pa tou dong-dié.* L'alunage est à fort bon marché : environ un ou deux dizièmes de taëls le *tao*, à peu près 200 et quelques sapèqnes.

譬方買來个紙頭、貼正漏礬个末、那能、有啥方法个否。*P'i-faong, ma-lai-ke tse-deû, t'i-tseng leû wè-ke mé, na-neng? Yeû sa faong-fè-ke va?* Si par ex : le papier acheté commence à perdre son alun, comment faire? Ya-t-il quelque moyen?

---

(1) Le *tao*, c. à-d. ce qu'un *couteau* peut couper, est de 70 à 90 feuilles.

① 编者注：原书页码有误，应为第 307 页。

有啥無方法。不過費手脚點、或者拿到礬作裡去再礬、或者自家再上一鋪膠礬水。*Yeû-sa-m faong-fè? Pé-kou fi-seû-kia tié : wo-tsé nao tao wè tso li k'i tsai wè; wo-tsé ze-ka tsai zaong i p'ou kao-wè-se.* Comment n'y aurait-il pas de moyen? Il faut seulement s'industrier un peu (se donner quelque peine) : ou bien porter le papier à la boutique d'alunage pour le faire aluner de nouveau; ou bien soi-même y mettre de nouveau une couche d'alun.

上起膠礬來、必須要用着排筆者。*Zaong-k'i kao-wè-lai, pi-su yao yong-za ba-pie-tsé.* Pour aluner (le papier), il faut absolument se servir du *ba-pie* (assemblage de pinceaux).

裱點啥、排筆糊帚、兩樣齊罷勿得个。*Piao tié sa, ba-pie wou-tseû, leang yang zi ba-vé-te-ke.* Pour coller sur papier ou sur toile une image quelconque, le *ba-pie* et le *wou-tseû*, tous (deux) sont indispensables.

畫好之像自家裱、算起來合勿連。*Wo h'ao-tse ziang, ze-ka piao, seu-k'i-lai hé-vé-lié.* Si après avoir peint l'image, on veut la coller soi-même, cela ne semble pas avantageux.

講到自家裱、啥𠲎合勿連、因爲先要辦起裱臺來、釘好點板壁。傢傢生生辦齊伊、少不可缺。二三十千銅錢拉、還要有个戶蕩、所以合勿連。*Kaong tao ze-ka piao, sa-lao hé-vé-lié; yn-wei sié yao bè-k'i piao dai lai, ting h'ao tié pè pie, ka-ka-sang-sang bè zi i, sao pé k'o k'ieu, gni sè-sé ts'ié dong-dié-la; wè yao yeû-ke wou-daong : sou-i hé-vé-lié.* Quant à dire pourquoi coller soi-même n'est pas avantageux; c'est parce qu'il faut d'abord se procurer une table pour coller, et dresser (fixer) une cloison de planches. On ne peut se dispenser (d'acheter) tous les ustensiles pour 20 à 30,000 sapèques; en outre il faut avoir un local : c'est pourquoi il n'y a pas de profit.

到裱店裡去裱、省遝得多、只要主客做熟之、便當來死。伊拉自家來問有啥生活否、有之生活。自家帶去、裱好之末、伊拉送來。*Tao piao tié li k'i piao, sang-kieng te-tou. Tsé yao tsu k'a tsou-zô-tse, bié-taong lai-si. I-la ze-ka lai men yeû sa sang-wé va. Yeû-tse sang-wé, ze-ka ta-k'i, piao-h'ao-tse mé, i-la song-lai.* En s'adressant à la boutique des colleurs sur papier, etc., on épargne (économise) beaucoup. Seulement il faut que le maître de la boutique et le chaland fassent connaissance, (et alors) c'est très-commode. Ils (les colleurs) viennent eux-mêmes demander si l'on a du travail (à leur donner). S'il y a du travail, ils l'emportent (ils emportent l'objet à coller), (et) après l'avoir collé, ils le rapportent.

看見有啥做得，勿，到界，當面好叮囑。*K'eu-kié yeû sa tsou-te vé tao-ka, taong-mié h'ao ting-tsó*. Si l'on voit que le travail laisse à désirer (n'est pas parfaitement fait), il est facile de les avertir en face (de vive voix).

裱个尺，寸，預先要替伊話定，或，是要裱掛屏个，或，是要裱軸，子个，或，是要四紙四綾裱，還是只，消裱四紙兩綾。*Piao-ke ts'a-ts'en, yu-sié yao t'i i wo-ding. Wo-ze yao piao kouo-bing-ke, wo-ze yao piao ghiô-tse ke, wo-ze yao se tse se ling piao, wè-ze tsé siao piao se tse leang ling*. La grandeur du tableau doit leur être fixée à l'avance. (Il faut aussi dire à l'avance) si l'on veut que (l'image) soit montée sur un cadre, ou bien sur rouleaux, ou avec papier et lustrine (*ling tse*) sur les 4 bords, ou seulement avec papier sur les 4 bords et lustrine sur 2 des bords.

倘然要裱四紙四絹，裱錢比四紙四綾，要强三分當中一分。*T'aong-zé yao piao se tse se kieu, piao dié pi se tse se ling, yao ghiang sè-fen-taong-tsong i-fen*. Si l'on veut que (l'image) soit montée avec 4 bandes de papier et 4 de *kieu* (lustrine mince), le prix sera d'un tiers moindre que pour 4 bandes de *ling-tse*.

反面或，是紙背，或，是布背，齊可以个，爲聖像上布背好，風吹勿，碎。*Fè-mié, wo-ze tse-pei, wo-ze pou-pei, zi k'o-i-ke. Wei seng ziang laong pou pei h'ao : fong t'se vé sé*. Le dos (d'un tableau), ou bien (se fait) en carton, ou bien en toile, tout (l'un et l'autre) se peut faire. Pour les saintes images, le mieux est de les doubler en toile : (de la sorte), le vent en soufflant ne les déchire pas.

若，使要裱長軸，子，或，是裱堂軸，廳堂中掛个，或，是裱立，軸，書房中用个。*Za-se yao piao zang ghiô-tse; wo-ze piao* daong-ghiô, *t'ing-daong tsong kouo-ke; wo-ze piao* li-ghiô, *su-waong tsong yong-ke*. Si l'on monte un long tableau sur rouleaux; ou bien on fait un *daong-ghiô*, (destiné à être) suspendu dans un *t'ing ou* un *k'a-daong;* ou bien un *li-ghiô*, pour orner (servir en) une bibliothèque (un cabinet d'étude).

天地頭幾化，詩堂要加呢勿，要加，預先說，定。*T'ié-ti-deû ki-h'ouo; se-daong yao ka gni vé yao ka, yu-sié seu-ding*. Il faut (aussi) dire d'avance de quelle grandeur (on veut) les *t'ié di-deû;* (et) si l'on veut ou non ajouter des *se-daong*.

綾子要重實，素綾呢花綾，本色，綾呢顔色，綾。 *Ling-tse yao zong-zé : sou ling gni h'ouo ling; pen-se ling gni ngè-se ling.* Il faut demander que la lustrine soit solide, (et avertir si l'on veut, du *ling-tse* simple ou à fleurs, du *ling-tse* non teint ou teint.

湖緑，綾，顔色，勿，怵。 *Wou-lŏ ling, ngè-se vé k'ieû.* La lustrine *(ling-tse)* verte (couleur *wou-lŏ*), est bon teint (*m. à-m.* n'est pas mauvais teint).

第種絹太輕，所以勿，對。 *Di-tsong kieu t'ai k'ieng, sou-i vé tei.* Cette lustrine *(kieu)* est trop légère (mince), en conséquence elle ne convient pas.

襯紙勿，要破碎。 *Ts'en tse vé yao p'ou-sé.* Il ne faut pas pour doublure employer de mauvais papier.

裱起屏條來，要用木，軸，杆。 *Piao-k'i bing-diao lai, yao yong mo ghiŏ-keu.* Pour monter une peinture en forme de carte allongée, il faut employer un rouleau en bois.

小坭杆，强做强勿，要，一，碰就壞个咾。 *Siao gni keu, ghiang-tsou-ghiang vé yao; i bang zieû wa-ke lao.* Quant à de petits rouleaux en terre, si bas prix qu'ils soient, je n'en veux (il n'en faut) point, car sitôt qu'on les heurte, ils se cassent.

一，幅，畫舊之，還好再裱个哩，若，使四週个綾子，勿，要換脫，再裱起來，叫還原。 *I-fou wo ghieû-tse, wè h'ao tsai piao-ke-li. Za-se se tseû-ke ling-tse, vé yao wé-t'é; tsai piao-k'i-lai, kiao wè gneu.* (Si) la peinture montée sur rouleau est vieillie (montée depuis longtemps), on peut bien la remonter. Quand elle a été montée sur 4 bandes de *ling-tse*, il n'est pas nécessaire de les changer; remonter le tableau sur ces (mêmes) bandes s'appelle *wè-gneu* (revenir à la forme primitive).

裱尺，頁，前後要加空頁，外頭簿面，或，是板面，或，是錦面，錦有幾等，頂好个，五色，六，角，錦，有白，地，還有米地。 *Piao ts'a yé, zié heû yao ka k'ong yé. Nga-deû bou mié, wo-ze pè-mié, wo-ze kien mié. Kien yeû ki teng. Ting-h'ao-ke n-se lŏ ko kien. Yeû ba di, wè yeû mi di.* (Pour) cartonner les feuilles d'un pied d'un album (à feuilles pliées), avant et après (les feuilles peintes) on ajoute des feuilles blanches (non peintes). La couverture extérieure légère est soit en planchettes, soit en grosse soie *(kien)*. Il y a plusieurs qualités de *kien*. La 1ère qualité est celle à couleurs variées et à fleurs exagones. Il y en a à fond blanc, et il y a en aussi à fond jaunâtre (couleur du riz revêtu de sa pellicule).

椒地錦、最强。*Tsiao di kien, tsu ghiang.* Le *kien* à fond gris (de poivre) est le moins cher.

BONS CONSEILS.

手業當中、學畫畫最是清高、因爲畫畫个、入於先生一門、會得動動筆、畫畫畫、跑出去別人總稱儂畫畫先生。*Seû gné taong-tsong, ho wo-wo tsu-ze ts'ing-kao : yn-wei wo-wo-ke, zé yu sié-sang i-men. Wei-te dong-dong pie, wo-wo wo, pao-ts'é-k'i, bié-gnen tsong ts'eng nong wo-wo sié-sang.* Entre tous les arts mécaniques (les métiers) la peinture (l'étude de la peinture) est le plus noble : elle donne rang parmi les *sié-sang.* (Si) vous savez manier le pinceau, faire des dessins ou images, quand vous sortez, tout le monde vous appelle *wo-wo sié-sang* (monsieur le peintre).

儂咾要學畫个、志氣要高、勿是告儂心裡要傲氣、有之傲氣、總勿好、就是要一門心思學成功畫、還要學得精、樣樣裡向要一本正經、習上勿要習下、人門前有規有矩、天主門前熱熱心心、包儂諸事妥當。*Nong lao yao ho wo-ke, tse-k'i yao kao. Vé ze kao nong sin li yao ngao-k'i : yeû-tse ngao-k'i, tsong vé h'ao. Zieû-ze kao i-men-sin-se ho zeng-kong wo, wè yao ho-te tsing, yang-yang li-hiang, yao i-pen tseng-kieng, zi zaong, vé yao zi hao, gnen men-zié yeû koei yeû kiu, T'ié-tsu men-zié gné-gné-sin-sin; pao nong tsu-ze t'ou-taong.* Si vous voulez apprendre à peindre, il faut avoir des idées élevées. Ce n'est pas (pour) vous exciter à vous enorgueillir en votre cœur. Avoir de l'orgueil ne vaut jamais rien. Mais c'est que, si vous voulez vous appliquer de tout cœur à apprendre la peinture, et à y réussir en artiste, il faut que tout en vous soit parfaitement réglé, et que vous tendiez constamment à ce qui est élevé (noble), et non point à ce qui est bas (vil); devant les hommes observant les bienséances, et devant Dieu étant pieux et fervent, vous vous assurerez le succès en tout.

拉先生門前、要有禮貌、凡於先生拉教个時候、或者改筆、起來、最要用心看好。*La sié-sang men-zié, yao yeû li-mao. Vè-yu sié-sang la kao-ke ze-h'eû, wo-*

tsé kai pie k'i-lai, tsu yao yong sin k'eu h'ao. En présence du maître, il faut observer les bienséances. Toutes les fois que le *sié-sang* enseigne, ou qu'il corrige les dessins, il faut regarder avec grande attention.

教完之、自已心裡去猜摩猜摩、先生拉叮囑、末、用心聽好。*Kao wé-tse, ze ki sin li k'i ts'ai-mô-ts'ai-mô. Sié-sang la ting-tsô mé, yong-sin t'ing h'ao.* La leçon finie, (il faut) soi-même en son exprit s'appliquer à réfléchir (ruminer). Si le *sié-sang* donne des avis, il faut les écouter attentivement.

先生教儂做啥、馬上就做. 勿、要强頭倔腦。*Sié-sang kao nong tsou sa, mo-zaong (laong) zieû tsou, vé yao ghiang deû ghieu nao.* (Si) le *sié-sang* vous dit de faire telle chose, il faut la faire tout de suite et promptement, sans vous montrer revêche (tête dure et cervelle opiniâtre).

人家好學、生子、總是百、依百、順个、從小肯受人管束、大起來自家便宜。*Gnen-ka h'ao ho-sang-tse, tsong ze pa-i-pa-zen-ke. Zong siao k'eng-zeû gnen koé-sô, dou-k'i-lai zé-ka bié-gni.* L'élève qu'on aime, c'est certainement (celui qui est) bien soumis (obéissant en tout). Soumis dès l'enfance à la direction (conduite) des autres, en grandissant il se trouvera lui-même à l'aise.

就是拉別、位先生門前、也要有規有矩、勿、要無着、無落、多說、多話。*Zieû-ze la bié-ke sié-sang men-zié, a yao yeû-koei-yeû-kiu, vé yao m-za-m-lo, tou-se-tou-wo.* Quand (que si) vous vous trouvez en présence des *sié-sang* autres (que le maître), il faut aussi être bien polis, ne pas agir sans raison, et ne pas trop parler.

白、相起來、總要斯斯文文。*Bé-siang-k'i-lai, tsong yao se-se-wen-wen.* En récréation, il faut de toute nécessité (se montrer) bien élevé (poli).

勿、是告儂拉白、相辰光、响也勿、响、動也勿、動、呆瞪瞪能立、拉、實、蓋能也是勿、好个。*Vé ze kao nong la bé-siang zen-koang, hiang a vé hiang, dong a vé dong, ngai-teng-teng neng li-la : zé-ka-neng a ze vé h'ao-ke.* Ce n'est pas vous dire qu'au temps de la récréation, il ne faille ni parler (faire du bruit), ni vous remuer, vous tenant (debout) comme une bûche muette (stupide). Cela aussi ne vaut rien.

白、相个辰光、要認眞白、相、不過勿、要動手動脚、白、交打滾。*Bé-siang-ke zen-koang, yao gnen-tsen bé-siang : pé-kou vé yao dong-seû-dong-kia, bé-kiao-tang-koen.* Au temps de la récréation, il faut vraiment se récréer : seulement il faut éviter les jeux de mains, ne pas se battre (se colleter et se rouler par terre).

譬方世兄淘裡、价都抛抛球、踢、踢、毽子、血、脉、末、也活、動者、喫、拉个飯末、也消化者。*P'i-faong se-hiong dao-li, ka-tou p'ao-p'ao ghieû, t'ie-t'ie ki-tse, hieu-ma mé, a wé-dong-tsé, k'ie-la-ke vè mé, a siao-h'ouo-tsé.* Par ex : entre élèves (condisciples), jouer au ballon, ou bien au volant lancé avec le pied, (cela) fouette le sang, (et) favorise la digestion.

靜下來末、着、着、棋、聽先生講究講究、實、介能末、、散心个辰光、也好長進本事个。*Zing-hao-lai mé, tsa-tsa ghi, t'ing sié-sang kaong-kieû-kaong-kieû. Zé-ka-neng mé, sè-sin-ke zen-koang, a h'ao tsin pen-ze-ke.* Si l'on reste tranquille, (on peut) jouer aux échecs, (ou) écouter la conversation du (des) *sié-sang*. De cette manière, la récréation favorise aussi le dévéloppement des facultés.

世兄淘裡和氣末、、是罷勿、得、个、切、不、可三句說、話勿、搭、對、就板起之面孔、尋相罵、尋嘔氣、實、介能像啥、勿、像一、个斯文學生子、像鄉下个捉、草小囝、儂仔細想想看、倘然實、介、自己身分對呢勿對。*Se-hiong dao-li, wou-k'i mé, ze ba-vé-te-ke; ts'i-pé-k'o sè kiu se-wo vé tè-tei, zieû pè-k'i-tse mié-k'ong, zin siang-mô, zin dao-k'i : zé-ka-neng ziang-sa, vé ziang i-ke se-wen ho-sang-tse, ziang hiang-hao-ke tso-ts'ao siao-neu. Nong tse-si siang-siang-kieu, t'aong-zé ze-ka, ze-ki sen-ven tei gni vé tei.* Entre condisciples, la concorde est nécessaire. Il ne faut nullement pour (deux ou) trois mots (paroles), (vouloir) rompre (n'être plus d'accord), faire de suite mauvaise mine (changer de figure), chercher à maudire, à disputer : une telle façon (d'agir) n'est pas d'un élève de bon ton, c'est celle d'un petite rustre qui ramasse de l'herbe. Pensez sérieusement si (en agissant) ainsi vous agiriez ou non conformément à (ce que demande) votre condition (l'honneur de votre métier).

VISITE DU P. DIRECTEUR À L'ATELIER DE PEINTURE.

第个一、遭、畫畫間裡學、生子、學、來認眞否。*Di-ke-i-ts'iang, wo-wo kè li ho-sang-tse, ho lai gnen-tsen va?* Maintenant les élèves de l'atelier de peinture sont-ils bien appliqués à apprendre?

總算好拉、到底是小囝、大概白、相性重點、規矩總算勿、遠許。*Tsong seu h'ao-la. Tao-ti ze siao-neu, da-kai bé-siang sing zong tié; koei-kiu tsong seu vé yeu-hiu.* En général, cela peut passer. Toutefois ce sont des enfants, pour la plupart ils ont le caractère un peu porté à s'amuser. Ils ne sont (cependant) pas trop irréguliers en chose importante.

箇个學、生子用心否。*Kou-ke ho-sang-tse, yong-sing va?* Cet élève-là est-il appliqué?

還算好拉。*Wè seu hao-la,* Encore assez bien.

第个呢。*Di-ke gni?* Et celui-ci?

第个小囝、一、點勿、用心、嘆嚯呱羅一、歇、勿、停拉个、好是無啥大勿、好、不、過吱吱了了、東啗西啗、惹事者那。*Di-ke siao-neu, i-tié vé-yong-sin : ki-li-kou-lou i-hié vé ding-ke. H'ao-ze m sa dou vé-h'ao, pé-kou tse-tse-leao-leao, tong-tsa-si-tsa, za ze-tsé-na.* Cet enfant est tout-à-fait inattentif, (et) ne cesse de murmurer par derrière. Ce n'est pas qu'il commette de grosses fautes, seulement il se dispute, agace les autres de mille manières, et excite des querelles.

噢、等伊再要惹別、人、先生罰、伊重點補贖。*O. Teng i tsai yao za bié-gnen, sié-sang vè i zong tié pou-zô.* Bien. S'il lui arrive de provoquer encore les autres, le *sié-sang* lui imposera une punition assez grave.

嗰、還有箇个、做起啥來、心勿、拉肝上。*No. Wè yeû kou-ke : tsou-k'i sa lai, sin vé la keu laong.* Oui. Il y a encore celui-là : (quand) il travaille, son esprit n'est pas là (*m. à-m.* le cœur n'est pas avec le foie).

等伊再勿、用心末、告伊跪之咾畫。*Teng i tsai vé-yong sin mé, kao i kiu-tse lao wo.* S'il est encore inattentif, dites-lui de dessiner à genoux.

嗰、第个起頭末、勿、用心、第兩日、到好拉、而且稿子裡向拉長進、等伊再用心點咾、望神父賞一、尊聖像拉伊。*No. Di-ke k'i-deû mé vé yong sin : di leang gné tao h'ao-la. Eul-ts'ié kao-tse li-hiang la tsang tsin. Teng i tsai yong-sin tié lao, maong zen-zou saong i-tsen seng ziang la i.* Bien. Celui-ci au commencement, il est vrai, n'était pas appliqué; mais ces jours-ci (c'est) bien. De plus il fait des progrès pour le dessin. S'il continue à s'appliquer davantage, j'espère que le père lui donnera pour récompense une sainte image.

箇是自然、聖像端正好拉。*Kou-ze ze-zé : seng ziang*

teu-tseng h'ao-la. C'est juste : la sainte image est toute prête.

學,生子當中、那裡一,个最好。*Ho-sang-tse taong-tsong, a-li-i-ke tsu-h'ao?* Quel est le meilleur élève?

嗰、是是伊、規矩也好、用心也用心、天主門前也熱,心、箇个學,生子、神父應當賞賞伊。*No! ze ze-i : koei-kiu a h'ao, yong-sin a yong-sin : T'ié-tsu men-zié a gné-sin, kou-ke ho-sang-tse, zen-vou yeng-kai saong-saong i.* Voici! c'est celui-ci : pour la règle, il est exact; pour l'application, il est attentif. Envers Dieu, il est pieux. Cet élève mérite que le père le récompense.

噢、爽歇,放之夜學,,告伊到神父房裡來、有一,尊翠來死个鑿,花聖像、我本來端正拉、爲賞拉頂用心个學,生子个。*O. Saong-hié faong tse ya ho, kao i tao zen-vou waong li lai, yeŭ i-tsen ts'u lai-si-ke zo-h'ouo seng-ziang, ngou pen-lai teu-tseng-la, wei saong la ting yong-sin-ke ho-sang-tse-ke.* Sans doute. Aujourd'hui à l'issue de la classe du soir, dites-lui de venir dans la chambre du père. J'ai une fort belle image découpée que je tenais précisément toute prête, afin de la donner à l'élève le plus appliqué.

別个末,也要用心,要看好樣、學,好樣、學,好之末,,自然也有得,賞着,个。*Bié-ke mé, a yao yong-sin, yao k'eu h'ao yang, ho h'ao-yang, ho h'ao-tse mé, ze-zé a yeû-te-saong-za-ke.* Quant aux autres élèves, il faut qu'ils soient aussi attentifs, qu'ils considèrent ce bon modèle, imitent ces bons exemples, et quand ils les suivront, naturellement ils auront aussi des récompenses.

學,生子、是那勿,要忘記、學,畫本來是淸高个、乃是那畫聖人个聖像、又高之一,層者。*Ho-sang-tse, ze-na vé yao maong-ki : ho wo pen-lai ze ts'ing-kao-ke; nai ze-na wo seng-gnen-ke seng ziang, i kao-tse i zeng tsé.* Elèves, n'oubliez point que l'étude de la peinture est très-noble; mais si vous peignez de saintes images, ce travail est encore élevé d'nn degré.

耶穌咾聖母、常庄拉眼睛門前,心裡容易想着,,一,頭手裡拉畫耶穌个聖容,聖母个聖容,心裡要望畫得,越,像越,好。*Ya-sou lao Seng-mou, zaong-tsaong la ngè-tsing men-zié, sin li yong-i siang-za. I-deû seû-li la wo Ya-sou-ke seng yong, Seng-mou-ke seng yong, sin li yao maong wo-te yeu-ziang yeu-h'ao.* Ayant sans cesse Jésus et Marie sous les yeux, il est facile de penser (à eux) dans son cœur. Pendant que la main s'occupe à peindre la sainte face de Jésus ou de la Ste Vierge, le cœur désire les peindre d'autant mieux que plus conformes au modèle.

聖像畫來好末、最是動人个熱心、教友看見之耶穌个聖容、眞正艮善末、自然生出、愛慕耶穌个心來者。*Seng ziang wo-lai h'ao mé, tsu ze dong gnen-ke gné-sin : kiao-yeû k'eu-kié-tse Ya-sou-ke seng yong, tsen-tseng leang-zé mé, ze-zé sang-ts'é ai-mou Ya-sou-ke sin lai-tsé.* (Car) la sainte image étant bien peinte, excitera grandement la ferveur des hommes : les chrétiens, voyant la sainte face de Jésus si pleine de bonté, produiront naturellement des sentiments d'amour pour Jésus.

勿、單淸箇个教友有功勞、連儂畫箇尊像个也有功勞、吾主耶穌總要賞賜个。*Vé tè-ts'ing kou-ke kiao-yeû yeû kong-lao, lié nong wo kou-tsen ziang-ke, a yeû kong-lao : Ngou Tsu Ya-sou tsong yao saong-se-ke.* Ce ne seront pas seulement les chrétiens qui auront des mérites, vous aussi qui aurez peint cette sainte image, vous aurez des mérites : Notre Seigneur Jésus vous récompensera.

賞賜起來、連帶畫箇尊聖像个人也有分个。*Saong-se k'i-lai, lié-ta wo kou-tsen seng ziang-ke gnen a yeû ven-ke.* Quand il distribuera les récompenses, ceux qui auront peint la sainte image auront leur part.

想想看、用心畫聖像、好呢勿、好、一、頭好光榮天主、就是用手裡工夫來勸人恭敬天主、若、使聖像咾眞正畫得、好、一、頭還有名氣。*Siang-siang-k'eu, yong-sin wo seng ziang, h'ao gni vé-h'ao : i deû h'ao koang-yong T'ié-tsu, zieû-ze yong seû-li kong-fou k'ieu gnen k'ong-kieng T'ié-tsu. Za-se seng ziang lao tseng-tseng wo-te h'ao, i-deû wè yeû ming-k'i.* Pensez et voyez, si c'est ou non une bonne chose de peindre de saintes images. D'une part c'est un bon moyen de glorifier Dieu, c. à-d. en employant le travail des mains à exciter les hommes à honorer Dieu. D'autre part, si les images saintes sont vraiment bien peintes, vous aurez en outre la réputation.

爲此之故、我勸那學、畫个辰光、切、不、可粗心浮氣、約、約、乎能學、成功拉个、到底勿、會得、精明。*Wei ts'e-tse-kou, ngou k'ieu na, ho wo-ke zen-koang, ts'i-pé-k'o ts'ou-sin weû-k'i, ya-ya-wou-neng ho zeng-kong-la-ke, tao-ti vé wei-te tsing-ming.* Pour (toutes) ces raisons, je vous exhorte pendant le temps d'apprentissage de peinture, à éviter absolument la négligence et la légèreté, apprenant par manière d'acquit à achever (la besogne), mais ne sachant rien parfaire.

就是後首用心做用心、畫出、畫來、總勿、得、法、而且別、人總要叫第个畫是作、家畫、無啥人來請教儂。*Zieû-ze heû-seû yong-sin-tsou-yong-sin, wo-ts'é-wo-lai, tsong vé te-fè; eul-ts'ié bié-gnen tsong yao kiao di-ke wo ze tso-ka wo, m-sa-gnen lai ts'ing-kiao nong.* De la sorte, plus tard (quand bien même) vous vous appliqueriez, peignant ceci et cela, vous ne réussiriez point; en outre les gens appelleraient cette (votre) peinture, une peinture de manœuvre, (et) personne ne vous inviterait (ne vous donnerait de travail).

若、使第歇、把把急、急、學、學、精明之、包得、定後首請教儂个勿、少、齊要稱儂是名家、是畫師、*Za-se di-hié pouo-pouo-kié-kié ho, ho tsing-ming-tse, pao-te-ding heû-seû ts'ing-kiao nong-ke gnen vé-sao; zi yao ts'eng nong ze ming-kia, ze wo-se.* Mais si maintenant vous êtes diligent à bien apprendre (la peinture), il est certain que plus tard ceux qui vous inviteront (à travailler) ne seront pas en petit nombre; tous aimeront à vous appeler un peintre distingué, un maître peintre.

自有人羨慕儂一、手好畫、要來從儂做先生、*Ze yeû gnen zié-mou nong i-seû-h'ao wo, yao lai zong nong tsou sié-sang.* Il y aura des gens qui aimant vos beaux dessins, voudront spontanément vous prendre pour maître.

即、使名家咾做勿、到、至少畫起聖像來、畫得、勿、忒、板、也算可以者。*Tsi-se ming-kia lao tsou-vé tao, tse-sao wo-k'i seng ziang lai, wo-te vé t'e pè, a seu k'o-i-tsé.* Et si vous n'arrivez pas à être un peintre célèbre, du moins en peignant de saintes images, vous ne les peindrez pas trop mortes, et cela pourra passer.

A. M. D. G.

① 编者注：原书页码有误，应为第 317 页。

ERRATA.

Pag.			Lisez :
12.	l. 34.	ayant pensé...	j'ai pensé.
18.	col. 2. l. 29.	*ziè*	*zié.*
25.	col. 1. l. 3.	...avec.	...avec ; trop.
33.	col. 2. l. 9.	*tsang*	*ts'ang.*
38.	col. 1. l. 9.	背 膊, c *Pei-bo.*	臂 膊, e *Pi-pô.*
—	col. 2. l. 18.	*ts'ang.*	*ts'aong.*
58.	l. 9.	塔,	搭,
65.	l. 2 et 16.	傘	傘
81.	col. 1. l. 13.	毫 *Hao*	氂 *Li*
,,	l. 14.	氂 *Li*	毫 *Hao*
93.	col. 2. l. 9.	Porter etc.	Epousseter.
95.	l. 16.	la	le
99.	l. 7.	別,	躄,
100.	col. 2. l.	*dou*	*ki.*
102.	col. 2. l. 3-4.	Charger etc.	Boutique.
115.	l. 27.	*ké*	kè
126.	col. 1. l. 9.	褂	掛
133.	l. 12 et 15.	鋪	鋪
139.	col. 2. l. 4.	cadet	aîné.
143.	l. 27.	2d oncle...	1er oncle...
—	l. 29.	1er oncle maternel cadet.	1er oncle paternel.
154.	l. 23.	庤	痔
173.	col. 1. l. antép.	Pousses etc.	Turion de graminée.
—	col. 2. l. 26.	*tse*	ts'e.
174.	col. 1. l. 7.	蟹	蝦
,,	l. 8.	蝦	蟹
200.	col. 1. l. 5.	Couloire.	Passoire.
—	col. 2. l. 5.	etc. *k'ang*	*k'aong*
206.	col. 2. l. 6.	n° 1er	moyenne
207.	l. 6.	*zô*	*gné*
229.	col. 1. l. 27.	滾	塊
230.	col. 2. l. 6.	cuit	cuire.
250.	col. 2. l. 9.	etc. *bé*	bè
—	,, l. 11.	躇	躇
251.	col. 2. l. 9.	蹈,	踏,
257.	col. 1. l.	pénult *k'o*	kô.
—	,,	籠	礱
—	col. 1 et 2.	etc. 糠 *kang*	糠 *k'aong*
—	col. 2.	絞 *kiao*	絞 *kao*
258.	col. 2. l. 19.	...du riz non decortiqué.	... de la balle de riz.
260.	dernière phrase :	Puisque etc.	Puisque votre quenouillée est filée, que n'embobinez-vous?
261.	col. 1. l. *pénult.*	Camélia.	Camellia.
—	col. 2. etc.	菊, *ghiô*	菊, *kiô*
263.	col. 1. l. pénult.	*yen*	*gnen*
293.	col. 2. l. 19.	*ping*	*pang*
303.	l. 8.	un cadre	le chevalet

TABLE.

DES MATIÈRES.

ZI-KA-WEI. — TYP. DE LA MISSION CATHOLIQUE.

Index des Caractères

N. B. Les chiffres indiquent les pages où les caractères sont employés suivant leurs divers sens.

仙 Sié. 261.
代 Dai. 25.
仔 Tse. 287.
伏 Wo. 175.
休 Hieû. 289.
伙 H'ou. 247. 289.
件 Ghié. 4.
仰 Gnang. 102.
企 Ki. 100. 113.
伊 I. 1.
价 Ka. 313.
住 Zu. 4. 39. 54. 68. 94. 118. 132. 256.
伶 Ling. 286. 295.
估 Kou. 86.
伯 Pa. 138.
佘 Zouo. 97
但 Tè. 18. 129.
低 Ti. 131.

作 Tso. 14. 53. 110. 120. 121. 126. 284.
位 Wei. 8.
佛 Wé. 264.
佈 Pou. 132.
依 I. 286.
來 Lai. 1. 16. 18. 25
供 Kong. 162.
使 Se. 18.
便 Bié. 35. 41. 99. 21. 81. 85. 239.
信 Sin. 98.
俗 Zŏ. 102. 284.
候 H'eû. 73. 49.
個 Kou. 1.
倔 Ghieu. 286.
倍 Bei. 177. 304.
併 Ping. 305.
修 Sieû. 61. 109. 116. 133. 134. 275.
倉 Ts'aong. 187

倘 T'aong. 18.
倒 Tao. 70. 71. 23. 21. 131. 82. 134. 203.
借 Tsia. 83. 254.
偶 Ngeû. 21.
偏 P'ié. 45.
偷 T'eu. 53. 255.
停 Ding. 50. 77. 184. 256.
側 Tse. 52. 98.
倣 Faong. 81.
值 Ze. 81.
做 Tsou. 18. 78. 85. 118. 131. 155.
傅 Fou. 149. 168.
傢 Ka. 58. 121. 192. 289.
傍 Baong. 245.
備 Bei. 71. 128. 236.
傘 Sè. 61. 162.
偕 Ka. 287.
傲 Ngao. 286.

傷 Saong. 42. 147. 180.
像 Ziang. 35. 151. 45. 76. 161. 223. 285.
價 Ka. 22. 81. 83. 86. 113.
儉 Kié. 93. 96.
儂 Nong. 1
儘 Tsin. 44. 85. 187. 297.

R. 10.

儿

元 Gneu. 83.
兄 Hiong. 102. 138.
兆 Zao. 10.
光 Koang. 21. 36. 73. 82. 100. 113. 123. 134. 162. 316.
兇 Hiong. 16.
先 Sié. 1.
克 K'e. 102.
兎 T'ou. 214. 240.
兑 Dei. 81.

兒 Gni. Eul. 138.

亮 Hiong. 97. 153.

R. 11.

入 Zé. 54. 145.

内 Nei. 122. 146.

全 Zié. 55. 140.

兩 Leang. 11. 81. 87. 49.

R. 12.

八 Pé. 10.

公 Kong. 16. 22. 89. 97. 138. 139.

六 Lŏ. 10.

其 Ghi. 1. 98.

具 Ghiu. 53. 121.

典 Tié. 97.

R. 13.

冂

再 Tsai. 14. 113. 21.

R. 14.

冖

冠 Koé. 270.

R. 15.

冫

冬 Tong. 68. 263.

冲 Ts'ong. 205.

决 Kieu. 30.

冷 Lang. 16. 125. 150.

凉 Leang. 52. 102. 267. 192. 173. 162.

凈 Zing. 18. 56. 82. 186. 270.

凍 Tong. 102. 111.

R. 16.

几

凡 Wè. Vè. 155. 214.

R. 17.

凵

出 Ts'é. 54. 39. 46. 77. 203. 212. 237.

R. 18.

刀 Tao. 7. 25. 60. 115. 126. 134. 199. 201. 205.

分 Fen. 16. 204. 72. 81. 87. 266. Ven. 98. 316.

切 Ts'i. 36. 171. 177. 213. 269.

初 Ts'ou. 73.

利 Li. 81.

別 Bié. 39. 115. 118.

制 Tse. 223.

吉刂 Ki. 134. 137.

刻 K'e. 72. 73. 120. 122. 285.

刮 Koé. 43. 215. 147.

刷 Sé. 126. 131. 218. 258.

到 Tao. 25

刺 Ts'e. 198.

削 Sia. 64. 136. 266. 290.

剃 T'i. 134. 135. 93. 97.

則 Tse. 102. 175. 303.

前 Zié. 14. 25. 54. 72. 104

剛 Kaong. Kiang 72. 76.

剖 P'eû. 215. 261. 274.

剝 Pŏ. 212. 214. 258.

副 Fou. 7. 102. 90.

剩 Zeng. 237. 243.

剪 Tsié. 35. 89. 115.

割 Keu. 210. 245.

剷 Ts'è. 180.

屖刂 Ze. 180. 190. 215.

劃 Wa. 81. 113. 298.

劍 劒 Kié. 224. 277.

劈 P'ie.195.

R.19.

力 Li.Lie.79. 77.58.150.

加 Ka.1.14.183.
功 Kong.75.98.
助 Zou.176.
勉 Mié.89.116.
務 Wou.97.120.
勒 Le.284.
動 Dong.18. 74.76.
勞 Lao.316.
勢 Se.71.76. 146.285.
勸 K'ieu.316.

R.20.

勹

匀 Yun.286.288.
勿 Ve.1.29. 98.14.
包 Pao.127.128. 160.223.224. 277.286.

R.21

匕

化 H'ouo. Hio. 64.29.148. 214.
北 Po.43.
匙 Ze.166.

R.22.

匚

匠 Ziang.120
匣 Hè.60.162.

R.23.

匸

匹 P'ie.4.
匾 Pié.257.
[illegible] T'i 60.

R.24.

十 Zé. Sè.10. 16.73.161.

千 Ts'ié.10.
升 Seng.87.
卉 Hoei.283.
半 Pé.72.152.
卍 Mè.Wè.293.
南 Né.43.

R.25.

卜

R.26.

卩

印 Yen.Yn.212. 284.285.290. 304.
卷 Kiéu.290.293.
即 Tsié.230.

R.27.

厂

厚 Heû.124.205.
原 Gneu.149. 157.292.
厨 Zu.60.66.
厭 Yé.253.

R.28.

厶

去 K'i.1.25.50. 72.184.
參 Sen.171.

R.29.

又 I.79.14. 177.

叉 Ts'ouo.160.245. 247.290
反 Fè.291.

及 Ghié. Ghi. 21. 75.182.177	右 Yeû.34.160.	周 Tseû.95.131.	唇 Zen.32
友 Yeu.1.139.	向 Hiang.25. 73.	咐 Fou.102.114.	問 Men.295.
受 Zeû.35.132. 146.	合 Hé.34.36.87. 262.277.289. Kè 115.117.186.	咈 Fé.102.	啞 O.47.81.
叔 So.138.	各 Ko.265. 266.299.	呵 O.286.297	啥 Sa.1.29.16. 83.118.
取 Ts'u.306.	名 Ming 97.284.	和 Wou.126.144. 173.175.177. 190.197.227.	唱 Ts'ang.163. 169.
段 Deu.217	吊 Tiao.163.180.	命 Ming.21. 98.198.	喫 K'ie.47.177.76. 77.94.97.121. 149.157.215.
R.30.	吐 T'ou.43. 152.258.	呢 Gni.1.29. 100.101.	善 Zé.21.
口 K'eû.32.7. 52.97.	同 Dong.25.	呱 Kou.287.	喂 Yu.38.257.
	吱 Tse.237.	味 Mi.Wei.43. 148.152.171.	唾 T'ou.42.
只 Tsé.34.79. 78.204.83.	吹 Ts'e.42.46. 57.190.	哆 Tou.101.	嚄 Ho.32.
可 K'o.74.21.	吩 Fen.102.114.	响 Hiang.34. 57.59.169.	喜 Hi.47.97. 202.
古 Kou.284.	否 Va.1.29.114.	咾 Lao.1.18.	[illegible] No.287.
句 Kiu.7.	告 Kao.181.190.	哀 Ai.144.	喉 Heû.38.
另 Ling.25.192.	叫 Kiao. Kao. 1. 79.89.94.97. 121.130.184.	品 P'in.162.	單 Tè.66.98. 101.122.161. 165.301.
史 Se.288.291.	吾 Ngou.316.	咬 Ngao.33. 67.36.154.	嗣 Ze.141.
司 Se.97.120.179.	吧 Bouo.32.	咽 Yé.38.	嗘 Ki.287.
台 Dai.275.	呀 A.Yo.240.	哥 Kou.138	嗆 Ts'iang.215.
叮 Ting.181. 237.286	呆 Ngai.287.	哩 Li.39.	嘗 Zang.211.

嘴 Tse.32.234.
器 K'i.121.
噯 Ai.76.183.252.
噢 O.97.102.233.
嚇 Ha.45.
嚌 Tsi.251.
嚮 Hiang.57
嚼 Zia.33.
嚨 Long.38.
囉 Lou.101
囇 Li.287
囊 Naong.162.
囑 Tso.181.286.

R.31.

口

四 Si.10.
回 Wei.72.98.172.

因 Yn.Yen.18.295.
囡 Neu.38.122.138.287.
囪 Ts'ong.200.
囫 Wé.215.
固 Kou.131.
圈 K'ieu.Ghieu 121.200.266.127.
國 Kŏ.59.
圇 Len.215.
圍 Wei.131.274.
圓 Yeu.156.181.189.200 213 223.
園 Yeu.93.261.128.
圖 Dou.93.121.283.290.
團 Deu.115.125.183.

R.32.

土 T'ou.126.

[illegible] Da.7.133.
地 Di.53.67.250.74.97.

在 Zai.14.
坟 Wen.128.
坊 Faong.259.
坌 Pen.254.
坑 K'ang.53.
坍 T'è.131.201.243.
坐 Zou.4.135.161 299
坭 Gni.293.
城 Zeng.174.
垃 Lé.4.
埋 Ma.21.
執 Tsé.285.
基 Ki.126.
堅 Kié.131.
堂 Daong.16.160.92.55.59.138.139.141.292.
報 Pao.140.270.274.
堵 Tou.7.
塘 Daong.181.

塌 T'è.133.212.
塔 T'è.277.
塊 K'oei.8.11.84.94.203.218.
塞 Se.33.39.132.209.
塗 Dou.33.175.
填 Dié.67.118.131.164.
場 Zang.104.117.121.151.175.255.258.
塵 Zen.56.165.
塳 Bong.56.165.
墊 Dié.66
墡 Zé.288.
墨 Me.60.186.285.288.298
墩 Ten.121.126.
墾 K'en.261.275.
壁 Pie.39.126.52.265.
墻 Ziang.7.126.52.
壓 Kè.È.163.169.210.
壒 Ai.14.

壞 Wa.61.124.235.

壩 Pouo.38.

R.33.

士

壺 Wou.67.66.162.163.234.

壻 Su.Si.140.145.

壽 Zeü.262.

R.34.

夂

R.35.

夊

夏 Hao.68.100.

R.36.

夕

外 { Nga.25.61.98.138.146.186. / Wai.87.113.150.

多 Tou.4.47.57.84.29.72.186.

夜 Ya.72.47.50.208.

夠 Keü.168.

R.37.

大 { Dou.15.29.138 / Da.29.119.

夫 Fou.4.45.93.139.144.

太 T'a.32.138.139.

天 T'ié.14.16.32.48.73.72.161.258.

失 Sé.182.

夾 Kè.46.101.126.127.188.

奇 Ghi.73.

套 T'ao.101.167.

奬 Tsiang.286.

R.38.

女 Gnu.53.136.139.138.140.

奶 Na.138.139.

好 H'ao.4.29.54.73.149.

如 Zu.21.72.118.301.

妨 Faong.181.191.

妙 Miao.148.

妥 T'ou.21.

姑 Kou.138.139.144.

妹 Mei.138.

妻 Ts'i.139.

姐 Tsia.73.106.138.139.

姊 Tse.Tsi.138.

姓 Sing.97.

姪 Zé.139.

姨 I.139.

娘 Gnang.118.138.139.

婆 Bou.138.139.209.

婦 Wou.140.

嫌 Ye.81.107.

嫁 Ka.73.106.

媽 Ma.138.139.

嫂 Sao.140.143.

媳 Sin.140.

嫩 Nen.201.237.

嫡 Tie.142.

嬌 Kiao.289.

嬸 Sen.139.

嬭 Na.38.198.199.

⿱彌女 M.140.145.

R.39.

子 Tse.4.124.

孔 K'ong.32.152.

存 Zen.301.

字 Ze.61.97.141.161.

孝 Hiao.21.

季 Ki.73.97.262.263.

孫 Sen.124.138.

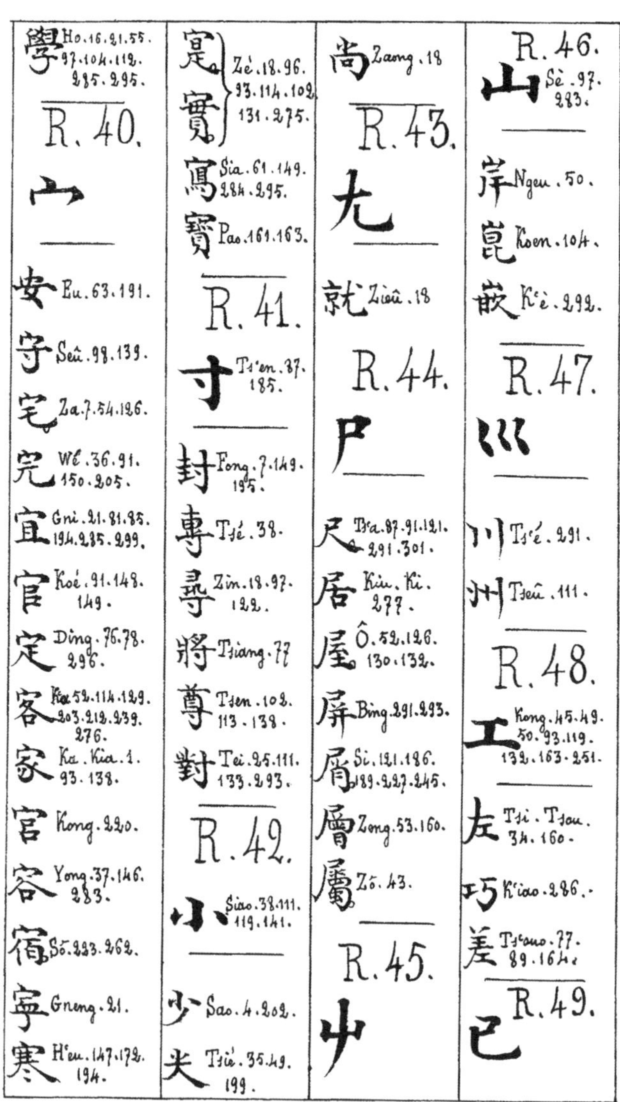

學 Ho.16.21.55.97.104.112.285.295.

R.40.

宀

安 Eu.63.191.
守 Seû.98.139.
宅 Za.7.54.126.
完 Wé.36.91.150.205.
宜 Gni.21.81.85.194.285.299.
官 Koé.91.148.149.
定 Ding.76.78.296.
客 Ka.52.114.129.203.212.239.276.
家 Ka. Kia.1.93.138.
宮 Kong.220.
容 Yong.37.146.283.
宿 Sŏ.223.262.
寧 Gneng.21.
寒 H'eu.147.172.194.

寔 實 Zé.18.96.93.114.102.131.275.
寫 Sia.61.149.284.295.
寶 Pao.161.163.

R.41.

寸 Ts'en.87.185.

封 Fong.7.149.195.
專 Tsé.38.
尋 Zin.18.97.122.
將 Tsiang.77
尊 Tsen.102.113.138.
對 Tei.25.111.133.293.

R.42.

小 Siao.38.111.119.141.

少 Sao.4.202.
尖 Tsiè.35.49.199.

尚 Zaong.18

R.43.

尢

就 Zieû.18

R.44.

尸

尺 Tsa.87.91.121.291.301.
居 Kiu. Ki.277.
屋 Ô.52.126.130.132.
屏 Bing.291.293.
屑 Si.121.186.189.227.245.
層 Zeng.53.160.
屬 Zŏ.43.

R.45.

屮

R.46.

山 Sè.97.283.

岸 Ngeu.50.
崑 Koen.104.
嵌 K'è.292.

R.47.

巛

川 Ts'é.291.
州 Tseû.111.

R.48.

工 Kong.45.49.50.93.119.132.163.251.

左 Tsi. Tsou.34.160.
巧 K'iao.286.
差 Ts'ouo.77.89.164.

R.49.

己

巳 I. 72.	R. 51.	座 Zou. 7. 8. 161.	弑 Se. 192. 213.
R. 50	干 Keu. 191.	庶 Tsouo. 123.	R. 57.
巾 Kien. 67. 102. 162.	平 Bing. 54. 84. 90. 116. 118. 247.	庸 Yong. 149.	弓 Kong. 87. 88.
布 Pou. 89. 100. 160. 258. 284.	年 Gné. 72. 64. 93. 142.	廂 Siang. 52. 128. 160.	引 Yen. 115. 268. 276.
市 Ze. 81. 113.	并 Ping. 18.	廊 Laong. 52.	弗 Vé. 1. 29. 18. 21.
帄 Tiao. 115. 116.	乾 Keu. 47. 130. 56. 64. 147. 183.	廚 Zu. 179.	弟 Di. Ti. 120. 138.
希 Hi. 100.	R. 52	廣 Koang. 104. 199. 261. 288.	張 Tsang. 7. 8.
帚 Tseu. 290. 298.	幺	廟 Miao. 8.	強 Ghiang. 81. 85. 286. Ghia. 116. K'iang. 89.
帖 Ti. 149.	幼 Yeu. 149.	廳 Ting. 52.	彀 Keu. 265.
幫 Paong. 4. 93. 240.	幾 Ki. 29. 53.	R. 54.	彌 Mi. 47. 163. 161.
師 Se. 120. 121. 283.	R. 53.	廴	彎 Wè. 305.
帳 Tsang. 66. 84. 85. 88. 301.	广	建 Kié. 175.	R. 58.
常 Zang. 50. 57. 72. 178. 185. 93. 116. 220.	庄 Tsaong. 93. 152.	R. 55.	彐
帶 Ta. 64. 102. 128. 161.	床 Zaong. 66. 32. 48. 192. 200.	廾	R. 59.
帷 Wei. 66. 160.	序 Zu. 181. 185.	廿 Gnè. 10. 73.	彡
幅 Fo. Ho. 293.	底 Ti. 18. 21. 101. 106. 121. 204.	弄 Long. 62. 97. 129. 157. 182. 243.	形 Yeng. 131. 283.
帽 Mao. 66. 69. 101. 108. 110. 120. 251.	店 Tié. 53. 172.	R. 56.	影 Yeng. 286. 300.
幨 Lié. 66.	庭 Ding. 427.	弋	

彳 R.60.

往 Waong.18.147.
後 Heû.25.72.79.247.
待 Dai.Tai.145.
徐 Zi.25.247.
徒 Dou.120.
得 Te.1.4.18.29.104.149.208.
從 Zong.25.73.215.
復 Wo.157.

R.61.
心 Sin.42.38.58.71.93.144.

必 Pi.21.50.65.
志 Tse.311.
忌 Ghi.73.
忙 Maong.75.46.63.93.156.251.256.
忒 T'e.25.
忘 Maong.21.
快 K'oa.4.93.74.146.204. K'oai.—
念 Gnè.49.7.163.
忤 N.140.
急 Kié.Ki.146.151.

怕 P'ouo.39.21.98.151.
性 Sing.177.221.
怪 Koa.57.14.16.114.
思 Se.147.163.
怨 Yeu.21.
恐 K'ong.61.182.21.
恭 Kong.21.
怵 K'ieû.4.111.166.255.
恰 Hè.75 Kè.72.
恩 En.97.
息 Sie.42.81.
悔 Hoei.19.
悠 Yeu.306.
惜 Sie.140.
情 Zing.4.81.98.
惟 Wei.29.
意 I.150.22.76.97.146.304.
惛 Hoen.63.148.155.
愛 Ai.4.18.140.176.
想 Siang.4.241.
惹 Za.102.107.
惱 Nao.4.144.

愚 Gnu.102.
愈 Yu.14.
慢 Mè.93.165.184.202.207.
慕 Mou.18.
慣 Koè.144.220.
湯 Taong.17
懊 Ao.19.
懂 Tong.29.
應 Yng.Yeng.35.142.

R.62.
戈

成 Zeng.75.98.77.115.
我 Ngou.1.
或 Wo.18.
戳 Teng.87.
截 Zi.261.274.
戴 Ta.67.111.

R.63.
户 Wou.87.297.298.

房 Waong.7.52.141.179.
所 Sou.13.19.61.123.
扁 Pié.263.
扇 Sé.60.7.54.

R.64.
手 Seû.38.114.127.135.161.251.301.

扎 Tsè.203.
扒 Pouo.124.
打 Tang.46.48.163.25.67.69.121.124.125.130.141.186.215.
扛 Kaong.38.61.257.260.
扦 Ts'ié.201.209.272.
托 T'o.222.
找 Tsao.81.84.86.
抄 Ts'ao.87.163.189.231.290.
扶 Wou.53.127.
折 Tsé.102.162.
扯 Ts'a.235.
承 Zeng.35.
把 Pouo.159.202.7.11.43.45.78.121.
扳 Pè.90.103.
抛 P'ao.287.
批 P'i.102.113.199.239.
招 Tsao.16.
抽 Ts'eû.60.62.258.
拉 La.1.25.97.266.

拈 Gné. 95.101.107.258.	拿 Nao. 63.163.166.	掛 Kouo. 70.125.128.166.291.	搖 Yao. 177.258.260
抹 Mé. 69.176.254.	挑 T'iao. 39.46.89.	掽 Bang. 48.75.	撿 K'ien. 245.
抱 Bao. 38.153.	指 Tsi. 38. Tse. –	掐 K'a. 33.66.95.162.300	摺 Tsé. 168.286.299.
拜 Pa. 161.	拾 Zé. Gné. Ngé. 165.248.	搭 Tè. 1.25.56.138.191.203.210.211.	摸 Mo. 47.
拌 Bé. 177.181.190.225.	挩 T'eu. 250.	捲 Kieu. 69.134.137.220.222.	摘 Tie. Ti. 102.177.267.
拏 Nao. 245.	挪 No. 261.	掏 Dao. 203.205.220.	摩 Mō. 286.
拍 Pa. 210.	搂 Leu. 258	揀 Kè. 201.216.	撒 Sè. 47.161.163.245.
扳 Bè. 99.250.	捆 K'oen. 7.	掗 O. 130.193.201.	撥 Pé. 56.108.14.29.185.
披 P'i. 60.161.162.293.	挺 T'ing. 125.	換 Wé. 61.81.84.	撩 Leao. 180.190.
抬 Dai. 93.	捉 Tso. 33.77.136.268.287.	描 Miao. 285.	撮 Tseu. 252.
担 Tè. 63.48.87.133.91.121.	捎 Siao. 134.137.	插 Ts'è. 102.265.274.	撐 Ts'ang. 53.
拖 T'ou. 33.	掊 Bi. 286.	提 Di. 67.113.180.189.199.	操 Ts'ao. 286.
拆 Ts'a. 134.268.	接 Tsi. 110.274.	揣 Ts'ai. 286.	擔 Tè. 25.201.234.
抵 Ti. 98.115.	揑 Gnè. 286.299.	搪 Daong. 223.250.	攋 La. 261.
拘 Kiu. 285.	掃 Sao. 56.93.95.164.245.	搨 Tè. 286.295.297.	擦 Ts'è. 238.
抗 Ts'ong. 201.	掇 Teu. 61.	揭 Hié. Kié. 209.	攀 P'è. 102.207.
挖 Wa. 81.134.137.215.266.292.	捻 Gnè. 201.226.	搔 Tsao. 262.	[illegible] Teu. Deu. 165.176.289.
[illegible] Hiao. 168.	排 Ba. 125.212.289.	搧 Sé. 61.	擺 Pa. 61.63.53.99.162.
拮 Kié. Ki. 181.196.	掙 Tseng. 245.	搗 Taong. 250.253.	攏 Long. 34.45.69.114.
拷 K'ao. 201.205.214.	採 Ts'ai. 252.257.	搓 Ts'ou. 180.189.	攤 T'è. 67.164.190.201.267.
拳 Ghieu. 32.	推 T'ei. 87.103.181.208.255.	搬 Pé. 245.247.	攢 Tsé. 181.196.
括 Koè. 210.215.133.	掌 Tsang. 38.	搶 Ts'iang. 74.227.384.	

攴 R.65.

攵 R.66.

- 收 Seû. 53. 55. 45. 77. 107. 248. 250. 285. 295.
- 改 Kai. 299. 300.
- 放 Faong. 64. 96. 133. 154. 285.
- 敌 Kou. 18. 21. 35. 299.
- 教 Kiao. Kao. 4. 61. 139. 142. 156. 163. 266.
- 散 Sè. 52. 109. 148. 252.
- 敬 Kieng. 21.
- 敲 K'ao. 123. 124. 134. 247. 275.
- 整 Tseng. 238. 242.
- 數 Sou. 75. 303.

文 R.67.

Wen. 21. 276. 287. 289.

- 斑 Pè. 292.

斗 R.68.

Teû. 87. 131. 200. 261. 292.

- 料 Leao. 110. 174. 128. 148. 191. 250. 287. 291.
- 斛 Wo. 87.
- 斜 Zia. 100. 129.

斤 R.69.

Kien. 87. 86.

- 斧 Fou. 120. 199.
- 斬 Tsè. 123. 124. 189. 209. 210.
- 斮 Tso. 250.
- 斯 Se. 162. 287.
- 新 Sin. 4. 49. 73. 67. 161.
- 斷 {Deu. 18. 46. 111. 120. 147. 151. Teu. —

方 R.70.

Faong. 21. 74. 97. 126. 149.

- 於 Yu. 115.
- 施 Se. 149.

无 R.71.

- 既 Ki. 18.

日 R.72.

Gné. 61. 72. 14. 57. 67. 73. 150.

- 早 Tsao. 48. 73. 184.
- 旱 Heu. 251.
- 旺 Yaong. 43. 45. 95. 102. 112. 142. 183.
- 明 Ming. 16. 72. 78. 89. 127. 297.
- 昏 Hoen. 73.
- 易 I. 37. 295.
- 易 Ye. 114.
- 春 Ts'en. 250.
- 昨 Zô. 14. 79.
- 星 Sing. 102. 82. 103. 136.
- 是 Ze. 1. 18. 98.
- 晒 Sauo. 67. 108. 279.
- 時 Ze. 73. 77. 79. 49. 53. 102. 104. 129. 142. 267.
- 晨 Zen. 233.
- 晝 Tseû. 72. 74. 238.
- 晚 È. 49. 73. 141. 158.
- 晦 Pi. 257. 259.
- 景 Kieng. 21. 274. 284. 285.
- 暈 Yun. 148. 155.
- 暇 Hè. 259.
- 暖 Neu. 101.
- 暢 Ts'ang. 42. 45.
- 暴 Bao. Pao. 146. 151.
- 暫 Zè. 73.
- 曒 T'en. 245.
- 曉 Hiao. 21.

曰 R.73.

- 曳 Yé. 67.
- 曲 K'iô. 117. 121.
- 更 Kang. 14. 93. 251.
- 書 Su. 7. 98. 127. 290. 295.
- 替 T'i. 21. 25.
- 曾 / 曽 } Zeng. 29. 166.
- 最 Tsu. 16.
- 會 Wei. 52. 74. 37. 97. 88. 150.

月 R.74.

Gneu. 72.

- 有 Yeû. 1. 103.
- 服 Wo. 117. 148. 268.
- 朋 Bang. 1.
- 朗 Laong. 78.
- 望 {Maong. 47. 97. 127. 140. 142. 146. 256. 297. Waong. —
- 朝 Zao. 14. 72. 25. 264. 266.
- 期 Ghi. 296.

木 R.75.

Mo. 61. 120. 131.

未 Wei.77.130.	果 Kou.118.	根 Ken.35.7.32.125.146.157.	棚 Bang.255.
末 Mé.1.18.29.21.34.22.35.49.156.173.190.219.	染 Gné.7.284.300.303.	格 Ke.87.113.150.Ka.177.216.286.	棵 K'ou.277.
本 Pen.7.81.97.98.116.149.271.	柜 Ghiu.263.	桃 Dao.264.172.230.262.	椅 Yu.60.
朵 Tou.7.32.	柱 Zu.126.	桕 Ghieu.263.	棗 Tsao.124.172.264.
村 Ts'en.11.	柃 Ling.263.	桐 Dong.263.	棠 Daong.261.264.
材 Zai.7.	栅 Sa.126.131.	梁 Leang.32.126.131.	楦 Hieu.121.
杜 Dou.137.	柄 Ping.187.	梳 Se.18.134.136.	業 Gné.311.
杌 Ngé.60.	柑 Ké.264.	栀 Tse.261.	楓 Fong.263.
杉 Sè.263.	某 Meu.301.	梯 T'i.53.58.127.	椿 Ts'en.263.
杓 Zo.199.247.	架 Ka.Ga.16.38.60.66.127.161.163.286.292.	梗 Kang.60.200.261.290.	極 Ghie.16.
李 Li.264.	柏 Pa.263.	梧 Ngou.263.	槐 Wa.263.
杆 Keu.166.	栢 Pa.263.	桶 Dong.66.140.200.250.	楝 Lié.263.
杏 Hang.171.264.	柴 Za.7.66.123.140.187.	梅 Mei.261.262.274.270.	椶 Tsong.263.
束 So.112	柳 Lieu.263.290.	梨 Li.231.264.274.	榆 Yu.263.
板 Pè.53.81.87.127.200.285.296.294	核 Wé.32.124.	梭 Sou.231.286.	楊 Yang.136.263.
柿 Ze.171.219.227.263.	桌 Tso.239.283.	條 Diao.7.231.289.	椽 Zé.126.131.
枝 Tse.7.172.262.298.	栗 Li.172.164.	棋 Ghi.287.	榮 Yong.316.
杯 Pei.301.290.	栲 K'é.250.	棕 Tsong.66.	楂 Zouo.268.
枇 P'i.172.264.	栳 Lao.250.	棺 Koé.7.124.	榴 Lieu.262.264.
杷 Bouo.172.264.	桔 Kié.172.230. au lieu de 桔.	椒 Tsiao.199.	樹 Zu.263.
東 Tong.43.65.93.	桑 Saong.257.263.	棉 Mié.100.250.	榻 T'è.66.
松 Song.105.263.	桂 Koei.172.199.262.263.	棒 Baong.291.	楂 Zouo.261.

樓 Leû. 52.
樣 Yang. 49. 79. 116. 132. 149. 220.
標 Piao. 100. 287
樨 Si. 262.
檣 Tsaong. 124. 130. 126. 262.
槽 Zao. 163.
概 Kai. 29. 89. 144.
橱 Zu. 201.
模 Mo. 220.
櫈 Teng. 60. 66. 120.
檄 Ki. 171.
横 Wang. 66. 133. 134. 247. 299.
橋 Ghiao. 127. 160.
橙 Teng. 287.
檀 Dè. 288.
檂 Gnong. 263.
檭 Lim. Gnen. 263.
櫊 Ko. 126.
欖 Lè. 171.
檯 Dai. 245.
櫞 Yeu. 264.
櫚 Lu. Lié. 263.
櫻 Ang. 264.
欄 Lè. 166.

R. 76.

欠

次 Ts'e. 72. 129. 185.
欵 K'oé. 290.
歇 Hié. 75. 77. 72. 210.
歡 Hoé. 47. 97.

R. 77.

止

正 Tseng. 4. 14. 73. 79. 149. 156. 160.
正 Tseng. 267.
此 Ts'e. 18. 88.
步 Bou. 42. 87. 88. 91. 165.
歪 Foa. 128. 275. 299.
歲 歳 Su. 72. 295.
歸 Kiu. Koei. 61. 64. 117.

R. 78.

歹

死 Si. 150. 155. 214. 16.
殨 Sou. 175. 180. 187. 237.
殭 Kiang. 257.

R. 79.

殳

殷 Yen. 287.
殺 Sè. 16. 155. 214. 300.
殼 K'o. 217.
殿 Dié. 160. 283.

R. 80.

毋

母 Mou. Mô. 21. 138.
每 Mai. 72. 92.
毒 Dô. 149.

R. 81.

比 Pi. 14. 21.

R. 82.

毛 Mao. 38. 43. 60. 82. 99. 101. 123. 131. 203. 283.
毡 Tsé. 102.
毫 Hao. 81. 289.
毬 Ghieû. 261.
氅 Ki. 287.
氈 Tsé. 107.

R. 83.

氏

R. 84.

气

氣 K'i. 65. 4. 38. 43. 51. 98. 114. 142. 146. 178. 202.

R. 85.

水 Se. 50. 163.
氷 Ping. 181. 196.
汁 Tsé. 201.
求 Ghieû. 22. 144.
汆 Ten. 186.
汎 Bin. 65. 176.
汗 Heu. 43. 33. 102. 148.
污 Ou. Wou. 99. 187.
池 Ze. 60.
江 Kaong. 105.
沙 Sauo. 126. 290.
決 Kieu. 30.
沒 Mé. 29. 274.
河 Wou. 4.
沫 Mo. 201. 227. 228.
況 Hoang. 19.

治 Ze. 151.
泰 T'a. T'ai. 291.
法 Fè. Fa. 4. 94. 208. 240.
泥 Gni. 38. 125. 126. 127. 176. 137. 288. 300.
油 Yeû. 71. 163. 164. 171. 172. 183. 195. 199. 214. 259. 290.
泗 Se. 88.
泡 P'ao. 48. 183. 223. 234.
洋 Yang. 4. 8. 60. 35. 52.
洗 Si. 162. 290.
活 Wé. 75. 121. 267.
派 P'a. 284.
洛 Lo. 261.
洞 Dong. 200.
流 Lieû. 43.
浜 Pang. 293.
涕 T'i. 42.
浦 P'ou. 93. 182.
浩 Hao. 93.
浮 Weû. 302.
海 Hai. 74. 171.
涂 Dou. 261. 274.
涇 Kieng. 88.

浸 Tsin. 67. 250.
浴 Yô. 66. 70.
消 Siao. 148. 214.
淚 Li. 42.
深 Sen. 16. 133. 200. 285. 299.
淺 Ts'ié. 133. 200. 285. 299.
淑 Zo. 262.
清 Ts'ing. 46. 48. 56. 86. 89. 146. 169. 177. 235. 286.
淘 Dao. 46. 98. 137. 141. 185. 283.
淋 Lin. 151.
淡 Dè. 16. 180. 183. 288.
湘 Siang. 175.
添 T'ié. 93. 129. 130. 247.
湖 Wou. 290. au lieu de 糊. 310.
渾 Wen. 161. 283.
滋 Tse. 148. 152.
温 Wen. 245.
湛 Zé. 42.
渡 Dou. 99.
渴 K'eu. 47.
游 Yeû. 264.
溝 Keû. 127. 129. 252.

準 Tsen. 87. 128. 288. 297. 303.
滴 Ti. Tie. 63. 211.
滯 Ze. 291.
滾 Koen. 183. 186. 192. 223. 237.
滙 Wei. 25.
漆 Ts'ie. 55. 120.
漂 P'iao. 289.
漕 Zao. 87. 259.
漢 H'eu. 263.
滿 Mé. 35. 43. 75. 121. 247.
漬 Tsie. 181. 192.
漏 Leû. 200. 291.
漲 Tsang. 81. 113. 129.
潭 Dé. 93. 98. 252. 266. 275.
澆 Kiao. 38. 127. 191.
湯 T'aong. 14. 70. 178. 280. 281. 218.
潮 Zao. 93. 99. 161.
漿 Tsiang. 219. 258. 269.
潔 Ki. Kié. 174. 189.
潑 P'é. 235.
濃 Gnong. 180. 285. 288.
瀉 Za. Sia. 147. 154.

濕 Sé. 176. 180.
瀝 Li. Lié. 180. 193. 230. 234.
灘 T'è. 93.
灩 Yé. 171. 279.

R. 86.

火 H'ou. 45. 52. 71. 146. 147. 166. 180. 197. 284.
灰 Fsei. 126. 185.
灶 Tsao. 127. 179. 185. 200.
炕 K'aong. 200.
炙 Tsa. 180. 181. 200.
炖 T'en. 235.
炒 Ts'ao. 172. 176. 180. 181. 201. 220.
炭 T'è. 125. 180. 211. 289.
烘 H'ong. 180.
烏 Ou. 36. 102. 147. 173.
烟 Yé. 53. 200. 98. 148. 154. 185.
無 M. Ou. Wou. 1. 29. 16.
爲 Wei. 14. 18.
焙 Bei. 180. 185.
焯 Ts'a. 180. 194.
焦 Tsiao. 180. 185. 269.
然 Zé. 18. 21. 113. 240. 247. 303.

煉 Lié.165
煎 Zié.149.180.181.
煤 Mei.180.
煸 Pié.180.
煩 Vé.14.130.
煨 Wei.183.
照 Tsao.61.21.25.52.142.283.
煠 Zè.180.
熊 Yong.97.
熬 Ngao.184.189.
[illegible] Dǒ.201.
[illegible] Tseû.180.181.
熨 Yun.116.
熟 Zǒ.106.180.250.
熱 Gné.14.65.74.104.144.147.152.195.
熯 H'eu.180.
燒 Sao.48.52.116.172.179.180.183.185.
[illegible] Za.73.79.
燉 T'en.177.181.186.204.
燕 Yé.174.
燈 Teng.7.66.181.
燙 T'aong.116.113.164.

燭 Tsǒ.160.
燥 Sao.42.93.267.
燻 Hiun.180.181.
爆 Bao.Pao.67.194.197.
爉 Lè. cf. 蠟
爐 Lou.179.
爛 Lè.35.39.45.99.148.185.195.

R.87.

爪 Tsao.38.
爵 Tsia.162.

R.88.

父 Vou.Wou.21.138.78.180.
爺 Ya.138.

R.89.

爻

爽 Saong.33.169.57.142.146.

R 90.

爿 Bè.59.81.215.

R.91.

片 P'ié.173.181.221.225.

R.92.

牙 Nga.32.148.

雅 Ya.289.303.

R.93.

牛 Gneû.68.147.199.220.
牡 Mo.262.
牢 Lao.102.
物 Mé.Wé.1.
特 De.18.
牽 K'ié.42.233.257.258.
犁 Li.250.

R.94.

犬

犯 Vè.21.
狂 Goang.147.
狗 Keû.7.
狼 Laong.239.
狹 Hè.87.
猪 Tse.174.221.291.
猶 Yeû.21.
獅 Se.262.
獄 Gnǒ.165.
獨 Dǒ.19.29.121.
獸 Seû.283.

R.95.

玄

R.96.

玉 Gnô.199.262.
王 Waong.97.
玫 Mei.262.
玻 P'ou.53.163.
珠 Tsu.7.262.
理 Li.4.162.21.133.157.
現 Yé.72.251.
球 Ghieu.102.163.287.
琴 Ghien.169.293.
瑞 Zu.262.
瑰 K'oei.262.
璃 Li.53.163.

R.97.

瓜 Kouo.47.171.219.225.277.
瓣 Bè.226.227.

R.98.

瓦 Ngao.52.67.126.
瓶 Bing.160.247.
[illegible] Dong.129.

髲 Bang.195.268.

甘 R.99

甜 Dié.171.205.

嘗 Zang.21.98.

生 R.100.

生 Sang. Seng.1.76.18.22.39.75.79.97.121.149.150.172.180.

產 Tsè.156.

甥 Sang.139.

用 R.101.

用 Yong.4.37.65.93.109.117.176.301.

田 R.102.

田 Dié.90.250.

甲 Kè.38.

男 Né.4.110.139.

界 Ka.309.

畝 M.87.90.251.

留 Lieû.93.135.

畚 Pen.255.

畢 Pi.245.

略 Lia.26.

畫 Wo.283.289.

畫 Wa.97.

番 Fè.219.225.227.263.277.

當 Taong.21.48.76.78.81.82.93.98.122.223.241.

疋 R.103.

疋 Pie.7.100.291.

疑 Gni.152.

疒 R.104.

疝 Sé.43.

疿 Tse.147.

症 Tseng.146.

病 Bing.18.49.148.

疾 Zie.147.

痘 Tè.148.

疹 Tsen.147.

疽 Tsu.148.

痔 Ze.147.

痧 Souo.147.148.

痘 Deû.147.

痛 T'ong.34.99.135.148.

瘦 Seu.38.

痰 Dè.42.

痲 Mo.147.

痴 Ts'e.152.

瘏 Dou.53.

瘦 Seû.42.98.

瘧 Ngo.147.152.

瘋 Fong.148.155.

瘢 Pè.147

瘡 Ts'aong.38.148.147.

瘟 Wen.146.

瘻 Leû.148.155.

瘺 Leû.147.148.

癮 Gné.93.98.

癇 Kè.148.

癆 Lao.146.

癤 Tsi.148.

癉 Tè.148.

癪 Tsie.147.154.

癢 Yang.42.137.155.

癬 Sié.148.

癰 Yong.38.148.

癱 Tè.148.

癲 Tié.147.152.

火 R.105.

癸 Teng.53.79.169.

發 Fè. Fa.35.146.231.256.

白 R.106.

白 Ba.16.32.47.74.131.220.227.
Bé.78.124.312.

百 Pa.10.

皂 Zao.263.290.

皮 R.107.

皮 Bi.42.32.38.120.

皿 R.108.

盂 Yu.290.

盃 Pei.199.245.

盆 Ben.66.120.200.283.290.

盔 K'oei.125.

蓋 Kai.18.33.66.127.132.160.162.200.

盖 Ké.18.

盛 Zeng.174.

盞 Tsè.7.245.

盡 Zin.104.296.

盤 Bé.32.87.162.200.

R.109.

目 Mo.93.

直 Ze.76.270.
相 Siang.4.43.78.81.97.124.285.286.299.
看 K'eu.34.47.21.35.82.39.146.93.152.
眉 Mai.32.
省 Sang.93.96.70. Sing.155.
眈 Ts'ong.47.
真 Tsen.93.107.118.156.234.285.295.
眠 Mié.73.
眷 Kieu.53.138.
眼 Ngè.47.14.32.56.115.121.203.291.
眥 Tsa.287.
睏 K'oen.47.67.102.
着 Za.4.18.47.53. Tsa.50.95.103.104.
睒 Ki. Kié.32.
睛 Tsing.32.
睜 Ts'ang.33.56.
睦 Mo.144.
瞎 Hè.47.34.51.298.301.
瞌 Ké 47.
瞳 Dong-Tong.32.
瞻 Tsé.80.163.238.

R.110.

矛

矜 Kien.144.
狼 Laong.120.

R.111.

矢

知 Tse.34.
矩 Kiu.290.
短 Teu.87.35.47.100.119.
矮 A.60.

R.112.

石 Za.87.126.128.160.

矹 Wè.263.
砌 Ts'i.53.126.128.
砂 Souo.67.261.287.
砰 Bang.181.186.
破 P'ou.42.107.109.210.215.
研 Gné.63.289.290.121.124.
砫 Tsu.290.
硃 Tsu.261.287.
硬 Ngang.36.123.180.
硯 Gné.60.290.298.
碎 Sé.33.61.108.167.189.227.
碰 Bang.294.
碍 Ngai.223.243.266.
碗 Wé.67.179.
碟 Dié.290.
碬 Teu.127.128.
磁 Ze.293.
磉 Saong.127.130.
碼 Mô.93.113.114.
磅 P'aong.201.
磕 K'é.21.
磚 Tsé.126.
磨 Mô.121.118.125.135.201.
礙 Ngai.286.
礬 Vè.186.291.
礱 Long.257. au lieu de 礲

R.113.

示

祭 Tsi.160.161.165.
票 P'iao.74.113.286.
神 Zen.78.98.161.163.285.
福 Fo.142.161.
禮 Li.80.163.238.286.

R.114.

禸

R.115.

禾

秀 Siû.284.
秋 Ts'iû.263.293.
科 K'ou.149.291.
秤 Bing.87.90.
租 Tsou.86.251.
秧 Yang.250.
稀 Hi.73.116.303.
程 Zeng.75.
稱 Ts'eng.87.90.
種 Tsong.250.147.297.8.90.225.274.
稿 Kao.132.283.285.
稻 Dao.182.250.
穀 Kô.257.258.259.
穌 Sou.316.
穄 Tsi.277.
穩 Wen.153.

R. 116.

穴 Yeu. 33

究 Kieû. 21. 252.
空 K'ong. 74. 84. 131. 135. 136. 185. 264.
穿 Ts'é. 67. 105. 109. 115. 116. 135.
窰 Yao. 127.
窩 K'ou. 98
窮 Ghiong. 68.
窗 Ts'aong. 52. 54. 291.
竄 Tseu. 267.

R. 117.

立 Li. 73. 130. 141. 293.

章 Tsang. 21. 290.
竟 Kieng. 21.
童 Dong. 139.
端 Teu. 235. 264.
竪 Zu. 33. 126. 127. 299.

R. 118.

竹 Tsô. 100. 124. 173. 225.

竺 Tsô. 262.
笊 Tsa. 199.
笑 Siao. 108.
笋 Sen. 173. 225. 277.
第 Di. Ti. 1.
等 Teng. 48. 184. 233. 239.
筆 Pie. 7. 60. 107. 283. 284. 289. 290
筍 Sen. 277.
筋 Kien. 42. 68. 136. 199. 207. 212. 215.
筒 Dong. 149. 258.
答 Té. 295.
筩 Dong. 291. 301.
筳 Ding. 258.
筢 Pouo. 261.
管 Koé. 7. 32. 38. 44. 79. 85. 187. 179. 258.
節 Tsi. 132. 266.
箬 Gnè. Gna. 102. 251. 255.
算 Seu. 25. 50. 85. 87. 113. 194.
箋 Tsié 291.
箕 Ki. 134. 251.
篦 Pié. 134. 137.
箒 Tseû. 93. 199.
箇 Kou. Ke. 1.
篾 Mié. 181. 199. 225. 277.
⿱竹敝 K'oau. 179.
箱 Siang. 与 廂
箍 Kou. 122.
篩 Sai. 257. 258. Se. 199. 200.
⿱竹息 Sie. 134.
築 Tsô. 38.
⿱竹董 Kien. 225. 279.
⿱竹減 Kè. 225. 279
簿 Bou. 286.
簸 Pou. 257. 259.
簾 Lié. 69. 261. 267.
籃 Lè. 168. 199.
籐 Deng. 66.
籠 Long. 179. 188. 216.
籆 Yé. 225. 277.
籬 Li. 199.
籮 Lou. 181. 185.
籲 Yu. 167.

R. 119.

米 Mi. 52. 84. 203. 205. 277.

粉 Fen. 102. 110. 126. 131. 172. 211. 219. 205.
粗 Ts'ou. 82. 103. 116. 131.
粒 Lie. 7. 157.
粞 Si. 155.
粟 Sô. 277.
粥 Tsô. 203. 236.
粳 Kang. 257.
精 Tsing. 75. 239. 297.
糊 Wou. 33. 175.
糖 Daong. 91. 171. 102. 173. 196.
糕 Kao. 171. 173. 240.
糞 Fen. 250. 251. 254.
糠 K'aong. 257. 258.
糧 Leang. 87.
糙 Ts'ao. 102.
糟 Tsao. 172. 191.
糯 Nou. 221. 257.
糴 Die. 87. 258.
糶 T'ia. 87. 258.

R. 120.

糸

紀 Ki. 142. 295.
約 Ya. 73. 88.
紅 Hong. 33. 77. 161. 171. 287.
紋 Wen. Ven. 100. 304.

紡 Faong. 257.
素 Sou. 47. 115. 238.
索 So. 161. 257
紮 Tsè. 117. 125. 165. 191. 199. 236.
紗 Sono. 68. 100. 101. 257. 258.
紙 Tse. 64. 291.
紫 Tse. 161. 262.
紹 Zao. 172.
終 Tsong. 149. 168.
紬 Zeû cf. 綢
細 Si. 43. 123. 131. 138. 208. 216. 227.
累 Lei. 132. 164. 269. 298.
絞 Kao. 115. 127. 147. 153. 231. 257. 259.
絨 Gnong. 101. 107. 165.
結 Kié. Ki. 38. 195. 317. 273. 275.
絡 Lo. 42.
絕 Ziè. 18. 39. 74.
絮 Si. 100.
絲 Se. 100. 115. 101. 172. 181. 225. 258. 300.
經 Kieng. 14. 33. 42. 72. 183. 105. 160. 161. 258. 260.
綎 T'ing. 102.
絹 Kieu. 100. 106. 137. 292.

綿 Mié. 100. 101. 293.
綾 Ling. 160. 292.
綳 Pang. 200.
綜 Tsong. 258.
綠 Lô. 161. 287. 288.
緊 Kien. 110. 201.
綢 Zeû. 101. 258.
網 Maong. 221. 242.
線 Sié. 100. 115. 134. 258. 299.
緣 Yeu. 21. 246.
練 Lié. 286.
緞 Deu. 100. 101. 258.
緯 Wei. 102. 258. 259.
緻 Tse. 239. 284. 285.
緩 Wé. 74.
縐 Tseû. 101.
繂 Ling. 115.
總 Tsong. 65. 136. 206.
縮 So. 43.
縫 Wong. 91. 115. 268.
繅 Tiao. 258.
繩 Zen. 7. 208.

織 Tse. 257.
繭 Kè. Kié. 100. 257. 258.
繡 Sieû. 117. 165. 261.
繫 I. 166.
辮 Bié. 134. 258.
續 Zô. 81.
纏 Zé. 38.
纔 Zai. 72.

R. 121.

缶

缸 Kaong. 186. 275. 290
缽 cf. 鉢
缺 K'ieu. 87. 103. 129. 241.
缾 Bing. 247.
罐 Koé. 201.

R. 122.

网

罩 Tsao. 163.
罪 Zu. Zuei. 21.
置 Tse. 284.
罰 Vè. 287.
罵 Mô. 144.

罷 Ba. 15. 49. 112. 122. 241. 247. Bouo. —
羅 Lou. 100.

R. 123.

羊 Yang. 199. 221.

美 Mei. 261.
義 Gni. 16.
羨 Ziè. 317.

R. 124.

羽 Yu. 101.

翅 Ts'e. 173.
翎 Ling. 283.
習 Zi. 303. 311.
翠 Ts'u. 117. 262. 270.
翻 Fè. 100. 130. 237.

R. 125.

老 Lao. 18. 58. 93. 114. 138. 146. 206. 236. 284.

考 K'ao. 252.
者 Tsé. 14. 98. 18

R. 126.

而 Eul. 18. 206.

R. 127.

耒

耘 Yun. 250.

耙 Bouo. Pouo. 250. 254.

耗 Hao. 181. 185.

R. 128. 耳 Gni. Eul. 32. 42. 134. 172.

耶 Ya. 29. 88. 315.

聖 Seng. 4. 160. 161. 165. 187. 315. 316.

聞 Wen. Ven. 47.

聰 Tsong. 14. 16.

聲 Sang. 8. 51. 169. Seng. 57.

聱 Bang. 47.

聽 T'ing. 46. 76. 21.

聾 Long. 47.

R. 129. 聿

R. 130. 肉 Gnŏ. Zŏ. 39. 42. 14. 174. 65. 225. 226. 38.

肋 Le. 38. 210. 221.

肚 Dou. 38. 147.

肕 Gnen. 212.

肝 Keu. 42. 221.

肩 Kié. 38. 162.

肥 Bi. 214. 290. Wei. Vi.

肯 K'eng. 1.

胆 Tè. 42.

肺 Fi. 42.

胡 Wou. 199. 277. Pou. 264.

脉 Ma. 42. 159.

胞 Pao. 42.

胃 Wei. 42.

背 Pei. 38. 101. 134. 155. 166. 222. 50.

脊 Tsie. 38. 53.

胸 Hiong. 38.

脂 Tse. 186.

胱 Koang. 42.

能 Neng. 34. 36. 76. 296.

脫 T'é. 43. 61. 25. 107. 116. 184. 266.

脖 Bé. 38.

脚 Kia. 38. 148. 115. 127. 128. 129. 130. 137. 185. 219.

腐 Wou. 102. 172.

腑 Fou. 42.

脾 Bi. 42.

脹 Tsang. 39. 147. 148.

睛 Tsing. 214.

腎 Zen. 42.

腰 Yao. 42. 217. 200.

腫 Tsong. 39. 41. 148. 156.

腦 Nao. 42. 212. 214.

腮 Sai. 32.

䏖 Teng. 209.

腸 Zang. 42. 147. 216.

膀 Baong. 46. 38. 42. 210. 220. 221.

膈 Ka. 147.

膊 Pŏ. 38.

膏 Kao. 148. 149. 286. 288. 290.

腿 T'ei. 38. 182.

膚 Fou. 42.

膝 Tsi. 38.

膠 Kiao. 111. 285. 288. 291.

膛 Daong. 38.

膩 Gni. 180. 185. 227. 237.

膧 T'ong. 180. 185.

膽 Tè. 215. 255.

膿 Nong. 42. 186.

臍 Tsi. 38.

臘 Lè. 77. 261.

臙 Yé. 287.

䑹 Bou. 209.

臟 Zaong. 42.

R. 131. 臣

臨 Lin. 203. 284.

R. 132. 自 Ze. 1. 94. 303.

臭 Ts'eu. 47. 102. 172.

R. 133. 至 Tse. 16.

致 Tse. 262.

臺 臺 Dai. 60. 52. 47. 160. 162. 163. 283. 290.

R. 134. 臼 Ghieu. 257. 258.

舂 Tsong. 258.

舀 Yao. 201. 234.

舅 Ghieu. 139. 143.

興 Hieng. 142. 172. 264.

舉 Kiu. 291.

舊 Ghieu. 63. 72. 78. 104.

R.135. **舌** Zé.32.

舍 Sono. Sō. Sé. 138.145.
舒 Su.42.238.
舖 P'ou.66.
舘 Koé.75.

R.136. **舛**

R.137. **舟**

船 Zé.7.77.163.295.
艙 Ts'aong.181.

R.138. **艮**

良 Leang.21.148.

R.139. **色** Se.21.98.102.265.287.

艷 Yé.289.

R.140. **艸**

芍 Za.275.
艿 Na.93.223.224.277.
芋 Yu.93.223.224.277.263.
芝 Tse.172.
芙 Wou.262.
芽 Nga.172.275.173.224.
芭 Pouo.263.
芹 Ghien.198.
芥 Ka.173.220
花 H'ouo.55.93.100.115.161.250.261.
茄 Ka.Ga.198.
若 Za.18
苦 K'ou.49.48.50.4.68.144.146.161.167.171.
茉 Mé.262.
茅 Mao.53.
茂 Meu.97.
苗 Miao.277.
英 Yng.Yeng.81.239.
苣 Ghiu.225.277.
茶 Zouo.48.183.198.261.263.
茭 Kao.173.279.
荆 Kieng.261.
荔 Li.172.
莧 Hié.Hè.224.277.
草 Ts'ao.102.116.132.
茴 Wei.198.
莫 Mo.29.
莉 Li.262.
莊 Tsaong.102.106.174.
荷 Wou.198.223.262.
莢 Kié.225.226.263.
荳 Deu.224.225.226.102.172.113.198.
菠 Pou.198.224.277.
華 H'ouo.265.
菜 Ts'ai.250.198.223.226.93.171.172.224.277.
菉 Lô.226.
菓 K'ou.91.97.171.247.
萄 Dao.162.171.
菊 Kiô.Kieu.261.262.
菌 Zin.181.
落 Lo.47.65.34.36.39.44.63.75.81.116.126.127.137.225.
葫 Wou.173.224.
葱 Ts'ong.173.
葵 Kouei.263.277.
韭 Kieu.173.
葉 Yé.7.218.184.
葛 Keu.100.
葡 P'ou.P'é.162.171.
萼 Ngo.261.
萵 Wou.225.237.
萬 Vè.10. Mè.26.
蓑 Souo.101.251.
蒲 P'ou.101.
蒸 Tseng.179.188.223.
葷 Hoen.47.199.
蓋 Kai.18.233.
蓋 Ké.18.233.
蒿 H'ao.277.
蓉 Yong.262.
蒂 Ti.68.
蒜 Seu.173.277.
蒼 Ts'aong.176.288.
蕩 Daong.61.140.143.259.297.
蔴 Mô.68.115.172.
蔫 Yé.117.
蓮 Lié.172.261.262.
蓬 Bong.277.
蔔 Bo.173.198.224.

見 R.147. Kié.34.45.61.112.150.74.76.114.

規 Koei.113.128.
親 Ts'in.45.138.140.
覺 Ko.48.79.152. Kia.—

角 R.148. Ko.32.81.95.252.

解 Ka.121.42.120.125.

言 R.149. Yé.104.206.

討 T'ao.47.158.274.83.
記 Ki.21.38.64.214.
設 Sé.53.
許 Hiu.H'é.68.196.
訴 Sou.181.
診 Tsen.159.
試 Se.234.296.
話 Wo.47.187.29.150.297.
詩 Se.292.
該 Kai.78.
說 Se.Seu.7.49.
認 Gnen.47.165.64.93.295.157.
請 Ts'eng.98.149.158.238.
論 Len.85.95.91.
調 Diao.43.148.157.193.219.
諾 No.102.
課 K'ou.47.170.236.
諸 Tsu.311.
講 Kaong.85.91.162.286.
謝 Zia.33.
識 Se.156
譜 Pou.283.
譬 P'i.286.
護 Wou.277.
讀 Dô.295.
讓 Gnang.201.207.218.234.

谷 R.150.

豆 R.151.

豇 Kang.198.224.
豈 Ki.29.
豌 Wé.198.

豕 R.152.

豸 R.153.

貌 Mao.286.

貝 R.154.

貞 Tseng.139.
財 Zai.255.
貨 Fou.21.88.91.215.
貪 T'é.93.
費 Fi.98.114.148.297.
貼 T'i.53.79.117.127.138.
貴 Kiu.65.81.85. Koei.—
買 Ma.18.
賊 Ze.255.
賞 Zang.170.
賣 Ma.83.103.176.
賢 Yé.138.
賜 Se.170.
賺 Zè.42.81.
贖 Zô.287.

赤 R.155. Ts'a.226.

赦 Souo.26.
赭 Tse.288.

走 R.156. Tseû.41.52.82.96.97.99.110.114.130.147.

赶 Keu.78.
起 K'i.47.21.39.86.54.230.72.79.194.
越 Yeu.14.37.
超 Ts'ao.239.
趙 Zao.97.

足 R.157. Tsô.45.82.144.

踪 Tsong.99.
跌 Ti.44.81.99.123.
跑 Pao.56.99.109. Bao.4.
跟 Ken.41.70.
路 Lou.7.83.98.104.161.175.177.284.
跳 T'iao.34.43.45.99.
跪 Ghiu.60.
踱 Dou.176.
蹩 Bè.258.

踢 T'i. 287.
踏 Dè. 60. 100. 165. 223. 251. 255.
⿰𧾷录 Lô. 47. 132. 233.
蹄 Di. 197. 221.
踼 T'aong. 47.
躄 Bié. 99.
躤 Zia. 250. 254.
躉 Ten. 81.

R. 158.

身 Sen. 32. 37. 43. 76. 79. 157. 283.

R. 159.

車 Ts'ouo. 4. 250. 251. 254. 257. 258. Kiu. —

軋 Kè. 102.
軟 Gneu. 148. 155. 185. 286.
軸 Ghiô. 293.
輕 Kieng. 87. 89. 51. 90. 134. 299.
輔 Wou. 163.
輓 Wè-Vè. 293.
輪 Len. 200. 295.
輩 Pei. 21.
轉 Tsé. 48. 164. 234. 265.
轎 Ghiao. 4. 93.

R. 160.

辛 Sin. 50.

辣 Lè. 199. 216. 220.
辦 Bè. 14. 102. 276. 113. 170.

R. 161

辰 Zen. 73.

R. 162.

辵

迎 Gneng. 262.
近 Ghien. 49. 89. 285.
迷 Mi. 148.
送 Song. 122. 162. 163.
退 T'ei. 124. 289.
逆 Gne. 134. 140.
追 Tsu. 163.
逃 Dao. 97.
連 Lié. 43. 25. 288. 291. 295.
通 T'ong. 33. 58. 82. 114. 132.
透 T'eû. 39. 16. 189. 192. 227.
這 Tsé. 113.
造 Zao. 53. 126.
逕 Kieng. 305.
逐 Zô. 72. 190.
週 Tseû. 266. 274.
進 Tsin. 54. 21. 133. 300.
道 Dao. 4. 162. 22. 90. 29. 126. 148.
遊 Yeû. 261. 264. cf. 游.
遇 Gnu. 73. 75.
過 Kou. 73. 14. 25. 34. 46. 157. 67. 78. 141. 285.
遠 Yeu. 14. 16. 50. 73. 243.
遮 Tsouo. 160. 267.
適 Tie. Ti. 95. 146. 150.
遲 Ze. 74.
⿺辶倉 Ts'iang. 287.
選 Sié. 102.
還 Wè. 74. 81. 21. 49. 140.
邊 Pié. 82. 157. 227.

R. 163.

邑

那 Na. A. 1. 21. 76. 88. 117.
郎 Laong. 149.
部 Bou. 255.
都 Tou. 247. 287.
鄉 Hiang. 242.

R. 164.

酉

酒 Tsieu. 65. 97. 122. 162. 172. 198. 223. 175.
配 P'ei. 43. 128. 156. 289.
酪 Lo. 198. 245.
酵 Kao. 250. 253.
酸 Seu. 219.
醉 Tsu. 97.
醋 Ts'ou. 174. 247.
醒 Sing. 48.
醜 Ts'eu. 234.
醬 Tsiang. 171. 288.
醫 I. 148. 151. 156. 149. 159.

R.165. 釆

R.166.

里 Li. 11.

重 Zong. 27. 76. 90. 134. 33. 67. 89. 214. 288.

野 Ya. 49. 181. 214.

量 Leang. 87. 124. 301.

釐 Li. 81.

R.167.

金 Kien. 84. 148. 167. 285. 288.

釘 Ting. 121. 124. 61. 112. 117.

針 Tsen. 115. 197. 262. 201.

釵 Ts'ouo. 181. 199.

鈕 Gneū. 102.

鈍 Den. 123. 135. 254.

鈎 Keū. 69. 199. 284. 285.

鈔 Ts'ao. 199. 245.

鉢 Pé. 200.

鉗 Ghié. 120. 124. 200. 218.

鉋 Bao. 120. 123. 199.

鉛 K'ē. 60. 286. 289.

鈴 Ling. 162.

鉠 Se. 254.

銀 Gnen. 11. 81. 113.

銅 Dong. 11. 81. 68. 112. 120.

鋤 Ze. 250. 254.

鋪 P'ou. 129. 160. 223. 231. 304.

銹 Sieū. 118.

銼 Ts'ou. 120. 123.

錠 Ding. 148.

銷 Siao. 81. 103. 247.

錢 Dié. 8. 11. 22. 103. 81. Zié. 81. 122.

錐 Tse. Tseu. 121.

鋼 Kaong. 64. 254. 265.

鋸 Ki. Ké. 120. 123.

錫 Sie. 164.

錦 Kien. 293.

鎚 Zu. Zeu. 120.

鎖 Sou. 53. 121.

鍋 Kou. 197. 199. 200. 201.

鎝 Tè. 250.

鍾 Tsong. 199.

鏟 Ts'è. 261. 265.

鐋 T'aong. 250. 253.

鏡 Kieng. 7.

鐘 Tsong. 72. 162.

鐄 Wang. 251. 255.

鐫 Tsié. 125.

鑊 Wo. 179. 201. 183.

鐵 T'i. T'ié. 64. 120. 199. 200.

鑪 Lou. 120. 121. 180. 163.

鑲 Siang. 101. 110. 106.

鑿 Zo. 120. 265. 121. 123. 164.

鑰 Ya. 60. 166.

鑷 Gné. 134.

鑽 Ts'ē. 121. 124.

R.168.

長 Zang. 87. 33. 35. 48. 60. 73. 103. 119. Tsang. 21.

R.169.

門 Men. 52. 7. 54. 32. 38. 65. 200. 299

閉 Pi. 33. 148.

開 K'ai. 60. 54. 63. 46. 53. 81. 96. 145. 176.

閏 Gnen. 73.

閒 Hè. 67. 96. 290.

間 Kè. 52. 7. 147.

閭 I. 54.

閂 Die. 54.

鬧 Nao. 74. 141.

閣 Ko. 52. 56. 113. 283. 291.

闊 K'oé. 87. 291.

關 Koè. 54. 148.

R.170.

阜

防 Baong. 61. 182.

阿 A. O. 138. 162. 240. 286. 295.

限 Yè. 84.

降 Kiang. 161. 163. Haong. —

院 Yeu. 238.

除 Zu. 25. 286.

陳 Zen. 171. 172.

陰 Yen. Yin. 127. 251. 267. 268. 298.

陸 Lō. 81.

陽 Yang. 32. 261. 262. 298.

隔 Ka. 72. 204. 233. 265. Ke. 200.

隨 Zu. Zeu. 74. 110. 239. 238.

險 Hié. 153.

隣 Lin. 145.

隱 Yen. 166.

R. 171.

隶

R. 172.

隹

隻 Tsa. 7.

雄 Yong. 288.

雀 Ts'ia. 262.

雕 Tiao. 120.

雖 Su. 18.

雞 Ki. 73. 198. 121.

雙 Saong. 7. 140. 295.

雜 Zé. 130. 147.

離 Li. 97.

難 Nè. 14. 29. 46. 157

雨 R. 173. Yu. 61.

雪 Si. 36. 174.

雲 Yun. 197. 227.

零 Ling. 10. 227.

霍 O. 147.

靈 Ling. 32. 147. 297.

R. 174.

青 Ts'ing. 74. 113. 171. 217. 274. 287. 288.

靛 Dié. 287.

靜 Zing. 313.

R. 175.

非 Fi. 29. 129.

靠 K'ao. 157.

R. 176.

面 Mié. 32. 7. 152. 18. 38. 55. 275. 57. 61. 89. 106.

革 R. 177.

靴 Hiou. 101. 110.

鞋 Ha. 7. 101. 63. 121. 251. 255.

R. 178.

韋

R. 179.

韭 Kieù. 277.

R. 180.

音

R. 181.

頁 Yé. 160. 293.

頂 Ting. 16. 53. 61. 66. 99. 126. 166.

順 Zen. 134. 286.

須 Su. 65. 118. 202. 211. 214. 216.

預 Yu. 71. 236.

頓 Ten. 245. 247.

領 Ling. 101. 115. 161. 167. 162. 163.

頭 Deu. 32. 4. 11. 14. 66. 104. 105. 137. 147. 274.

頰 Kie. 32.

頸 Kieng. 38.

顆 K'ou. 266. 7. 224. 275.

顏 Ngai. 102. 269. 287. 288.

顋 Sai. cf. 腮

額 Nga. 32.

題 Di. 290.

類 Lei. 245.

願 Gneu. 98.

顧 Kou. 102. 113.

顯 Hié. 288.

R. 182.

風 Fong. 102. 147. 153. 163.

颺 Yang. 257. 258.

R. 183.

飛 Fi. 129. 285.

R. 184.

食 Ze. 52. 38.

飢 Ki. cf. 饑
飯 Vè. 21. 48. 179. 222. 286.
餃 Kiao. 222.
養 Yang. 141. 257.
餅 Ping. 162. 172. 231. 254.
餘 Yu. 181. 195. 237. 243.
餓 Ngou. 47.
館 cf. 舘
饅 Mé. 198. 286.
饑 Ki. 47.

R. 185.

首 Seû. 290. 297.

R. 186.

香 Hiang. 47. 163. 172. 197. 242. 181. 198. 202. 230. 290.

R. 187.

馬 Mô. 4. 163.

駕 Ka. 113. 297.
騎 Ghi. 4.

騙 P'ié. 1.

R. 188.

骨 Koé. 42. 32. 38. 90. 161. 163. 199. 210.

骰 Deû. 219.
體 T'i. 4. 32. 57. 209. 98. 161.

R. 189.

高 Kao. 16. 113. 131. 286.

R. 190.

髟

髦 Mao. 102.
髮 Fe. 32.
鬆 Song. 81. 205. 210. 286.
鬍 Wou. 32. 134.
鬚 Sou. Su. 32. 134. 198.

R. 191.

鬥

R. 192.

鬯

R. 193.

鬲

R. 194.

鬼

魂 Wen. 297.

R. 195.

魚 N. Yu. 164. 173. 181.

鮎 Gneng. 173.
鮈 Kiu. 181.
鮰 Wei. 181.
鯗 Siang. 173.
鯊 Sou. 173.
鯽 Tsi. 173.
鮮 Sié. 171. 173. 195. 201.
鯉 Li. 173. 181.

鯿 Pié. 173.
鯹 Sing. 178. 214.
鰉 Waong. 173. 181.
鰕 Hou. 174. 222. 241.
鰣 Ze. 173.
鰻 Mé. 174.
鱔 Zé. 174.
䲒 Ha. cf. 蟹
鱗 Lin. 180. 198. 215.
鱸 Lou. 181.
鱺 Li. 174.

R. 196.

鳥 Gnao. Tiao. 222. 283.

鳳 Wong. 261.
鴣 Kou. 222.
鴨 È. 181. 199.
鴦 Yang. 262.
鴛 Yeu. 262.
鴿 Ké. 217. 222. 174.
鵓 Bé. 222.

鵝 Ngou. 60. 288.

鵑 Kieu. 261.

鶴 Ngo. 261.

鷹 Yng. Yeng. 127.

R. 197.

鹵

鹹 Hè. 171. 173.

鹽 / 盐 } Yé. 14. 171.

R. 198.

鹿

麗 Li. 261.

R. 199.

麥 Ma. 7. 90. 250. 252. 198. 277. Mé. 261. 266.

麪 Mié. 171. 203. 236.

麯 Zi. 38.

麵 Mié. 162.

R. 200.

麻 Mô. 38. 172.

R. 201

黃 Waong. 73. 93. 126. 288.

黌 Foang. 203.

R. 202.

黍

黏 Gné. 291.

R. 203.

黑 Hé. 53. 36. 161. 253.

點 Tié. 14.

黨 Taong. 102. 110.

R. 204.

黹

R. 205.

黽

R. 206.

鼎

R. 207.

鼓

R. 208.

鼠 Se. Su. 62.

R. 209.

鼻 Bié. 32.

R. 210.

齊 Zi. 4. 54. 107. 133. 238. 242. 129.

齋 Tsa. 79. 238.

R. 211.

齒 Tsʼe. 32. 254. 257.

齪 Tso. 181. 234.

齷 O. 181. 239.

R. 212.

龍 Long. 172. 198.

龕 Kʼé. 161.

R. 213.

龜

龜 Kiu. Koei. 173.

R. 214.

龠

杭州方言字音表

A Sound-table of the Hangchow Dialect

慕亨利（Henry W. Moule）著

圣公会出版

绍兴

1908年

导读

Introduction

游汝杰

A Sound-table of the Hangchow Dialect，第一版除序言外，共 25 页，刊于绍兴。第二版刊于 1908 年，除序言和附注外，共 26 页。

此书封面、内页和序言未署作者姓名，第二版序言后的简短附注（note）作者为慕亨利（Henry W. Moule，1871—1953），有可能即是作者。慕亨利是著名传教士慕稼谷（George Evans Moule，1828—1912）的儿子。慕氏家族在浙江的传教经历极其丰富，最有名的就是慕稼谷与慕雅德兄弟。慕稼谷是英国圣公会华中教区的首任主教，他出生于英国肯特郡的吉灵厄姆，1850 年毕业于剑桥大学基督圣体学院。1858 年奉派偕妻来华布道，驻宁波，1864 年由宁波转杭州开拓。1864—1874年在杭州传教。他曾撰《杭州方言入门》(*Hangchow Primer*)一书，并用杭州方言罗马字翻译了《马太福音》和《约翰福音》，还出版了《杭州纪略》(*Notes on Hangchow, Past and Present*)(第二版，1907)和《六十回顾》(*A Retrospect of Sixty Years: A Paper Read at a Meeting of the Hangchow Missionary Association*)(1907)等书。其六弟慕雅德(Arthur Evan Moule，1836—1918)又名"慕阿德"，1861年奉派偕妻(Eliza Agnes Bernau Moule)来华布道，驻宁波，1871年开始兼助杭州教务，1876年正式转驻杭州。他中文造诣很深，说、写均流利自如。著有《年轻的中国》(*Young China, with Seventeen Illustrations Special Draw by a Chinese Artist*)(1908)、《在华五十年》(*Half a Century in China: Recollections and Observations*)(1911)等著作。

此书序言提到有少数几个音节因无汉字可以记录略去了，例如gang、gen、gao。有五个音节，即*lao*、*liao*、*ma*、*mo*、*moh*是用斜体写的，它们与正体的lao、liao、ma、mo、moh发音是不同的，与声调一样，须直接跟本地人学。用现代方言学的观点来看，斜体的是带紧喉的边音和鼻音，正体是带浊流的边音和鼻音。此外，书中还谈了学习杭州话语音应特别注意之处，例如提到声调分平上去入四类，各类分高低两小类。最后写道，进一步的说明可参考*Hangchow Primer*(《杭州方言入门》)。

全书正文是杭州方言音节表，类似现代的单字音表。第一版收录528个音节(不计声调)，第二版增添十来个音节，并更正第一版的一些错误。每一个音节仅列出一个代表字，例如 Tswang（平声）只列出“庄”字，未列出“装、妆、桩”等字。用罗马字标音，按罗马字母顺序编排，相同的音节按声调（平上去入）归类。平声、上声和去声没有符号表示，入声只有一类，用 -h 表示。在这个音节表上可以看出当时杭州话的某些语音特点：第一，没有文白异读，即只有文读音，例如“牙”只有 ya 一读，没有 nga 一读；第二，有塞擦浊音声母 dz，如 dziang“祥、像”，也有浊擦音声母 z，如 zen“人、认”；第三，麻韵开口二等读 a 韵，如“马”ma；第四，“打”字读 ta，不符合梗摄二等的音变规律；第五，“你”字读 ni，不读一般吴语的舌面 [ȵ] 声母；第六，中古的一些合口字读合口，例如“雷、累、泪”读 lwe；第七，疑母字读零声母，例如“五”读 u，“鱼”读 yu。这些特点与现代杭州话相同，但是另一些语音特点与现代杭州话不同，例如侯韵读单元音，例如“狗”读 ke，今杭州话读双元音 kei，与周边吴语不同。“暖、酸”读 nun、sun，今杭州话韵尾失落，读合口的 nuõ、suõ。

关于该书的研究，可参史皓元的论文 *An Early Missionary Syllabary for the Hangzhou Dialect*（载 *Bulletin of the School of Oriental and African Studies*，University of London，Vol. 59，No. 3. 1996，pp. 516-524）。关于杭州土白拼音系统，另可参考下述文献：G. E. Moule，*Hangchow primer. Translation and notes*，Society for Promoting Christian Knowledge，sold at the Depositories，34p.，1876，London.。

剑桥大学图书馆藏有在绍兴印行的1902年初版本，浙江大学文学院图书馆收藏第二版。本书根据后一种影印。

2020年5月20日

A
SOUND-TABLE
OF THE
HANGCHOW DIALECT

SECOND EDITION

1908

PREFACE.

The accompanying table of the Hangchow sounds is based on one drawn up several years ago. The spelling, though not consistent nor very satisfactory, having been long in use, has not been altered, except that ua, uah, etc. are used to represent sounds formerly spelled sometimes *w̌a, w̌ah, sometimes wa, wah. A very few sounds, such as gang, gen, and perhaps gao, which cannot adequately be represented in Chinese characters, are omitted. They happen fortunately to be easy to pronounce, so that their omission is not much loss. Five sounds, namely *lao*, *liao*, *ma*, *mo*, and *moh*, are printed in italics. The difference between lao and *lao*, liao and *liao*, etc., is hard to describe, or represent in spelling; these and all the other sounds, as well as the nature of the tones, must be learned from a native; which fact makes any detailed description unnecessary here. The following points, some of them generally neglected, may however be specially noticed:

i. *E* in such words as *men*, *meh* has not at all the same sound as in the English word *men;* its value is more like that of the *e* in *utter*.

O in *long*, *song*, etc., is not the *o* of *long* or *song* in English, but like *o* in French *long*.

In *ao* both vowels are sounded, but *a* greatly predominates, and *o* is slightly sounded after it. *Bao*, for instance,

* The spelling wa, wah, etc., seemed objectionable as not discriminating sounds totally distinct, as 王 and 汪, while w̌a, etc., introduced an unnecessary diacritic mark.

has a vowel sound much more like that of b*a*r than that of bore.

Ie, as in *ien*, *tien*, etc., is nearly English *ee*. The full value of each vowel is not given.

Final *n* after *a* as in *an*, after *ie* as in *ien*, and after *u* as in *un*, is never like English *n*, but nasal as in French *un*. But after *e* as in *en*, and *i* as in *in*, it has much the same value as the English *n*.

ii. It is most important to distinguish between aspirate and unaspirate syllables. Aspirates are indicated by an inverted comma written above the line, e. g., *'ah*, *k'*. Their nature is not easy to describe and must be learned from the natives. Note, however, that ' *never* represents an *h*; *'o* is not *ho*, nor *'en hen*. *'O*, *'en*, etc., may be imitated, especially when on the level tone, by trying to pronounce unaspirated *o*, *en*, etc., on a low note. Observe also that the natives pronounce some aspirated words with a stronger or rougher aspirate than others. The aspirate is called by some of the teachers *tsw'eh ky'i* 出氣, sending forth of breath.

iii. Four tones are commonly distinguished by the Hangchow scholars, and called respectively *bin sen* (平聲) or level tone, *zang sen* (上聲) rising tone, *ky'ü sen* (去聲) sinking (lit. departing) tone, and *zeh sen* (入聲) entering tone. These four are sometimes subdivided into upper and lower series, the distinction in the case of the *bin sen* being so marked that in the mandarin dialects the upper and lower *bin* are reckoned as separate tones. At Hangchow, however, the distinction may be disregarded, though it is worth observing that words beginning in our system with b, d, g, l, m, n, r, v, w, y, z, or with the aspirate, are in nearly every instance on the *lower* series of their respective tones.

The nature of the tones must, as has been already said, be learned from the natives; but it should be noted that the difference between them is one of length or 'quantity' and of emphasis, as well as of higher or lower pitch. Speaking generally, words

(a) on the *bin sen* (upper and lower) are *low in pitch* and *unemphatic*,

(b) on the *zang sen* are *high in pitch* and *unemphatic*,

(c) on the *ky'ü sen* are *short* and *emphatic*,

(d) on the *zeh sen* are *very short* and *abrupt*.

iv. One * variety of the Hangchow dialect (perhaps the purest) has amongst others the two following characteristics:—

1. *A*, unless preceded by *i* or *y*, as in *iang*, *yang*, is *everywhere* long, as in English father, no difference being made between, e. g., † *an* and † *ang*, *ban* and *bang*, etc. respectively.

2. *O* and *u*, when not followed by another letter, are hardly distinguishable, being both pronounced like *oo* in English. Thus, e.g., *bo* and *bu* are both English *boo*. And '*o* and *wu* are nearly or quite identical in sound.

According to this pronunciation the number of sounds would be considerably reduced. Those which would then disappear are marked in the present table with an asterisk. Thus *an* would be omitted, and the words now inserted there would come under *ang*. So also the words under *bo*

---

* The varieties are supposed to be due partly to the influence of other dialects—Hangchow men, properly so called, being since the rebellion very scarce—, partly they are mere differences of local pronunciation, just as in English *glass*, *neither*, and other words are pronounced differently by different persons.

† A final g is then generally sounded in *all* these words when pronounced alone, and often omitted when in combination with other words.

would be entered at *bu*. And the sounds at present spelled *'o* would come under *wu*.

For some further notes on the sounds see the preface to the Hangchow Primer.

NOTE TO SECOND EDITION.

This edition differs but little from the former one, printed at Shao-hsing in 1902. Some mistakes, kindly pointed out by friends, have been corrected, and a few sounds added.

HENRY W. MOULE.

Hangchow, 1908.

	平	上	去	入
Ah				曷
‘Ah				合
Ai	哀	藹	愛	
‘Ai	孩		害	
An*	安	闇	案	
‘An*	韓		汗	
Ang	骯			
‘Ang	杭			
Ao	爊	襖	奧	
‘Ao	毫		號	
Ba	爬		罷	
Bah				拔
Bai	排		敗	
Ban*	爿		辦	
Bang	旁		棒	
Bao	跑		抱	
Be	培		倍	
Beh				白
Ben	盆		笨	
Bi	皮		避	
Biao	瓢		鰾	

	平	上	去	入
Bien	駢		便	
Bih				別
Bin	貧		病	
Bo*	婆			
Boh				僕
Bong	朋			
Bu			步	
Bụn	盤		伴	
Da			大	
Dah				達
Dai	臺		怠	
Dan*	談		但	
Dang	堂		蕩	
Dao	桃		盜	
De	頭		豆	
Deh				特
Den	疼		鄧	
Di	題		地	
Diao	條		調	
Dien	田		電	
Dih				笛

B

	平	上	去	入
Din	亭		定	
Dō*	駝		惰	
Doh				獨
Dong	同		洞	
Du	屠		度	
Dun	團		段	
Dwe	頹		兌	
Dwen	屯		遁	
Dz	慈		滯	
Dza	茶		乍	
Dzah				閘
Dzai	柴		在	
Dzan*	蠶		棧	
Dzang	長		丈	
Dzao	潮		造	
Dze	愁		驟	
Dzeh				直
Dzen	成		鄭	
Dzi	齊		謝	
Dzia	斜			
Dziah				嚼

	平	上	去	入
Dziang	祥		像	
Dziao	樵			
Dzien	全		賤	
Dzih				夕
Dzin	尋		盡	
Dziu	囚		就	
Dzo*	艖		坐	
Dzoh				昨
Dzong	從		頌	
Dzö	除		署	
Dzu	鋤		助	
Dzun	船		篆	
Dzü	徐		聚	
Dzwang	牀		撞	
Dzwe	隨		罪	
Dzwen	存			
E	歐	偶		
'E	侯		厚	
Eh				厄
'Eh				額
En	恩			

	平	上	去	入
‘En	恒		恨	
Fah				法
Fan*	番	反	泛	
Fang	方	訪	放	
Fe		否		
Feh				弗
Fen	分	粉	奮	
Fi	非	匪	廢	
Foh				福
Fong	風		俸	
Fu	夫	甫	富	
Gai			戤	
Gong			共	
Gwang	狂			
Gwe	葵		跪	
Gwun	環			
Gya	茄			
Gyai			懈	
Gyang	強°		弶	
Gyao	橋		轎	
Gyi	其		忌	

	平	上	去	入
Gyien	乾		件	
Gyih				及
Gyin	琴		近	
Gyiu	求		舊	
Gyoh				局
Gyong	窮			
Gyun	拳		倦	
Gyü	衢		懼	
Gyüih				掘
Gyüin	羣		郡	
Hah				喝
Hai		海		
Han	酣	罕	漢	
Hao	蒿	好	耗	
He			吼	
Heh				黑
Hen	亨	很		
Ho*	呵	火	貨	
Hoh				忽
Hong	烘	哄	鬨	
Hu	呼	虎		

	平	上	去	入
Hwa	花		化	
Hwah				豁
Hwang	荒	恍	况	
Hwe	灰	喟	誨	
Hwen	昏	渾		
Hwun	歡		喚	
Hya	蝦		罅	
Hyah				瞎
Hyai		駭		
Hyang	香	響	向	
Hyao	囂	曉	孝	
Hyi	希	喜	戲	
Hyien	軒	顯	憲	
Hyih				歇
Hyin	興		釁	
Hyiu	休	朽	臭	
Hyoh				畜
Hyong	凶	酗		
Hyun	喧		絢	
Hyü	虛	許		
Hyüih				血

	平	上	去	入
Hyüin	熏		訓	
I	依	倚	意	
Ia	鴉	啞	亞	
Iah				約
Iai	挨	也	隘	
Iang	央	養	怏	
Iao	腰	杳	要	
Ien	烟	眼	厭	
Ih				益
In	因	隱	印	
Ioh				郁
Iong	雍	永		
Iu	憂	有	又	
Iun	寃	遠	怨	
K'a		卡		
Kah				割
K'ah				渴
Kai	該	改	蓋	
K'ai	開	愷	欬	
Kan*	甘	感	幹	
K'an*	堪	坎	看	

	平	上	去	入
Kang	扛		槓	
K'ang	康	慷	抗	
Kao	高	鎬	告	
K'ao	烤	考	靠	
Ke	鉤	狗	搆	
K'e	摳	口	叩	
Keh				格
K'eh				客
Ken	根	梗	艮	
K'en	鏗	肯	掯	
Ko*	戈	果	過	
K'o*	科	顆	課	
Koh				國
K'oh				哭
Kong	公	拱	貢	
K'ong	空	孔	控	
Ku	姑	古	顧	
K'u	枯	苦	庫	
Kwa	瓜	寡	卦	
Kw'a	誇		跨	
Kwah				括

	平	上	去	入
Kwai	乖	柺	怪	
Kw'ai			快	
Kwang	光	廣	逛	
Kw'ang	匡		曠	
Kwe	規	鬼	貴	
Kw'e	奎	傀	塊	
Kweh				骨
Kw'eh				闊
Kwen		滾	棍	
Kw'en	昆	捆	困	
Kwun	官	管	貫	
Kw'un	寬	款		
Kya	加	假	架	
Kyah				脚
Ky'ah				恰
Kyai	皆	解	介	
Ky'ai	揩	楷		
Kyang	江	講	降	
Ky'ang	腔	襁		
Kyao	交	矯	叫	
Ky'ao	敲	巧	竅	

	平	上	去	入
Kyi	飢	几	計	
Ky'i	溪	啟	氣	
Kyien	間	簡	見	
Ky'ien	牽	遣	欠	
Kyih				吉
Ky'ih				喫
Kyin	金	緊	禁	
Ky'in	輕	頃	罄	
Kyiu	鳩	九	究	
Ky'iu	邱			
Kyoh				菊
Ky'oh				曲
Kyong	扃	迥		
Ky'ong	穹			
Kyun	捐	捲	卷	
Ky'un	圈	犬	勸	
Kyü	居	舉	倨	
Ky'ü	區		去	
Kyüih				橘
Ky'üih				缺
Kyüin	君	窘		

	平	上	去	入
La	拉			
Lah				辣
Lai	來		賴	
Lan*	蘭	懶	濫	
Lang	郎	朗	浪	
Lao	牢	老	勞	
Lao	撈			
Le	樓	簍	漏	
Leh				勒
Len	稜	冷		
Li	離	里	利	
Liah				獵
Liang	涼	兩	亮	
Liao	聊	了	料	
Liao	撩			
Lien	連	臉	煉	
Lih				立
Lin	靈	領	令	
Liu	流	柳	溜	
Lo*	羅	擄	邏	
Loh				落

	平	上	去	入
Long	嚨	壟	弄	
Lu	爐	滷	路	
Lun	鸞	臠	亂	
Lü	閭	呂	慮	
Lwe	雷	累	淚	
Lwen	輪		論	
Ma	麻	馬	罵	
Ma	媽			
Mah				抹
Mai	埋	買	賣	
Man*	蠻		慢	
Mang	忙	莽		
Mao	毛	卯	帽	
Me	梅	美	媚	
Meh				麥
Men	門		悶	
Mi	迷	米		
Miao	苗	渺	廟	
Mien	眠	免	面	
Mih				蜜
Min	民	皿	命	

	平	上	去	入
Mo* (Mu)	橫	母	慕	
Mo (Mu)*	摸			
Moh				木
Moh				摸
Mong	蒙	猛	孟	
Mun	瞞	滿	幔	
Na	拿	那	那	
Nah				納
Nai		乃	奈	
Nan*	難		難	
Nang	囊	曩		
Nao	鐃	腦	鬧	
Nen	能			
Ngo		我		
Ni		你		
Niao		鳥		
Nien	黏			
No*	挪	娜	懦	
Nong	濃			
Nu	奴	努	怒	
Nun		暖		

	平	上	去	入
Nü		女	女	
Nwe		餒	內	
Nwen			嫩	
Nyah				虐
Nyang	娘	仰	釀	
Nyi	疑	擬	誼	
Nyien	年	捻	念	
Nyih				逆
Nyin	吟		佞	
Nyiu	牛	鈕		
Nyong	濃			
O*	窩			
‘O*	何		何	
Oh				屋
‘Oh				或
Ong	翁		甕	
‘Ong	紅		横	
Pa	巴	把	霸	
P‘a			怕	
Pah				八
P‘ah				拍

	平	上	去	入
Pai		擺	拜	
P‘ai			派	
Pan*	班	板	扮	
P‘an*	攀		瓣	
Pang	邦	榜	謗	
P‘ang			胖	
Pao	包	保	報	
P‘ao	抛		砲	
Pe	杯		貝	
P‘e	坏	剖	配	
Peh				百
P‘eh				魄
Pen	奔	本		
P‘en	噴			
Pi		比	鄙	
P‘i	批	痞	譬	
Piao	標	表		
P‘iao	飄	漂	票	
Pien	邊	貶	變	
P‘ien	偏		片	
Pih				必

	平	上	去	入
P'ih				匹
Pin	兵	并	柄	
P'in	摒	品	聘	
Pö*	波		簸	
P'ö*	坡	頗	破	
Poh				北
P'oh				撲
Pong	崩			
P'ong	烹	捧	碰	
Pu		補	佈	
P'u	鋪	普	鋪	
Pun	般		半	
P'un	潘		判	
R	兒	耳	二	
S	詩	死	四	
Sa	沙	儍		
Sah				殺
Sai	腮	洒	帥	
San*	山	傘	散	
Sang	桑	賞	喪	
Sao	燒	所	燥	

	平	上	去	入
Se	收	手	獸	
Seh				色
Sen	生	省	聖	
Sî	西	洗	細	
Siah				削
Siang	箱	想	相	
Siao	宵	小	笑	
Sien	先	選	綫	
Sih				息
Sin	心	醒	信	
Siu	脩		秀	
So*	梭	瑣		
Soh				肅
Song	松	悚	送	
Sö	書		庶	
Su	蘇		素	
Sun	酸	陝	算	
Sü	胥	湑	絮	
Swa		耍		
Swah				刷
Swang	霜	爽		

	平	上	去	入
Swe	雖	水	稅	
Sweh				說
Swen	孫	損	舜	
Ta		打		
T'a	他			
Tah				答
T'ah				塔
Tai	獃	歹	戴	
T'ai	胎	奤	泰	
Tan*	丹	膽	旦	
T'an*	貪	坦	炭	
Tang	當	黨	檔	
T'ang	湯	倘	燙	
Tao	刀	島	倒	
T'ao	叨	討	套	
Te	兜	斗	鬪	
T'e	偷	抖	透	
Teh				得
T'eh				忒
Ten	登	等	凳	
Ti	低	底	帝	

	平	上	去	入
T'i	梯	體	替	
Tiao	刁		釣	
T'iao	挑		跳	
Tien	顚	典	坫	
T'ien	天	餂	搽	
Tih				的
T'ih				帖
Tin	釘	頂	訂	
T'in	廳	挺	聽	
Tiu	丟			
To*	多	躲	剁	
T'o*	拕	妥		
Toh				督
T'oh				脫
Tong	冬	懂	凍	
T'ong	通	統	痛	
Ts	之	子	至	
Ts'	雌	此	次	
Tsa	渣		詐	
Ts'a	叉		詫	
Tsah				酌

	平	上	去	入
Ts'ah				插
Tsai	災	宰	再	
Ts'ai	差	彩	菜	
Tsan*	簪	斬	讚	
Ts'an*	參	產	懺	
Tsang	張	長	帳	
Ts'ang	昌	廠	唱	
Tsao	昭	早	照	
Ts'ao	操	草	造	
Tse	周	走	晝	
Ts'e	抽	醜	湊	
Tseh				則
Ts'eh				測
Tsen	針	拯	證	
Ts'en	稱	逞	秤	
Tsi	齏	擠	祭	
Ts'i	妻	且	砌	
Tsiah				爵
Ts'iah				雀
Tsiang	將	蔣	醬	
Ts'iang	鎗	搶		

	平	上	去	入
Tsiao	焦	勦	醮	
Ts'iao	鍬	湫	悄	
Tsien	尖	翦	箭	
Ts'ien	千	淺	倩	
Tsih				節
Ts'ih				切
Tsin	晶	井	進	
Ts'in	淸	請		
Tsiu	揪	酒		
Ts'iu	秋			
Tso*		左	做	
Ts'o*	磋		銼	
Tsoh				作
Ts'oh				促
Tsong	中	踵	衆	
Ts'ong	蔥	寵	銃	
Tsö	朱	主	註	
Ts'ö		暑	處	
Tsu	租	祖		
Ts'u	初	楚	醋	
Tsun	專	轉	戰	

	平	上	去	入
Ts'un	穿	舛	串	
Tsü	疽		足	
Ts'ü	趨	取	趣	
Tswa	抓	爪		
Tsw'ai		揣	嘬	
Tswang	莊		壯	
Tsw'ang	窗		闖	
Tswe	追	嘴	最	
Tsw'e	摧	揣	翠	
Tsweh				拙
Tsw'eh				出
Tswen	尊	準		
Tsw'en	春	忖	寸	
Tswih				卒
Tu	都	賭	妬	
T'u		土	吐	
Tun	端	短	煅	
T'un	湍		彖	
Twe	堆		對	
Tw'e	推	腿	退	
Twen	敦		頓	

	平	上	去	入
Tw'en	吞	氽	褪	
U	汚	五	惡	
Ua	哇	瓦		
Uah				挖
Uai	歪		孬	
Uang	汪	枉		
Ue	威	委	畏	
Uen	溫	穩	搵	
Un	灣	挽		
Ü	迂	雨		
Üin	縕	允	慍	
Vah				伐
Van*	凡	晚	萬	
Vang	房	網	望	
Ve	浮	阜	負	
Veh				物
Ven	文	吻	問	
Vi	肥	尾	未	
Voh				服
Vong	逢		奉	
Vu	無	舞	父	

	平	上	去	入
Wa	華		話	
Wah				滑
Wai	懷		外	
Wang	王		旺	
We	爲		謂	
Weh				活
Wen	魂		混	
Wu	湖		戶	
Wun	還		玩	
Ya	牙		下	
Yah				藥
Yai	鞋		械	
Yang	揚		樣	
Yao	堯		耀	
Yi	夷		夜	
Yien	言		現	
Yih				葉
Yin	銀		幸	
Yiu	油		右	
Yoh				玉
Yong	容		用	

	平	上	去	入
Yun	元		願	
Yü	魚		遇	
Yüih				越
Yüin	云		韻	
Z	時		字	
Zah				若
Zang	裳	上	尚	
Zao	饒	擾	兆	
Ze	柔	揉	壽	
Zeh				石
Zen	人	忍	認	
Zoh				肉
Zong	絨	宂		
Zö	如	乳	樹	
Zun	然	染	善	
Zwe	蛇	惹	睡	
Zweh				熱
Zwen	純	吮	潤	

温州方言入门

Introduction to the Wenchow Dialect

孟国美（P. H. S. Montgomery）著

Kelly & Walsh

上海

1893年

导读

Introduction

游汝杰

Introduction to the Wenchow Dialect 的作者 P. H. S. Montgomery，中文名“孟国美”，据封面对作者身份的文字说明，作者是皇家海关工作人员，中文官职名称当为水司。此书只有英文书名，中文可译为《温州方言入门》。据作者 1892 年 12 月 29 日所写序言，此书为居住在温州的外国人编写，目的在于帮助他们略知当地方言。书中的四十课课文译自《语言自迩集》，由作者的中文老师、当地学者陈梅生将官话译为温州话。在当地传教的牧师苏惠廉（W. E. Soothill）曾参议编写工作，并校正稿样。序中又对单字的声调有所说明。

全书包括序言、注释（对声调的说明）、一字多音、单元音和双元音、声调符号、散语四十章（即四十课课文）、生字索引、量词、易习句（即短语）、房分亲眷称谓、总目（即词汇总表），共十一部分。调类用数码表示。无字可写的音节用竖杠表示。

“一字多音”包括文白异读和新老派差异，如“望”字有两音：voa 和 moa，前音为文读，后音白读；“夫”有两音：fu[fu] 和 fû[fʉ]，前音为老派，后音为新派。

对声调的注释部分分声调为八类，平上去入各分阴阳，并用曲线画出调形。阴上和阳上的调形画作拱形曲折调。其他各类调形与今温州话相仿（参见《温州方言词典》）。指出重浊声母音节配阳调类，重浊声母即 b、d、g、j、v、wh、y、z。次浊声母 l、m、n、ng、ny 分两套，各配阴调类和阳调类，但属阴调类的词较少，在字母上面用向下突出的弧线表示。指出两字组合时声调有变化，与单字调不同。特别指出前后字都是阳平的两字组，变调形是前平后升，如“荣华”两字，单念时同调，即同为降调，连读时，前字为平调，如去声，后字为曲折的升调，如入声；前字阳平后字阳去的两字组，变调形是前升后降，如“荣耀”单念时，前字为降调，后字为平调，连读时，前字升调，后字降调。所述与今温州话相仿。

“反切音”，即是音节表，共列出 451 个音节（不计声调），每一音节又分平上去入四个声调列成四栏，在声调和音节的交叉点写出汉字，共收 2406 个汉字。其中平声 960 字、上声 481 字、去声 593 字、入声 372 字。在 2406 个汉字中重复的有 93 字，其中声母和韵母不同的有 54 字，声调不同的有 39 字。无字可写的但口语中存在的音节用＊表示。舌尖元音不标示，如“私”sz、“时”z、“知”tsz、“此”ts‘、“迟”dz。

每一课先列出生词，有的正文后有注解。凡编者认为无字可写的音节皆用短竖杠 | 标出，基本不写方言字。个别词汇不见于温州口语，是照录书面语，再折合成温州音的。例如“彷佛”foa[1]-faih（169 页），注解说“或者‘摸着’mo-djah”。又如“把门碰破爻”的“把”po[1]（145 页）口语应该是“逮”de。还有个别训读字，例如“太”t‘u[2]（106 页）。总的说来，方言语料是可信可用的。

利用此书语料可以归纳 19 世纪温州话的语音系统和语法系统，及其古今演变。

今据音节表整理当时的温州话声母和韵母系统如下。原书用罗马拼音系统标写音节，今将各音节中的声母和韵母析出，转写成国际音标，见于方括号内。音节右上角记＊者不见于今温州话。加方框者不见于此书，但见于今温州话。

表 1　温州话声母（40 个）

p 波本北 [p]	ph 普品匹 [pʰ]	b 皮瓶别 [b]	m 眉面密 [m]	f 飞付福 [f]	v 舞文罚 [v]	
t 刀东答 [t]	th 剃通踢 [tʰ]	d 地洞读 [d]	n 奶农捺 [n]			l 溜拢绿 [l]
ts 子棕汁 [ts]	tsh 雌猜尺 [tsʰ]	dz 池呈直 [dz]		s 四送式 [s]	z 事晴席 [z]	
ch 肌追株 [tʃ]	chh 吹炊欺 [tʃʰ]	dj 其奇除 [dʒ]		sh 尿书输 [ʃ]	j 如谁儒 [ʒ]	

（续表）

tɕ 张中接 [tɕ]	tɕh 牵冲切 [tɕʰ]	dʑ 丈虫杰 [dʑ]	ȵ 粘女玉 [ȵ]	sh 香兄雪 [ɕ]	j 弱嚼 [ʑ]	
k 街公角 [k]	kh 开孔客 [kʰ]	g 厚轧 [g]	ŋ 熬瓦岳 [ŋ]	h 好烘黑 [h]	‘鞋红盒 [ɦ]	
*kw 规关 [kw]	*kw‘ 魁亏 [kʰw]	*gw 阕掼 [gw]				
*w 弯煨痿 [w]	*hw 灰昏轰 [hw]	*wh 还湖回 [ɦw]				
y 翼药 [j]						

表中有 6 个声母，即 *kw[kw]、*kw‘[kwh]、*gw[gw]、*w[w]、*hw[wh]、*wh[ɦw] 不见于今温州话。可能仅用于当年的读书音。

表 2　温州话韵母（26 个）

*ï 水鸡吹旗	i 衣移比歇	u 火布裤谷	ü‘ 女贵干月
[ʅ]	[i]		[y]
a 爸拿他脚	ia 晓鸟脚药	ua 弯挽绾	
[a]			
oe 亨桁鹦耕	ioe 表打叫腰	uiɛ [奤]	
[ɛ]	[iɛ]		
û 夫布度醋			
[ʉ]			
e 戴菜开贼	*ie 央		*üe 元船汗月
[e]			[ye]
öe 报刀早告			

（续表）

[ɜ]			
ö 半短算盒			
[œ]			
o 马沙家落			yo 捉束玉局
oa 忙汤炒床	*iao 痈枉		yɔ 钟双床勇
[ɔ]	[iɔ]		
ai 杯对脆国	iai 一益	uai 畏煨瘪頦	
[ai]	[iai]		
ei 比低写石			
ao 透走久游	iau 久球游幼		
[au]			
iu 多做头六	iɤu 酒手肉熟		
[iu]			
ang 门凳斤棍	iaŋ 斤近忍印	uaŋ 温揾	
[aŋ]			
ing 饼亭井绳			
[iŋ]			
ung 捧洞送雄			yoŋ 中春雄永
[uŋ]			
m 姆	n 唔	ng 二吴我二	
[m̩]	[n̩]	[ŋ̍]	

表中有 4 个韵母不见于今温州话，即 * ï、*ie、*üe、*iao，有 12 个韵母（加方框者）未见于此书，但见于今温州话。乖互的原因除

古今音变外，大多是音系分析方法不同所致。例字未分文白读，如“温”字读 uaŋ 应是文读。

据此书《声调说明》，单字调共有 8 个，平上去入四声各分高低，调形用曲线表示。原书所载调类名称及调形照录如下。

调类	上平	下平	上上	下上	上去	下去	上入	下入
调形	—	⌐	╲	⌒	╲	—	╱	◡

今按原书调形曲线，用五度制折合成调值，用数码表示：

阴平	阳平	阴上	阳上	阴去	阳去	阴入	阳入
44	331	53	342	51	11	214	213

关于温州话的教会罗马字拼音系统亦可参考庄延龄（Edward Harper Parker）著 *The Dialect of Wenchow*（No.2 The China Review or notes & queries on the Far East Vol.12 No.5，1884）和苏慧廉著 *Wenchow Romanized Primer*（1895）。

本丛书影印的底本为康奈尔大学馆藏本（PL2215. M78）。

2020 年 12 月 22 日

INTRODUCTION

TO THE

WÊNCHOW DIALECT

BY

P. H. S. MONTGOMERY

Imperial Maritime Customs

SHANGHAI—HONGKONG—YOKOHAMA—SINGAPORE

KELLY & WALSH, LIMITED

1893

G

PREFACE

This book was written in the hope that it would help the Foreign resident at Wênchow to acquire some knowledge of the local dialect. Originality in arrangement cannot be claimed, for it consists mainly of an adaptation of the Forty Exercises of the *Tzŭ Erh Chi*, and the work could not have been satisfactorily accomplished without the aid of the Rev. W. E. SOOTHILL, who kindly contributed much advice during the compilation and corrected the proof-sheets. His explanation of the character of the tones is besides a valuable addition. Thanks are also due to my teacher Mr. DZANG MAI-SAE [陳楳生] for his patience and intelligence in rendering the Mandarin into the local dialect.

P. H. S. M.

Junior Carlton Club,

London,

29th December 1892.

CONTENTS.

NOTE.

The student will obtain a general idea of the sounds of the Wênchow tones from the following:—

上平 .... —
下平 .... ┐
上上 .... ╮
下上 .... ╮
上去 .... ╲
下去 .... —
上入 .... ╯
下入 .... ╯

The lower or subtones are discernible from the initial sound, which is always heavy, i.e. *b*, *d*, *g*, *j*, *v*, *wh*, *y*, *z*; also all sounds commencing with the rough aspirate marked by a ʻ; *l*, *m*, *n*, *ng*, *ny*, mostly indicate a subtone, but they are occasionally upper, in which case the student will find the mark ˘ over the consonant a useful indicator, as *l̆a*, to pull.

In dissyllabic words the combination of the characters often alters the tonal sounds, though the characters still preserve their original tones. For instance, *yung-ʻo* 榮華, both of which being subtones one would expect to be pronounced ┐┐; as a matter of fact they become — ╯, the first resembling a 去 and the second a 入; again, *yung-yiae*[2] 榮耀 should be ┐ —, but they become ╯ ┐, resembling a 去 and a 平. Though unknown theoretically to the natives, there are definite rules for these changes, but the writer of this note has not yet been able to discover them with sufficient accuracy to justify his doing more than call attention to their existence.

SOUND TABLE.

音切反

[* *Means that the Sound in that Tone is in use but has no Character.*]

	平聲 *Bing-sing.*	上聲 *Zie^1-sing.*	去聲 *Ch'ü^2-sing.*	入聲 *Zaih-sing.*
1. *a*	挨	矮	...	阿押鴨壓
2. *ha*	哈	喊蟹	...	喝瞎
3. *'a*	閑骸鞋鹹	限	陷	匣狹
4. *cha*	...	...	...	酌著脚爵
5. *ch'a*	...	...	...	却鵲
6. *dja*	...	...	...	若着
7. *fa*	番蕃翻繙	反	泛販	...
8. *va*	凡煩藩礬	犯	飯萬	...
9. *ia*	...	...	...	約
10. *ya*	*	...	...	藥
11. *ka*	奸街間姦 堦艱	減揀解	芥戒界解 監艦	甲夾革隔嗄 胛膈
12. *k'a*	慳	卡楷檻	嵌	恰客
13. *ga*	啣	*	*	*
14. *kwa*	關	拐	怪慣	...
15. *kw'a*	寬	...	快	...
16. *gwa*	懷	*	凢	...
17. *la*	拉藍攔蘭 籃欄	懶攬欖	賴濫爛癩 纜	辣蠟

	平聲 *Bing-sing.*	上聲 *Zie¹-sing.*	去聲 *Ch'ü²-sing.*	入聲 *Zaih-sing.*
18. *ma*	拇 蠻	買	萬 慢 賣	脈 麥
19. *na*	難	奶	奈 難	捺
20. *nga*	顏 巖	眼	雁	額
21. *nya*	堯	鳥	...	捻 捏 箬
22. *pa*	班 斑 頒	板 擺	扮 拜	百 伯 迫 柏
23. *p'a*	攀	...	派 破	珀 魄 擘
24. *ba*	排 牌	罷	敗 辦	白
25. *sa*	山 三 刪 杉 衫 柵 珊	產 散 傘 駛	散 曬	殺
26. *za*	柴 饞	*	寨	閘
27. *sha*	*	曉	...	閃 削
28. *ja*	...	...	...	弱 嚼
29. *ta*	單 耽 擔	撣 膽	帶 擔 戴	答 搭 褡
30. *t'a*	攤 灘	毯	太 炭 嘆	塔 搨 榻 遢 塌
31. *da*	痰 彈 壇	淡	大 但 彈	踏
32. *tsa*	齋	斬 盞	債 蘸 讚	札 窄 紮 責 摘
33. *ts'a*	差 餐 攙	*	*	册 折 策 插 擦
34. *dza*	殘	...	站 差 棧 暫	宅 擇
35. *wa*	彎 灣	挽 腕	...	...
36. *hwa*	*	...	...	*
37. *wha*	頑 還 環	...	外 換 壞	或 畫
38. *chai*	...	...	...	吉吸急桔級給
39. *ch'ai*	...	...	...	乞 吃
40. *djai*	...	...	...	極
41. *fai*	勿	...	...	佛 拂

	平聲 *Bing-sing.*	上聲 *Zie[1]-sing.*	去聲 *Ch'ü[2]-sing.*	入聲 *Zaih-sing.*
42. *vai*	...	...	...	物 佛
43. *kai*	...	...	个	*
44. *k'ai*	...	...	...	*
45. *gai*	...	...	*	*
46. *iai*	...	...	...	一 益 揖
47. *yai*	...	...	...	易 翼 譯 驛
48. *kwai*	規 歸	...	瑰	國
49. *kw'ai*	魁 虧	...	塊	*
50 *gwai*	...	...	...	*
51. *lai*	雷 擂	累 瘰	*	*
52. *mai*	玫 娒 梅 煤 媒 黴	每	妹 昧	墨
53. *nai*	*	...	內	...
54. *nyai*	...	...	...	日 逆
55. *pai*	杯 背 悲 碑	...	貝 背 輩 褙	不 北
56. *p'ai*	坯	...	配	...
57. *bai*	陪 賠	倍	焙	...
58. *sai*	衰	小	碎	失 虱 瑟
59. *zai*	...	罪	...	十 入 日 拾 習 集 實 襲
60. *shai*	...	...	...	凹 翕
61. *tai*	堆	*	碓 對	*
62. *t'ai*	推	腿	退 唾 褪	*
63. *dai*	頹	...	兌 隊	奪
64. *tsai*	...	*	...	質
65. *ts'ai*	催	脆	翠	七 漆 撮

	平聲 Bing-sing.	上聲 Zie¹-sing.	去聲 Ch'ü²-sing.	入聲 Zaih-sing.
66. *dzai*	…	…	…	姪
67. *wai*	煨餧	…	*	溺
68. *hwai*	灰	悔	…	…
69. *whai*	回茴桅	…	會滙	惑
70. *ang*	俺	…	*	…
71. *hang*	…	很	…	…
72. *'ang*	恒	…	恨	…
73. *chang*	巾斤今京金衿觔經襟驚	景緊頸謹警	勁竟敬禁境	…
74. *ch'ang*	衾欽輕	…	慶磬	…
75. *djang*	芹妗琴禽勤擒檎	近	靳	…
76. *fang*	分吩	粉	糞	…
77. *vang*	文紋聞墳	刎	分	…
78. *iang*	因英音陰蠅應纓鷹	飲影隱	印應	…
79. *yang*	刑形盈寅淫黄嬴	引癮	孕	…
80. *kang*	跟	*	…	…
81. *k'ang*	齦	肯	揹墾懇	…
82. *gang*	*	…	*	…
83. *kwang*	昆	滾裩	棍	…
84. *kw'ang*	坤	綑	困	…
85. *gwang*	…	*	…	…
86. *lang*	倫掄棱輪稜	卵	…	…
87. *mang*	門蚊	…	問悶	…

	平聲 *Bing-sing.*	上聲 *Zie¹-sing.*	去聲 *Ch'ü²-sing.*	入聲 *Zaih-sing.*
88. *nang*	人能	㜛	…	*
89. *nyang*	人任迎銀	忍	認	…
90. *pang*	奔𤿅	本	*	…
91. *p'ang*	噴	…	噴	…
92. *bang*	…	*	笨	…
93. *sang*	心辛身深參紳新	沈訊審嬸	汎信滲	…
94. *zang*	人仁神尋脣	甚腎盡儘	任贈	…
95. *shang*	興	…	興釁	…
96. *tang*	登燈	等	櫈鐙	…
97. *t'ang*	蹬	…	氽	…
98. *dang*	飩騰藤籐	斷	段	…
99. *tsang*	珍針真斟增	枕擠	浸進鎮	…
100. *ts'ang*	親	…	趁櫬	…
101. *dzang*	臣沉陳塵	…	陣	…
102. *wang*	*	…	*	…
103. *hwang*	昏	…	…	…
104. *whang*	餛	…	混溷	…
105. *ao*	甌	*	*	…
106. *hao*	…	…	吼	…
107. *'ao*	喉猴	後厚	候	*
108. *chao*	鳩	九久韭	究救	…
109. *ch'ao*	邱	*	…	…
110. *djao*	求毬	臼柩舅	舊	…

	平聲 *Bing-sing.*	上聲 *Zie*[1]*-sing.*	去聲 *Ch‘ü*[2]*-sing.*	入聲 *Zaih-sing.*
111. *ĭao*	憂	...	...	...
112. *yao*	由油遊蝣	友有酉	又右佑誘槱	...
113. *kao*	勾鈎溝	狗	穀	*
114. *k‘ao*	...	口	扣	...
115. *gao*	*	厚	...	...
116. *lao*	樓髏	簍	陋漏	...
117. *nao*	...	*	...	...
118. *ngao*	牛	偶藕	...	...
119. *nyao*	...	扭鈕	...	*
120. *sao*	搜	...	嗽瘦	...
121. *zao*	愁	...	...	...
122. *shao*	休	朽	...	...
123. *tao*	拋篼	斗抖	鬬	...
124. *t‘ao*	偷	*	透	...
125. *dao*	投	...	逗	...
126. *tsao*	㑳	走	奏皺縐	...
127. *ts‘ao*	...	瞅	湊	...
128. *dzao*	...	...	驟	...
129. *æ*	哀	杏	...	...
130. *hæ*	蒿	...	*	...
131. *‘æ*	行	...	行	*
132. *væ*	*	...	...	...
133. *kæ*	更庚耕羹	哽	更	..
134. *k‘æ*	坑	...	...	...
135. *kwæ*	肱	梗	...	...

	平聲 *Bing-sing.*	上聲 *Zie¹-sing.*	去聲 *Ch'ü²-sing.*	入聲 *Zaih-sing.*
136. *gwæ*	...	*	...	...
137. *læ*	...	冷 兩	...	兩
138. *mæ*	盲	猛	孟	...
139. *næ*	*	...	*	...
140. *ngæ*	...	...	硬	...
141. *pæ*	柵 繃	...	*	...
142. *p'æ*	烹	...	...	...
143. *bæ*	彭 棚 膨	蚌	*	...
144. *sæ*	生 甥 甥	省	...	...
145. *tæ*	...	打	...	...
146. *tsæ*	爭 睜	...	*	...
147. *ts'æ*	撐	...	*	...
148. *dzæ*	爭	...	*	...
149. *wæ*	*	...	...	...
150. *hwæ*	轟	...	...	...
151. *whæ*	橫	..	*	...
152. *e*	唉	*	要 愛	...
153. *he*	*	海	..	黑
154. *'e*	孩	亥 幸 倖	害	...
155. *ke*	該	改 幾	蓋 概	*
156. *k'e*	開	...	慨	刻
157. *ge*	...	*	...	...
158. *le*	來	...	...	勒
159. *ne*	*	...	耐	日
160. *nge*	呆	...	艾 碍	...

	平聲 *Bing-sing.*	上聲 *Zie¹-sing.*	去聲 *Ch'ü²-sing.*	入聲 *Zaih-sing.*
161. *se*	...	...	塞賽	色
162. *ze*	才材財裁	在	...	賊
163. *te*	獃	...	戴	得德
164. *t'e*	台胎	...	態	...
165. *de*	臺擡	待	代玳怠埭袋	特
166. *tse*	災栽	宰	再最載	則
167. *ts'e*	猜	采睬綵	菜	測
168. *dze*	纔	...	...	...
169. *i*	衣醫	椅野	意翳	一
170. *yi*	宜移爺	以已	夜易係異	叉
171. *fi*	妃非飛緋	誹匪	肺費痱廢	...
172. *vi*	肥微薇	...	吠	...
173. *ki*	...	*	...	*
174. *k'i*	...	...	去	...
175. *gi*	其	...	...	...
176. *li*	來眉梨犁璃離籬籬	里李埋禮鯉	利例莉淚蠣	力荔笠歷礫
177. *mi*	眉彌	米尾美	未味	...
178. *pi*	...	比彼	秘閉	...
179. *p'i*	批刽披	譬	屁	...
180. *bi*	皮枇琵脾	被痞	敝備弊篦避	...
181. *si*	西賒樨	舍洗寫灑	世卸施赦細壻勢瀉	式惜錫識釋
182. *zi*	邪徐蛇匙齊薺臍	鱔	射謝麝	石食席蓆
183. *ti*	低	底抵	帝蒂滴	的嫡

	平聲 Bing-sing.	上聲 Zie¹-sing.	去聲 Ch'ü²-sing.	入聲 Zaih-sing.
184. *t'i*	梯	體	剃涕腻嚏	剔踢
185. *di*	提啼蹄題	弟	地第遞	...
186. *tsi*	枝肢猪遮	姐紙煮	制借祭蔗擠	浙隻脊跡積職織
187. *ts'i*	車妻	且扯杵鼠	*	尺赤勅砌
188. *dzi*	池	苧舐	箸滯	直值
189. *iœ*	妖腰邀	舀	要	...
190. *yiœ*	搖遙窰謠	...	鷂	...
191. *chiœ*	招朝焦椒澆蕉嬌驕	*	叫照餃	...
192. *ch'iœ*	超	悄	竅	...
193. *djiœ*	俅朝潮橋	兆撬	召轎	...
194. *liœ*	寮龍	了	料	掠畧獵
195. *miœ*	苗	謬	廟	...
196. *nyiœ*	饒	*	...	...
197. *piœ*	標瀌鑣	表裱	...	...
198. *p'iœ*	飄	漂	票	...
199. *biœ*	嫖瓢薸	...	...	...
200. *shiœ*	消逍梟硝燒魈簫	小少	少笑鞘	...
201. *jiœ*	...	擾	紹	...
202. *tiœ*	刁彫雕	...	弔釣鳥	...
203. *t'iœ*	挑	挑	跳糶	...
204. *diœ*	條調	*	調	...
205. *ie*	央殃秧烟蔫	養	燕厭	噎

平聲 *Bing-sing.*	上聲 *Zie¹-sing.*	去聲 *Ch'ü²-sing.*	入聲 *Zaih-sing.*
206. *yie* 羊洋垟烊絃陽揚楊筵檐蠅	癢	現樣	協葉
207. *chie* 肩縑堅僵薑	檢繭	見建劍	刦刼結
208. *ch'ie* 牽腔謙	遣	欠	挈
209. *djie* 强鉗	件强儉	健	*
210. *lie* 良連凉量樑憐蓮糧簾	兩臉斂	量煉練鏈戀	立栗律裂
211. *mie* 眠綿	免勉	面麵	密蜜篾
212. *nie* 拈	...	...	...
213. *nyie* 言年泥研娘嚴	仰染	念讓藝	日臬業熱
214. *pie* 鞭邊	扁匾	徧變	必別筆逼碧滗壁
215. *p'ie* 偏篇	...	片騙	匹疋撇
216. *bie* 便辮	辨	便	別鼻
217. *sie* 仙先籼相商傷箱鮮攘鑲	想賞	相扇線	...
218. *zie* 倘前祥常然詳裳嘗薔牆	上善象像	上尙賤	舌涉
219. *shie* 香軒鄉	餉響顯*	向莧獻	歇
220. *tie* 癲	典點	店	跌
221. *t'ie* 天添	餂	舔	帖貼鐵
222. *die* 田甜錢	簟	電殿墊靛疊	笛碟牒蝶敵
223. *tsie* 尖將張章煎樟氈醬瞻	長剪掌槳	帳將脹漲賬箭薦戰	折卽接節

	平聲 Bing-sing.	上聲 Zie[1]-sing.	去聲 Ch'ü[2]-sing.	入聲 Zaih-sing.
224. ts'ie	千昌菖槍 錩鏘蹌	淺搶	唱暢	切竊
225. dzie	長常塲腸	丈杖像	匠	擲
226. ling	林淋翎菱 零鈴鄰臨鱗靈	領廩嶺	令吝	...
227. ming	民名明鳴	皿	命	...
228. ping	冰兵	稟餅	幷柄殯	...
229. p'ing	...	品	聘	...
230. bing	平屏瓶貧 評憑	並	病	...
231. sing	升星陞 腥聲	醒	性姓勝聖	...
232. zing	仍丞成承 城情晴誠繩	靖靜	淨盛	...
233. ting	丁疔釘	頂鼎	釘矴	...
234. t'ing	聽廳	挺	聽	...
235. ding	亭停	錠	定	...
236. tsing	烝晶腈 睛精	井整	正政證	...
237. ts'ing	青清稱	請	秤	...
238. dzing	呈埕程	...	剩	...
239. liu	流留劉	柳	溜	六
240. siu	收脩羞	手守首	秀銹獸繡	...
241. ziu	泅柔	受授	袖就壽	就
242. tiu	丟	...	...	...
243. diu	頭	...	荳	...

	平聲 *Bing-sing*	上聲 *Zie¹-sing.*	去聲 *Ch'ü²-sing.*	入聲 *Zoih-sing.*
244. *tsiu*	州周週揪賙	酒帚	咒晝	...
245. *ts'iu*	抽秋鞦	丑醜	臭	...
246. *dziu*	囚稠綢讎	...	*	...
247. *chï*	肌追株珠硃基箕機雞饑	儿主紀觜	計記蛀註繼	...
248. *ch'ï*	吹炊欺溪	起豈	氣處器趣	喫
249. *djï*	其奇除茄棋厨提期旗錐騎	柱署	住忌	*
250. *shï*	尿書嘻嬉輸雖鬚	水喜數	恕稅暑歲戲	...
251. *jï*	如誰儒隨	聚署孺	樹	...
252. *o*	蛙椏鴉	啞	挜	惡
253. *ho*	花蝦	*	化	嚇
254. *'o*	划霞	下	夏畫話	活滑學鑊
255. *cho*	...	...	...	足桌捉燭
256. *ch'o*	...	...	...	曲戳
257. *djo*	...	...	...	局濁觸
258. *fo*	...	...	...	法髮發
259. *vo*	...	...	...	罰縛
260. *ko*	瓜加家枷嘉	假	卦挂架假褂嫁駕價	各角閣擱覺
261. *k'o*	誇	可	...	殼確濶
262. *go*	...	...	*	擱
263. *lo*	*	...	...	落綠樂
264. *mo*	麻痲蟆	馬瑪碼	...	摸襪

	平聲 Bing-sing.	上聲 Zie¹-sing.	去聲 Ch'ü²-sing.	入聲 Zaih-sing.
265. *no*	...	...	...	諾
266. *ngo*	牙芽衙	瓦雅	*	樂鶴
267. *nyo*	...	...	...	玉
268. *po*	巴芭疤	把	壩	八剝駁
269. *p'o*	...	...	怕帕	樸
270. *bo*	杷爬耙琶	...	...	拔雹薄
271. *so*	沙砂痧紗簑	所鎖灑	...	索
272. *zo*	昨	坐	座	*
273. *sho*	...	...	...	束縮
274. *jo*	...	...	...	俗續屬贖
275. *shwo*	...	...	...	*
276. *to*	...	朶	...	...
277. *t'o*	...	...	...	託
278. *do*	...	...	...	鐸
279. *tso*	渣	*	...	作
280. *ts'o*	叉差	...	杈	錯
281. *dzo*	查茶搽	...	...	...
282. *yo*	...	...	...	浴
283. *oa*	汪	*	*	...
284. *hoa*	哮荒慌	恍謊	孝	...
285. *'oa*	行皇黃	*	旺効巷效	*
286. *choa*	供恭裝鐘	爐腫種	胖種	...
287. *ch'oa*	窗眶瘡	恐	...	...
288. *djoa*	狂重	重	共撞	...
289. *foa*	方坊妨	彷紡訪	放	...

	平聲 Bing-sing.	上聲 Zie[1]-sing.	去聲 Ch‘ü[2]-sing.	入聲 Zaih-sing.
290. *voa*	亡防房	妄	望	…
291. *koa*	光交茭舡剛膠鋼	江校絞較廣講	教酵	…
292. *k‘oa*	敲橇	巧	炕窖壙	…
293. *goa*	*	…	*	…
294. *ioa*	癰	枉	*	…
295. *yoa*	王	往勇湧	用	…
296. *loa*	郎廊䀶	朗	浪	…
297. *moa*	忙茅麽貓錨	網蟒	望貌	…
298. *noa*	…	…	鬧	…
299. *ngoa*	…	齩	…	…
300. *nyoa*	濃	…	…	…
301. *poa*	包胞梆鴇	飽榜綁	…	…
302. *p‘oa*	拋	跑髈	泡爆礮	…
303. *boa*	旁	棒	鉋	…
304. *soa*	桑喪	嫂稍爽	哨	…
305. *zoa*	藏	…	臟	…
306. *shoa*	凶兇霜雙	…	况	…
307. *joa*	床從	…	狀訟	…
308. *toa*	當襠	檔黨	當	…
309. *t‘oa*	湯	帑	燙	…
310. *doa*	唐堂搪糖	宕盪	蕩	…
311. *tsoa*	抓贓	爪找笊	壯葬罩	…
312. *ts‘oa*	抄倉操艙	炒吵	創	…

	平聲 *Bing-sing.*	上聲 *Zie¹-sing.*	去聲 *Ch'ü²-sing.*	入聲 *Zaih-sing.*
313. *dong*	同桐筒童銅	桶動	洞	...
314. *'ong*	洪紅	...	*	...
315. *ō*	恩鞍鵪	...	暗	...
316. *hō*	蚶	...	...	撼
317. *'ō*	含	憾	...	合盒
318. *kō*	甘柑根疳	敢感橄	...	合鴿
319. *k'ō*	堪	欿勘	看磡	丐咳磕
320. *yō*	...	頷	...	*
321. *lō*	欒鑾	卵	亂論	粒
322. *mō*	瞞饅鰻	滿	懣霧	末抹莉
323. *nō*	男南	煖	嫩	納
324. *ngō*	...	...	玩	*
325. *pō*	半	...	半	撥
326. *p'ö*	潘	...	判	潑
327. *bō*	搬盤	伴拌	...	鈸
328. *sō*	閂孫酸	損	蒜算	刷
329. *zō*	存蠶	鏨	...	雜鑿
330. *tö*	端墩	短	煅斷	掇答
331. *t'ö*	呑貪	...	探	脫
332. *dō*	屯團潭臀	斷	鈍緞	凸沓奪
333. *tsō*	尊罇鑽	纂	鑽	*
334. *ts'ō*	村參	忖	寸	...
335. *dzō*	...	撰	...	...
336. *öe*	腌[illegible]	襖	奧[illegible]	...

	平聲 *Bing-sing.*	上聲 *Zie¹-sing.*	去聲 *Ch'ü²-sing.*	入聲 *Zaih-sing.*
337. *höe*	…	好	好	好
338. *'öe*	毫	…	號	…
339. *föe*	…	否	…	…
340. *vöe*	浮	…	…	…
341. *köe*	高膏糕	稿	告	…
342. *k'öe*	烤	考	靠	…
343. *löe*	牢勞癆	老荖	…	…
344. *möe*	毛謀	畝	茂冒帽	…
345. *nöe*	…	惱瑙腦	…	…
346. *ngöe*	熬鰲	…	傲	…
347. *pöe*	…	保寶	報	…
348. *p'öe*	*	剖	…	…
349. *böe*	袍	抱	暴	…
350. *söe*	臊	嫂	掃燥	…
351. *zöe*	曹槽	皂造	…	…
352. *töe*	刀	倒島搗	到倒	…
353. *t'öe*	叨韜	討	套	…
354. *döe*	逃桃萄	道稻	盜導	…
355. *tsöe*	遭糟臟	早蚤棗	灶躁	…
356. *ts'öe*	*	草	操糙	…
357. *u*	污烏窩	…	惡	屋
358. *hu*	呼	火伙虎琥夥	貨	*
359. *whu*	河狐和胡湖瑚壺糊鬍	戶禍	賀護	塢
360. *chu*	…	…	…	竹祝菊粥

	平聲 *Bing-sing.*	上聲 *Zie¹-sing.*	去聲 *Ch'ü²-sing.*	入聲 *Zaih-sing.*
361. *ch'u*	...	...	...	畜麯
362. *dju*	...	...	...	逐軸
363. *fu*	夫膚	不否斧撫	...	復幅福覆
364. *vu*	無	武舞	...	伏服袱
365. *iu*	...	...	...	育
366. *ku*	孤姑哥鍋	古果股菓鼓	固故過雇顧	穀
367. *k'u*	枯窠	苦	庫褲顆	哭
368. *lu*	騾羅蘿籮鑼	...	*	鹿祿碌
369. *mu*	模魔	母某	慕	木目睦
370. *nu*	奴	懦	怒	...
371. *nyu*	...	...	...	肉
372. *pu*	波玻	...	...	卜
373. *p'u*	坡	普	...	仆
374. *bu*	蒲	部	⿰飠毛	僕蔔
375. *su*	唆疏梭	...	素數	速
376. *zu*	...	...	助	...
377. *shu*	...	...	...	叔
378. *ju*	...	...	...	辱族褥熟
379. *tu*	多	躲	剁	督
380. *t'u*	拖	妥	太	禿
381. *du*	徒	柁惰	大	毒獨讀
382. *tsu*	...	左阻	做	...
383. *t'su*	初差	楚	磋	促簇
384. *ung*	翁	...	⿰月翁	...

	平聲 *Bing-sing.*	上聲 *Zie¹-sing.*	去聲 *Ch'ü²-sing.*	入聲 *Zaih-sing.*
385. *hung*	烘	哄	蕻	...
386. *chung*	中忠軍	准捲	中衆	...
387. *ch'ung*	冲充春鷄	頃寵	銃	...
388. *djung*	裙窮蟲	栢窘	郡	...
389. *fung*	風封峯蜂鋒豐	...	俸	...
390. *vung*	逢縫	奉	鳳縫	...
391. *iung*	癰	允永	擁	...
392. *yung*	匀容雲雄榮營	...	閏運暈	...
393. *kung*	工弓公功攻宮恭	...	貢	...
394. *k'ung*	空	孔	空控	...
395. *gung*	*	...	...	...
396. *lung*	嚨礱聾朧籠	攏	弄衖	...
397. *mung*	蒙朦朦	*	夢	...
398. *nung*	農膿	...	穠	...
399. *pung*	崩	...	*	...
400. *p'ung*	...	捧	碰	...
401. *bung*	朋棚篷	*	*	...
402. *sung*	松鬆	...	宋送	...
403. *zung*	茸絨	...	...	...
404. *shung*	兄熏	筍	訓峻	...
405. *jung*	巡唇	吮	順潤	...

	平聲 Bing-sing.	上聲 Zie¹-sing.	去聲 Ch'ü²-sing.	入聲 Zaih-sing.
406. tung	冬東	董懂	凍棟	...
407. t'ung	通	統	痛	...
408. tsung	宗棕鬃	總	粽	...
409. ts'ung	葱聰	...	...	...
410. fû	夫	府腑	付附副富	...
411. vû	扶芙浮符誣	父婦	附務腐	...
412. kû	...	...	鋸	...
413. lû	爐驢	滷屢櫓	路類露	...
414. mû	磨	...	磨	...
415. ngû	魚	...	...	...
416. pû	...	補譜	布佈	...
417. p'û	鋪	浦	破鋪	...
418. bû	葧婆匍蒲	*	步捕	...
419. sû	酥酥蘇	...	素訴塑	...
420. tû	都	賭	妬	...
421. t'û	...	土	吐兔	...
422. dû	徒途塗圖	肚	度渡鍍	...
423. tsû	租	祖	...	...
424. ts'û	粗	...	醋	...
425. ü	威瘀	委慰穢	畏	...
426. 'ü	盂爲圍餘	羽宇雨	芋位胃惠爲喻預諭衛	...
427. chü	居拘規龜	矩鬼舉譎	句桂貴	...
428. ch'ü	虧驅	...	去	...

	平聲 *Bing-sing.*	上聲 *Zie¹-sing.*	去聲 *Ch'ü²-sing.*	入聲 *Zaih-sing.*
429. *djü*	...	踞	懼懼	...
430. *nyü*	愚	女語	寓御遇	...
431. *shü*	虛靴	許	諱	...
432. *üe*	安寃溫	菀碗穩	怨按案	鬱
433. *hüe*	昏葷軒歡*	罕	喚漢	忽惚
434. *chüe*	捐專磚	轉	卷眷絹	決拙
435. *ch'üe*	圈	喘	勸	出屈缺
436. *djüe*	拳傳權顴	篆	倦	朮掘
437. *küe*	干肝官竿冠棺乾	稈管趕館	幹罐	骨割葛
438. *k'üe*	...	...	*	渴窟
439. *güe*	...	...	...	不
440. *nyüe*	元原	輭	願	月
441. *yüe*	丸完員寒園圓魂緣	旱遠緩	汗岸院銲媛翰縣	核越
442. *shüe*	*	選	楦	血恤雪說
443. *jüe*	全船	...	*	絕
444. *m*	忤吳鵝	五	悟誤	...
445. *n*	兒疑	耳議	二	兒
446. *ng*	...	我	...	...
447. *sz*	司私思屍師梳絲篩螄	死使	四試肆賜	...
448. *z*	時祠慈磁辭鰣	士市仕似柹是	示自字寺事視	...

	平聲 Bing-sing.	上聲 Zie¹-sing.	去聲 Ch'ü²-sing.	入聲 Zaih-sing.
449. tsz	芝知	子止姊指紫	志制痣誌	只
450. ts'z	...	此恥齒	次思謚	...
451. dz	遲	痔雉	治	...

Total number of Characters ...	960	481	593	372
			2,406	

Characters of more than one sound, entered more than once ...	54	93	
Characters used in more than one tone, entered more than once ...	39		
		2,313	

CHARACTERS IN THE SOUND TABLE OF MORE THAN ONE SOUND.

萬 ra^{2}, ma^{2}.

破 p‘a^{2}. p‘û^{2}.

戴 ta^{2}. te^{2},

答 tah, tŏh.

太 t‘a^{2}, t‘u^{2}.

大 da^{2}, du^{2}.

差 ts‘a, dza^{2}, ts‘o, ts‘u.

易 yaih, yi^{2}.

規 kwai, chü.

虧 kw‘ai, ch‘ü.

日 nyaih, neh, nyieh, zaih.

小 sai^{1}, shiæ^{1}.

奪 daih, dŏh.

不 paih, fu^{1}.

分 fang, vang^{2}.

卵 lang^{1}, lŏ^{1}.

人 nang, nyang, zang.

煖 nang^{1}, nŏ^{1}.

任 nyang, zang^{2}.

斷 dang^{1}, dŏ^{1}, tŏ^{2}.

厚 ‘ao^{1}, gao^{1}.

又 yao^{2}, yih.

兩 læ^{1}, læh, lie^{1}.

棚 pæ, bæ, bung.

爭 tsæ, dzæ.

一 ih, iaih.

其 gi, djī.

去 k‘i^{2}, ch‘ü^{2}.

眉 li, mi.

制 tsi^{2}, tsu^{2}.

朝 chiæ, djiæ.

常 zie, dzie.

像 zie^{1}, dzie^{1}.

長 tsie^{1}, dzie.

數 shī^{1}, su^{2}.

擱 koh, goh.

恭 choa, kung.

望 voa^{2}, moa.

操 ts‘oa, ts‘òe^{2}.

惡 oh, u^{2}.

合 ‘ŏh, kŏh.

否 föe^{1}, fu^{1}.

浮 vöe, vû.

夫 fu, fû.

蒲 bu, bû.

素 su^{2}, sû^{2}.

徒 du, dû.

CHARACTERS IN THE SOUND TABLE USED IN MORE THAN ONE TONE.

解 *ka*^{1}, *ka*^{2}.
難 *na*, *na*^{2}.
散 *sa*^{1}, *sa*^{2}.
擔 *ta*, *ta*^{2}.
彈 *da*, *da*^{2}.
背 *pai*, *pai*^{2}.
應 *iang*, *iang*^{2}.
噴 *p‘ang*, *p‘ang*^{2}.
興 *shang*, *shang*^{2}.
行 *‘æ*, *‘æ*^{2}.
更 *kæ*, *kæ*^{2}.
少 *shiæ*^{1}, *shiæ*^{2}.
挑 *t‘iæ*, *t‘iæ*^{1}.
調 *diæ*, *diæ*^{2}.
强 *djie*, *djie*^{1}.
量 *lie*, *lie*^{2}.
便 *bie*, *bie*^{2}.
相 *sie*, *sie*^{2}.
上 *zie*^{1}, *zie*^{2}.

將 *tsie*, *tsie*^{2}.
釘 *ting*, *ting*^{2}.
聽 *t‘ing*, *t‘ing*^{2}.
就 *ziu*^{2}, *ziuh*.
種 *choa*^{1}, *choa*^{2}.
重 *djoa*, *djoa*^{1}.
當 *toa*, *toa*^{2}.
半 *pö*, *pö*^{2}.
鑿 *zö*^{1}, *zöh*.
鑽 *tsö*, *tsö*^{2}.
好 *höe*^{1}, *höe*^{2}, *höeh*.
倒 *töe*^{1}, *töe*^{2}.
中 *chung*, *chung*^{2}.
縫 *vung*, *vung*^{2}.
空 *k‘ung*, *kung*^{2}.
磨 *mû*, *mû*^{2}.
鋪 *p‘û*, *p‘û*^{2}.
爲 *‘ü*, *‘ü*^{2}.
兒 *n*, *n(h)*.

PRONUNCIATION
OF
VOWEL AND DIPHTHONG SOUNDS.

a	like	*a*	in	*father*	
ang	,,	*ung*	,,	*hung*	
ai	,,	*ai*	,,	German	*kaiser*
ao	,,	*au*	,,	German	*aus*
e	,,	*e*	,,	*send*	
æ	,,	*ai*	,,	*air*	
i	,,	*ee*	,,	*tree*	
ï	,,	*i*	,,	*pill*	
o	,,	*oor*	,,	*poor*	
oa	,,	*aw*	,,	*law*	
öe	,,	*e*	,,	French	*ce*
ö	,,	*u*	,,	*fur*	
u	,,	*u*	,,	*bull*	
ü	,,	the French	,,	*eu*	
û	,,	*o* and French		*eu* (oeu)	

pronounced separately.

TONE MARKS.

THE EVEN TONE.—*Bing-sing* is left unmarked, *i.e.* where there is no mark over a word and it does not end with an *h* that word is in the *Bing-sing*.

THE RISING TONE.—*Zie¹-sing* is marked by the figure ¹ at the end of the word.

THE DEPARTING TONE.—*Ch'ü²-sing* is marked by the figure ² at the end of the word.

THE ENTERING TONE.—*Zaih-sing* is marked by a final *h*.

N.B.—**Sounds without characters are marked thus |**

FORTY EXERCISES.

散語四十章

EXERCISE I.

1. 一 *iaih, ih;* one.
2. 二 *n²;* two.
3. 兩 { *læ¹;* two. / *læeh;* a few.
4. 三 *sa;* three.
5. 四 *sz²;* four.
6. 五 *ng¹;* five.
7. 六 *liuh;* six.
8. 七 *ts'aih;* seven.
9. 八 *poh;* eight.
10. 九 *chao¹;* nine.
11. 十 *zaih;* ten.
12. 百 *pah;* hundred.
13. 千 *ts'ie;* thousand.
14. 萬 *ma², va²;* ten thousand.
15. 里 *li¹;* a *Li*, about a third of a mile.
16. 寸 *ts'ö²;* inch.
17. 斤 *chang;* cattie.
18. 牛 *ngao;* ox, cow.
19. 羊 *yie(a);* sheep, goat.
20. 麥 *mah;* wheat.
21. 米 *mi¹(b);* rice.
22. 人 *nang, nyang, zang(c);* man.
23. 座 *zo²;* numerative of hills and houses.
24. 第 *di²;* order, series.
25. 幾 *ke¹;* some, how many.
26. 零 *ling;* fractional.
27. 來 *li, le;* to come.
28. 多 *tu;* many.
29. 少 *shiæ¹;* few.
30. 个 *kai²;* one; a numerative.
31. 兒 *n(d)*, *son;* and added to many nouns without affecting their meaning.
32. 好 *höe¹;* good.
33. 高 *köe;* high.
34. 有 *yao¹;* to be, to have.
35. 足 *choh;* enough, full.
36. 斗 *tao¹(e);* a measure of corn.
37. 肉 *nyuh(f);* meat.
38. 魚 *ngü;* fish.
39. 牙 *ngo;* tooth.
40. 長 *dzie;* long.
41. 走 *tsao¹;* to go, to walk.
42. 罷 *ba¹;* sign of the past tense.

1. **Sixteen.**
zaih-liuh.
十六

2. **Nineteen.**
zaih-chao^{1}.
十九

3. **Twenty.**
n^{2}*-zaih; nyie*^{2}. (g)
十二，念

4. **Thirty-four.**
sa-zaih-sz^{2}.
三十四

5. **Fifty-seven.**
ng^{1}*-zaih-ts'aih.*
五十七

6. **Sixty-eight.**
liuh-zaih-poh.
六十八

7. **The seventeenth.**
di^{2} *zaih-ts'aih kai*^{2}.
第十七个

8. **Two or three hundred.**
læ^{1}*-sa-pah.*
兩三百

9. **Two or three thousand.**
læ^{1} *sa ts'ie.*
兩三千

10. **Two or three persons or things.**
læ^{1} *sa kai*^{2}.
兩三个

11. **Five or seven hundred persons.**
ng^{1} *ts'aih pah kai*^{2} *nang.*
五七百个人

12. **Number one; the first.**
di^{2} *iaih.*
第一

13. **Number twenty-seven; the twenty-seventh.**
di^{2} *n*^{2}*-zaih-ts'aih.*
第二十七

14. **Number one thousand eight hundred and sixty-five.**
di^{2} *ih-ts'ie poh-pah liuh-zaih-ng*^{1}.
第一千八百六十五

15. **The one million and three hundredth person or thing.**
di^{2} *ih-pah-ma*^{2} *ling sa-pah kai*^{2}.
第一百萬零三百个

16. **Five hundred and seventy thousand six hundred and ten.**
ng^{1}*-zaih-ts'aih-ma*^{2} *ling liuh-pah-zaih.*
五十七萬零六百十

17. **Seven hundred thousand and twenty.**
ts'aih-zaih-ma^{2} *ling n*^{2}*-zaih.*
七十萬零二十

18. A million.
ih-pah-ma[2].
一百萬

19. Three hundred and fifty thousand.
sa-zaih-ng[1]*-ma*[2].
三十五萬

20. Five million and one.
ng[1]*-pah-ma*[2] *ling iaih*.
五百萬零一

21. Sixty thousand five hundred and seven.
liuh-ma[2] *ling ng*[1]*-pah ling ts'aih*.
六萬零五百零七

22. One hundred thousand.
zaih-ma[2].
十萬

23. Ten millions.
ts'ie-ma[2].
千萬

24. Nine million nine hundred and ninety-three thousand.
chao[1]*-pah chao*[1]*-zaih chao*[1]*-ma*[2] *sa-ts'ie*.
九百九十九萬三千

25. A number of people are come.
yao[1]*-le*[(h)] *nang tsao*[1]*-li ba*[1].
有丨人走來罷

26. There are some people.
yao[1]*-le nang*.
有丨人

27. There are a good number of people.
yao[1] *tu-shie*[1] [(i)] *nang*.
有多丨人

28. How many people are come?
yao[1] *ke*[1]*-le nang li?*
有幾丨人來

Upwards of thirty thousand.
sa-ma[2] *tu*.
三萬多

29. Several tens.
ke[1] *zaih kai*[2].
幾十个

30. Two persons or things.
lœ[1]*-kai*[2].
兩个

31. How many?
ke[1]*-kai*[2]*?* *ke*[1]*-le?*
幾个 幾丨

32. Ten and more; over ten.
zaih kai[2] *tu lie*[1] [(j)]*-n*.
十个多丨兒

33. Eight or nine.
poh chao[1] *kai*[2].
八九个

34. Near ten persons or things.
zaih lo[(k)] *kai*[2].
十丨个

35. Nine or ten persons or things.
chao[1] kai[2] zaih kai[2].
九个十个

36. Two hundred and more.
læ[1]-pah tu-le.
兩百多亅

37. Five thousand and more.
ng[1]-ts'ie tu-le.
五千多亅

38. Three inches four-tenths long.
sa ts'ö[2] sz[2] dzie.
三寸四長

39. A single individual.
ih-kai[2] nang.
一个人

40. Five catties of beef.
ng[1] chang ngao-nyuh.
五斤牛肉

41. Six catties of mutton.
liuh chang yie-nyuh.
六斤羊肉

42. Some catties of fish, or how many [catties of fish?
ke[1] chang ngû.
幾斤魚

43. Seven measures of wheat.
ts'aih tao[1] mah.
七斗麥

44. Nine measures of rice.
chao[1] tao[1] mi[1].
九斗米

45. Some teeth.
ke[1]-kai[2] ngo.
幾个牙

46. Several myriads of *li* in length.
ke ma[2] li[1] dzie.
幾萬里長

47. Full forty thousand *li.*
choh-choh sz[2]-ma[2] li[1].
足足四萬里

48. There is a mountain full two hundred *li* high.
yao[1] ih zo[2] sa choh-choh yao[1] læ-pah li[1] köe.
有一座山足足有兩百里高

NOTES.

(*a*.) 兒 is practically always added to 羊, *i.e.* a sheep is *yie-n.*

(*b*.) *Mi*¹ is uncooked hulled rice. There are at Wênchow three sorts of rice: *liæ-sie-mi*¹ [龍秈米], *chang-zing-mi*¹ [京成米] and *nung²-mi*¹ [糯米]. The first two are different qualities of the common rice, *liæ-sie-mi*¹ being the best and more expensive. The third is glutinous rice. The growing crop is *döe*¹ [稻], unhulled rice is *kuh* [穀] and boiled rice is *vä*² [飯].

(*c*.) *Nang* is the common term for a man. *Nyang* is used in the expressions *chï*¹*-nyang-ko* [主人家] host, master; *sang-jï*¹*-nyang* [新孺人], bride; *dzie*¹*-nyang* [丈人], wife's mother, and *löe-nyang-k'ah* [老人客], woman. In reading 人 is always *zang*, but in speaking it is also so pronounced in *da*²*-zang* [大人], His Excellency, *sing*²*-zang* [聖人], the sainted man or Confucius, and *mu*¹*-zang* [某人], a certain man.

(*d*.) *N*, when added to some nouns, is a diminutive, as *töe-n* [刀兒], a small knife; *tsi*¹*-diæ-n* [紙條兒], a small piece of paper; *tsiu*¹ *pai-n* [酒杯兒], a small wine-cup. In *chï-n(h)* [雞兒], a small chicken, *kao*¹*-n(h)* [狗兒], a small dog, and a few other instances, *n* is *zaih-sing* [入聲].

(*e*.) Ten *tao* of rice at Wênchow weigh 125 catties; ten *tao* of wheat weigh 124 catties.

(*f*.) *Nyuh*, when used alone, means "pork."

(*g*.) *Nyie*² also means "to read, recite" [see Ex. 33].

(*h*.) *Le*, more, better; the comparative: added to 有 it means some: *yao*¹*-le*, there are some.

(*i*.) *Shie*¹, many, much; the superlative.

(*j*.) *Lie*¹, a little.

(*k*.) *Lo*, about, only used in connexion with numbers.

EXERCISE II.

1. 你 *nyi*^{1}; thou.
2. 我 *ng*^{1}; I.
3. 其 { *gi*; he, she, it. / *djï*; a definite pronoun.
4. 屋 *uh*; house.
5. 宕 *doa*^{1} ^(a)^; a place.
6. 買 *ma*^{1}; to buy.
7. 賣 *ma*^{2}; to sell.
8. 頂 *ting*^{1}; marks the superlative degree and is the numerative of hats, sedan-chairs and curtains.
9. 誰 *jï*; who.
10. 做 *tsu*^{2}; to do.
11. 旁 *boa*; side, the other, that.
12. 要 *e*^{2}; to want.
13. 不 *fu*^{1}, *paih*; not.
14. 未 *mi*^{2}; not, not yet.
15. 勿 *fai*; don't want, must not.
16. 是 *z*^{1}; to be.
17. 大 *da*^{2}, *du*^{2}; great, large.
18. 小 *sai*^{1}, *shia*^{1}; small.
19. 行 *'a*; to go.
20. 家 *ko*; family, home.
21. 生 *sa*; to bear, produce.
22. 意 *i*^{2}; meaning, intention.

---

1. Thine.
nyi^{1}*-gai*^{2} ^(b)^.
你 丨

2. Mine.
ng^{1}*-gai*^{2}.
我 丨

3. His.
gi-gai^{2}.
其 丨

4. You.
nyi^{1}*-da-ko*.
你大家

5. We.
ng^{1}*-da-ko*.
我大家

6. They.
gi-da-ko.
其大家

7. Your.
nyi^{1}*-da-ko-gai*^{2}.
你大家 丨

8. Ours.
ng^{1}*-da-ko-gai*^{2}.
我大家 丨

9. Theirs.
gi-da-ko-gai^{2}.
其大家 丨

10. We two men.
ng^{1}*-da-ko le*^{1}*-kai*^{2} *nang*.
我大家兩个人

11. This.
kih-kaih ^(c)^; *kih-leh*.
丨 丨 丨 丨

12. That.
he^{1}*-kai*^{2}; *he*^{1}*-le*; *boa-kai*^{2}.
丨个 丨 丨 旁个

13. Here.
kih-li.
丨 丨

14. There.
boa-ta.
旁 丨

15. As large as this.
kih-nang(h)(d) *du*².
| | 大

16. As small as that.
*he*¹*-nang(h) sai*¹.
| | 小

17. What man?
ga-nyie(e) *nang?*
| | 人

18. What thing?
ga-nyie mû(f)*-z*²?
| | | |

19. Who is that man?
*he*¹*-kai*² *nang z*¹ *jï?*
| 个人是誰

20. That man is a good man.
*he*¹*-kai*² *nang z*¹ *höe*¹ *nang.*
| 个人是好人

21. To buy things.
*ma*¹ *mû-z*².
買 | |

22. To sell things.
*ma*² *mû-z*².
賣 | |

23. He is a trader.
*gi tsu sæ-i*² *nang.*
其做生意人

24. What does he sell?
*gi ma*² *ga-nyie mû-z*²*-ge?*
其賣 | | | |

25. He sells a good many things.
*gi ma*² *t'a*²*-la-foa*(g) *mû-z*².
其賣 | | | | |

26. I want good ones, have you any? None.
*ng*¹ *e*² *höe*¹*-ge, nyi*¹ *yao*¹ *n-nao*¹ (h)? *n-nao*¹.
我要好 | 你有 | | | |

27. This is very good; that is bad.
*kih-kaih ting*¹ *höe*¹; *he*²*-kai*² *fu*¹ *höe*¹.
| | 頂好 | 个不好

28. Who is it that is come? There is no one come.
*yao*¹ *ga-nyie nang li?* *n-nao*¹ *nang li.*
有 | | 人來 | | 人來

29. What place is he from? He is not of this place.
*gi z*¹ *nyaoh*(i)*-doa-ge nang?* *gi fu*¹ *z*¹ *kih-li nang.*
其是 | 宕 | 人 其不是 | | 人

30. How many people is it that are come? A good number are come.
*yao*¹ *ke*¹*-le nang li?* *yao*¹ *tu-shie nang li.*
有幾 | 人來 有多 | 人來

31. I do not want this one; they want this one.
ng^1 fu^1 e^2 kih-kaih; *gi-da-ko e^2 kih-kaih.*
我不要｜｜ 其大家要｜｜

32. This is ours, that is theirs.
kih-kaih z^2 ng^1-da-ko-gai^2, he^1-kai^2 z^1 gi-da-ko-gai^2.
｜｜是我大家｜ ｜个是其大家｜

33. Have you got this thing? I do not want this thing.
nyi^1 yao^1 kih-kaih mû-z^2 n-nao^1? *ng^1 fu^1 e^2 kih-kaih mû-z^2.*
你有｜｜｜｜｜｜ 我不要｜｜｜｜

34. How many people are there there? Ten people and more.
yao^1 ke^1-le nang z^1 boa-ta? *yao^1 zaih ke^1-kai^2 nang.*
有幾｜人是旁｜ 有十幾个人

35. Is he come? He is not come.
gi 'æ-li ba^1 mi^2? *gi mi^2 tsao^1-li.*
其行來罷未 其未走來

36. This man is very good; that is a very bad man.
kih-kaih nang ting^1 höe^1; he^1-kai^2 nang ting^1 fu^1 höe^1.
｜｜人頂好 ｜个人頂不好

37. Whose is this thing (or things)? It is ours (or they are ours).
kih-kaih mû-z^2 z^1 jï nang-ge? *z^1 ng^1-da-ko-gai^2.*
｜｜｜｜是誰人｜ 是我大家｜

38. How many have you of these? Not many of them.
nyi^1-da-ko yao^1 ke^1-le kih-kaih mû-z^2? *n-nao^1 ke^1-le.*
你大家有幾｜｜｜｜｜ ｜｜幾｜

39. Have you got any very good ones there? None good.
nyi^1-da-ko boa-ta yao^1 ting^1 höe^1-ge n-nao^1? *n-nao^1 höe^1-ge$^{(1)}$.*
你大家旁｜有頂好｜｜｜ ｜｜好｜

40. Unless you have some very good ones, we don't want any.
nyi^1-da-ko n-nao^1 ting^1 höe^1-ge, ng^1-da-ko fai-ge.
你大家｜｜頂好｜ 我大家勿｜

NOTES.

(*a.*) *Doa*^{1} is only used in the following combinations:—
uh-doa^{1} [屋宕], a place, houses; *nyaoh-doa*^{1} [丨宕], where; *'ao*^{1}*-doa*^{1} [後宕], back premises; *k'ah-doa*^{1} [客宕], a guest's seat; *u-ie-doa*^{1} [烏烟宕], an opium den.

(*b.*) ***Gai***^{2} sign of the possessive, and often pronounced *ge* or *gi*.

(*c.*) ***Kaih*** may be used alone.

(*d.*) ***Nang(h)***, manner, way, kind.

(*e.*) ***Ga-nyie***, what.

(*f.*) ***Mû-z***^{2}, a thing, things.

(*g.*) ***T'a***^{2}***-la-foa***, many, good many.

(*h.*) ***N-nao***^{1}, have not, are not.

(*i.*) ***Nyaoh***, where; is composed of *nyah* [no character], what, and *uh* [屋], house.

(*j.*) or *hôe*^{1}*-ge n-nao*^{1}.

EXERCISE III.

1. 城 *zing;* wall of a city.
2. 住 *djī*[2]*;* to inhabit.
3. 着 *djah;* must; and an auxiliary verb.
4. 著 *chah;* to put on or wear clothes.
5. 街 *ka;* street.
6. 上 { *zie*[1]*;* upwards. *zie*[2]*;* up, upon.
7. 間 *ka;* room.
8. 門 *mang;* door, gate.
9. 過 *ku*[2]*;* to pass; a sign of the past tense.
10. 比 *pi*[1]*;* to compare.
11. 步 *bû*[2]*;* a pace, to pace.
12. 東 *tung;* east.
13. 南 *nö;* south.
14. 西 *si;* west.
15. 北 *paih;* north.
16. 阿 *ah;* or, also.
17. 布 *pû*[2]*;* cotton cloth.
18. 土 *t'û*[1]*;* the earth, dust, local.
19. 還 *wha;* to give back; still, besides.
20. 底 *ti*[1]*;* inside.
21. 外 *wha*[2]*;* outside.
22. 開 *k'e;* to open.
23. 店 *tie*[2]*;* shop, inn.
24. 關 *kwa;* to shut.
25. 牕 *ch'oa;* window.
26. 出 *ch'üeh;* out, forth.
27. 去 *k'i*[2]*;* to go away.
28. 曉 *shi*[1] [(a)]*;* to know.
29. 的 *tih;* evident, real.
30. 邊 *pie;* boundary, border.
31. 路 *lû*[2]*;* road.

---

1. To live in a house.
djī[2] *uh-de*[(b)].
住屋｜

2. To live at home.
djī ko.
住家

3. Inside the city.
zing-ti[1].
城底

4. Outside the city walls.
zing-wha[2].
城外

5. Inside.
ti¹-chüe¹ (c).
底轉

6. Outside.
wha chüe¹.
外轉

7. In a room.
ka-de.
間丨

8. Three houses.
sa zo² uh.
三座屋

9. Eighteen rooms.
zaih-poh ka.
十八間

10. Four shops.
sz² ka tie².
四間店

11. Shut the door.
kwa mang.
關門

12. Open the window.
ch'oa k'e-goa.
牕開丨

13. To go out.
tsao¹-ch'üeh.
走出

14. To come in.
tsao¹-ti¹-li.
走底來

15. To pass by.
tsao¹-ku²-k'i².
走過去

16. Walking.
tsao¹-ge; bû²-'æ.
走丨 步行

17. To go up the street.
tsao¹ ka-de k'i² (d).
走街丨去

18. To go east and west.
tsao¹ tung tsao¹ si.
走東走西

19. Eastwards.
tung-pie.
東邊

20. Westwards.
si-pie.
西邊

21. To know.
sha¹-tih.
曉的

22. What doing.
tsu² ga-nyie.
做丨丨

23. Where do you live? I am in the city.
nyi¹ djï² nyaoh-doa¹? ng¹ z¹ zing-ti¹.
你住丨宕 我是城底

24. How many houses have you there? Thirty-five.
nyi¹-da-kò boa-ta yao¹ ke¹-le uh (e)? yao¹ sa-zaih-ng¹ zo².
你大家旁丨有幾丨屋 有三十五座

25. Is the house you live in large? I live in three small rooms.
nyi¹ djï²-ge uh-doa¹ (e) du² ah sai¹? ng¹ djï²-ge sa sai¹ ka.
你住丁屋宕大阿小 我住丨三小間

26. This house is a great deal better than that one.
kih-kaih uh-doa¹ pi¹ he¹-kai² uh-doa¹ höe¹ tu.
丨丨屋宕比丨个屋宕好多

37. To come in the room.
tsao¹ ka-de ti¹ li.
走間丨底來

28. What is he doing at home? He is not at home.
gi z¹ uh-de tsu² ga-nyie? *gi n-nao¹ z¹ uh-de.*
其是屋丨做丨丨 其丨丨是屋丨

29. Do you know where he is gone? He is gone up the street.
gi tsao¹ nyaoh-doa¹ k'ī ba¹, nyi¹ sha¹-tih fu¹ sha¹-tih?
gi tsao¹ ka-de k'i² ba¹.
其走丨宕去罷 你曉的不曉的 其走街丨去罷

30. That man keeps seven shops. Dealing in what, and where are [they?
he¹-kai² nang k'e ts'aih ka tie². tsu² ga-nyie sæ-i² (?),
k'e z¹ nyaoh-doa¹?
丨个人開七間店 做丨丨生意 開是丨宕

31. They are inside the city; three in the eastern division and four more in the southern. They are all cloth-shops.
z¹ zing-ti¹; tung mang⁽⁹⁾ ti¹ yao¹ sa ka, nö mang ti¹ wha yao¹ sz² ka. oh z¹ pû² tie².
是城底 東門底有三間 南門底還有四間 丨是布店

32. We have no such business here.
ng¹-da-ko kih-li n-nao¹ kih-nang(h) du²-ge sæ-i².
我大家丨丨丨丨丨丨大丨生意

33. Those shops have a large number of customers.
he¹-kai² tie²-de ma¹ mû-z²-ge nang tu-shie¹.
丨个店丨買丨丨丨人多丨

34. There are five or six people come out. Who are they? I do not know.
yao¹ ng¹ liuh kai² nang tsao¹-ch'üeh ba¹. z¹ ga-nyie nang?
ng¹ fu¹ sha¹-tih.
有五六个人走出罷 是丨丨人 我不曉的

35. No one lives in this room. That shop is mine.
kih-kaih ka-de n-nao^1 nang djï^2. *he^1 ka tie^2 z^1 ng^1-gai^2.*
| | 間 | | | 人住 | 間店是我 |

36. He did not come in, he went past westwards.
gi n-nao^1 tsao^1 ti^1-li, mo$^{(h)}$ si tsao^1-ku^2-k'i^2.
其 | | 走底來 | 西走過去

37. What has he gone out to do? He has gone up the street to buy [something.
gi tsao^1-ch'üeh tsu^2 ga-nyie? tsao^1 ka-de k'i^2 ma^1 mû-z^2.
其走出做 | | 走街 | 去買 | |

38. There are a great number of people in the street.
ka-de nang tu shie^1.
街 | 人多 |

NOTES.

(*a.*) Only used in combination with *tih* 的.

(*b.*) *De*, in.

(*c.*) *Chüe*[1] means to return, to go back; but here it seems to have the meaning of "side." In a similar way it forms the compounds *'o*[1]*-chüe*[1] [下轉] below, or downside; *zie*[2]*-chüe*[1] [上轉] on the top or topside.

(*d.*) or *tsao*[1] *ka-lû-de k'i*[2] [走街路亅去].

(*e.*) *Uh*, *uh-dou*, either means a house.

(*f.*) *Sæ-i*, business, trade.

(*g.*) *Tung mang-ti*[1], inside the East gate, *nö mang-ti*[1] inside the South gate. At Wênchow the different parts of the city are named after the four principal gates, viz., the East, South, West and North gates. The popular name for the North gate is *shoa mang* [雙門]. There are besides three other gates:—*shiæ*[1] *nö mang* [小南門], the small south gate; *sa-chah mang* [三角門], the three horn gate; and *mo-'oa mang* [麻行門] the hemp-market gate.

(*h.*) *Mo*, towards.

EXERCISE IV.

1. 前 *zie;* before.
2. 後 *'ao*[1]*;* behind, after.
3. 吽 *chiæ*[2]*;* to call, to bid.
4. 起 *ch'ï*[1]*;* to rise.
5. 翻 *fa;* to recline.
6. 地 *di*[2]*;* the earth, the ground.
7. 快 *kw'a*[2]*;* fast, quick.
8. 慢 *ma*[2]*;* slow; to slight.
9. 坐 *zo*[1]*;* to sit.
10. 轎 *djiæ*[2]*;* sedan-chair.
11. 樓 *lao;* upper storey.
12. 下 *'o*[1]*;* down, below.
13. 轉 *chüe*[1]*;* to turn, to go back.
14. 到 *töe*[2]*;* to arrive at.
15. 夫 *fû;* man.
16. 把 *po*[1]*;* to take hold of.
17. 麽 *moa;* an interrogative particle.
18. 否 *fu*[1]*;* if not, or not.
19. 驢 *lü;* donkey.
20. 騾 *lu;* mule.
21. 馬 *mo*[1]*;* horse.
22. 頭 *diu;* head; numerative of horses, mules, etc.
23. 衙 *ngo;* public office.
24. 落 *loh;* to descend, down.
25. 放 *foa*[2]*;* to let go; to lend on interest.
26. 爬 *bo;* to climb, to crawl.
27. 半 *pö*[2]*;* half.
28. 歸 *kwai;* to return (home).
29. 喜 *shï*[1]*;* joy.
30. 歡 *hüe;* glad.
31. 就 { *ziuh;* about to, soon. / *ziu*[2]*;* according to. }
32. 會 *whai*[2]*;* to meet; can, will.

---

1. Reclining.
fa-da[(a)].
翻 |

2. Sitting.
zo[1]*-da.*
坐 |

3. To rise up.
bo-ch'ï[1].
爬起

4. Standing up; to stand.
ge[1(b)]*-da.*
| |

5. To put down.
k'oa[2(c)]*-da.*
| |

6. To let down.
foa[2]*-loh.*
放落

7. To go fast.
tsao^1-kw'a^2.
走快

8. To go slow.
tsao^1-ma^2.
走慢

9. In front.
mang-zie.
門前

10. In rear.
'ao^1-pö$^{(d)}$.
後半

11. To come back.
kwai-li ; chüe-li.
歸來 轉來

12. To have arrived.
töe^2-ba^1.
到罷

13. Do you like this ?
kih-kaih nyi^1 shï^1-hüe fu^1 shï^1-hüe ?
丨丨你喜歡不喜歡

Not very much.
fu^1 ga-nyie$^{(e)}$ shï^1-hüe shie^1.
不丨丨喜歡丨

14. Call some one here.
chiæ^2 nang li.
吽人來

15. A public office, Yamên.
ngo-mang.
衙門

16. Up stairs.
lao-zie^2.
樓上

17. Below stairs.
lao-'o^1.
樓下

18. On the ground.
di^2-'o^1.
地下

19. A sedan-chair.
ih ting^1 djiæ^2.
一頂轎

20. Three horses.
sa diu mo^1.
三頭馬

21. Two mules.
læ^1 diu lu.
兩頭騾

22. Four donkeys.
sz^2 diu lû-n.
四頭驢兒

23. He is lying down in the road, tell him to get up.
gi fa z^1 lû^2-de, chiæ^2 gi bo-ch'ï$^{1(f)}$.
其翻是路丨 吽其爬起

24. I was sitting upstairs, he was sitting down below.
ng^1 zo^1 z^1 lao zie^2, gi zo^1 z^1 'o^1-chüe^1.
我坐是樓上 其坐是下轉

25. He was on foot ; I came in a chair.
gi z^1 tsao^1-ge ; ng^1 zo^1 djiæ^2 li-ge.
其是走丨 我坐轎來丨

26. I walk fast; he walks slow.

ng^{1} tsao^{1} kw‘a^{2} ; gi tsao^{1} ma.

我走快　其走慢

27. I was walking in front, he was behind.

ng^{1} z^{1} mang-zie tsao^{1}, gi z^{1} ‘ao^{1}-pō tsao^{1}.

我是門前走　其是後半走

28. Is that man come back or not? He is not back, but he soon will be.

he^{1}-kai^{2} nang tsao^{1}-chüe^{1}-li ba^{1} mi^{2}? gi wha mi^{2} chüe^{1}-li, gi zinh whai^{2} li ba^{1}.

丨个人走轉來罷未　其還未轉來　其就會來罷

29. Where did he go? To the yamên.

gi tsao^{1} nyaoh-doa k‘i^{2}? tsao^{1} ngo-mung-de k‘i^{2} ba^{1}.

其走丨宕去　　走衙門丨去罷

30. Did he go in a chair? He went in a chair.

gi zo^{1} djiæ^{2} k‘i^{2} ah fu^{1}? gi z^{1} zo^{1} djiæ^{2} k‘i^{2}.

其坐轎去阿否　　其是坐轎去

31. Do you like that man? I do not like any of those men.

he^{1}-kai^{2} nang nyi^{1} shī^{1}-hüe fu^{1} shī^{1}-hüe? he^{1}-le nang ng^{1} oh fu^{1}

丨个人你喜歡不喜歡　丨丨人我丨不喜歡 [*shī^{1}-hüe.*

32. Has he been buying horses? Yes, he bought two horses.

gi ma^{1} mo^{1} ah fu^{1}?　　*‘ao^{2}(g), ma^{1} læ^{1} diu mo^{1}.*

其買馬阿否　　丨　買兩頭馬

33. Are there any mules or donkeys here? There are some donkeys but no mules.

kih-li lu ‘a$^{(h)}$ lû-n yao^{1} n-nao^{1}? lû-n yao^{1} z^{1} yao^{1}, lu n-nao^{1}.

丨丨騾丨驢兒有丨丨　驢兒有是有　騾丨丨

34. Tell the chair-bearers to put the chair down, I want to get [out.

chiæ^{2} djiæ^{2}-fû po^{1} djiæ^{2} foa^{2}-loh, ng^{1} e^{2} tsao^{1}-ch‘üeh.

𠮩轎夫把轎放落　　我要走出

NOTES.

(*a*.) *Da* or *ta*, at, there.

(*b*.) *Ge*[1], to stand.

(*c*.) *K'oa*[2], to place, to put down.

(*d*.) *Pō*, in this phrase only, is in the even tone.

(*e*.) *Ga-nyie* means here "particularly:" "do not like it very particularly." In this sense it is only used with a negative.

(*f*.) or *'æ-ch'ī*[1] [行起], which is politer.

(*g*.) *'ao*[2], a sound implying assent: yes.

(*h*.) *'a*, or.

EXERCISE V.

1. 正 *tsing²*; upright, correct.
2. 抄 *ts'oa*; to copy.
3. 寫 *si¹*; to write.
4. 教 *koa²*; to teach.
5. 學 *'oh*; to learn.
6. 請 *ts'ing¹*; to request.
7. 字 *z²*; written words, characters.
8. 眼 *nga¹*; eye.
9. 典 *tie¹*; a rule, a law.
10. 話 *'o²*; oral language.
11. 尋 *zang*; to seek.
12. 先 *sie*; before, first.
13. 識 *sih*; to be acquainted with, to know.
14. 肯 *k'ang¹*; to be willing.
15. 記 *chï²*; to remember.
16. 問 *mang²*; to ask, to enquire.
17. 騎 *djï*; to ride.
18. 跑 *p'oa¹*; to gallop.
19. 書 *shï*; book.
20. 講 *koa¹*; to speak, to tell.
21. 口 *k'ao¹*; mouth.
22. 音 *iang*; sound.
23. 捻 *nyah*; to take hold of.

1. Teacher.
sie-sæ.
先生

2. To teach.
koa² shï.
教書

3. Pupil.
'oh-sæ.
學生

4. To take hold of the dictionary.
z²-tie¹ nyah-ch'ï¹.
字典捻起

5. To read the dictionary.
ts'z²⁽ᵃ⁾ z²-tie.
| 字典

6. To look out characters.
zang z².
尋字

7. To know characters, to be able [to read.
sih z².
識字

8. To copy.
tsʻoa-si^{1}.
抄寫

9. To write.
si^{1}*-z*^{2}.
寫字

10. To look out for a teacher.
zang sie-sœ.
尋先生

11. Be so good as to tell me.
tsʻing^{1} *nyi*^{1} *kʻa*^{2} *ng*^{1} *koa*^{1}.
請你丨我講

12. Do you remember?
nyi^{1} *chī*^{2}*-tih chī*^{2}*-fu*^{1}*-tih?*
你記的記不的

13. Correct pronunciation.
kʻao^{1}*-iang tsing*^{2}.
口音正

14. Correct diction.
shwoh$^{(b)}$ *z*^{1}*-ge.*
丨是丨

15. To see, behold.
tsʻz^{2}*-djah.*
丨着

16. Have you seen it or not?
nyi^{1} *tsʻz*^{2}*-djah ba*^{1} *mi*^{2}.
你丨着罷未

17. I have seen it.
tsʻz^{2}*-djah ba*^{1}.
丨着罷

18. Riding.
djï-dá.
騎丨

19. Galloping.
pʻoa^{1}*-da.*
跑丨

20. Did you come on foot, or on horseback? I came on horseback.
nyi^{1} *z*^{1} *tsao*^{1}*-li-ge, z*^{1} *djï mo*^{1} *li-ge ne*$^{(c)}$? *ng*^{1} *z*^{1} *djï mo*^{1} *li-ge.*
你是走來丨 是騎馬來丨丨 我是騎馬來丨

21. That horse gallops very fast.
he^{1} *diu mo*^{1} *pʻoa*^{1} *kwʻa*^{2} *shie*^{1}.
丨頭馬跑快丨

22. Have you found a teacher? I have.
nyi^{1} *zang-djah sie-sœ ba*^{1} *mi*^{2}? *zang-djah ba*^{1}.
你尋着先生罷未 尋着罷

23. Teacher please teach me to talk.
tsʻing^{1} *sie-sœ koa*^{2} *ng*^{1} *koa*^{1} *shwoh.*
請先生教我講丨

24. Teacher please teach me to look out a word in the dictionary.
tsʻing^{1} *sie-sœ z*^{2}*-tie*^{1}*-de koa*^{2} *ng*^{1} *zang ih-kai*^{2} *z*^{2}.
請先生字典丨敎我尋一个字

25. I will ask you whether you know this character or not? I have never seen this character.

ng¹ mang² nyi¹ ts'z², kih-kaih z² nyi¹ sih-fu¹-sih?
kih-kaih z² ng¹ wha mi² ts'z²-ku².

我問你〡　〡〡字你識不識　〡〡字我還未〡過

26. I have requested a teacher to come and teach us, but he will not [come.

ng¹ ts'ing¹-ku² sie-sæ koa² ng¹-da-ko, gi fu¹ k'ang¹ li.

我請過先生教我大家　其不肯來

27. What is it you requested him to teach?

nyi¹ ts'ing¹ gi koa² ga-nyie ne?

你請其教〡〡〡

28. I asked him to teach us the local dialect, but he says he objects to come on account of the large number of pupils.

ng¹ ts'ing¹ gi koa² ng¹-da-ko koa¹ t'ü¹-'o². gi koa¹ 'oh-sæ tu-shie¹, fu¹ k'ang¹ li.

我請其教我大家講土話　其講學生多〡不肯來

29. Tell me is that man's pronunciation as good as yours? My pronunciation is not very good.

nyi¹ k'a² ng¹ koa¹, he¹-kai² nang-ge k'ao¹-iang yao¹ nyi¹ kih-nang(h) höe¹ fu¹? ng¹-ge k'ao¹-iang n-nao¹ ga-nyie höe¹-shie¹.

你〡我講〡个人〡口音有你〡〡好否
我〡口音〡〡〡〡好〡

30. He knows more characters than I.

gi z²-nga¹ pi¹ ng¹ sih tu-le-ge.

其字眼比我識多〡〡

31. What character do you want looked out? The character "to [write."

e² zang ga-nyie z²? e² zang "si¹" z².

要尋〡〡字　要尋寫字

32. Have you ever met with this character? I have.

kih-kaih z² nyi¹ ts'z²-ku² ba¹ mi².　ts'z²-ku² ba¹.

〡〡字你〡過罷未　〡過罷

33. Tell me what character it is. I don't remember the character.

nyi¹ k'a² ng¹ koa¹ z¹ ga-nyie z². kih-kaih z² ng¹ chi²-fu¹-tih.

你 | 我講是 | | 字 | | 字我記不的

34. Are there any other characters that you do not remember? Of course there are. I remember but few compared with the number I forget.

wha yao¹ chi²-fu¹-tih-ge z² n-nao¹. tsz(h)-nah n-nao¹ ne(d)? chi²-tih-ge shiæ¹, chi²-fu¹-tih-ge tu.

還有記不的 | 字 | | | | | | | 記的 | 少
記不的 | 多

35. Your pronunciation is correct, so is your diction.

nyi¹-ge k'ao¹-iang tsing², shwoh ah z¹-ge.

你 | 口音正 | 阿是 |

NOTES.

(*a.*) *Ts'z*², to see, to look at, to read.

(*b.*) *Shwoh*, speech, diction, language. It is a compound of *shüeh* [說] to speak and *'o*² [話].

(*c.*) *Ne*, an interrogative particle.

(*d.*) *Lit.* How not.

EXERCISE VI.

1. 紙 *tsï*[1]; paper.
2. 張 *tsie*; a sheet (paper).
3. 筆 *pieh*; pencil.
4. 錠 *ding*[1]; numerative of pieces of ink and silver.
5. 墨 *maih*; ink.
6. 本 *pang*[1]; numerative of volumes.
7. 讀 *duh*; to read.
8. 完 *yüe*; to end; finished, ended.
9. 可 *k'o*[1]; to be right, to be able.
10. 以 *yi*[1]; to use.
11. 官 *küe*; an official; official.
12. 分 { *fang*; to divide; a portion, specially a tenth. *vang*[2]; duty.
13. 白 *bah*; white.
14. 自 *z*[2]; self.
15. 然 *zie*; thus, by nature, just so.
16. 相 *sie*; mutual.
17. 伴 *bö*[1]; in company with, companion.
18. 聽 *t'ing*, *t'ing*[2]; to hear.
19. 明 *ming*; plain to the sight, clear, to comprehend.
20. 懂 *tung*[1]; to understand.
21. 錯 *ts'oh*; to err.
22. 差 { *ts'o*, *ts'u*; difference. *dza*[2]; mistake. *ts'a*; to send as a messenger; a messenger.
23. 見 *chie*[2]; to perceive.
24. 月 *nyüeh*; moon, month.
25. 日 *neh*, *zaih*, *nyaih*, *nyieh*[(a)]; day.
26. 切 *ts'ieh*; important.
27. 枝 *tsi*; a branch, twig; numerative of pens.
28. 總 *tsung*[1]; altogether, indeed.
29. 代 *de*[2]; generation; for, instead of.
30. 遠 *yüe*[1]; far.

---

1. A sheet of paper.
ih-tsie tsï[1].
一張紙

2. A volume.
ih-pang[1] *shï*.
一本書

3. Two pieces of ink.
læ[1]*-ding*[1] *maih*.
兩錠墨

4. Five pencils.
ng^1 tsi pieh.
五枝筆

5. The Mandarin dialect.
küe-'o^2.
官話

6. Plain to the mind.
ming-bah.
明白

7. To understand.
tung^1-djah.
懂着

8. To hear.
t'ing-djah.
聽着

9. To have forgotten.
mang$^{(b)}$-chi^2-goa.
丨記丨

10. To be able; it will do, enough.
k'o^1-yi^1.
可以

11. Right.
fu^1-dza^2; z^1-shie^1.
不差 是丨

12. To have finished.
hōe^1-ba^1; yüe-ba^1.
好罷 完罷

13. Not to be able to.
fu^1-whai^2.
不會

14. Bring that volume here to me.
he^1-pang^1 shï^1 tso^1-li k'a^2 ng^1.
丨本書丨來丨我

15. Show me that sheet of paper.
he^1-tsie tsi^1 k'a$^{2\,(c)}$ ng^1 ts'z^2.
丨張紙丨我丨

16. Buy me ten pencils and two pieces of ink.
nyi^1 de^2 ng^1 ma^1 zaih-tsi pieh, læ^1 ding^1-maih.
你代我買十枝筆 兩錠墨

17. I hear it said that you are learning the local dialect, and getting on very well.
ng^1 t'ing-chie^2 koa^1 nyi^1 'oh t'û^1-'o^2, ah 'oh-tih ting^1 hōe^1.
我聽見講你學土話 阿學丨頂好

18. Have you done reading that book yet? I have read four-fifths of it.
he^1-pang^1 shï nyi^1 ts'z^2 yüe ba^1 mi^2? zaih fang ng^1 ts'z^2-ku^2 poh fang ba^1.
丨本書你丨完罷未 十分我丨過八分罷

19. Do you understand the whole of it? There are portions of it that I do not understand. There are also some characters that I do not know

nyi[1] *oh*[(d)] *tung*[1]*-djah fu*[1]? *Yao*[1]*-le fu*[1] *tung*[1]*-ge, ah yao*[1]*-le z*[2]*-nga*[1] *ng*[1] *fu*[1] *sih.*

你丨懂着否 有丨不懂丨 阿有丨字眼我不識

20. How long have you been studying? I have been studying ten months.

nyi[1] *duh-ku*[2] *ke*[1]*-le dzie-yüe*[1] [(e)] *shï ne? ng*[1] *duh-ku*[2] *zaih-kai*[2] *nyüeh-neh shï.*

你讀過幾丨長遠書丨 我讀過十个月日書

21. Do you remember all the characters in the book? I do not remember them all. I have forgotten a good many and there are some that I do not remember accurately.

he[1]*-pang*[1] *shï-de-ge z*[2] *oh chï*[2]*-djah fu*[1]. *fu*[1] *oh chï*[2]*-djih. mang-chï*[2]*-goa*[(f)] *tu-shie*[1], *ah yao*[1] *chï*[2] *dza*[2]*-goa-ge.*

丨本書丨丨字丨記着否 不丨記着 丨記丨多丨
阿有記差丨丨

22. Does he understand the local dialect? I have heard people say that he does not.

gi t'û[1]*-'o*[2] *tung*[1]*-fu*[1]*-tung*[1]. *ng*[1] *t'ing-chie*[2] *koa*[1] *gi fu*[1] *tung*[1].

其土話懂不懂 我聽見講其不懂

23. Does he know the written character? That he does! He knows four or five thousand characters.

gi z[2]*-nga*[1] *sih fu*[1] *sih? sih shie*[1]*-ge*[(g)]. *sih töe*[2] [(h)] *sz*[2] *ng*[1] *ts'ie z*[2].

其字眼識不識 識丨丨 識到四五千字

24. How do you know? We read together last month.

nyi[1] *tsz(h)-nah sha*[1]*-tih ne? zie kai*[2] *nyüeh-neh ng*[1] *k'oa*[2][(i)] *gi sie-bö*[1][(j)] *duh shï.*

你丨丨曉的丨 前个月日我丨其相伴讀書

25. If I tell him to copy will he be able to do so? There is no reason why he should not.

ng[1] chiæ[2] gi ts'oa-si[1], gi whai[2] choa(k)-li 'a choa-fu[1]-li. n-nao[1] tsz(h)-nah choa-fu[1] li.

我叫其抄寫 其會丨來阿丨不來 丨丨丨丨丨不來

26. Tell me, do you understand him when he speaks?

ng[1] mang[2] nyi[1] ts'z[2], gi-ge shwoh nyi[1] t'ing-de-ch'üeh 'a t'ing-fu[1]-ch'üeh?

我問你丨 其丨丨話你聽丨出 阿聽不出

27. You must on no account forget the books you read. Certainly not, you are quite right.

nyi[1] duh-ku[2]-ge shï ts'ieh-ts'ieh fai mang-chï[2]-yoi. he[1] z[2]-zie, koa[1] z[1]-ge.

你讀過丨書 切切勿丨記丨 丨自然 講是个

NOTES.

(*a*.) *Neh* is the common sound. The pronunciation is *zaih* in *zaih-pang*[1] [日 本], Japan, *zaih-zi*[2] [日 食], eclipse of the sun, and *zaih-'ao*[1] [後 日], hereafter.

Nyaih means the sun, as *mæ*[1]*-nyaih* [猛 日], hot sun, and it is used in *sæ-nyaih* [生 日] birthday.

Nyieh-diu [日 頭] is another expression meaning the sun.

(*b*.) *mang*, to forget.

(*c*.) *k'a*[2], to give; to let, allow.

(*d*.) *oh*, all.

(*e*.) *dzie-yüe*[1], length of time.

(*f*.) *goa*, marks the past tense, and also implies something gone or ended.

(*g*.) *sih-shie*[1]*-ge*, lit. "knows many."

(*i*.) *k'oa*[2], with, and.

(*j*.) *sie-bö*[1], in company together; together.

(*k*.) *choa*, to do.

EXERCISE VII.

1. 炕 *k'oa²*; stove-bed, "*kang.*"
2. 蓆 *zih*; mat.
3. 領 *ling¹*; collar; numerative of mats.
4. 床 *joa*; bed.
5. 帳 *tsie²*; curtain.
6. 鋪 *p'ù*, *p'û²*; to spread.
7. 攤 *t'a*; to open and spread out.
8. 蓋 *ke²*; cover; to cover.
9. 桌 *choh*; table.
10. 椅 *i¹*; chair.
11. 蠟 *lah*; wax.
12. 燭 *choh*; candle.
13. 燈 *tang*; lamp.
14. 盞 *tsa¹*; numerative of lamps.
15. 臺 *de*; terrace, stage, platform, stand.
16. 灶 *tsöe²*; kitchen range.
17. 爐 *lû*; stove.
18. 被 *bi¹*; covering of a bed.
19. 用 *yoa²*; to use.
20. 老 *löe¹*; old.
21. 司 *sz*; to control, manage; a department in a great office.
22. 酒 *tsiu¹*; wine.
23. 杯 *pai*; cup.
24. 茶 *dzo*; tea.
25. 碗 *üe¹*; bowl.
26. 厨 *djï*(a); to cook.
27. 煮 *tsi¹*; to boil.
28. 飯 *va²*; cooked rice, any cooked victuals.
29. 鑊 *'oh*; a cooking-pan.
30. 刀 *töe*; knife.
31. 叉 *ts'o*; eating-fork.
32. 調羹 *diœ-kœ*; spoon.
33. 破 *p'a²*; to break, to split.
34. 房 *voa*; room.
35. 暗 *ö²*; dark.
36. 火 *hu¹*; fire.
37. 煄 *choa¹*; fire.
38. 損 *sö¹*; to spoil.

---

1. A guest-divan.
ih tsi k'oa²-joa.
一枝炕床

2. A bed.
ih-tsi joa.
一枝床

3. A bed-curtain.
ih ting pû²-tsie².
一頂布帳

4. A mat.
ih-ling^{1} zih.
一領席

5. Bedding.
bi^{1}-p'û^{2}.
被鋪

6. Travellers' bedding.
p'û-ke^{2}.
鋪蓋

7. A table.
ih-tsi choh.
一枝桌

8. A chair.
ih-po^{1} i^{1}.
一把椅

9. A lamp.
ih-tsa^{1} tang.
一盞燈

10. Candlesticks.
lah-choh de.
蠟燭臺

11. Kitchen.
djï-voa ; 'oh-tsöe^{2}-ka.
厨房　鑊灶間

12. A kitchen-range.
'oh-tsöe^{2}.
鑊灶

13. A stove.
hu^{1}-lû.
火爐

14. A knife.
ih po^{1} töe.
一把刀

15. A fork.
ih-po^{1} ts'o.
一把叉

16. A rice-ladle.
ih po^{1} 'oh-ch'oh.[b]
一把鑊丨

17. A spoon.
ih po^{1} diœ-kœ.
一把調羹

18. A cooking-pan.
ih kai^{2} va^{2}-'oh.
一个飯鑊

19. A cooking-pan lid.
ih kai^{2} 'oh-kang^{1}.[c]
一个鑊丨

20. A tea-cup.
ih kai^{2} dzo üe^{1}.
一个茶碗

21. A wine-cup.
ih kai^{2} tsiu^{1}-pai.
一个酒杯

22. To boil rice.
tsi^{1}-va^{2}.
煮飯

23. To have broken.
p'a^{2}-yoa.
破丨

24. To spoil.
sö^{1}-djah.
損着

25. He spread a mat on the stove-bed.
gi k'oa^{2}-joa-de p'û ih ling^{1} zih.
其炕床鋪一領席

26. I will lie down on this bed; be quick and make the bed.
ng^{1} e^{2} fa kih-kaih joa-de ; nyi^{1} kw'a^{2}-le po^{1} bi^{1}-p'û^{2} t'a k'e.
我要翻丨丨床丨　你快丨把被鋪攤開

27. Are there curtains upon that bed?
he¹ tsi joa-de yao¹ pú²-tsie² n-nao¹?
丨枝床丨有布帳丨丨

28. He is lying on the bed.
gi fa z¹ joa-de.
其翻是床丨

29. I am sitting on the chair.
ng¹ zo¹ z¹ i¹-de.
我坐是椅丨

30. It is very dark in the room, bring a lamp here.
ka-de ö²-shie¹, tso¹⁽ᵈ⁾ ih-tsa¹ tang li.
間丨暗丨　丨一盞燈來

31. Some one has taken the lamp away.
yao¹ nang po¹ tang tso¹-k'i²-goa.
有人把燈丨去丨

32. Who took away the candle that was on the table? It was I that took it for the cook.
choh-de he¹-kai² lah-choh ji-nang tso¹-k'i²-goa ba¹. z¹ ng¹ tso¹-k'i² k'a² dji-voa-löe¹-sz⁽ᵉ⁾.
桌丨丨个蠟燭誰人丨去丨罷　是我丨去丨厨房老司

33. There is no fire in the kitchen.
'oh-tsöe²-ka n-nao¹ hu¹-choa¹.
鑊灶間丨丨火熥

34. A rice-pan is a pan for boiling rice.
va²-'oh z¹ tsi¹ va² yoa²-ge.
飯鑊是煑飯用丨

35. *Oh-kang* is the cover of a rice-pan.
'oh-kang¹ z¹ kang¹ va²-'oh-ge.
鑊丨是丨飯鑊丨

36. A tea-cup has a cover.
dzo-üe¹ yao¹ kang¹-ge.
茶碗有丨丨

37. The chairs and tables in that room are all spoiled.

he^1-kai^2 ka-de-ge choh-i^1 oh choa sö^1-shie^1.

丨 个 間 丨 丨 桌 椅 丨 丨 損 丨

38. Have you bought those tea-cups I told you to buy? I have.

ng^1 chiæ^2 nyi^1 ma^1 he^1-le dzo-üe^1, nyi^1 ma^1-li ba^1 mi^2. ma^1-li ba^1.

我 叫 你 買 丨 丨 茶 碗 你 買 來 罷 未 買 來 罷

39. How many did you buy? Twenty.

ma^1 ke^1-le kai^2? ma^1 nyie^2 kai^2.

買 幾 丨 个 買 念 个

40. Where did you buy them? They were bought in a shop outside the city.

z^1 nyaoh-doa^1 ma^1-ge? z^1 zing wha^2 tie^2-de ma^1-ge.

是 丨 宕 買 丨 是 城 外 店 丨 買 丨

41. Have you mats in your apartment? There are mats on all the beds in our apartment.

nyi^1-da-ko ka-de yao^1 zih n-nao^1? ng^1-da-ko ka-de-ge joa oh yao^1 zih-ge.

你 大 家 間 丨 有 蓆 丨 丨 我 大 家 間 丨 丨 床 丨 有 蓆 丨

42. Take those mats and spread them on the beds.

po^1 he^1-le zih tso^1 joa-de t'a-ch'i^1.

把 丨 丨 蓆 丨 床 丨 攤 起

NOTES.

(*a.*) *Djï*, to cook, is only used colloquially in *djï-voa* [厨房], a kitchen. The common expression for "to cook" is *choa-koa*²-*p'ai*² or *choa-ch'ïh* (see Ex. XIV).

(*b.*) *Ch'oh*, a rice-ladle.

(*c.*) *Kang*¹, a cover, to cover.

(*d.*) *Tso*¹, to bring, to take. *Tso*¹-*k'i*² [丨去] is to take away, and *tso*¹-*li* [丨来] is to bring.

(*e.*) *Loe*¹-*sz*, a workman (see Ex. 28).

EXERCISE VIII.

1. 傢 *ko;* household gear, tools.
2. 伙 *hu*[1]*;* household gear, tools.
3. 櫈 *tang*[2]*;* stool, bench.
4. 條 *diæ;* a length; numerative of stools, string, laws, etc.
5. 倒 { *töe*[2]*;* to upset, pour. / *töe*[1]*;* to fall down, lie down. }
6. 壺 *whu;* pot, tea-pot, etc.
7. 花 *ho;* flowers, to spend.
8. 瓶 *bing;* vase, bottle.
9. 收 *siu;* to receive.
10. 拾 *zaih;* to put in order.
11. 盤 *bö;* dishes, plates.
12. 碟 *dieh;* saucers.
13. 吹 *ch'ï;* to blow.
14. 點 *tie*[1]*;* point, particle; to light as a candle.
15. 燒 *shüe;* to burn.
16. 空 *k'ung;* empty.
17. 滿 *mö*[1]*;* full.
18. 算 *sö*[2]*;* to reckon.
19. 黒 *heh;* black.
20. 碎 *sïi*[2]*;* in fragments.
21. 救 *chao*[2]*;* to save; to extinguish a conflagration.
22. 脩 *siu;* to mend, repair.

---

1. Furniture, tools. *ko-sœ-hu*[1]. 傢生伙
2. A stool or bench. *ih diæ tang*[2]. 一條櫈
3. A flower-vase. *ho-bing.* 花瓶
4. A wine-bottle. *tsiu*[1]*-bing.* 酒甁
5. A wine-kettle. *tsiu*[1]*-whu.* 酒壺
6. A tea-pot. *dzo-whu.* 茶壺
7. A dish, a plate. *ih kai*[2] *bö.* 一个盤
8. A saucer. *ih kai*[2] *dieh.* 一个碟
9. Light the lamp. *tie*[1] *tang.* 點燈

10. Blow out the lamp.
ch'ī tang.
吹燈

11. Light the fire.
sæ-hu[1].
生火

12. The fire has gone out.
hu[1] *heh-goa.*
火黑丨

13. A conflagration has broken out.
hu[1]*-choh shiæ-ch'ī*[1].
火燭燒起

14. The conflagration is extinguished.
hu[1]*-choh chao*[2]*-goa ba*[1].
火燭㴖丨罷

15. To pour or upset water.
töe[2] *shī*[1].
倒水

16. Empty pot.
k'ung-whu.
空壺

17. Full pot.
mö[1] *whu.*
滿壺

18. The pot is empty.
whu k'ung-ge.
壺空丨

19. The pot is full.
whu mö[1]*-ge.*
壺滿丨

20. To arrange, to gather together, to put in order.
siu-zaih.
收拾

21. To mend.
siu-ch'ī[1].
脩起

22. There are large and small cooking-ranges.
'oh-tsöe[2] *yao*[1] *du*[2]*-ge, yao*[1] *sai*[1]*-ge.*
鑊灶有大丨 有小丨

23. Every thing that is used in a house is furniture.
uh-de yoa[2]*-ge mú-z*[2] *oh z*[1] *ko-sæ-hu*[1].
屋丨用丨丨丨丨是傢生伙

24. May flower-vases also be considered *ko-sæ-hu?* Flower-vases may be so considered.
ho-bing ah sö[2] *z*[1] *ko-sæ-hu*[1] *fu*[1]*? ho-bing ah sö*[2] *z*[1] *ko-sæ-hu*[1].
花瓶阿算是傢生伙否 花瓶阿算是傢生伙

25. Wine-bottles, wine-kettles, tea-pots and tea-cups are also miscellaneous *ko-sœ-hu.*.

tsiu¹-bing, tsiu¹-whu, dzo-whu, dzo-üe¹ ah z¹ ling-sai²-ge ko-sœ-hu¹.

酒瓶酒壺茶壺茶碗 阿是零碎丨傢生伙

26. The water in the cup is poured into the rice-pan.

he¹-kai² üe¹-de-ge shï¹ töe² z¹ ʻoh-de.

丨个碗丨丨水倒是鑊丨

27. To say *töe-dzo*, pour tea, is to desire some one to pour tea into the cups.

töe²-dzo, z¹ chiœ² nang po¹ dzo töe² üe¹-de.

倒茶 是叫人把茶倒碗丨

28. Have you lit the lamp? I lit it but he blew it out.

nyi¹ tang tie¹-ch'ï¹ ba¹ mi²? ng¹ tie¹-ch'ï¹ ba¹, gi ch'ï-goa.

你燈點起罷未 我點起罷 其吹丨

29. Is there water in those two kettles? One is empty the other is full.

he¹ lœ¹ kai² whu ti¹-chüe¹ yao¹ shï¹ n-nao¹? ih kai² z¹ k'ung-ge, ih kai² z² mö¹-ge.

一兩个壺底轉有水丨丨 一个是空丨 一个是滿丨

30. Fill the empty one with water.

po¹ k'ung-ge k'a² shï¹ töe² mö¹.

把空丨丨水倒滿

31. Who was it that broke the flower-vase. I do not know who it was.

ho-bing z¹ jï-nang choa p'a²-goa? ng¹ fu¹ sha¹-tih z¹ jï-nang.

花瓶是誰人丨破丨 我不曉的是誰人

32. Had I not better go at once and desire some one to mend it? Yes, you had much better tell some one to mend it.

ng¹ fu¹ djah ziuh tsao¹-k'i² chiœ² jï-nang siu-ch'ï¹ ne? ʻao², nyi¹ chiœ² nang siu-ch'ï¹ ting¹ höe¹.

我不着就走去叫誰人脩起丨 丨 你叫人脩起頂好

EXERCISE IX.

1. 年 *nyie;* year.
2. 時 *z;* time.
3. 令 *ling²;* commands; a period of time; your honoured.
4. 夜 *yi²;* night.
5. 天 *t'ie;* heaven.
6. 定 *ding²;* to fix.
7. 晝 *tsiu²;* day time; noon.
8. 晴 *zing;* clear, fine.
9. 亮 *lie²;* light as day.
10. 鐘 *choa;* bell, clock.
11. 刻 *k'eh;* to engrave; quarter of an hour.
12. 氣 *ch'ï²;* breath, air.
13. 候 *'ao²;* to await, time.
14. 早 *tsöe¹;* early.
15. 色 *seh;* colour.
16. 甚 *zang¹;* very.
17. 工 *kung;* work.
18. 節 *tsieh;* a limit of time, a term, a joint.
19. 昨 *zo;* yesterday.
20. 冷 *lae¹;* cold.
21. 熱 *nyieh;* hot.
22. 煖 *nang¹;* warm.
23. 涼 *lie;* cool.
24. 發 *foh;* to send forth.
25. 風 *fung;* wind.
26. 雨 *'ü¹;* rain.
27. 雪 *shüeh;* snow.
28. 光 *koa;* light, brilliant.
29. 朝 { *chiae;* dawn. / *djüe;* dynasty. }
30. 黃 *'oa;* yellow.
31. 昏 *hüe;* dusk, twilight.
32. 舊 *djao²;* old.
33. 春 *ch'ung;* spring.
34. 夏 *'o²;* summer.
35. 秋 *ts'iu;* autumn.
36. 冬 *tung;* winter.

---

1. The year before last.
zie-nyie.
前年

2. Last year.
djao²-nyie.
舊年

3. This year.
kih-nyie.
丨年

4. Next year.
mang[(a)]*-nyie.*
| 年

5. The year after next.
'ao^1*-nyie.*
後年

6. Last moon.
zie kai^2 *nyüeh-neh.*
前个月日

7. This moon.
kaih nyüeh-neh.
| 月日

8. Next moon.
'o^1 *kai*^{2} *nyüeh-neh ; boa-kai*^{2} *nyüeh-neh.*
下个月口 旁个月日

9. To-day.
kih-neh.
| 日

10. Yesterday.
zo-yi^2*.*
昨夜

11. Day before yesterday.
zie-neh.
前日

12. To-morrow.
mang-chüe.
| 朝

13. Day after to-morrow.
'ao^1*-neh.*
後日

14. A time.
z-tsieh.
時節

15. A space of time; leisure, work.
kung-fü.
工夫

16. Morning.
t'ie-koa.
天光

17. Noon.
neh-tsiu^2*.*
日晝

18. Evening.
'oa-hüe.
黄昏

19. Night-time.
yi^2*-di.*[(b)]
夜 |

20. Day-time.
neh-de.[(b)]
日 |

21. A short space of time.
ih o^1*-n.*
一 | 兒

22. An hour.
ih-tie^1 *choa kung-fü.*
一點鐘工夫

23. An hour and three-quarters.
ih-tie choa sa-k'eh kung-fü.
一點鐘三刻工夫

24. One hour and a half.
ih-tie^1*-pö*^{2} *choa kung-fü.*
一點半鐘工夫

25. Half-an-hour.
pö^2*-tie*^{1} *choa.*
半點鐘

26. The weather may be distinguished as cold, hot, cool, warm, windy, clear, snowy, rainy.

t'ie-seh k'o^{1}-yi^{1} fang-ch'üeh læ^{1}, nyieh, lie, nang^{1}, foh-fung, zing-t'ie, loh-shüeh, loh-'ü^{1}.

天色可以分出冷 熱 凉 煖 發風 晴天 落雪 落雨

27. That man has studied upwards of twenty years, and has been a teacher for five or six months.

he^{1}-kai^{2} nang duh-ku^{2} nyie^{2}-ke^{1} nyie-ge shï, tsu^{2}-ku^{2} ng^{1}-liuh-kai^{2} nyüeh-neh-ge sie-sæ.

丨个人讀過念幾年丨書 做過五六个月日丨先生

28. I am going to-day and I may be back next moon.

ng^{1} kih-neh k'i^{2}, boa-kai^{2} nyüeh-neh tsao^{1}-chüe^{1}-li, ah-fu^{1}-lö^{2}.

我丨日去 旁个月日走轉來 阿不論

29. You were not up at eight o'clock to-day.

nyi^{1} kih-neh poh-tie^{1} choa wha-mi^{2} 'æ-ch'ï^{1}.

你丨日八點鐘還未行起

30. At this place it rains in the hot weather.

kih-kaih uh-doa^{1} t'ie-seh nyieh-ge z 'ao^{2} loh-'ü^{1}.

丨丨屋宕天色熱丨時侯落雨

31. It blew last night and at day-break it was very cold.

zo-yi^{2}-di foh fung, t'ie-koa tsöe^{1} læ^{1}-zang^{1}.

昨夜丨發風 天光早冷甚

32. It is his habit to go out riding in the day-time and to go home at night and read.

gi neh-de oh tsao^{1}-ch'üeh djï mo^{1}, yi^{2}-di kwai li duh shï.

其日丨丨走出騎馬 夜丨歸來讀書

33. It rained last night, but it is fine to-day.

zo-yi^{2}-di loh-ü^{1}, kih-neh zing-ch'ï^{1}-ba^{1}.

昨夜丨落雨 丨日晴起罷

34. This is a fine day.

kih-neh zing-ge.

丨日晴丨

35. The weather is very mild this year, not so cold as it was last year.

kih-nyie t'ie-seh nang^1*-shie*^{1}*, n-nao*^{1} *djao*^{2}*-nyie nang(h) læ*^{1}.

丨年天色煖丨　　丨丨舊年丨冷

36. You and I have been here a good many years.

ng^1 *k'oa*^{2} *nyi*^{1} *z*^{1} *li tu nyie ba*^{1}.

我丨你是丨多年罷

37. He came last year, I arrived last moon.

gi djao^2*-nyie li-ge; ng*^{1} *z*^{1} *zie-kai*^{2} *nyüeh-neh töe*^{2}*-ge.*

其舊年來丨　我是前个月日到丨

38. They two came here last year.

gi-da-ko læ^1*-kai*^{2} *nang z*^{1} *djao*^{2}*-nyie*^{1} *töe*^{2} *kih-li li-ge.*

其大家兩个人是舊年到丨丨來丨

39. The term *z-ling* means the four seasons: spring, summer, autumn, winter.

z-ling^2 *ziu*^{2}*-z*^{1} *ih nyie-ge sz*^{2} *z: ch'ung, 'o*^{2}*, ts'iu, tung.*

時令就是一年丨四時　春夏秋冬

NOTES.

(*a.*) *Mang*, next.

(*b.*) *Di*, *ti*, *de*, in; in the night, etc.

(*c.*) *Ah-fu*^{1}*-lö*^{2}; possibly, probably, may be.

EXERCISE X.

1. 更 *kœ*; the night watches.
2. 每 *mai*[1]; every.
3. 打 *tœ*[1]; to strike.
4. 歇 *shieh*; to cease, stop, dimiss (a servant).
5. 事 *z*[2]; affair, business.
6. 幹 *küe*[2]; to transact business.
7. 遢 *t'ah*; to delay.
8. 各 *koh*; each, every.
9. 樣 *yie*[2]; kind, fashion.
10. 短 *tö*[1]; short.
11. 雲 *yung*; cloud.
12. 陰 *iang*; shade, shady.
13. 霧 *mö*[2]; mist.
14. 敲 *k'oa*; to tap, to rap.
15. 厚 { *gao*[1]; thick. / *'ao*[1]; honest. }
16. 獨 *duh*; alone.

---

1. Every year. *nyie-nyie.* 年年
2. Every moon (month) *nyüeh-nyüeh.* 月月
3. Every day. *neh-neh.* 日日
4. Each kind. *mai*[1] *yie*[2]. 每樣
5. Different kinds. *koh-yie*[2]. 各樣
6. The fore-noon. *zie*[2]*-pö*[2] *neh.* 上半日
7. The afternoon. *'o*[1]*-pö*[2] *neh.* 下半日
8. Before midnight. *zie*[2]*-pö*[2] *yi*[2]. 上半夜
9. After midnight. *'o*[1]*-pö*[1] *yi*[2]. 下半夜
10. To set the watch. *ding*[2] *kœ.* 定更
11. To strike the watch. *k'oa kœ.* 敲更
12. A watchman. *kœ-fü.* 更夫
13. The days are long. *neh-dzie.* 日長
14. The days are short. *neh-tö*[1]. 日短

15. The nights are long.
yi²-dzie.
夜長

16. The nights are short.
yi²-tö¹.
夜短

17. When.
ke¹-z.
幾時

18. Wait a moment.
t'ah o¹-n.
遏丨兒

19. A dull day.
iang-z t'ie.
陰時天

20. There is a mist coming on.
foh mö² ch'ï¹.
發霧起

21. Cease: enough about it.
shieh-goa.
歇丨

22. In this matter it is essential that you should go yourself.
kih-kaih z²-küe² djah nyi¹-z² tsao¹-k'i².
丨丨事幹着你自走去

23. He lives by himself in that house.
gi he¹-zo² uh duh-z² djï²-ge.
其丨座屋獨自住丨

24. It rained in the fore-noon but in the afternoon it was fine.
zie²-pö² neh loh 'ü¹, 'o -pö² neh zing ch'ï¹.
上半日落雨　下半日晴起

25. It was warm before midnight but cold after.
zie²-pö² yi² nang¹-ge, 'o¹-pö² yi² læ¹.
上半夜煖丨　下半夜冷

26. The third watch is midnight.
sa kæ z ziu² z¹ pö²-yi².
三更時就是半夜

27. As regards watches, which a watchman strikes during the night, the night is divided into five; the beginning of the first of which is the watch-setting.
yi²-di kæ-fû k'oa kæ, ih yi² fang-k'e yao¹ ng¹ kæ; diu ih kæ ziu²-z¹ ding² kæ.
夜丨更夫敲更　一夜分開有五更　頭一更就是定更

28. When the days are long there is more time to do things. When they are short, one has not leisure for them and they must just wait.

neh dzie küe^{2} *z*^{2}*-küe*^{2}*-ge yao*^{1} *kung-fû le.* *neh tö*^{1} *n-nao*^{1} *kung-fû,* *z*^{2}*-küe*^{2} *ziuh t'ah-loh goa.*

日長幹事幹丨有工夫丨 日短丨丨工夫 事幹就遢落丨

29. When will he be back? Possibly to-morrow.

gi ke^{1}*-z tsao*^{1}*-chüe*^{1}*?* *mang-chiæ, ah-fu*^{1}*-lö.*

其幾時走轉 丨朝 阿不論

30. Where is the tea-pot put? On the table in the room.

dzo-whu k'oa^{2} *z*^{1} *nyaoh-doa*^{1}*?* *k'oa*^{2} *z*^{1} *ka-de choh zie*^{2}*-chüe*^{1}*.*

茶壺丨是丨宕 丨是間丨桌上轉

31. When the sky is overcast, the day is said to be dull.

t'ie-de yao^{1} *yung, ziu*^{2}*-z*^{1} *iang-z t'ie.*

天丨有雲 就是陰時天

32. There was a thick mist this morning; the mountains were invisible.

kih-neh t'ie-koa mö^{2} *gao*^{1}*-shie*^{1}*;* *sa oh ts'z*^{2}*-fu*^{1}*-djah-goa.*

丨日天光霧厚丨 山丨丨不着丨

33. He rises early, goes for a walk on the street at noon; comes home in the evening and reads; and in the third watch of the night he goes to bed. He does the same every day.

gi z^{1} *t'ie-koa tsöe*^{1} *'œ-ch'ī*^{1}*,* *neh-tsiu*^{2} *tsao*^{1}*-ch'üeh ka-lû*^{2}*-de,* *'oa-hüe kwai li duh shī,* *töe*^{2} *yi*^{2}*-di sa kœ z fa jon-de k'üe*$^{2(a)}$*-ba.* *neh-neh oh z*^{2} *kih-nang(h).*

其是天光早行起 日晝走出街路丨 黃昏歸來讀書到夜丨三更時翻床丨丨罷 日日丨是丨丨

NOTE.

(*a.*) *K'üe*^{2}, to sleep.

EXERCISE XI.

1. 衣 *i*; } garments.
2. 裳 *zie*; }
3. 件 *djie*[1]; numerative of clothes.
4. 腌 *öe*; } dirty.
5. 臢 *tsöe*; }
6. 換 *wha*[2]; to change.
7. 刷 *söh*; a brush, to brush.
8. 洗 *si*[1]; to wash.
9. 面 *mie*[2]; face.
10. 盂 *'ü*; basin.
11. 縫 { *vung*; to sew, stitch, seam. / *vung*[2]; seam, crack.
12. 最 *tse*[2]; exceedingly, extremely.
13. 補 *pû*[1]; to patch.
14. 鞋 *'a*; shoe.
15. 靴 *shü*; boot.
16. 雙 *shoa*; pair.
17. 襪 *moh*; stocking.
18. 巾 *chang*; napkin.
19. 添 *t'ie*; additional, more.
20. 湧 *yoa*[1]; to bubble, to boil.
21. 湯 *t'oa*; warm water, soup.
22. 皮 *bi*; leather.
23. 愛 *e*[2]; to love, to like.

---

1. To brush and wash.
söh-goa si[1]*-goa.*
刷丨洗丨

2. Clean.
liæ-dzi[2].
丨丨

3. To put on clothes.
chah-ch'ï[1] *i-zie.*
著起衣裳

4. To take off clothes.
i-zie t'aih-loh.
衣裳丨落

5. To change clothes.
i-zie wha[2]*-goa.*
衣裳換丨

6. To mend by stitching.
vung-ch'ï[1].
縫起

7. To patch.
pû[1]*-ch'ï*[1].
補起

8. A pair of boots.
ih-shoa shü.
一雙靴

9. Two pair of shoes.
læ¹-shoa-'a.
两雙鞋

10. Ten pair of stockings.
zaih-shoa moh.
十雙襪

11. A handkerchief or napkin.
ih diæ siu¹-chang.
一條手巾

12. Eight articles of dress.
poh djie¹ i-zie.
八件衣裳

13. A wash-hand basin.
ih kai² mie²-'ü.
一个面盂

14. The water in this basin is dirty, change it and bring some clean water instead to wash my face.
kih-kaih mie²-'ü-de-ge shï¹ öe-tsöe-ge, liæ-dzi²-ge wha² li, k'a² nyi¹ si¹ mie².
丨丨面盂丨丨水腌臢丨 丨丨丨換來 丨我洗面

15. Those clothes are very dirty, take a brush and brush them.
he¹-le i-zie öe-tsöe-shie¹, po¹ söh tso¹-li söh-goa.
丨丨衣裳腌臢丨 把刷丨來刷丨

16. This article is torn, call some one here to mend it.
kih djie¹ i-zie p'a²-goa, chiæ² jï-nang[a] po gi siu¹-ch'ï¹.
丨件衣裳破丨 吽誰人把其脩起

17. Get up quick and dress.
nyi¹ kw'a-le 'æ-ch'ï¹ chah i-zie.
你快丨行起著衣裳

18. He is lying down undressed.
gi i-zie t'aih-goa fa z-ta.
其衣裳丨丨翻是丨

19. He has had that thing on several days without changing it.
he¹ djie¹ i-zie gi chah-goa yao¹ læ¹ neh ba¹, oh mi² wha²-goa.
丨件衣裳其著丨有两日罷 丨未換丨

20. It is cold to-day, you must put on something more.
kih-neh t'ie-seh lœ¹, nyi¹ i-zie djah chah ih djie¹ t'ie.
丨日天色冷 你衣裳着著一件添

21. Has he got on boots or shoes? He has got on boots.
gi chah shü, ah chah 'a ne? *chah shü-ge.*
其著靴阿著鞋丨 著靴丨

22. This handkerchief is very dirty; put it in the basin and wash it.
kih-kaih siu¹-chang öe-tsöe-shie¹, k'oa² mie²-'ü-de si-goa.
丨丨手巾腌臜丨 丨面盂丨洗丨

23. Are you in the habit of wearing boots or shoes? When at home I wear shoes, when I go to the yamên I wear boots.
nyi¹ e² chah shü, ah e² chah 'a ne? ng¹ shoh(b) uh-de chah 'a-ge, tsao¹ ngo-mang-de k'i² chah shü.
你要著靴阿要著鞋丨 我丨屋丨著鞋丨 走衙門丨去著靴

24. Those leather boots of yours have been lying by for a long time, they must be brushed and washed.
nyi¹ he¹-le bi shü k'oa²-ta dzie-yüe shie¹, djah söh-goa si¹-goa.
你丨丨皮靴丨丨長遠丨 着刷丨洗丨

25. Which do you prefer using when you wash your hands, cold water or boiling water? Both are bad; cold water is too cold, boiling water is too hot; warm water is the best.
nyi¹ si¹ siu¹ e² yoa² lœ¹ shï¹ ah e² yoa² yoa¹-t'ou ne! lœ yie² oh fu¹ höe¹; lœ¹ shï¹ t'u² lœ¹, you¹-t'ou t'u² nyieh. nang¹-ge shï¹ tse² höe¹.
你洗手愛用冷水阿愛用湧湯丨 两樣丨不好
冷水太冷 湧湯太熱 煖丨水最好

26. Be quick and pour this water into the pan and warm it.
nyi¹ kw'a²-le po¹ kaih shï¹ töe² 'oh-de nang¹-ih-nang¹.
你快丨把丨水倒鑊丨煖一煖

27. The fire is going out; the water has been on some time and will not boil.

hu e² heh-goa be(c); *shï¹ k'oa² ti nang¹ pō-neh ba¹, yoa¹-fu¹-ch'ï¹.*

火要黑 | 水 | 底煖半日能 湧不起

28. To wash clothes it is best to use hot water.

si¹ i-zie yoa² yoa¹-t'oa tse² hōe¹.

洗衣裳用湧湯最好

29. The water used to clean boots must be cold.

si¹ shū ih-ding² yoa² læ¹ shï¹.

洗靴一定用冷水

NOTES.

(*a.*) *Ji-nang; lit.* Who man, *i.e.* any man, some one.

(*b.*) *Shoh;* at, to stop at.

(*c.*) *Be,* sign of present tense and sometimes of past tense.

EXERCISE XII.

1. 儘 *zang*[1]; extreme.
2. 戴 *ta*[2]; to wear on the head.
3. 帽 *mōe*[2]; cap.
4. 衫 *sa*; shirt.
5. 單 *ta*; single.
6. 夾 *kah*; lined; a lining.
7. 綿 *mie*; raw cotton.
8. 褲 *k'u*[2]; trowsers.
9. 裁 *ze*; to cut as a tailor.
10. 褂 *ko*[2]; a vest, a jacket.
11. 袖 *ziu*[2]; sleeve.
12. 梳 *sz*; comb; to comb.
13. 髮 *foh*; the hair of the head.
14. 針 *tsang*; needle.
15. 線 *sie*[2]; thread.
16. 統 *t'ung*[1]; the whole.
17. 枚 *mai*; numerative of needles, nails, hair-pins, etc.
18. 浴 *yoh*; to bathe.
19. 套 *t'ōe*[2]; suit of clothes.
20. 禿 *t'uh*; bald, bare.
21. 撣 *ta*[1]; to tap, to dust.
22. 箒 *tsiu*[1]; broom.
23. 掃 *sōe*[2]; broom.
24. 只 *tsz(h)*; only, merely.
25. 合 { *'ōh*; *kōh*; to unite, blend; agreeing with, according with. *kōh*; lining. }
26. 中 *chung*; the middle.
27. 央 *ie*; the middle.
28. 襟 *chang*; the pieces of a garment; back pieces, etc.
29. 泥 *nyie*; mud, dirt.
30. 粉 *fang*[1]; powder.

---

1. Wadded clothes.
mie[2]*-ge i-zie.*
綿 丨 衣裳

2. Lined clothes.
kah-ge i-zie.
夾 丨 衣裳

3. Clothes not lined.
ta-ge i-zie.
單 丨 衣裳

4. A waistcoat.
ling[1]*-ko*[2]*-n.*
領褂兒

5. Shirt.
pû[2]*-sa-diu.*
布衫頭

6. Short coat.
mo[1]*-ko*[2].
馬褂

7. Long coat.
wha²-t'ōe².
外套

8. To have the cap on.
ta²-mōe².
戴帽

9. Bare-headed.
t'uh-diu.
秃頭

10. To take off the cap.
ho¹-mōe².
丨帽

11. To sew.
tsu² tsang-tsz¹⁽ᵃ⁾.
做針子

12. A needle.
ih-mai tsang.
一枚針

13. A thread.
ih-diæ sie².
一條線

14. A tailor.
ze-vung lōe¹-sz.
裁縫老司

15. To cut out.
ze i-zie.
裁衣裳

16. To stitch, make up clothes.
vung i-zie.
縫衣裳

17. To dust clothes.
ta¹ i-zie.
撣衣裳

18. A feather-duster.
ta¹-tsiu¹.
撣箒

12. A broom.
dzɔ-sōe².
丨掃

20. The hair of the head.
diu-foh.
頭髮

21. To comb the hair.
sz diu-foh.
梳頭髮

22. Unlined clothes are such as have an outside with nothing inside it.
ta-ge i-zie z¹ tsz(h) ih mie²-ge i-zie, n-nao¹ kōh-li¹-ge.
單丨衣裳是只一面丨衣裳 丨丨合裡丨

23. Lined clothes are such as have both a lining and an outside.
kah-ge i-zie z¹ yao¹ kōh, yao¹ mie²-ge.
夾丨衣裳是有合 有面丨

24. Wadded clothes are clothes with cotton between the outside and the lining.
mie-ge i-zie z¹ chung-ie yao¹ mie-ho-ge.
綿丨衣裳是中央有綿花丨

25. Do you know how to sew? I do not. Then call a tailor here to mend my shirt.

nyi[1] whai[2] tsu[2] tsang-tsz[1] fu[1] whai[2]? ng[1] fu[1] whai[2]-ge. he[1]-me[(b)] chiœ[2] ih-kai[2] ze-vung-lõe[1]-sz li, po[1] ng[1]-ge pû[2]-sa-diu siu-ch'ī[1].

你會做針子不會 我不會丨 丨丨吽一个裁縫老司來 把我丨布衫頭脩起

26. The waistcoat is cut out but not put together yet.

ling[1]-ko[2]-n ze[1]-goa ba[1], wha[2] mi[2] vung-ch'ī[1].

領褂兒裁丨罷 還未縫起

27. That torn outside jacket should be mended.

he[1] djie[1] p'a[2]-ge mo[1]-ko[2] djah siu-ch'ī[1]-ge.

丨件破丨馬褂着脩起丨

28. Brush the dust off the clothes.

sŏh tso[1]-li po[1] i-zie-de nyie-fang ta[1]-goa.

刷丨來把衣裳丨泥粉撣丨

29. Who is it that combs his hair with that comb?

he[1]-kai[2] diu-sz z[1] jī-nang sz diu-foh-ge.

丨个梳頭是誰人梳頭髮丨

30. The expression *si-yoh* means to bathe the whole body.

si[1]-yoh z[1] t'ung sang oh si[1].

洗浴是統身丨洗

31. It is a good thing to bathe every day.

neh-neh si[1]-yoh ting[1] hŏe[1].

日日洗浴頂好

32 A *ling-ko-n* is the article of dress which has a back and front but no sleeves.

ling[1]-ko[2]-n z[1] yao[1] mang-zie chang, yao[1] 'ao[1]-pō chang, n-nao[1] sa-ziu[2]-ge i-zie.

領褂兒是有門前襟 有後半襟 丨丨衫袖丨衣裳

33. A *pû-sa-diu* is the garment without lining worn innermost of all.

pû²-sa-diu z¹ zang¹-ti¹-chüe¹ chah-ge ta i-zie.

布衫頭是儘底轉 著丨單衣裳

34. Is this pair of trowsers wadded or is it lined?

kih-diœ k'u³ z¹ mie-ge z¹ kah-ge?

丨條褲是綿丨是夾丨

35. Caps are distinguished as small caps and large or official caps; and in the category of official caps there are two sorts, the cool (summer) cap and the warm (winter) cap.

mõe³ fang-k'e yao¹ shiœ¹ mõe² ⁽ᶜ⁾, yao¹ du² mõe². du² mõe² ⁽ᵈ⁾ ah yao¹ lie mõe², nõ² mõe², lœ¹ yie²-ge.

帽分開有小帽有大帽 大帽阿有凉帽暖帽兩樣丨

36. In the street one must have a cap on, in a room one may take the cap off.

nang tsao¹ ka-lû²-de mõe² djah ta²-ch'ï¹, z¹ uh-de mõe² k'o-yi¹ ho¹ ⁽ᵉ⁾-goa.

人走街路丨帽着戴起 是屋丨帽可以丨丨

NOTES.

(*a.*) *Tsz¹*. This particle is seldom used in this dialect. *Ku¹-tsz¹* [菓子] fruit, is another example of its use.

(*b.*) *He¹-me*, then, hence, therefore.

(*c.*) *Shiœ¹ mõe²*, small caps, are commonly called *mõe²-diu-n* [帽頭兒].

(*d.*) *Du² mõe²*, official caps, are commonly called *'ong-iang-mõe²* [紅纓帽]. *Iang* is a tassel.

(*e.*) *Ho¹*, to doff the hat.

EXERCISE XIII.

1. 金 *chang* ; gold.
2. 銀 *nyang* ; silver.
3. 銅 *dong* ; copper.
4. 鐵 *t'ieh* ; iron.
5. 錢 *die* ; coin.
6. 票 *p'iæ*^{2} ; money order.
7. 秤 *ts'ing*^{2} ; scale, balance.
8. 稱 *ts'ing* ; to weigh, to designate.
9. 價 *ko*^{2} ; price, value.
10. 値 *dzih* ; to be worth.
11. 貴 *chü*^{2} ; dear, valuable, honourable.
12. 賤 *zie*^{2} ; cheap, valueless.
13. 便 *bie* ; convenient, cheap.
14. 宜 *yi* ; to be befitting.
15. 輕 *ch'ang* ; light.
16. 重 *djoa*^{1} ; heavy.
17. 若 *djah* ; if.
18. 借 *tsi*^{2} ; to borrow, to lend.
19. 賬 *tsie*^{2} ; bill, account.
20. 該 *ke* ; ought.
21. 費 *fi*^{2} ; to expend.
22. 當 { *toa* ; at; undertake, act as; suitable; ought to be. *toa*^{2} ; to pawn, to pledge; secure; to consider as. }
23. 欠 *ch'ie*^{2} ; to owe money.
24. 債 *tsa*^{2} ; debt.
25. 番 *fa* ; foreign.
26. 兩 *lie*^{1} ; tael.
27. 目 *muh* ; the eye ; list or summary.
28. 別 { *pieh* ; to separate, to divide. *bieh* ; another. }
29. 止 *tsz*^{1} ; to halt, to be stopped.
30. 銷 *shiæ* ; to spend.

---

1. To be in debt.
ch'ie^2 *tsie*^{2}.
欠賬

2. A dollar.
fa-die.
番錢

3. Copper coin.
dong-die.
銅錢

4. To borrow (or lend) money.
tsi^2 *dong-die.*
借銅錢

5. To lend money (on interest).
foa^2*-tsa* .
放債

6. To owe money.
ch'ie² dong-die.
欠銅錢

7. Accounts; a bill.
tsie²-muh.
賬目

8. To spend, expense.
k'e-shiæ.
開銷

9. To spend; needless expenses.
ho-fi².
花費

10. Price, value.
ko²-die.
價錢

11. Of very small value.
ting¹-zie².
頂賤

12. Not dear.
fu¹-chü².
不貴

13. Cheap; suited to one's purpose.
bie-yi.
便宜

14. A tael of silver.
ih lie¹ nyang.
一兩銀

15. This is light.
kih-kaih ch'ang.
| | 輕

16. That is heavy.
he¹-kai² djoa¹.
| 个重

17. Weigh it in the balance, if you do not know its weight.
djah fu¹ sha¹-tih ke¹-le djoa¹, k'oa² ts'ing²-de ts'ing-ih-ts'ing.
若不曉的幾 | 重　| 秤 | 稱一稱

18. He owes different people a good deal of money.
gi ch'ie² bieh nang ge dong-die nyang fu shiæ¹.
其欠別人 | 銅錢銀不少

19. The expression *po¹ dong-die tsi li* means that I am getting money of people for my own use.
ng¹ po¹ dong-die tsi² li z¹ ng¹ po¹ bieh nang-ge dong-die tso¹-li yoa².
我把銅錢借來是我把別人 | 銅錢 | 來用

20. The expression *dong-die tsi² k'a² nang* means that I am letting another have my money for his use.
ng¹ dong-die tsi² k'a² nang z¹ po¹ ng¹-ge dong-die tso¹ k'a² bieh nang yoa².
我銅錢借 | 人是把我 | 銅錢 | | 別人用

21. He has bills outstanding to the amount of a thousand taels.

gi chʻie^{2} tsie^{2} tōe^{2} ih tsʻie lie^{1} nyang.

其欠賬到一千兩銀

22. Our daily domestic expenditure is not large.

ng^{1}-da-ko uh-de neh-neh-ge kʻe-shiœ fu^{1} tu-ge.

我大家屋丨日日丨開銷不多丨

23. That is not a dear house.

he^{1}-zo uh fu^{1} chü^{2}-ge.

丨座屋不貴丨

24. The price of this fur jacket is very small.

kih-djie^{1} bi^{1} mo^{1}-ko^{2} ko^{2}-die ting^{1} bie-yi.

丨件皮馬褂價錢頂便宜

25. That flower-vase is worth nothing.

he^{1}-kai^{2} ho-bing fu^{1} dzih dong-die.

丨个花瓶不值銅錢

26. Cotton is very cheap this year.

kih nyie mie-ho ting^{1} zie^{2}.

丨年綿花頂賤

27. He has not got a cash to live on.

gi ih-kai^{2} dong-die yoa^{2} oh n-nao^{1}.

其一个銅錢用丨丨丨

28. Gold is heavier than silver; iron is lighter than silver.

chang pi^{1} nyang djoa^{1}-le ; tʻieh pi^{1} nyang chʻang-le.

金比銀重丨 鐵比銀輕丨

29. What weight are those balances equal to weighing? The largest will weigh three hundred catties.

he^{1}-le tsʻing^{2} whai^{2} tsing-de ke^{1}-le chang? he^{1}-tsi ting^{1} du^{2}-ge kʻo^{1}-yi^{1} tsʻing sa pah chang.

丨丨秤會稱丨幾丨斤 丨枝頂大丨可以稱三百斤

30. A *p'iœ* is a paper note on which is written the number of cash it is worth; for buying things it is the same as coin.

ih-tsie p'iœ² z¹ ih-tsie tsi¹, zie²-mai² (a) si¹-ch'ï¹ dzih ke¹-le dong-die; ma¹ mai-z² k'oa² dong-die ih seh-ge.

一張|票是一張紙　上|寫起值幾|錢
買|||銅錢一色|

31. He has pawned that coat for ten thousand cash.

gi he¹-djie¹ mo¹-ko² toa² zaih ts'ie dong-die.

其|件馬褂當十千銅錢

NOTES.

(a.) *Zie²-mai²*, on the top. *Mai²* also occurs in the compounds *'o¹-mai²* [下 |] on the bottom, *ti¹-mai²* [底 |] inside, and *wha²-mai²* [外 |] outside.

EXERCISE XIV.

1. 煤 *mai;* coal.
2. 炭 *t'a²;* charcoal.
3. 柴 *za;* fuel, brushwood.
4. 麵 *mie²;* flour.
5. 油 *yao;* oil.
6. 芝麻 *tsz-mo;* sesame.
7. 糖 *doa;* sugar.
8. 鹽 *yie;* salt.
9. 粗 *ts'û;* coarse.
10. 細 *si, si²;* fine.
11. 雞 *chī;* chicken.
12. 奶 *na¹;* daughter; milk.
13. 菓 *ku¹;* fruit.
14. 香 *shie;* fragrant, sweet.
15. 菜 *ts'e²;* vegetables.
16. 饅 *mö;* dumpling.
17. 喝 *hah;* to drink.
18. 論 *lö²;* to discuss, according to.
19. 擔 { *ta;* to carry on a bamboo. / *ta²;* picul; the loads carried on a bamboo. }
20. 排 *ba;* to place properly, arrange; a row.
21. 乾 *küe;* dry.
22. 飛 *fi;* to fly.
23. 停 *ding;* to stop; well arranged.
24. 硬 *ngœ²;* hard.
25. 洋 *yie;* foreign.
26. 擺 *pa¹;* to spread out, to decorate, to dress, arrange.
27. 卵 *lang¹;* egg.

---

1. Firewood.
za-ba.
柴排

2. Coal.
mai-t'a².
煤炭

3. Rice-flour.
mi¹-fang¹.
米粉

4. Vermicelli.
fang¹-küe.
粉乾

5. Wheat-flour.
fi-mie²; mie²-fang¹.
飛麵 麵粉

6. A loaf of bread.
ih-kai² mö-diu.
一个饅頭

7. White sugar.
bah-doa.
白糖

8. Fowls' eggs.
chī-lang[1].
雞卵

9. Cow's milk.
ngao-na[1].
牛奶

10. Fruit.
ku[1]*-tsz*[1].
菓子

11. Lamp-oil.
tang-yao.
燈油

12. Sweet-oil.
'shie-yao.
香油

13. Kerosene.
yie-yao.
洋油

14. Coarse salt.
ts'û-yie.
粗鹽

15. Fine salt.
si[2]*-yie.*
細鹽

16. To cook food.
choa koa[2]*-p'ai*[2].
| | |

17. To bring in food.
tŏh-li[(a)] *ch'ĭh.*
| 來喫

18. To put food on the table.
pa[1]*-ch'ī*[1].
擺起

19. To clear away.
siu-k'i[2].
收去

20. To eat one's meals.
ch'ĭh-va[2].
喫飯

21. To drink broth.
hah-t'oa.
喝湯

22. I bought yesterday three hundred catties of coal, fifty catties of charcoal, eighty catties of firewood, four piculs of rice and two hundred catties of flour.

ng[1] *zo-yi*[2] *ma*[1] *sa-pah chang mai-t'a*[2], *ng*[1]*-zaih chang ngæ*[2]*-t'a*[2], *pŏh-zaih chang za-ba, sz*[2]*-ta*[2] *mi*[1], *læ*[1]*-pah chang fi-mie*[2].

我昨夜買三百斤煤炭 五十斤硬炭 八十斤柴排
四擔米 兩百斤飛麵

23. Lamp-oil is made from rape-seed and is called *ts'e-yao.* Sweet-oil is made from sesame and is called *mo-yao.* *Ts'e-yao* costs less than *mo-yao.*

tang-yao z[1] *ts'e*[2]*-tsz*[1] *tæ*[1]*-ge, ziu*[2] *chiæ*[2] *ts'e*[2]*-yao. shie-yao z*[1] *tsz-mo tsu*[2]*-ge, ziu*[2] *chiæ*[2] *mo-yao. ts'e*[2]*-yao pi*[1] *mo-yao zie*[2]*-le.*

燈油是菜子打 | 就叫菜油 香油是芝麻做 |
就叫麻油 菜油比麻油賤 |

24. When the weather is cold the consumption of coal is very large.

t'ie-seh læ¹-ge mai-t'a² yoa² du²-shie¹.

天色冷丨煤炭用大丨

25. You go and buy me a small chicken and three or four eggs.

nyi¹ k'i² po¹ ng¹ ma¹ ih-tsih sai chī, sa-sz²-kai² chī-lang¹.

你去把我買一隻小雞 三四个雞卵

26. Do you want any milk as well? I should like some catties of milk if it is cheap.

wha e² ngao-na¹ fu¹ e²? ngao-na¹ bie-yi ng¹ k'o¹-yi¹ e³ ke¹-chang.

還要牛奶不要 牛奶便宜我可以要幾斤

27. In this part of the world we do not buy milk by the catty but by the cup or bottle.

ng¹-da-ko kih-li ma¹ ngao-na¹ fu¹ lö² chang-ge, oh z¹ lö² üe¹ lö² bing-ge.

我大家丨丨買牛奶不論斤丨 丨是論碗論瓶丨

28. Fruit is not bought by the catty, but by the piece.

ma¹ ku¹-tsz¹ fu¹ lö² chang-ge, z¹ lö² kai²-ge.

買菓子不論斤丨 是論个丨

29. Do you prefer bread or rice? Neither; I like broth. What broth? Either meat soup, or chicken broth suits me.

nyi¹ shī¹-hüe ch'īh mö-diu ah shī¹-hüe ch'īh va²? læ¹ yie² oh fu¹ shī¹-hüe. ng¹ shī¹-hüe ch'īh t'oa. ga-nyie t'oa ne? nyuh t'oa, chī t'oa oh yoa-djah-ge.

你喜歡喫饅頭阿喜歡喫飯 兩樣丨不喜歡 我喜歡喫湯 丨丨湯丨 肉湯雞湯丨用着丨

30. Go and get the food ready directly, and as soon as it is ready put it on the table.

nyi¹ koh tsao¹-k'i² choa koa²-p'ai², choa ding-toa² pa¹ choh-de.

你丨走去丨丨丨 丨停當擺桌丨

31. What does *siu-k'i* mean? The removal of the plates and cups when you have done eating.

tsz(h)-nah chiœ² siu-k'i² ne? ziu²-z ch'ïh ding-toa² po¹ bö üe oh tso¹ k'i².

丨丨吽收去丨 就是喫停當把盤碗丨丨去

NOTES.

(*a.*) *Töh-li*, to bring, *töh-k'i²* [丨去], to take away. *Töh* is to lift with both hands.

EXERCISE XV.

1. 京 *chang;* the capital.
2. 近 *djang*^{1}*;* near.
3. 直 *dzih;* straight, perpendicular.
4. 彎 *wa;* winding, bent, crooked.
5. 海 *he*^{1}*;* the sea.
6. 深 *sang;* deep.
7. 淺 *ts'ie*^{1}*;* shallow.
8. 船 *jüe;* ship, boat.
9. 車 *ts'i;* cart, carriage.
10. 客 *k'ah;* guest, stranger.
11. 水 *shï*^{1}*;* water.
12. 棧 *dza*^{2}*;* storehouse, inn.
13. 依 *i;* to rely on, accede to, according to.
14. 擱 *koh;* to hinder, to obstruct. *goh;* to run ashore (of a ship, etc.), to be wrecked.
15. 受 *ziu*^{1}*;* to receive.
16. 苦 *k'u*^{1}*;* bitter; distress.
17. 辛 *sang;* bitter, toilsome.
18. 軟 *nyüe*^{1}*;* tired, weak.
19. 連 *lie;* to connect.
20. 河 *whu;* canal.
21. 江 *koa*^{1}*;* river.
22. 溪 *ch'ï;* creek.
23. 沙 *so;* sand, sand-bank.
24. 管 *küe*^{1}*;* to rule, to control.
25. 主 *chï*^{1}*;* master.
26. 趁 *ts'ang*^{2}*;* to take, avail of.
27. 站 *dza*^{2}*;* to stop at.
28. 進 *tsang*^{2}*;* to enter.

---

1. To go up to Peking.
tsang^{2}*-chang.*
進京

2. To go straight.
dzih-k'i^{2}*; ih dzih tsao*^{1}*.*
直去 一直走

3. To walk crookedly.
wa-da tsao^{1}*.*
彎丨走

4. To go a roundabout way.
wa bieh uh-doa^{1} *ku*^{2}*.*
彎別屋宕過

5. Distance.
yüe¹-djang.
遠近

6. A straight road is shorter.
dzih-ge lû² djang¹-le-ge.
直丨路近丨丨

7. A winding road is longer.
wa-da-ge lû² yüe¹-le-ge.
彎丨丨路遠丨丨

8. The south side.
nö pie.
南邊

9. The north side.
paih pie.
北邊

10. A ship.
ih tsih jüe.
一隻船

11. To be on board a ship (as passengers).
zo¹ jüe; ts'ang² jüe.
坐船　趁船

12. To cross a river.
ku² koa¹.
過江

13. To go by sea.
tsao¹ he¹.
走海

14. The water is deep.
shï¹ sang.
水深

15. The water is shallow.
shï¹ ts'ie¹.
水淺

16. An inn.
k'ah-dza².
客棧

17. A restaurant.
va²-tie².
飯店

18. An inn-keeper.
tie²-chï¹-nyang.
店主人

19. Toilsome, laborious, distressing.
sang-k'u¹.
辛苦

20. To be tired.
nyüe¹-goa.
輭丨

21. To be resting.
shieh-loh.
歇落

22. When you went to Pekin last year, where did you live? I lived at an inn.
nyi¹ djao²-nyie tsang² chang djï² nyaoh-doa¹? djï² k'ah-dza² de.
你舊年進京住丨宕　住客棧丨

23. I have heard it said that some of the inns outside the city are very uncomfortable to stay at. That is according as an inn-keeper is a good one or a bad one. In my opinion, when one is tired any inn is good. All you go to it for is to rest yourself.

ng[1] t'ing-chie[2] koa[1] zing wha[2]-ge k'ah-dza[2] ting[1] fu[1] höe[1] dza[2]. he[1] z[1] oh ts'z[2] tïe[2]-chï[1]-nyang höe[1] fu[1] höe[1]. i ng[1] koa[1], nang nyüe[1]-yoa, k'ah-dza[2] jï-bie[2] oh höe[1]. töe[2] k'ah-dza[2]-de ziu[2] tsz(h) e[2] shieh-ih-shieh.

我聽見講城外丨客棧頂不好站 丨是丨丨店主人好不好 依我講人輭丨客棧如便丨好 到客棧丨就只要歇一歇

24. Do you prefer travelling in a cart or by ship? That depends upon the country I am in. There are no carts in the south, and travellers go by chair or by boat.

nyi[1] tsao[1] lû[2] shï[1]-hüe[1] zo ts'i ah shï[1]-hüe[1] zo[1] jüe? he[1] z[1] ts'z[2] di[2]-foa-ge. nö-pie n-nao[1] ts'i, tsao[1] lû[2]-ge nang zo[1] djiu[2] 'a zo[1] jüe.

你走路喜歡坐車阿喜歡坐船 丨是丨地方丨南邊丨丨車 走路丨人坐轎丨坐船

25. The vessels used in river travelling are small, sea-going vessels are large.

tsao[1] koa[1] lû[2] oh z[1] sai[1] jüe, tsao[1] he[1] lû[2] z[1] du[2] jüe.

走江路丨是小船 走海路是大船

26. The water in rivers is shallow, not so deep as in the sea.

koa[1]-de-ge shï[1] ts'ie[1], n-nao[1] he[1] shï[1] nang(h) sang.

江丨丨水淺 丨丨海水丨深

27. In the voyage you made by sea, the year before last, you had a bad time of it, had you not? That is so. It blew hard, and the ship got ashore on the coast of Shantung; all of us who were on board suffered dreadfully.

nyi^1 zie-nyie zo^1 he^1 jüe choa sang-k'u-shie^1 z^1 fu^1? 'ao^2. foh du^2 fung, jüe z^1 Sa-tung he^1-pie goh so goa. ng^1-da-ko zo^1 jüe-ge nang k'u^1-töe^2 (a).

你前年坐海船丨辛苦丨是否　丨　發大風
船是山東海邊擱沙丨　我大家坐船丨人苦到

28. Who looks after the messing on board ship? The people of the ship look after it.

jüe-de ch'ïh-va z^1 ga-nyie nang küe^1-ge? z^1 jüe-de-ge nang küe^1-ge.

船丨喫飯是丨丨人管丨　是船丨丨人管丨

29. The boat starts at day-light to-morrow. How many passengers are there on board? I reckon that there are more than thirty.

jüe mang-chiæ t'ie-kou k'e k'i^2. jüe-de yao^1 ke^1-le k'ah? ng^1 sö^2 yao^1 sa-zaih tu.

船丨朝天光開去　船丨有幾丨客　我算有三十多

NOTE.

(a.) *K'u^1-töe^2*, suffered extremely. *Töe^2* is often used to mark the superlative; as: *fung du^2 töe^2*, a very high wind, *nang djaih töe^2*, a very poor man.

EXERCISE XVI.

1. 李 *li*^{1}; baggage.
2. 箱 *sie*; box, trunk.
3. 包 *poa*; bundle, to wrap up.
4. 袋 *dæ*^{2}; bag.
5. 毡 *tsie*; felt or similar fabrics, table cloth.
6. 跟 *kang*; to follow.
7. 班 *pa*; band of persons.
8. 帶 *ta*^{2}; to carry with, to bring, to take; belt, tape; and.
9. 趕 *küe*^{1}; to pursue.
10. 追 *chï*; to pursue fast.
11. 漲 *tsie*^{2}; flood tide.
12. 牢 *lōe*; prison; secure, strong; denotes continued action.
13. 無 *vu*; not, without.
14. 利 *li*^{2}; profit, advantage, percentage; sharp.
15. 害 *'e*^{2}; harm, hurt.
16. 袱 *vuh*; square cloth.
17. 疋 *p'ieh*; numerative of pieces of cloth.
18. 樹 *jï*^{2}; tree, wood.
19. 調 *diœ*^{2}; to move, transfer.
20. 綑 *kw'ang*^{1}; bale, a ball.

---

1. Baggage.
'æ-li^{1}.
行李

2. A bundle; a cotton wrapper.
poa-vuh.
包袱

3. A blanket.
tsie-diœ.
毡條

4. A bale of cotton cloth.
ih kw'ang^{1} *pû*^{2}.
一綑布

5. A whole piece of cotton cloth.
ih p'ieh pû^{2}.
一疋布

6. One's retinue; a servant.
kang-pa.
跟班

7. To pack a box.
po^{1} *sie siu-zaih-ch'ï*^{1}.
把箱收拾起

8. To carry things with one.
ta² mû-z .
帶 | |

9. To pursue.
chī-küe¹.
追趕

10. Very dreadful ; frightful.
li²-'e² shie¹ ; diu-bi-tsie².
利害 | 頭皮漲

11. The expression *'æ-li* comprises what a traveller carries with him.
'æ-li¹ z¹ ch'üeh-mang-ge nang ta²-ge mû-z².
行李是出門 | 人帶 | | |

12. Trunks are made some of leather, some of wood, and all sorts of things can be put into them.
sie yao¹-le bi tsu²-ge, ah yao¹-le jī² tsu²-ge, ze¹-nyi¹ ga-nyie mû-z² oh hōe¹ k'oa² ti².
箱有 | 皮做 | 阿有 | 樹做 | | | | | | 好 | 底

13. What can be used to wrap those things up in? Use a blanket.
he¹-le mû-z² yoa² ga-nyie poa ch'ī¹ ne ? yoa² tsie-diæ poa-ch'ī¹.
| | | | 用 | | 包起 | 用毡條包起

14. The *kang-pa* are they who take orders.
kang-pa ziu²-z¹ k'a² z² ts'a-diæ²-go nang.
跟班就是 | 自差調 | 人

15. He called a servant to put a box into the boat.
gi chiæ² kang-pa po¹ sie k'oa² jüe-de.
其呌跟班把箱 | 船 |

16. As I came out his servant came after me, but though he pursued me for a good while, he did not overtake me.
ng¹ tsao¹-ch'üeh li, gi-ge kang-pa z 'ao¹-pō küe¹ ng¹, küe¹ pō²-neh ah küe¹-fu¹-lōe.
我走出來 其 | 跟班是後半趕我 趕半日阿趕不牢

17. Where is that man? He is gone out. If you run fast you will be able to overtake him.

he^1-kai^2 nang z^1 nyaoh-dou? gi tsao^1-ch'üeh k'i^2 ba^1. nyi^1 kw'a^2-le zih[a] *k'i^2, höe^1 po^1 gi^2 küe^1-löe.*

丨个人是丨宕 其走出去罷 你快丨丨去 好把其趕牢

18. He is gone some time. I fear it will not be possible to overtake him. Whether he is to be overtaken or not, you just run after him as hard as you can.

gi tsao^1-k'i^2 tsöe^1 ba^1. ts'z^2[b]*-p'o^2 z^1 küe^1 gi fu^1 löe. vu lö^2 küe^1-löe küe^1-fu^1-löe, nyi^1 kw'a^2-le zih-k'i^2 küe^1 gi ziu-z^1-ba^1.*

其走去早罷 丨怕是趕其不牢 無論趕牢趕不牢
你快丨丨去趕其就是罷

19. Take a bag and fetch the rice.

pû^2-de^2 tso^1-k'i^2, po^1 mi^1 ta-li.

布袋丨去 把米擔來

NOTES.

(*a.*) ***Zih,*** to run.

(*b.*) ***Ts'z^2,*** to look, see, deem, think.

EXERCISE XVII.

1. 腦 *nōe*[1]; brain.
2. 辮 *bie*; the pig-tail.
3. 耳 *n*[1]; the ear.
4. 朶 *to*[1]; the ear; numerative of flowers.
5. 睛 *tsing*; pupil of the eye.
6. 嘴 *chï*[1]; the mouth, lip, beak.
7. 唇 *jung*; the lips.
8. 鬍 *whu*; the beard.
9. 鬚 *shï*; the beard.
10. 鼻 *bieh*; the nose.
11. 指 *tsz*[1]; the finger.
12. 甲 *kah*; finger or toe nail.
13. 肌 *chï*; flesh.
14. 但 *da*[2]; but, only.
15. 貌 *moa*[2]; appearance.
16. 舌 *zieh*; the tongue.
17. 肚 *dû*[1]; the stomach, belly.
18. 腰 *iœ*; the loins, waist.
19. 腿 *t'ai*[1]; the thigh.
20. 脚 *chah*; the foot, leg.
21. 體 *t'i*[1]; the body.
22. 身 *sang*; the body.
23. 抓 *tsoa*; to scratch.
24. 壯 *tsoa*[2]; vigorous.
25. 健 *djie*[2]; strong.
26. 弱 *jah*; weak.
27. 虛 *shü*; empty, weak.
28. 病 *bing*[2]; ill.
29. 痛 *t'ung*[2]; pain.
30. 奇 *djï*; strange.
31. 怪 *kwa*[2]; monstrous.
32. 拔 *boh*; to pull, to drag.
33. 斷 { *dung*[1]; to snap, to break. *dö*[1]; to discontinue, break off; "not a solitary one."[(a)] *tö*[2]; to bargain, settle a price, decide judicially. }

---

1. The Chinese pig-tail.	2. The ear.	3. The eye.	4. The nose.
bie-n.	*n*[1]*-to*[1].	*nga -tsing.*	*bieh-diu.*
辮兒	耳朶	眼睛	鼻頭

5. In the mouth.
chī^1-de ; k'ao^1-de.
嘴丨 口丨

6. The lips.
chī^1-jung.
嘴唇

7. The beard.
whu-shī.
鬍鬚

8. The muscles of the arm.
siu^1-chī-dû^1.
手肌肚

9. The finger.
tsz^1-diu-n.
指頭兒

10. The nail.
tsz^1-kah.
指甲

11. Robust.
tsoa^2-djie^2.
壯健

12. Weak.
shü-jah.
虛弱

13. To pull, to haul at.
tai^1-k'i^2 ; tai^1-li.
丨去 丨來

14. To tear or injure in getting hold of.
doh-goa ; doh-p'a^2.
丨丨 丨破

15. Connected, consecutively.
lie-lōe.
連牢

16. To be ill.
yao^1 bing^2.
有病

17. Very sore, painful.
t'ung^2-shie^1.
痛丨

18. Strange, odd.
djī-kwa^2.
奇怪

19. Your tail must be combed and plaited.
nyi^1-ge bie-n djah sz-ch'ī^1 tœ^1-ch'ī^1.
你丨辮兒着梳起打起

20. When a man is old he can neither hear well with his ears nor see well with his eyes.
nang lōe^1-goa n^1-to^1 t'ing fu^1 ts'ing, nga^1-tsing ah ts'z^2 fu^1 ming.
人老丨耳朵聽不清 眼睛阿丨不明

21. That man has a very odd looking countenance.
he^1-kai^2 nang-ge mie^2-moa^2 sœ koh-yie^2-shie^1.
丨个人丨面貌生各樣丨

22. This man is very hearty; that man is very feeble.

kih-kaih nang tsoa^2-djie^2 shie^1 ; he^1-kai^2 nang shü-jah shie^1.

丨 丨人壯健丨 丨个人虛弱丨

23. Have you any thing the matter with you? No, I am weak but not ill.

nyi^1 sang-de yao^1 bing^2 ah fu^1? bing^2 z^1 n-nao^1-ge, da^2-z^1 ng^1 sang-t'i^1 shü-jah-ge.

你身丨有病阿否 病是丨丨丨 但是我身體虛弱丨

24. In these five or six years that you and I have not met, your beard has turned quite white. Yes, I have been sadly ailing for some years.

kih ng^1 liuh nyie ng^1 k'oa^2 nyi^1 n-nao^1 p'ung-djah-ku^2; nyi^1-ge whu-shï oh bah-goa-ba^1. 'ao, keh-læh nyie ng^1 tsz-küe$^{(b)}$ yao^1 bing^2.

丨丨五六年我丨你丨丨碰着過 你丨鬍鬚丨白丨罷
丨丨兩年我丨丨有病

25. That man who is lying on the road has both his legs broken.

lû^2-de he^1-kai^2 fa-da-ge nang læ^1 t'ai^1 oh dang^1-goa.

路丨丨个翻丨丨人兩腿丨斷丨

26. There is something the matter with my loins, and I can't stand upright.

ng^1-ge iæ-de yao^1 bing^2, ge^1-fu^1-ch'ï^1.

我丨腰丨有病 丨不起

27. Do you move so slowly because you have something the matter with you? No, it is that when a man is old he is weak both in the back and limbs.

nyi^1 kih-nang(h) ma^2-ma^2 tsao^1, z^1 sang-de yao^1 bing^2 ah fu^1? fu^1-z^1, z^1 nang löe^1-goa iæ t'ai^1 oh nyüe^1-goa.

你丨丨慢慢走 是身丨有病阿否 不是 是人
老丨腰腿丨輭丨

28. He has something the matter with his tongue, and both it and his lips have broken out.

gi-ge k'ao[1]-zieh yao[1] bing[2], lie chī[1]-jung ah p'a[2]-goa.

其丨口舌有病 連嘴唇阿破丨

29. That woman's nails were so long that when she clutched hold of his arm, they tore it.

he[1]-kai[2] löe[1]-nyang-k'ah tsz -kah kih-nang(h) dzie, po[1] gi-ge siu[1]-chī-dû[2] boh-löe tsoa p'a[2]-goa.

丨个老人客指甲丨丨長 把其丨手肌肚拔牢抓破丨

30. My finger is very sore.

ng[1]-gai[2] tsz[1]-diu-n t'ung[2] shie[1].

我丨指頭兒痛丨

31. Bring that man out here and pull the door after you.

po[1] he[1]-kai[2] nang ta[2]-ch'üeh kaoh li, mang ah ta[2]-chüe[1].

把丨个人帶出丨來 門阿帶轉

NOTES.

(*a.*) *E.g.* *dō[1] kai[2] nang*, not a solitary man; *dō[1] kai[2] dong-die*, not a solitary cash.

(*b.*) *Tsz-küe*, continually; (his) only occupation is to......

EXERCISE XVIII.

1. 眉 *li* or *mi*; eye-brow.
2. 頷 *gō*^{1}; jaws.
3. 頸 *chang*^{1}; neck.
4. 喉 *'ao*; throat.
5. 嚨 *lung*; throat.
6. 肩 *chie*; shoulder.
7. 胛 *kah*; shoulder.
8. 背 *pai*^{2}; back.
9. 脊 *tsih*; spine.
10. 心 *sang*; heart.
11. 捉 *choh*; to grasp, to seize.
12. 犯 *va*^{1}; to transgress, to sin; a criminal.
13. 剃 *t'i*^{2}; to shave.
14. 脈 *mah*; pulse.
15. 額 *ngah*; forehead; a fixed number.
16. 䏺 *tsæ*; elbow.
17. 掌 *tsie*^{1}; palm of the hand.
18. 骨 *küeh*; bones.
19. 手 *siu*^{1}; hand.
20. 拇 *ma*; thumb; great toe.
21. 根 *kö*; root.
22. 殺 *sah*; to behead.
23. 賊 *zeh*; robbers.
24. 毛 *möe*; hair, feathers.
25. 孔 *k'ung*^{1}; hole; surname of Confucius.
26. 臀 *dö*; bottom of any thing.

---

1. The eye-lashes.
nga^{1}*-si-möe.*
眼細毛

2. The eye-brows.
nga^{1}*-li-möe; mi-möe.*
眼眉毛　眉毛

3. The chin.
'o^{1}*-bo.*
下丨

4. The nostrils.
bieh-diu-k'ung^{1}.
鼻頭孔

5. The neck.
diu-chang^{1}.
頭頸

6. The gullet.
'ao-lung-küe^{1}.
喉嚨管

7. The shoulders.
chie-kah-diu.
肩胛頭

8. The spine.
pai^{2}*-tsih-sang-küeh.*
背脊身骨

9. The back.
pai^{2}*-tsih-sang.*
背脊身

10. The breast.
sang-diu.
心頭

11. The rump.
dö-ba-t'ai[1].
臀丨腿

12. The elbow.
siu[1]*-tsœ-diu.*
手胼頭

13. The arm-pit.
la-tsah-'o[1].
丨丨下

14. The wrist.
siu[1]*-tsœ.*
手胼

15. The palm of the hand.
siu[1]*-tsie*[1]*-sang.*
手掌心

16. The back of the hand.
siu[1]*-pai*[2].
手背

17. The lower leg.
chah-dü[1].
脚肚

18. The ankle.
chah-nga[1]*-tsœ.*
脚眼胼

19. The knee.
chah-k'üeh-diu.
脚丨頭

20. The knee-cap.
chah-k'üeh-diu-kang[1].
脚丨頭丨

21. The instep.
chah-pai[2].
脚背

22. The sole of the foot.
chah-di-sang.
脚底心

23. The fingers.
siu[1]*-tsz*[1]*-diu.*
手指頭

24. The thumb.
siu[1]*-du*[2]*-ma-tsz*[1]*-diu.*
手大拇指頭

25. The little finger.
siu[1]*-sai*[1]*-ma-tsz*[1]*-diu.*
手小拇指頭

26. The toes.
chah-tsz[1]*-diu.*
脚指頭

27. The great toe.
chah-du[2]*-ma-tsz*[1]*-diu.*
脚大拇指頭

28. The little toe.
chah-sai[1]*-ma-tsz*[1]*-diu.*
脚小拇指頭

29. The heel.
chah-'o[1]*-kö.*
脚下根

30. A joint.
küeh-tsieh.
骨節

31. To shave the beard.
t'i[2] *whu-shï.*
剃鬍鬚

32. To shave the head.
t'i[2]*-diu.*
剃頭

33. To cut off the head of a malefactor.
sah va[1]*-nang diu.*
殺犯人頭

34. The eye-brows are the hair above the eyes.
nga¹-li-mõe z¹ nga¹ zie²-chüe¹-ge mõe.

眼眉毛是眼上轉丨毛

35. The cheeks are the flesh on either side of the mouth.
gö¹ z¹ k'ao¹ læ¹-pie-ge nyuh.

頜是口兩邊丨肉

36. The bone below the mouth is the chin.
chï¹ 'o¹-chüe¹-ge küeh-diu z¹ 'o¹-bo.

嘴下轉丨骨頭是下丨

37. The shoulders are at the top of the arms.
chie-kah-diu z¹ siu¹-chï-dú² zie²-chüe¹.

肩胛頭是手肌肚上轉

38. What is below the head is called the neck, the fore part of it is called the throat.
*diu 'o¹-chüe¹ chiæ² diu-chang¹, mang-zie-ge chiæ² 'ao (*or *ling-'ao).*

頭下轉呌頭頸門前丨呌喉 (領喉)

39. The chest or breast is below the throat and above the belly.
sang-diu z¹ diu-chang¹ yi¹-'o¹, dú¹ yi¹-zie².

心頭是頭頸以下肚以上

40. The knee is the joint in the middle of the leg.
chah k'üeh-diu z¹ chah toa-chung-ge küeh-tsieh.

脚丨頭是脚當中丨骨節

41. The joint above the foot is called the ankle.
chah zie²-chüe¹-ge küeh-tsieh chiæ² chah-nga¹-tsæ.

脚上轉丨骨節呌脚眼睁

42. In the Chinese tonsure what is shaved off is the short hair growing outside the pig-tail.

t'i[2]-diu z[1] t'i[2] bie[1]-n yi[1]-wha[2] tö-ge diu-möe.

剃頭是剃辮兒以外短丨頭毛

43. When a robber is caught he is beheaded.

zeh choh-löe ziu[2] sah.

賊捉牢就殺

EXERCISE XIX.

1. 爵 *chah;* rank of nobility.
2. 尊 *tsō;* honoured.
3. 武 *vu*[1]; military.
4. 兵 *ping;* soldier.
5. 缺 *ch'üeh;* vacancy; short, wanting.
6. 捐 *chüe;* to subscribe for public purposes.
7. 策 *ts'ah;* plans.
8. 退 *t'ai*[2]; to retire, to withdraw.
9. 勒 *leh;* to coerce, to extort.
10. 索 *soh;* cord; to force.
11. 匪 *fi*[1]; banditti.
12. 全 *jüe;* entire, complete.
13. 姓 *sing*[2]; family name.
14. 名 *ming;* name.
15. 皇帝 *'oa-ti*[2]; sovereign, emperor.
16. 計 *chï*[2]; to plan, to calculate, to reckon.
17. 陣 *dzang*[2]; a plan.
18. 逃 *döe;* to flee, to escape.
19. 齊 *zi;* all in unison, to unite.
20. 封 *fung;* to appoint imperially; to seal; numerative of letters.
21. 功 *kung;* achievements, merit.
22. 搶 *ts'ie*[1]; to take by violence.
23. 刼 *chieh;* to take by violence, to snatch.
24. 省 *sæ*[1]; a province; frugal, saving

---

1. The people. *pah-sing.* 百姓

2. The master of the house. *chï*[1]*-nyang-ko.* 主人家

3. The servants. *yoa*[2]*-nang.* 用人

4. Noble rank. *fung-chah.* 封爵

5. Of honourable rank or position. *tsō-chü*[2]. 尊貴

6. Civil authorities.
vang-küe.
文官

7. Military authorities.
vu[1]*-küe.*
武官

8. Government troops.
küe-ping.
官兵

9. To remove from office.
k'e-ch'üeh.
開缺

11. To fill a vacancy.
pû[1]*-ch'üeh.*
補缺

12. A fixed number.
ding[2]*-ngah.*
定額

13. To purchase a mandarinate.
chüe-küe.
捐官

14. To purchase a degree.
chüe kung-ming.
捐功名

15. To serve as a soldier.
toa-ping.
當兵

16. To make calculations or plans.
sö[2]*-chī*[2]*.*
算計

17. Plans; schemes.
chī[2]*-ts'ah.*
計策

18. To repulse (the enemy).
tæ[1]*-döe-goa.*
打逃丨

19. The whole is; it is entirely.
jüe-z[1]*.*
全是

20. The Emperor rules over all his subjects, official and unofficial.
'oa-ti[2] *küe*[1] *djah t'ung*[1]*-t'ung*[1]*-ge pah-sing*[2]*, tsu*[2] *küe-ge ta*[2] *fu*[1] *tsu*[2] *küe-ge.*
皇帝管着統統丨百姓 做官丨帶不做官丨

21. Last year there was a good deal of brigandage, and the measures adopted by the high officers in command of the troops were ill-devised in every instance; they were quite incompetent to plan a campaign, so much so that they let the outlaws all escape. The outlaws retired into Hupeh, where they killed every one they met. The authorities and people in Hupeh assembled, and pursued them and drove them back with loss.

djao² nyie ts'ie¹-chieh ting¹ tu. ta² ping-ge du² küe-diu-ge chï-ts'ah oh ba fu¹ höe¹, n-pang²⁽ᵃ⁾ ba dzang²; t'ü¹-fi t'ung¹-t'ung¹ oh k'a² gi döe-k'ï²-goa. t'ü¹-fi oh t'ai²-töe² Whu-paih sæ¹-de, p'ung²-djah nang ziu² sah. Whu-paih-ge küe ta² pah-sing² zi-ch'ï¹ chï-küe¹, po¹ t'ü¹-fi t'ung¹-t'ung¹ tæ¹ döe-goa, sah-goa fu¹ shiæ¹.

舊年搶刦頂多　帶兵丨大官頭丨計策丨排不好丨丨排陣　土匪統統丨丨其逃去丨　土匪丨退到河北省丨　碰着人就殺　河北丨官帶百姓齊起追趕　把土匪統統打逃丨　殺丨不少

22. Do you know the name of the brigand chief? There was a man named 'OA-LIÆ who was chief among them.

he¹-kai² zeh-diu-ge sing-ming nyi¹ sha¹-tih fu¹ sha¹-tih? tsöe¹-neh yao¹ ih-kai² nang sing² 'Oa, ming-z² chiæ² Liæ, z¹ zeh toa-chung-ge diu-n.

丨个賊頭丨姓名你曉的不曉的　早日有一个人姓黃　名字叫龍　是賊當中丨頭兒

23. *Chüe-küe* is to purchase a rank with money.

you² nyang ma¹ ih-kai² küe li, he¹-kai² ziuh chiæ² chüe küe.

用錢買一个官來　丨个就叫捐官

24. The strength of the army is fixed. When a vacancy occurs it must be filled up.

küe-ping yao¹ ding²-ngah-ge. yao¹ k'e-ch'üeh-goa djah po¹ ch'üeh pû-chüe¹.

官兵有定額丨　有開缺丨着把缺補轉

25. The understrappers in the *yamên* can squeeze cash from the people.

ngo-mang-de da²-yi ts'a-nang(b) *whai² leh-soh pah-sing²-ge dong-die.*

衙門丨大爺差人會勒索百姓丨銅錢

NOTES.

(*a.*) *N-pang²*, not able to.

(*b.*) *Da-yi* are the underlings employed inside a *yamên; ts'a-nang* are the *yamên* runners.

EXERCISE XX.

1. 國 *kwaih;* a nation.
2. 章 *tsie;* rule, section, chapter, essay.
3. 程 *dzing;* stage of a journey; a regulation.
4. 卡 *k'a*[1]*;* a Customs' barrier.
5. 巡 *jung;* to go the rounds.
6. 搜 *sao;* to search, as the person, baggage, etc.
7. 查 *dzo;* to search.
8. 律 *lieh;* statutes.
9. 例 *li*[2]*;* laws.
10. 理 *li*[1]*;* to manage, to regulate.
11. 盡 *zang*[1]*;* extreme, exceedingly; end.
12. 聚 *jü*[1]*;* to assemble, to collect together.
13. 攏 *lung*[1]*;* together.
14. 耕 *kæ;* to till.
15. 種 { *chou*[2]*;* to cultivate. *chou*[1]*;* seed. }
16. 壓 *ah;* to press down, to crush down, to repress.
17. 反 *fa*[1]*;* to turn, to rebel.
18. 府 *fü*[1]*;* prefect, prefecture; a mansion.
19. 田 *die;* field.
20. 照 *chiæ*[2]*;* to shine on; according to.
21. 鄉 *shie;* the country (as opposed to town).
22. 造 *zöe*[1]*;* to make, create.
23. 亂 *lö*[2]*;* wildly, confused, incoherent, foolish.

---

1. Regulations.
tsie-dzing.
章程

2. Laws.
li[2]*; lieh-diæ.*
例 律條

3. To go official rounds.
tsao[1]*-ch'üeh jung.*
走出巡

4. To restore order.
ah-loh.
壓落

5. Right principle, doctrine, teaching.
döe[1]*-li*[1]*.*
道理

6. To rise in rebellion.

fa^{1}-lö^{2}.

反亂

7. China.

chung-kwaih; t'ung^{1}-t'ie-'o^{1}.

中國 統天下

8. To break out in disorder.

lö^{2}-ch'ī^{1}.

亂起

9. To till the fields.

kœ-die; choa^{2}-die.

耕田 種田

10. The world.

t'ie-'o^{1} va^{2} kwaih.

天下萬國

11. A band of robbers.

ih-pa zeh.

一班賊

12. In the west country yonder there are Customs' stations on the road, where people coming in or going out are examined.

si lü^{2} boa-ta lü^{2}-de yao^{1} k'a^{1}-ge, z^{1} dzo tsang^{2}-ch'üeh-ge nang.

西路旁丨路丨有卡丨 是查進出丨人

13. The Customs' stations have rules according to which the baggage of passengers must be searched.

k'a^{1}-de yao^{1} ih ding^{2}-ge tsie-dzing, chiœ^{2} tsie-dzing sao k'ah-ge 'œ-li.

卡丨有一定丨章程 照章程搜客丨行李

14. The guards at the city gates have also fixed rules for their rounds, and they must not be too vexatious in their investigations.

zing mang-de-ge küe-ping ah yao^{1} ih ding^{2}-ge tsie-dzing jung-dzo-ge, ah fu^{1} shü^{1} t'u^{2} sao li^{2}-e^{2}.

城門丨丨官兵阿有一定丨章程巡查丨 阿不許太搜利害

15. Farming is the proper business of the country people; in the summer every one is tilling the ground.

kœ-choa^{2} z^{1} shie-'o^{1}-nang-ge mang-vang^{2}; 'o^{2}-t'ie da^{2}-ko-nang oh choa^{2}-die.

耕種是鄉下人丨丨分 夏天大家人丨種田

16. That the disorder of late years has been due to the maladministration of the authorities, every one knows.

zie læh nyie-ge fa-lö^{2} z^{1} küe-fû^{1} fu^{1} höe^{1}, da-ko-nang oh sha^{1}-tih-ge.

前兩年丨反亂是官府不好　大家人丨曉的丨

17. The official there is a bad one. He would not hear what was said. The people told him that the rebels would be there soon, but he paid no attention. In a short time the rebels did come and burned and slaughtered in the most dreadful way. The people fled in numbers, and taking no money with them they suffered sadly.

he^{1}-kai^{2} uh-doa^{1}-ge küe fu^{1} höe^{1}. pah-sing^{1} k'a^{1} gi koa^{1} zöe^{1}-fa^{1}-ge nang ziu^{2} li-ba^{1}. gi fu^{1} k'ang^{1} t'ing shwoh. o^{1}-n[(a)] *ku^{2} zöe^{1}-fa^{1}-ge nang li ba^{1}, uh-doa^{1} shiæ-goa, pah-sing sah-goa li^{2}-e^{2} zang^{1}. döe-k'i^{2}-ge pah-sing^{2} tu-shie^{1}, sang-pie oh n-nao^{1} dong-die, k'u^{1} paih zang*[(b)] *ba.*

丨个屋宕丨官不好　百姓丨其講造反丨人就來罷　其不肯聽丨　丨兒過造反丨人來罷屋宕燒丨　百姓殺丨利害甚　逃去丨百姓多丨身邊丨丨丨銅錢　苦不盡丨

18. A large number of people assembled together is said to be a *pa;* the same term may be applied to horses, oxen, and sheep in any number.

t'a^{2}-la-foa nang ih zi-ge ziu^{2} chiæ^{2} ih pa; mo^{1}, ngao, yie-n tu 'a shiæ, ah z^{1} chiæ^{2} ih-pa.

丨丨丨人一齊丨就呌一班　馬牛羊兒多丨少阿是呌一班

NOTES.

(*a.*) *O -n*, a short space of time, a moment.

(*b.*) *K'u^{1} paih zang ba*, *lit.* there was no end to their sufferings.

EXERCISE XXI.

1. 奪 *dōh, daih ;* to snatch away.
2. 偷 *t'ao ;* to steal.
3. 混 *whang[2] ;* muddled, turbid, blurred.
4. 懶 *la[1] ;* idle.
5. 惰 *du[1] ;* indolent.
6. 槍 *ts'ie ;* spear, or musket.
7. 恰 *k'ah ;* just, just the thing, exactly.
8. 石 *zih ;* stone.
9. 湊 *ts'ao[2] ;* to add ; additional ; to make up a whole sum.
10. 巧 *k'oa[1] ;* skillful, ingenious ; opportune.
11. 志 *tsz[2] ;* will, resolution.
12. 願 *nyüe[2] ;* to desire, will, avow.
13. 特 *deh ;* specially, particularly.
14. 偶 *ngao[1] ;* idol ; accidental.
15. 成 *zing ;* to become ; complete.
16. 糊 *whu ;* wildly, confused, incoherent, foolish.
17. 尖 *ts'e ;* pointed, sharp.
18. 彈 { *da ;* to play a musical instrument. / *da[2] ;* bullet. }
19. 甩 *gwa[2] ;* to fling, to throw.
20 怕 *p'o[2] ;* to fear.
21. 拋 *p'a[2] ;* to fling, to throw.

---

1. To steal with violence.
ts'ie[1]-goa.
搶 |

2. To filch things.
t'ao mû-z[2].
偷 | |

3. To snatch a thing.
daih mû-z[2].
奪 | |

4. To run helter skelter.
whu-lō[2] zih.
糊亂 |

5. To talk wildly.
whu-lö² koa¹.
糊亂講

6. Idle.
la¹-du¹.
懶惰

7. A small staff.
ih-diæ sai¹ kwang².
一條小棍

8. A spear.
ih po¹ tsie tōe-ts'ie.
一把尖刀槍

9. A native musket.
ih po¹ ba-ts'ie.
一把排槍

10. A foreign gun.
ih po¹ yie-ts'ie.
一把洋槍

11. To load a gun.
ts'ie nyaih-ch'ï¹.
槍 | 起

12. To fire a gun.
foa² ts'ie.
放槍

13. To throw stones.
gwa² zih-diu ; p'a² zih-diu-güeh(a).
甩石頭 拋石頭 |

14. On purpose.
deh-deh-nang.
特特 |

15. By accident.
ts'ao²-k'oa¹ ; ngao¹-zie.
湊巧 偶然

16. To become manly.
zing-zang.
成人

17. A good, upright man.
zing-nang.
成人

18. Succeeded in life.
sö² kai nang ; tsu² nang tsu²-djah.
算个人 做人做着

19. Failed in life.
tsu² nang tsu²-fu¹-djah.
做人做不着

20. Not worthy the name of a man.
fu¹ zing nang.
不成人

21. To talk without reference to the right is what is considered talking wild.
shwoh fu¹ chiæ² li¹ koa¹, ziu² z¹ whu-lö² koa¹ ba.
| 不照理講就是糊亂講 |

22. When a man will not work he is said to be idle.
nang fu k'ang küe²-z²-küe², ziu chiæ² la -du¹.
人不肯幹事幹就叫懶惰

23. The other day two robbers, the one armed with a long spear, the other with a large staff, were assaulting people right and left, when it fortunately happened that some one with a gun came up. Seeing the robbers so engaged he made haste and loaded and fired. And what did the robbers do? The one with the spear threw it down and ran away, the one with the staff was struck by the bullet in the leg, so he could not run. Did the man with the gun make his appearance designedly or by accident? Probably by accident, but I am not sure.

zie lœh-neh yao^1 lœ^1-kai^2 zeh z^1-ta, ih-kai^2 nyah ih-po^1 tsie-töe-ts'ie, ih-kai^2 nyah ih-diœ du^2 kwang^2 whu-lö^2 tœ^1 nang. k'ah-k'ah-n yao^1 ih-kai^2 nang nyah ih-po^1 ba-ts'ie tsuo^1-li. ts'z^2-djah he^1 lœ^1-kai^2 zeh kih-nang(h) choa, gi küe^1-chang^1 po^1 ba-ts'ie nyaih-ch'ï$^{1(b)}$ ziu^2 foa^2. he^1-le zeh tsz(h)-nah ne? he^1-kai^2 nyah tsie-töe-ts'ie-ge po^1 tsie-töe-ts'ie gwa^2-goa döe-k'i^2, kaih nyah kwang -ge chah-de k'a^2 da^2-tsz^1 tœ^1-djah, döe-fu^1-k'i^2. ta^2 ba-ts'ie-ge he^1-kai^2 nang z^1 deh-deh-nang tsuo^1-li-ga, whah z^1 ts'ao -k'oa^1 tsao^1-li-ge ne? fu^1-sha^1-tih, ts'z^2-p'o^2 z^1 ts'ao^2-k'oa^1-ge.

前兩日有兩个賊是丨 一个捻一把尖刀槍 一个捻一條大棍 糊亂打人 恰恰兒有一个人捻一把排槍走來 丨着丨兩个賊丨丨丨 其趕緊把排槍丨起就放 丨丨賊丨丨丨 丨个捻尖刀槍丨把尖刀槍甩丨逃去 丨捻棍丨脚丨丨彈子打着 逃不去 帶排槍丨丨个人 是特特丨走來丨 還是湊巧走來丨丨 不曉的丨怕是湊巧丨

24. That man is very idle. If he will not study, how can he succeed in life?

he^1-kai^2 nang la^1-du^1-shie^1. fu^1 k'ang^1 duh shï, tsz(h)-nah zing-de ih kai^2 höe^1 nang ne?

丨个人懶惰丨 不肯讀書 丨丨成丨一个好人丨

25. If a man has moral energy he will be sure to accomplish any thing he may undertake.

nang djah-z¹ yao¹ tsz²-nyüe²-ge paih lö² nyah-ch'ï¹ tsu² ga-nyie z²-küe², z²-zie whai² tsu²-zing.

人若是有志願丨 不論捻起做丨丨事幹 自然會做成

26. Not to keep the path when one is walking is to walk wildly.

nang djah fu¹ chiœ² lû² tsao¹, ziu² z¹ whu-lö² tsao¹ ba.

人若不照路走 就是糊亂走罷

NOTES.

(*a.*) *Güeh*, a small piece. *Bie-n güeh*, a short pig-tail, and *kwang² lœ¹-güeh-goa*, the stick is broken into two pieces, are examples of the use of *güeh*.

(*b.*) *Nyaih-ch'ï¹*, to load a gun. *Nyaih dzo-yieh*, is to pack tea-leaves in boxes or tins.

EXERCISE XXII.

1. 凡 *va;* all whatsoever.
2. 約 *iah;* an agreement.
3. 准 *chung*[1]*;* to grant, permit.
4. 改 *ke*[1]*;* to change.
5. 專 *chüe;* single, special.
6. 失 *saih;* to lose.
7. 忙 *moa;* busy, to hasten.
8. 規 *kwai, chü;* rule, custom.
9. 辦 *ba*[2]*;* to manage, to transact.
10. 穩 *üe*[1]*;* secure, safe, settled.
11. 又 *yih;* again, moreover.
12. 法 *foh;* method, fashion, plan, law.
13. 舞 *vu*[1]*;* to flourish the arms.
14. 塗 *dû;* stupid; to smear, blot out; the (mud) shore.
15. 概 *ke*[2]*;* a summing up.
16. 猜 *ts'e;* to guess, imagine.
17. 緊 *chang*[1]*;* tight, pressing.
18. 立 *lieh;* to fix, to establish, to stand.
19. 往 *yoa*[1]*;* to go.
20. 鬧 *noa*[2]*;* noisy, busy, lively.
21. 催 *ts'ai;* to urge, to hasten.
22. 向 *shie*[2]*;* towards; intention.

---

1. All matters whatsoever.
va-z[2]*.*
凡事

2. Most probably.
da[2]*-iah.*
大約

3. To speak with special reference to.
deh-deh nang koa[1]*-djah.*
特特丨講着

4. In general terms.
da[2]*-va koa*[1]*.*
大凡講

5. To speak solely of.
chüe-mang koa[1]*.*
專門講

6. To permit or refuse.
chung[1]*-fu*[1]*-chung*[1]*.*
准不准

7. Permitted, granted.
chung¹-ba¹.
准罷

8. To alter.
ke¹-goa.
改丨

9. Secure, satisfactory.
üe¹-toa².
穩當

10. Very busy.
moa-shie¹.
忙丨

11. With the mind specially devoted to; whole-hearted.
chüe-sang.
專心

12. Coming and going; intercourse.
le-yoa¹.
來往

13. Bye-law, rule.
ding²-chü.
定規

14. To decide on a certain line of action.
chī¹-i² ding²-ch'i¹.
主意定起

15. To attend to a matter.
küe² z²-küe².
幹事幹

16. To despatch business, to manage affairs.
ba²-z².
辦事

17. A way, method.
foh-mang.
法門

18. To press or urge any one.
ts'ai nang.
催人

19. In any affair the line to be taken should be determined first.
da²-va-ge z²-küe² tsung¹-djah sie ding² chī¹-i².
大凡丨事幹總着先定主意

20. Who is it that is come? I imagine that it is Tsie. The probability is that it is he.

tsao^1-li-ge z^1 jī-nang. ng^1 ts'e z^1 sing^2 Tsie-ge. z^1 gi ah-fu^1-lō.

走來丨是誰人 我猜是姓張丨 是其阿不論

21. That matter is not satisfactorily disposed of yet. The regulations require alteration, but I do not know whether His Excellency Li will approve it or not. Most likely no alteration will take place.

he^1-ch'ī^1 z^2-küe^2 wha mi^2 ba^2 ding-toa^2. tsie-dzing djah ke^1-goa, fu^1 sha^1-tih Li^1 da-zang whai^2 chung^1 fu^1. ts'z^2-p'o^2 fu^1 ke^1-goa ah-fu^1-lö^2.

丨起事幹還未辦停當 章程着改丨 不曉的李大人會准否 丨怕不改丨阿不論

22. Reading and writing both require undivided attention; nor must one be in too great a hurry.

duh shī si^1 z^2 oh djah chüe sang ; ah fai t'u^2 e^2 chang^1.

讀書寫字丨着專心 阿勿太要緊

23. The consequence of over-haste in the transaction of business is that mistakes are made.

ba^2 z^2 t'u^2 e^2 chang^1, ziu^2 yao^1 dza^2-goa.

辦事太要緊 就有差丨

24. If one wants to engage in any affair one's line must be settled beforehand; when one's views are fairly settled one is said to have laid down a course.

e^2 küe^2 ga-nyie z^2-küe^2, sie djah ding^2 chī^1-i^2. chī^1-i^2 lieh-ding^2 ziu^2 chiœ^2 yao^1 ding^2-shie^2 ba^1.

要幹丨丨事幹 先着定主意 主意立定就叫有定向罷

25. That man had a matter of importance on hand, which it was necessary he should dispose of as soon as possible; but he would not hurry himself at all; and when some one who was acting with him urged him to make a little more speed, he would not listen, but on the contrary began striking wildly about him with a big stick; an unreasonable outbreak truly.

he^1-kai^2 nang yao^1 ih-ch'ï^1 iœ^2-chang^1-ge z^2-küe^2 djah küe^1-chang^1 küe^2; gi fu^1 k'ang^1 küe^1-chang^1; yao^1 nang k'oa^2 gi sie-bö^1 ba^2 z^2-ge ts'ai gi choa kw'a^2 lie^1-n; gi fu^1 k'ang^1 t'ing, fa^1 po^1 kwang^2 nyah-ch'ï^1 whu-lö^2 vu^1. tsang z^1 whu-dû zang^1.

丨个人有一起要緊丨事幹着趕緊幹 其不肯趕緊 有人丨其相伴辦事丨催其丨快丨兒 其不肯聽 反把棍捻起糊亂舞 眞是糊塗甚

26. The treatment of any proposition as general not particular is termed *da-ke*. When one says that such a body of banditti is several thousand strong, one is speaking in a general way of their number.

koa^1-djah ga-nyie z^2-küe shwoh fu^1 koa^1 ih-ding^2-ge, ziu^2 chiœ^2 tsu^2 da^2-ke^1-ge shwoh. koa^1 he^1-pa zeh yao^1 ke^1 ts'ie, kih-kaih ziu^2 z^1 da-ke-nang$^{(a)}$ koa^1 gi-da-ko su^2-muh.

講着丨丨事幹 丨不講一定丨 就叫做大概丨丨講丨班賊有幾千 丨丨就是大概丨講其大家數目

27. There is an irregularity and incompleteness in every affair, no matter what, that that man deals with.

he^1-kai^2 nang paih-lö^2 küe^2 ga-nyie z^2-küe^2, oh ding^2 fu^1 löe-ge, yih küe^2 fu^1 zing-kung.

丨个人不論幹丨丨事幹 丨定不牢丨 又幹不成功

28. That man has been very busy the last few days, and has not had time to go out.

he¹-kai² nang kih læh neh moa-shie¹, n-nao¹ kung-fû tsao¹-chüeh.

丨个人丨丨日忙丨 丨丨工夫走出

29. The street is quite gay, very many country-people having come in.

ka-lû²-de noa²-nyieh shie¹, shie¹-'o¹ nang tsao¹-li tu zang¹.

街路丨鬧熱丨 鄉下人走來多甚

NOTES.

(*a.*) *Nang* is the same *nang* as in *kih-nang(h)* [Ex. 2, Note 4], but it is in the even tone. In *da-iah-nang*, "most probably," it is also in the even tone.

EXERCISE XXIII.

1. 句 *chü²*; sentence, word.
2. 吵 *ts'oa¹*; to make a noise, noisy.
3. 哈 *ha*; sound of laughter, of many voices, of rain, of wind, of water.
4. 嘎 *kah*; sound of laughter.
5. 衰 *sai*; decayed, worn out.
6. 夢 *mung²*; dream.
7. 陋 *lao²*; mean, vulgar.
8. 狹 *'ah*; narrow.
9. 窄 *tsah*; narrow.
10. 則 *tseh*; then, in consequence.
11. 況 *shoa²*; moreover, more, besides.
12. 且 *ts'i¹*; also, yet.
13. 響 *shie¹*; sound, noise.
14. 笑 *shiœ²*; to laugh.
15. 血 *shüeh*; blood.
16. 醜 *ts'iu¹*; ugly (faced or natured).
17. 揪 *tsiu*; to grasp.
18. 碰 *p'ung²*; to bump, to meet.
19. 取 *ch'ï¹*; to lay hold on.
20. 慌 *hoa*; flurried, nervous, frightened.
21. 末 *möh*; the end, remnants.
22. 整 *tsing¹*; to put in order, to arrange.
23. 煩 *va*; trouble, annoyance; to trouble.

---

1. A sentence of talk.
ih chü² shwoh.
一句丨話

2. Altercation.
ts'oa¹-lö²; ts'oa¹-noa².
吵亂 吵鬧

3. Stammering.
du²-zieh koa¹.
大舌講

4. To laugh loud.
ha-ha-shie shiœ².
哈哈響笑

5. To laugh.
kah-kah-shie¹ shiœ².
嘎嘎響笑

6. A forced smile.
læ¹-shiœ².
冷笑

7. A worn-out constitution.
ch'ï² shüeh sai goa.
氣血衰丨

8. To dream.
tsu² mung²; mung²-djah.
做夢 夢着

9. Of handsome appearance.
tsing¹-zi-ge; mie²-moa² hōe¹.
整齊丨 面貌好

10. Of vulgar appearance.
mie²-moa² t'ú¹-shie¹.
面貌土丨

11. Of ugly appearance.
ts'iu¹-luo²-ge.
醜陋丨

12. To fling down.
gwa²-loh.
甩落

13. To drop down.
dang²-loh-goa.
丨落丨

14. To grasp tight.
nyah-lōe chang¹.
捻牢緊

15. The place is narrow.
uh-doa¹ 'ah-tsah.
屋宕狹窄

16. First, then; in the first place.
iaih-tseh.
一則

17. Second, then; in the second place.
n²-tseh.
二則

18. Moreover.
shoa²-ts'i¹.
况且

19. Do you understand what he says? Stammering as he does, I can not make out one word. I don't like talking with the man myself; firstly, because the moment I open my mouth he bursts out laughing, and in the next place a large portion of what he says is incorrect, besides it gives me a good deal of trouble to understand his dialect.

gi-ge shwoh nyi¹ tung¹-djah tung-fu¹-djah? gi kih-nang(h) du²-zieh koa¹, ng¹ ih-chü² oh t'ing¹-fu¹-ch'üeh. he¹-kai² nang ng¹ ah fu¹ shī¹-hüe k'oa² gi koa¹ shwoh; iaih-tseh ng¹ ih k'e k'ao¹ gi ziu² ha-ha-shie¹ shiæ-ch'ī¹; n²-tseh gi-ge shwoh fu¹-z¹-ge tu shie¹, shoa²-ts'i¹ gi-ge t'ú¹-'o² t'ing-de ting¹ fi²-va-shie¹.

其丨丨你懂着懂不着 其丨丨大舌講 我一句丨聽不出 丨个人我阿不喜歡丨其講丨 一則我一開口其就哈哈響笑起 二則其丨丨不是丨多丨 况且其丨土話聽丨頂費煩丨

20. The city gates are very narrow for the large number of people passing through them in opposite directions.

zing-mang-diu 'ah-tsah shie¹, le-yoa¹-ge nang tsao¹-ku² tu shie¹.

城門頭狹窄丨來往丨人走過多丨

21. Who are they making such a noise outside? The servants. Tell them to be quiet.

wha²-chüe¹ z¹ ga-nyie nang nang(h) ts'oa¹. z¹ yoa²-nang. chiæ² gi-da²-ko fai-ts'oa¹ (a).

外轉是丨丨人丨吵丨　是用人　呌其大家勿吵

22. The old man's constitution was broken and he was as tired as he could be, so much so that he laid down in the road and began to talk in his sleep, on which those people all began to laugh at him.

he¹-kai² löe¹-löe¹ ch'ï²-shüeh sai-goa-ba¹, sang-t'i¹ nyüe¹-zang¹. fa-loh lû²-de k'üe²-koa¹. he¹-le nang oh shiæ² gi.

丨个老老氣血衰丨罷　身體軟甚　翻落路丨丨
講　丨丨人丨笑其

23. Look at those two little fellows; one of them is very good-looking, the other much the reverse. The good-looking one was making fun of the vulgar one, and the latter in a rage smashed a tea-cup all to pieces. Some one found fault with him for this; he was frightened and said that the tea-cup had fallen down. They took hold of his pig-tail and were trying to drag him away when he fell down and hurt his arm by the shock.

nyi¹ ts'z² he¹ læ-kai² si-n. ih-kai² mie²-moa² ting¹ sæ hòe¹ ih kai² mie²-moa² ts'iu¹ zang¹. he¹-kai² mie²-moa² höe¹-ge ch'ï¹-shiæ² he¹-kai² mie²-moa² sæ t'û¹-le-ge. he¹-kai² ziu² sæ ch'ï², po¹ dzo-üe¹ choa p'a²-goa möh-sai². yao¹ kai² nang koa¹ gi læ¹-chü². gi hoa-goa ziu² koa¹ dzo-üe¹ z¹ dang²-loh-goa-ge. gi-da-ko po¹ gi-ge bie-n tsiu-löe, e² po¹ gi loh-k'i². gi lai² (b)-töe¹ di²-'o¹, po¹ siu¹ töe¹-djah (c).

你丨丨兩个丨兒 一个面貌頂生好 一个面貌醜甚 丨个面貌好丨取笑丨个面貌生土丨丨丨个就生氣 把茶碗丨破丨末碎 有个人講其兩句 其慌丨就講茶碗是丨落丨丨 其大家把其丨辮兒揪牢 要把其拔去 其丨倒地下把手倒着

24. If you eat too heavy a late dinner you are liable to dream at night.

'oa-hüe ch'ïh tu goa, yi^{2}-di whai^{2} tsu^{2} mung^{2}.

黃昏喫多丨 夜丨會做夢

NOTES.

(*a.*) *Fai-ts'oa*^{1} is equivalent to the slang expression "shut up."

(*b.*) *Lai*^{2}, to roll. *Lai*^{2}*-töe*^{1} is to fall down.

(*c.*) *Töe*^{1}*-djah*, to hurt by a blow.

EXERCISE XXIV.

1. 兆 *djiæ*[1]; omen.
2. 吉 *chaih*; auspicious.
3. 凶 *shoa*; inauspicious.
4. 祥 *zie*; good fortune.
5. 安 *üe*; repose.
6. 順 *jung*[2]; following; to obey, yield to.
7. 寬 *kw'a*; spacious, forgiving, easy.
8. 貧 *bing*; poor.
9. 窮 *djung*; poverty.
10. 產 *sa*[1]; property, real estate.
11. 朋 *bung*; friend.
12. 友 *yao*[1]; friend.
13. 遲 *dz*; late.
14. 極 *djaih*; exhausted.
15. 賞 *sie*[1]; to bestow on.
16. 幫 *poa*; to help, to assist.
17. 留 *liu*; to keep, detain.
18. 能 *nang*; to be able.
19. 平 *bing*; even, level, tranquil.
20. 境 *chang*[2]; border, district, state, condition.
21. 餘 *'ü*; overplus, remainder.
22. 業 *nyieh*; property, employment, ability.
23. 私 *sz*; private, secret.
24. 穀 *kao*[2]; enough, adequate.
25. 譬 *p'i*[1]; to compare.
26. 息 *sih*; rest, gain, percentage.

---

1. A good omen.
chaih-djiæ[1].
吉兆

2. Fortunate, lucky, prosperous.
chaih-li[2]; *chaih-zie*.
吉利 吉祥

3. Peace and quietness.
bing-üe.
平安

4. Proceeding as it ought.
jung[2]*-chang*[2].
順境

5. Income.
chüeh-sih.
出息

6. In easy circumstances.
k'wa-'ü.
寬餘

7. Poor.
bing-djung; djaih.
貧窮 極

8. Destitute.
djaih-zang[1].
極甚

9. Property; possessions.
sa[1]*-nyieh; ko-sz.*
產業 家私

10. A good friend.
höe[1] *bung-yao*[1].
好朋友

11. To bestow a thing.
sie[1] *mû-z*[2].
賞丨丨

12. To help any one with a loan or present of money.
poa bieh-nang dong-die[2].
幫別人銅錢

13. To be careful.
liu-sang.
留心

14. To retain, detain.
liu-da.
留丨

15. At the root; origin.
kö-ti[1].
根底

16. Whether things are evil (unlucky) or good (lucky), there is always first a presage.
z[2]*-küe*[2] *fu*[1] *lö*[2] *chaih shoa, oh sie yao*[1] *kai*[2] *djiœ*[1]*-ge.*
事幹不論吉凶 丨先有个兆丨

17. When before a thing comes to pass there is a something in the sky by which it is known that there will be happiness at some future time, that is called an auspicious omen.
z[2]*-küe*[2] *wha mi*[2] *li yi*[1]*-zie, t'ie-de yao*[1] *ga-nyie ts'z*[2]*-djah höe*[1] *sha*[1]*-tih dz-neh yao*[1] *chaih-zie-ge z*[2]*-küe*[2]*, kaih ziu*[2] *chiœ*[2] *tsu*[2] *chaih-djiœ*[1].
事幹還未來以前 天丨有丨丨丨着好曉的遲日有吉祥丨事幹 丨就叫做吉兆

18. When there is money enough in a house for its expenses, that is *kw'a-ü*, comfort; when there is not enough for daily need that is called *bing-djung*, poverty.

uh-de dong-die liæ^{1}-tih yoa^{2} chiæ^{2} kw'a-'ü; dong-die fu^{1} liæ^{2}-tih ku^{2} neh ziu^{2} chiæ^{2} bing-djung.

屋丨銅錢丨的用叫寬餘 銅錢不丨的過日 就叫貧窮

19. When there is a regular income (unearned) there is said to be *ko-sz*, property producing a regular income.

yao^{1} ih-ding^{2}-ge ch'üeh-sih k'a^{2} z^{2} yoa^{2} (fu^{1} z^{1} tsao^{1}-k'i^{2} djang^{1}-ge), ziu^{2} chiæ^{2} yao^{1} ko-sz.

有一定丨出息丨自用 不是走去丨丨 就叫有家私

20. The people having no regular income, their household affairs cannot go on comfortably, and it is to be feared that they will be disposed not to be *bing-üe*.

nang-ko n-nao^{1} ih-ding-ge ch'üeh-sih, ko-z^{2} ziu^{2} fu^{1} nang-kao^{2} jung^{2}, ah tsz(h)-p'o^{2} fu^{1} nang-kao^{2} bing-üe.

人家丨丨一定丨出息 家事就不能穀順 阿丨怕不能穀平安

21. What is *bing-üe?* To give an instance: last year it rained for a month without stopping; there was no autumn harvest; the people lost everything, and every man being in a state of extreme indigence, serious disturbances ensued in the country. That was not *bing-üe*, a state of peace. The local authorities lost no time in giving the people some rice, and by this means they prevented the people who were about to fly from doing so.

bing-üe z^{1} ga-nyie ne? p'i^{1}-foa djao^{2} nyie ü^{1} lie-lõe loh ih-kai^{2} nyüeh-neh. ts'iu t'ie oh n-nao^{1} siu-zing; pah-sing t'ung^{1}-t'ung^{1}-ge mû-z^{2} oh saih-yoa, kai^{2}-kai^{2} nang djaih-zang^{1}, di^{2}-foa-de noa^{2}-shie^{1}. he^{1}-kai^{2} ziu^{2} z^{1} fu^{1} bing-üe. di^{2}-foa^{1} küe küe^{1}-chang^{1} sie^{1}-le mi^{1} k'a^{2} gi-da^{2}-ko, ziu^{2} po^{1} e^{2} dõe-k'i^{2}-ge pah-sing^{2} oh liu-lõe ba^{1}.

平安是丨丨丨　譬方舊年雨連牢落一个月日
秋天丨丨丨收成　百姓統統丨丨丨丨失丨
个个人極甚　地方丨鬧丨　丨个就是不平安
地方官趕緊賞丨米丨其大家　就把要逃去百
姓丨留牢罷

22. I lost everything at the time, and I looked out for a certain friend of mine, and I said to him: "We have known each other these ever so many years, will you help me with a little money?" He said: "It is not that I will not, but really that I cannot. My people had a little money, as you know. We have now no income. I myself have not bread to put in my mouth."

he^1-kai^2 z^1-'ao^2 ng^1 t'ung^1-t'ung^1-ge mû-z^2 oh saih-gou, zin^2 tsao^1-k'i^2 zang ih-kai^2 bung-yao^1 k'oa^2 gi koa^1: "ng^1 k'oa^2 nyi^1 ke^1-le nyie-ge sie hŏe^1, nyi^1 dong-die-nyang k'ang^1 tu shiœ^1 poa ng^1 fu^1? gi koa^1: "fu^1 z^1 ng^1 fu^1 k'ang^1, ng^1 zaih-ze^1 tsu^2-fu^1-töe^2. ng^1-da^2-ko pang^1-le yao^1 læh kai^2 dong-die-ge, nyi^1 sha^1-tih-ge, yie^2-ze^1 ch'üeh-sih oh n-nao^1-ba, lie ng^1-z^2 oh n-nao^1 va^2 ch'īh.

个時候我統統丨丨丨丨失丨　就走去尋一个朋
友　丨其講　我丨你幾丨年丨相好　你銅錢銀
肯多少幫我否　其講　不是我不肯　我實在做
不到　我大家本來有兩个銅錢丨　你曉的丨
現在出息丨丨丨丨　連我自阿丨丨飯喫

EXERCISE XXV.

1. 親 *ts'ang*; intimate relationship, own.
2. 祖 *tsû*^{1}; ancestors.
3. 兄 *shung*; elder brother.
4. 弟 *di*^{1}; younger brother.
5. 孫 *sö*; grandchild.
6. 舍 *si*^{1}; cottage (speaking of one's own house).
7. 奴 *nu*; a slave.
8. 才 *ze*; talent.
9. 迎 *nyang*; to go out to meet an equal or superior.
10. 接 *tsieh*; to receive a guest or thing offered, to graft.
11. 葬 *tsoa*^{2}; to bury.
12. 絲 *sz*; raw silk.
13. 絨 *zung*; velvet.
14. 呢 *nyie*; woollen cloth.
15. 尺 *ts'ih*; the Chinese foot (measurement).
16. 貨 *hu*^{2}; goods, merchandise.
17. 挑 { *t'iæ*^{1}; to select. / *t'iæ*; to carry things on a bamboo. }
18. 翁 *ung*; an old man.
19. 喪 *soa*; mourning, a funeral.
20. 伯 *pah*; father's elder brother; title of respect (to elders).
21. 爺 *yi*; grandfather, sire.
22. 公 *kung*; public.
23. 娘 *nyie*; grandmother, aunt.
24. 男 *nö*; male, man.
25. 女 *nyü*^{1}; woman.
26. 使 *si*, *sz*; to send; in order that.

---

1. A bystander or third person.
boa-zang; *bieh-nang*.
旁人　别人

2. One's ancestors.
tsû^{1}*-kung-yi*; *tsû*^{1}*-zie*^{2}.
祖公爺　祖上

3. My elder brother.
ko-shung.
家兄

4. My younger brother.
si^{1}*-di*^{1}.
舍弟

5. Sons and grandsons; posterity.
tsz[1]*-sö.*
子孫

6. A son.
n; n-tsz[1].
兒 兒子

7. A male slave.
nu-ze.
奴才

8. A female slave.
si-na[1]*-n.*
使奶兒

9. To receive, go to meet, a visitor, etc.
nyang-tsieh.
迎接

10. To bury.
tsoa[2]*-soa.*
葬喪

11. A ball of silk.
ih-kw'ang[1] *sz.*
一綑絲

12. Some feet of woollen cloth, etc.
ke[1] *ts'ih nyie.*
幾尺呢

13. Native or local goods.
t'û[1]*-hu*[2].
土貨

14. For me, supplying my place.
de[2] *ng*[1].
代我

15. To choose good ones.
t'iœ[1] *höe*[1]*-ge.*
挑好丨

16. *Ko-tsû* is my father's father.
ko[1]*-tsû z*[1] *ng*[1] *ah-pah-ge ah-pah.*
家祖是我阿伯丨阿伯

17. Grandfather.
ah-yi.
阿爺

18. Grandmother.
nyie-nyie.
娘娘

19. My mother's father is my *wha-kung-yi.*
na-ge ah-pah z[1] *ng*[1]*-ge wha*[2]*-kung-yi.*
丨丨阿伯是我丨外公爺

20. The father of a third person may be spoken of as his *ling tsö-ung.*
bieh-nang-ge ah-pah k'o[1]*-yi*[1] *ts'ing gi ling*[2] *tsö-ung.*
別人丨阿伯可以稱其令尊翁

21. Is the honoured grandfather well? Is the honoured respected one well? are enquiries after the grandfather or father of the person addressed.

ling² tsû¹-yi höe¹ fu¹, ling² tsö-ung höe¹ fu¹, kaih z¹ ts'ing¹ gi-ge ah-yi gi-ge ah-pah-ge üe.

令祖爺好否 令尊翁好否 丨是請其丨阿爺其丨阿伯丨安

22. When one is speaking to any one of one's own brothers the form used is *ko-shung* (the elder brother of my family); *si¹-di* (the younger brother of my cottage). In speaking to any one else of his brothers the form is the honoured elder brother or the honoured younger brother.

shie² bieh-nang ts'ing z²-ge shung-di¹, z¹ koa¹ ko-shung, si¹-di¹. shie² bieh-nang ts'ing gi-ge shung-di, z¹ koa¹ ling² shung, ling² di¹.

向別人稱自丨兄弟 是講家兄舍弟 向別人稱其丨兄弟 是講令兄令弟

23. The sons and daughters of my son are my *sö-n*, *sö-nyü*, grandsons and granddaughters.

ng¹-ge n-ge nö-n na-n z¹ ng¹-ge sö-n sö-nyü¹.

我丨兒丨男兒丨兒是我丨孫兒孫女

24. My grandfather returns to-day, and I am going to meet him to offer my respects.

kih-neh ng¹ ah-yi kwai li, ng¹ k'i² nyang-tsieh.

丨日我阿爺歸來 我去迎接

25. Their father will be buried the day after to-morrow, and I shall have to lend a hand at the funeral.

'ao-neh gi-ge ah-pah tsoa²-soa, ng¹ djah k'i² pou-moa.

後日其丨阿伯葬喪 我着去幫忙

26. One of those balls of silk is coarse, the other is fine.

he¹ læ¹ kw'ang¹ sz, ih kw'ang¹ z¹ ts'ú-ge, ih kw'ang¹ z¹ si²-ge.

丨兩綑絲 一綑是粗丨 一綑是細丨

27. Is not silk a product of your country? To be sure it is, but velvet is not, and I shall be obliged to you to choose me some that is good. The price is gone up of late, it is not less than two mace and more a foot.

sz fu¹ z¹ nyi¹-da²-ko di²-föa ch'üeh-ge ne? z¹-zie; zung wha fu¹ z¹, ts'ing¹ nyi¹ de² ng¹ t'iæ¹ lie¹-n höe¹-ge. kih-chang² (a) ko²-shï² (b) chü²-ch'ï¹-ba¹, ih ts'ih tsung¹-djah læ¹ die tu-le nyang.

絲不是你大家地方出丨丨 自然 絨還不是請你代我挑丨兒好丨 丨丨價丨貴起罷 一尺總着兩錢多丨銀

NOTES.

(*a.*) *Kih-chang²*, lately.

(*b.*) *Ko²-shï²*, price. *Shï²*, "amount of."

EXERCISE XXVI.

1. 想 *sie*[1]; to think.
2. 却 *ch'ah*; nevertheless, yet.
3. 對 *tai*[2]; to pair, compare; a pair; to say (to).
4. 吞 *t'ö*; to swallow, to bolt down.
5. 疊 *die*[2]; to arrange in layers, pile up.
6. 增 *tsang*; to increase.
7. 葱 *ts'ung*; onions.
8. 嫩 *nö*[2]; tender, fresh, young.
9. 桑 *soa*; the mulberry tree.
10. 摺 *tsieh*; to fold.
11. 葉 *yieh*; leaf.
12. 草 *ts'öe*[1]; grass.
13. 溼 *saih*; wet, damp.
14. 共 *djoa*[2]; altogether, same.
15. 鬭 *tao*[2]; to compete.
16. 賭 *tû*[1]; to wager, gamble.
17. 賽 *se*[2]; to compete with.
18. 勝 *sing*[2]; to conquer.
19. 覺 *koh*; to perceive.
20. 曬 *sa*[2]; to sun; to shine out or upon.
21. 慳 *k'a*; niggardly.
22. 青 *ts'ing*; the green of plants.
23. 綠 *loh*; green.
24. 抽 *ts'iu*; to shoot or expand (as plants), to draw out.
25. 芽 *ngo*; shoot, bud.
26. 燥 *söe*[2 (a)]; dry.
27. 屢 *lû*[1]; successively.
28. 次 *ts'z*[2]; a time, times, succeeding.

---

1. Thinking; to be thinking.

   sie[1]-*sie*[1].

   想想

2. It is nevertheless the fact that, and yet.

   ch'ah-z[1].

   却是

3. Two persons rivalling one another.
læ¹-kai² nang tû¹-sing-se²; læ¹-kai² nang tao².
兩个人賭勝賽 兩个人鬭

4. To swallow as food; to absorb as advantages.
t'ö-loh goa.
呑落｜

5. There have been many added.
tu ko-le.
多加｜

6. Repeatedly.
su²-ts'z²; lû¹-ts'z².
數次 屢次

7. There has been a considerable increase.
tu tsang-le ch'ï¹.
多增起｜

8. Plants and trees: the vegetable kingdom.
ts'öe¹-muh.
草木

9. Green grass.
ts'ing-ts'öe¹.
青草

10. To put forth tender shoots.
ts'iu nö²-ngo.
抽嫩芽

11. Tough or tender.
löe¹-nö².
老嫩

12. The mulberry tree.
soa-jï².
桑樹

13. A grove or wood.
jï²-bung² (b).
樹｜

14. A deep green.
loh æ-æ.
綠｜｜

15. To be damp.
nyang²-ge; saih-ge.
｜｜ 溼｜

16. To dry by the action of the sun.
sa²-söe².
曬燥

17. To feel cold.
koh-djah læ¹.
覺着冷

18. How is this? How is it that you are lying down when all the rest are sitting drinking?

tsz(h)-nah ne? da²-ko-nang oh zo¹-da ch'ih tsiu¹ nyi¹ fa-ti¹-goa-ga?

丨 丨 丨 大家人丨坐丨喫酒 你翻底丨 丨

19. Just think, if it was not he who absorbed (pocketed) the money, who could it have been?

nyi¹ sie¹, kaih dong-die-nyang fu¹ z¹ gi t'ö-loh-goa, z¹ jï nang ne?

你想丨銅錢銀不是其吞落丨 是誰人丨

20. Those two men are writing one against the other.

gi le¹-kai² nang tû¹-sing²-se² si¹ z².

其兩个人賭勝賽寫字

21. Does that man Li write better than you or not? How should I know whether he is good or not, we have not heretofore had a trial?

he¹-kai² sing² Li¹-ye whai² si¹ z²-nga¹ pi¹ nyi¹ höe¹-le fu¹? ng¹ tsz(h)-nah höe¹ sha¹-tih gi höe¹ fu¹ höe¹, shie²-le ng¹ oh mi² k'ou² gi tû¹-ku².

丨个姓李丨會寫字眼比你好丨否 我丨丨好曉的其好不好 向來我丨未丨其賭過

22. Those two brothers are dreadful; they are too niggardly, they won't spend any thing. Their money increases every day. That younger brother has pocketed other people's money over and over again.

he¹ le¹-kai² shung-di¹ n-ch'ï² koa¹⁽ᶜ⁾, k'a-shie¹ k'a-shie¹-ge. ih kai² dong-die fu¹ k'ang¹ yoa². gi-da-ko dong-die ih neh tu ih neh ch'ï¹. he¹-kai² ah-di¹ lû¹-ts'z² po¹ bieh nang-ge dong-die t'ö-loh-goa.

丨兩个兄弟丨處講 慳丨慳丨 丨一个銅錢不肯用 其大家銅錢一日多一日起 丨个阿弟屢次把別人丨銅錢吞落丨

23. Onions have been dear these last two days; stale and fresh alike, they have all been two hundred cash the catty.

ts'ung kih le¹ neh chü² shie¹; löe¹-ge nö²-ge djoa-yie ch z¹ le¹ pah dong-die ih chang.

葱丨兩日貴丨 老丨嫩丨共樣 丨是兩百銅錢一斤

24. The words *löe nö*, tender and tough, are used to distinguish the qualities of beef and mutton as well as of other things.

ngao-nyuh, yie-nyuh, wha yao¹ bieh mû-z² höe¹-möe, ah yao¹ koa¹ löe¹ nö².

牛肉 羊肉 還有別丨丨好毛 阿有講老嫩

25. When a tree buds (sprouts) it is said to *ts'iu-ngo.*

jï²-muh ch'üeh yieh z-'ao² ah chiae² ts'iu-ngo.

樹木出窠時候阿吽抽芽

26. A number of trees is called a grove or wood. How deep the green of that mulberry grove is!

jï² tu chiae² jï²-bung². he¹-kai² soa-jï² bung²-de loh ae-ae-ge!

樹多吽樹丨 丨个桑樹丨丨綠丨丨丨

27. The ground under a grove of trees is very damp.

jï²-bung² 'o¹-chüe¹ di² saih shie¹.

樹丨下轉地溼丨

28. If you want to dry damp clothes, you should spread them out in a sunny place for the sun to shine on them; when the sun has dried them they may be folded up.

e² po¹ nyang²-ge i-zie choa söe², djah t'a sa²-djah-ge uh-doa k'a² nyieh-diu sa². sa² söe² ba¹ ziu² höe¹ tsieh-ch'ï¹-goa.

要把丨丨衣裳丨燥 着攤晒着丨屋宕丨日頭晒晒燥罷 就好摺起丨

NOTES.

(*a.*) To dry by fire, *hung söe*^{2} [烘燥]; to dry in the sun, *sa*^{2}*-sŏe*^{2} [曬燥]; to dry by the wind, *loa-sŏe*^{2} [眼燥].

(*b.*) *Bung*, a wood, grove of trees, clump of bushes.

(*c.*) *N-ch'ī*^{2} *koa*^{1}, no place for remark, beyond remark, too bad to speak about.

EXERCISE XXVII.

1. 某 *mu*[1]; certain,—as a certain man.
2. 初 *ts'u*; beginning, first.
3. 素 { *su*[2]; heretofore. / *sû*[2]; plain, simple. }
4. 原 *nyüe*; origin, beginning.
5. 忠 *chung*; loyal, faithful, honest.
6. 薄 *boh*; thin.
7. 傲 *ngöe*[2]; proud.
8. 驕 *chüe*; haughty.
9. 妬 *tû*[2]; envious, jealous.
10. 忌 *djï*[2]; jealous.
11. 絕 *jüeh*; to sever, break off, end.
12. 交 *koa*; intercourse.
13. 實 *zaih*; real, firm, reliable, true.
14. 憑 *bing*; to depend on; proof.
15. 拜 *pa*[2]; to visit, pay respects to, worship.
16. 應 { *iang*; ought to. / *iang*[2]; answer (verbal.) }
17. 陪 *bai*; to accompany.
18. 難 { *na*; difficult. / *na*[2]; adversity, calamity. }

---

1. A certain man, so-and-so.
mu[1]*-zang*.
某人

2. To meet for the first time.
ts'u-ts'z[2] *chie*[3]*-mie*[2].
初次見面

3. At the very beginning.
ch'ï[1]*-ts'u*.
起初

4. Originally, by rights, in fact.
nyüe-z[1].
原是

5. Originally, heretofore.
nyüe-le.
原來

6. Heretofore.
su[2]*-le*.
索來

7. In mourning.
yao[1] *sû*[2]; *tsu*[2] *sû*[2].
有素 做素

8. With me.
k'oa² ng¹.
丨我

9. With another person.
k'oa² bieh nang.
丨别人

10. Treating, behaving to, a person.
de¹ nang.
待人

11. Very intimate.
ts'ang-nyieh.
親熱

12. Thick and thin.
gao¹ boh.
厚薄

13. Staunch, faithful, honest, trustworthy.
chung-'ao¹.
忠厚

14. Mean, stingy.
k'eh-boh.
刻薄

15. Proud, arrogant.
chiae-ngōe².
驕傲

16. To behave to haughtily, discourteously.
ch'ang-ma².
輕慢

17. Adversity, calamity.
k'u¹-na².
苦難

18. To be ashamed.
na-ku²-sie².
難過相

19. Envy, jealousy; to feel it.
tû²-djï².
妬忌

20. True, truly.
zaih-ze¹.
實在

21. It depends on him; as he pleases.
bing gi.
憑丨

22. That may be relied on; proveable.
k'o¹ bing.
可憑

23. To pay (formal) visits.
pa² k'ah.
拜客

24. A certain man begrudges me these advantages and acts most unhandsomely towards me.

mu^{1}-zang tü^{2}-d̦ī^{2} ng^{1} kih-leh höe-chʻī^{2}, de^{1} ng^{1} kʻeh-boh-shie^{1}.

某人妬忌我丨丨好處 待我刻薄丨

25. He is not on good terms with me, nor does he agree with any one else; he makes no difference between friends and acquaintances; he treats every one with the same illiberality. This other man is not like him; he behaves ill to no one; he has certainly nothing to be ashamed of.

gi kʻoa^{2} ng^{1} fu^{1} whu-ge, kʻoa^{2} bieh nang ah fu^{1} tai^{2}; gi fu^{1} fang gao^{1} boh; de^{1} nang oh d̦oa^{2}-yie^{2} kʻeh-boh-ge. he^{1}-kai^{2} nang fu^{1} kʻoa^{2} gi ih-seh, de^{1} bieh nang n-nao^{1} tai -fu^{1}-ku^{2}; zaih-ze^{1} n-nao^{1} na-ku^{2}-sie^{2}.

共丨我不和丨 丨別人阿不對 共不分厚薄 待人丨共樣刻薄丨 丨个人不丨共一色 待別人丨丨對不過 實在丨丨難過相

26. They were friendly once upon a time, but of late they have discontinued intercourse with one another.

gi le^{1}-kai^{2} nang tsöe^{1}-neh z^{1} sie-höe^{1}-ge. d̦ang^{1}-le jüeh koa goa ba^{1}.

共兩个人早日是相好丨 近來絕交丨罷

27. His position is a high one no doubt, and he treats people with some haughtiness. A visitor called on him the other day, but he would not see him. Not a word he says can be relied on either. I shall go and call on him nevertheless, he may see me or not as he pleases. If you call, of course he will see you. What do you say to my accompanying you? He may be uncivil to me if he pleases, that will not signify.

gi-ge kung-ming nyüe-z[1] du[2], de[1] bieh nang ah yao[1] lie[1]-n chiæ-ngöe[2]. he[1]-neh yao[1] ih-kai[2] k'ah li pa[2] gi, gi ch'ah fu[1] chie[2]. gi koa[1]-ge shwoh ih chü[2] ah n-ch'ī[2] höe[1] sang[2]. ng[1] wha e[2] k'i pa[2] gi, chie[2] fu[1] chie[2] bing gi. nyi[1] k'i[2] z-zie whai[2] chie[2]. ng[1] bai[2] nyi[1] k'i[2] yoa[2]-djah fu[1]? gi ch'ang-ma[2] ng[1] ze[1] gi, ng[1] fu[1] chī[2]-lō[2].

其丨功名原是大　待別人阿有丨兒驕傲　丨日有一个客來拜其　其却不見　其講丨丨一句阿丨處好信　我還要去拜其　見不見憑其你去　自然會見　我陪你去用着否　其輕慢我丨其　我不計論

28. To-morrow I am inviting some people to dinner, will you come too?

mang-chiæ ng[1] ts'ing[1] k'ah ch'ih 'ōa-hüe, ts'ing[1] nyi[1] bai.

丨朝我請客喫黃昏　請你陪

EXERCISE XXVIII.

1. 裱 *piæ*[1]; to mount (as scrolls, pictures, etc.)
2. 染 *nyie*[1]; to dye.
3. 顏 *nga*; colours.
4. 紅 *'ong*; red.
5. 藍 *la*; blue.
6. 淡 *da*[1]; insipid, weak (as tea), pale (of colours).
7. 新 *sang*; new.
8. 紗 *so*; crape.
9. 毯 *t'a*[1]; rug, carpet, shawl.
10. 必 *pieh*; necessarily, must.
11. 决 *chüeh*; decidedly, certainly.
12. 燙 *t'oa*[2]; to iron (clothes, etc.), to smooth.
13. 須 *shï*; must.
14. 玻璃 *pu-li*; glass.
15. 料 *liæ*[2]; materials.
16. 擦 *ts'ah*; to rub.
17. 裂 *lieh*; to crack.
18. 行 *'oa*; trade, calling, store.
19. 畫 *'o*[2]; to draw, to sketch; a picture.
20. 褙 *pai*[2]; to paste paper coverings of books, paper windows, etc.
21. 褪 *t'ai*[2]; to fade (of colours).
22. 并 *ping*[2]; and, also, moreover.

---

1. A workman.
lōe[1]*-sz.*
老司

2. A piece of crape.
ih p'ieh so.
一疋紗

3. A piece of cotton goods.
ih p'ieh pû[2].
一疋布

4. A table-cloth (foreign).
choh-pû[2].
桌布

5. A carpet.
di[2]*-t'a*[1].
地毯

6. A table-cover.
choh-tsie.
桌氈

7. Vitreous ware.
liæ^2-hu^2.
料貨

8. Necessarily must.
chüeh-djah; pieh-shĭ.
决着　必須

9. Besides.
ping^2-ts'i^1.
并且

10. To give a thing a rub.
ts'ah-ih-ts'ah.
擦一擦

11. To have injured or broken by collision.
p'ung^2-p'a^2-goa.
碰破丨

12. To have cracked.
lieh-goa.
裂丨

13. To be broken into pieces.
tæ^1-mōh-sai^2-goa.
打末碎丨

14. The new are bright; the old, if faded, may be dyed.
sang-ge z^1 koa-t'oa^2-le; djao^2-ge djah-z nga-seh t'ai^2-goa-ba^1, hōe^1 nyie^1-ch'ĭ^1.
新丨是光燙丨　舊丨若是顏色褪丨罷　好染起

15. The paper of the window is cracked, tell a paper-hanger to come and mend it.
ch'oa-de tsi^1 lieh-goa, chiæ^2 piæ^1-'o^2-lōe^1-sz li pai^2-ch'ĭ^1.
窗丨紙裂丨　呌裱畫老司來補起

16. To mount pictures on paper.
po^1 'o^2 k'a^2 tsi^1 piæ^1-ch'ĭ^1.
把畫丨紙裱起

17. Paste these two sheets of paper together.
po^1 kih læ^1 tsie tsi^1 pah$^{(a)}$-ch'ĭ^1.
把丨兩張紙丨起

18. The term *lōe-sz* is applied to handy craftsmen of all trades. You may say *du-muh-lōe-sz*, carpenter, *nyie-shī-lōe-sz*, mason, *tæ-t'ieh-lōe-sz*, blacksmith.

koh 'oa-ge siu¹-nyie²-nang oh chiæ² lōe¹-sz. du²-muh-lōe¹-sz, nyie-shī¹-lōe¹-sz, tæ¹-t'ieh-lōe¹-sz oh koa¹-tih.

各行丨手業人丨呌老司 大木老司 坭水老司 打鐵老司 丨講的

19. Shirtings are made of cotton; crape is made of silk.

pû² z¹ mie-ho tsu²-ge; so z¹ sz tsu²-ge.

布是棉花做丨 紗是絲做丨

20. A length of cotton cloth, or a piece of crape being faded, it must be dyed some other colour; if its old colour were red, it might be dyed blue. What colour it shall be dyed must depend entirely on the opinion of the person interested.

djah yao¹ ih dang² pû², whah-z¹ ih dang² so, nga-seh t'ai²-goa ba¹, chüeh-djah nyie¹ bieh ga-nyie nga-seh; nyüe-ti¹-tsz¹ 'ong-ge hōe¹ nyie¹ la-ge. e² nyie¹ ga-nyie nga-seh oh ze¹ nang z²-ge i²-ts'z².

若有一段布 或是一段紗 顏色褪丨罷 決着染別丨丨顏色 原底子紅丨 好染藍丨 要染丨丨顏色 丨丨人自丨意思

21. Look at that piece of red crape and tell me if it is not *koa-t'oa*. What does *koa-t'oa* mean? That in the first place the crape is good crape, then, that it is new, and besides, that it is a good colour. The expression *koa-t'oa* (glossy) is not used only of crape, it is equally applicable to other things.

nyi^{1} ts'z^{2} he^{1}-p'ieh 'ong-ge so, nga-seh koa-t'oa^{2} fu^{1} koa-t'oa^{2}, nyi^{1} koa^{1}. tsz(h)-nah chüe^{2} koa-t'oa^{2} ne? koa-t'oa^{2} ziu^{2} z^{1} so nyüe z^{1} hōe^{1} so, yih z^{1} sang-ge, ping^{2}-ts'i^{1} nga-seh z^{1} hōe^{1}-ge. kih chü^{2} shwoh koa-t'oa^{2} fu^{1} tsz(h) koa^{1} so-ge. koa^{1} bieh ga-nyie mû-z^{2} oh yoa^{2}-djah-ge.

你丨丨疋紅丨紗 顏色光燙不光燙 你講丨丨 呌光燙丨 光燙就是紗輭 是好紗 又是新丨 井且顏色是好丨 丨句光燙不只講紗丨 講別丨丨丨丨丨用着丨

22. I was bringing that glass bottle here to give it a rub, when I bumped it against the table and broke it.

ng^{1} po^{1} he^{1}-kai^{2} pu-li bing tso^{1}-li, e^{2} ts'ah-ih-ts'ah, p'ung^{2}-da choh-de tæ^{1} p'a^{2}-goa.

我把丨个玻璃瓶丨來要擦一擦 碰丨桌丨打破丨

23. There were two vessels which ran foul of one another; one was injured desperately and the other was smashed to pieces.

yao^{1} læ^{1}-tsih jüe tai^{2} jüe p'ung^{2}-djah. ih^{1} tsih p'ung^{2} sö^{1}-shie^{1}, he^{1} tsih p'ung^{2} möh-sai^{2}-goa.

有兩隻船對船碰着 一隻碰損丨 丨隻碰末碎丨

24. A tea-cup fell on the ground and was smashed to pieces.

dzo-üe^{1} dang^{2} di^{2}-'o^{1} tæ^{1}-möh-sai^{2}-goa.

茶碗丨地下打末碎丨

NOTE.

(*a.*) *Pah*, to stick, sticky.

EXERCISE XXIX.

1. 剛 *koa;* hard; this moment, recently.
2. 纔 *dze;* just now.
3. 再 *tse²;* again, the second time.
4. 等 *tang¹;* a class or grade; to wait.
5. 送 *sung²;* to carry to, or present to; to accompany.
6. 永 *iung¹;* eternal.
7. 商 *sie;* trader; to consult.
8. 量 { *lie;* to measure. / *lie²;* a measure.
9. 闌 *la;* late, last.
10. 結 *chieh;* knot; to knot; to decide, end.
11. 斟 *tsang;* to deliberate.
12. 酌 *chah;* to estimate, to reckon.
13. 疑 *n;* doubts, to doubt.
14. 喊 *ha¹;* to cry aloud.
15. 答 *tah, tŏh;* to reply.
16. 從 *joa;* to follow, from.
17. 鳥 *tiæ²;* to hang up; birds.
18. 畜 *ch'uh;* domestic animals.
19. 牲 *sie;* cattle.

---

1. A moment ago.
koa-koa.
剛剛

2. Heretofore.
joa-le.
從來

3. Formerly.
joa-zie.
從前

4. Come again.
tse²-li.
再來

5. Thrice and four times; several times.
tse² sa tse² sz².
再三再四

6. For evermore.
iung¹-yüe¹.
永遠

7. At the end; at last.
la-chieh-t'ah.
闌結｜

8. To have left behind (forgotten); to have omitted a thing.

la^{2}-goa.

｜｜

9. To make up a round sum.

ts'ao^{2}-lung^{1}.

湊攏

10. To tie up animals.

tiœ^{2} ch'uh-sæ.

縐畜牲

11. To measure rice.

lie mi^{1}.

量米

12. Not enough.

fu^{1} kao^{2} ; fu^{1}-liœ^{1}-tih.

不彀　不｜的

13. To consult together.

sie-lie.

商量

14. To doubt.

n-sang.

疑心

15. To shout, to yell.

tæ^{1}-ha^{1}.

打喊

16. To call loudly to.

ha^{1}-ch'ī^{1}-chiœ^{2}.

喊起吽

17. To answer, to assent.

tah-iang^{2}.

答應

18. We were talking of this affair just now, and we called to him again and again to come over and consult with us, but though we waited ever so long, he made no answer. I suspect he did not hear.

koa-koa ng^{1}-da-ko koa^{1} kih ch'ī^{1} z^{2}-kūe^{2}, tse^{2} sa ha^{1}-ch'ī^{1}-chiœ^{2} gi tsao^{1}-ku^{2}-li k'oa^{2} ng^{1}-da-ko tsang-chah. tang^{1} pō^{2} neh gi fu^{1} tah-iang^{2}. ng^{1} n-sang gi n-nao^{1} t'ing-djah.

剛剛我大家講｜起事幹　再三喊起吽其走過來｜我大家斟酌　等半日其不答應　我疑心其｜｜聽着

19. We were deliberating half the day before we made our arrangements definitely, and they will now nevermore be changed.

ng^{1}-da-ko sie-lie pō^{2} neh sang$^{(a)}$ ding^{2}-loh ding^{2}-chū, yi-'ao^{1} iung^{1} ah fu^{1} whai^{2} ke^{1}-goa.

我大家商量半日新定落定規　以後永阿不會改｜

20. He was requested again and again to come over to us, but he did not; and after all I had to go to him before he would.

tse^3 sa tse^2 sz^2 ts'ing^1 gi tsao^1-ku^2-li ; gi fu^1 li ; la-chieh-t'ah ng^1 z^2 tsao^1 gi-ta k'i^2, gi sang whai^2 k'ang^1.

再三再四請其走過來 其不來 闌結丨我自走
其丨去 其新會肯

21. We ten formerly made up some money to trade with, afterwards two withdrew and others took back their capital. When I saw this I would not put in any more money.

ng^1-da-ko zaih-kai^2 nang joa-zie ts'ao^2-lung dong-die tsu^2 sz-i^2. 'ao^1-le la^1-kai^2 nang t'ai^2-ch'üeh, wha-yao^1-le po^1 pang^1-die tso^1 chüe^1 k'i^2. ng^1 ts'z^2 kih-nang(h) ng^1 ah fu^1 k'ang^1 tse^2 po^1 dong-die k'oa^2-ti^1.

我大家十个人從前湊攏銅錢做生意 後來兩个
人退出 還有丨把本錢丨轉去 我丨丨丨我阿
不肯再把銅錢丨底

22. Because I told you to move the box away, why should you have moved it so far?

ng^1 chüe^2 nyi^1 po^1 sie tōh k'e k'i^2, nyi^1 tsz(h)-nah whai^2 tōh kih-nang(h) yüe^1 ?

我叫你把箱丨開去 你丨丨會丨丨丨遠

23. I will never go to his place again. What a remark to make! Think the matter over again; wait awhile till your anger is gone and you will have changed your mind.

ng^1 iung^1 ah fu^1 tse^1 tsao^1 gi-ta k'i^2. kih-kaih z^1 ga-nyie shwoh. nyi^1 tse^2 sie^1-sie^1-ts'z^2, tang^1-ih-tang^1 nyi^1-ge ch'ï^2 n-nao^1-goa, ziu^2 ke^1-goa ba.

我永阿再不走其丨去 丨丨是丨丨丨 你再想
想丨 等一等你丨氣丨丨丨就改丨丨

24. That horse is not yet tied up properly. Look! he has bumped against the door and broken it. That doesn't signify; call a carpenter to mend it and the matter will be settled.

he^{1} *diu mo*^{1} *wha mi*^{3} *tiæ*^{3}*-ch'ĭ*^{1} *hŏe*^{1}*. ts'e*^{3}*! gi po*^{1} *mang p'ung*^{3}*-p'a*^{2}*-goa. fu*^{1}*-de-chang chiæ*^{2} *kai*^{3} *foa-muh-lŏe*^{1}*-sz li siu-ch'ĭ*^{1}*, ziu*^{3} *hŏe*^{1} *ba.*

丨頭馬還未𦆶起好 丨 其把門碰破丨 不丨緊
叫个方木老司來脩起 就好丨

NOTE.

(*a.*) *Sang* here means "then." It corresponds to the Mandarin 纔

EXERCISE XXX.

1. 湖 *whu*; a lake.
2. 流 *liu*; to flow.
3. 浪 *loa*[2]; waves.
4. 濶 *k'oh*; wide, spacious.
5. 浮 { *vöe*; unsettled. / *vû*; floating.
6. 橋 *djüe*; bridge.
7. 井 *tsing*[1]; well.
8. 坑 *k'æ*; pit, privy.
9. 義 *n*[2]; public, free.
10. 塚 *choa*[1]; sepulchre.
11. 巷 *'oa*[2]; a small street, lane.
12. 巷衖 *'oa*[2]*-lung*[2]; alley.
13. 村 *ts'ö*; village.
14. 墳 *vang*; grave.
15. 峯 *fung*; the peak of a hill.
16. 嶺 *ling*[1]; mountain-pass.
17. 泅 *ziu*; to swim.
18. 野 *i*[1]; wild, rustic.
19. 景 *chang*[1]; aspect.
20. 緻 *tsz*[2]; fine, delicate.
21. 屍 *sz*; corpse, carcase.
22. 首 *siu*[1]; the head.

---

1. Formosa. *De-wa.* 臺灣
2. With the stream. *jung*[2]*-liu.* 順流
3. Waves. *pu-loa*[2]. 波浪
4. Scenery. *chang*[1]*-tsz*[2]. 景緻
5. A cemetery. *vang-sa; n*[2]*-choa*[1]. 墳山 義塚
6. Wide, of large space. *kw'a-k'oh.* 寬濶
7. A well. *ih-kai*[2] *tsing*[1]. 一个井
8. A privy. *ih-kai*[2] *k'æ.* 一个坑
9. An alley. *ih-diæ 'oa*[2]*-lung*[2]. 一條巷衖
10. A small street or lane. *ih-diæ 'oa*[2]. 一條巷

11. The peak of a hill.

sa-fung.

山峯

12. A mountain-pass.

sa-ling^1.

山嶺

13. Formosa is a place in the sea south-east of China, the northern and southern extremities of which are very mountainous, the heights being of considerable elevation; the mountain scenery is at the same time very picturesque.

De-wa z^1 *Chung-kwaih tung-nŏ he*^{1}*-de-ge di*^{2}*-foa; nŏ paih læ*^{1} *diu-ge sa yih tu yih kŏe-ge; he*^{1}*-le sa-de-ge chung*^{1}*-tsz*^{2} *ah ting*^{1} *hŏe*^{1}*-ts'z*^{2}.

臺灣是中國東南海丨丨地方 南北兩頭丨山又多又高丨 丨丨山丨丨景緻阿頂好丨

14. The river-water is too salt to drink. The city people all drink well-water.

koa^1*-de-ge shī*^{1} *'a-ge, ch'īh-fu*^{1}*-tih-ge. zing-ti*^{1}*-ge nang oh ch'īh tsing*^{1}*-de-ge shī*^{1}.

江丨丨水鹹丨 喫不的丨 城底丨人丨喫井丨丨水

15. He is a rustic and dreadfully raw.

gi z^1 *shie-'o*^{1} *nang, i*^{1}*-shie*^{1}*-ge.*

其是鄉下人 野丨丨

16. That grave is very large and must belong to a wealthy family.

he^1*-kai*^{2} *vang-di*^{2} *du*^{2} *shie*^{1}*, tsung*^{1} *z*^{1} *ze-chī*^{1} *nang-ko-gai.*

丨个墳地大丨 總是財主人家丨

17. Can you swim? I can swim but I can't swim very far. Could you swim across the river? It is too wide for me to swim across.

nyi^1 *whai*^{2} *ziu fu*^{1} *whai*^{2}*? ziu z*^{1} *whai*^{2} *ziu, yüe*^{1}*-shie*^{1}*-ge ziu fu*^{1} *k'i*^{2}*. kih-diæ koa*^{1} *nyi*^{1} *ziu-de ku*^{2} *ziu fu*^{1} *ku*^{2}*? koa*^{1} *k'oh shie*^{1} *ng*^{1} *ziu fu*^{1} *ku*^{2} *k'i*^{2}.

你會泅不會 泅是會泅 遠丨丨泅不去 丨條江你泅丨過泅不過 江濶丨我泅不過去

18. When the wind blows hard the waves are large and it is difficult for small boats to cross the river.

foh du^{2} *fung loa*^{2} *ziuh*^{1} *du*^{2} *shie*^{1}, *sai*^{1} *jüe-n fu*^{1} *hōe*^{1} *ku*^{2} *koa*^{1}.

發大風浪就大丨 小船兒不好過江

19. On that mountain-pass the flowers in spring are very beautiful.

he^{1}*-kai*^{2} *sa-ling*^{1}*-de ch'ung-t'ie ho ting*^{1} *hōe*^{1} *ts'z*^{2}.

丨个山嶺丨春天花頂好丨

20. Where do you live? I live now in the *ng-z-die* lane: I lived before in the *zing-si* street.

nyi^{1} *fû*^{1} *djï*^{2} *nyaoh.* *si*^{1}*-'o*^{1} *ts'z*^{2}*-k'eh djï*^{2} *ng*^{1}*-z*^{1}*-die*^{2} *'oa*^{2}, *tsōe*^{1}*-neh djï*^{2} *zing-si ka.*

你府住丨 舍下此刻住五市殿巷 早日住城西街

21. I want to cross the canal. Please tell me where there is a bridge.

ng^{1} *e*^{2} *tsao*^{1} *ku*^{2} *whu, ts'ing k'a*^{2} *ng*^{1} *koa*^{1} *nyaoh-doa*^{1} *yao djiæ.*

我要走過河 請丨我講丨宕有橋

22. There is a man's dead body floating in the river.

yao^{1} *kai*^{2} *sz-siu*^{1} *vû z*^{1} *koa*^{1}*-de.*

有个屍首浮是江丨

EXERCISE XXXI.

1. 輩 *pai*[2]; generation.
2. 頑 *wha*; to play, trifle, sport, lark.
3. 耍 *soa*[1] [(a)]; to enjoy, to be pleased, delightful.
4. 笨 *bang*[2]; unwieldy (of things); stupid.
5. 獃 *te*; silly, idiotic.
6. 爽 *soa*[1]; lively; bright (of weather).
7. 靜 *zing*[1]; quiet.
8. 閒 *'a*; leisure, at leisure, idle.
9. 罪 *zai*[1]; sin, crime, punishment.
10. 晾 *loa*; to brighten; to dry in the wind.
11. 艱 *ka*; distressing, hard.
12. 耐 *ne*[2]; to endure.
13. 羞 *siu*; ashamed.
14. 辱 *juh*; to insult.
15. 討 *t'ōe*[1]; to ask, beg.
16. 厭 *ie*[2]; dislike.
17. 歲 *shï*[2]; a year of one's age, years.
18. 暢 *ts'ie*[2]; joyous, contented.
19. 忍 *nyang*[1]; to bear, endure.
20. 聰 *ts'ung*; wise, clever.

---

1. Man and woman.
nö-nyü[1].
男女

2. Husband.
nö-tsz.
男子

3. Wife.
lōe[1]*-üe*.
老安

4. Man, men.
nö-tsz-k'ah.
男子客

5. Woman, women.
lōe[1]*-üe-nyang-k'ah*. [(b)]
老安人客

6. Sir; applied to a person of rank.
lōe-yi.
老爺

7. One's family elders.
zie[2]*-pai*[2]; *tsie*[1]*-pai*[2].
上輩 長輩

8. One's juniors.
'o[1]*-pai*[2].
下輩

9. One's equals in age.
dong-pai[2].
同輩

10. An idiot.
te-ge nang ; te-diu-te-nöe^1-ge.
獃 | 人 獃頭獃腦 |

11. Stupid.
bang^2-ge.
笨 |

12. Prompt, brisk, smart.
'öe-söe^2.
| |

13. To dilly dally.
nyie-ts'ie.
| |

14. Leisure.
k'ung-'a.
空閒

15. Still, quiet.
iang^1-zing^1.
| 靜

16. Noisy, bustling.
noa^2-nyieh.
鬧熱

17. Well, in good spirits.
soa^1-kw'a^2.
爽快

18. Well in health.
ts'ie^2-kw'a^2.
暢快

19. To brighten up (of weather).
loa-soa^1.
晛爽

20. To be indisposed.
fu^1-üe ; fu^1-höe^1-ku^2; fu^1-ts'ie^2-kw'a^2.
不安 不好過 不暢快

21. Distressing.
ka-na.
艱難

22. Bearing temporarily.
ne^2-ih-ne^2.
耐一耐

23. Bearing patiently.
nyang^1-ne^2.
忍耐

24. To abuse, revile.
siu-juh.
羞辱

25. To provoke people's dislike.
k'a^2 nang t'öe^1-ie^2.
| 人討厭

26. The words *nö nyü* simply mean men and women.
nö nyü ziu^2 z^1 nö-tsz^1-k'ah, löe^1-üe-nyang-k'ah.
男女就是男子客老安人客

27. The rebels slew all without distinction of age or sex.
zöe^1 fa^1-ge nang po^1 nö nyü^1 löe^1 shiæ^1 oh sah-goa.
造反 | 人把男女老少 | 殺 |

28. Were you to say his whole family, *lōe* and *shiæ*, are sick alike, you would mean that both those who are of respectable age and those who are not, are all indisposed without distinction.

nyi^{1} *koa*^{1} *gi ih ko lōe*^{1}*-shiæ*^{1} *oh sæ bing*^{2}, *i*^{2}*-ts'z*^{2} *ziu*^{3} *fu*^{1} *fang shī*^{2} *du*^{2} *shī*^{2} *shiæ*^{1}*-ge, oh fu*^{1} *ts'ie*^{3}*-kw'a*^{3}.

你講其一家老少丨生病 意思就是不分歲大歲少丨丨不暢快.

29. The generation which is the contemporary of your father and your grandfather is the *zie-pai*, the senior generation; the generation which is the contemporary of your son and your grandson is the *'o*^{1}*-pai*^{2} the junior (lower) generation.

k'oa^{2} *ah-yi ah-pah dong pai*^{2}*-ge z*^{1} *zie*^{2}*-pai*^{3}; *k'oa*^{2} *n sō dong pai*^{2}*-ge z*^{1} *'o*^{1}*-pai*^{3}.

丨阿爺阿伯同輩丨是上輩 丨兒孫同輩丨是下輩

30. I want to read now. You children can go away and play.

ng^{1} *koh e*^{3} *duh shī. nyi*^{1}*-le si-n k'o*^{1}*-yi*^{1} *tsao*^{1} *k'i*^{2} *koa*^{1}*-diæ*^{2}.

我丨要讀書 你丨丨兒可以走去丨丨.

31. I was sitting in my room writing, when my younger brother came in and pulled my pig-tail in fun. I told him not to lark.

ng^{1} *zo*^{1} *z*^{1} *ka-de si*^{1}*-z*^{2}, *ng*^{1} *ah-di*^{1} *tsao*^{1} *ti*^{1} *li tai*^{1} *ng*^{1}*-ge bie-n k'oa*^{2} *ng wha. ng*^{1} *chiæ*^{2} *gi fai wha.*

我坐是間丨寫字 我阿弟走底來丨我丨辮兒丨我頑 我叫其勿頑.

32. The expression *bang* describes a person who is without ability; *te-ge* means that a person knows nothing; that he is daft.

bang^{3} *ziu*^{3} *z*^{1} *n-nao*^{1} *ts'ung-ming-ge; te-ge z*^{1} *fu*^{1} *sha*^{1}*-tih z*^{2}*-küe*^{3}*-ge; whu-dû-shie*^{1}.

笨就是丨丨聰明丨 獃丨是不曉的事幹丨糊塗丨

33. *'oe-söe*^{2} is the reverse of hesitation in speech or dilatoriness in action.

koa^1 *shwoh tsu*^{2} *z*^{2}*-küe*^{2} *fu*^{1} *nyie-ts'ie, ziu*^{2} *z*^{1} *'oe-söe*^{2}.

講｜做事幹不｜｜ 就是｜｜

34. That insulting manner of his is really most annoying.

gi kih-nang(h)-ge yie^2*-tsz*^{1} *siu-juh bieh nang, tsang-tsang t'öe*^{1} *nang ie*^{2}.

其｜｜｜樣子羞辱別人 真真討人厭

35. Why are you so careless? You have bumped up against me. It is really most annoying. I beg your pardon.

nyi^1 *tsz(h)-nah kih-nang(h) fu*^{1} *liu sang? po*^{1} *ng*^{1} *p'ung*^{2}*-djah, t'öe*^{1} *ie*^{2} *shie*^{1}. *töe*^{1}*-zai*^{1} *töe*^{1}*-zai*$^{1(c)}$.

你｜｜｜｜不留心 把我磕着討厭｜ 得罪得罪

36. You are too dreadfully awkward: be a little more smart. Mind your own business; an idiot like yourself to attempt to find fault with other people.

nyi^1 *bang*^{2}*-de li*^{2}*-e*^{2}, *'öe-söe lie*^{1}*-n küe k'i*^{2} *ma. nyi*^{1} *fai küe ng*^{1}*-ge 'a-z*^{2}. *myi*^{1} *kih-nang(h) te-diu-te-nöe*^{1}*-ge wha e*^{2} *koa*^{1} *bieh nang.*

你笨｜利害 ｜｜｜兒幹去｜ 你勿管我｜閒事 你｜｜獃頭獃腦｜還要講別人

37. It is indeed a hard task for us to live from day to day. Be a little patient; such an able man as you will surely not remain in obscurity all his life!

ng^1*-da-ko ku*^{2} *neh-tsz*^{1} *tsang-tsang ka-na-shie*^{1}. *tsung-djah ne*^{2} *lie*^{1}*-n ba. nyi*^{1} *kih-nang(h)-ge pang*^{1}*-z*^{2} *höe*^{1} *næ*^{2}*-tih koa*^{1} *n-nao*^{1} *ch'üeh-diu moa.*

我大家過日子真真艱難｜ 總着耐｜兒｜ 你｜｜｜本事好 ｜的講｜｜出頭麼

NOTES.

(*a.*) *Ch'ih-soa*[1] [喫耍] to enjoy eating. *Ts'z*[2]*-soa*[1] [丨耍] to enjoy the sight of. *Tsao*[1]*-soa*[1] [走耍] pleasant going.

(*b.*) Or *lõe*[1]*-nyang-k'ah.*

(*c*) *Tõe*[1]*-zai*[1] lit. am punished.

EXERCISE XXXII.

1. 宫 *kung;* Imperial Palace.
2. 苑 *ûe*^{1}*;* park.
3. 臨 *ling;* to approach, come upon, occur to.
4. 强 { *djie;* strong, well, violent. / *djie*^{1}*;* wilful; to force. }
5. 良 *lie;* virtuous, good.
6. 禁 *chang*^{2}*;* to prohibit.
7. 死 *sz*^{1}*;* to die.
8. 吩 *fang;* to command.
9. 附 *fû*^{2}*;* to command.
10. 所 *so*^{1}*;* place, that which, what.
11. 數 *shï*^{1}*;* to count, to reckon.
12. 王 *yoa;* king, ruler; royal.
13. 黨 *toa*^{1}*;* cabal, gang, faction.
14. 爭 *tsœ, dzœ;* to quarrel, differ; short, deficient.
15. 號 *'ôe*^{2}*;* signal, sign, number; label; to sign, to direct (a box &c.)
16. 恩 *ô;* goodness, kindness, grace.
17. 赦 *si*^{2}*;* to pardon.
18. 免 *mie*^{1}*;* to avoid.
19. 靖 *zing*^{1}*;* tranquil, restored to order.
20. 信 *sang*^{2}*;* letter, note, news; to believe, faith.
21. 橫 *whœ;* horizontal, crosswise, to cross, oppress; perverse, unexpected.
22. 隊 *dai*^{2}*;* band, flock.
23. 寶 *pôe*^{1}*;* precious, valuable honourable.

---

1. The Imperial Court.
djiœ-de.
朝丨

2. The Imperial Palace.
kung-ûe^{1}*-de.*
宫苑丨

3. To be about to go.
ziu^{2}*-tsao*^{1}*; ling tsao*^{1}*.*
就走　臨走

4. To be about to die.
ziu^{2}*-sz*^{1}*; ling sz*^{1}*.*
就死　臨死

5. Good subjects.
lie-ming pah-sing[2].
良民百姓

6. The lawlessly violent.
djie-whæ.
强横

7. To turn rebel.
fa[1]*-ch'ï*[1].
反起

8. Brigands, rebels, outlaws.
zeh-fi[1].
賊匪

9. To wrangle.
tsæ-lō[2].
爭亂

10. A gang of robbers.
zeh-dai[2].
賊隊

11. To fight together.
tæ[1]*-tao*[2] *; sie-tæ*[1].
打鬭 相打

12. Military commands.
'ōe[2]*-ling*[2].
號令

13. A region or place not quiet, or in a state of disorder.
di[2]*-foa fu*[1]*, bing-zing*[1].
地方不平靖

14. To commit an offence.
va[1]*-zai*[1].
犯罪

15. Grace or bounty.
ō-tie[1].
恩典

16. To forgive sin ; to grant amnesty.
si[2]*-zai*[1].
赦罪

17. Gracious remission ; to let off.
kw'a-mie[1].
寬免

18. Can't avoid.
mie[1]*-fu*[1]*-goa.*
免不丨

19. So, therefore.
so[1]*-yi*[1].
所以

20. As his end approached, his sons and grandsons began to wrangle about his property.
gi ling sz[1]*-ge z-'ao*[2]*, gi-ge n sō oh dzæ ko-sz.*
其臨死丨時候 其丨兒孫丨爭家私

21. Good subjects are those who do not offend against the laws.

lie-ming pah-sing^{2} *z*^{1} *fu*^{1} *va*^{1} *foh-ge nang.*

良民百姓是不犯法丨人

22. The place used to be in very bad order. There were constantly cases of ruffians falling out with one another and molesting honest people. The authorities took no notice of this, and so at last the honest people also became rebels. Of late the authorities have been very good; they have completely reversed the old order of things and have entirely suppressed the rebellion.

he^{1}*-kai*^{2} *di*^{2}*-foa tsöe*^{1}*-neh ting*^{1} *fu*^{1} *bing-zing*^{1}, *dzie-dzie yao*^{1} *djie-whœ-ge nang sie-tsœ, yih ta*^{2}*-lai*^{1} *lie-ming pah-sing*^{2}. *küe-fû*^{1} *oh fu*^{1} *küe*^{1} *'a-z*^{2}. *so*^{1}*-yi*^{1} *la-chieh-t'ah lie-ming pah-sing*^{2} *ah fa*^{1}*-ch'ī*^{1}. *djang*^{1}*-le-ge küe-fû*^{1} *ting*^{1} *höe*^{1}, *po*^{1} *tsöe*^{1}*-neh-ge z*^{2}*-küe*^{2} *oh fa*^{1}*-chüe*^{1} *ba*^{1}, *po*^{1} *fa*^{1}*-lö*^{2} *oh bing-goa.*

丨个地方早日頂不平靖 常常有强横丨人相爭
又帶累良民百姓 官府丨不管閒事 所以鬪
結丨良民百姓阿反起 近來丨官府頂好 把
早日丨事幹丨反轉丨 把反亂丨平丨

23. The *'öe-ling* are the commands given by the officers commanding. Disobedience of orders by a soldier is a very serious offence.

'öe^{2}*-ling*^{2} *z*^{1} *ta*^{2}*-ping-küe fang-fû*^{2}*-ch'üeh-ge k'ao*^{1}*-'öe*^{2}. *ping djah fu*^{1} *t'ing 'öe*^{2}*-ling*^{2} *zai*^{1} *djoa*^{1} *shie*^{1}*-ge.*

號令是帶兵官吩咐出丨口號 兵若不聽號令
罪重丨丨

24. What is the (precious) sign (or name) of your shop?

nyi^{1} *k'e-ge tie*^{2} *z*^{1} *ga-nyie pöe*^{2}*-'öe*^{2}.

你開丨店是丨丨寶號

25. Count how many letters there are and number each one.

he[1]*-le sang*[2] *shï*[1]*-shï*[1]*-ts'z*[2] *yao*[1] *ke*[1]*-le, po*[1] *ih-fung ih-fung oh 'öe-ch'ï*[1].

丨丨信數數丨有幾丨 把一封一封丨號起

26. The pardon of criminals always proceeds from the Emperor's bounty.

kw'a-mie[2] *va*[1] *nang-ge zai*[1] *ming, oh ch'üeh z*[1] *'oa-ti*[2]*-ge ö-tie*[1].

寬免犯人丨罪名 丨出是皇帝丨恩典

27. Our chief (or master) has issued an order forbidding the servants to gamble; if the prohibition is disregarded (the offender) will certainly be punished.

ng[1]*-da-ko da*[2]*-zang ch'üeh ling*[2] *ba*[1], *chang*[2]*-tsz*[1] *'o*[1]*-chüe*[1]*-le nang tú*[1] *dong-die; djah-z*[1] *va*[1]*-djah chang*[2], *pieh-ding*[2] *ba*[2] *zai*[1]*-ge.*

我大家大人出令罷 禁止下轉丨人賭銅錢 若是犯着丨禁 必定辦罪丨

28. You will hardly escape a breach of the laws if you pursue this unprincipled affair. Would it not be better to behave as an honest citizen than to act in an illegal manner? And yet you won't behave like one. It is really most strange.

küe[2] *kaih n-nuo*[1] *lie-sang-ge z*[2]*-küe*[2] *na mie*[1] *va*[1] *foh-ge. Tsu*[2] *lie-ming pah-sing*[2] *fu*[1] *pi*[1] *va*[1]*-djah yoa-foh höe*[1]*-le-ge ma? nyi*[1] *fa*[1] *fu*[1] *k'ang*[1] *tsu*[2]*-ge, ziu z*[1] *djï-kwa*[2] *zang*[1].

幹丨丨丨良心丨事幹 難免犯法丨 做良民百姓不比犯着王法好丨丨丨 你反不肯做丨就是奇怪甚

EXERCISE XXXIII.

1. 古 *ku*[1]; ancient, antique, of old.
2. 世 *si*[2]; an age, generation, world.
3. 聖 *sing*[2]; sainted.
4. 儒 *jï*; scholar, the literati.
5. 佛 *vaih*; a Buddha.
6. 殿 *die*[2(a)]; temple.
7. 廟 *miæ*[2]; temple.
8. 俗 *joh*; local, common, vulgar.
9. 倘 *zie*; eminent, but.
10. 傳 *djüe*; to propagate, preach, publish abroad, hand down.
11. 經 *chang*; the warp; to pass through; canons; already.
12. 宇 *'ü*[1]; buildings.
13. 師 *sz*; leader, chief.
14. 楷 *k'a*[1]; a clerkly kind of Chinese writing.
15. 貼 *t'ieh*; to stick, or be sticking to, as a placard on a wall.
16. 牆 *zie*; wall.
17. 層 *zang*; layers or sections of various things.
18. 掛 *ko*[2]; to hang up, to be hung up.
19. 濃 *nyoa*; thick, strong (of liquids).
20. 唱 *ts'ie*[2]; to sing.
21. 曲 *ch'oh*; crooked; ballads.
22. 念 *nyie*[2]; to read, recite; twenty.
23. 告 *köe*[2]; to proclaim, accuse.
24. 示 *z*[2]; to proclaim.

---

1. In ancient times; of old.
ku[1]*-nyüe-sie.*
古原先

2. After-ages.
ao[1]*-si*[2]
後世

3. Confucius.
K'ung[1]*-tsz*[1].
孔子

4. The sainted man, viz. Confucius.

Sing^{2}*-zang.*

聖人

5. A wall.

ih ba ping^{1}*-zie.*

一排|墻

6. The doctrine of lettered men: Confucianism.

Jī-koa^{2}.

儒教

7. Buddhism.

Sih-koa^{3}.

釋教

8. *Lōe*^{1}*-tsz*^{1}; the founder of Taoism.

Lōe^{1}*-tsz*^{1}.

老子

9. The doctrine of Reason: Taoism.

Dōe^{1}*-koa*^{3}.

道教

10. A number of temples.

ke^{1}*-zo*^{2} *miie*^{2}*-'ū*^{1}; *ke*^{1}*-kai*^{2} *die*^{2}.

幾座廟宇　幾个殿

11. A Buddhist priest.

whu-zie; *sz-yi.*(b)

和尙　師爺

12. A Taoist priest.

dōe^{1}*-z*^{1}.

道士

13. To recite the sacred books; to chant.

nyie^{2}*-chang.*

念經

14. The vulgar tongue; a localism, a proverb.

joh-nyū^{1}; *t'ū*^{1}*-nyū*^{1}.

俗語　土語

15. A proclamation.

kōe^{3}*-z*^{3}.

告示

16. Round hand; clerkly writing.

k'a^{1}*-shī*; *tsing*^{3}*-z*^{3}.

楷書　正字

17. A running hand.

'æ-shī; *ts'ōe*^{1}*-z*^{3}.

行書　草字

18. The ink is thick.

maih nyoa.

墨濃

19. To stick up against a wall.
t'ieh z¹ ping¹-zie-de.
貼是丨牆丨

20. Hanging, suspended.
ko²-da.
掛丨

21. To find time.
ts'iu k'ung² goa.
抽空丨

22. To sing ballads.
ts'ie² ch'oh.
唱曲

23. In ancient times there was a sainted man of the family of K'UNG. His doctrine was entitled by subsequent generations the Doctrine of the Sainted Man. It is that most honoured in China.
ku¹-nyüe-sie yao¹ kai² sing²-zang sing² K'ung¹. gi-ge koa² 'ao¹-si² chiœ tsu² sing²-koa². z¹ t'ung¹-t'ie-'o¹ ting¹ tsö-chang²-ge.
古原先有个聖人姓孔 其丨教後世叫做聖教 是統天下頂尊敬丨

24. Draw out a thread.
po¹ sie² ts'iu ih-diœ ch'üeh.
把線抽一條出

25. He is occupied and cannot get away.
gi yao¹ z²-küe² fu¹ nang-kao² ts'iu sang.
其有事幹不能殼抽身

26. There is a proclamation posted on the wall at the gate of that temple, prohibiting women from going there to burn incense and worship Buddha.
he¹-kai² die²-mang-diu ping¹-zie-de yao¹ ih tsie köe²-z² t'ieh-da, chang² löe¹-nyang-k'ah tsao¹ die-de shiœ shie pa² vaih-ge.
丨个殿門頭丨牆丨有一張告示貼丨 禁老人客走殿丨燒香拜佛丨

27. Their grandfather is dead and to-day the Buddhist priests are going there to hold a service.

gi-da-ko-ge ah-yi sz¹-goa^(c). kih-neh whu-zie tsao¹ gi-ta k'i² nyie² chang.

其大家阿爺死丨　丨日和尙走其丨去念經

28. This despatch must be written in round characters; neither running hand nor grass characters will do, and the ink must be thick.

kaih vang-shī djah si¹ k'a¹-shī; 'æ-shī ts'öe¹-z² oh yoa²-fu¹-djah. maih yih djah nyoa.

丨文書着寫楷書 行書草字丨用不着 墨又着濃

Each tier of buildings in that temple on the hill is higher than the other.

he¹-kai² sa-de die² ti¹-chüe¹-ge uh-doa¹, ih zang köe ih zang.

丨个山丨殿底轉丨屋宕 一層高一層

29. I pasted a fresh piece of paper to-day under (or at the back of) that scroll that hangs on the wall of my room.

ng¹ ka-de ko² ping¹-zie-de he¹-tsie 'o², ng¹ kih neh k'a² sang-ge tsi¹ pie¹ ih zang t'ie.

我間丨掛丨牆丨丨張畫　我丨日丨新丨紙褙一層添

NOTES.

(a.) *die²* is the more common term for a temple.

(b.) *sz-yi* are also official secretaries in a *yamên*.

(c.) or more respectfully *kwai t'ie goa* [歸天丨] has returned to heaven.

EXERCISE XXXIV.

1. 倉 *ts'oa;* granary, godown, bin.
2. 庫 *k'u²;* treasury.
3. 宗 *tsung;* sort; ancestral hall, ancestors.
4. 考 *k'öe¹;* examination; to examine.
5. 雜 *zöh;* miscellaneous; mixed; to mix.
6. 派 *p'a²;* branch, petal; to branch, to station, to divide.
7. 望 *moa², voa²;* to expect, hope for, visit.
8. 瞻 *tsie;* to look for, expect, visit.
9. 另 *ling;* separate, apart, another.
10. 衆 *chung²;* many, all, the many; of or belonging to a society or family.
11. 戀 *lie²;* ardently desiring, to care for nothing but.
12. 捨 *si¹⁽ᵃ⁾;* to give (as alms).
13. 礙 *nge²;* hindrance, obstruction.
14. 彼 *pi¹;* that.
15. 此 *ts'z¹;* this.
16. 偏 *p'ie;* partially, on the contrary; wing of a house.
17. 散 { *sa²;* to scatter, to disperse. *sa¹;* scattered, loose; medicinal powder. }
18. 駕 *ko²;* a title of respect; "you, sir."
19. 果 *ku¹;* really, truly.
20. 父 *vû¹;* father.
21. 母 *mu¹;* mother.
22. 離 *li;* to be parted; parted.

---

1. A rice-granary. *kuh-ts'oa.* 穀倉

2. A treasury. *nyang-k'u².* 銀庫

3. The generality. *du² tsung⁽ᵇ⁾.* 大宗

4. Confusion, muddle.

zöh-lö².

雜亂

5. To appoint some one in addition to or instead of the one sent.

'ling-wha² p'a².

另外派

6. Each other, mutually.

pi -ts'z¹.

彼比

7. People, men; all hands.

chung² nang.

衆人

8. To hope for, expect anxiously.

tsz¹-moa²; tsie-moa².

指望　瞻望

9. The horzon; the ends of the earth.

t'ie-pie.

天邊

10. To be fondly attached to.

i-lie².(c)

依戀

11. If indeed.

jï-ku.

如果

12. Our ancestors.

tsû¹-tsung; tsû kung-yi.

祖宗　祖公爺

13. A shop selling miscellaneous goods.

zöh-hu²-tie².

雜貨店

14. All the gentlemen are gone.

koh 'ü² sa²-goa.

各位散丨

15. Our pupils are examined three times a year.

ng¹-da-ko-ge 'oh-sæ ih nyie k'öe¹ sa whai-ge.

我大家丨學生一年考三回丨

16. He cannot part with his money.

gi dong-die fu^1 si^1-tih yoa^2.

其銅錢不捨得用

17. If some one is not sent to attend to it, this affair will all be in a mess.

kih ch'ī^1 z^2-küe^2 jï-ku^1 fu^1 p'a^2 nang ba^2, ziu^2 zöh-lö^2 goa.

丨起事幹如果不派人辦 就雜亂丨

18. These gentlemen were just hoping you would come, and most opportunely here you are.

kih-leh koh 'ü$^{2(d)}$ tsing^2 tsz^1-moa^2 nyi^1 tsö-ko^2 li, ts'ao^2-k'ou^1 nyi^1 ziu^2 li ba$^{(e)}$.

丨丨各位正指望你尊駕來 湊巧你就來丨

19. When a man goes on a long journey he can hardly help feeling unwilling to leave his father and mother.

nang ch'üeh yüe^1-mang, gi tsung^1 fu^1-si^1-tih li-k'e vû^1 mu^1.

人出遠門 其總不捨得離開父母

20. We must each consult the other.

ng^1 k'oa nyi^1 pi^1-ts'z^1 tsung^1 e^2 sie-lie.

我丨你彼此總要商量

21. Looking from this spot in an easterly direction there is nothing but water right up to the horizon.

jou^2 kih-li shie^2 tung ts'z^2-k'i^2, ih dzih töe^2 t'ie-pie, oh z^1 shï^1.

從丨丨向東丨去 一直到天邊丨是水

22. In what does the chief portion of your yearly income consist? In the property left us by our ancestors.

nyi^1-da-ko ih nyie^1 toa-chung-ge ch'üeh-sih ga-nyie z^1 du^2 tsung ne? ziu^2 z^1 tsû^1-tsung liu-loh-ge sa^1-nyieh.

你大家一年當中丨出息丨丨是大宗丨 就是祖宗留落丨產業

23. There has been no rain for ever so long and the country-folk are earnestly longing for it to come. Yesterday, just as a few clouds had made their appearance the wind most provokingly again blew them all away.

dzie-chao¹-shie¹ mi² loh ‘ü¹, shie-‘o¹ nang tsz¹-moa² nyie-ts‘ieh shie¹. zo-yi² koa-koa yao¹-le yung boh-ch‘ī¹, p‘ie-p‘ie yih k‘a² fung ch‘ī sa²-goa.

長久 | 末落雨 鄉下人指望念切 | 昨夜剛剛有 | 雲拔起 偏偏又 | 風吹散 |

24. In that affair there is no impediment in his way.

gi küe³ keh ch‘ī¹ z²-küe² vu nge²-ge.

其幹 | 起事幹無礙 |

NOTES.

(*a.*) *si¹* is used in the phrase *fu¹-si¹-tih* [不捨得], not to like or care to; don't like the thought of.

(*b.*) *du²-tsung* is also the chief ancestral temple of a clan.

(*c.*) only used of members of one's family.

(*d.*) *koh ‘ü²* is a polite term. *Da-ko-nang* [大家人] is the common expression.

(*e.*) or *kih-leh koh-ü² tsing² sie¹ nyi¹ tsö-ko² li, ts‘ao¹-k‘oa¹ li ba¹*

[| | 各位正想你聲駕來湊巧來 |]

EXERCISE XXXV.

1. 捏 *nyah;* to knead, work in clay, fabricate.
2. 灑 *so*[1]*;* to sprinkle water.
3. 狗 *kao*[1]*;* dog.
4. 表 *piæ*[1]*;* watch; to manifest; cousinship.
5. 圓 *yüe;* round, spherical, to interpret dreams.
6. 扁 *pie*[1]*;* flat, thin; a tablet.
7. 剖 *p'öe*[1]*;* to lay open, explain.
8. 隨 *jï;* to follow, comply with; according to, as.
9. 物 *vaih;* things.
10. 矮 *'a*[1]*;* low, short in height.
11. 冤 *üe;* injustice, grievance.
12. 枉 *ioa*[1]*;* grievance; in vain.
13. 跳 *t'iæ*[2]*;* to leap, jump, dance.
14. 報 *pöe*[2]*;* to recompense, revenge, tell, report.
15. 彷 *foa*[1]*;* to resemble.
16. 彿 *faih;* to resemble.
17. 瓦 *ngo*[1]*;* earthenware, tiles, etc.
18. 謊 *hoa*[1]*;* to lie.
19. 充 *ch'ung;* to fill.
20. 趣 *ch'ï*[2]*;* jolly, pleasing.
21. 砌 *ts'ih;* to build (a wall).

---

1. To forge, to fabricate. *nyah-zöe*[1]*; nyah-ch'ï*[1]*.* 捏造 捏起

2. Resembling, as if. *foa*[1]*-faih.* 彷彿

3. To sprinkle water. *shï*[1] *so*[1]*-ch'ï*[1] 水灑起

4. To build a wall. *ts'ih zie.* 砌牆

5. To beat and prepare ground for building on. *tsu*[2] *di*[2]*.* 做地

6. A dog.
ih diu kuo[1].
一頭狗

7. To jump over.
t'i-e[2] *ku*[2] *k'i*[2].
跳過去

8. To put in order.
chang-li[1]*-ch'ï*[1]. *siu-li*[1].
經理起 脩理

9. Watches.
z-zang-pie[1].
時辰表

10. Clocks.
z-zang-choa.
時辰鐘

11. Circular.
yüe-ge.
圓丨

12. Flat and thin.
pie[1]*-ge.*
扁丨

13 To shew the truth on the part of a man calumniated; to clear a man's character, to exculpate, to exonerate.
fang-p'öe[1]; *p'öe*[1]*-bah.*
分剖 剖白

14. To accuse wrongfully.
üe-ioa[1].
寃枉

15. He has hold of a pencil in his fingers, as if he wanted to write something.
gi siu[1]*-de nyah ih tsi pieh, fo*[1]*-faih*[(a)] *e*[2] *si*[1] *ga-nyie.*
其手丨揑一枝筆 彷彿要寫丨丨

16. Earthenware articles are made by the potter.
ngo[1]*-liæ*[2]*-ge mú-z*[2] *z*[1] *tsu*[2]*-ngo*[1]*-liæ*[2]*-ge löe*[1]*-sz nyah-ch'ï*[1]*-ge.*
瓦料丨丨丨是做瓦料丨老司揑起丨

17. The rebels forged a proclamation, which was to pass as one issued by the authorities.
zöe[1]*-fa*[1]*-ge nang nyah-zöe*[1] *ih tsie köe*[2]*-z*[2] *toa*[2] *z*[1] *küe ch'üeh-ge.*
造歹丨人揑造一張告示當是官出丨

18. He falsely stated the merchandise he had with him to be luggage, which being detected at the Customs' station, the whole was confiscated.

gi ta^2-ge hu^2-vaih hoa^1-pöe^2 z^1 'a-li^1, k'a^1-de dzo-ch'ïeh ba^1, ziu^2 t'ung^1-t'ung^1 ch'ung-kung goa.

其帶丨貨物謊報是行李 卡丨查出罷 就統統
充公丨

19. That man jumped down off the wall.

he^1-kai^2 nang ping^1-zie-de t'iæ^2-loh.

丨个人丨牆丨跳落.

20. Send that watch of mine to the watchmakers, and tell them to repair it for me. You can take the opportunity to ask them whether the repairs to my barometer are finished.

ng^1 he^1-kai^2 z-zang-piæ^1 e^2 sung^2 choa-piæ^1-löe^1-sz-da chiæ^2 gi-da^2-ko siu-ch'ï^1. ts'ang^2-bie^2 mang^2 gi-da^2-ko ng^1 he^1-kai^2 fung-'ü^1-piæ^1 siu-ch'ï^1 höe^1 ba^1 mi^2.

我丨个時辰表要送鐘表老司丨叫其大家脩起
趁便問其大家我丨个風雨表脩起好罷末

21. That is certainly a very nice looking little dog of yours. His coat is long, his legs are short, and his ears are not small; only his muzzle is a little (too) pointed.

nyi^1 he^1 diu sai^1 kao^1-n tsang yao^1-ch'ï^2. möe ah dzie, chah ah 'a^1, n^1-to^1 ah fu^1 sai^1; ziu^2 tsz (h) chï^1-bu t'u^2 tsie lie^1-n.

你丨頭小狗兒眞有趣 毛阿長脚阿矮 耳朶阿
不小 就只嘴丨太尖丨兒

22. They must be going to build a house there, that they are preparing the ground!

gi-da^2-ko boa-ta e^2 ch'ï^1 uh-doa ba ts'z^2-p'o^2, di^2 tsu^2-ch'ï^1 be!

其大家旁丨要起屋宕丨丨怕 地做起丨

23. If I have not broken the law and I am accused of being a thief, that is an injustice to me, is it not? Then whoever explains the matter for me is said to lay the truth bear.

ng^1 *n-nao*^{1} *va*^{2}*-foh, bieh nang köe*^{2} *ng*^{1} *tsu*^{2} *zeh, he*^{1}*-kai*^{2} *fu*^{1} *z*^{1} *üe-ioa*^{1} *ng*^{1} *ma? yao*^{1} *nang de*^{2} *ng*^{1} *koa*^{1} *ming-bah, ziu*^{2} *z*^{1} *de*^{2} *ng*^{1} *fang-p'öe*^{1}.

我丨丨犯法別人告我做賊 丨个不是寃枉我丨
有人代我講明白 就是代我分剖

24. That his affairs of late have not gone well is entirely the reward of his own misdeeds.

gi-ge z^2*-küe*^{2} *djang*^{1}*-le fu*^{1} *jung*^{2}*-chang*^{2}*, oh z*^{1} *gi z*^{2}*-chĭ*^{1} *tsu*^{2} *fu*^{1} *höe*^{1}*-ge pöe*^{2}*-iang*^{2}.

其丨事幹近来不順境 丨是其自巳做不好丨報應

25. I really can't think of any way of repaying his goodness to me.

ng^1 *zaih-ze*^{1} *sie*^{1}*-fu*^{1}*-ch'üeh ga-nyie foh-mang höe*^{1} *pöe*^{2} *gi de*^{1} *ng*^{1}*-ge ō*.

我實在想不出丨丨法門好報其待我丨恩.

NOTE.

(*a.*) or *mo-djah* [摸着], as if.

EXERCISE XXXVI.

1. 紀 *chī*^{1}; period of years.
2. 壽 *ziu*^{2}; longevity, old age.
3. 因 *iang*; a cause, because of.
4. 爲 { *ʻü*; to do actions. / *ʻü*^{2}; for, because of. }
5. 緣 *yüe*; cause, reason.
6. 故 *ku*^{2}; cause, reason, because of; old, ancient; to die.
7. 躭 *ta*; to loiter, delay.
8. 誤 *ng*^{2}; to thwart, to fail in doing, negligent.
9. 容易 *yung-yi*^{2}; easy, facile.
10. 惜 *sih*; to pity, feel for.
11. 欺 *ch'ī*; to insult, abuse.
12. 哄 *hung*^{1}; to tempt, to beguile.
13. 騙 *p'ie*^{2}; to deceive, cheat, defraud.
14. 勁 *chang*^{2}; muscular strength.
15. 櫃 *djü*^{2}; a press with drawers, cup-board.
16. 格 *kah*; a line, rule.
17. 力 *lih*; strength.
18. 郎 *loa*; a term of respect; a gentleman

1. One's age
nyie-chī^1.
年紀

2. What is your age?
tsō-ko^2 *ke*^{1}*-le köe ziu*$^{2(a)}$?
尊駕幾丨高壽
tsō-ko^2 *ke*^{1}*-le chū*^{2}*-kæ*?
尊駕幾丨貴庚

3. Because of.
iang-ʻü^1.
因爲

4. The reason why.
yüe-ku^2.
緣故

5. To delay.
ta-koh.
躭擱

6. Troublesome, difficult.
fi^2*-z*^{2}.
費事

7. Convenient, to convenience.
foa-bie^2.
方便

8. Friendly relations. 9. To exert strength, make an effort.

koa-zing ; zing vang[2]. *tsah-chang*[2] ; *ch'üeh-lih.*

交情 情分 丨劲 出力

10. To love, to pity. 11. What a pity! 12. To deceive.

e[2]*-sih.* *k'o*[1]*-sih.* *hung*[1]*-p'ie*[2].

愛惜 可惜 哄騙

13. A drawer. 14. I am young; he is old.

djü[2]*-kah.* *ng*[2] *z*[1] *shï*[2] *shiœ*[1]*-ge ; gi z*[1] *shï*[2] *du*[2]*-ge.*

櫃格 我是歲少丨 其是歲大丨

15. How old is he? He is more than sixty years of age.

gi yao[1] *ke*[1]*-le shï*[2] *ba ne? gi yao*[1] *l'uh-zaih tu-le shï*[2] *ba.*

其有幾丨歲丨丨其有六十多丨歲丨

16. May I ask your age, Sir? I am forty-five this year.

sie-sœ ke[1]*-le chü*[2]*-kœ*[2] *ne? ng*[1] *kih nyie sz*[2]*-zaih-ng*[1] *shï*[2(b)].

先生幾丨貴庚丨 我丨年四十五歲

17. What is the reason why this affair has not succeeded? There were a good many reasons; too many to make it easy to tell them.

kih ch'ï[1] *z*[2]*-küe*[2] *ng*[2]*-goa, z*[1] *'ü*[2] *ga-nyie yüe-ku*[2] *ne? yüe-ku*[2] *tu shie*[1]*-ge, fu*[1] *yung-yi*[2] *kou*[1].

丨起事幹悮丨 是為丨丨緣故丨 緣故多丨丨
不容易講

18. This is a very easy method; that is a very troublesome one.

kih-kaih foh-mang yung-yi[2] ; *he*[1]*-kai*[2] *fi*[2]*-z*[2] *shie*[1].

丨丨法門容易 丨个費事丨

19. What a pity it is that that man is so exceedingly stupid that he cannot make himself intelligible. He has taken up ever so much of my time. It is really most inconvenient.

k'o[1]*-sih he*[1]*-kai*[2] *nang t'u*[2] *whu-dû, gi fu*[1] *nang-kao*[2] *kou*[1] *ming-bah. ta-koh-goa ng*[1] *pö*[2]*-neh-ge kung-fû. zaih-ze*[1] *z*[1] *fu*[1] *bie*[2].

可惜丨个人太糊塗 其不能彀講明白 躭擱丨
我半日丨工夫 實在是不便

20. He and I suit each other very well. Unfortunately his younger brother is a great cheat. He did me out of some money last year.

ng¹ k'oa² gi koa¹-li shie¹. k'o-sih gi-ge ah-di¹ ting¹ whai² p'ie² nang. djao² nyie po¹ ng¹ p'ie²-le dong-die k'i².

我丨其交來丨 可惜其丨阿弟頂會騙人 舊年把我騙丨銅錢去

21. What is the age of this son of yours, Sir? My son is eighteen; his birthday is on the 8th of the 6th moon; next year we are going to marry him. When the wedding day comes I shall be sure to go and offer my congratulations.

tsö-ko keh-'ü² ling²-loa ke¹-le chü² ka²? shüe¹-n kih-nyie zaih-poh shï² ba. gi-ge sæ-nyaih z¹ liuh nyüeh ts'u poh; mang nyie ziuh de² gi ba² shï¹-z² ba. tsu² shï¹-z²-ge neh-tsz¹ ng¹ ih ding² whai² li döe²-shï¹.

尊駕幾位令郎幾丨貴庚 小兒丨年十八歲丨其丨生日是六月初八 丨年就代其辦喜事丨做喜事丨日子 我一定會來道喜

22. The drawer in this wardrobe (or chest of drawers) won't come (pull) out. Give it a good hard pull and you will get it out.

kaih djü²-de-ge djü²-kah boh-fu¹-ch'üeh. nyi¹ tsah-chang²-ch'i¹ boh-ih-boh, ziu² boh-ch'ueh-li ba¹.

丨櫃丨丨櫃格拔不出 你丨勁起拔一拔 就拔出來丨

NOTES.

(*a.*) *köe ziu²* this expression is only used when addressing old people.

(*b.*) or *ts'u du sz²-zaih ng¹ shï²* [蹉跎四十五歲] *lit.* have wasted forty-five years.

EXERCISE XXXVII.

1. 常 *dzie, zie*; constant, continual, usual.
2. 悶 *mang*[2]; sad, depressed.
3. 奉 *vung*[1]; obedient (to orders); to serve.
4. 求 *djao*; to ask, beg, beseech, implore, seek after.
5. 託 *t'oh*; to entrust to, commission.
6. 雇 *ku*[2]; to hire men.
7. 星 *sing*; star.
8. 雖 *shï*; although.

---

1. Common, not remarkable.
bing-zie.
平常

2. Ordinary; ordinary occasions.
bing-neh; *'a-z-neh*; *'a-z-tsieh*; *'a z paih tsieh.*
平日 閒時日 閒時節 閒時不節

3. Just; fair.
kung-dǒe[1].
公道

4. Harassed in mind from much care.
va-mang[2].
煩悶

5. Very dull, depressed; close weather.
mang[2] *shie*[1]
悶 ｜

6. To request, beseech
vung[1]*-djao.*
奉求

7. To request one to execute a commission.
vung[1]*-t'oh.*
奉託

8. May I request you, Sir, to......
t'oh nyi^1 löe^1-nang-ko.
託你老人家

9. To send (a person).
tœ^1-foh ; ts'a
打發 差

10. To send a letter.
sung^2 sang^2.
送信

11. To hire a man.
ku^2 nang.
雇人

12. To tell a falsehood.
koa^1 hoa^1-'o^2.
講謊話

13. Although.
shī-zie
雖然

14. Meteors are of common occurrence; I have often seen them.
sing ku^2-dû^2 z^1 dzie-dzie yao^1-ge ; ng^1 lû^1-ts'z^2 ts'z^2-ku^2 ba^1.
星過度是常常有丨 我屢次丨過罷

15. Although there are plenty of stars in the sky, comets are not often seen.
t'ie-de-ge sing shī-zie tu, dzo-sōe^2-sing fu^1 dzie-dzie ts'z^2-djah-ge.
天丨丨星雖然多 丨掃星不常常丨着丨

16. He is very dull at home with nothing to do.
gi zo^1 z^1 uh-de k'ung^2-'a-ge mang^2 shie^1.
其坐是屋丨空閑丨悶丨

17. I am somewhat troubled in my mind.
ng^1 dû^2-de yao^1 lie^1-n va-mang^2.
我肚丨有丨兒煩悶

18. Do your public duties keep you busy, sir? I cannot be considered to be very busy as I always have some leisure time during each day.
nyi^1 löe^1-nang-ko kung-z^2 moa fu^1 moa. ah fu^1 sō^2 moa shie^1. neh-neh tsung^1 yao^1 k'ung^2-'a.
你老人家公事忙不忙 阿不算忙丨日日總有空閑

19. Yesterday a friend of mine who was in great distress about a child of his in the country that is ill, wanted to send a note to enquire how he was, and asked me to hire some one to take it. I did hire a man and sent him off, but he came back in the afternoon and said that he had not been able to find the place. I knew that he was not telling the truth, and so I would not give him any money.

zo-yi[2] ng[1] ih-kai[2] bung-yao[1], iang-'ü[1] gi-ge si-n z[1] shie-'o[1] yao[1] bing[2], dû[1]-de va-mang[2], e[2] foh sang[2] mang[2] gi tsz[1]-nah koa[1]-chang[1(a)], t'oh ng[1] de[2] gi ku[2(b)] ih-kai[2] nang[2] sung[2] sang[2]. ng ku[2]-loh ih-kai[2] nang ta[1]-foh gi k'i[2] ba. töe[2]-da 'o[1]-pö[2] neh gi tsao[1]-chüe[1], koa[1] uh-dou[1] zang-fu[1]-djah. ng[1] sha[1]-tih gi koa[1] hoa[1]-'o[2], so[1]-yi[1] dong-die fu[1] k'ang[1] k'a[2] gi.

昨夜我一个朋友　因爲其丨丨兒是鄉下有病肚丨煩悶　要發信問其丨丨光景　託我代其雇一个人送信　我雇落一个人　打發其去罷到丨下半日其走轉講　屋宕尋不着　我曉得其講謊話　所以銅錢不肯丨其

20. I have a favour to ask of you. I have been time after time to Mr. Li's place to ask for payment of that account which he owes me, but his people always say that he is not at leisure and he won't see me. Would you when you have nothing to do ask him for payment on my behalf?

ng[1] yao[1] ih ch'i[1] z[2]-küe[2] vung[1]-djao nyi[1] löe[1]-nang-ko. Li löe[1]-yi ch'ie[2] ng[1]-ge he[1]-die tsie[2], ng[1] lû[1]-'s'z[2] tsao[1] gi-ta ch'ao[1], gi-da-ge nang tsung[1] koa[1] gi n-nao[1] k'ung[2], gi fu[1] k'a[2] ng[1] chie[2]. pa[2]-t'oh nyi[1] löe[1]-nang-ko ke[1]-z yao[1] kung-fû[2] de[2] ng[1] mang[2] gi ch'ao[1(c)].

我有一起事幹奉求你老人家　李老爺欠我丨丨條賬　我屢次走其丨丨　其丨丨人總講其丨丨空　其不丨我見　拜託你老人家幾時有工夫代我問其丨.

21. I have bought a place in the country, and when we come to live there in the summer the children are sure to be as happy as possible.

ng^{1} *shie-'o*^{1} *ma*^{1} *ih-kai*^{2} *uh-doa*^{1} *ba*^{1}, *ng*^{1}*-da*^{2}*-ko 'o*^{2}*-t'ie djī*^{2} *boa-ta k·i*^{2}, *kih-leh si-n ih ding*^{2} *kw'a*^{2}*-'oh zang*^{1}.

我鄉下買一个屋宕罷　我大家夏天住旁丨去丨丨丨兒一定快活甚.

22. These goods cost a thousand cash a catty and are sold at thirteen hundred cash. There is consequently three hundred cash profit.

kih-kaih hu^{2} *z*^{1} *ih ts'ie dong-die ih chang ma*^{1}*-li-ge, ma*^{2}*-goa ih ts'ie sa pah dong-die, so*^{1}*-yi*^{1} *djang*$^{1(d)}$*-djah sa-pah dong-die.*

丨丨貨是一千銅錢一斤買來丨　賣丨一千三百銅錢　所以丨着三百銅錢.

NOTES.

(*a.*) *koa-chang*^{1}, condition, fashion, aspect.

(*b.*) ***ku***^{2} means to hire people. *Shī*^{2} [稅] is the general term for to hire, rent, etc., (as houses, animals, boats, books, etc.)

(*c.*) *ch'ao*^{1}, to ask, beg, request, demand.

(*d.*) *djang*^{1}, to earn, make a profit.

EXERCISE XXXVIII.

1. 承 *zing*; to receive on commission; to be entrusted with; to be the recipient of.
2. 任 *zang*^{2}; to hold an office; the office so held.
3. 供 *choa*; evidence.
4. 習 *zaih*; to practise when learning.
5. 部 *bu*^{1}; tribunal or board; numerative of books.
6. 委 *ü*^{1}; to depute, as a higher officer a lower.
7. 員 *yüe*; any officer of the civil or military service.
8. 稟 *ping*^{1}; to petition.
9. 撫 *fu*^{1}; to provide for, control.
10. 帖 *t'ieh*; slip of paper or silk with writing on it.
11. 存 *zö*; to preserve, retain.
12. 稿 *köe*^{1}; draft of a document.
13. 陳 *dzang*; stale; records.
14. 案 *üe*^{2}; in legal or official language, a case or question.
15. 州 *tsiu*; a territorial division.
16. 縣 *yüe*^{2}; a territorial division, a district, magistracy.
17. 札 *tsah*; order or despatch from a superior to an inferior.
18. 詳 *zie*; an official report.
19. 情 *zing*; temper, affection, kindliness.
20. 署 *djï*^{1}, *jï*^{1}; provisional tenure of office.
21. 掠 *liah*; to rob, plunder.
22. 守 *siu*^{1}; to keep.
23. 寡 *ko*^{1}; few, alone.
24. 丈 *dzie*; a length of ten feet; an elder, senior.
25. 遞 *di*^{2}; to transmit, to send.
26. 呈 *dzing*; to state to a superior; statement; plaint.
27. 批 *p'i*; to reply officially to an inferior.

28. 訴 *sû*[2]; to reply in one's defence.
29. 審 *sang*[1]; to investigate as a judge.
30. 兇 *shoa*; cruel.
31. 監 *ka*; prison, jail.
32. 減 *ka*[1]; to diminish.
33. 軍 *chung*; army, troops.

---

1. Official business.
ts'a-sz
差使

2. A substantive appointment.
zaih-ziu[1].
實授

3. An acting or provisional appointment.
jī[1]*-z*[2]*-ge*. *djī*[1]*-ge*.
署事丨 署丨

4. To study, practise, as a language, profession, etc.
'oh-zaih
學習

5. The Six Boards or Chief Departments of the Central Government.
liuh-bu[1]
六部

6. The chiefs of a Board or Chief Department.
zie-shī.
尙書

7. To be of equal rank with, on equal terms with.
bing-'æ.
平行

8. One's (official) superior.
zie[3]*-sz*.
上司

9. An officer deputed by a superior officer; a *wei-yüan*.

ü[1]*-yüe*

委員

10. Official clerks or copyists.

shï-ba[2].

書辦

11. A written representation presented to a superior; a petition.

ping[1]*-t'ieh*.

稟帖

12. To represent orally or in writing to one's superior.

ping[1]*-pöe*[2].

稟報

13. To keep a draft.

zö-köe[1].

存稿

14. To prepare a draft.

ch'ï[1]*-köe*[1].

起稿

15. Precedents on record; a case of long standing.

dzang-üe[2].

陳案

16. An official communication to one of equal rank.

chiœ[2]*-whai*[2].

照會

17. Oral evidence.

k'ao[1]*-choa*.

口供

18. Governor of a Province.

fu[1]*-de*.

撫臺

19. The Taot'ai or Superintendent of Circuit.

döe[1]*-yi*; *döe*[1]*-de*.

道爺 道臺

20. The Prefect.
pang^1 *fû*^{1}.
本府

21. The Magistrate.
yüe^2.
縣

22. To petition the local authorities.
ping^1 *pöe*^{2} *di*^{2}*-foa küe.*
禀報地方官

23. The Wênchow Taot'ai governs the two Prefectures of Üe-tsiu and Ch'ï^2-tsiu and the *tsiu* of Nyoh-wha. In the Prefecture of Üe-tsiu there are five districts, and in that of Ch'ï^2-tsiu there are ten districts.
Üe-tsiu-ge döe^1*-yi küe*^{1}*-djah Üe-tsiu Ch'ï*^{2}*-tsiu le*^{2} *fû*^{1}*, wha*^{2} *yao*^{1} *Nyoh-wha tsiu. Üe-tsiu fû*^{1} *yao*^{1} *ng*^{1} *yüe*^{2}*, Ch'ï*^{2}*-tsiu-fû*^{1} *yao*^{1} *zaih yüe*^{2}.
温州丨道爺管着温州處州兩府　還有玉環州
温州府有五縣　處州府有十縣

24. When the Taot'ai instructs the Prefects or Magistrates to attend to any business (his orders or despatches) are called *tsah.*
döe^1*-yi chiie*^{2} *fû*^{1} *yüe*^{2} *ba*^{2} *ga-nyie kung-z*^{2} *ziu*^{2} *chiie*^{2} *tsah.*
道爺叫府縣辦丨丨公事　就叫札

25. The official documents which the Prefect or Magistrate addresses to the Taot'ai are *zie-vang* and *ping*^{1}.
fû^1 *yüe*^{2} *k'a*^{2} *döe*^{1}*-yi-ge vang-shï ziu*^{2} *chiie*^{2} *zie-vang oh chiie*^{2} *ping*^{1}.
府縣丨道爺丨文書　就叫詳文阿叫禀

26. The superior officers of the Six Boards are called *zie-shï*; those under them are the *chï*^{1}*-z*^{2}; an expectant *chï*^{1}*-z*^{2} newly come to any *yamên* serves a novitiate.
linh bu^1*-ge zie*^{2}*-sz oh ts'ing zie-shï; zie-shï yi-'o*^{1} *ziu*^{2} *z*^{1} *chï*^{1}*-z*^{2}*. sang töe*^{1} *nyo-mang 'ao*^{2} *pù*^{1}*-ge chï*^{1}*-z*^{2} *z*^{1} *bu*^{1}*-de 'ch-zaih-ge.*
六部丨上司丨稱尙書　尙書以下就是主事　新到
衙門候補丨主事是部丨學習丨

27. When a despatch has been sent off, the draft that is placed in the archives is called a *dzang-üe.*

vang-shï foh-goa ba^{1}. po köe^{1} zö-da ziu^{2} chiœ^{2} dzang-üe^{2}.

文書發丨罷 把稿存丨就呌陳案

28. The present incumbent of the post has retired, and the chief has sent an officer to act; when the newly-appointed substantive incumbent arrives, the acting man's duties will be at an end.

yie^{2}-zang^{2}-ge küe yao^{1} ch'üeh ch'üeh-goa. zie^{2}-sz yao^{1} küe p'a^{2}-li jï^{1}-z^{2}; tang^{1} töe^{2} sang p'a^{2} zaih-ziu^{1}-ge li ba, he^{1}-kai^{2} jï^{1}-z^{2}-ge ts'a-sz ziu^{2} ding-tou^{2} ba^{1}.

現任丨官有缺出丨 上司行官派來署事 等到新派實授丨來丨 丨个署事丨差使就停當丨

29. He stole some trees from our cemetery, so I wrote a petition and went to the *yamên* to bring an action against him. The *yamên* people would not send it in for me, however, and said I must first give them so much money. Don't you yet know the ways of those *yamên* people? Even if the father of one of them were to go to law, they would want money just the same.

gi po^{1} ng^{1}-da^{2}-ko vang-de-ge jï^{2} t'ao k'i^{2}. ng^{1} tsu^{2} ih-kai^{2} ping^{1}-t'ieh töe^{2} ngo-mang-de k'i^{2} köe^{2} gi. he^{1}-le ngo-mang nang fu^{1} po^{1} ng^{1} ping^{1}-t'ieh sung^{2} ti^{1} k'ï^{2}, gi koa^{1} tsung^{1} e^{2} ng^{1} sie k'a^{2} gi ke^{1}-le dong-die. nyi^{1} wha fu^{1} sha^{1}-tih he^{1}-le ngo-mang nang-ge bi-ch'ï^{2} moa? ziu^{2} z^{1} gi-da^{2}-ko z^{2}-ge ah-pah k'i^{2} te^{1} küe-sz, ah z^{1} ih seh e^{2} gi dong-die-ge.

共把我大家墳丨丨樹偷去 我做一个稟帖到衙門丨去告共 丨丨衙門人不把我稟帖送底去 共講總要我先丨共幾丨銅錢 你還不曉得丨丨衙門人丨脾氣麽 就是共大家自丨阿伯去打官司 阿是一色要共銅錢丨

30. What has the official that is newly arrived come to do? He is a *wei-yüan* sent by the chief to take evidence in that burglary case.

sang li-ge he¹-kai² küe z¹ choa ga-nyie-ge? z¹ zie²-sz p'a² li-ge ü¹-yüe mang² he¹-kai² ming-hu¹ chieh-liœh-ge üe²-ge k'ao¹-choa.

新來 | | 个官是 | | | | 是上司派來 | 委員問 | 个明火刦掠 | 案 | 口供

31. The defendant in that case of homicide wanted to arbitrate the affair, but the plaintiff would not hear of it. She is a widow with four children, and having a little money she determined to revenge her husband. In the first place she went into the *yamên* and cried her grievance. The official told her to send in her plaint. The plaint was sent in. The mandarin took up her case, assented to the petition, and sent off runners the next day. The defendant put in his defence, which was not accepted by the mandarin who sat in court to try the case; and having tried it, put the murderer in prison till the arrival of the Imperial order, when he will be decapitated. If it had been this year of Amnesty his punishment would have been reduced to banishment.

he¹-kai² zang-ming üe²-ge bi¹-kõe² e² po¹ z²-küe² p'ing¹⁽ᵃ⁾-goa; nyüe-kõe² dzih-diu fu¹ k'ang¹. nyüe-kõe² z¹ kai² siu¹-ko¹-lõe¹-üe-nyang; gi yao¹ sz²-kai² sai¹-ge, yao¹ ah yao¹ lie¹-n ko-sz, so¹-yi¹ ih-diæ sang e² põe² dzie¹-fû-ge üe. ch'ï¹-diu-sie tsao¹ ngo-mang-de hu¹ üe. küe chiæ² gi di² ih-tsie dzing. dzing di²-du-ti¹-k'i², küe jï-siu¹ de² gi ba²; p'i-ch'üeh chung¹ gi, di² n² neh ziu² ch'üeh ts'a. bi¹-kõe² sû² ih-tsie dzing; küe fu¹ chung¹ gi, ziu² zo¹ doa sang¹ kaih üe²; sang¹ ding-toa² po¹ shoa-siu¹ siu-ka-goa, tang¹ bu¹-vang tõe², ziu² sah-ge. p'ung²-djah kih-nyie nang(h) ö-si² ziu² ka¹-tang¹-goa mang²-chung.

| 个人命案 | 被告要把事幹 | | 原告直頭不肯 原告是个守寡老安人 其有四个小 |

有阿有丨兒家私 所以一條心要報丈夫丨寃
起頭先走衙門丨喊寃 官吽其遞一張呈 呈遞
丨底去 官隨手代其辦 批出准其 第二日就
出差 被告訴一張呈 官不准其 就坐堂審丨案
審停當把兇手收監丨 等部文到就殺丨碰着
丨年丨恩赦 就減等丨問軍

NOTE.

(*a.*) *p'ing*[1], to arbitrate.

EXERCISE XXXIX.

1. 脾 *bi;* the spleen, the temper.
2. 性 *sing²;* nature, natural disposition.
3. 禍 *whu¹;* adversity, calamity.
4. 福 *fuh;* happiness, blessing.
5. 命 *ming²;* decree, command.
6. 運 *yung²;* to convey, move about; luck.
7. 益 *iaih;* advantage, benefit.
8. 活 *'oh;* living, moveable.
9. 動 *dong¹;* to move, to be moved.
10. 靈 *ling;* the spirit, soul, intelligent; effective.
11. 虧 *kw'ai, ch'ü;* to be deficient, to lose, debilitated; fortunately.
12. 負 *vu¹;* to turn the back on, ungrateful.
13. 係 *yi²;* belonging to, attached to.
14. 抱 *böe¹;* to enfold, carry in the arms, cherish.
15. 怨 *üe²;* to hate, resent, murmur against.
16. 悔 *hwai¹;* to repent.
17. 善 *zie¹;* good, virtuous, docile.
18. 惡 { *u²;* to hate, dislike. / *oh;* evil, bad. }

---

1. Temper, disposition; a characteristic.
bi-ch'i².
脾氣

2. Resolution, determination.
tsz²-ch'ï². *tsz²-nyüe².*
志氣 志願

3. Quickness of temper.
sing²-chang¹.
性緊

4. Good-nature.
sing²-höe¹-ge.
性好丨

5. Fate, destiny
ming²-yung².
命運

6. Fortune, luck.
yung²-ch'ï².
運氣

7. Good deeds or merit.
kung-löe.
功勞

8. Disposition.
sang-sing²; sing-kah.
心性　性格

9. Benefit, advantage.
iaih-ch'ï²; höe¹-ch'ï².
益處　好處

10. A degree, title.
kung-ming.
功名

11. Capable of movement; lively, as intelligence.
'oh-dong¹.
活動

12. Industrious.
yoa²-kung.
用功

13. To be willing.
zing-nyüe².
情願

14. To suffer loss.
ch'ïh kw'ai.
喫虧

15. To be ungrateful for or to.
vu¹-djah.
負着

16. To feel resentment.
böe¹-üe².
抱怨

17. To repent, "turn over a new leaf."
hwai¹-ke; whai-sang chüe i².
悔改　回心轉意

18. To regret, repent.
tie¹-hwai¹-sang; 'ao¹-hwai¹.
打悔心　後悔

19. The remainder.
djï-'ü.
其餘

20. What sort of temper has he? His temper is quick but he is not a bad fellow.
gi bi-ch'ï² höe¹ fu¹ höe¹? gi-ge sing² z¹ chang¹ shie¹, nang z¹ wha höe¹.
其脾氣好不好　其丨性是緊丨　人是還好

21. Your disposition is resentful; you will be pretty sure to repent it hereafter.
nyi¹-ge sang-sing² whai² böe¹-üe²-ge. zaih-'ao¹ na mie¹ 'ao¹-hwai¹.
你丨心性會抱怨丨　日後難免後悔

22. That he succeeded in that affair is due to his luck. I do not attribute it to his luck ; I think it was all due to his own determination and his own industry.

gi he^1 ch‘ī^1 z^2-küe^2 tsu^2 zing, z^1 gi-ge yung^2-ch‘ī^1 höe^1. ng^1 koa^1 fu^1 z^1 gi yung^2-ch‘ī^2; oh z^1 gi z^2 yao^1 tsz^2-ch‘ī^2, k‘ang^1 yoa^2 kung.

其丨起事幹做成　是其丨運氣好　我講不是其運氣　丨是其自有志氣　肯用功

23. There are good men and bad men everywhere, and good and evil befall both without any regularity. One may say that it is all chance that makes the difference, but the truth is that heaven, according to every man's good or evil deserts, decrees happiness or distress.

zie^1-ge nang, oh-ge nang, töe^2-ch‘ī^2 oh yao^1-ge, gi-da-ko-ge whu^1-fuh oh vu-ding^2-ge. Djah koa^1 z^1 yung^2-ch‘ī^2-ge höe^1-möe, zaih-ze z^1 t‘ie chiæ^2-djah da-ko-nang zie^1-oh-ge kung-ku^2 ding^2-loh whu^1-fuh.

善丨人　惡丨人　到處丨有丨　其大家丨禍福丨無定丨　若講是運氣丨好毛　實在是天照着大家人善惡丨功過定落禍福

24. The length of time a man has to live is settled by heaven's decree.

nang-ge ziu^2-yüe dzie tö^1, oh z^1 t‘ie ming.

人丨壽丨長短　丨是天命

25. This student is most intelligent, and besides he is willing to exert himself. The rest of the children are really no good at all.

kih-kaih ‘oh-se ling-shie^1, yih k‘ang^1 yoa^2 kung. djī-‘ü he^1-le si-n oh z^1 yoa^2-fu^1-djah-ge.

丨丨學生靈丨又肯用功　其餘丨丨丨兒丨是用不着丨

26. You are quite fat in the face. This time last year, to judge from your appearance you could not live long.

nyi[1] mie[2]-de foh fuh ch'ï[1] ba. djao[2] nyie kih-nang(h)-ka[(a)] ts'z[2] nyi[1] he[1]-kai[2] yie[2]-tsz[1] nyi[1] fu[1] whai[2] dzie-chao[1]-ge.

你面丨發福起丨 舊年丨丨丨丨你丨个樣子
你不會長久丨

27. Open that window. The window is a fixture; it won't open.

po[1] ch'oa k'e-k'e. he[1]-kai[2] ch'oa fu[1] z[1] 'oh-dong[1]-ge, k'e-fu[1]-k'e.

把窗開開 丨个窗不是活動丨開不開

NOTE.

(a.) *kih-nang(h)-ka*, this time, now.

EXERCISE XL.

1. 預 ‘ü²; beforehand, to prearrange.
2. 備 bi²; to prepare; ready.
3. 通 t‘ung; pervious, open through, intercommunication, learned, well-informed.
4. 除 djï; to take away, subtract from; besides, excepting.
5. 愁 zao; sad, grieved, afraid.
6. 威 ü; awe-inspiring.
7. 剩 dzing²; left, overplus, remainder.
8. 盈 yang; excess, overplus.
9. 像 zie¹, dzie¹; to resemble.
10. 傷 sie; to wound, injure.
11. 準 chung¹; exact, correct, a rule, pattern.
12. 勢 si²; power, authority.
13. 款 k‘ö¹; a kind, sort, fashion; to treat well.
14. 式 sih; pattern, form, fashion.
15. 拆 ts‘ah; to break off; to pay a debt.

---

1. Important.
iæ²-chang¹.
要緊

2. Very pressing.
chang¹-chaih.
緊急

3. To make ready.
‘ü²-bi².
預備

4. Awe-inspiring.
ü-si².
威勢

5. All taken together; the total.
t‘ung-djoa².
通共

6. Power, authority.
si²-döe¹.
勢道

7. Like the pattern; suitable.
‘öh-sih.
合式

8. To add together; reckon the sum of.
t‘ung¹-sö².
統算

9. To deduct.
djï-goa.
除 |

10. To remain after deduction.
dzing²-loh.
剩落

11. A surplus.
yang-'ü.
盈餘

12. Not to resemble.
fu¹-zie¹
不像

13. Not to resemble; unseemly.
fu¹ sie²-dzie¹
不相像

14. Is that clock correct?
he¹-kai² z-yang choa¹ chung¹-ge moa?
丨个時辰鐘準丨麽

15. Whether you come every day or not is of no consequence; if there be anything of pressing importance you shall be sent for.
nyi¹ neh-neh 'æ-li fu¹ 'æ-li, oh fu¹ iæ²-chang¹. yao¹ chang¹-chaih-ge z²-küe² whai² ts'a nang chiæ² nyi¹.
你日日行來不行來丨不要緊 有緊急丨事幹會差人呌你.

16. You have turned out those chairs very properly.
nyi¹ he¹-le djiæ² tsu²-ch'ï¹ 'öh-sih shie¹.
你丨丨轎做起合式丨

17. He is a high official and has great power. His manner is moreover awe-inspiring.
gi z¹ du² küe, yao¹ si²-döe¹-ge; ping²-ts'i¹ ts'z² gi yie²-tsz¹ ü-si² du² shie¹.
其是大官 有勢道丨 并且丨其樣子威勢大丨

18. It is a pity that he has built that house so little like what a house ought to be. It looks just like a stable.
k'o¹-sih gi ch'ï¹-ge he¹-kai² uh-doa¹ fu¹ zie¹ uh-doa¹-ge k'ö¹-sih. zaih-ze¹ k'oa² mo¹-voa sie²-dzie¹-ge.
可惜其起丨丨丨屋宕不像屋宕丨欵式 實在丨馬房相像丨

19. How many apartments are there in that house altogether? There are altogether above a hundred; some forty or fifty over and above what people are living in.

he^{1}-kai^{2} uh-doa t‘ung^{1}-djoa^{2} yao^{1} ke^{1}-le ka? t‘ung^{1} djoa^{2} yao^{1} pah ke^{1} ka; djï-goa yao^{1} nang djï^{2}-ge, dzing^{2}-da wha yao^{1} sz^{2}-ng^{1}-zaih ka.

丨个屋宕統共有幾丨間 通共有百幾間 除丨有人住丨 剩丨還有四五十間

20. I put the total of what is due to me at ten thousand cash. After paying my own debts I shall have a credit of one or two thousand cash.

ng^{1} kōh-sō^{2}-ch‘ï^{1} yao^{1} ih-ma^{2} kai^{2} dong-die-ge tsie^{2} ch‘ie^{2} ng^{1}, djï-goa ng^{1} z^{2} ch‘ie^{2} bieh nang yi-wha^{2}, dzing^{2}-loh wha yao^{1} iaih n^{2} ts‘ie kai^{2} dong-die zō.

我合算起有丨萬个銅錢丨賬欠我 除丨我自欠別人以外 剩落還有一二千个銅錢存

21. My monthly income is insufficient. I have nothing left from it; on the contrary, I have some debts I cannot pay. I am sadly perplexed to know how to live. I don't know what to do.

ng^{1} nyüeh-nyüeh-ge ch‘üeh-sih fu^{1} liœ^{1}-tih yoa^{2}. oh n-nao^{1} dzing^{2}, fa^{1} wha yao^{1}-le ch‘ie^{2} bieh nang-ge ts‘ah-fu^{1}-goa. ng^{1} zao-sang shie^{1}, fu^{1} sha^{1}-tih tsz(h)-nah hōe^{1} ku^{2} neh-tsz^{1}, fu^{1} sha^{1}-tih tsz(h)-nah choa foh hōe^{1}.

我月月丨出息不丨丨用 丨丨丨剩 反還有丨欠別人丨拆不丨 我愁心丨 不曉的丨丨好過日子 不曉的丨丨丨法好

22. A man let his gun off and hurt his little child very badly.

yao^{1} kai^{2} nang foa^{2} ts‘ie, po^{1} gi-ge sai^{1} si-n sie-djah djoa^{1} shie^{1}.

有个人放鎗 把其丨小丨兒傷着重丨

INDEX

TO CHARACTERS IN THE FORTY EXERCISES.

散語目錄

chʻah	却	XXVI, 2.
chaih	吉	XXIV, 2.
chang	斤	I, 17.
chang	巾	XI, 18.
chang	襟	XII, 28.
chang	金	XIII, 1.
chang	京	XV, 1.
chang^{1}	頸	XVIII, 3.
chang^{1}	緊	XXII, 18.
chang^{2}	境	XXIV, 20.
chang^{1}	景	XXX, 19.
chang^{2}	禁	XXXII, 6.
chang	經	XXXIII, 11.
chang^{2}	勁	XXXVI, 14.
chʻang	輕	XIII, 15.
chao^{1}	九	I, 10.
chao^{2}	救	VIII, 21.
chī^{2}	記	V, 15.
chī	雞	XIV, 11.
chī^{1}	主	XV, 25.
chī	追	XVI, 10.
chī^{1}	嘴	XVII, 7.
chī	肌	XVII, 14.
chī^{2}	計	XIX, 16.
chī^{1}	紀	XXXVI, 1.
chʻī^{1}	起	IV, 4.
chʻī	吹	VIII, 13.
chʻī^{2}	氣	IX, 12.
chʻī	溪	XV, 22.
chʻī^{1}	取	XXIII, 19.
chʻī^{2}	趣	XXXV, 20.
chʻī	欺	XXXVI, 11.
chiœ^{2}	叫	IV, 3.
chiœ	朝	IX, 29.
chiœ^{2}	照	XX, 20.
chiœ	驕	XXVII, 8.
chie^{2}	見	VI, 23.
chie	肩	XVIII, 6.
chieh	刼	XIX, 23.
chieh	結	XXIX, 10.
chʻie^{2}	欠	XIII, 23.
choh	足	I, 35.
choh	桌	VII, 9.
choh	燭	VII, 12.
choh	捉	XVIII, 11.
chʻoh	曲	XXXIII, 21.
choa^{1}	煄	VII, 37.
choa	鐘	IX, 10.
choa^{1} / *choa*^{2}	種	XX, 15.
choa^{1}	塚	XXX, 10.
choa	供	XXXVIII, 3.
chʻoa	聰	III, 25.
chʻuh	畜	XXIX, 18
chung	中	XII, 26.
chung^{1}	准	XXII, 3.
chung	忠	XXVII, 5.
chung^{2}	衆	XXXIV, 10.
chung	軍	XXXVIII, 33.
chung^{1}	準	XL, 11.
chʻung	春	IX, 33.
chʻung	充	XXXV, 19.
chü^{2}	貴	XIII, 11.
chü	規	XXII, 8.
chü^{2}	句	XXIII, 1.
chʻü	虧	XXXIX, 11.

dŏe	逃	XIX, 18.
du^1	惰	XXI, V.
duh	讀	VI, 7.
duh	獨	X, 16.
dû^1	肚	XVII, 17.
dû	塗	XXII, 15.
dz	遲	XXIV, 14.
dza^2	差	VI, 22.
dza^2	棧	XV, 12.
dza^2	站	XV, 26.
dzæ	爭	XXXII, 15.
dzang^2	陣	XIX, 17.
dzang	陳	XXXVIII, 13.
dze	纔	XXIX, 2.
dzih	值	XIII, 10.
dzih	直	XV, 3.
dzie	長	I, 40.
dzie	常	XXXVII, 1.
dzie^1	丈	XXXVIII, 24.
dzie^1	像	XL, 9.
dzing	程	XX, 3.
dzing	呈	XXXVIII, 26.
dzing^2	剩	XL, 7.
dzo	茶	VII, 24.
dzo	查	XX, 7.
e^2	要	II, 12.
e^2	愛	XI, 23.
'e^2	害	XVI, 15.
fa	翻	IV, 5.
fa	番	XIII, 25.
fa^1	反	XX, 17.
fai	勿	II, 15.
faih	彿	XXXV, 16.
fang	分	VI, 12.
fang^1	粉	XII, 30.
fang	吩	XXXII, 8.
fi^2	費	XIII, 21.
fi	飛	XIV, 22.
fi^1	匪	XIX, 11.
foh	發	IX, 24.
foh	髮	XII, 13.
foh	法	XXII, 12.
foa^2	放	IV, 25.
foa^1	彷	XXXV, 15.
fu^1	不	II, 13.
fu^1	否	IV, 18.
fu^1	撫	XXXVIII, 9.
fuh	福	XXXIX, 4.
fung	風	IX, 25.
fung	封	XIX, 20.
fung	峯	XXX, 15.
fû	夫	IV, 15.
fû^1	府	XX, 18.
fû^2	附	XXXII, 9.
gao^1	厚	X, 15.
gi	其	II, 3.
goh	擱	XV, 14.
gŏ^1	頷	XVIII, 2.
gwa^2	甩	XXI, 19.
ha	哈	XXIII, 3.
ha^1	喊	XXIX, 14.
hah	喝	XIV, 17.
he^1	海	XV, 5.
heh	黑	VIII, 19.
ho	花	VIII, 7.
hoa	慌	XXIII, 20.

k'ang^{1}	肯	v, 14.
kao^{2}	彀	xxiv, 24.
kao^{1}	狗	xxxv, 3.
k'ao^{1}	口	v, 21.
ke^{1}	機	i, 25.
ke^{2}	蓋	vii, 8.
ke	該	xiii, 20.
ke^{1}	改	xxii, 4.
ke^{2}	概	xxii, 15.
k'e	開	iii, 22.
k'eh	刻	ix, 11.
k'i^{2}	去	iii, 27.
ko	家	ii, 20.
ko	傢	viii, 1.
ko^{2}	褂	xii, 10.
ko^{2}	價	xiii, 9.
ko^{2}	褂	xxxiii, 18.
ko^{2}	[illegible]	xxxiv, 18.
ko^{1}	寡	xxxviii, 23.
k'o^{1}	可	vi, 9.
koh	各	x, 8.
koh	擱	xv, 14.
koh	覺	xxvi, 19.
k'oh	濶	xxx, 4.
koa^{1}	講	v, 20.
koa^{2}	教	v, 4.
koa	光	ix, 28.
koa^{1}	江	xv, 21.
koa	交	xxvii, 12.
koa	剛	xxix, 1.
k'oa^{2}	炕	vii, 1.
k'oa	敲	x, 14.
k'oa^{1}	巧	xxi, 10.
kö	根	xviii, 21.
köh	合	xii, 25.
k'ö^{1}	欿	xl, 13.
köe	高	i, 33.
köe^{2}	告	xxxiii, 23.
köe^{1}	稿	xxxviii, 12.
k'öe^{1}	考	xxxiv, 4.
ku^{2}	過	iii, 9.
ku^{1}	菓	xiv, 13.
ku^{1}	古	xxxiii, 1.
ku^{1}	果	xxxiv, 19.
ku^{2}	故	xxxvi, 6.
ku^{2}	雇	xxxvii, 6.
k'u^{2}	褲	xii, 8.
k'u^{1}	苦	xv, 16.
k'u^{2}	庫	xxxiv, 2.
kung	工	ix, 17.
kung	功	xix, 21.
kung	公	xxv, 22.
kung	宮	xxxii, 1.
k'ung	空	viii, 16.
k'ung^{1}	孔	xviii, 25.
küe	官	vi, 11.
küe^{2}	幹	x, 6.
küe	乾	xiv, 21.
küe^{1}	管	xv, 24.
küe^{1}	趕	xvi, 9.
küeh	骨	xviii, 18.
kwa	關	iii, 24.
kwa^{2}	怪	xvii, 31.
kw'a^{2}	快	iv, 7.
kw'a	寬	xxiv, 7.
kwai	歸	iv, 28.

lú	爐	VII, 17.
lú^{1}	屢	XXVI, 27.
ma^{2}	萬	I, 14.
ma^{1}	買	II, 6.
ma^{2}	賣	II, 7.
ma^{2}	慢	IV, 8.
ma	挴	XVIII, 20.
mah	麥	I, 20.
mah	脈	XVIII, 14.
mai^{1}	每	X, 2.
mai	枚	XII, 17.
mai	煤	XIV, 1.
maih	墨	VI, 5.
mang	門	III, 8.
mang^{2}	問	V, 16.
mang^{2}	悶	XXXVII, 2.
mi^{1}	米	I, 21.
mi^{2}	末	II, 14.
miœ^{2}	廟	XXXIII, 7.
mie^{2}	面	XI, 9.
mie	綿	XII, 7.
mie^{2}	麵	XIV, 4.
mie^{1}	免	XXXII, 18.
ming	明	VI, 19.
ming	名	XIX, 14.
ming^{2}	命	XXXIX, 5.
mo^{1}	馬	IV, 21.
mo	麻	XIV, 6.
moh	襪	XI, 17.
moa	麼	IV, 17.
moa^{2}	貌	XVII, 15.
moa	忙	XXII, 7.
moa^{2}	望	XXXIV, 7.
mŏ^{1}	滿	VIII, 17.
mŏ^{2}	霧	X, 13.
mŏ	饅	XIV, 16.
mŏh	末	XXIII, 21.
mŏe^{2}	帽	XII, 3.
mŏe	毛	XVIII, 24.
mu^{1}	某	XXVII, 1.
mu^{1}	母	XXXIV, 21.
muh	目	XIII, 27.
mung^{2}	夢	XXIII, 6.
n	兒	I, 31.
n^{1}	耳	XVII, 3.
n	疑	XXIX, 13.
n^{2}	義	XXX, 9.
na^{1}	奶	XIV, 12.
na *na*^{2} }	難	XXVII, 18.
nang	人	I, 22.
nang^{1}	煖	IX, 22.
nang	能	XXIV, 18.
ne^{2}	耐	XXXI, 12.
neh	日	VI, 25.
ng^{1}	五	I, 6.
ng^{1}	我	II, 2.
ng^{2}	誤	XXXVI, 8.
nga^{1}	眼	V, 8.
nga	顏	XXVIII, 3.
ngah	額	XVIII, 15.
ngœ^{2}	硬	XIV, 24.
ngao	牛	I, 18.
ngao^{1}	偶	XXI, 14.
nge^{2}	礙	XXXIV, 13.
ngo	牙	I, 39.

pi^{1}	比	III, 10.
pi^{1}	彼	XXXIV, 14.
p'i^{1}	譬	XXIV, 25.
p'i	批	XXXVIII, 27.
piæ^{1}	表	XXXV, 4.
piæ^{1}	裱	XXVIII, 1.
p'iæ^{2}	票	XIII, 6.
pie	邊	III, 30.
pie^{1}	扁	XXXV, 6.
pieh	筆	VI, 3.
pieh	別	XIII, 28.
pieh	必	XXVIII, 10.
p'ie	偏	XXXIV, 16.
p'ie^{2}	騙	XXXVI, 13.
p'ieh	疋	XVI, 17.
ping	兵	XIX, 4.
ping^{2}	并	XXVIII, 22.
ping^{1}	禀	XXXVIII, 8.
po^{1}	把	IV, 16.
poh	八	I, 9.
p'o^{2}	怕	XXI, 20.
poa	包	XVI, 3.
poa	幫	XXIV, 16.
p'oa^{1}	跑	V, 18.
pö^{2}	半	IV, 27.
pöe^{1}	寶	XXXII, 23.
pöe^{2}	報	XXXV, 14.
p'öe^{1}	剖	XXXV, 7.
pu	玻	XXVIII, 14.
p'ung^{2}	碰	XXIII, 18.
pú^{2}	布	III, 17.
pú^{1}	補	XI, 13.
p'ú / *p'ú*^{2}	鋪	VII, 6.
sa	三	I, 4.
sa	衫	XII, 4.
sa^{1}	產	XXIV, 10.
sa^{2}	曬	XXVI, 20.
sa^{1} / *sa*^{2}	散	XXXIV, 17.
sah	殺	XVIII, 22.
sæ	生	II, 21.
sæ^{1}	省	XIX, 24.
sæ	牲	XXIX, 19.
sai^{1}	小	II, 18.
sai^{2}	碎	VIII, 20.
sai	衰	XXIII, 5.
saih	失	XXII, 6.
saih	溼	XXVI, 13.
sang	深	XV, 6.
sang	辛	XV, 17.
sang	身	XVII, 23.
sang	心	XVIII, 10.
sang	新	XXVIII, 7.
sang^{2}	信	XXXII, 20.
sang^{1}	審	XXXVIII, 29.
sao	搜	XX, 6.
se^{2}	賽	XXVI, 17.
seh	色	IX, 15.
sha^{1}	曉	III, 28.
shiæ^{1}	少	I, 29.
shiæ^{1}	小	II, 18.
shiæ	燒	VIII, 15.
shiæ	鎖	XIII, 30.

sö^{1}	損	VII, 38.
sö^{2}	算	VIII, 18.
sö	孫	XXV, 5.
söh	刷	XI, 7.
söe^{2}	播	XII, 23.
söe^{2}	燥	XXVI, 26.
su^{2}	素	XXVII, 3.
sung^{2}	送	XXIX, 5.
sû^{2}	索	XXVII, 3.
sû^{2}	訴	XXXVIII, 28.
sz^{2}	四	I, 5.
sz	司	VII, 21.
sz	梳	XII, 12.
sz	私	XXIV, 23.
sz	絲	XXV, 12.
sz	使	XXV, 28.
sz	屍	XXX, 21.
sz^{1}	死	XXXII, 7.
sz	師	XXXIII, 13.
ta^{2}	戴	XII, 2.
ta	單	XII, 5.
ta^{1}	撣	XII, 21.
ta } *ta*^{2} }	擔	XIV, 19.
ta^{2}	帶	XVI, 8.
ta	躭	XXXVI, 7.
tah	答	XXIX, 15.
t'a	攤	VII, 7.
t'a^{2}	炭	XIV, 2.
t'a^{1}	毯	XXVIII, 9.
t'ah	遢	X, 7.
tæ^{1}	打	X, 3.
tai^{2}	對	XXVI, 3.

t'ai^{1}	腿	XVII, 20.
t'ai^{2}	退	XIX, 8.
t'ai^{2}	褪	XXVIII, 21.
tang	燈	VII, 13.
tang^{2}	櫈	VIII, 3.
tang^{1}	等	XXIX, 4.
tao^{1}	斗	I, 36.
tao^{2}	鬭	XXVI, 15.
t'ao	偷	XXI, 2.
te	獃	XXXI, 5.
ti^{1}	底	III, 20.
ti^{2}	帝	XIX, 15.
tih	的	III, 29.
t'i^{1}	體	XVII, 22.
t'i^{2}	剃	XVIII, 13.
tiæ^{2}	鳥	XXIX, 17.
t'iæ } *t'iæ*^{1} }	挑	XXV, 17.
t'iæ^{2}	跳	XXXV, 13.
tie^{2}	店	III, 23.
tie^{1}	典	V, 9.
tie^{1}	點	VIII, 14.
t'ie	天	IX, 5.
t'ie	添	XI, 19.
t'ieh	鐵	XIII, 4.
t'ieh	貼	XXXIII, 15.
t'ieh	帖	XXXVIII, 10.
ting^{1}	頂	II, 8.
t'ing } *t'ing*^{2} }	聽	VI, 18.
to^{1}	朵	XVII, 4.
t'oh	託	XXXVII, 5.
tö^{1}	短	X, 10.

ts'ieh	切	vi, 26.
tsing^{2}	正	v, 1.
tsing	睛	xvii, 5.
tsing^{1}	整	xxiii, 22.
tsing^{1}	井	xxx, 7.
ts'ing^{1}	請	v, 6.
ts'ing^{2}	秤	xiii, 7.
ts'ing	稱	xiii, 8.
ts'ing	青	xxvi, 22.
tsiu^{1}	酒	vii, 22.
tsiu^{2}	晝	ix, 7.
tsiu^{1}	箒	xii, 22.
tsiu	揪	xxiii, 17.
tsiu	州	xxxviii, 15.
ts'iu	秋	ix, 35.
ts'iu^{1}	醜	xxiii, 16.
ts'iu	抽	xxvi, 24.
ts'o	差	vi, 22.
ts'o	叉	vii, 31.
ts'oh	錯	vi, 21.
tsoa	抓	xvii, 24.
tsoa^{2}	壯	xvii, 25.
tsoa^{2}	葬	xxv, 11.
ts'oa	抄	v, 2.
ts'oa^{1}	吵	xxiii, 2.
ts'oa	倉	xxxiv, 1.
tsö	尊	xix, 2.
ts'ö^{2}	寸	i, 16.
ts'ö	村	xxx, 13.
tsöe^{2}	灶	vii, 16.
tsöe^{1}	早	ix, 14.
tsöe	臟	xi, 5.
ts'öe^{1}	草	xxvi, 12.
tsu^{2}	做	ii, 10.
ts'u	差	vi, 22.
ts'u	初	xxvii, 2.
tsung^{1}	總	vi, 28.
tsung	宗	xxxiv, 3.
ts'ung	葱	xxvi, 7.
ts'ung	聰	xxxi, 20.
tsû^{1}	祖	xxv, 2.
ts'û	粗	xiv, 9.
tsz^{1}	止	xiii, 29.
tsz	芝	xiv, 6.
tsz^{1}	指	xvii, 11.
tsz^{2}	志	xxi, 11.
tsz^{2}	織	xxx, 20.
tsz(h)	只	xii, 24.
ts'z^{2}	次	xxvi, 28.
ts'z^{1}	此	xxxiv, 15.
tu	多	i, 28.
t'uh	秃	xii, 20.
tung	東	iii, 12.
tung^{1}	懂	vi, 20.
tung	冬	ix, 36.
t'ung^{1}	統	xii, 16.
t'ung^{2}	痛	xvii, 29.
t'ung	通	xl, 3.
tû^{1}	賭	xxvi, 16.
tû^{2}	妬	xxvii, 9.
t'û^{1}	土	iii, 18.
u^{2}	惡	xxxix, 18.
uh	屋	ii, 4.
ung	翁	xxv, 18.
ü^{1}	委	xxxviii, 6.
ü	威	xl, 6.

yoa^{2}	用	VII, 19.
yoa^{1}	湧	XI, 20.
yoa^{1}	往	XXII, 19.
yoa	王	XXXII, 12.
yoh	浴	XII, 18.
yung	雲	X, 11.
yung	容	XXXVI, 9.
yung^{2}	運	XXXIX, 6.
yüe	完	VI, 8.
yüe^{1}	遠	VI, 30.
yüe	圓	XXXV, 5.
yüe	緣	XXXVI, 5.
yüe	員	XXXVIII, 7.
yüe^{2}	縣	XXXVIII, 16.
z^{1}	是	II, 16.
z^{2}	字	V, 7.
z^{2}	自	VI, 14.
z	時	IX, 2.
z^{2}	事	X, 5.
z^{2}	示	XXXIII, 24.
za	柴	XIV, 3.
zai^{1}	罪	XXXI, 9.
zaih	十	I, 11.
zaih	拾	VIII, 10.
zaih	實	XXVII, 13.
zaih	習	XXXVIII, 4.
zang	人	I, 22.
zang	尋	V, 11.
zang^{1}	甚	IX, 16.
zang^{1}	儘	XII, 1.
zang^{1}	盡	XX, 11.
zang	層	XXXIII, 17.
zang^{2}	任	XXXVIII, 2.
zao	愁	XL, 5.
ze	裁	XII, 9.
ze	才	XXV, 8.
zeh	賊	XVIII, 23.
zi	齊	XIX, 19.
zih	蓆	VII, 2.
zih	石	XXI, 8.
zie^{1} } *zie*^{2} }	上	III, 6.
zie	前	IV, 1.
zie	然	VI, 15.
zie	裝	XI, 2.
zie^{2}	賤	XIII, 12.
zie	祥	XXIV, 4.
zie^{2}	尙	XXXIII, 9.
zie	牆	XXXIII, 16
zie	常	XXXVII, 1.
zie	詳	XXXVIII, 19.
zie^{1}	善	XXXIX, 17.
zie^{1}	像	XL, 9.
zieh	舌	XVII, 17.
zing	城	III, 1.
zing	晴	IX, 8.
zing	成	XXI, 15.
zing^{1}	靜	XXXI, 7.
zing^{1}	靖	XXXII, 20.
zing	承	XXXVIII, 1.
zing	情	XXXVIII, 20.
ziu^{2}	就	IV, 31.
ziu^{2}	袖	XII, 11.
ziu^{1}	受	XV, 16.
ziu	泅	XXX, 17.
ziu^{2}	壽	XXXVI, 2.

LIST OF NUMERATIVES.

字語類分

排 *ba* of { doors, hills, panes of glass, walls, windows.
部 *bu*¹ ,, books.
株 *chĭ* ,, trees, plants.
起 *ch'ĭ*¹ ,, affairs.
句 *chü*² ,, words.
| *da*² ,, roads.
段 *dang*² ,, { pieces of cloth, pieces of tape.
條 *diœ* ,, { canals, handkerchiefs, hearts, insects, snakes, stools, streets, string, tape, thread.
錠 *ding*¹ ,, ink, silver.
頭 *diu* ,, quadrupeds.
件 *djie*¹ ,, articles of clothing.
櫃 *djü*² ,, coffins.
封 *fung* ,, letters.
付 *fû*² ,, curtains.
个 *kai*² ,, men.
口 *k'ao*¹ of wells.
角 *koh* ,, official despatches.
| *go*² ,, firewood.
領 *ling*¹ ,, mats.
粒 *lŏh* ,, { grains of rice, etc., stones.
枚 *mai* ,, nails, needles.
門 *mang* ,, cannons.
面 *mie*² ,, gongs, mirrors.
本 *pang*¹ ,, volumes.
篇 *p'ie* ,, essays.
把 *po*¹ ,, { chairs, chopsticks, fans, fifes, forks, guns, knives, locks, tea-kettles.
頂 *ting*¹ ,, { bed-curtains, sedan-chair .
朵 *to*¹ ,, flowers.
盞 *tsa*¹ ,, lamps.
枝 *tsi* ,, tables, pens.
隻 *tsih* ,, birds, boats.
位 *'ü*² ,, gentlemen.
座 *zo*² ,, hills, houses.

PHRASES.

句 習 易

1. *Kih-li.*
| |
Here.

2. *Boa-ta.*
旁 |
There.

3. *Nyah-uh-doa*^{1}*? nyaoh-doa*^{1}*?*
| 屋宕　| 宕
Where?

4. *Kaoh-gai*^{2}.
| |
It belongs here; this is its place.

5. *Ga-nyie?*
| |
What?

6. *Jī-nang?*
誰 人
Who?

7. *Nyah-ih-kai*^{2}*?*
| 一 个
Which?

8. *'Ü*^{2}*-ga-nyie?*
爲 | |
Why?

9. *Kih-kaih.*
| |
This.

10. *He*^{1}*-kai*^{2}*; boa-kai*^{2}.
| 个　旁 个
That.

11. *Tz(h)-nah?*
| |
How?

12. *Ke*^{1}*-z; nyah-neh?*
幾 時　| 日
When?

13. *Hüe-tai.*
| 堆
Many; much.

14. *T'a*^{2}*-la-foa.*
| | |
Great many.

15. *Ke*^{1}*-le?*
幾 |
How many?

16. *Höeh-fu*^{1}.
好 不
Good many; considerable.

17. *Höeh-fu*^{1} *yao*^{1}*-le.*
好 不 有 |
Good many; a good deal.

18. *Höeh-fu*^{1} *yao*^{1}*-le lü*^{2}.
好 不 有 | 路
A good long road.

19. *Ke*^{1}*-nang-ka*^{2}*?*
幾 | |
At what time?

20. *He*^{1}*-nang-ka*^{2}.
| | |
At that time.

21. *Yie*^{2}*-ze*^{1}*; nang-ka*^{2}*; kih-nang-ka*^{2}.
現 在　| |　| | |
Now.

22. *Lieh-k'eh; mo*^{1}*-zie*^{2}.
立 刻　馬 上
Instantly.

23. *Dze-sang; koh-koh.*
纔新 丨丨
Just now.

24. *Ts‘z^{1}-k‘eh.*
此刻
Now; this moment.

25. *Kih-da^{2}.*
丨丨
This time; this opportunity.

26. *Boa-da^{2}.*
旁丨
Next time; next opportunity.

27. *Tsöe^{1}-sie; tsöe^{1}-neh.*
早先 早日
Formerly.

28. *Pang^{1}-le; nyüe-ti^{1}-tsz^{1}.*
本來 原底子
Originally.

29. *‘Ao^{1}-le; ‘ao^{1}-siu^{1}.*
後來 後手
Afterwards.

30. *Tsie-le; yi^{1}-‘ao^{1}.*
將來 以後
Hereafter.

31. *La-chieh-t‘ah.*
闌結丨
Lastly; in the end.

32. *Dz-neh.*
遲日
Another day; later.

33. *Dzie-dzie; tœ^{1}-dzie; tsz(h)-küe^{1}.*
常常 丨常 只管
Continually.

34. *Ts‘o^{2}-chie^{2}-ts‘o^{2}.*
丨見丨
Rare, rarely.

35. *So^{1}-yi^{1}; iang-ts‘z^{1}; ku^{2}-ts‘z^{1}.*
所以 因此 故此
Therefore.

36. *So^{1}-yi^{1}-zie.*
所以然
Wherefore.

37. *Wha-yao^{1}.*
還有
More; and also.

38. *Ping^{2}-ts‘i^{1}; shoa^{2}-ts‘i^{1}.*
并且 况且
Moreover.

39. *Ling-wha^{2}; yi^{1}-wha^{2}.*
另外 以外
Besides; in addition.

40. *Da^{2}-z^{1}.*
但是
But.

41. *Tsz(h)-z^{1}.*
只是
But; only.

42. *Paih-ku^{2}.*
不過
Only; not more than.

43. *N-nao^{1}.*
丨丨
Not; none.

44. *Fu^{1}-yoa^{2}.*
不用
No need.

45. *Fai-ge.*
勿丨
Don't want.

46. *Ts‘z^{2}-p‘o^{2}.*
丨怕
Perhaps.

47. *Tsz(h)-zao.*
只愁
Lest; only fear.

48. *Whah-z*^{1}?
或是
Or; whether—or?

49. *Ch'oa*^{1}*-p'o*^{2}.
恐怕
Lest.

50. *Vi*^{2}*-mie*^{1}.
未免
Lest; possibly.

51. *Djah-z*^{1}
若是
If

52. *Djah-yao*^{1}
若有
If there is (or are).

53. *P'i*^{1}*-foa*; *p'i*^{1}*-jī*.
譬方　譬如
Suppose.

54. *K'o*^{1}*-pi*^{1}; *hōe*^{1}*-pi*^{1}; *ah-tsing*^{2}.
可比　好比　阿正
Like; similar to.

55. *T'ung*^{1}*-t'ung*^{1}.
統統
All.

56. *Djoa*^{2}*-lung*^{1}; *sö*^{2}*-lung*^{1}.
共攏　算攏
Altogether; total.

57. *Jī*^{1}*-lung*^{1}.
聚攏
To collect; congregate.

58. *Zaih-ze*^{1}.
實在
Truly.

59. *Tsah-zaih.*
丨實
Secure, firm.

60. *Ih-ding*^{2}; *dzih-diu.*
一定　直頭
Certainly.

61. *Z*^{1}*-shie*^{1}.
是丨
Yes, that is so; quite right.

62. *Tsing*^{2} *hōe*^{1}*-hōe*^{1}.
正好好
Exactly right.

63. *Küe*^{1}*-fu*^{1}*-de*^{2}.
趕不逮
Haven't time.

64. *Choa-fu*^{1}*-de*^{2}.
丨不逮
Can't do (in a certain time); the time is insufficient.

65. *Choa-fu*^{1}*-li.*
丨不來
Can't do; can't manage.

66. *Zang-fu*^{1}*-djah.*
尋不着
Can't find.

67. *Dzo-fu*^{1}*-djah.*
查不着
Can't find (of affairs).

68. *Ts'œ-fu*^{1}*-ch'üeh.*
撑不出
Can't be moved (as a boat off the mud).

69. *Ts'z*^{2}*-fu*^{1}*-djah.*
丨不着
Can't see.

70. *T'ing-fu*^{1}*-ming.*
聽不明
Can't hear distinctly.

71. *Tso*^{1}*-fu*^{1}*-dong*^{1}*.*
丨不動
Too heavy to carry.

72. *Zo*^{1}*-fu*^{1}*-löe.*
坐不牢
Can't sit still.

73. *K'ŭe*^{2}*-fu*^{1}*-djah.*
丨不着
Can't sleep.

74. *Ge*^{1}*-fu*^{1}*-ch'ï*^{1}*.*
丨不起
Can't stand up.

75. *Ge*^{1}*-fu*^{1}*-löe.*
丨不牢
Can't stand.

76. *Ch'ïh-fu*^{1}*-loh.*
喫不落
Can't eat; can't undertake; can't "stand" or bear.

77. *Fa-fu*^{1}*-chüe*^{1}*.*
翻不轉
Can't turn over.

78. *T'ung-fu*^{1}*-ku*^{2}*.*
通不過
Can't pass through.

79. *Öe-fu*^{1}*-hwa.*
爊不丨
Can't be stewed tender; not stewed tender.

80. *I-fu*^{1}*-höe*^{1}*.*
醫不好
Unable to cure.

81. *Koa*^{1}*-fu*^{1}*-ch'üeh.*
講不出
Not able to speak out.

82. *Ch'ïh-fu*^{1}*-poa*^{1}*.*
喫不飽
Not able to eat enough; not eaten to repletion.

83. *Ts'u-fu*^{1}*-tu.*
差不多
About the same; nearly.

84. *Dong*^{1}*-fu*^{1}*-tih.*
動不得
Not moveable, not to be touched.

85. *Tsi*^{2}*-fu*^{1}*-mö*^{1}*.*
丨不滿
Not full (as a bottle); not able to fill.

86. *Koa¹-fu¹-shieh.*
講不歇
To talk without ceasing.

87. *Dōe-fu¹-k'i².*
逃不去
Can't escape.

88. *Yoa²-fu¹-yüe.*
用不完
Can't use all.

89. *Bo-fu¹-zie¹.*
爬不上
Can't climb up.

90. *Tsu²-fu¹-zing.*
做不成
Not able to finish.

91. *T'ai-fu¹-k'e.*
推不開
Can't get out of (doing a thing).

92. *P'ing²-fu¹-lung¹.*
聘不攏
Can't join together.

93. *Gwa²-fu¹-goa.*
甩不 |
Not able to throw away or give up.

94. *Chiœ²-fu¹-iang².*
呌不應
Not to reply when called; to call without reply.

95. *K'oa²-fu¹-lōe.*
| 不牢
Not placed securely.

96. *Choa-nyaoh-goa.*
| | |
Lost.

97. *Saih-goa.*
失 |
To have lost; dead.

98. *Si¹-fu¹-li.*
寫不來
Can't write (it).

99. *Djang¹-fu¹-li.*
| 不來
Can't earn.

100. *Du²-ma-dzang².*
大 | 陣
A large number (as a family).

101. *Po-fu¹-tih.*
巴不得
Oh that!; would that!

102. *Nœ²-tih.*
| 得
To hope.

103. *Nœ²-tih koa¹.*
| 得講
Would (you) assert.

104. *Tung¹-fu¹-djah; moh-fu¹-djah.*
懂不着 摸不着
Can't understand.

105. *Moh-mang moh-pieh.*
摸門摸壁
Very puzzling.

106. *Ts'z[2]-de-djah.*
| | 着
Visible.

107. *Toa-fu[1]-ch'ī[1].*
當不起
Inadequate (to receive a compliment).

108. *Tsao[1]-fu[1]-dong[1]; n-pang[2]-tsao[1].*
走不動 | | 走
Can't walk.

109. *Ding[2]-fu[1]-löe.*
定不牢
Unable to fix; not certain.

110. *Tsu[2]-fu-töe[2].*
做不到
Can't do it.

111. *Boa[2]-fu[1]-koa.*
鉋不光
Can't plane smooth.

112. *Nyieh-diu zie[1]-sa.*
日頭上山
The sun is rising; sunrise.

113. *T'a[2]-yie loh-shī[1].*
太陽落水
The sun is setting; sunset.

114. *T'ie-yiæ di[2]-dong[1].*
天搖地動
An earthquake.

115. *Dö-dö ch'üe-ch'üe.*
團團圈圈
All round.

116. *Maih-t'i[2]-t'a[2]-heh.*
墨 | 炭黑
Black, dirty.

117. *Tai[2]-fu[1]-djī[2].*
對不住
Not to have acted or behaved as one ought.

118. *Sö[2]-fu[1]-djah.*
算不着
Can't reckon; uncertain.

119. *Shī[1]-fu[1]-pie[2].*
數不徧
Can't be counted; innumerable.

120. *Sö[2]-fu[1]-löe.*
算不牢
Uncertain.

121. *Ah-fu[1]-lö[2].*
阿不論
Probably.

122. *Ch'üe[2]-fu[1]-dong[1].*
勸不動
Not able to induce; not to take advice.

123. *Tang¹-fu¹-löe.*
等不牢
Can't wait.

124. *Ch'ih-fu¹-tih.*
喫不得
Uneatable.

125. *Ch'ih-fu¹-li.*
喫不來
Can't eat; don't care to eat.

126. *Küe¹-fu¹-töe².*
趕不到
Can't arrive at or reach.

127. *Mû-fu¹-kw'a².*
磨不快
Can't grind sharp.

128. *Boh-fu¹-dong¹.*
拔不動
Can't move (by pulling).

129. *Yoa²-djah.*
用着
Can do; all right.

130. *Yoa²-fu¹-djah.*
用不着
Won't do; no good.

131. *N-ch'i²-koa¹.*
丨處講
Can't find words (to describe such a fellow, etc.)

132. *Kwa²-fu¹-tih.*
怪不得
Not to be wondered at; not surprising that, etc.

133. *K'üe²-fu¹-sang.*
丨不深
Not to sleep soundly.

134. *Ö²-li¹-maih-dong.*
暗裏壘同
In the dark; very dark.

135. *Öe-li-po-tsöe.*
腌裏丨臟
Very dirty.

136. *Liæ-liæ-dzih-dzih.*
丨丨丨丨
Very clean.

137. *Zöh-li-zöh-köh.*
雜裏雜合
Mixed up; heterogeneous.

138. *Ho-li-pa-la.*
花裏班爛
Variegated.

139. *Tsao¹-tung-ku²-si; tsao¹-li-tsao¹-k'i².*
走東過西　走來走去
Wandering about.

140. *Dzie-ming^{2}-pah-shï^{2}.*
長命百歲
Long life (to you).

141. *Tö^{1}-ming^{2}-whæ-iæ^{1}.*
短命橫夭
An untimely end (to you).

142. *Nyie-z-tsing^{2}-seh.*
嚴詞正色
Diligent, steady.

143. *Lao-sang-k'eh-küeh.*
鏤心刻骨
Very diligent.

144. *Whai-sang-chüe^{1}-i^{2}.*
回心轉意
To repent.

145. *Ch'ï^{2}-zi-kwai-tsing^{2}.*
棄邪歸正
To leave the heretical and embrace the orthodox.

146. *Ngæ^{2}-djï-goh-loh.*
硬 | | |
Very hard; tough.

147. *Bi-t'ah-la^{2}-hwa.*
皮 | 爛 |
Stewed to rags.

148. *Whu-hwa-ba^{1}.*
| | 罷
Tender to eat.

149. *Lai^{2}-li-lai^{2}-k'i^{2}.* *Fa-li-fuh-k'i^{2}.*
| 來 | 去 翻來覆去
Rolling about. Changeable.

150. *Chü^{1}-diu^{1}-chü^{1}-nöe^{1}.*
詭頭詭腦
Hypocritical; deceiving.

151. *Hah shie^{1}-ge.*
| ┌┐
Very untrustworthy; reckless.

152. *Chï-li-ku-lu.*
| | | |
Chattering.

153. *Whu-li-whu-dû.*
糊裏糊塗
Daft; blundering.

154. *Hö-ge; te-diu-te-nöe^{1}-ge.*
| | 獃頭獃腦
An idiot.

155. *Tie-nang.*
癲人
A lunatic.

156. *Chü^{1}-tæ^{1}-zaih-ts'aih.*
詭打十七
Deceiving.

157. *Chah-siu^{1}-fu^{1}-höe^{1}-ge.*
脚手不好 |
Dishonest, thievish.

158. *Whai^{2} hoa^{1}-ge.*
會謊 |
A liar.

159. *Sa-tsih-siu^{1}-ge.*
三隻手 |
Dishonest; a thief.

160. *Sæ-chü^{1}-ge nang.*
生詭丨人
A dishonest man.

161. *Löe^{1}-zaih nang.*
老實人
An honest man.

162. *Tih-toa^{2}.*
的當
Reliable.

163. *Dû^{1}-ze höe^{1}-zang^{1}.*
肚才好甚
Very intelligent.

164. *Pang^{1}-z^{2} höe^{1} shie^{1}.*
本事好丨
Great ability.

165. *Vang-ngo^{1} shie^{1}.*
文雅丨
Refined; well bred.

166. *Vu-nyie^{2}-tsz^{1} höe^{1} zang^{1}.*
武藝子好甚
Very able.

167. *Chī^{1} fu^{1}-höe^{1}-ge.*
嘴不好丨
An evil speaker.

168. *Si^{2}-li-da^{2} shie^{1}*
丨丨大丨
Unselfish; liberal.

169. *Shiæ^{1}-ch'ï^{2} shie^{1}.*
小器丨
Mean; grasping.

170. *Whai^{2} t'iæ-chī^{1}-ge.*
會挑嘴丨
A mischief-maker.

171. *Whai^{2} t'öe^{2}-höe^{1}-ge.*
會討好丨
A flatterer.

172. *Vung^{1}-zing.*
奉承
To flatter.

173. *Koa^{1}-du^{2}-'o^{2}.*
講大話
To boast.

174. *Ze-vung löe^{1}-sz.*
裁縫老司
A tailor.

175. *I-yah sie-sæ.*
醫藥先生
A doctor.

176. *Foa-muh löe^{1}-sz.*
方木老司
A joiner.

177. *Du^{2}-muh löe^{1}-sz.*
大木老司
A builder.

178. *Nyie-shī^{1} löe^{1}-sz.*
泥水老司
A bricklayer.

179. *T'ï^{2}-diu löe^{1}-sz.*
剃頭老司
A barber.

180. *Tsu² jüe lõe¹-sz.*
做船老司
A boat-builder.

181. *Z¹-ts'aih lõe¹-sz.*
| 漆老司
A painter.

182. *Tsu² 'ü¹-sa¹ lõe¹-sz.*
做雨傘老司
An umbrella-maker.

183. *Tsu² mõe² lõe¹-sz.*
做帽老司
A hatter.

184. *Tsu² 'a lõe¹-sz.*
做鞋老司
A shoemaker.

185. *Tœ¹ t'ieh lõe¹-sz.*
打鐵老司
A blacksmith.

186. *Tœ¹ dong lõe¹-sz.*
打銅老司
A coppersmith.

187. *Tœ¹ sih lõe¹-sz.*
打錫老司
A pewtersmith.

188. *Nyie¹-pû² lõe¹-sz.*
染布老司
A dyer.

189. *Tiœ-ho lõe¹-sz.*
雕花老司
A wood-carver.

190. *Tœ¹ mieh lõe¹-sz.*
打篾老司
A bamboo-worker.

191. *Tœ¹ zing lõe¹-sz.*
打繩老司
A ropemaker.

192. *'O²-zie² sie-sœ.*
畫匠先生
A picture painter; artist.

193. *Tsu² chuh-sz lõe¹-sz.*
做竹絲老司
A bamboo scroll worker.

194. *Po-fu¹-nang-kao²!*
| 不能殼
Oh that it could be done!

195. *Paih-teh paih-tsu².*
不得不做
Can't help but do it.

196. *Paih-pieh.*
不必
Need not; not necessary.

197. *Koh-koh-yie²-yie².*
各各樣樣
Every kind.

198. *Djï-li-ku¹-kwa².*
奇裏古怪
Extraordinary.

199. *Ts'ih-sang-lû²-t'i¹.*
赤身露體
Naked.

200. *Ch'ï-poh-lai*^{1}.
| 髆 |
With only trowsers on.

201. *Ts'ih-chah tsao*^{1}.
赤脚走
To go barefooted.

202. *Nyie-tsz-ka-la.*
| | | |
Pestering, troublesome.

203. *Nang whai*^{2} *tsao*^{1}.
人會走
Man can walk.

204. *Ngû whai*^{2} *ziu.*
魚會泅
Fish can swim.

205. *Tiœ*^{2}*-n whai*^{2} *fi.*
| 兒會飛
Birds can fly.

206. *Djung whai*^{2} *bo.*
蟲會爬
Insects can crawl.

207. *Zi whai*^{2} *ziu.*
蛇會泅
Snakes can glide.

208. *Moa-n whai*^{2} *chang.*
貓兒會 |
Cats can climb.

209. *Mo*^{1} *whai*^{2} *p'oa*^{1}.
馬會跑
Horses can gallop.

210. *Ngao whai*^{2} *djoh.*
牛會觸
Oxen can butt.

211. *Du*^{2}*-moa whai*^{2} *chung.*
大 | 會 |
Tigers can spring.

212. *Mang-djung whai*^{2} *ting.*
蚊蟲會釘
Mosquitos can sting.

213. *Chï whai*^{2} *di.*
雞會啼
Cocks can crow.

214. *Kao*^{1} *whai*^{2} *vi*^{2}.
狗會吠
Dogs can bark.

215. *I-siu*^{2} *whai*^{2} *ngoa*^{1}.
野獸會咬
Wild beasts can bite.

216. *Fung whai*^{2} *ting.*
蜂會釘
Wasps can sting.

217. *Djiœ-shï*^{1} *whai*^{2} *tsie*^{1}.
潮水會長
Tides can rise.

218. *Fung whai*^{2} *ch'ï.*
風會吹
Winds can blow.

219. *Hu*^{1}*-choa*^{1} *whai*^{2} *shiœ.*
火爐會燒
Fire can burn.

220. *Nyieh-diu whai^{2} sa^{2}.*
日頭會晒
The sun can dry.

221. *Ho whai^{2} k'e.*
花會開
Flowers can open.

222. *Jī^{2} whai^{2} chieh ku^{1}.*
樹會結果
Trees can bear fruit.

223. *Nga^{1} whai^{2} ts'z^{2}.*
眼會丨
Eyes can see.

224. *N^{1}-to^{1} whai^{2} t'ing.*
耳朶會聽
Ears can hear.

225. *Bieh-diu whai^{2} hung^{2}.*
鼻頭會丨
The nose can smell.

226. *K'ao^{1}-zieh whai^{2} t'ie^{1}.*
口舌會餂
The tongue can lick.

227. *Chī^{1} whai^{2} koa^{1}.*
嘴會講
The mouth can speak.

228. *Ngo-ts'z^{1} whai^{2} jah.*
牙齒會嚼
The teeth can chew.

229. *Sang whai^{2} ts'ō^{1}.*
心會忖
The heart can reflect.

230. *Ngû yao^{1} ling.*
魚有鱗
Fish have scales.

231. *Siu^{1} chah whai^{2} dong^{1}.*
手脚會動
Hands and feet can move.

232. *Nang yao^{1} siu^{1}.*
人有手
Man has hands.

233. *Ngao yao^{1} koh.*
牛有角
Oxen have horns.

234. *Tiœ^{2}-n yao^{1} yaih.*
丨兒有翼
Birds have wings.

235. *Chī yao^{1} kûe.*
雞有冠
Chickens have combs.

236. *Mo^{1} yao^{1} tsung.*
馬有鬃
Horses have manes.

237. *Ho-hō yao^{1} k'oh.*
蝦蛤有殼
Prawns have skins.

238. *Ha^{1} yao^{1} djie.*
蟹有鉗
Crabs have claws.

239. *Jī^{2} yao^{1} ts'o^{2}.*
樹有杈
Trees have branches.

240. *Chuh yao*[1] *tsieh.*
竹有節
Bamboo has joints.

241. *Uh djah ch'ï*[1].
屋着起
Houses must be built.

242. *T'ah djah zöe*[1].
塔着造
Pagodas must be built.

243. *Pú*[2] *djah tsih.*
布着織
Cloth must be woven.

244. *Kuh djah lung.*
穀着礱
Paddy must be hulled.

245. *Mie-ho djah foa*[1].
棉花着紡
Cotton must be spun.

246. *Sz djah düe*[1].
絲着丨
Silk must be spun.

247. *Maih djah mú.*
墨着磨
Ink must be rubbed.

248. *Shï djah duh.*
書着讀
Books must be read.

249. *Jüe höe*[1] *ts'ang*[2].
船好趁
Boats can be embarked in.

250. *Djüe*[2] *höe*[1] *de.*
轎好抬
Sedans can be carried.

251. *Mo*[1] *höe*[1] *djï.*
馬好騎
Horses can be ridden.

252. *Die höe*[1] *choa*[2].
田好種
The ground can be tilled.

253. *Uh höe*[1] *djï*[2].
屋好住
A house can be inhabited.

254. *Möe*[2] *höe*[1] *ta*[2].
帽好戴
A cap can be worn.

255. *I-zie höe*[1] *chah.*
衣裳好著
Clothes can be worn.

256. *Z*[2]*-nga*[1] *höe*[1]*-si*[1].
字眼好寫
Characters can be written.

257. *Dong-lu höe*[1] *tæ*[1].
銅鑼好打
A gong can be beaten.

258. *Dieh höe*[1] *ch'ï.*
笛好吹
A fife can be blown.

259. *Djang höe*[1] *da.*
琴好彈
A lute can be thrummed.

260. *Whu-djang hŏe^{1} la.*
和琴好拉
A violin can be fiddled.

261. *Ku^{1} hŏe^{1} lai.*
鼓好擂
A drum can be drummed.

262. *Sa-yie hŏe^{1} da.*
三絃好彈
A guitar can be thrummed.

263. *Pa^{1} hŏe^{1} tœ^{1}.*
板好打
Cymbals can be beaten.

264. *Ling hŏe^{1} yiœ.*
鈴好搖
Bells can be shaken.

265. *Ping z^{1} lœ^{2}.*
冰是冷
Ice is cold.

266. *Hu^{1} z^{1} nyieh.*
火是熱
Fire is hot.

267. *He^{1}-shī^{1} z^{1} ‘a.*
海水是鹹
Sea-water is salt.

268. *Whu-shī^{1} z^{1} da^{1}.*
河水是淡
Canal water is fresh.

269. *Kŏ-tsi^{2} z^{1} die.*
甘蔗是甜
Sugar-cane is sweet.

270. *Chang-chaih z^{1} sŏ.*
金橘是酸
Cumquots are sour.

271. *Sœ-chie z^{1} lah.*
生薑是辣
Raw ginger is hot.

272. *Kŏ^{1}-la^{1} z^{1} ts‘z^{2}-k‘ao^{1}.*
橄欖是澀口
Olives are acrid.

273. *Shiœ-tsiu^{1} z^{1} mœ^{1}.*
燒酒是猛
Samshoo is strong.

274. *Chaih z^{1} yüe-ge.*
橘是圓丨
Oranges are round.

275. *Mah-ping^{1} z^{1} pie^{1}-ge.*
麥餅是扁丨
Wheat-cakes are flat.

276. *Kih pang^{1} shī hŏe^{1}.*
丨本書好
This book is good.

277. *He^{1} pang^{1} shī fu^{1} hŏe^{1}.*
丨本書不好
That book is not good.

278. *Kaih mû-z^{2} tih-ge.*
丨丨丨的丨
This thing is fairly good.

279. *Kih-tsi pieh ting^{1} hŏe^{1}.*
丨枝筆頂好
This pen is very good.

280. *He¹-tsi pieh yoa²-fu¹-djah.*
丨枝筆用不着
That pen is useless.

281. *Kaih tsi pieh z¹ vu-yoa²-ge.*
丨枝筆是無用丨
This pen is of no use.

282. *Keh tsih choh 'tu² du².*
丨枝桌太大
This table is too large.

283. *He¹ tsih choh t'u² sai¹.*
丨枝桌太小
That table is too small.

284. *Kaih fu¹ iæ²-chang¹.*
丨不要緊
This is not important.

285. *He¹-kai² iæ²-chang¹.*
丨个要緊
That is important.

286. *Kaih n-ch'ï² tsu².*
丨丨處做
This can't be done.

287. *He¹-kai² n-foh.*
丨个丨法
That can't be helped.

288. *Kaih choa dza².*
丨丨差
This is done wrong.

289. *He¹-kai² shiæ¹ dza².*
丨个小差
That is slightly wrong.

290. *Kaih djoa²-yie².*
丨共樣
This is the same.

291. *He¹-kai² koh-yie².*
丨个各樣
That is different.

292. *Kaih hōe¹-ts'z².*
丨好丨
This is pretty.

293. *He¹-kai² na-ts'z².*
丨个難丨
That is ugly.

294. *Kaih yung-yi².*
丨容易
This is easy.

295. *He¹-kai² choa-va.*
丨个丨煩
That is troublesome.

296. *Kaih liæ¹-tih.*
丨丨丨
This is enough.

297. *He¹-kai² t'u² shiæ¹.*
丨个太少
That is too few.

298. *He¹-kai² fu¹ kwai--chü¹.*
丨个不規矩
That is rude, unmannerly.

299. *Mo nyaoh koa¹-ch'ï¹?*
丨丨講起
How can (you) say (such a thing)?

300. *Ch'i¹ yao¹ ts'z¹ li¹?*

豈有此理

What manners! How could (I) do (such a thing)?

301. *He¹-kai² fu¹ tai².*

丨个不對

That is not suitable.

302. *Kaih n-nao¹ su².*

丨丨丨數

This is not certain.

303. *He¹-kai² ih ding².*

丨个一定

That is certain or settled.

304. *Kaih sö²-fu¹-löe.*

丨算不牢

This is unsettled, uncertain.

305. *He¹-kai² yao¹ ding².*

丨个有定

That is settled.

306. *Kaih tsah-zaih.*

丨丨實

This is settled, firm, strong.

307. *He¹-kai² shüe-da-ge.*

丨个丨丨丨

That affair is still unsettled.

308. *Kaih pieh-ts'ing-ge.*

丨碧清丨

This is quite clear (as water).

309. *He¹-kai² whang²-ge.*

丨个混丨

That is not clear (as water).

310. *Kaih höe¹ sö²-su².*

丨好算數

That may be depended on.

311. *He¹-kai² djah tsu²-ku².*

丨个着做過

That must be allowed.

312. *Kaih zaih-ze¹ z¹ ke¹-nang(h).*

丨實在是丨丨

This is certainly so.

313. *He¹-kai² ts'ao²-k'oa¹.*

丨个湊巧

That is by chance.

314. *Kih-leh shwoh koa¹ z¹.*

丨丨丨講是

This is speaking correctly.

315. *He¹-le shwoh koa¹ fu¹ z¹.*

丨丨丨講不是

That is not speaking correctly.

316. *Kih-leh löe¹-zaih koa¹.*

丨丨老實講

This is telling the truth.

317. *Fu¹ sha¹-tih ke¹-le höe¹-ts'z².*

不曉得幾丨好丨

Can't describe how nice looking.

318. *N-nao¹ ke¹-le djoa¹.*

丨丨幾丨重

Not very heavy.

319. *Kih chü² 'o² koa¹ fu¹ li.*
丨句話講不來
Cannot pronounce this word.

320. *Kih-leh sie²-dzie¹.*
丨丨相像
These are alike.

321. *Dzie-chao¹ n-nao¹ ts'z².*
長久丨丨丨
Not to have seen for long.

322. *Fu¹ ga-nyie sha¹-tih.*
不丨丨曉得
Don't know exactly.

323. *Wha tsæ sz² neh.*
還爭四日
Still four days yet.

324. *Fu¹ tsz¹ ih-kai² nyüeh-neh.*
不止一个月日
A month is insufficient; more than a month.

325. *Tsz(h) shüe¹ læ¹ sa neh.*
只少兩三日
Only less by two or three days.

326. *Fu¹ töe² ih nyie.*
不到一年
Not a year's time.

327. *Wha yao¹ n-nao¹?*
還有丨丨
Are there any more?

328. *Wha yao¹ fai-ge.*
還有勿丨
Don't want any more.

329. *Z¹ nang(h) fu¹ z¹ nang(h)?*
是丨不是丨
Is it this fashion or not?

330. *Z¹ kih¹-nang(h).*
是丨丨
It is that fashion.

331. *Shwoh z¹ fu¹?*
丨是否
Is what is said right or not?

332. *Ih lie¹-n ah fu¹ dza².*
丨一兒阿不差
There is not the slightest mistake.

333. *K'ah-k'ah-n z¹ kih-nang(h).*
恰恰兒是丨丨
It is exactly so.

334. *Jüe-bah koh-yie².*
全丨各樣
It is entirely different.

335. *Kih-nang(h) k'ö¹-sih.*
丨丨欵式
This fashion; like this.

336. *Ts'u fu¹ tu.*
差不多
Not much difference; almost.

337. *Ts'o-lie¹-n ; tsœ nga¹-n.*
差丨兒 爭丨兒
A slight difference; lacking but little.

338. *N-nao¹ ga-nyie fang-pieh.*
丨丨丨丨分別
There is not much dissimilarity.

339. *Yao¹ ih lie¹-n fang-pieh.*
有一丨兒分別
There is a little dissimilarity.

340. *Kaih z¹ ga-nyie?*
丨是丨丨
What is this?

341. *He¹-kai² z¹ ga-nyie mü-z²?*
丨个是丨丨丨丨
What is that thing?

342. *Nyi¹ köe sing²?*
你高姓
What is your (lofty) name?

343. *E² ga-nyie?*
要丨丨
Want what?

344. *Kaih chüe¹ ga-nyie ming z²?*
丨呌丨丨名字
By what name is this called?

345. *Ga-nyie möe-bing²?*
丨丨毛病
What illness? what is wrong?

346. *Tsz(h)-nah whai² küe¹ fu¹-de²?*
丨丨會趕不逮
Why is there no time?

347. *Duh ga-nyie shï?*
讀丨丨書
Reading what book?

348. *Nyi¹ ke¹-z zie¹ shï-yüe²?*
你幾時上書院
When are you going to school?

349. *Nyi¹ tsu² ga-nyie 'oa-toa²?*
你做丨丨行當
What is your business (or trade)?

350. *Löe¹-nang-ko koa¹ ga-nyie?*
老人家講丨丨
What do you say, sir?

351. *Ga-nyie yoa²-diu?*
丨丨用頭
Of what use?

352. *Ga-nyie ko-shï²?*
丨丨價丨
What price?

353. *Kih-kaih tsz(h)-nah-nang(h) ka¹-shüeh?*
丨丨丨丨丨解說
How is this explained?

354. *Ga-nyie i*^{2}*-ts'z*^{2}*?*
丨丨意思
What is the meaning?

355. *Z*^{1} *ga-nyie koa*^{2}*-chao*^{2}*?*
是丨丨丨丨
What is the reason?

356. *Tsz(h)-nah-nang(h)k'ö*^{1}*-sih?*
丨丨丨欵式
What way? "how fashion"?

357. *Tsz(h)-nah choa*^{1}*-foh?*
丨丨丨法
What is to be done?

358. *Tsz(h)-nah-nang(h) fang-pieh.*
丨丨丨分別
How to discriminate.

359. *Ga-nyie iaih-ch'ï*^{2}*?*
丨丨益處
Of what advantage?

360. *Tsz(h)-nah-nang(h) yie*^{2}*-tsz*^{1}*?*
丨丨丨樣子
What manner, kind or fashion?

361. *Ke*^{1}*-le du*^{2}*?*
幾丨大
How large?

362. *Ke*^{1}*-le dzie?*
幾丨長
How long?

363. *Tsz(h)-nah-nang(h) höe*^{1} *ts'z*^{2}
丨丨丨好丨
How nice-looking

364. *Ze*^{1} *nyi*^{1} *ke*^{1}*-le du*^{2}.
丨你幾丨大
As large as you like.

365. *Tsz(h)-nah whai*^{2} *kih*^{1}*-nang(h) dz?*
丨丨會丨丨遲
Why so late?

366. *Tsz(h)-nah z*^{1} *keh-nang(h) k'ö*^{1}*-sih?*
丨丨是丨丨欵式
How is that so?

367. *Ke*^{1}*-z tsu*^{2} *höe*^{1}*?*
幾時做好
When will it be finished?

368. *Ke*^{1}*-z dong*^{1}*-kung?*
幾時動工
When will work be begun?

369. *Nyi^1 ke^1-z li?*
你幾時來
When did you come?

370. *Gi ke^1-z hŏe^1 tŏe^2?*
其幾時好到
When can he arrive?

371. *Ke^1-le dong-die?*
幾丨銅錢
How many cash?

372. *Ke^1 tie^1 choa?*
幾點鐘
What time?

373. *Ke^1-le kung-fû?*
幾丨工夫
How much time?

374. *Ke^1-le nyie-chï^1?*
幾丨年紀
How old?

375. *Nang z^1 nyaoh-doa^1?*
人是丨宕
Where is the man?

376. *Nyaoh-doa^1 yao^1 lû^2?*
丨宕有路
Where is there a road?

377. *Tŏe^2 nyaoh-doa^1 k'i^2?*
到丨宕去
Going where?

378. *Dang^2 nyaoh goa?*
丨丨丨
Where lost?

379. *Tsao^1 kaoh li!*
走丨來
Come here!

380. *Keh diu k'i^2!*
丨頭去
Go this way!

381. *Nyi^1 k'oa^2 gi sie^2-bŏ^1 li.*
你丨其相伴來
You come with him.

382. *Nyi^1 djah bai gi k'i^2.*
你着陪其去
You must accompany him.

383. *Nyi^1 koh-sang li o?*
你丨新來丨
You are only just come?

384. *Ng^1 ziuh li.*
我就來
I am just about coming.

385. *Tsŏe^1-le 'a-li.*
早丨行來
Come early or earlier.

386. *Nyi^1 djah kw'a^2 le k'i^2.*
你着快丨去
You must go quickly.

387. *Chüe^2 gi ih chü^2.*
呌其一句
Give him a call.

388. *T'ing ng^1 ih chü^2.*
聽我一句
Hear me speak a word.

389. *Tang^{1} ng^{1} tsao^{1} ih-da^{2} sie.*
等我走一丨先
Wait while I go first.

390. *Wha djah tang^{1}-ih-tang^{1}.*
還着等一等
Must wait a little yet.

391. *Gi'ü^{2} ga-nyie z^{2}-küe^{2} fu^{1} li?*
其爲丨丨事幹不來
Why has he not come?

392. *Ng^{1} tse^{2} duh ih pie^{2} t'ie.*
我再讀一徧添
I will read it once more.

393. *Gi hōe^{1} z^{1} hōe^{1}.*
其好是好
He is fairly good.

394. *Kaih pi^{1} he^{1}-kai^{2} wha hōe^{1}-le.*
丨比丨个還好丨
This is still better than that.

395. *'Oh-fu^{1}-tih keh-kaih.*
學不得丨丨
Not to be compared with this.

396. *Kih-kaih z^{1} na-teh.*
丨丨是難得
This is exceedingly good (of you).

397. *Tö^{2} n-nao^{1} ke^{1}-nang(h) hōe^{1}.*
斷丨丨丨丨好
There is not another so good.

398. *Nyi^{1} va^{2} ch'ih ba^{1} mi^{2}?*
你飯喫罷未
Have you eaten your meal?

399. *Ng^{1} wha mi^{2} ch'ih.*
我還未喫
I have not yet eaten.

400. *Nyi^{1} t'ing-de ch'üeh fu^{1}?*
你聽丨出否
Do you hear or not? can you make out (what is said)?

401. *Ng^{1} t'ing fu^{1} djah.*
我聽不着
I cannot hear.

402. *Nyi^{1} whai^{2} chi^{2}-löe fu^{1}?*
你會記牢否
Can you remember or not?

403. *Jung^{2}-fung jung^{2}-fung!*
順風順風
A pleasant voyage!

404. *Ih lû^{2} bing-üe!*
一路平安
A pleasant journey to you!

405. *Ts'oa^{1} nyi^{1} ts'oa^{1} nyi^{1}!*
吵你吵你
I have disturbed you!

406. *Ma^{2}-ma^{2} k'i^{2}.*
漫漫去
Go slowly! don't hurry!

407. *Tse²-whai² tse²-whai²!*
再會再會
We shall meet again!

408. *Löe-ko² löe-ko²!*
勞駕勞駕
Excuse the trouble!

409. *De²-ma² de²-ma²!*
怠慢怠慢
I am disrespectful! [said to a parting guest].

410. *Ng¹ tsao¹-li sung²-sung² 'a!*
我走來送送行
I will see you off!

411. *K'ung-ku²-nyi¹!*
空過你
You are empty: I have made no provision for you!

412. *Koa jüe¹ nyi¹!*
交擾你
I trouble you!

413. *Whu²-shï¹ nyi¹!*
賀喜你
I congratulate you!

414. *Na-'ü nyi¹.*
難爲你
May I trouble you? Thank you! [for services].

415. *'E² nyi¹ se-ziu¹!*
害你生受
Have put you to much labour!

416. *Bie²-ge bie²-ge!*
便丨便丨
It is convenient: don't mention it!

417. *Saih chang².*
失敬
I have been rude [an apology].

418. *Tu-zi² tu-zi²!*
多謝多謝
Many thanks!

419. *Fai nang(h) koa¹!*
勿丨講
Don't mention it!

420. *Fai k'ah ch'ï²!*
勿客氣
Don't be ceremonious!

421. *Töe¹-zai¹-nyi¹!*
得罪你
(I) have sinned against you! I beg your pardon!

422. *Gi töe*^{1} *ng*^{1}*-ge mai.*
其丨我丨丨
He disgraces me!

423. *Kai*^{2}*-koh-kai*^{2}.
个各个
One by one.

424. *Tai*^{2}*-koh-tai*^{2}.
對各對
Pair by pair.

425. *Shoa-koh-shoa.*
雙各雙
In couples.

426. *Zang-koh-zang.*
層各層
In layers.

427. *Diu-koh-diu.*
條各條
In lengths.

428. *Kw‘ai*^{2}*-koh-kw‘ai*^{2}.
塊各塊
Square by square.

429. *Löh-koh-löh.*
粒各粒
Lump by lump.

430. *Su*^{2}*-le fu*^{1} *sih gi.*
素來不識其
Did not know him previously.

431. *Vu su*^{2}*-ge nang.*
無數丨人
Innumerable people.

432. *He*^{1} *pang*^{1} *shï-de-ge z*^{2} *wha mi*^{2} *shï*^{1}.
丨本書丨丨字還未數
Have not counted the characters in that book yet.

433. *Küe*^{1}*-ta*^{1}*-küe*^{1}.
趕打趕
To hurry.

434. *Lie-moa ‘a-li.*
連忙行來
To come hurriedly.

435. *Zo*^{1}*-ih-zo*^{1} *tang*^{1} *ng*^{1} *tai*^{2} *nyi*^{1} *koa*^{1}.
坐一坐等我對你講
Sit down while I speak to you.

436. *Shï duh ku*^{2} *e*^{2} *liu-sang chï*^{2}*-löe.*
書讀過要留心記牢
One must carefully remember what one has read.

437. *T‘ie-koa tsöe*^{1}*-le ‘a-ch‘ï*^{1}.
天光早丨行起
To rise early in the morning.

438. *Yi*^{2}*-di*^{2} *fai k‘üe*^{2} *dz.*
夜丨勿丨遲
Don't go to bed late at night.

439. *Ts'ing nyi*[1] *töe*[2] *ng*[1]*-da.*
請你到我 |
Please come to my house.

440. *Gi z*[1] *uh-de fu*[1] *?*
其是屋 | 否
Is he at home or not?

441. *Fû*[1]*-zie*[2].
府上
Your honourable house.

442. *Si*[1]*-'o*[1].
舍下
My humble cottage.

443. *T'ie-li*[1]*-lie-sang.*
天理良心
The conscience.

444. *Kih-kaih chü*[2]*-le, he*[1]*-kai*[2] *zie*[2]*-le.*
| | 貴 | | 个賤 |
This is expensive, that is cheap.

445. *U-ö*[2] *yi*[2].
烏暗夜
A pitch dark night.

446. *Zing t'ie mæ*[1] *nyaih.*
晴天猛日
A roasting hot day.

447. *Zang-zie-shie*[1].
尋常 |
Very cheap.

448. *Kih-neh iang-z t'ie.*
| 日陰時天
This is a dull day.

449. *Loh-shüeh.*
落雪
To snow.

450. *Loh-shüeh-tsz*[1].
落雪子
To sleet.

451. *Loh-liæ-boh.*
落龍雹
To hail.

452. *'Ü*[1] *möe bang; 'ü*[1] *möe iung.*
雨毛 | 雨毛 |
A fine drizzling rain.

453. *'Ü*[1] *loh-ch'ï*[1] *be.*
雨落起 |
It has begun to rain.

454. *Nyi*[1] *löe*[1]*-nang-ko nyaoh-doa*[1] *li?*
你老人家 | 宕來
Where are you from, sir?

455. *Nyi¹ löe¹-nang-ko mo nyaoh-doa¹ tsao¹?*
你老人家丨丨宕走
Where are you going, sir?

456. *Ng¹ k'oa² nyi¹ ao¹ whai² yao¹ djï.*
我丨你後會有期
I shall meet you again some day.

457. *Tso¹-'o-li.*
丨丨來
Bring here for a little while.

458. *Tsao¹-'o-li.*
走丨來
Come here for a little while.

459. *Ge¹-'o-li.*
丨丨丨
Stand here for a little while.

460. *Ge¹-ta!*
丨丨
Stop! stand!

461. *T'ah o¹-n! ding o¹-n! tang¹ o¹-n!*
逿丨兒 停丨兒 等丨兒
Wait a moment!

462. *T'ah lah neh!*
逿兩日
Wait a few days.

463. *T'ah shie¹-ye.*
逿丨丨
Very dilatory.

464. *Nie-ts'ie.*
丨丨
To dilly-dally.

465. *Siu¹-mie²-de-ge z².*
手面丨丨字
Common characters.

466. *Læ¹-z².*
冷字
Uncommon characters.

467. *Læ¹ 'o².*
冷話
Uncommonly used words.

468. *Dù¹ whai²-goa.*
肚丨丨
Hungry.

469. *K'ao¹-k'üeh.*
口渴
Thirsty.

470. *Ch'ïh poa¹ shie¹ ba¹.*
喫飽丨罷
Eaten to repletion.

471. *Choa-ch'ï¹ ba¹ mi²?*
丨起罷未
Is it completed?

472. *Choa ding-toa² ba¹.*
丨停當罷
It is completed all right.

473. *Ling¹-z²-küe.*
領事官
Consul.

474. *Shï²-vú²-sz.*
稅務司
Commissioner of Customs.

475. *Djüe¹ koa²-ge koa²-z¹.*
傳教丨教士
A missionary.

476. *Yüeh tu¹ yüeh höe¹.*
越多越好
The more the better.

477. *Kih-neh t'ie-koa foh mō² ba¹.*
丨日天光發霧罷
This morning was foggy.

478. *Kih bing tsiu¹ mi²-döe¹ höe¹ zang¹.*
丨瓶酒味道好甚
This bottle of wine tastes exceedingly good.

479. *Kih ting¹ möe² t'u² sai¹.*
丨頂帽太小
This cap is too small.

480. *He¹ ting¹ möe² ta²-djah.*
丨頂帽戴着
That cap fits.

481. *He¹-kai² nang ng¹ fu¹ juh-ge.*
丨个人我不熟丨
I am not on familiar terms with that man.

482. *Kaih löe¹-löe¹ shï² du² shie¹ ba.*
丨老老歲大丨丨
This is a very old man.

483. *He¹-kai² löe¹ nyie-nyie yao¹ möe-bing².*
丨个老娘娘有毛病
That old woman is ill.

484. *'Ao¹-sæ-n lih höe¹-le.*
後生兒力好丨
Young men are stronger.

485. *'Ao¹-sæ-ge löe¹-nyang-k'ah mie²-moa² sæ höe¹.*
後生丨老人客面貌生好
Young women are good-looking.

486. *He^{1}-kai^{2} lõe^{1}-nyang-k'ah mie^{2}-moa^{2} sæ fu^{1} hõe^{1}.*

丨个老人客面貌生不好

That old woman is ugly.

487. *Põ^{2} shĩ^{2} lõe^{1}-n.*

半歲老兒

Middle-aged.

488. *Kih-kaih choh kõe^{1} shie^{1}.*

丨丨桌高丨

This table is very high.

489. *He^{1} po^{1} i^{1} t'u^{2} a^{1}.*

丨把椅太矮

That chair is too low.

490. *T'ie-seh nyieh-ch'ī^{1} nang nyüe^{1} goa.*

天色熱起人輭丨

In hot weather people are languid.

491. *Fu^{1} dzih dong-die-ge mû-z^{2}.*

不值銅錢丨丨丨

A thing not worth anything.

492. *Tsao^{1} ih ch'üe chüe^{1}.*

走一圈轉

To take a turn round.

493. *Nyi^{1} chiæ^{2} ng^{1} choa ga-nyie?*

你呌我丨丨丨

What did you call me to do?

494. *Loh-'ü^{1} t'ie na ku^{2} zang^{1}.*

落雨天難過甚

One is very uncomfortable in wet weather.

495. *Zing t'ie hõe^{1} ku^{2}.*

晴天好過

Fine weather is pleasant.

496. *He^{1}-kai^{2} djao^{2}-goa ba, djah tsu^{2} ih kai^{2} ku^{2}.*

丨个舊丨丨　着做一个過

This is old, another must be made.

497. *Sang-ge hõe^{1} ts'z^{2} le, djao^{2}-ge na ts'z^{2}.*

新丨好丨丨　舊丨難丨

New things look nice, old things do not look nice.

498. *Pa^{1}-pa^{1} tsing^{2}-le.*

擺擺正丨

Put straight or proper.

499. *Ts'ieh-ts'ieh.*

切切

Specially, particularly.

500. *Tsie-tsie moa²-moa².*
瞻瞻望望
To look out for; to expect.

501. *He¹-kai² di²-foa yao¹ ke¹-le ie-tsöe²?*
丨个地方有幾丨烟灶
How many houses (*lit.* stoves) are there in that place?

502. *Nyi¹-da ts'ing¹ ga-nyie¹ k'ah?*
你丨請丨丨客
What guests are invited to your house?

503. *Oh n-nao¹ tæ¹-sæ k'ah.*
丨丨丨丨生客
There are no strangers.

504. *Kaih ie mæ¹ shie¹, ng¹ ch'ih fu¹ li.*
丨烟猛丨 我喫不來
This tobacco is so strong, I can't smoke it.

505. *Ts'ie²-kw'a².*
暢快
Well.

506. *Kw'a²-'oh.*
快活
Happy.

507. *Soa¹-ch'ī¹.*
耍起
Pleasant, jolly.

508. *Va-mang².*
煩悶
Unhappy, sad.

509. *Ta sang ko².*
擔心架
Anxious, distressed, harassed.

510. *Ch'ī¹-diu-sie.*
起頭先
At first, first.

511. *Diu-n-de.*
頭兒丨
At the head or beginning.

512. *Chung-ie-ge.*
中央丨
In the middle.

513. *Dö-n-de.*
臀兒丨
At the end.

514. *La-chieh-t'ah.*
闌結丨
Last.

515. *Dz-neh tsung[1] whai[2] töe[2] kaoh li.*
遲日總會到丨來
Will be sure to come some other day.

516. *Ts'ang[2] hu[1]-lang jüe.*
趁火輪船
To embark on board a steamer.

517. *Foa[2]-yüe[2].*
放鷂
To fly a kite.

518. *Yüe[2] t'ah-gou.*
鷂丨丨
The kite is lost.

519. *Gi z[1] wha[2] lû[2] nang, djï[2] kaoh-doa[1]-ge.*
其是外路人　住丨宕丨
He is a stranger living here.

520. *Ng[1] k'oa[2] gi fu[1] z[1] shie ts'ang.*
我丨其不是鄉親
He and I are not from the same neighbourhood.

521. *Ng[1]-da-ko ih neh ch'ïh sa djï.*
我大家一日喫三丨
We eat three meals a day.

522. *Kih-le-ge uh-doa[1] pi[1] boa-ta köe-le.*
丨丨丨屋宕比旁丨高丨
This house is higher than that one.

523. *Boa-ta-ge nang pi[1] kaoh shang-le.*
旁丨丨人比丨丨丨
The people of that place are rougher than here.

524. *Nyi[1] tsao[1] ng[1]-da choa ga-nyie?*
你走我丨丨丨丨
What do you come to my place for?

525. *Z[1] kih-nang(h) choa fu[1]?*
是丨丨丨否
Is it done this way?

526. *Choa koa[2]-p'ai[2].*
丨丨丨
To prepare food.

527. *Koa*^{2}*-p'ai*^{2} *choa-ch'ī*^{1} *ba*^{1} *mi*^{2}*?* *z*^{1}*-da choa.*

丨丨丨起罷未　　是丨丨

Is the food ready? It is being prepared.

528. *He*^{1} *ch'ī*^{1} *z*^{2}*-küe*^{2} *zaih-ze*^{1} *fu*^{1} *zaih-ze*^{1}*?*

丨起事幹實在不實在

Is that affair true or not? (Have they) settled to do that matter or not?

529. *Nyi*^{1} *töe*^{2}*-ti*^{1} *'a-li fu*^{1} *'a-li?* 530. *Gi z*^{1} *yao*^{1} *ko-sz-ge nang.*

你到底行來不行來　　其是有家私丨人

Are you certain to come? He is a man of private means.

531. *Ng*^{1} *z*^{1} *k'öe*^{2} *kai*^{2} *nang djang*^{1}*-li ch'īh-ge.*

我是靠个人丨來喫丨

I have to earn my living.

532. *Ng*^{1} *k'oa*^{2} *gi tsa du*^{2} *shie*^{1}.

我丨其爭大丨

I am very differently (situated) from him.

533. *Gi ch'īh k'ung-siu*^{1} *va*^{2}*-ge.*

其喫空手飯丨

He earns his living (by irregular employment).

534. *Liæ*^{1} *ch'īh liæ*^{1} *yoa*^{2}. 535. *Sœ*^{1} *shie*^{1}*-ge.*

丨喫丨用　　省丨丨

Enough to live on, a competence. Very frugal.

536. *T'öe*^{1} *va*^{2} *k'öh-n.*

討飯丐兒

A beggar.

537. *Kaih mû-z*^{2} *tsöe*^{1}*-neh 'æ-ge, yie*^{2}*-ze*^{1} *fu*^{1} *'æ.*

丨丨丨早日行丨　　現在不行

This used to be fashionable, now it is not.

538. *Gi koh-koh 'æ-döe*^{1} *shie*^{1}.

其丨丨行道丨

Now he is well off.

539. *Tsöe*[1]*-neh gi choa fu*[1] *k'i*[2].

早日其丨不去

Formerly he was poor (*lit.* couldn't get on).

540. *Ta sang ko*[2].

擔心架

To be anxious, distressed, harassed.

541. *Diu-bi-tsie*[2].

頭皮漲

Very dreadful, frightful.

542. *Nyi*[1] *si*[1] *z*[2]*-nga*[1] *yao*[1] *ke*[1]*-kai*[2] *la*[2] *goa.*

你寫字眼有幾个丨丨

In writing you have omitted some characters.

543. *La*[2] *zaih ke*[1]*-kai*[2] *goa.*

丨十幾个丨

Some ten characters have been omitted.

544. *Ng*[1] *yao*[1] *kai*[2] *mû-z*[2] *la*[2] *nyi*[1]*-da*[1] *goa.*

我有个丨丨丨你丨丨

I have left something at your place.

545. *Ng*[1]*-ge n ch'ao*[1] *gi-ge na-n.*

我丨兒丨其丨丨兒

My son married his daughter.

546. *Gi-ge na-n k'a*[2] *ng*[1]*-ge n.*

其丨丨兒丨我丨兒

His daughter married my son.

547. *Ng*[1] *k'oa*[2] *gi z*[1] *ke*[1] *ts'ang ko.*

我丨其是兩親家

I am related to him by inter-marriage of our children.

548. *Gi k'oa*[2] *ng*[1] *z*[1] *ts'ang-chüe*[2].

其丨我是親眷

He and I are relations.

549. *Tieh-töe*[1]*; lai*[2] *töe*[1].

跌倒　丨倒

To fall down.

550. *Tsao*[1] *tieh-töe*[1].

走跌倒

To stumble and fall.

551. *Nyi*[1] *fai küe*[1] *ng*[1]*-gai*[2] *'a-z*[2].

你勿管我丨閒事

Don't you interfere with my business.

552. *Tsao*[1] *sa-de zie*[1] *k'i*[2].

走山丨上去

To go up a hill.

553. *Sa-de tsao*[1] *loh.*

山丨走落

To go down a hill.

554. *Mo zie*[2] *tsao*[1].

丨上走

To go up.

555. *Mo loh tsao*[1].

丨落走

To go down.

556. *Tsao*[1] *lao-de zie*[1] *k'i*[2].

走樓丨上去

To go upstairs.

557. *Lao-de tsao*[1] *loh.*

樓丨走落

To go downstairs.

558. *Ih-neh duh pō*[2] *kai*[2] *z-zang shī.*

一日讀半个時辰書

To study an hour a day.

559. *Nyi*[1] *ts'e kaih foh-mang hōe*[1] *fu*[1] *hōe*[1]*?*

你猜丨法門好不好

Do you think that a good plan or not?

560. *Nga*[1] *koa-le.*

眼光丨

Good eyesight, long sighted.

561. *Djang*[1] *z*[2] *nga*[1]*-ge.*

近視眼丨

Short sighted.

562. *Tao*[2] *nga*[1]*-ge.*

鬪眼丨

Squint-eyed.

563. *Nga*[1] *u-chī koa ch'ī*[1].

眼烏珠光起

To glare.

564. *Mo lie*[1]*-ge.*

痲臉丨

Pock-marked.

565. *Pa*[1]*-chüe*[1].

擺轉

To turn over (a leaf of a book).

566. *Pa*[1]*-pa*[1] *z*[2]

擺擺字

To look up a character (in the dictionary).

567. *Pa*[1]*-djah ba*[1]

擺着罷

Have found (a character).

568. *Tsah ku*[1].

摘果

To gather fruit.

569. *Tsah ho.*

摘花

To gather flowers.

570. *Tsah ting*[1].

摘頂

To take away the button (of an official).

571. *Whæ-da.*

横丨

Horizontal, crosswise.

572. *Dzih-da.*

直丨

Perpendicular.

573. *Whæ-da fu^1 z^1, dzih-da fu^1 z^1.*

横丨不是　直丨不是

No way will do.

574. *Jüe-k'öe^2.*

全靠

Entirely dependent on; all owing to.

575. *Keh ka-tie^2 z^1 kŏh k'e gi.*

丨間店是合開丨

This shop is a partnership.

576. *Fai hoa, fu^1 de chang^1.*

不慌　不丨緊

Don't be alarmed, it does not matter.

577. *Nyi^1 tsæ ng^1*

你爭我

You owe me.

578. *Ts'ah dzie-mie.*

拆丨丨

To pay a debt.

579. *Ch'ie^2 dzie-mie.*

欠丨丨

To owe money.

580. *Chüe^2 nyie-shï^1 po^1 zie fang^1 ch'ï^1.*

叫泥水把牆粉起

Tell the masons to whitewash the wall.

581. *Djoa^2-djah djoa^2-fu^1-djah.*

撞着撞不着

Did you meet or come across (him)?

582. *Ih hüeh k'üe^2 da t'ie-koa, chüe^1 hüeh, yih k'üe^2-djah.*

一丨丨丨天光　轉丨　又丨着

To sleep till daybreak, turn over and sleep again.

583. *Whu ts'ie ta ma^1-ge z^2, dzih-diu sih fu^1 pie^2.*

和千帶萬丨字　直頭識不徧

One certainly cannot know all the numerous characters.

584. *Gi-ge lie^1-chï^1 na ts'z^2 shie^1.*

其丨臉嘴難丨丨

His expression is very cross.

585. *Gi e^2 sha shie^1.*

其要丨丨

He likes things nice; he is particular.

586. *T'ie seh nang¹-'oh zang¹.*
天色煖活甚
Very warm weather.

587. *Di²-pa¹ dah-ch'ï¹.*
地板踏起
To lay down boards or flooring.

588. *Gi z¹ 'oh-dong¹.*
其是活動
He has ability.

589. *Gi z¹ bang²-ge.*
其是笨 |
He is dull, or stupid.

590. *Kaih z¹ 'oh-dong¹-ge.*
| 是活動 |
This is moveable.

591. *He¹-kai² bang²-ge.*
| 个笨 |
That is bulky, or clumsy.

592. *Ng¹ k'oa² gi koa¹ fu¹ li-ge.*
我 | 其講不來 |
I have no intercourse (*i. e.* am across) with him.

593. *Kih-kaih höe¹-le, he¹-kai² möe¹-le.*
| | 好 | | 个毛 |
This is better than that.

594. *Kih tsih z¹ p'a² lao² jüe-n.*
| 隻是破漏船兒
This is a broken and leaky boat.

595. *Moh-doa nang.*
摸 | 人
A blind man.

596. *Lung-bæ².*
聾 |
A deaf man.

597. *O²-n.*
啞兒
A dumb man.

598. *Hao-pai² nang.*
| 背人
A humpback.

599. *Jung²-tsih siu¹.*
順隻手
Right hand.

600. *Tsih-tsih siu¹.*
| 隻手
Left hand.

601. *Keh-li iang¹-zing¹ shie¹.*
| | | 靜 |
Here it is very quiet, or dull.

602. *Boa-ta noa¹-nyieh zang¹.*
旁 | 鬧熱甚
There it is very gay, or festive.

603. *Sie-kai²-hüe².*
| 个 |
To bow with clasped hands.

604. *Taih-taih diu-n.*

丨丨頭兒

To nod.

605. *Diu shang^{2}-shang^{2}.*

頭丨丨

To shake the head.

606. *Siu^{1} iah-iah.*

手約約

To beckon with the hand.

607. *Diu kw'aih da.*

頭丨丨

To bend the head, as when writing.

608. *Boh dzie iæ.*

拔長腰

To stretch oneself.

609. *Tæ^{1} k'üe^{2} kw'ai^{2}.*

打丨丨

To yawn.

610. *Diu næ-ch'ī^{1}.*

頭丨起

To hold or lift up one's head.

611. *T'û^{2}-ch'ī^{1}.*

吐起

To vomit.

612. *Tæ^{1} ah t'i^{2}.*

打阿嚏

To sneeze.

613. *Chiæ^{1} bieh t'i^{2}; shï^{2} bieh t'i^{2}.*

丨鼻涕　丨鼻涕

To blow the nose.

614. *Tæ^{1} læ^{1} tang^{2}.*

打冷丨

To hiccup.

615. *Tæ^{1} poa^{1}-gōh.*

打飽丨

To belch.

616. *T'û^{1}-da-t'ai^{2}.*

吐痰唾

To clear the throat.

617. *Sao^{2}-ch'ī^{1}.*

嗽起

To cough.

618. *Sie-lie ba dzang^{2}.*

商量排陣

To consult and settle plans (of action).

619. *Ts'ing^{1} nyi^{1} de^{2} ng^{1} ba ih-kai^{2} dzang^{2}.*

請你代我排一个陣

I beg you to think of a plan for me.

620. *Nyi^{1} t'ang k'a^{2} ng^{1}.*

你丨丨我

You forego to me.

621. *Nyi^{1} po^{1} ng^{1} t'ang-le k'i^{2}.*

你把我丨丨去

Take a few (or little) off for me.

622. *Ng[1] po[1] nyi[1] t'ang-le li.*
我把你丨丨來
I will take off a few (or little) for you.

623. *Gi tsu[2] sú[2].*
其做素
He is in mourning.

624. *Ts'ie-ko ma[2]-whu[1].*
千家萬戶
A large population.

625. *Uh-doa k'a[2] yao yao[2]-ch'ï[1].*
屋宕丨油髹起
To paint a house.

626. *Ling-si[2].*
鄰舍
A neighbour.

627. *Kah-pieh-ling-si[2].*
隔壁鄰舍
A near neighbour.

628. *Zieh pang[1] sz-i[2].*
丨本生意
A losing business.

629. *Sz die-n(h) fu[1] höe[1] yoa[2].*
私錢兒不好用
Small cash can't be used.

630. *Gi fu[1] djï[2] kaoh, bö k'i[2] ba[1].*
其不住丨 搬去罷
He does not live here, having removed.

631. *Gao[2]-da.*
丨丨
Bent, as an arm or leg.

632. *Ch'ung-k'i[2].*
丨去
To straighten the arm or leg.

633. *Koa[1] du[2] 'o[2]; k'o k'ao[1].*
講大話 誇口
To boast.

634. *Ng k'a[2] bai nyi[1].*
我丨賠你
I will replace it for you (as a thing lost or broken).

635. *Nyüe-die[1].*
輭簟
Bamboo mats.

636. *Tah kai[2] lie-bæ.*
搭个涼棚
To put up mat sun-shades.

637. *Lie-bæ 'o[1]-ge bung-yao[1].*
涼棚下丨朋友
Friends whom circumstances prevent from meeting often.

638. *Pu-li pœ-n.*
玻璃棚兒
A framed picture.

639. *Tsz¹ sö mö¹ doa-ge.*
子孫滿堂丨
One with numerous progeny or descendants.

640. *Gi tsu²-ge z²-kūe² jüeh tsz¹ jüeh sö-ge.*
其做丨事幹絕子絕孫丨
His acts are such that his posterity will be cut off.

641. *Fu¹ djiœ² fu¹ ts'e¹ gi.*
不倣不保其
To ignore him.

642. *Fu¹ li¹ gi.*
不理其
To not notice him.

643. *'Ong tung-tung.*
紅丨丨
Bright red.

644. *Bah shüeh-shüeh.*
白雪雪
White as snow; very white.

645. *Ts'ing wœ-wœ.*
青丨丨
Very black.

646. *Heh t'ah-t'ah.*
黑丨丨
Very black.

647. *La œ-œ.*
藍丨丨
Bright blue.

648. *'Oa soa-soa.*
黃丨丨
Bright yellow.

649. *Loh œ-œ.*
綠丨丨
Bright green.

650. *Djoa¹ tang-tang.*
重丨丨
Very heavy.

651. *Ngœ² pung-pung.*
硬丨丨
Very hard.

652. *Nung² hung hung ; nyüe¹ chī-chī.*
穠丨丨 輭丨丨
Very soft.

653. *Yüe[1] t'ah-t'ah.*
遠 | |
A long way.

654. *Lœ[1] ping-ping.*
冷冰冰
Icy cold.

655. *Lœ[1] i-i.*
冷 | |
Very cold.

656. *Nyieh hung-hung.*
熱烘烘
Very hot.

657. *Nang[1] hwang-hwang.*
煖 | |
Very warm.

658. *Pie shang-shang.*
扁 | |
Very flat.

659. *Yüe lang-lang.*
圓 | |
Quite round in shape.

660. *Gao[1] djüeh-djüeh.*
厚 | |
Very thick.

661. *Boh shï-shï ; boh soh-soh.*
薄稀稀 薄 | |
Very thin.

662. *Za[2] chang-chang.*
瘵 | |
Very emaciated or thin.

663. *Choa[2] nai-nai.*
胖 | |
Very fat.

664. *Die mi-mi.*
甜 | |
Very sweet.

665. *Sö ti-ti ; sö tsi-tsi.*
酸 | | 酸 | |
Very sour.

666. *Koa liu-liu ; koa t'oa[2]-t'oa[2].*
光溜溜 光燙燙
Very glossy or shiny.

667. *Ö[2] dong-dong.*
暗 | |
Very dark.

668. *Möe zung-zung.*
毛茸茸
Frayed.

669. *Si[2] mung-mung.*
細濛濛
Very fine.

670. *A[1] tang-tang.*
矮 | |
Very low or short.

671. *Dzie bœ-bœ.*
長 | |
Very long or tall.

672. *Ch'ang p'iæ-p'iæ.*
輕飄飄
Very light.

673. *Ho lu-lu.*
花 | |
Flowery, particoloured.

674. *Shï¹ oa-oa.*
水汪汪
Very wet.

675. *Söe² fi¹-fi¹.*
燥 | |
Very dry.

676. *Löe¹ ga-ga.*
老 | |
Very old or tough.

677. *Nö² i-i.*
嫩依依
Very tender.

678. *Da¹ dzieh-dzieh.*
淡 | |
Very insipid.

679. *Küeh lao-lao.*
骨 | |
Very boney.

680. *Whang² döe-döe.*
混 | |
Turbid, blurred.

681. *La² tsöe-tsöe.*
| | |
Very wet.

682. *Tsie liu-liu.*
尖溜溜
Pointed.

683. *Shiœ² shï-shï.*
笑嘻嘻
A very pleasant manner; a smiling face.

684. *Mö¹ tang-tang ; mö¹ ling-ling.*
滿 | |　滿 | |
Very full.

685. *Ch'ï² dang-dang.*
氣騰騰
Steaming hot.

686. *Mieh tsao-tsao.*
密 | |
Crowded together.

687. *Tö djuh-djuh.*
短 | |
Very short.

688. *Shie p'ang²-p'ang².*
香噴噴
Very fragrant.

689. *Poa¹ tang-tang.*
飽 | |
Eaten enough.

690. *Noa² zung-zung.*
鬧 | |
Very lively.

691. *Sæ-nyaih.*

生日

A birthday.

692. *N-nao*[1] *ga-nyie ho-diu.*

丨丨丨丨花頭

Nothing much to be made out of; not worth mentioning.

693. *Fu*[1] *ga-nyie chung*[2]*-i*[2] *shie*[1].

不丨丨中意

Not to like or care for very much.

694. *Kaih hu*[2] *loh-chah ba*[1].

丨貨落脚丨

These goods are old stock.

695. *Wha z*[1] *da fu*[1]*?*

還是丨否

Is it still there? Is he still alive?

696. *N-nao*[1] *iang-sang*[2].

丨丨音信

No news.

697. *Fai ts'ü-sing bōe*[2]*-ch'ī*[2]*!*

勿粗聲暴氣

Don't bluster.

698. *Ts'z*[2] *nang fu*[1] *zie*[1] *nga-ge.*

丨人不上眼丨

To despise a man.

699. *Sæ loh ch'ī*[2], *djī*[2] *loh chī*[2].

生落處 住落處

To live in the place of one's birth.

700. *Lû*[2]*-dû yiæ yüe*[1].

路途遙遠

The distance is very long.

701. *Mæ*[1] *p'æ t'a*[2]*-yie.*

猛烹太陽

A scorching hot sun.

702. *Chiæ*[2] *liæ-dzi*[2].

丨丨丨

To wipe clean.

703. *Nang tsang*[1]*-shie*[1] *gah fu*[1] *ku*[2].

人擠丨丨不過

Too great a crowd to push through.

704. *Paih-n*[2] *ko*[2]*-ge.*

不二價丨

Not two prices.

705. *Jung*[2] *diu iaih n*[2].

順頭一二

Following in order.

706. *Fung*[2]*-sang.*

俸薪

Official salary.

707. *Shoh-chang.*

束金

Salary of a schoolmaster, teacher, etc.

708. *Sang-chang.*
辛金
Pay of shop-assistants, clerks, writers, etc.

709. *Sang-kung.*
辛工
Wages of servants, etc.

710. *Kung-die.*
工錢
Labourers' wages.

711. *Chü² djoa¹-ge.*
貴重 |
Valuable, honourable.

712. *Ch'ang sung-ge.*
輕鬆 |
Very light; cheap.

713. *Kih læh neh küe¹ fu¹ de², mang-chiæ 'ao¹-neh sang yao¹ k'ung².*
| | 日趕不逮 | 朝後日新有空
The last few days I have not had time and shall not have leisure till to-morrow or the day after.

714. *Ch'ao¹ tsih jüe.*
| 隻船
To hire a boat.

715. *Ch'ao¹ ting¹ djiæ².*
| 頂轎
To hire a chair.

716. *Shï² ih diu mo¹.*
稅 | 頭馬
To hire a horse.

717. *Shï² ih zo² uh.*
稅 | 座屋
To rent a house.

718. *Shï² ka tie².*
稅間店
To rent a shop.

719. *Ku² ih kai² nang.*
雇一个人
To hire a man.

720. *Chung¹-ch'i¹; chung¹-lung¹.*
捲起 捲攏
To roll up.

721. *T'ao¹-k'e; t'ao¹-goa.*
| 開 | |
To unroll.

722. *Ts'öe¹ lai² bing.*
草 | 平
Roll the grass.

723. *Tsao¹-lung¹; ge¹-lung¹.*
走攏 | 攏
To make way (on the street).

724. *Ch'ieh-lung^1.*
挈攏
To move things out of the way.

725. *P'oa^2 dzo hah.*
泡茶喝
To make tea to drink.

726. *Tsi^1 va^2 ch'ih.*
煮飯喫
To boil rice to eat.

727. *Di^2-pa^1 si^1-goa.*
地板洗丨
Wash the floor.

728. *Pu-li chiæ^1-goa.*
玻璃丨丨
Clean the windows.

729. *Choh-i^1 ta^1-goa.*
桌椅撢丨
Dust the furniture.

730. *Di^2-pa^1 söe^2-goa.*
地板掃丨
Sweep the floor.

731. *Choh-i^1 pa^1-ch'ī^1.*
桌椅擺起
Set the table.

732. *La fung-sie^2.*
拉風扇
Pull the punkah.

733. *Bō-üe^1 si^1-goa.*
盤碗洗丨
Wash the dishes.

734. *Li-n chung^1 ch'ī^1.*
簾兒捲起
Pull up the mat blinds.

735. *Li-n foa^2-loh.*
簾兒放落
Let down the mat blinds.

736. *Di^2-t'a^1 tao^1-goa.*
地毯抖丨
Shake the carpets.

737. *Djiæ^2 foa^2-loh.*
轎放落
Put down the sedan.

738. *Sa-pa^1 shieh-ta.*
三板歇丨
(Let the) sampan stop there.

739. *Kih-li jüe hōe^1 p'oa moa.*
丨丨船好抛錨
Here the boat can be anchored.

740. *Chiæ^2 lōe^1-da^2 po^1 jüe sa^1 yüe^2 pie k'i^2, ng^1 e^2 zie^1 yüe^2.*
叫老大把船駛岸邊去　我要上岸
Tell the lowdah to take the boat to the bank, I want to get out.

741. *Nyi^1 po^1 sa-pa^1 'o yüe^2 pie k'i^2.*
你把三板划岸邊去
Row the sampan to the bank.

742. *Tœ¹ lœ¹ tsie¹ kw'a²-le.*
打兩槳快來
Row quicker.

743. *Lung¹ yüe² k'i².*
攏岸去
Go closer to the bank.

744. *Jung² fung jüe hōe¹ sa¹.*
順風船好駛
With a fair wind the boat can sail.

745. *Dong-die laih-ch'üeh.*
銅錢丨出
To take cash off a string.

746. *Dong-die ch'ung-ch'ï¹.*
銅錢串起
To string cash.

TWO TABLES

SHOWING

RELATIONSHIP OF A PERSON REPRESENTED BY "A."

房分親眷稱呼

TABLE No. 1.

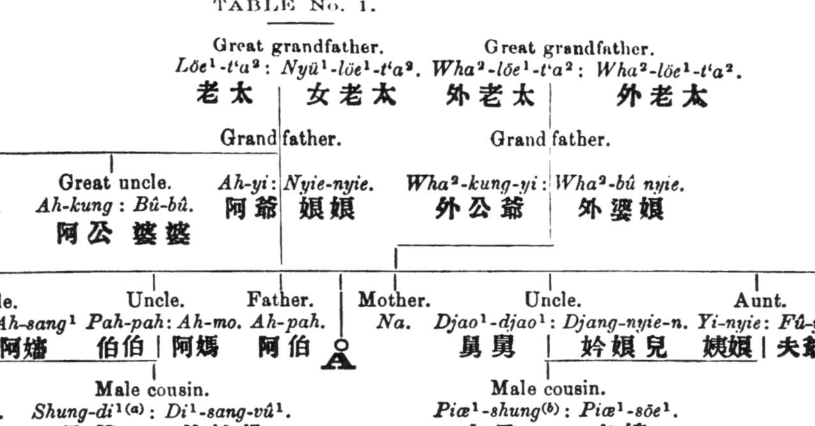

NOTES.—(*a*) or *ah-du*^{2}. (*b*) if younger than A, *piœ*^{1}*-di*^{1} : *Piœ*^{1}*-di*^{1}*-vû*^{1}.
(c) if younger than A, *piœ*^{1}*-mai*^{2} : *Piœ*^{1}*-mai*^{2}*-vû*^{1}.

TABLE No. 2.

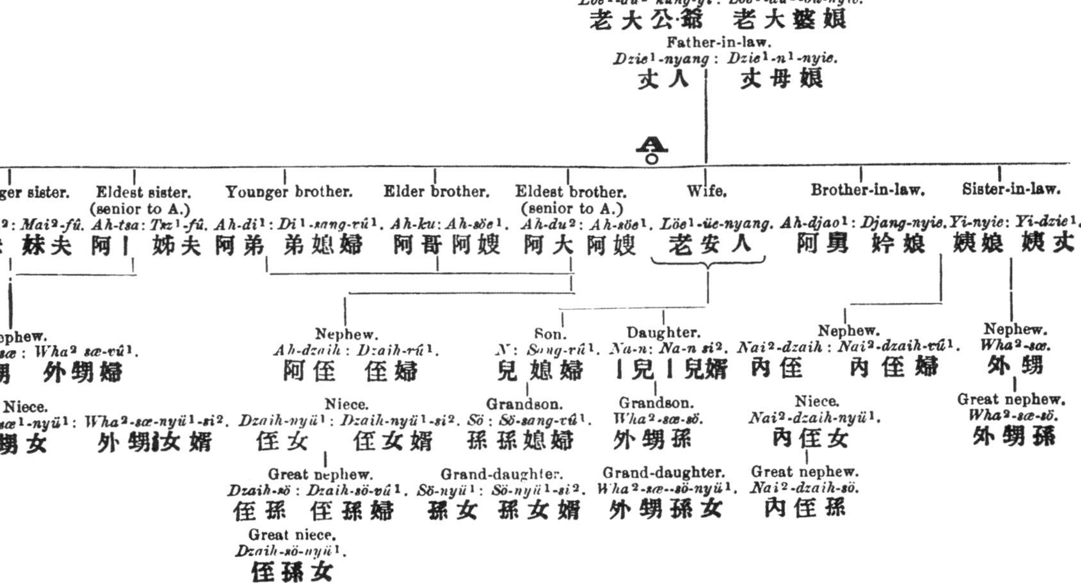

Wife's grandfather.
Löe1-du2 kung-yi : Löe1-du2-bû-nyie.
老大公翁 老大婆娘
Father-in-law.
Dzie1-nyang : Dzie1-n1-nyie.
丈人 丈母娘
A
Younger sister.
Ah-mai2 : Mai2-fû.
阿妹 妹夫
Eldest sister. (senior to A.)
Ah-tsa : Tsz1-fû.
阿丨 姊夫
Younger brother.
Ah-di1 : Di1-sang-vû1.
阿弟 弟媳婦
Elder brother.
Ah-ku : Ah-söe1.
阿哥 阿嫂
Eldest brother. (senior to A.)
Ah-du2 : Ah-söe1.
阿大 阿嫂
Wife.
Löe1-üe-nyang.
老安人
Brother-in-law.
Ah-djao1 : Djang-nyie.
阿舅 妗娘
Sister-in-law.
Yi-nyie : Yi-dzie1.
姨娘 姨丈
Nephew.
Wha2-sæ : Wha2 sæ-vû1.
外甥 外甥婦
Niece.
Wha2-sæ1-nyü1 : Wha2-sæ-nyü1-si2.
外甥女 外甥女婿
Nephew.
Ah-dzaih : Dzaih-vû1.
阿侄 侄婦
Niece.
Dzaih-nyü1 : Dzaih-nyü1-si2.
侄女 侄女婿
Great nephew.
Dzaih-sö : Dzaih-sö-vû1.
侄孫 侄孫婦
Great niece.
Dzaih-sö-nyü1.
侄孫女
Son.
N : Sang-vû1.
兒 媳婦
Grandson.
Sö : Sö-sang-vû1.
孫 孫媳婦
Grand-daughter.
Sö-nyü1 : Sö-nyü1-si2.
孫女 孫女婿
Daughter.
Na-n : Na-n si2.
丨兒 丨兒婿
Grandson.
Wha2-sæ-sö.
外甥孫
Grand-daughter.
Wha2-sæ-sö-nyü1.
外甥孫女
Nephew.
Nai2-dzaih : Nai2-dzaih-vû1.
內侄 內侄婦
Niece.
Nai2-dzaih-nyü1.
內侄女
Great nephew.
Nai2-dzaih-sö.
內侄孫
Nephew.
Wha2-sæ.
外甥
Great nephew.
Wha2-sæ-sö.
外甥孫

GLOSSARY.

目 總

A

A, *ih-kai*^{2} 一个

Ability { *pang*^{1}*-z*^{2} 本事
whu^1*-nyieh-tsz*^{1} 武藝子

Able, to be { *k'o*^{1}*-yi*^{1} 可以,
nang 能, *whai*^{2} 會

Able, not, *n-pang*^{2} 丨 丨

About to, *ziuh* 就

Abuse, to { *siu-juh* 羞辱
ch'ī-vû^1 欺侮

Accidental, *ngao*^{1} 偶

Accident, by { *ngao*^{1}*-zie* 偶然
ts'ao^2*-k'oa*^{1} 湊巧

Accompany, to { *bai* 陪, *sung*^{2} 送,
sie-bō^1 相伴

Accomplish, to { *zing-de* 成丨
tsu^2*-zing* 做成

According to, *chiœ*^{2} 照, *i* 依

According with, *'ŏh* 合

Account, an, *tsie*^{2} 賬

Account, on no { *ts'ieh-ts'ieh fu*^{1}
切切不

Accuse, to, *kōe*^{2} 告

Accuse wrongfully, to { *üe-ioa*^{1}
寃枉

Acquainted with, to be, *sih* 識

Acrid, *ts'z*^{2}*-k'ao*^{1} 澀口

Act, to, *tsu*^{2} 做

Act (as medicine does), to { *koh-djah*
覺着

Act as, to, *toa* 當

Act for, to, *de*^{2} 代, *ts'a* 差

Act a play, to, *tsu*^{2}*-shī*^{2} 做戲

Actor, *shï*^{2}*-pa* 戲班

Add to, to { *tsang* 增, *ts'ao*^{2} 湊,
ko 加, *t'ie* 添

Add together, to { *t'ung*^{1}*-sō*^{2}
統算

Addition, in { *ling*^{2} 另
ling^2 *wha*^{2} 另外

Adequate, *kao*^{2} 彀

Adjust, to { *chang-li*^{1}*-ch'ī*^{1}
經理起
tsing^1*-tang*^{1}*-ch'ī*^{1}
整頓起

Advantage { *li*^{2} 利, *iaih* 益,
hōe^1*-ch'ī*^{2} 好處,
iaih-ch'ī^2 益處

Advantageous, *iaih* 益

Adversity, *whu*¹ 禍
Advise, to, *ch'üe*² 勸
Affair, *z*² 事, *z*²-*küe*² 事幹
Afraid { *p'o*² 怕, *zao* 愁, *tsz(h) p'o*² 只怕 }
After, *'ao*¹ 後
After ages, *'ao*¹-*si*² 後世
After all, *la-chieh-t'ah* 闌結丨
Afternoon, *'o*¹ *pö*²-*neh* 下半日
Afterwards { *'ao*¹-*siu*¹ 後手; *'ao*¹-*le* 後來; *'ao*¹-*neh* 後日; *zaih-'ao*¹ 日後; *yi*¹-*'ao*¹ 以後 }
Again, *tse*² 再, *yih* 又
Age, *nyie-chī*¹ 年紀
Age, old, *ziu*² 壽
Age, what is your? { *köe-ziu*² 高壽; *chü*²-*kœ* 貴庚 }
Agreement, *iah* 約
Agree with, to, *tai*² 對, *whu* 和
Ailing { *yao*¹ *bing*² 有病; *fu*¹ *djie*² 不健 }
Air, *ch'ī*² 氣
Alike { *ih seh* 一色; *djoa*²-*yie*² 共樣; *sie*²-*dzie*¹ 相像 }
Alive, *'oh* 活
All { *oh* 丨, *jüe* 全, *chung*² 衆, *t'ung*¹-*t'ung*¹ 統統 }
All right, *yoa*²-*djah* 用着
All taken together { *t'ung*¹-*djoa*² 統共 }
Alley, *'oa*²-*lung*² 巷衖

Also, *ah* 阿, *wha-yao*¹ 還有
Alter, to, *ke*¹-*goa* 改丨
Altercation { *ts'oa*¹-*noa*² 吵閙; *ts'oa*¹-*lö*² 吵亂 }
Although { *shī* 雖; *shī-zie* 雖然 }
Altogether { *tsung*¹ 總; *djoa*²-*lung*¹ 共攏; *sö*²-*lung*¹ 算攏 }
Am, *z*¹ 是
Amnesty, *si*²-*zai*¹ 赦罪
Amnesty, to grant, *si*²-*zai*¹ 赦罪
Amusing, *yao*¹-*ch'ī*² 有趣
Ancestors { *tsû*¹ 祖; *tsû*¹-*zie*² 祖上; *tsû*¹-*tsung* 祖宗; *tsû*¹-*kung-yi* 祖公爺 }
Ancestral hall { *tsung* 宗; *z-doa* 祠堂 }
Anchor, *moa* 錨
Anchor, to, *p'oa moa* 抛錨
Ancient, *ku*¹ 古
Ancient times { *ku*¹ *nyüe-sie* 古原先 }
And { *ah* 阿, *k'oa*² 丨, *ta*² 帶, *'a* 丨, *yih* 又 }
Animal, domestic { *ch'uh-sœ* 畜牲 }
Animal, wild, *tsao*¹-*siu*² 走獸
Ankle, *chah-nga*¹-*tsœ* 脚眼睜
Annoying, *t'öe*¹-*ie*² 討厭, *va* 煩
Another, *bieh* 別
Answer (verbal), *iang*² 應
,, (verbally), to { *tah-iang*² 答應 }
Apartment, *ka* 間

Appearance, personal { *moa*^{2} 貌 / *yung-moa*^{2} 容貌 }

Appointment, acting { *jĭ*^{1}*-z*^{2}*-ge* 署事丨 }

Appointment, substantive { *zaih-ziu*^{1} 實授 }

Approach, to, *ling* 臨

Arbitrate, to, *p‘ing*^{1} 丨

Are, *z*^{1} 是

Arm, *siu*^{1} 手

,, muscles of { *siu*^{1}*-chĭ-dû*^{1} 手肌肚 }

Armpit, *la-tsah-‘o*^{1} 丨丨下

Arrange, to, *siu-zaih* 收拾

Arrive at, to, *toe*^{2} 到

Arrogant, *chiœ-ngöe*^{2} 驕傲

Artist, *‘o*^{2}*-zie*^{2}*-sie-sœ* 畫匠先生

As, *nang(h)* 丨

As if { *mo-djah* 丨着 / *foa*^{1}*-faih* 彷彿 }

As large as this { *kih-nang(h) du*^{2} 丨丨大 }

Ashes, *hwai* 灰

Ashamed, to be { *na-ku*^{2}*-sie*^{2} 難過相 }

Ashore, to get (of a ship) { *goh so-goa* 擱沙丨 }

Assist, to, *poa* 幫

Ask, to, *mang*^{2} 問, *djao* 求

Assemble, to { *ji*^{1}*-lung*^{1} 聚攏 / *whai*^{2} 會 / *zi-ch‘ĭ*^{1} 齊起 / *zi-tsao*^{1}*-li* 齊走來 / *ts‘ao*^{2}*-lung*^{1} 湊攏 }

At, *toa* 當, *ta* 丨, *z*^{1} 是

At once { *yie*^{2} 現, *yie*^{2}*-ze*^{1} 現在 / *koh* 丨, *jĭ-siu*^{1} 隨手 }

Attention to, not to pay { *fu*^{1} *k‘ang*^{1} *t‘ing* 不肯聽 }

Auspicious, *chaih* 吉

Authorities, *küe* 官

Authorize, to, *chung*^{1} 准

Autumn, *ts‘iu-t‘ie* 秋天

Avoid, to, *mie*^{1} 免

Avoid, can't { *mie*^{1}*-fu*^{1}*-goa* 免不丨 }

Avoid, difficult to, *na mie*^{1} 難免

Awkward, *bang*^{2} 笨

Axe, *fu*^{1}*-diu* 斧頭

B

Back, *chüe*^{1} 轉

,, to come { *kwai-li* 歸來 / *chüe*^{1}*-li* 轉來 }

,, to give { *wha* 還 / *k‘a*^{2}*-wha* 丨還 }

,, to go, *tsao*^{1}*-chüe*^{1} 走轉

Back (of the body) { *pai*^{2} 背 / *pai*^{2}*-tsih-sang* 背脊身 }

Bad { *fu*^{1}*-höe*^{1} 不好, *möe* 毛, / *yoa*^{2}*-fu*^{1}*-djah* 用不着 }

Bag, *de*^{2} 袋

Baggage, *li*^{1} 李, *‘œ-li*^{1} 行李

Balance (scale), *ts‘ing*^{2} 秤

,, (account), *dzing*^{2} 剩

Bald, *t‘uh* 禿

Bale, *kw‘ang*^{1} 綑

Ball, *djao* 毬

Ballad, *ch‘oh* 曲

Ballads, to sing { *ts‘ie*^{2}*-ch‘oh* 唱曲 }

Balloon, *ch'ï²-djao* 氣毬
Bamboo, *chuh* 竹, *mieh* 篾
Bamboo-worker { *tæ¹ mieh löe¹-sz* 打篾老司 }
Bamboo-scroll-worker { *tsu² chuh-sz löe¹-sz* 做竹絲老司 }
Bamboo, to carry on a, *ta* 擔
Band of persons, *pa* 班, *dai²* 隊
Banditti, *zeh-fi¹* 賊匪
Banishment, *mang²-chung* 問軍
Bare-headed, *t'uh* 禿
Bare-footed, *ts'ih-chah-ge* 赤脚 |
Barber, *t'i²-diu löe¹-sz* 剃頭老司
Bargain, *tö²* 斷
Barometer, *fung-'ü¹-piæ¹* 風雨表
Basin, *'ü* 盂
Basin, wash-hand, *mie²-'ü* 面盂
Basket, *lao¹* 簍, *bû¹* |
Bat, *bi¹-yaih* 比翼
Bath, *chah-'ü* 脚盂
Bathe, to, *si¹-yoh* 洗浴
Be, to, *yao¹* 有, *z¹* 是
Beak, *chï¹* 嘴
Beard, *whu-shï* 鬍鬚
Beautiful { *höe¹-ts'z²* 好 | ; *ts'z²-soa¹* | 耍 }
Because of, *'ü²* 爲, *iang-'ü²* 因爲
Beckon, to, *siu¹ iah-iah* 手約約
Become, to, *zing* 成
Bed, *joa* 床
Bed, stove, *k'oa²-joa* 炕床
Bedding { *bi¹-p'û²* 被鋪 ; *p'û-ke²* 鋪盖 }
Beef, *ngao nyuh* 牛肉

Befitting, to be, *yi* 宜
Before (position), *zie* 前
Before (time), *sie* 先
Beg, to { *djao* 求, *ch'ao¹* |, *t'öe¹* 討 }
Beggar { *t'öe¹-va²-k'öh-n* 討飯丐兒 }
Beginning, the, *ch'ï¹-ts'u* 起初
Begrudge, to, *tû²-djï²* 妒忌
Beguile, to, *hung¹* 哄
Behalf of, on, *de²* 代
Behave towards, to, *de¹* 待
Behead, to, *sah* 殺
Behind, *'ao¹* 後, *'ao¹-pö* 後半
Behold, to, *ts'z²-djah* | 着
Belch, to, *tæ¹ poa¹-göh* 打飽 |
Believe, to, *sang²* 信
Bell, *choa* 鐘, *ling* 鈴
Belly, *dû¹* 肚
Below, *'o¹* 下, *'o¹-chüe¹* 下轉
Belt, *ta²* 帶
Bench, *tang²* 櫈
Benefit { *iaih-ch'ï²* 益處 ; *höe¹-ch'ï²* 好處 }
Bent, *wa* 彎
Beseech, to { *djao* 求 ; *vung¹-djao* 奉求 }
Besides { *wha* 還, *ling²-wha²* 另外, *yih* 又, *yi¹-wha²* 以外, *djï* 除, *shoa²* 况, *shoa²-ts'i¹* 况且 }
Besmear, to, *dû* 塗
Best { *ting¹-höe¹* 頂好 ; *tse²-höe¹* 最好 }
Bestow on, to, *sie¹* 賞
Better, *höe¹-le* 好 |

Bill, *tsie*^{2} 賬
Bird, *tiœ*^{2} |
Birthday, *sæ-nyaih* 生日
Bitter { *sang* 辛, *k'u*^{1} 苦, *sang-k'u*^{1} 辛苦
Black, *heh* 黑, *ts'ing* 青
Blacksmith { *tæ*^{1}*-t'ieh löe*^{1}*-sz* 打鐵老司
Blanket, *tsie-diœ* 毡條
Blindman { *koa nga*^{1}*-ge* 光眼 |, *moh-doa nang* 摸 | 人
Blind, a mat, *li-n* 簾兒
Blow, to, *ch'ï* 吹, *foh-fung* 發風
Blow out (a candle), to { *ch'ï heh-goa* 吹黑 |
Blue, *la* 藍
Boast, to { *koa*^{1}*-du*^{2}*-'o*^{2} 講大話, *k'o-k'ao*^{1} 誇口
Boat, a, *jüe* 船
Boat, to be on board a { *zo*^{1} *jüe* 坐船, *jüe-de* 船 |
Boat-builder, a { *tsu*^{2} *jüe löe*^{1}*-sz* 做船老司
Body, *sang-t'i*^{1} 身體
Boil, to, *yoa*^{1} 湧, *yoa*^{1}*-ch'ï*^{1} 湧起
Bone, *küeh* 骨
Book, *shï* 書
Boot, *shü* 靴
Borrow, to, *tsi*^{2} 借
Bottle, *bing* 瓶
Bottom, *dö* 臀
Bounty, *ö-tie*^{1} 恩典
Bow, to, *sie kai*^{2} *hüe*^{2} | 个 |
Bowl, *üe*^{1} 碗
Box, *sie* 箱

Branch, *p'a*^{2} 派, *ts'o*^{2} 杈
Brains, *nöe*^{1} 腦
Bread, *mö-diu* 饅頭
Break, to, *p'a*^{2} 破
Break off, to { *dö*^{1} 斷, *jüeh* 絕, *dang*^{1} 斷
Break out in disorder, to { *lö*^{2}*-ch'ï*^{1} 亂起
Break to pieces, to { *tæ*^{1}*-möh-sai*^{2} 打末碎
Breast, *sang-diu* 心頭
Breath, *ch'ï*^{2} 氣
Brick, *chüe* 磚
Bride, *sang-jï*^{1}*-nyang* 新孺人
Bridge, *djiœ* 橋
Brigand { *zeh* 賊, *zeh-fi*^{1} 賊匪, *t'û*^{1}*-fi*^{1} 土匪
Brigandage, *ts'ie*^{1}*-chieh* 搶劫
Bright, *koa-t'oa*^{2} 光燙
Brighten up, to (weather) { *loa-soa*^{1} 朖爽
Brightness, *koa* 光
Bring, to, *tso*^{1}*-li* | 來, *ta*^{2} 帶
Brisk, *'öe*^{1}*-söe*^{2} | |
Broad, *kw'a* 寬, *k'oh* 濶
Broom, a, *dzo-söe*^{2} | 掃
Broth, *t'oa* 湯
Brother, *shung-di*^{1} 兄弟
,, elder { *ko-shung* 家兄, *ah-ku* 阿哥
,, younger { *si*^{1}*-di*^{1} 舍弟, *ah-di*^{1} 阿弟
Brush, *söh* 刷
,, to, *söh-goa* 刷 |
Brushwood, *za* 柴

Bucket, *dong*^{1} 桶

Bud, *ngo* 芽

Buddha, *vaih* 佛

Buddhism, *sih-koa*^{2} 釋教

Buddhist priest { *whu-zie* 和尚 / *sz-yi* 師爺 }

Buffalo, *shï*^{1}*-ngao* 水牛

Build (a house), to, *ch'ï*^{1} 起

,, (a wall), to, *ts'ih* 砌

Builder, a house { *du*^{2}*-muh löe*^{1}*-sz* 大木老司 }

Buildings, *uh-doa*^{1} 屋宕

Bullet, *da*^{2}*-tsz*^{1} 彈子

Bump, to, *p'ung*^{2} 碰

Bundle { *poa* 包, *kw'ang*^{1} 綑, *poa-vuh* 包袱 }

Burglary { *ming-hu*^{1} *chieh-liæh* 明火刦掠 }

Burn, to, *shiæ* 燒

Bury, to, *tsoa*^{2} 葬, *tsoa*^{2}*-soa* 葬喪

Business { *sœ-i*^{2} 生意, *'oa-toa*^{2} 行當, *z*^{2}*-küe*^{2} 事幹 }

,, to do { *küe*^{2} *z*^{2} *küe*^{2} 幹事幹 }

,, house, *ko-z*^{2} 家事

,, to mind one's own { *küe*^{1} *z*^{2}*-ge 'a-z*^{2} 管自|閒事 }

Busy, *moa* 忙

But { *ch'ah* 却, *ah* 阿, *da*^{2}*-z*^{1} 但是, *tsz(h)-z*^{1} 只是 }

Button, *nyao*^{1}*-chï* 鈕珠

Buy, to, *ma*^{1} 買

Bystander, *boa-zang* 旁人

C

Cabal, *toa*^{1} 黨

Calamity, *whu*^{1} 禍

Calculate, to, *sö*^{2} 算, *lie* 量

Call, to, *chiæ*^{2} 叫

,, on, to, *pa*^{2}*-moa*^{2} 拜望

Can { *whai*^{2} 會, *nang-kao*^{2} 能彀, *k'o*^{1}*-yi*^{1} 可以, *höe*^{1} 好 }

Canal, *whu* 河

Candle, *lah-choh* 蠟燭

Candle-stick { *lah-choh-de* 蠟燭臺 }

Cane, sugar, *kö-tsï*^{2} 甘蔗

Cap { *möe*^{2} 帽, *möe*^{2}*-diu-n* 帽頭兒 }

,, to doff the, *ho*^{1}*-möe*^{2} |帽

,, to wear a, *ta*^{2}*-möe*^{2} 戴帽

Capital, the, *chang* 京

,, (money), *pang*^{1}*-die* 本錢

Card, visiting { *p'ie*^{2}*-tsz*^{1}*-n* 片子兒 }

Careful, *liu-sang* 留心

Careless { *fu*^{1} *tsz*^{1}*-si*^{2} 不子細 / *fu*^{1} *liu-sang* 不留心 / *ts'öe-ge* || }

Carpenter { *du*^{2}*-muh löe*^{1}*-sz* 大木老司 }

Carpet, *di*^{2} *t'a*^{1} 地毯

Carriage, *ts'i* 車

Carry, to, *ta*^{2} 擔

,, in the arms, to, *böe*^{1} 抱

,, to, to, *sung*^{2} 送

Cart, *ts'i* 車

Carver, wood- { *tiœ-ho lōe¹-sz* 雕花老司
Cash, copper, *dong-die*, 銅錢
Cat, *moa-n* 貓兒
Catty, *chang* 斤
Cause of, *yüe-ku²* 緣故
Cease, to, *shieh* 歇
Cemetery { *vang-di²* 墳地 / *vang-sa* 墳山 / *n²-choa¹* 義塚
Ceremonious, *k'ah-ch'ï²* 客氣
Certain, *tōe²-ti¹* 到底
„ person, a, *mu¹ zang* 某人
Certainly { *z²-zie* 自然, *dzih-diu* 直頭, *ih-ding²* 一定
Chain, *lie²* 鍊
Chair, *i¹* 椅
„ sedan, *djiœ²* 轎
„ „ bearer, *djiœ²-fû* 轎夫
Change, to, *wha²* 換, *ke¹* 改
Chant, to, *nyie²-chang* 念經
Chapter, *tsie* 章
Character, Chinese written, *z²* 字
Charcoal, *t'a²* 炭
Cheap, *zie²* 賤, *bie²-yi* 便宜
Cheat, to, *p'ie²* 騙
Cheek, *gō¹* 頷
Cherish, to, *bōe¹* 抱
Chest, *sang-diu* 心頭
Chew, to, *jah* 嚼
Chicken, *chï* 雞
Child, *si-n* 丨兒
Chin, *'o¹-bo* 下丨
China, (country) { *chung-kwaih* 中國
Chinaware, *üe¹-liœ²* 碗料
Choose, to, *t'iœ* 挑
Church, Protestant { *li¹-pa²-doa* 禮拜堂
Church, Roman Catholic { *t'ie-chï¹-doa* 天主堂
Cigar, *ie-yieh* 烟葉
Circular, *yüe-ge* 圓丨
Circumstances, *koa-chang¹* 光景
City, *zing* 城
Civil authorities, *vang-küe* 文官
Class, *tang¹* 等
Clean, *liœ-dzih* 丨丨
Clear { *zing* 晴, *ming* 明, *ming-bah* 明白
Clear away, to, *siu-k'i²* 收去
Clear weather, *zing-t'ie* 晴天
Clearly, to see, *ts'z² ming* 丨明
Clerk, official, *shï-ba²* 書辦
Clever, *ts'ung-ming* 聰明
Climb, *bo* 爬, *chang* 丨
Clock { *choa* 鐘, *z-zang-choa* 時辰鐘
Cloth, table, *choh-pû²* 棹布
Clothes, *i-zie* 衣裳
„ lined { *kah-ge i-zie* 夾丨衣裳
„ unlined { *ta-ge i-zie* 單丨衣裳
„ wadded { *mie-ge i-zie* 棉丨衣裳
„ to cut out { *ze i-zie* 裁衣裳
Cloud, *yung* 雲
Club, *kwang²* 棍

Clutch, to, *tsoa* 抓, *doh* |
Coal, *mai-t'a*² 煤炭
Coarse, *ts'û* 粗
Coast, *he*¹*-pie* 海邊
Coat, short, *mo*¹*-ko*² 馬褂
,, long, *wha*²*-t'öe*² 外套
Coffin, *küe-ze* 棺材
Coin, *die* 錢
Cold, *læ*¹ 冷
Collar { *ling*¹ 領 / *diu-chang*¹*-ling*¹ 頭頸領 }
Collect together, to { *jï*¹*-lung*¹ 聚攏 }
Colour, *nga-seh* 顏色
Comb, *sz* 梳
,, to, *sz-ch'ï*¹ 梳起
Come, to, *li* 來, *tsao*¹*-li* 走來
Come upon, to { *ling-töe*² 臨到 / *ling-djah* 臨着 }
Comet, *dzo-söe*²*-sing* | 掃星
Comfort, *k'wa-'ü* 寬餘
Command { *ling*² 令, *ming*² 命, / *fang-fû*² 吩咐 }
,, military { *'öe*²*-ling*² 號令 }
Commission, to, *t'oh* 託
Commissioner of Customs { *shï*²*-vú*²*-sz* 稅務司 }
Common, *joh* 俗
Commonly, *bing-zie* 平常
Company with, in, *sie*²*-bō*¹ 相伴
Compare, to, *pi*¹ 比, *p'i*¹ 譬
Compete with, to { *tû*¹*-sing-se*² 賭勝賽, / *tao*² 鬬 }
Competent to, to be, *whai*² 會

Complete, *zing* 成, *jüe* 全
Completely, *oh* |
Comprehend, to { *ming-bah* 明白, *tung*¹ 懂 }
Concerning, *lö*² 論
Confiscate, to, *ch'ung-kung* 充公
Conflagration, *hu*¹*-choh* 火燭
Confucius, *k'ung*¹*-tsz*¹ 孔子
Confucianism, *jï-koa*² 儒教
Confused { *whang*² 混 / *whu-li whu-dû* 糊裏糊塗 }
Confusion, *zöh-lö*² 雜亂
Congratulate, to { *whu*²*-shï*¹ 賀喜 / *kung-shï*¹ 恭喜 }
Congregate, to, *jï*¹*-lung*¹ 聚攏
Connect, to { *lie* 連, *lie-lung*¹ 連攏 }
Connected, *lie-löe* 連牢
Conscience { *t'ie-li*¹*-lie-sang* 天理良心 }
Consecutively, *lie-löe* 連牢
Consequence, of { *iæ*²*-chang*¹ 要緊 }
Consequently, *so*¹*-yi*¹ 所以
Consider as, to, *toa*² 當
Considerable, *höeh-fu*¹ | 不
Constantly, *dzie-dzie* 常常
Constitution *ch'ï*²*-shüeh* 氣血
Consul, *ling*¹*-z*²*-küe* 領事官
Consult, to, *sie-lie* 商量
Continually { *dzie-dzie* 常常 / *tæ*¹*-dzie* | 常 / *tsz(h)-küe* | | }
Contrary, on the { *fa*¹ 反, *töe*² 倒, / *p'ie* 偏 }

Control, to, *küe*¹ 管
Convenience, to, *foa-bie*² 方便
Convenient { *bie*² 便, *foa-bie*² 方便
Convey, to, *yung*² 運
Cook, *djī-voa lōe*¹-*sz* 厨房老司
,, to, *choa-koa*²-*p'ai*² | | |
Cooking-pan { *'oh* 鑊, *va*²-*'oh* 飯鑊
Cool, *lie* 凉
Copper, *dong* 銅
Copper-smith { *tæ*¹-*dong lōe*¹-*sz* 打銅老司
Copy, to, *ts'oa* 抄, *ts'oa-si*¹ 抄寫
Corpse { *sz*¹-*nang* 死人 / *sz-siu*¹ 死首
Correct, *tsing*² 正
Cottage, *si*¹-*'o*¹ 舍下
Cotton, *mie* 綿
,, cloth, *pû*² 布
,, wool, *mie-ho* 綿花
Cough, to, *sao*²-*ch'ī*¹ 嗽起
Count, to, *sō*²-*ch'ī*¹ 算起, *shī*¹ 數
Countenance, *mie*²-*moa*² 面貌
Country, a, *kwaih* 國
,, *shie-'o*¹ 鄉下
Countryman { *shie-'o*¹ *nang* 鄉下人
Course, of, *z*²-*zie* 自然
Court, Imperial, *djüæ-de* 朝 |
Cover, *kang*¹ |
,, table, *choh-tsie* 桌毡
,, to, *kang*¹-*ch'ī*¹ | 起
,, up from sight, to, *ao*² |
Covet, to, *t'ō* 貪

Cow, *ngao* 牛
Crab, *ha*¹ 蟹
Crack, *vung*² 縫
,, to { *choa-goa* | | / *lieh-goa* 裂 |
Cracked, *lieh-goa* 裂 |
Crape, *so* 紗
Create, to, *zōe*¹ 造
Creek, *ch'ī* 溪
Criminal { *va*¹ *nang* 犯人 / *dziu-va*¹ 囚犯
Crooked, *wa* 彎
Cross, to, *ku*² 過
Crow, *lōe*¹-*o* 老鴉
Crowded { *jī*¹-*lung*¹-*tu* 聚攏多 / *tsang*¹-*shie* | |
Crumple up, to, *nai-goa* |
Cumquats, *chang-da*² 金彈
Cup, *pai* 杯, *üe*¹ 碗
,, wine- *tsiu*¹-*pai* 酒杯
,, tea- *dzo-üe*¹ 茶碗
Cure (disease), to, *i-hōe*¹ 醫好
Curse, to, *zoh* |, *ts'a*² |
Curtain, *tsie*² 帳, *pû*²-*tsie*² 布帳
Custom, *kwai-chü*¹ 規矩
Customer { *ma*¹ *mû-z*²-*ge nang* 買 | | | 人 / *chī*¹-*ku*² 主顧
Custom House { *shī*²-*kwa-de* 稅關 |
Customs station, *k'a*¹ 卡
Cut off, to, *jüeh* 絕

D

Daft, *te-ge* 獃 |, *bang*²-*ge* 笨 |
Damp, *nyang*² |, *saih* 溼

Dance, to, *t'iæ*^{2} 跳
Dark, *ō*^{2} 暗
Dark, very { *ō*^{2}*-li*^{1}*-maih-dong* 暗裏墨同
Daughter, *na-n* 丨兒
Dawn, *chiæ*^{2} 照
Day, *neh* 日
,, to-, *kih-neh* 丨日
Day-break, *t'ie-koa* 天光
Day-time, *neh-de* 日丨
Dead, *saih-goa* 失丨, *sz*^{1}*-goa* 死丨
Deaf man, *lung-bæ*^{2} 聾丨
Deal, a great, *tu shie*^{1} 多丨
Dear, *chü*^{2} 貴
Debilitated, *kw'ai* 虧, *shü* 虛
Debt, *tsa*^{2} 債, *tsie*^{2}*-muh* 賬目
,, to be in, *ch'ie*^{2}*-tsie*^{2} 欠賬
Decayed, *la*^{2}*-goa* 爛丨
Deceive, to { *hung*^{1} 哄, *p'ie*^{2} 騙, *hung*^{1}*-p'ie*^{2} 哄騙
Decide judicially, to, *tö*^{2} 斷
Decorate, to, *pa*^{1} *ch'ī*^{1} 擺起
Decree, to, *ming*^{2} 命
Deduct, to, *djī-goa* 除丨
Deep, *sang* 深
Defendant, *bi*^{1}*-kōe*^{2} 被告
Deficient { *kwai* 虧, *ch'üeh-shiæ*^{1} 缺少, *shiæ*^{1} 少, *tsæ* 爭
Defraud, to, *p'ie*^{2} 騙
Degree, *kung-ming* 功名
Deify, to, *fung* 封
Delay, to, *ta-koh* 躭擱
Deliberate, to { *tsang-chah* 斟酌, *sie-lie* 商量
Delightful, *soa*^{1} 爽

Depend on, to, *bing* 憑, *k'ōe*^{2} 靠
Descend, to, *loh* 落
Desire ardently, to, *lie*^{2} 戀
Despatch, *vang-shī* 文書
Despise, to, *ch'ī* 欺
Destiny, *ming*^{2}*-yung*^{2} 命運
Destitute, *djaih-zang* 極甚
Detect, to, *dzo-ch'üeh* 查出
Dialect, *'o*^{2} 話
,, local, *t'û*^{1}*-'o*^{2} 土話
,, mandarin, *küe-'o*^{2} 官話
Diction, *shwoh* 丨
Dictionary, *z*^{2}*-tie*^{1} 字典
Die, to, *sz*^{1} 死, *ku*^{2} 故
Difference { *ts'o, ts'u* 差, *fang-pieh* 分別
Difficult, *fi*^{2}*-z*^{2} 費事
Dilly-dally, to, *nyie-ts'ie* 丨丨
Dirty { *ōe-tsōe* 腌臢, *maih-t'ī*^{2}*-t'a*^{2}*-heh* 墨丨炭黑
,, very { *ōe-li-po-tsōe* 腌裏丨臢
Discourteous, *ch'ang-ma*^{2} 輕慢
Discuss, to, *lö*^{2} 論, *bie*^{1}*-lö*^{2} 辨論
Disembark, to, *zie*^{1}*-yüe*^{2} 上岸
Dish, *bö* 盤
Dishonest, *sæ-chü*^{1}*-ge* 生詭丨
Dislike, to, *ie*^{2}*-ch'ī*^{2} 厭棄, *u*^{2} 惡
Disorder, *lö*^{2} 亂
,, to break out in { *fa*^{1}*-lö*^{2} 反亂, *lö*^{2}*-ch'ī*^{1} 亂起
Disperse, to, *sa*^{2} 散
Disposition { *sang-sing*^{2} 心性, *bi-ch'ī*^{2} 脾氣
Dispute, to, *dzæ* 爭

Dissimilarity, *fang-pieh* 分別
Distance, *yüe*[1]*-djang*[1] 遠近
Distinguish, to { *fang-ch'üeh* 分出 / *fang-k'e* 分開 }
Distress, to be in, *va-mang*[2] 煩悶
Distressing { *ka-na* 艱難 / *sang-k'u*[1] 辛苦 }
Distribute, to, *p'a*[2] 派, *fang* 分
Divide, to, *p'ah* 擘
Do, to, *tsu*[2] 做, *'ü* 爲
Docile, *zie*[1] 善
Doctrine, *koa*[2] 教, *döe*[1]*-li*[1] 道理
Doctor, *i-yah sie-sæ* 醫藥先生
Dog, *kao*[1] 狗
Dollar, *fa-die* 番錢
Don't, *fai* 勿
Donkey, *lü* 驢
Door, *mang* 門
Doubt, to, *n-sang* 疑心
Down, *'o*[1] 下, *loh* 落
,, to put, *k'oa*[2]*-da* | |
,, to let, *foa*[2]*-loh* 放落
Drag, to, *boh* 拔
Draft (money) *köe*[1] 稿
Draw, to, *'o*[2] 畫
,, out, to, *ts'iu ch'üeh* 抽出
Drawer, *djü*[2]*-kah* 櫃格
Dreadful { *li*[2]*-'e*[2] 利害 / *diu-bi-tsie*[2] 頭皮漲 }
Dream, *mung*[2] 夢
,, to, *tsu*[2]*-mung*[2] 做夢
Dreams, to interpret { *yüe mung*[2] | 夢 }
Dress, to, *chah-ch'ï*[1] *i-zie* 著起衣裳
Drink, to, *hah* 喝
Drink wine, to, *ch'ih tsiu*[1] 喫酒
Drop down, to { *dang*[2]*-loh-goa* | 落 | }
Drown, to, *waih-sz*[1] 溺死
Drum, *ku*[1] 鼓
Dry, *küe* 乾, *söe*[2] 燥
,, to, *söe*[2] 燥
,, by fire, to, *hung-söe*[2] 烘燥
,, in the sun, to, *sa*[2]*-söe*[2] 晒燥
,, in the wind, to { *loa-söe*[2] 晾燥 }
Duck, *shï*[1] *chï* 水雞, *ah* 鴨
,, wild, *i*[1]*-ah* 野鴨
Dull, *iang* 陰, *mang*[2] 悶
Dull day, *iang-z t'ie* 陰時天
Dumb man, *o*[2]*-n* 啞兒
Dusk, *'oa-hüe* 黃昏
Dust { *nyie-fang*[1] 泥粉, *t'û*[1] 土 / *bung-dzang* 蓬塵 }
,, to, *ta*[1] 撣
Duster, *ta-tsiu*[1] 撣帚
Dye, to, *nyie*[1]*-ch'ï*[1] 染起
Dyer { *nyie*[1]*-pû*[2] *löe*[1]*-sz* 染布老司 }
Dynasty, *djiæ* 朝

E

Each, *koh* 各
Ear, *n*[1]*-to*[1] 耳朵
Earn, to, *djang*[1]*-djah* | 着
Earnestly, *ts'ieh-ts'ieh* 切切
Earth, *t'û*[1] 土
,, the, *di*[2] 地
Earthenware, *ngo*[1]*-liæ*[2] 瓦料

Earthquake { t'ie-yiæ di²-dong¹ 天搖地動

East, *tung* 東

Easy, *yung-yi²* 容易

Eat, to, *ch'ïh* 喫

Egg, *lang¹* 卵

Eight, *poh* 八

Eighteen, *zaih-poh* 十八

Eighty, *poh-zaih* 八十

Elbow, *siu¹-tsœ-diu* 手髈頭

Elders, one's, *tsie¹-pai²* 長輩

Emaciated, *za²* 瘵

Embark, to, *ts'ang²* 趁

Eminent, *fû²-chü²* 富貴

Emperor, *'oa-ti²* 皇帝

Empty, *k'ung* 空, *shü* 虛

End, to, *yüe* 完, *jüeh* 絕

,, in the, *la-chieh-t'ah* 闌結丨

Ended { *shieh-goa* 歇丨 / *höe¹-ba¹* 好罷 }

Endure, *ne²* 耐

Energetic, *djie* 强

Energy, moral, *tsz²-nyüe²* 志願

Enfold, to, *höe¹* 抱

Engrave, to, *k'eh* 刻

Enough, *kao²* 彀, *liæ¹-tih* 丨丨

,, not, *fu¹-liæ¹-tih* 不丨丨

Enquire, to, *mang²* 問

Enter, to, *tsang²* 進, *tsao¹-ti¹* 走底

Entire, *jüe* 全

Entirely, *oh* 丨

Entrust, to, *t'oh* 託

Equals (in age), one's { *dong-pai²* 同輩

Err, to { *ts'oh* 錯, *dza²* 差, / *choa-dza²* 丨差 }

Error, *dza²* 差

Essay, *vang-tsie* 文章

Escape, to, *döe* 逃

Estimate, to, *chah* 酌

Eternal, *iung¹* 永

Even, *bing* 平

Evening, *'oa-hüe* 黃昏

Evermore, *iung¹-yüe¹* 永遠

Every, *mai¹* 每

Evidence, *choa* 供

Evil, *oh* 惡

Exactly, *k'ah-k'ah-n* 恰恰兒

Examine competitively, to { *k'öe¹* 考

Excellency, *da²-zang* 大人

Except, *djï* 除

Excess, *yang-'ü* 盈餘

Exculpate, to { *fang-p'öe¹* 分剖 / *p'öe¹-bah* 剖白 }

Exert oneself, to { *yoa²-kung* 用功 / *ch'üeh-lieh* 出力 }

Exert strength, to { *tsah-chang²* 丨勁

Exonerate, to { *fang-p'öe¹* 分剖 / *p'öe¹-bah* 剖白 }

Expect, to, *moa²* 望, *tsz²-moa²* 指望

Expenditure, *k'e-shiæ* 開銷

Expenses (needless) *ho-fi²* 花費

Explain, to, *ka¹-shüeh* 解說

Extinguish (a fire), to { *choa heh-goa* 丨黑丨

Extinguish (a conflagration), to { *chao²* 救

Extort, to, *leh soh* 勒索
Extravagance, *ho-fi*^{2} 花費
Extreme, *zang*^{1} 盡
Eye, *nga*^{1} 眼, *nga*^{1}*-tsing* 眼睛
Eyebrow { *nga*^{1}*-li-mõe* 眼眉毛
mi-mõe 眉毛
Eyelash, *nga*^{1}*-si*^{2}*-mõe* 眼細毛
Eyed, squint, *tao*^{2}*-nga*^{1}*-ge* 鬬眼 |
Eyesight, good { *nga*^{1}*-koa-le* 眼光 |
,, short { *djang*^{1}*-z*^{2} *nga*^{1}*-ge* 近視眼 |

F

Fabricate, to { *nyah-zõe*^{1} 揑造
nyah-ch'ï^{1} 揑起
Face, *mie*^{2} 面
Faction, *toa*^{1} 黨
Fade, to, *t'ai*^{2} 褪
Faded { *nga-seh t'ai*^{2}*-goa* 顏色褪 |
Failing, *mõe-bing*^{2} 毛病
Faint, to, *ngōh-k'i*^{2} | 去
Faith, *sang*^{2} 信
Faithful { *chung-'ao*^{1} 忠厚
chung-sang 忠心
Fall down, to { *loh* 落, *tieh-tõe*^{1} 跌倒, *lai*^{2}*-tõe*^{1} | 倒, *dang*^{2}*-loh* | 落, *tõe*^{1} *loh* 倒落
Falsehood, *hoa*^{1}*-'o*^{2} 謊話
Family, *ko* 家, *ie-tsöe*^{2} 烟灶
Fan, *sie*^{2} 扇

Far, *yüe*^{1} 遠
Farm, to, *kæ-choa*^{2} 耕種
Fashion { *k'ō*^{1}*-sih* 款式
yie^{2}*-tsz*^{1} 樣子
Fashion, to be in, *'æ-ge* 行 |
Fast, *kw'a*^{2} 快
Fat, *choa*^{2} |
Fat in the face { *mie*^{2}*-de foh fuh ch'ï*^{1} 面 | 發福起
Fate, *ming*^{2}*-yung*^{2} 命運
Father, *ah-pah* 阿伯
Favour, to ask a { *vung*^{1}*-djao* 奉求
Fear, *p'o*^{2} 怕
Fear, to, *tsz(h)-p'o*^{2} 只怕, *zao* 愁
Feather, *mõe* 毛
Feeble, *shü-jah* 虛弱
Felt, *tsie* 毡
Ferry, *dû*^{2} 渡
,, man { *tæ*^{1} *dû*^{2} *jüe-ge nang* 打渡船 | 人
Fetch, to, *tso*^{1}*-li* | 來
Few { *lie*^{1}*-n* | 兒, *fu*^{1}*-tu* 不多,
læh-kai^{2} 兩个, *ke*^{1}*-le* 幾 |
Field, *die* 田
Fife, *dieh* 笛
Fifteen, *zaih-ng*^{1} 十五
Fifty, *ng*^{1}*-zaih* 五十
Fight, to { *tsæ-tao*^{2} 爭鬭
tsæ-lō^{2} 爭亂
,, together, to, *sie-tæ*^{1} 相打
Filch, to, *t'ao* 偷
Fill, to, *tsi*^{2}*-mō*^{1} | 滿
Finally, *la-chieh-t'ah* 闗結 |
Find, to, *zang-djah* 尋着

Fine, *si*[2] 細
,, (weather), *zing* 晴
Finger, *tsz*[1]*-diu-n* 指頭兒
,, the little { *siu*[1]*-sai*[1]*-tsz*[1]*-diu* 手小指頭
Finish, to, *tsu*[2]*-zing* 做成
Finished { *yüe-ba*[1] 完罷 / *höe*[1]*-ba*[1] 好罷
Fire, *hu*[1]*-choa*[1] 火燻
Firewood, *za-ba* 柴排
Fire a gun, to, *foa*[2]*-ts'ie* 放鎗
Firm, *zaih* 實, *tsah-zaih* 丨實
First, *ts'u* 初
,, time, *ts'u-ts'z*[2] 初次
,, at { *ch'ï*[1]*-diu-sie* 起頭先 / *ch'ï*[1]*-ts'u* 起初
Firstly { *iaih-tseh* 一則 / *di-iaih* 第一
Fish, *ngû* 魚
Fisherman, *tæ*[1] *ngû nang* 打魚人
Five, *ng*[1] 五
Fix, to, *ding*[2] 定
Flat, *pie*[1]*-ge* 扁丨
Flatter, to, *vung*[1]*-zing* 奉承
Flatterer { *whai*[2] *t'öe*[1] *höe*[1]*-ge* 會討好丨
Flee, to, *döe-k'i*[2] 逃去
Flesh, *nyuh* 肉
Fling, to, *gwa*[2] 甩
,, down, to, *gwa*[2]*-loh* 甩落
Floating, *vû* 浮
Floor, *di*[2]*-pa*[1] 地板
Flour, *mie*[2] 麵
,, rice, *fi-mie*[2] 飛麵
,, wheat, *mie*[2]*-fang*[1] 麵粉

Flourish the arms, to, *vu*[1] 舞
Flow, to, *liu* 流
Flower, *ho* 花
Flower-pot, *ho-tsö* 花罇
Fly, to, *fi* 飛
Fog, *mö*[2] 霧
Foggy, *foh-mö*[2] 發霧
Fold up, to, *tsieh-ch'ï*[1] 摺起
Follow, to, *kang* 跟, *joa* 從
Following, *jung*[2] 順
Fond of, *e*[2] 愛, *shï*[1]*-hüe* 喜歡
Foolish, *whu-dû* 糊塗
Foot (measure), *ts'ih* 尺
,, *chah* 脚
,, on, *tsao*[1] 走, *bû*[2]*-æ* 步行
Forego, to, *t'ang*[2] 丨
Forehead, *ngah-diu* 額頭
Forenoon, *zie*[2]*-pö*[2]*-neh* 上半日
Foreign, *fa* 番, *yie* 洋
Foreigner, *fa-nang* 番人
Forge, to { *nyah-zöe*[1] 揑造 / *nyah-ch'ï*[1] 揑起
Forget, to { *mang-chï*[2] 丨記 / *chï*[2]*-fu*[1]*-tih* 記不得
Forgive, to, *si*[2] 赦, *kw'a-si*[2] 寬赦
Fork, cooking, *ch'oh* 丨
,, eating, *ts'o* 叉
Form { *k'ö*[1]*-sih* 款式 / *yie*[2]*-tsz*[1] 樣子
Formerly { *joa-zie* 從前, *tsöe*[1]*-sie* 早先, *tsöe*[1]*-neh* 早日, *su*[2]*-le* 素來
Formosa, *De-wa* 臺灣
Fortunate, *chaih-li*[2] 吉利

Fortune { yung^{2}-ch'i^{2} 運氣, zie 祥, chaih-zie 吉祥

Forty, sz^{2}-zaih 四十

Four, sz^{2} 四

Fourteen, zaih-sz^{2} 十四

Fowl, chī 雞

Fractional, ling 零

Fragrant, shie 香

Friend, bung-yao^{1} 朋友

Friendly, sie-hōe^{1}-ge 相好丨

,, relations { zing-vang^{2} 情分

Frightened, hoa-goa 慌丨, p'o^{2} 怕

Frightful { diu-bi-tsie^{2} 頭皮漲, li^{2}-'e^{2}-shie^{1} 利害丨

Front, in, mang-zie 門前

Frugal, sœ^{1} 省

Fruit, ku^{1}-tsz^{1} 果子

Fuel, za 柴

Full, mō^{1} 滿

Funeral, tsoa^{2}-soa 葬喪

Furniture { ko-sœ-hu^{1} 傢生伙, choh-i^{1} 桌椅

G

Gallop, to, p'oa^{1} 跑

Gamble, to, tû^{1} dong-die 賭銅錢

Gang, toa^{1} 黨, dai^{2} 隊

Garment, i-zie 衣裳

Gate, mang 門

Gateway, mang-diu 門頭

Gather (fruit, flowers, etc.), to { tsah 摘

Gay, noa^{2}-nyieh 鬧熱

Generality, du^{2}-tsung 大宗

Generation { pai^{2} 輩, de^{2} 代, si^{2} 世

Gentleman, a { ih-'ü^{2} sie-sæ 一位先生

Ginger, chie 薑

Give, to, k'a^{2} 丨

,, back, to, wha 還

,, up, to, t'ang^{2} 丨

Glad, shī^{1}-hüe 喜歡

Glass, pu-li 玻璃

Glassware, liæ^{2}-hu^{2} 料貨

Globe, di^{2}-djao 地毬

Go, to { tsao^{1}-k'i^{2} 走去, 'æ-tsao^{1} 行走

,, back, to, tsao^{1}-chüe^{1} 走轉

,, down, to { mo-loh tsao^{1} 丨落走

,, out, to { tsao^{1}-ch'üeh 走出, ch'üeh-k'i^{2} 出去

,, up, to, mo zie^{2} tsao^{1} 丨上走

Godown, ts'oa 倉

Goat, yie-n 羊兒

Gold, chang 金

Gong, dong-lu 銅鑼

Good, hōe^{1} 好

,, no, yoa^{2}-fu^{1}-djah 用不着

,, very, ting^{1} hōe^{1} 頂好

,, looking { mie^{2}-moa^{2}-hōe^{1} 面貌好

,, many, t'a^{2}-la-foa 丨丨丨

,, natured { sing^{2} hōe^{1}-ge 性好丨

Goose, di^{2}-ng 地鵝

Goose, wild { nga²-ng 雁鵝 / t'ie-ng 天鵝 }
Gourd, *ko* 瓜
Governor (of a province) { *fu¹-de* 撫臺 }
Governor-General { *tsung¹-tuh* 總督 / *tsz-de* 制臺 }
Grace, *ö-tie¹* 恩典
Graft, to, *tsieh* 接
Granary, *ts'oa* 倉, *kuh-ts'oa* 穀倉
Grand-daughter, *sö-nyü¹* 孫女
Grandfather { *ko-tsü¹* 家祖 / *ah-yi* 阿爺 }
Grandmother, *nyie-nyie* 娘娘
Grandson, *sö-n* 孫兒
Grasp, to, *nyah* 捻
Grass, *ts'ing-ts'öe¹* 青草
Green, *loh* 綠
Grievance, *üe-ioa¹* 寃枉
Grieved { *iao-zao* 憂愁, *na-ku²* 難過, *sung-t'ung²* 心痛 }
Ground, *di²* 地
Grove, *jï²-bung²* 樹 |
Grow, to, *dzie-ch'ï¹* 長起
Guess, to, *ts'e* 猜
Guest, *k'ah* 客
Guitar, *sa-yie* 三絃
Gullet, *'ao-lung-küe¹* 喉嚨管
Gulp down, to, *gwaih-loh* | 落
Gun, *ts'ie* 鎗
,, foreign, *yie-ts'ie* 洋鎗
,, native, *ba-ts'ie* 排鎗
,, to fire a, *foa²-ts'ie* 放鎗
,, to load a { *ts'ie nyaih-ch'ï¹* 鎗 | 起 }

H

Hail, to, *loh liæ-boh* 落龍雹
Hair, *möe* 毛
,, of the head, *diu-foh* 頭髮
Half, *pö²* 半
Hammer { *fu¹-diu-n* 斧頭兒 / *'a-djï-n* 鞋錐兒 }
Hand, *siu¹* 手
,, right { *jung²-tsih siu¹* 順隻手 }
,, left, *tsih-tsih siu¹* | 隻手
Handkerchief, *siu¹-chang* 手巾
Handsome { *mie²-moa²-höe¹* 面貌好, *tsing¹-zi-ge* 整齊 | }
Hang, to, *tiæ²* 鴂, *ko²* 挂
Hanging, *ko²-da* 挂 |
Happiness, *fuh* 福
Happy, *kw'a²-'oh* 快活
Hard, *ngæ²* 硬, *koa* 剛
Harassed { *va-mang²* 煩悶 / *ta-sang-ko²* 擔心架 }
Harvest, *siu-zing* 收成
Haste, to make { *küe¹-chang¹* 趕緊 }
Hat, *möe²* 帽
,, official { *'ong-yang-möe²* 紅纓帽 }
Hate, to, *üe²* 怨, *u²* 惡, *'ang²* 恨
Hatter { *tsu² möe² löe¹-sz* 做帽老司 }
Haughty, *chiæ-ngöe²* 驕傲
Haughtily, to behave { *ch'ang-ma²* 輕慢 }
Haul at, to, *t'ai* 推

Have, to, *yao*^{1} 有
He, *gi* 其
Heel, *chah-'o*^{1}*-kō* 脚下根
Head, *diu* 頭
Headed, bare, *t'uh-diu* 禿頭
Hear, to, *t'ing* 聽
Hearty, *tsoa*^{2}*-djie*^{2} 壯健
Heaven, *t'ie* 天
Heavy, *djoa*^{1} 重
Help, to, *poa* 幫, *poa-moa* 幫忙
Here, *kih-li* | |, *kaoh* |
,, to belong, *kaoh-gai*^{2} | |
Hereafter { *tsie-le* 將來, *yi*^{1}*-'ao*^{1} 以後
Heretofore { *su*^{2}*-le* 素來, *joa-li* 從來, *nyüe-le* 原來, *shie*^{2}*-le* 向來, *zie-siu*^{1} 前手
Hesitation, *nyie-ts'ie* | |
Heterogeneous { *zŏh-li-zŏh-kŏh* 雜裏雜合
Hiccough, to { *tæ*^{1} *læ*^{1} *tang*^{2} 打冷 |
High, *kōe* 高
Hill, *sa* 山
Hinder, to { *ta-koh* 躭擱, *liu* 留, *tsu*^{1}*-lōe* 阻牢
Hindrance, *nge*^{2} 礙
Hire, to, *shī*^{2} 稅
,, (men), to, *ku*^{2} 雇
,, (boats), to, *ch'ao*^{1} |
His, *gi-gai*^{2} 其 |, *gi-ge* 其 |
Hold of, to take { *nyah* 捻, *nyah-ch'ï*^{1} 捻起, *nyah-lōe* 捻牢
Hole, *k'ung*^{1} 孔
Home, *ko* 家

Home, to return, *kwai* 歸
Homicide, *zang-ming*^{2} 人命
Honest { *chung-'ao*^{1} 忠厚 / *lōe*^{1}*-zaih* 老實
Honoured, *tsō* 尊
Hook, *kao* 鈎
,, boat-, *wa*^{1}*-tsah* 挽 |
Hope for, to { *tsz*^{1}*-moa*^{2} 指望 / *tsie-moa*^{2} 瞻望
Horizon, *t'ie-pie* 天邊
Horizontal, *whæ* 橫
Horn, *koh* 角
Horse, *mo*^{1} 馬
Hot, *nyieh* 熱
Hour, *ih tie*^{1}*-choa* 一點鐘
,, half an { *pō*^{2} *tie*^{1}*-choa* 半點鐘
House, *uh* 屋
How, *tsz*(*h*)*-nah* | |
,, many? *ke*^{1}*-le* 幾 |
Hug, to, *djieh-lōe* | 牢
Hull, to, *lung* 礱
Humpback { *hao-pai*^{2}*-nang* | 背人
Hundred, *pah* 百
Hungry, *dû*^{1} *whai*^{2}*-goa* 肚 | |
Hurry, to, *küe*^{1}*-tæ*^{1}*-küe*^{1} 趕打趕
Hurry, to be in { *e*^{2}*-chang*^{1} 要緊 / *chang*^{1}*-shie*^{1} 緊 |
Hurt by a blow, to { *tōe*^{1}*-djah* 倒着
Husband { *nō-tsz*^{1} 男子 / *dzie*^{1}*-fû* 丈夫

I

I, *ng*¹ 我
Ice, *ping* 冰
Idiot { *te-ge-nang* 獃丨人, *te-diu-te-nöe*¹*-ge* 獃頭獃腦丨
Idle, *la*¹*-du*¹ 懶惰, *'a* 閑
Idol { *ngao*¹*-zie*¹ 偶像, *zang-zie*¹ 神像
If, *sih-whah* 設或, *djah-z*¹ 若是
,, indeed, *jï-ku*¹ 如果
Ill, *yao*¹*-bing*² 有病
Illiberality, *k'eh-boh* 刻薄
Ill-natured { *sang-sing*¹ *fu*¹*-höe*¹ 心性不好
Illness, *möe-bing*² 毛病
Imagine, to { *ts'e* 猜, *sie*¹ 想, *ts'z*² 丨
Implore, to, *djao* 求
Important, *iœ*²*-chang*¹ 要緊
In, *ti*¹ 底, *ti*¹*-chüe*¹ 底轉, *-de* 丨
Inch, *tsö*² 寸
Income, *ch'üeh-sih* 出息
Incorrect { *fu*¹*-z*¹*-ge* 不是丨, *fu*¹*-tsing*² 不正
Inconvenient, *fu*¹*-foa-bie*² 不方便
Increase, to { *tsang* 增, *ko* 加, *ko-ts'ao*² 加凑
Indeed { *nyüe-z*¹ 原是, *zaih-ze*¹ 實在, *tsang-tsang* 眞眞
Indigent, *djaih* 極
Indisposed { *fu*¹*-üe* 不安, *fu*¹*-höe*¹*-ku*² 不好過, *fu*¹*-ts'ie*²*-kw'a*² 不暢快
Industrious, *yoa*²*-kung* 用功
In fact { *nyüe-z*¹ 原是, *nyüe-le* 原來, *zaih-ze*¹ 實在

Inhabit, to, *djï*² 住
Injure, to, *'e*² 害
Injustice, *üe-ioa*¹ 寃枉
Ink, *maih* 墨
Ink-stone, *yüe-ngo*¹ 圓瓦
Inn, *va*²*-tie*² 飯店, *k'ah-dza*² 客棧
Inn-keeper { *tie*²*-chï*¹*-nyang* 店主人
Innumerable { *shï*¹*-fu*¹*-pie*² 數不徧, *vu-su*²*-ge* 無數丨
Insect, *djung* 蟲
Inside of, *ti*¹ 底, *ti*¹*-chüe*¹ 底轉
Insipid, *da*¹ 淡
Instance, for { *p'i*¹*-foa* 譬方, *foa*¹*-faih* 彷彿
,, in the first { *nyüe-le* 原來, *ch'ï*¹*-ts'u* 起初
Instant, *o*¹*-n* 丨兒
Instantly { *lieh-k'eh* 立刻, *mo*¹*-zie*² 馬上
Instep, *chah-pai*² 脚背
Insult, to { *siu-juh* 羞辱, *ch'ï-vû*¹ 欺侮
Intelligible, *ming-bah* 明白
Intelligent { *ts'ung-ming* 聰明, *ling* 靈
Intention, *i*²*-ts'z*² 意思
Intercourse, *koa* 交
Interfere, to, *whue*² 丨
Interrupt, to, *pœ*² 丨
Interrupted, to be, *goa-goa* 丨丨
Intimate, *ts'ang-nyieh* 親熱
Investigate, to, *dzo* 查, *mang*² 問
Invisible, *ts'z*²*-fu*¹*-djah* 丨不着
Invite, to, *ts'ing*¹ 請

Iron, *t'ieh* 鐵
,, to, *t'oa*² 燙
Irregular { *fu*¹ *t'u*¹*-toa*² 不妥當 / *fu*¹ *chiæ*²*-zie* }
Is, *z*¹ 是
Island, *töe*¹ 島
Issue, to, *ch'üeh* 出

J

Jacket, *ko*² 褂, *mo*¹*-ko*² 馬褂
Jaw, *gö*¹ 頷
Jealousy, *tû*²*-djï*² 妬忌
Jetty, *mo*¹*-döe*¹ 碼衜
Join together, to { *p'ing*²*-lung*¹ 聘攏 }
Joiner, *foa-muh-löe*¹*-sz* 方木老司
Joining, *vung* 縫
Joint, *tsieh* 節, *küeh-tsieh* 骨節
Joy, *hüe-shï*¹ 歡喜, *kw'a*²*-'oh* 快活
Judge (provincial), *nyieh-de* 臬臺
Jump, to, *t'iæ*² 跳
Just now { *dze-sang* 纔新 / *koa-koa* 剛剛 }
,, the thing { *k'ah-k'ah-n* 恰恰兒 }

K

Keep, to, *liu* 留, *zö* 存, *siu*¹ 守
Kettle, *whu* 壺
Key, *so*¹*-zi* 鎖匙
Kitchen { *'oh tsöe*² *ka* 鑊灶間 / *djï-voa* 厨房 }
Kite (bird), *töe-iang* 刀鷹
,, *yiæ*² 鷂
,, to fly a, *foa*²*-yiæ*² 放鷂
Knead, to, *nyah* 捻
Knee, *chah-k'üeh-diu* 脚〡頭
Knee-cap { *chah-k'üeh-diu-kang*¹ 脚〡頭〡 }
Kneel, to, *djü*¹ 跪
Knife, *töe* 刀
Know, to { *tsz* 知, *sha*¹*-tih* 曉的, / *nyang*² 認 }

L

Label, *'öe*² 號
Laborious { *sang-k'u*¹ 辛苦 / *löe-k'u*¹ 勞苦 }
Ladle, water, *ko-biæ* 瓜瓢
Lake, *whu* 湖
Lamp, *tang* 燈
Large, *du*² 大
Lark, to, *wha* 頑
Lastly { *la-chieh-t'ah* 闌結〡 / *t'ah-la-dö-n* 太闌臀兒 }
Late, *dz* 遲
Lately { *djang*¹*-le* 近來 / *keh-chang*² 〡〡 }
Later date, *dz-neh* 遲日
Laugh, to, *shiæ*² 笑
Law { *li*² 例, *lieh-li*² 律例, *lieh-diæ* 律條, *yoa-foh* 王法, / *lieh-foh* 律法 }
Law, bye-, *ding*²*-chü* 定規
Law, to break the, *va-foh* 犯法
Leaf, *yieh* 葉

Lean upon, to { *k‘ŏe*^{2} 靠, *i*^{1} 倚, *bing* 憑 }
Leap, to, *t‘iæ*^{2} 跳
Learn, to, *‘oh* 學, *‘oh-zaih* 學習
Leather, *bi* 皮
Leave, to { *liu-loh* 流落, *la*^{2}*-goa* 丨 丨, *li-goa* 離 丨, *li-k‘e* 離開 }
Leg, *chah* 脚
Leisure { *kung-fû* 工夫, *‘a* 閑, *k‘ung-‘a* 空閑 }
Lend, to { *tsi*^{2} 借, *tsi*^{2}*-k‘a*^{2} 借 丨, *tsi*^{2}*-ch‘üeh* 借出 }
,, on interest, to { *foa*^{2}*-tsa*^{2} 放債 }
Less, *shiæ*^{1}*-le* 少 丨
Lest { *tsz(h)-zao* 只愁, *ch‘oa*^{1}*-p‘o*^{2} 恐怕, *vi*^{2}*-mie*^{1} 未免 }
Letter, *sang*^{2} 信
Level, *bing* 平
Liar { *whai*^{2} *koa*^{1} *hoa*^{1}*-‘o*^{2}*-ge* 會講謊話 丨 }
Liberal { *ch‘ï*^{2}*-lie*^{2} *du*^{2}*-ge* 器量大 丨 }
Lick, to, *t‘ie*^{1} 餂
Lie (in speaking) to { *koa*^{1} *hoa*^{1}*-‘o*^{2} 講謊話, *hoa*^{1}*-ch‘ï*^{1} *koa*^{1} 謊起講 }
Lie down, to, *fa-loh* 翻落
Light, to, *tie*^{1} 點, *shiæ* 燒
,, (day); *lie*^{2} 亮, *koa* 光
,, *ch‘ang* 輕
Like, to, *shï*^{1}*-hüe* 喜歡
,, to be, *zie*^{1} 像, *sie-dzie*^{1} 相像
Lining, *kŏh* 合, *kŏh-li*^{1} 合裏

Lip, *chï*^{1}*-jung* 嘴唇
Listen, to, *t‘ing* 聽
Little, *lie*^{1}*-n* 丨 兒
Live, to, *‘oh-da* 活 丨
,, in, to, *djï*^{2} 住
Lively, *‘oh-dong*^{1} 活動
Load, *ta*^{2} 擔, *de*^{2} 袋
,, (a gun), to { *nyaih-ch‘ï*^{1} 丨 起 }
,, cargo, to, *tse*^{2}*-hu*^{2} 載貨
Local, *t‘û*^{1} 土, *pang*^{1} 本
Loin, *iæ* 腰, *iæ-bû*^{2} 腰 丨
Loiter, to, *t‘ah* 遢, *ta-koh* 躭擱
Long, *dzie* 長
,, for, to { *tsz*^{1}*-moa*^{2} 指望, *tsz(h)-sie*^{1} 只想, *tsz(h)-e*^{2} 只愛 }
Longevity, *ziu*^{2} 壽
Look, to, *ts‘z*^{2} 丨
Look! *ts‘e*^{1} 丨
Lose, to { *saih* 失, *choa-nyaoh-goa* 丨 丨 丨 }
Louse, *koa-saih* 丨 丨
Love, to, *e*^{2} 愛, *e*^{2}*-sih* 愛惜
Loyal, *chung* 忠, *chung-‘ao*^{1} 忠厚
Low, *a*^{1} 矮
Luck { *ming*^{2}*-yung*^{2} 命運, *yung*^{2}*-ch‘ï*^{2} 運氣 }
Lucky, *chaih-li*^{2} 吉利
Luggage, *‘æ-li*^{1} 行李
Lunatic, *tie-nang* 癲人
Lute, *djang* 琴
Lying down, *fa-da* 翻 丨

M

Mace (10th of a Tael) *die* 錢

Mad man, *tie-nang* 癲人

,, dog, *foh-ʻoa kao*^{1} 發瘟狗

Magistracy, *yüe*^{2} 縣

Magistrate, *yüe*^{2} 縣

Magpie, *shī*^{1}*-chʻah* 喜鵲

Make, to, *zōe*^{1} 造, *tsu*^{2} 做

,, up a sum, to { *tsʻao*^{2}*-lung*^{1} 湊攏

Malefactor { *va*^{1}*-nang* 犯人, *dziu-va*^{1} 囚犯

man { *nang, nyang, zang* 人, *fû* 夫, *nö* 男, *nö-tsz*^{1}*-kʻah* 男子客

Manage affairs, to, *ba*^{2}*-z*^{2} 辦事

Mandarinate, to purchase a { *chüe küe* 捐官

Manifest, to, *piæ*^{1}*-ming* 表明

Mane, *tsung* 鬃

Manner { *yie*^{2}*-tsz*^{1} 樣子, *kʻö*^{1}*-sih* 款式

Mansion, *fû*^{1} 府, *fû*^{1}*-zie*^{2} 府上

Manure, *ioa*^{2} 丨

Many, *tu* 多, *hüe-tai* 丨丨

,, good, *höeh-fu*^{1} 丨不

,, great { *tʻa*^{2}*-la-foa* 丨丨丨, *tu-shie*^{1} 多丨

,, how? { *ke*^{1}*-le* 幾丨, *ke*^{1}*-kai*^{2} 幾个, *ke*^{1} 幾

Map, *di*^{2}*-dû* 地圖

Marry, to { *chʻao*^{1} 丨, *kʻa*^{2} 丨, *ba*^{2} *shī*^{1}*-z*^{2} 辦喜事

Mason, *nyie-shī*^{1} *löe*^{1}*-sz* 坭水老司

Mast, *whai* 桅

Master { *chī*^{1} 主, *tung-ko* 東家, *chī*^{1}*-nyang-ko* 主人家

Mat, *zih* 蓆

,, bamboo, *nyüe*^{1}*-die*^{1} 軟簟

,, sunshade, *lie-bæ* 凉棚

Match, *z*^{2}*-le-hu*^{1} 自來火

Matter, *z*^{2}*-küe*^{2} 事幹

,, no, *fu*^{1}*-de-chang*^{1} 不丨緊

May, *kʻo*^{1}*-yi*^{1} 可以, *höe*^{1} 好

Meal, *djī* 丨

Meaning, *i*^{2}*-tsʻz*^{2} 意思

Measure, *lie*^{2} 量

,, to, *lie* 量

Meat, *nyuh* 肉

Meddle with, to, *bæ*^{2} 丨

Medicine, *yah* 藥

,, to take { *chʻīh-yah* 喫藥

Meet, to { *whai*^{2} 會, *jī*^{1}*-lung*^{1} 聚攏, *pʻung*^{2}*-djah* 碰着

,, to go to { *nyang-tsieh* 迎接, *tsieh* 接

Mend, to, *siu-chʻī*^{1} 修起

,, by stitching, to { *vung-chʻī*^{1} 縫起

Merchandise, *hu*^{2}*-vaih* 貨物

Merely, *tsz(h)* 只, *paih-ku*^{2} 不過

Merit, *kung-löe* 功勞

Messenger, *tsʻa* 差

,, to send a, *tsʻa* 差

Meteor, *sing-ku*^{2}*-dû*^{2} 星過度

Method { *foh-mang* 法門, *foh-tsz*^{1} 法子, *ba*^{2}*-foh* 辦法

Midday, *neh-tsiu*^{2} 日晝

Middle, *chung-ie* 中央

Midnight, *pö²-yi²* 半夜
Military, *vu¹* 武
Milk, *na¹* 奶
Million, *pah-ma²* 百萬
Mind one's own business, to { *küe¹ z²-ge 'a-z²* 管自丨閑事
Mine, *ng¹-gai²* 我丨
Miscellaneous { *ling-sai²* 零碎, *zöh* 雜, *zöh-li-zöh-köh* 雜裏雜合
Missionary { *djüe koa²-ge koa²-z¹* 傳教丨教士
Mist, *mö²* 霧
Mistake, *dza²* 差, *dza²-ts'oh* 差錯
Mix, to, *zöh* 雜, *zöh-lung¹* 雜攏
Moment, *o¹-n* 丨兒
,, ago { *koa-koa* 剛剛 / *dze-sang* 纔新
Money, *dong-die* 銅錢
,, order, *p'ie²* 票
Month, *nyüeh* 月, *nyüeh-neh* 月日
Moon, *nyüeh-koa* 月光
More, *tu-le* 多丨, *wha-yao¹* 還有
,, than, not, *paih-ku²* 不過
Moreover { *shoa²-ts'i¹* 況且 / *ping²-ts'i¹* 并且
Morning { *t'ie-koa* 天光 / *zie² pö²-neh* 上半日
Mortar, *li²-hwai* 蠣灰
Mosquito, *mang-djung* 蚊蟲
Mother { *mu¹* 母, *vû¹-mu¹* 父母, *na* 丨
Mountain, *sa* 山
Mount (pictures, etc.) to { *piæ¹-ch'i¹* 裱起

Mourning, to be in { *tsu² sû²* 做素 / *yao¹ sû²* 有素
Mouth, *chï¹* 嘴, *k'ao¹* 口
Move, to, *töh* 丨, *dong¹* 動
Move away, to { *töh-k'e-k'i²* 丨開去 / *bö-k'i²* 搬去
Moveable, *'oh-dong¹* 活動
Much, *hüe-tai* 丨丨, *tu-shie¹* 多丨
Mud, *nyie* 坭
Muddle, to, *zöh-lö²* 雜亂
Muddled, *whang²* 混
Mulberry tree, *soa-ji²* 桑樹
Mule, *lu* 騾
Murderer, *shoa-siu¹* 兇手
Murmur against, to, *üe²* 怨
Musket, *ts'ie* 鎗
Must { *djah* 着, *pieh-shï* 必須, *tsung¹* 總, *chüeh-djah* 決着
Mustard, *ka²-lah* 芥辣
Mutton, *yie-nyuh* 羊肉
Muzzle, *chï¹-bu* 嘴丨
Myself, { *ng¹-z²* 我自 / *ng¹-z²-chï¹* 我自已

N

Nail, *ting* 釘
Nail, finger or toe, { *tsz¹-kah* 指甲
Naked, { *ts'ih-sing-lû²-t'i¹* 赤身露體
Name, *ming* 名, *ming-z²* 名字
Name, family, *sing²* 姓

Napkin, *chang* 巾
Narrow, *'ah-tsah* 狹窄
Naturally, *z²-zie* 自然
Near, *djang¹* 近
Necessarily { *pieh* 必 / *chüeh-djah* 决着 }
Neck, *diu-chang¹* 頭頸
Need { *fu¹-yoa²* 不用 / *paih-pieh* 不必 }
Needle, *tsang* 針
Neighbour, *ling-si²* 鄰舍
Nervous, *hoa* 慌
Nevertheless, *ch'ah-z¹* 却是
New, *sang* 新
News, *sang-vang* 新聞
Newspaper { *sang-vang-pöe²* 新聞報 }
Niggardly, *k'a* 慳
Night, *yi²* 夜
Night-time, *yi²-di* 夜|
Nine, *chao¹* 九
Nineteen, *zaih-chao¹* 十九
Ninety, *chao¹-zaih* 九十
Nod, to { *taih-taih-diu-n* ||頭兒 }
Noise, *shie¹* 響, *ts'oa¹* 吵
Noisy, *noa²-nyieh* 鬧熱
None, *n-nao¹* ||
No one, *n-nao¹-nang* ||人
Noon, *neh-tsiu²* 日晝
North, *paih* 北
Nose, *bieh-diu* 鼻頭
Nostril, *bieh-diu-k'ung¹* 鼻頭孔

Not, *n-nao¹* ||, *fu¹* 不
Now { *yie²-ze¹* 現在 / *nang-ka²* || / *kih-nang-ka²* ||| / *ts'z¹-k'eh* 此刻 }
Now, just { *koh-koh* || / *dze-sang* 纔新 }
Number, a given { *ngah-su²* 額數 }
Number, to, *'öe²-ch'ī¹* 號起

O

Oar, *tsie¹* 槳
Obey, to { *jung²* 順 / *hoa²-chang²* 孝敬 }
Obstinate, *gwœ¹* |
Obstruction, *nge²* 礙
Occupied with affairs { *yao¹-z²-küe²* 有事幹 }
Occur to, to { *ling-djah* 臨着 / *ling-löe* 臨牢 }
Odd { *djī-kwa²* 奇怪 / *koh-yie²* 各樣 }
Offence, *zai¹* 罪
Offence, to commit { *va¹-zai¹* 犯罪 }
Office, *küe* 官
Official, *küe-fû¹* 官府
Official appointment, *zang²* 任
Oil, *yao* 油
Oil, kerosene, *yie-yao* 洋油
Oil, sweet, *mo-yao* 蔴油
Oil, vegetable, *ts'e²-yao* 菜油

Old, *löe*[1] 老, *djao*[2] 舊, *dzang* 陳

Old age {*ziu*[2] 壽 / *shï*[2]*-du*[2]*-ge* 歲大 |}

Olive, *kö*[1]*-la*[1] 橄欖

Omen, good, *chaih-djiae*[1] 吉兆

Omit, to, *la*[2]*-goa* | |

One, *ih-kai*[2] 一个, *iaih* 一

Onion, *ts'ung* 葱

Only {*tsz(h)* 只, *tsz(h)-z*[1] 只是 / *paih-ku*[2] 不過}

Only then, *sang* 新

Open, to, *k'e* 開

Open, to lay, *p'öe*[1] 剖

Opinion, *chï*[1]*-i*[2] 主意

Opium, *u-ie* 烏烟

Opium, to smoke {*ch'ïh u-ie* 喫烏烟}

Opium-den {*u-ie doa*[1] 烏烟宕 / *u-ie küe*[1] 烏烟館}

Opium-refuge {*ka*[2] *u-ie uh-doa*[1] 戒烏烟屋宕}

Opportunity, *chï-whai*[2] 機會

Opportunity, to take the {*ts'ang*[2]*-bie*[2] 趁便}

Oppress, to {*whæ* 橫, *djie-whæ* 强橫, *leh-soh* 勒索}

Or, *ah* 阿, *'a* |, *wha-z*[1] 還是

Orange, *chaih* 桔, *kö* 柑

Order, *ling*[2] 令

Order, military, *'öe*[2]*-ling*[2] 號令

Order, to, *chiæ*[2] 叫

Order, to put in {*siu-li*[1] 脩理 / *siu-zaih* 收拾 / *chang-li*[1]*-ch'ï*[1] 經理起}

Ordinarily {*bing-neh* 平日, *'a-z-neh* 閑時日, *'a-z-tsieh* 閑時節, *'a-z-paih-tsieh* 閑時不節}

Originally {*kö-ti*[1] 根底, *nyüe-le* 原來, *nyüe-z*[1] 原是 / *nyüe ti*[1]*-tsz*[1] 原底子}

Ought {*ke* 該, *iang-ke* 應該 / *li*[1]*-ke* 理該}

Ours, *ng*[1]*-da*[2]*-ko-gai*[2] 我大家 |

Out, *ch'üeh* 出

Out, to go {*tsao*[1]*-ch'üeh k'i*[2] 走出去}

Outside, *wha*[2]*-chüe*[1] 外轉

Overcast {*ang*[2]*-da* | | / *gang*[2]*-da* | |}

Overplus, *'ü* 餘, *dzing*[2] 剩

Overtake, to, *küe*[1]*-löe* 趕牢

Owe, to, *ch'ie*[2] 欠, *tsæ* 爭

Owl, *djuh-whang* | |

Ox, *ngao* 牛, *'oa-ngao* 黃牛

P

Pace, *bû*[2] 步

Paddy, *kuh* 穀

Pain, *t'ung*[2] 痛

Paint, to, *yao*[2]*-ch'ï*[1] 髹起

Painter {*z*[1]*-ts'aih löe*[1]*-sz* | 漆老司}

Pair, *shoa* 雙, *tai*[2] 對

Palace, imperial {*kung-üe*[1]*-de* 宮苑 | / *chang-lö-die*[2] 金鑾殿}

Palm of the hand { *siu*[1]-*tsie*[1]-*sang* 手掌心
Pan, *'oh* 鑊, *küe*[2] 鑵
Pan, cooking, *va*[2]-*'oh* 飯鑊
Paper, *tsi*[1] 紙
Pardon { *kw'a-mie*[1] 寬免 / *kw'a-shï*[2] 寬恕
Pardon, to beg, *töe*[1]-*zai*[1] 得罪
Part, to, *li-k'e* 離開
Part with or from, to, *si*[1] 捨
Partially, *p'ie* 偏
Particular, to be, *sha-shie*[1] | |
Particularly, *deh* 特
Pass, to, *ku*[2] 過
Pass by, to { *tsao*[1]-*ku*[2]-*k'i*[2] 走過去
Pass through, to, *t'ung-ku*[2] 通過
Pass, mountain, *ling*[1] 嶺
Passenger, *k'ah* 客
Paste, to, *pah-ch'ï*[1] |起, *t'ieh* 貼
Patch, to, *pû*[1]-*ch'ï*[1] 補起
Path, *shiœ*[1] *lú*[2] 小路
Patient, to be { *ne*[2] 耐, *zang*[1]-*ne*[2] 忍耐
Patiently, to bear { *nyang*[1]-*ne*[2] 忍耐
Pattern { *sih* 式, *k'ö*[1]-*sih* 欵式 / *p'ai-mû* 坏模
Pawn, to, *toa*[2] 當
Pay, to, *ts'ah* 拆, *fú*[2] 付
Pay of clerks, shop-keepers, etc. { *sang-chang* 辛金
Peace { *bing* 平, *t'a*[2]-*bing* 太平 / *bing-üe* 平安
Peak, *fung* 峯, *tsie* 尖

Pea, *wha-diu*[2] 槐荳
Peach, *döe-n* 桃兒
Pear, *shiœ-li* |梨
Peel, to { *poh-goa* 剝 | / *p'i-goa* 剫 |
Peking { *Paih-chang* 北京 / *Chang-de* 京 |
Pen, *pieh* 筆
Pencil, *pieh* 筆
People, *nang* 人, *pah-sing*[2] 百姓
Perceive, to { *koh* 覺, *koh-djah* 覺着
Perhaps { *whah* 或, *ts'z*[2]-*p'o*[2] |怕
Permit, to, *chung*[1] 准
Perpendicular, *dzih* 直
Perverse { *whœ* 橫, *djie* 强 / *oa*[2]-*tsœ* 拗撑
Petition, *ping*[1]-*t'ieh* 禀帖
" to, *ping*[1] 禀
Pewter, *sih* 錫
Pewter-ware { *sih-ge mû-z*[2] 錫| | |
Pewter-smith { *tœ*[1]-*sih lōe*[1]-*sz* 打錫老司
Pheasant { *sa-chï* 山雞, *dz*[1]-*chï* 雉雞
Photograph, *shiœ*[1]-*chiœ*[2] 小照
Phrase, *ih-chü*[2]-*'o*[2] 一句話
Pick up, to, *choh-ch'ï*[1] 捉起
Picture, *'o*[2] 畫
" painter { *'o*[2]-*zie*[2] *sie-sæ* 畫匠先生
Picturesque, *hōe*[1]-*ts'z*[2] 好 |
Picul, *ta*[2] 擔
Piece, *kai*[2] 个, *lōh* 粒

Piece (of cloth), *p'ieh* 疋
Pig, *tsi* 猪
Pig-tail, *bie¹-n* 辮兒
Pigeon, *bah-köh* 白鴿
,, wild, *pa-chao* 班鳩
Pile up, to, *die²* 叠
Pill, *yah-yüe* 藥丸
Pillow, *tsang¹-diu* 枕頭
Pipe, tobacco, *ie-dung* 烟筒
Pit, *k'æ* 坑
Pity, to, *e²-sih* 愛惜, *e²-lie* 愛憐
,, what a, *k'o¹-sih* 可惜
Place { *uh-doa¹* 屋宕, *so¹* 所, *di²-foa* 地方
,, to, *k'oa²* 丨, *tang¹* 丨
,, properly, to, *ba* 排
Plain to the sight, *ming* 明
Plait, to, *tæ¹-ch'ï¹* 打起
Plaint, *dzing* 呈
Plaintiff, *nyüe-köe²* 原告
Plan of action, *dzang²* 陣
Plans, *chï²-tsah* 計策
Plan, to { *sö²-chï²* 算計, *ba-dzang²* 排陣
Plate, *bö* 盤
Platform, *de* 臺
Play (like children), to { *koa¹-diæ²* 丨丨, *wha²* 頑
Pleasant, *yao¹-ch'ï²* 有趣
Pleasure bent, on, *shï-shï* 嬉嬉
Pledge, to, *toa²* 當
Plum, *li-n* 李兒
Pock-marked, *mo lie¹-ge* 痲臉丨
Point, *tsie* 尖
Pomelo, *dziu²* 柚, *p'öe* 丨
Poor, *bing-djung* 貧窮, *djaih* 極
Pork, *tsi-nyuh* 猪肉, *nyuh* 肉
Portion, *vang²* 丨
Possibly { *vi²-mie¹* 未免, *ts'z²-p'o²* 丨怕
Posterity, *tsz¹-sö* 子孫
Pot, *whu* 壺
Potato, *fa-zi* 番茹
Potter { *tsu²-ngo¹-liæ²-ge lōe¹-sz* 做瓦料丨老司
Pour out, to, *töe²* 倒, *sa* 丨
Powder, *fang¹* 粉
,, medicinal, *sa¹* 散
Practise, to, *'oh-zaih* 學習
Prawn, *ho-hö* 蝦蛤
Preach, to, *djüe* 傳
Prefect, *fû¹* 府
Prefer, to, *shï¹-hüe* 喜歡
Prepare, to, *'ü²-bi²* 預備
Presage, *djiæ¹* 兆
Present, to, *sung²* 送
Preserve, to, *zö* 存
Press down, to, *ah* 壓, *nah* 捺
Previously { *su²-le* 素來, *yi¹-zie* 以前, *zie-siu¹* 前手, *joa-zie* 從前
Price { *ko²-die* 價錢, *ko²-shï²* 價丨, *ko²* 價
Priest, Buddhist, *whu-zie* 和尚
,, Taoist, *döe¹-z¹* 道士
Principle, right { *döe¹-li¹* 道理, *li¹* 理
Prison, *lōe* 牢
,, to put in { *kwa lōe-de* 關牢丨, *siu ka-goa* 收監丨

Privy, *k'æ* 坑

Probably { *da²-iah* 大約 / *ts'z²-p'o²* 丨怕 / *ah-fu¹-lö²* 阿不論 }

Proceeding as it ought { *jung²-chang²* 順境 }

Proceeding from, *joa* 從

Proclamation, *kōe²-z²* 告示

Prohibit, to, *chang²* 禁

Prompt, *kw'a²* 快, *'ōe-sōe²* 丨丨

Pronunciation, *k'ao¹-iang* 口音

Proper, *'ŏh-sih* 合式

Properly { *sa¹-nyieh* 產業 / *ko-sz* 家私 }

Proof, *bing* 憑, *bing-chü²* 憑據

Prosperity, *fuh* 福

Prosperous { *chaih-zie* 吉祥 / *chaih-li²* 吉利 / *mōe²-zing²* 茂盛 / *shang-'oa²* 興旺 }

Proud, *chiæ-ngōe²* 驕傲

Proveable, *k'o¹-bing-ge* 可憑丨

Proverb { *joh-nyü¹* 俗語 / *t'û¹-nyü¹* 土語 }

Province, *sæ¹* 省

Provokingly, *p'ie-p'ie* 偏偏

Public, *kung* 公

Pull, to { *boh* 拔, *boh-k'i²* 拔去 / *tai¹* 丨 }

Pulse, *mah* 脈

Punkah, *fung-sie²* 風扇

Punt pole, *ts'æ-kōe* 撐篙

Pupil, *'oh-sæ* 學生

Purchase, to, *ma¹* 買

„ official rank, to { *chüe-küe* 捐官 }

Purpose, on { *deh-deh-nang(h)* 特特丨 / *tsie-næ-nang(h)* 丨丨丨 }

Pursue, to, *chī-küe¹* 追趕, *küe¹* 趕

Put, to, *k'oa²* 丨

„ down, to { *k'oa²-da* 丨丨 / *foa²-loh* 放落 }

„ on (clothes), to { *chah-ch'ī¹* 著起 }

Puzzling { *moh-mang moh-pieh* 摸門摸壁 }

Q

Quarrel, to, *lö²* 亂

Queer, *djī-kwa²* 奇怪

Quick { *kw'a²* 快, *chang¹* 緊, / *'ōe-sōe²* 丨丨 }

Quiet, *iang-zing¹* 丨靜

„ be, *fai-ts'oa¹* 勿吵

R

Rage, to be in a { *sæ-ch'ī²* 生氣 }

Rain, *'ü¹* 雨

„ to, *loh-'ü¹* 落雨

Raise the head, to { *diu næ-ch'ī¹* 頭丨起 }

Range, kitchen, *'oh-tsōe²* 鑊灶

Rank, noble, *fung-chah* 封爵

„ official, *küe* 官

Rap, to, *k'oa* 敲, *döe* 〡

Rape seed, *ts'e^2-tsz^1* 菜子

Rare, *ts'o^2-chie^2-ts'o^2* 〡〡〡

Rarely, *ts'o^2-chie^2-ts'o^2* 〡〡〡

Rat, *löe^1-tsi^1* 老鼠

Raw (uncooked), *sæ-ge* 生〡

,, (wild), *i^1-ge* 野〡

Read, to, *ts'z^2* 〡, *duh* 讀

Ready { *ding-toa^2* 停當, *höe^1-ba^1* 好罷, *'ü^2-bi^2 höe^1* 預備好 }

,, to make, *'ü^2-bi^2* 預備

Really { *zaih-ze^1* 實在 / *tsang-tsang* 眞眞 }

Reason, *döe^1* 道

,, for or why { *yüe-ku^2* 緣故 / *koa^2-chao^2* 〡〡 }

Rebel { *zeh* 賊, *zöe^1 fa^1-ge nang* 造反〡人 }

Rebellion, to rise in { *fa^1-lö^2* 反亂 / *fa^1-ch'ï^1* 反起 }

Receive, to, *siu* 收, *ziu^1* 受

,, (a guest), to { *nyang-tsieh* 迎接 }

Recently, *koa-koa* 剛剛

Recite, to, *nyie^2* 念

Reckon, to { *sö^2* 算, *shï^1* 數, *chah* 酌 }

Reclining, *fa-da* 翻〡

Recognise, to { *sih* 識, *nyang^2-djah* 認着 }

Recompense, to { *pöe^2* 報, *pöe^2-iang^2* 報應 }

Red, *'ong* 紅

Referring, to { *lö^2* 論, *koa^1-djah* 講着 }

Regret, to { *tæ^1-hwai^1-sang* 打悔心 }

Regular { *ih-ding^2-ge* 一定〡 / *yao^1-ding^2* 有定 }

Regulations, *tsie-dzing* 章程

Relations, blood { *voa-vang^2* 房分 / *voa-juh* 房族 }

Relations, by marriage { *ts'ang-chüe^2* 親眷 }

Relations, friendly { *koa-zing* 交情 / *koa-li* 交〡 }

Release, to, *foa^2* 放

Reliable, *zaih* 實, *löe^1-zaih* 老實

Rely on, to { *bing* 憑, *k'öe^2* 靠, *t'oh* 託 }

Remainder { *djï-'ü* 其餘 / *dzing^2-loh* 剩落 / *yang-'ü* 盈餘 }

Remark, beyond { *n-ch'ï^2-koa^1* 〡處講 }

Remember, to, *chï^2-tih* 記得

Rent, to, *shï^2* 稅

Repair, to { *siu-ch'ï^1* 修起 / *siu-li^1* 修理 }

Repeatedly { *su^2-ts'z^2* 數次 / *lü^1-ts'z^2* 屢次 }

Repent, to { *hwai^1-ke^1* 悔改 / *whai-sang-chüe^1-i^2* 回心轉意 }

Report, to, *pöe^2* 報

Repose, *üe* 安

Repress, to, *ah* 壓, *nah* 捺

Repulse (an enemy), to { *tæ^1-döe* 打逃 / *tæ-k'i^2-goa* 逃去〡 }

Request, to { *ts'ing* 請, *vung^1-djao* 奉求, *t'oh* 託 / *pa^2-t'oh* 拜託 }

Resemble, to, { *zie*[1] 像, *sie*[2]*-dzie*[1] 相像 }
Resembling, *foa*[1]*-faih* 彷彿
Resentful, *böe*[1]*-üe*[2]*-ge* 抱怨丨
Resolution { *tsz*[2]*-ch'ï*[2] 志氣 / *tsz*[2]*-nyüe*[2] 志願 }
Responsible for { *nyang*[2] 認 / *tsu*[2]*-pöe*[1] 做保 }
Rest, to, *shieh* 歇
Restaurant, *va*[2]*-tie*[2] 飯店
Restore order, to, *ah-loh* 壓落
Retain, to, *liu-da* 留丨
Retire, to, *t'ai*[2] 退
Return, to, *tsao*[1]*-chüe*[1] 走轉
,, home, to, *kwai* 歸
Revenge, *pöe*[2] 報
Reverse, to, *fa*[1]*-chüe*[1] 反轉
Revile, to, *siu-juh* 羞辱
Reward, to, *pöe*[2]*-iang*[2] 報應
Rice, *mi*[1] 米
,, boiled, *va*[2] 飯
Rich, *foh-ze* 發財
,, man, *ze-chï*[1] 財主
Ride, to, *dji* 騎
Right, *fu*[1]*-dza*[2] 不差, *z*[1]*-shie*[1] 是丨
,, exactly { *tsing*[2] *höe*[1]*-höe*[1] 正好好 }
Rights, by { *nyüe-z*[1] 原是 / *chiæ*[2]*-li*[1] 照理 }
Ripe, *juh* 熟
Rise up, to { *ch'ï*[1] 起, *'æ-ch'ï*[1] 行起 / *bo-ch'ï*[1] 爬起 }
River, *koa*[1] 江
Road, *lû*[2] 路
Robber, *zeh* 賊
Robust, *tsoa*[2]*-djie*[2] 壯健
Roll, to, *lai*[2] 丨
,, up, to { *chung*[1]*-ch'ï*[1] 捲起 / *chung*[1]*-lung* 捲攏 }
Room, *ka* 間, *voa* 房
Root, *kö* 根
Ropemaker { *tæ*[1]*-zing löe*[1]*-sz* 打繩老司 }
Round, *yüe-ge* 圓丨
,, all { *dö-dö ch'üe-ch'üe* 團團圈圈 }
Rounds (of inspection), to go { *jung-dzo* 巡查 }
Row, to { *tæ-tsie*[1] 打槳, *'o-tsie*[1] 划槳 }
Rub with a cloth, etc., to { *ts'ah-ih-ts'ah* 擦一擦 / *chüe*[1] 丨 }
Rudely, to behave { *ch'ang-ma*[2] 輕慢 }
Ruffian, *djie-whæ-ge* 強横丨
Rug, *di*[2]*-t'a*[1] 地毯
Rule, to, *küe*[1] 管
Rump, *dö-ba-t'ai*[1] 臀丨腿
Run away, to, *döe-k'i*[2] 逃去

S

Sad, *mang*[2] 悶
Sail, *bung* 篷
,, to, *sa*[1] 駛
,, to set { *k'e-k'i*[2] 開去 / *k'e-jüe* 開船 }
Sainted, *sing*[2] 聖
Salary, official, *fung*[2]*-sang* 俸薪

Salary (schoolmaster's, teacher's, etc.) *shoh-chang* 束金
Salt, *yie* 盐
Same { *ih-seh* 一色, *kih-nang(h)* 丨丨, *djoa*^{2}*-yie*^{2} 共樣 }
Sampan, *sa-pa*^{1} 三板
Samshoo, *shiæ-tsiu*^{1} 燒酒
Sand, *so* 沙
Satiated, *wai*^{2}*-goa* 丨 丨
Satisfactory { *üe*^{1}*-toa*^{2} 穩當, *ding-toa*^{2} 停當 }
Saw, *kû*^{2} 鋸
Scale (weighing), *ts'ing*^{2} 秤
,, (fish), *ling* 鱗
Scenery, *chang*^{1}*-tsz*^{2} 景緻
Scholar { *jï* 儒, *duh-shï-nang* 讀書人 }
Scissors, *ka*^{1}*-tsie*^{1} 丨剪
Scrape, to, *gao-goa* 丨 丨
Scratch, to, *tsoa* 抓
Screen, *ts'ah-bing* 插屏
Sea, *he*^{1} 海
Seam, *vung*^{2} 縫
Search, to, *dzo* 查
Season, to, *z-ling*^{2} 時令
Secure { *t'u*^{1}*-toa*^{2} 妥當, *tsah-zaih* 丨實, *üe*^{1}*-toa*^{2} 穩當 }
Sedan, *djiæ*^{2} 轎
See, to, *ts'z*^{2} 丨
Seek, to, *zang* 尋, *djao* 求
Self, *z*^{2} 自, *z*^{2}*-chï*^{1} 自巳
Sell, to, *ma*^{2} 賣
Send, to { *sung*^{2} 送, *di*^{2} 遞, *tæ*^{1}*-foh* 打發, *foh* 發 }
Send (a person), to { *tæ*^{1}*-foh* 打發, *ts'a* 差, *p'a*^{2} 派 }
Sentence, *ih-chü*^{2} 一句
,, (spoken) { *ih-chü*^{2} *shwoh* 一句丨 }
Servant { *ti-'o*^{1}*-nang* 低下人, *yoa*^{2}*-nang* 用人, *kang-pa* 跟班, *sie-poa* 相幫 }
Sesame, *tsz-mo* 芝蔴
Settled { *höe*^{1}*-ba*^{1} 好罷, *ding-toa*^{2} 停當, *sö*^{2}*-su*^{2} 算數 }
Seven, *ts'aih* 七
Seventeen, *zaih-ts'aih* 十七
Seventy, *ts'aih-zaih* 七十
Sever, to, *jüeh* 絕
Several { *ke*^{1} 幾, *ke*^{1}*-kai*^{2} 幾个, *ke*^{1}*-le* 幾丨 }
Sew, to { *tsu*^{2} *tsang-tsz*^{1} 做針子, *vung* 縫 }
Shade, *iang*^{1} 影
Shake, to { *nyah-ih-nyah* 捻一捻, *tao*^{1} 抖, *djuh* 丨 }
Shake the head, to { *diu shang*^{2}*-shang*^{2} 頭丨丨 }
Shallow, *ts'ie*^{1} 淺
Sharp, *kw'a*^{2} 快
Shave, to, *t'i*^{2} 剃
Sheep, *yie-n* 羊兒
Sheet (of paper), *tsie* 張
Ship, *jüe* 船
,, to be on board { *zo*^{1} *jüe* 坐船, *ts'ang*^{2} *jüe* 趁船 }
Shirt, *pû*^{2}*-sa-diu* 布衫頭
Shoe, *'a* 鞋

Shoemaker { *tsu*[2] *'a lŏe*[1]*-sz* 做鞋老司

Shoot forth, to, *ts'iu-ch'ī*[1] 抽起

Shop, *tie*[2] 店

Shop-sign, *z*[2]*-'ŏe*[2] 字號

Shore, *pie* 邊

„ (muddy), *dû* 塗

Short, *tö*[1] 短

Shoulder, *chie-kah-diu* 肩胛頭

Show, to, *k'a*[2]*-ts'z*[2] | |

Shut, to, *kwa* 關

Side, *pie* 邊, *pie-sie* 邊 |

Sign, to, *'ŏe*[2]*-ch'ī*[1] 號起

Signal { *'ŏe*[2]*-ling*[2] 號令, *chï*[2]*-'ŏe*[2] 記號

Silk, raw, *sz* 絲

„ manufactured, *dziu* 綢

Silver, *nyang* 銀

Similar, to { *k'o*[1]*-pi*[1] 可比; *hŏe*[1]*-pi*[1] 好比; *ah-tsing*[2] 阿 |; *sie-dzie*[1] 相像

Sin, to, *va*[1] 犯, *va*[1]*-zai*[1] 犯罪

Sing, to, *ts'ie*[2] 唱

Single, *ta* 单

Sir { *lŏe*[1]*-nang-ko* 老人家; *sie-sœ* 先生

Sit, to, *zo*[1] 坐

Six, *liuh* 六

Sixteen, *zaih-liuh* 十六

Sixty, *liuh-zaih* 六十

Skin, *bi* 皮

Sky, *t'ie* 天

Slaughter, to, *sah* 殺

Slave (male), *nu-ze* 奴才

Slave (female) *si-na-n* 使奶兒

Slay, to, *sah* 殺

Sleep, to, *k'üe*[2] |

Sleep, to, *loh shüeh-tsz*[1] 落雪子

Sleeve, *sa-ziu*[2] 衫袖

Slight, to { *ma*[2] 慢, *ch'ang-ma*[2] 輕慢

Slow, *ma*[2] 漫

Small, *sai*[1] 小

Smart, to, *tsöh* |

Smash, to, *choa p'a*[2]*-goa* | 破 |

Smell, to, *hung*[2] |

Smoke, *ie* 烟

„ tobacco, to, *ch'ih ie* 喫烟

Smooth, *bing* 平

„ to, *t'oa*[2]*-bing* 燙平

Snake, *zi* 蛇

Snatch away, to, *dŏh* 奪, *daih* 奪

Sneeze, to, *tœ*[1]*-ah-t'i*[2] 打 | 嚏

Snow, *shüeh* 雪

„ to, *loh shüeh* 落雪

So, *so*[1]*-yi*[1] 所以

Soap, *yao-zöe*[1] 油皂

Soft, *nung*[2] |, *nyüe*[1] 輭

Soldier, *ping* 兵

Sole (of the foot) { *chah-di-sang* 脚底心

Some { *ke*[1] 幾, *ke*[1]*-kai*[2] 幾个; *ke*[1]*-le* 幾 |

Some one { *nang* 人; *yao*[1] *ih-kai*[2] *nang* 有一个人

Something { *ga-nyie* | |; *mû-z*[2] | |

Son, *n-tsz*[1] 兒子

Song, *ch'oh* 曲
Sore, *t'ung*² 痛
Sorrow { *sang-k'u*¹ 辛苦 / *iao-zao* 憂愁 }
Sort { *yie*² 様, *k'ö*¹*-sih* 欵式, *yie*²*-tsz*¹ 様子 }
Soul { *ling* 靈, *ling-yüe* 靈魂, *yüe* 魂 }
Sound { *iang* 音, *shie*¹ 響, *sing-shie*¹ 聲響 }
Sour, *sö* 酸
South, *nö* 南
Sow, to, *ho*¹ 〡
Spacious, *k'oh* 濶, *kw'a-k'oh* 寬濶
Speak, to, *koa*¹ 講
,, about, too bad to { *n-ch'ï*² *koa*¹ 〡處講 }
Spear, *tsie-töe* 尖刀, *ts'ie* 槍
Specially, *deh* 特
Spherical, *yüe* 圓
Spin (cotton), to, *foa*¹ 紡
,, (silk), to, *diæ*¹ 〡
Spine { *pai*²*-tsih-sang-küeh* 背脊身骨 }
Spirit { *ling* 靈, *ling-yüe* 靈魂, *yüe* 魂 }
Spirits, in good { *soa*¹*-kw'a*² 爽快 / *ts'ie*²*-kw'a*² 暢快 }
Split, to, *p'a*² 劈
Spoil, to, *sö*¹ 損, *sie-sö*¹ 傷損
Spoiled { *sö*¹*-djah* 損着 / *choa yoa*²*-fu*¹*-djah-goa* 〡用不着〡 }
Spoon, *diæ-kæ* 調羹
Spread out, to { *t'a* 攤, *p'û* 鋪, *pa*¹ 擺 }
Spring (season), *ch'ung-t'ie* 春天

Spring (water), *shï*¹*-mah* 水脈
Sprinkle, to, *so*¹*-ch'ï*¹ 洒起
Sprout, *ts'iu-nö*²*-ngo* 抽嫩芽
Squeeze, to, *nyah* 捻
,, (extort), to, *leh-soh* 勒索
Stable, *mo*¹*-voa* 馬房
Stage, *de* 臺
Staff, *kwang*² 棍
Stammer, to { *du*²*-zieh koa*¹ 大舌講 }
Stand, to, *ge*¹*-da* 〡〡
,, up, to, *ge*¹*-ch'ï*¹ 〡起
Star, *sing* 星
Startled, to be, *tsai*¹*-ch'ï*¹ 〡起
Station, to, *p'a*² 派
Statutes { *lieh-li*² 律例 / *lieh-diæ* 律條 }
Steal, to, *t'ao* 偷
,, with violence, to { *ts'ie*¹*-goa* 搶〡 }
Steamer, *lang-jüe* 輪船
Stew, to, *öe* 爊
,, tender, to, *öe-hwa* 爊〡
Stick, *kwang*² 棍, *boa-n* 棒兒
,, to, to { *t'ieh* 貼, *pah* 〡, *gaih* 〡 }
Sticky, *pah-shie*¹ 〡〡
Still, *wha* 還
Stingy, *k'eh-boh* 刻薄
Stink { *ih-ku*¹ *ch'ï*² *döe*¹ 一股氣道 / *ih-ku*¹ *ts'iu*²*-ch'ï*² 一股臭氣 }
Stinking, *ts'iu*² 臭
Stitch, to, *vung* 縫

Stocking, *moh* 韈
Stomach, *dû*[1] 肚
Stone, *zih-diu* 石頭
,, soap, *ts'ing-die zih* 靑田石
Stool, *tang*[2] 櫈
Stop, *tie*[1] 點, *ch'üe* 圈
,, to, *ding* 停, *shoh* 丨, *shieh* 歇
Store, *'oa* 行
Store-room, *k'u*[2] 庫
Stove { *'oh* 鑊, *'oh-tsöe*[2] 鑊灶 / *ie-tsöe*[2] 烟灶 }
Straight, *dzih* 直
Strange, *djï-kwa*[2] 奇怪
Stranger, *tœ*[1]*-sœ-k'ah* 打生客
Street, *ka* 街, *ka-lû*[2] 街路
,, in the { *ka-de* 街丨 / *ka-lû*[2]*-de* 街路丨 }
Stretch oneself, to { *boh-dzie-ie* 拔長腰 }
Strike, to, *tœ*[1] 打
,, with the hand, to { *hæ*[2] 丨 }
Strong, *tsoa*[2]*-djie*[2] 壯健
Student, *'oh-sœ* 學生
Study, *shï-yüe*[2] 書院
,, to, *duh shï* 讀書
Stupid { *bang*[2]*-ge* 笨丨, *whu-dû* 糊塗, *nge* 呆, *mung*[1]*-ge* 丨丨 }
Succession, in, *lie-löe* 連牢
Sugar, *doa* 糖
Suitable, *toa* 當, *'öh-sih* 合式
Suited to a purpose, *bie*[2]*-yi* 便宜
Summer, *'o*[2]*-t'ie* 夏天
Sun, *nyieh-diu* 日頭, *t'a*[2]*-yie* 太陽
Sun, to, *sa*[2] 晒
Sunday, *li*[1]*-pa*[2] 禮拜
Sunrise { *nyieh-diu zie*[1] *sa* 日頭上山 }
Sunset { *t'a*[2]*-yie loh shï*[1] 太陽落水 }
Superior, official, *zie*[2]*-sz* 上司
Suppose { *p'i*[1]*-foa* 譬方 / *p'i*[1]*-jï* 譬如 }
Sure, *ih-ding*[2] 一定
,, to be, *tsung*[1] 總
,, not, *sö*[2]*-fu*[1]*-löe* 算不牢
Surely { *z*[2]*-zie* 自然, *iang-'ü*[2] 因爲, *tsing*[2] 正 }
Surplus, *djï-ü* 其餘
Suspect, to, *n-sang* 疑心
Swallow, to, *t'ö-loh* 吞落
Swear, to, *zoh* 丨
Sweat, *yüe*[2] 汗
,, to, { *ch'üeh-yüe*[2] 出汗 / *liu-yüe*[2] 流汗 }
Sweep, to, *söe*[2] 掃
Sweet, *die* 甜
Swim, to, *ziu* 泅

T

Table, *choh* 桌
Table-cloth, *choh-tsie* 桌毡
Tablet, *pie*[1] 匾
,, ancestral, *muh-chï*[1] 木主
Tael, *lie*[1] 兩
Tailor, *ze-vung löe*[1]*-sz* 裁縫老司

Take, to { *ta*^{2} 帶, *sung*^{2} 送, *tso*^{1}-*k'i*^{2} 〡去

,, away, to, *tso*^{1}-*k'i*^{2} 〡去

,, hold of, to, *nyah* 捻

,, off, to, *t'aih* 〡

,, off the hat, to, *ho*^{1} *mōe*^{2} 〡帽

,, the opportunity, to { *ts'ang*^{2}-*bie*^{2} 趁便

,, with violence, to, *ts'ie*^{2} 搶

Talent { *ze* 材, *pang*^{1}-*z*^{2} 本事, *vu*^{1}-*nyieh-tsz*^{1} 武藝子

Talk, to, *koa*^{1} 講

,, in one's sleep, to { *k'üe*^{2}-*koa*^{1} 〡講

,, wildly, to { *whu-lö*^{2}-*koa*^{1} 糊亂講

Tame, *zie*^{1}-*ge* 善〡

Taoism, *dōe*^{1} *koa*^{2} 道教

Tap, to, *k'oa* 敲

Tape, *ta*^{2} 帶

Tassel, *iang* 纓

Taste, *mi*^{2}-*dōe*^{1} 味道

Tea, *dzo* 茶

Tea-cup, *dzo-üe*^{1} 茶碗

Tea-leaves, *dzo-yieh* 茶葉

Tea-pot, *dzo-whu* 茶壺

Tea, to make, *p'oa*^{2} *dzo* 泡茶

Teach, to, *koa*^{2} 教, *k'a*^{2}-*koa*^{2} 〡教

Teacher, *sie-sœ* 先生

Teal, *shï*^{1}-*üe-i* 水鴛鴦

Tear, *nga*^{1}-*li*^{2} 眼淚

,, to, *p'a*^{2} 破, *doh* 〡

Tell, to, *chiæ*^{2} 叫

Temper, *bi-ch'ï*^{2} 脾氣

Temple, *die*^{2} 殿, *miæ*^{2}-*'ü*^{1} 廟宇

Ten, *zaih* 十

Ten thousand, *ma*^{2} 萬, *va*^{2} 萬

Tender, *nö*^{2} 嫩, *hwa* 〡

Tepid, *wang-dang* 〡〡

Terrace, *de* 臺

That { *he*^{1}-*kai*^{2} 〡个, *boa-kai*^{2} 旁个

Theirs, *gi-da*^{2}-*ko-gai*^{2} 其大家〡

Then, *he*^{1}-*me* 〡〡

Then only, *sang* 新

There, *boa-ta* 旁〡, *z*^{1}-*ta* 是〡

Therefore { *so*^{1}-*yi*^{1} 所以, *iang-ts'z*^{1} 因此, *ku*^{2}-*ts'z*^{1} 故此

These, *kih-leh* 〡〡

They, *gi-da*^{2}-*ko* 其大家

Thick, *gao*^{1} 厚

Thick (fluid), *nyoa* 濃

Thigh, *t'ai*^{1} 腿

Thin, *boh* 薄, *za*^{2} 粲

Thine, *nyi*^{1}-*gai*^{2} 你〡

Thing, *mû-z*^{2} 〡〡

Think, to, *sie*^{1} 想, *ts'ö*^{1} 忖

Thirsty, *kao*^{1}-*k'ueh* 口渴

Thirteen, *zaih-sa* 十三

Thirty, *sa-zaih* 三十

This, *kih-kaih* 〡〡

Thorn, *ts'i*^{2} 〡

Those, *he*^{1}-*le* 〡〡

Thou, *nyi*^{1} 你

Thousand, *ts'ie* 千

Thread, *sie*^{2} 線

Three, *sa* 三

Throat, *ling-'ao* 嚨頷

Thumb { *siu*[1]-*du*[2]-*ma-tsz*[1]-*diu-n* 手大拇指頭兒 }

Thwart, to, *ng*[2] 誤

Tide, *djiœ-shï*[1] 潮水

Tie up (animals), to, *tiœ*[2] 縞

Tiger, *du*[2]-*moa* 大 |

Tight, *chang*[1] 緊

Tile, *ngo*[1] 瓦

Till, to { *kœ* 耕, *kœ-choa*[2] 耕種; *choa*[2]-*die* 種田 }

Time { *z* 時, *z-zang* 時辰; *k'ung-fû* 工夫 }

Time, a period of { *z-tsieh* 時節; *z-'ao*[2] 時候 }

Time after time, *lû-ts'z*[2] 屢次

Time, at that { *he*[1]-*nang-ka* | | | }

„ at what? { *ke*[1]-*nang-ka* 幾 | | }

„ considerable { *pö*[2]-*neh* 半日 }

„ to find { *ts'iu-k'ung*[2]-*goa*[1] 抽空一 }

„ have not { *küe*[1]-*fu*[1]-*de*[2] 趕不逮; *choa-fu*[1]-*de*[2] | 不逮; *n-nao*[1] *kung-fû* | | 工夫 }

„ length of, *dzie-yüe*[1] 長遠

„ a short space of { *ih o*[1]-*n* 一 | 兒 }

Times, ancient { *ku*[1]-*nyüe-sie* 古原先 }

Tired, to be, *nyüe*[1]-*goa* 輭 |

Title { *kung-ming* 功名; *ts'ing-hu* 稱呼 }

Taot'ai, *dōe*[1]-*yi* 道爺

Tobacco, *ie* 烟

To-day, *kih-neh* | 日

To-morrow, *mang-chiœ* 一朝

To-morrow, day after { *'ao*[1]-*neh* 後日 }

Toe, *chah-tsz*[1]-*diu-n* 脚指頭兒

„ great { *chah-du*[2]-*ma-tsz*[1] *diu-n* 脚大拇指頭兒 }

„ little { *chah-sai*[1]-*ma-tsz*[1] *diu-n* 脚小拇指頭兒 }

Together, *k'oa*[2] |

Together, all { *t'ung*[1]-*djoa*[2] 統共; *ih-zi* 一齊 }

Together, to gather { *siu-zaih* 收拾; *jï*[1]-*lung*[1] 聚攏; *whai*[2]-*lung*[1] 會攏 }

Toilsome { *sang-k'u*[1] 辛苦; *lōe-k'u*[1] 勞苦 }

Tonsure (Chinese), *t'i*[2]-*diu* 剃頭

Tools { *ko-hu*[1] 傢伙; *ko-sœ-hu*[1] 傢生伙 }

Tooth, *ngo* 牙, *ngo-ts'z*[1] 牙齒

Top, *zie*[2]-*chüe*[1] 上轉, *ting*[1] 頂

Torch, *hu*[1]-*po*[1] 火把

Torn, *p'a*[2]-*goa* 破 |

Tough, *lōe*[1] 老 *ngœ*[2] 硬

Towards, *shie*[2] 向, *djiœ* 朝, *mo* |

Trade, *'oa* 行, *'oa-toa*[2] 行當

Trader, *sœ-i*[2]-*nang* 生意人

Transact business, to { *küe*[2] 幹; *küe*[2]-*z*[2]-*küe*[2] 幹事幹 }

Travel, to { *tsao*[1]-*lû*[2] 走路; *ch'üeh mang* 出門 }

Traveller { tsao¹ lû²-ge nang 走路丨人 ch'üeh mang-ge nang 出門丨人

Treat well, to, k'ö²-de¹ 看待

Treasurer (provincial) { va-de 藩臺

Treaty, diœ-iah 條約

Tree, jï² 樹, jï²-muh 樹木

Trifle, wha 頑, koa²-diœ² 丨丨

Trouble { sang-k'u¹ 辛苦 fi²-z² 費事

Troublesome { va 煩, ie²-ch'ï² 厭丨

Trousers, k'u² 褲

Try a case in court, to { sang¹ z² 審事

True { tsang 眞, zaih-ze¹ 實在, nyie tsang-tsang 言眞眞

Truly { zaih-ze¹ 實在, tsang-ge 眞丨

Trunk (box), sie 箱

Trust to, to { bing 憑, k'ö² 靠, t'oh 託

Turbid, whang² 混

Turn over, to { fa¹-chüe¹ 反轉 pa¹-chüe¹ 擺轉

„ round, to, lai²-chüe¹ 丨轉

„ (a thing) round, to { jüe²-chüe¹ 丨轉

„ upside down, to { fa¹ 反, pa¹ 擺, k'aih 丨

Turnip { ts'e²-diu 菜頭, lu-buh 蘿蔔

Turtle, dö-ngû 團魚

Twelve, zaih-n² 十二

Twenty, n²-zaih 二十, nyie² 念

Two, n² 二, lœ¹ 兩

U

Ugly, ts'iu¹ 醜, na-ts'z² 難丨

Umbrella, 'ü¹-sa¹ 雨傘

Umbrella-maker { tsu² 'ü¹-sa¹ lõe¹-sz 做雨傘老司

Uncertain { sö²-fu¹-lõe 算不牢 n-nao¹ su² 丨丨數 fu¹-ding² 不定

Uncivil, ch'ang-ma² 輕慢

Understand, to { tung¹ 懂 ming-bah 明白

Understrapper, official { da-yi 大爺 ts'a-nang 差人

Undertake, to { nyah-ch'ï¹ tsu² 捻起做, toa 當 ta-toa 擔當

Undress, to { i-zie t'aih-loh 衣裳丨落

Unexpected, fu¹-voa 不防

Unfortunately, k'o¹-sih 可惜

Ungrateful, vu¹-djah 負着

Unhappiness { whu¹ 禍, fu¹-hõe¹-ku² 不好過

Unison, in, zi 齊, ih-zi 一齊

Unite, to { zi 齊, p'ing²-lung¹ 并攏, 'öh-lung¹ 合攏

Unroll, to, t'ao¹-k'e¹ 丨開

Unseemly { fu¹ sie²-dzie¹ 不相像 fu¹ kwai-chü¹ 不規矩

Unsettled { vöe-ge 浮, shüe-da-ge 丨 丨 丨

Up { zie² 上, zie²-mai 上面 / zie²-chüe¹ 上轉

Upright, tsing² 正, dzih 直

Upstairs, lao-de 樓 丨

Use, yoa²-diu 用頭

Use, to, yoa² 用

V

Vacancy, official, ch'üeh 缺

Vacancy, to fill an official { pû¹-ch'üeh 補缺

Vagabond, la²-löh 賴 丨

Valley, sa-tang¹ 山 丨

Value { ko² 價, ko²-shï² 價 丨 / dzih ke¹-le 值幾 丨

Variegated, ho-li-pa-la 花裏斑斕

Vase, bing 瓶

Velvet, zung 絨

Vermicelli { mie² 麵, / fang¹-küe 粉乾 / so¹-mie² 丨 麵

Very, shie¹ 丨, ting¹ 頂

Very many, tu-shie¹ 多 丨

Very much, not { fu¹ ga-nyie tu 不 丨 丨 多

Vexatious, k'eh-boh 刻薄

Vicious, oh 惡

Vigorous, tsoa²-djie² 壯健

Village, ts'ö 村

Vinegar, ts'û² 醋

Violin, wku-djang 和 琴

Virtuous { lie-zie¹ 良善 / yao¹ teh 有德

Visible, ts'z²-de-djah 丨 丨 着

Visit, to { pa²-moa² 拜望 / pa²-k'ah 拜客

Volume (book) { ih pang¹ shï 一本書

Vomit, to, t'û²-ch'ï 吐起

Vow, to, nyüe² 願

Vulgar, t'û¹ 土, ts'iu¹ 醜

W

Wadded, mie-ge 綿 丨

Wages, luh 祿, fung²-luh 俸祿

„ of servants { sang-kung 辛工

„ of labourers { kung-die 工錢

Waistcoat, ling¹-ko²-n 領褂兒

Wait, to, tang¹-ih-tang¹ 等一等

Walk, to, tsao¹ 走

Wall, zie 牆, ping¹-zie 丨 牆

„ city, zing 城

Want, to, e² 要

„ don't, fai-ge 勿 丨

Wardrobe, djü² 櫃

Warm, nang¹ 煖

Wash, to, si¹ 洗

Wasp, fung 蜂

Waste, to { tsöe-goa 遭 丨 / ho-fi² 花費 / tsöe-t'ah 遭塌

Watch { piæ¹ 表 / z-zang-piæ¹ 時辰表

Watches, night, *kæ* 更
Watchman, *kæ-fû* 更夫
Water, *shï*[1] 水
,, boiling, *yoa*[1]*-t'oa* 滃湯
,, to, *ioa*[2]*-ch'ï*[1] 丨起
Wave, *pu-loa*[2] 波浪, *loa*[2] 浪
Wax, *lah* 蠟
We, *ng*[1]*-da*[2]*-ko* 我大家
Weak { *shü-jah* 虛弱, *nyüe*[1] 輭, *nu*[1]*-jah* 懦弱 }
Wealthy, *ze-chï*[1] 財主, *fû*[2] 富
Wear, to, *chah*, 著
,, (on the head), to, *ta*[2] 戴
Wearied of, *wai*[2]*-goa* 丨丨
Weather, *t'ie-seh* 天色
Weave, to, *tsih* 織
Week, *li*[1]*-pa*[2] 禮拜
Weigh, to, *ts'ing* 稱
Weight, *ch'ang-djoa*[1] 輕重
Well, *tsing*[1] 井
Well (in health) { *soa*[1]*-kw'a*[2] 爽快, *ts'ie*[2]*-kw'a*[2] 暢快, *höe*[1]*-ku*[2] 好過 }
Well off, *'æ-döe*[1] 行道
West, *si* 西
Westward, *si-pie* 西邊
Wet, *saih* 溼, *la*[2] 丨
What, *ga-nyie* 丨丨
Wheat, *mah* 麥
When, *ke*[1]*-z* 幾時, *nyah-neh* 丨日
Where, { *nyaoh-doa*[1] 丨宕, *nyah-uh-doa*[1] 丨屋宕 }
Wherefore, *so*[1]*-yi*[1]*-zie* 所以然
Whether, *whah-z*[1] 或是
Which, *nyah-ih-kai*[2] 丨一个

Whistle, to, *ch'ï* 吹
White, *bah* 白
Whitewash, to, *fang*[1]*-ch'ï*[1] 粉起
Who, *jï* 誰, *jï-nang* 誰人
Whole { *t'ung*[1]*-t'ung*[1] 統統, *jüe* 全, *zing-kai*[2] 成个 }
Whose, *jï-nang-ge* 誰人丨
Why { *tsz(h)-nah-whai*[2] 丨丨會, *'ü*[2]*-ga-nyie* 爲丨丨 }
Wicked, *oh* 惡
Wickedness, *oh* 惡, *zai*[1]*-oh* 罪惡
Wide, *kw'a-k'oh* 寬濶, *k'oh* 濶
Widow, *siu*[1]*-ko*[1] 守寡
Wife, *löe*[1]*-üe* 老安, *ts'i* 妻
Wild, *i*[1] 野, *i*[1]*-sing*[2]*-ge* 野性丨
Wildly, *whu lö*[2] 糊亂
Will { *tsz*[2] 志, *tsz*[2]*-i*[2] 志意, *tsz*[2]*-nyüe*[2] 志願, *tsz*[2]*-ch'ï*[2] 志氣 }
Willing { *k'ang*[1] 肯, *zing-nyüe*[2] 情願 }
Wind, *fung* 風
Winding, *wa* 彎
Window, *ch'oa* 窗
Wine, *tsiu*[1] 酒
Wine-bottle *tsiu*[1]*-bing* 酒瓶
Wine-vessel or kettle { *tsiu-whu* 酒壺 }
Wing, *yaih* 翼
Wing (of a house) *p'ie-uh* 偏屋
Winter, *tung* 冬
Wise, *ts'ung-ming* 聰明
Wish, to, *e*[2] 要, *tsz(h)-sie*[1] 只想
With, *k'oa*[2] 丨

Withdraw, to { *t'ai*^{2} 退
t'ai^{2}*-z* 退辭 }

Woman { *löe*^{1}*-üe-nyang-k'ah* 老安人客, *löe*^{1}*-nyang-k'ah* 老人客, *nyü*^{1} 女, *nyü*^{1}*-zang* 女人, *vû*^{1}*-zang* 婦人 }

Wood, *jï*^{2} 樹

Wood (grove), *jï*^{2}*-bung*^{2} 樹丨

Wool, *yie-möe* 羊毛

Wool, cotton, *mie-ho* 綿花

Woollen cloth, *nyie* 呢

Words (spoken), *'o*^{2} 話

Words (written), *z*^{2} 字

Work, to { *tsu*^{2} *sæ-'oh* 做生活
küe^{2}*-z*^{2}*-küe*^{2} 幹事幹 }

World { *T'ung*^{1}*-t'ie-'o*^{1} 統天下
si^{2} 世, *si*^{2}*-ka* 世間 }

Worn out, *saih-goa* 失丨

Worship, to, *pa*^{2} 拜

Worth, to be, *dzih* 值

Wound, to, *sie* 傷

Wrangle, to { *tsæ-lö*^{2} 爭亂, *lö*^{2} 亂
dzæ 爭 }

Wrist, *siu*^{1}*-tsæ* 手腭

Write, to, *sï*^{1} 寫

Y

Yamên, *ngo-mang* 衙門

Yawn, to { *tæ*^{1}*-k'üe*^{1} *kw'ai*^{2} 打丨丨 }

Year, *nyie* 年

Yellow, *'oa* 黃

Yesterday, *zo-yi*^{2} 丨夜

" day before { *zie-neh* 前日 }

Yet, *ch'ah* 却

Yokel, *shie-'o*^{1}*-ge nang* 鄉下丨人

You, *nyi*^{1}*-da*^{2}*-ko* 你大家

Young, *shï*^{2}*-shiæ*^{1} 歲少, *nö*^{2} 嫩

" man, *'ao*^{1}*-sæ-n* 後生兒

" woman { *'ao*^{1}*-sæ-ge löe*^{1}*-nyang-k'ah* 後生丨老人客 }

Your, *nyi*^{1}*-da*^{2}*-ko-gai*^{2} 你大家丨

ERRATA.

The following should be read :—

I.—In the 平 tone.

Page 71, line 19, *siu;* 74, 22, *mie;* 76, 9, *ze, wha;* 92, 4, *gi;* 100, 3, *bie;* 116, 7, *shie;* 118, 23, *t'ing;* 122, 11, *die;* 124, 13, *z;* 126, 17, *ko;* 137, 5, *bai;* 164, 22, *joa;* 26, *nyie;* 171, 14, *kæ;* 172, 12, *kæ;* 174, 18, 27, *k'ung;* 180, 11, *wha;* 189, 8, *choa;* 227, 4, *choa;* 231, 28, *di;* 234, 4, *djüe;* 7, *tu;* 235, 4, *köe;* 236, 7, *nyie;* 242, 13, *möe;* 244, 16, *Gao;* 245, 10, *djiæ;* 260, 22, *'öe.*

II.—In the 上 tone.

Page 30, line 23, *læ;* 33, 26, *doa;* 29, *shie;* 34, 5, *z;* 40, 9, *doa;* 42, 5, *chüe;* 43, 13, *doa;* 45, 19, *tie;* 55, 25, *ting;* 62, 17, *z;* 64, 23, *tie;* 68, 17, *'o;* 69, 24, *ba;* 72, 8, *sï;* 17, *yüe;* 22, *læ;* 73, 8, *hu;* 76, 15, *fang;* 21, *t'ung;* 77, 12, *nö;* 84, 5, *sai;* 85, 3, *üe;* 87, 2, *djang;* 88, 16, *zo;* 89, 5, *k'u;* 93, 24, *nga;* 99, 11, *dû;* 103, 10, 11, 13, *fi;* 32, *pû;* 107, 3, *fa;* 15, *zang;* 24, *shiæ;* 28, *o;* 29, *zang;* 109, 27, *k'ang;* 117, 23, *shie;* 118, 22, *tung;* 119, 26, *læ;* 123, 4, *liæ;* 126, 17, *tsû;* 127, 14, *di;* 28, *'ao;* 136, 3, *höe;* 139, 14, *z;* 144, 10, *lung;* 145, 6, *chang;* 148, 10, *ts'z;* 15, *yao;* 149, 18, *tsz;* 21, *löe;* 152, 17, second *küe;* 25, *tsung;* 156, 28, *pöe;* 157, 7, *mie;* 163, 8, *pi;* 17, *ku;* 174, 21, *dû;* 175, 24, *Li;* 176, 16, *koa;* 180, 11, *læ;* 181, 3, *po;* 185, 17, *ke, chue;* 186, 16, *ze;* 190, 13, *yi;* 191, 4, *bie;* 217, 16, *t'öe;* 219, 22, *I;* 231, 1, *ts'ing;* 244, 25, *nyüe;* 246, 7, *pie;* 247, 25, *tö;* 248, 13, *nga.*

III.—In the 去 tone.

Page 33, line 11, *tsu;* 36, 21, *djï;* 37, 2, *wha;* 38, 11, *k'i;* 40, 8, *lû;* 40, 10, *i;* 43, 2, *ma;* 62, 20, *k'a;* 67, 19, *pö;* 69, 8, *lö;* 70, 17, *dzi;* 79, 22, *tsi;* 84, 23, *yoa;* 89, 12, *va;* 95, 12, *p'ung;* 13, *'ao;* 101, 20, *sing;* 103, 9, *chï;* 21, *sing;* 107, 3, *da;* 11, 13, *sing;* 109, 17, *kai;* 110, 17, *kwang;* 19, *ts'ao;* 114, 8, *lö;* 10, *da;* 115, 20, *küe;* 21, *ke;* 22, *da-ke;* 118, 25, *shiæ;* 123, 16, *ding;* 128, 8, *z;* 130, 2, *sing;* 132, 3, *djoa-yie;* 136, 12, *tai;* 137, 3. *k'i;* 4, *z;* 144, 25, *tse;* 147, 22, *gai;* 152, 17, *söe,* first *küe;* 157, 3, *'öe;* 159, 14, *zie;* 161, 3, *zie;* 165, 20, *ts'ao;* 170, 19, *'ü;* 172, 12, *ko;* 175, 8, *'ü;* 180, 29, *töe;* 185, 2, *sing;* 186, 4, *ch'ï;* 16, *da;* 23, *ming;* 226, 25, *ko;* 241, 13, *mie;* 242, 28, *noa;* 243, 28, *t'ang.*

IV.—In the 入 tone.

Page 224, 19; and 229, 13 for *ke*[1] read *kih.*

P. 1, No. 7 for 歹 read 反
„ 6, „ 112 „ 酋 „ 酉
„ 9, „ 188 „ 芋 „ 苧
„ 15, „ 334 „ 篡 „ 纂
„ 16, „ 360 „ 祀 „ 視
„ 52, line 22 „ 憧 „ 憧
„ 56, „ 8 „ 席 „ 蓆
„ 56, „ 27 „ „ „ „
„ 62, „ 18 „ 一 „ 丨
„ 76, „ 19 „ 梳頭 read 頭梳
„ 81, „ 6 insert 銅 before 錢
„ 134, „ 25 for 索 read 素
„ 140, „ 6 „ 業 „ 鑿
„ 141, „ 7 „ 輭 „ 原
„ 161, „ 21 „ 履 „ 層
„ 163, „ 9 „ 比 „ 此
„ 165, „ 8 „ 末 „ 未
„ 168, „ 18 „ „ „ „
„ 168, „ 25 „ 就 „ 就
„ 195, „ 20 „ 骼 „ 胛
196, „ 17 „ 褂 „ 掛
198, „ 18 „ 末 „ 未

P. 200, line 32 for 鎖 read 銷
„ 208, „ 11 „ 叚 „ 段
„ 215, No. 137 „ 裹 „ 婁
„ 264, line 12 „ 死首 read 屍首
„ 52, „ 15 „ *djih* „ *djah.*
„ 80, „ 27 „ *tsing* „ *ts'ing.*
„ 91, „ 20 „ *go* „ *ge.*
„ 106, „ 28 „ *e*^{2} „ '*e*^{2}
„ 107, „ 14 „ „ „ „
„ 116, „ 8 „ *chüeh* „ *ch'üeh.*
„ 121, „ 22 „ „ „ „
„ 129, „ 5 „ to say (to) read (to say) to.
„ 152, „ 17 „ *e*^{2} read '*e*^{2}.
„ 158, „ 22 „ *ao*^{1} „ '*ao*^{1}.
„ 166, „ 16 „ '*a*^{1} „ *a*^{1}.
„ 168, „ 28 „ „ „ „
„ 189, „ 8 „ *yang* „ *zang.*
„ 191, „ 8 „ '*a*^{1} „ *a*^{1}.
„ 191, „ 17 „ 10 „ 9.
„ 233, „ 4 „ *ao*^{1} „ '*ao*^{1}.
„ 233, „ 7, 10, „ '*o* „ *o*^{1}.
„ 254, „ 16, 25 „ *rû*^{1} „ *fû.*
„ 72, lines 5 and 12, omit comma after *shü.*

The *da*^{2} in *ng*^{1}-*da*^{2}-*ko*, *nyi*^{1}-*da*^{2}-*ko*, *gi-da*^{2}-*ko* should always be in the 去 tone.